梵 学

第一辑（2024）上卷

段晴教授纪念专号

STUDIA INDICA

Volume 1 (2024) Part 1

Special Issue in Memory of Professor DUAN Qing

主编：
叶少勇 张幸 范晶晶

Executive Editors:
YE Shaoyong, ZHANG Xing and FAN Jingjing

RESEARCH INSTITUTE OF SANSKRIT MANUSCRIPTS & BUDDHIST LITERATURE

中西書局

MAGYAR ANGOL SZÓTÁR
Cassell's French Dictionary

段晴教授

2018年9月摄于英国“古印度与伊朗基金会”(Ancient India and Iran Trust)，贝利(H.W. Bailey)教授故居

图书在版编目（CIP）数据

梵学. 第一辑，段晴教授纪念专号：汉文、英文 / 叶少勇，张幸，范晶晶主编. —上海：中西书局，2024

ISBN 978-7-5475-2233-2

I. ①梵… II. ①叶… ②张… ③范… III. ①梵一文集一汉、英 IV. ①B351-53

中国国家版本馆 CIP 数据核字（2024）第 045144 号

梵学 · 第一辑 · 段晴教授纪念专号

叶少勇　张幸　范晶晶　主编

责任编辑　张　恬
装帧设计　薛天盟
责任印制　朱人杰

出版发行　上海世纪出版集团
中西書局（www.zxpress.com.cn）
地　　址　上海市闵行区号景路 159 弄 B 座（邮政编码：201101）
印　　刷　上海盛通时代印刷有限公司
开　　本　787 毫米 × 1092 毫米　1/16
印　　张　41
字　　数　732 000
版　　次　2024 年 6 月第 1 版　2024 年 6 月第 1 次印刷
书　　号　ISBN 978-7-5475-2233-2/B · 135
定　　价　198.00 元

前　言

记得是在2021年5月的一天，我们三人聚在一起，商定为我们的老师段晴教授2023年的70岁生日编辑一部祝寿文集，并以此文集为始开启一个专注于印度学、佛教学和丝绸之路研究的学术辑刊。其后按照计划，我们瞒着段老师发起“秘密”约稿，希望为段老师古稀之年献上一份惊喜贺仪。未曾想到就在当年8月，段老师被检查出罹患癌症，次年3月26日，噩耗传来，我们再无机会实现当初的愿望。悲痛之余，只能调整计划，于是便有了现在这部纪念文集。

本文集分为上下两卷，分别收录中文和英文论文，共36篇。文章的作者皆为段老师昔日的同事、朋友和学生，内容涵盖印度与丝绸之路的文献学、历史学、宗教学、图像学、考古学及汉语史等诸多领域，涉及汉语、梵语、巴利语、藏语、于阗语、犍陀罗语、吐火罗语、中古波斯语等多种语言，正体现了段老师开阔的研究视野和广泛的学术兴趣。

1953年5月13日，段晴老师出生于北京的一个军人家庭。1971年，段老师作为工农兵学员进入北京大学西语系德语专业，1974年毕业后被分配至出版社工作。1978年全国高校恢复研究生招生，段老师作为“文化大革命”后第一批研究生进入北京大学与中国社会科学院合办的南亚研究所，师从季羡林（1911–2009）和蒋忠新（1942—2002）专攻印度学，于1982年获得硕士学位。同年赴德国汉堡大学攻读博士学位，师从埃墨利克（R.E. Emmerick, 1937—2001）主攻伊朗学，副科为印度学和藏学，指导教师分别为维茨勒（A. Wezler, 1938—2023）和施密特豪森（L. Schmithausen, 1939—），于1986年获得博士学位。归国后任教于南亚研究所，后进入北京大学东语系，2000年获聘教授。2004—2019年间任北京大学梵文贝叶经与佛教文献研究所主任，2017年获聘北京大学博雅讲席教授。

段老师将火热的一生都献给了她所热爱的学术和教育事业。她接续季羡林、金克木先生的学术薪火，以过人的精力和毅力，长期驻守以梵语为核心的印度学学科阵地，在梵文贝叶经、巴利语佛典、佉卢文文书、于阗语文献及丝绸之路多元文明等领域开疆拓土，产出了一系列有国际影响力的学术成果，培养了一大批冷门学科的研究人才，可谓改变了整个学科的布局和面貌。

梵语是段老师一生治学的基础。她长期主持北大的梵语教学，于2001年出版了我国首部梵语传统语法的研究专著——《波你尼语法入门——Sārasiddhānta-kaumudī〈月光疏精粹〉述解》（北京大学出版社）。从2002年开始，段老师与朱庆之、万金川等学者合作推动汉译佛经的梵汉对勘研究。在其努力之下，汉语史与梵语研究的结合成为跨学科学术研究的一个范例。

我国西藏存有大量梵文贝叶经，其文献价值举世瞩目，但在相当长的时期内，受限于种种条件，对这些写本的研究工作未能大规模展开。2004年10月，王邦维老师和段晴老师联名向北京大学提交了建立“梵文贝叶经与佛教文献研究室”（后更名为“梵文贝叶经与佛教文献研究所”）的申请，获批后由段老师担任主任，带领青年学者对西藏梵文贝叶经展开调查研究。在段老师的引领统筹之下，研究所成员整理校勘出多部久已失传的梵文佛典，出版了“梵文贝叶经与佛教文献系列丛书”和“梵藏汉佛典丛书”等系列研究成果，有力推动了我国的梵文写本研究事业，实现了几代学者的夙愿。

段老师非常重视巴利语的教学与研究，于2008年在北大恢复开设了中断多年的巴利语课程，2009年代表北大与泰国法胜大学签署了合作意向书，正式启动了北大–法胜巴利佛典汉译项目。这是我国历史上第一个也是目前唯一一个系统的、基于原典的巴利三藏汉译项目。在她的主持之下，经藏中《长部》和《中部》的汉译本分别于2012年和2021年出版。

段老师是我国佉卢文教学研究事业的开创者。2011年，她在北大首次开设了犍陀罗语教学课程，随后组建了我国唯一一支佉卢文研究团队。2013年，她带领团队完成了中国国家图书馆藏梵文残叶和佉卢文文书的释读整理工作，成果结集为《中国国家图书馆藏西域文书——梵文、佉卢文卷》（段晴、张志清主编，中西书局）。2016年，她与才洛太合作出版了专著《青海藏医药文化博物馆藏佉卢文尺牍》（中西书局）。

段老师是我国首位同时接受过印度学和伊朗学专业系统训练的学者，能够释读西域文书中的大多数语言文字。21世纪初，我国陆续发现了一大批出自新疆的写本，包括佛教典籍和世俗文书，涉及于阗语、梵语、犍陀罗语、藏语、据史德语、吐火罗语、犹太波斯语等多种语言。从2006年首次接触这批文书开始，段老师迎来了她的学术迸发期。其后16年间直至去世，她主持了多个学术项目，出版了相关专著5部，发表中文论文（含非第一作者）80余篇，英文论文20余篇，研究涉及梵文、佉卢文、于阗语、据史德语、粟特语、叙利亚语等多个文献领域。

于阗语文献研究是段老师着力最多也是贡献最大的一个学术领域。相关成果主要有论文集《于阗·佛教·古卷》（中西书局，2013），专著《中国国家图书馆藏西域文书——于阗语卷（一）》（中西书局，2015）和《于阗语无垢净光大陀罗尼经》（中西书局，2019），以及一系列中英文论文。这些著作刊布释读了几十件于阗语佛典和世俗文献，首次破译了于阗语中的“蚕”“茧”“丝”“桑”“纸”“锦”等一系列词汇，取得了令国际学界瞩目的成就。为表彰她的突出贡献，2021年10月伊朗驻中国大使馆授予段老师“杰出伊朗学家”称号。

2010年，新疆和田地区山普拉乡出土了5块约产于6世纪的栽绒毯，其上有色彩鲜艳的图案和文字。段老师研究之后发表了一系列中英文论文，作出惊人的论断，确定了毛毯名称为《大唐西域记》所载的于阗特产——氍毹，毛毯图案所反映的则是两河流域史诗《吉尔伽美什》的故事框架。2021年，段老师在病榻上将相关论文结集成《神话与仪式——破解古代于阗氍毹上的文明密码》（生活·读书·新知三联书店）一书，并口述序言，最后一句话是：“生命有限，探索无穷。”

在三十多年的教学生涯中，段老师共指导了13名博士研究生、18名硕士研究生，先后开设过古典梵语、梵语传统语法、巴利语、于阗语、犍陀罗语等语言和文献课程，并根据学生的不同需求长年开设各种读书班，还多次带领学生赴国内外进行实地教学和考察。在她的指导下，很多学生都走上了学术道路，其中一些已经成为高校和科研院所的教学和研究骨干。2022年，段老师领衔的北京大学“东方语言文化教师团队”，被评为教育部第二批全国高校黄大年式教师团队。

段老师对待学生既严厉又关爱，善用“碾压式”的授课风格激发学生的斗志。她鼓励学生在她不熟悉的领域去选择论文题目，自己随之投入大量时间和精力去拓展知识范围。她极力支持学生研究第一手写本材料，并为此创造各种条件，还接纳入门不久的学生加入自己的项目团队，使得很多学生在初学阶段就有机会参与具有国际前沿水准的科研实践，迅速打开研究视野。由此段老师践行出一套“激进”的人才培养模式，实现了研究队伍的跨越式发展。

段老师正值学术绽放之际而可惜天不假年，留下了于阗语《佛本生赞》和《赞巴斯特之书》的两部汉译手稿有待整理出版，巴利三藏汉译、于阗语文书和西藏梵文贝叶经等诸个研究项目也将由我们后辈接棒继续推进。

“指穷于为薪，火传也，不知其尽也。”

谨以此书献给敬爱的段晴老师，愿她在另一个世界，带着微笑注视我们前行。

编者

2024年3月

致　谢

在这本辑刊漫长的编辑过程中，感谢各位文章作者所给予的信任和包容。感谢上海中西书局哲社编辑室副主任田甜女士的各项帮助，以及责任编辑张恬女士的细致审校。感谢李晓楠博士和Johanne Donovan女士协助作英文校对。感谢郑初阳先生在文字和排版方面给予的建议。感谢薛天盟先生为本辑刊装帧设计封面。感谢孟建彤先生、闫红线女士的鼎力支持。

Preface

One day in May 2021, three of us gathered and decided to edit a *festschrift* volume dedicated to Professor Duan Qing's 70th birthday in 2023. We also wanted to make this volume the inaugural issue of a new journal focusing on Indology, Buddhist studies, and Silk Road studies. Subsequently, according to the plan, we initiated a "secret" call for papers, hoping to surprise our professor with a gift for her 70th birthday. However, in August 2021, Professor Duan was diagnosed with cancer, and she passed away on March 26th, 2022, leaving us with no opportunity to fulfill our original wish. With tremendous sorrow, we had to adjust our plan and convert the original *festschrift* volume to the present memorial volume.

This volume is divided into two parts, containing 26 papers in Chinese and 10 papers in English. The authors of these papers are former colleagues, friends, and students of Professor Duan. These studies cover a wide range of fields, including philology, history, religion, iconography, archaeology of India and areas along the Silk Road, as well as Chinese historical linguistics. These papers deal with sources written in multiple languages, such as Chinese, Sanskrit, Pali, Tibetan, Khotanese, Gāndhārī, Sogdian, and Middle Persian, which reflect Professor Duan's broad research perspectives and diverse academic interests.

Professor Duan Qing was born on May 13th, 1953 into a military family in Beijing. She studied German language and literature as an undergraduate at Peking University from 1971 to 1974. After graduation, she worked in a publishing house for a couple of years. In 1978, the resumption of graduate school enrollment at Chinese universities enabled her to embark on a Master's degree program at the Institute of South Asian Studies, co-sponsored by Peking University and the Chinese Academy of Social Sciences. In 1982, she completed her Master's degree in Indology under the guidance of Professors Ji Xianlin 季羡林 (1911–2009) and Jiang Zhongxin 蒋忠新 (1942–2002). She pursued her doctoral studies at the University of Hamburg in Germany, where she majored in Middle Iranian Studies with Professor R.E. Emmerick (1937–2001) as her advisor. She also studied Indology and Tibetology as secondary fields under Professors L. Schmithausen (1939–) and A. Wezler (1938–2023). After obtaining her Doctoral degree by completing a thesis on Khotanese manuscripts in 1986, she returned to Peking University to begin her 35-year-long teaching career. She first taught at the Institute of South Asian Studies and then joined the Department of Oriental Languages and Literatures. In 2000, she was promoted to full professor. From 2004 to 2019, she served as the director of the Institute of Sanskrit Literature and Buddhist Studies at Peking University. In 2017, she became the Boya Chair Professor of Peking University, one of the highest honors for a faculty member.

Professor Duan devoted her entire passionate life to her beloved academic and educational pursuits. Carrying on the scholarly legacy of Ji Xianlin and Jin Kemu 金克木, she made remarkable contributions to numerous fields of Indology and Iranian

Studies with her exceptional energy and perseverance, directing her attention to Sanskrit manuscripts, Pali texts, Kharoṣṭhī documents, Khotanese remains, and the Silk Road Studies. Significantly expanding the frontiers of knowledge, she earned an international reputation for her academic achievements. Moreover, she nurtured young scholars in many disciplines, significantly reshaping Indology and Iranian Studies in China.

The Sanskrit language formed the foundation of Professor Duan's lifelong scholarship. She spearheaded the Sanskrit language curriculum at Peking University for more than two decades. In 2001, she published the first comprehensive study of Sanskrit traditional grammar in China, titled *Bonini yufa rumen: yueguangshu jingcui shujie* 波你尼语法入门——《月光疏精粹》述解 [An Introduction to Pāṇini's Grammar: An Annotated Translation of the *Sārasiddhāntakaumudī*] (Peking University Press). From 2002, in collaboration with Professors Zhu Qingzhi 朱庆之 and Wan Jinchuan 万金川, Professor Duan was devoted to promoting comparative studies of Chinese translations of Buddhist texts with their original Sanskrit texts. This effort integrated Chinese historical linguistics with Sanskrit studies, which became a model of interdisciplinary studies.

A vast collection of valuable Sanskrit manuscripts has been preserved in Tibet Autonomous Region of China. However, due to various constraints, no systematic research on these manuscripts has been conducted in Chinese academia for a long time. In October 2004, Professors Wang Bangwei 王邦维 and Duan Qing jointly proposed to establish the Research Institute of Sanskrit Manuscripts and Buddhist Literature at Peking University. Professor Duan became the founding director of this institute, leading a group of young scholars to investigate and study Sanskrit manuscripts from Tibet. Under her supervision, institute members have retrieved a number of Sanskrit Buddhist texts which had been considered lost, and the institute has launched two publication series: "Series of Sanskrit Manuscript and Buddhist Literature" and "Series of Sanskrit-Tibetan-Chinese Buddhist Texts." These achievements significantly advanced the study of Sanskrit manuscripts in China, fulfilling the aspirations of several generations of scholars.

Professor Duan also paid great attention to the teaching and research of the Pali language. She resumed the Pali language course at Peking University in 2008, which had been suspended for many years. In 2009, as a representative of Peking University, she signed a cooperation agreement with the Dhammachai Institute in Thailand, launching a joint project for translating Pali Tipiṭaka into Chinese. Under her leadership, the Chinese translations of the *Dīghanikāya* and *Majjhimanikāya* were published in 2012 and 2021 respectively.

Professor Duan pioneered the study of Kharoṣṭhī in China. In 2011, she began to teach the Gāndhārī language at Peking University and subsequently built up the only team researching Kharoṣṭhī documents in China. She led this team to successfully complete the decipherment and compilation of Sanskrit fragments and Kharoṣṭhī documents preserved in the National Library of China, resulting in the publication of the book *Zhongguo guojia tushuguan cang Xiyu wenshu, fanwen quluwen juan* 中国国家图书馆藏西域文书——梵文佉卢文卷 [Xinjiang Manuscripts Preserved in the National Library of China: Sanskrit Fragments and Kharoṣṭhī Documents] (edited by Duan Qing and Zhang Zhiqing, Zhongxi Book Company, 2013). In collaboration with Tshelothar 才洛太, she published *Qinghai Zangyiyao wenhua bowuguan cang Quluwen chidu* 青海藏医药文化博物馆藏佉卢文尺牍 [Kharoṣṭhī Documents Preserved in Qinghai Tibetan Medical Culture Museum] (Zhongxi Book Company, 2016).

Professor Duan was the first scholar in China to receive systematic training in Indo-Iranian philology and was capable of deciphering and reading most manuscripts and documents found in India and Central Asia. In the early 21st century, a large number of manuscripts originally from Xinjiang Uyghur Autonomous Region resurfaced, including Buddhist texts and secular documents, and they were written in various scripts and languages such as Kharoṣṭhī, Sanskrit, Khotanese, Tibetan, Tocharian, Gūẓdiya, Sogdian, and Judeo-Persian. After her first contact with these documents in 2006, Professor Duan's scholarship flourished. Over the next 16 years until her passing, she led multiple academic projects and published 5 monographs, more than 80 articles in Chinese and over 20 articles in English. Her contributions covered numerous texts written in Sanskrit, Kharoṣṭhī, Khotanese, Gūẓdiya, Sogdian, and Syriac.

It was the field of Khotanese Studies to which Professor Duan devoted the greatest effort and made the most outstanding contribution. Some of her most significant articles have been published in the volume of her collected papers titled *Yutian, fojiao, gujuan* 于阗·佛教·古卷 [Khotan, Buddhism, and Ancient Manuscripts] (Zhongxi Book Company, 2013). She also published a volume titled *Zhongguo guojia tushuguan cang Xiyu wenshu, Yutianyu juan (1)* 中国国家图书馆藏西域文书——于阗语卷(一) [Xinjiang Manuscripts Preserved in the National Library of China: Khotanese Remains, Part I] (Zhongxi Book Company, 2015) and the monograph *Yutianyu Wugoujingguang datuoluoni jing* 于阗语无垢净光大陀罗尼经 [A Scroll of Khotanese *Raśmivimalaviśuddhaprabhā nāma Dhāraṇī*] (Zhongxi Book Company, 2019). In her numerous books and articles, she studied and interpreted dozens of Khotanese manuscripts and documents. For the first time, she deciphered a series of essential vocabulary such as "silk worm," "cocoon," "silk thread," "mulberry," "paper," and "brocade" in Khotanese texts. In recognition of her outstanding contributions, in October 2021, the Iranian Embassy in China awarded Professor Duan the honor of "Outstanding Scholar for Research and Teaching in Iranian Studies and Iranian Culture Public Outreach".

In 2010, five tufted carpets dating from the 6th century were unearthed in Shanpula, Hetian region of Xinjiang. These carpets were adorned with vibrant colorful patterns and inscriptions. Professor Duan published a series of papers in Chinese and English on these carpets, and came to the unprecedented conclusion that the carpets were the Khotanese textiles "Qushu 氍毹" (kośava) as mentioned by Xuanzang in his *Datang Xiyu ji* 大唐西域记 [Record of the Western Regions of the Great Tang], and the motifs on these carpets depicted the framework of the Mesopotamian *Epic of Gilgamesh*. In 2021, while on her sickbed, Professor Duan concluded her studies on these carpets by completing a monograph, *Shenhua yu yishi: Pojie gudai Yutian Qushu shang de wenming mima* 神话与仪式——破解古代于阗氍毹上的文明密码 [Myth and Ritual: Deciphering the Code of Civilizations on Qushu from Ancient Khotan] (SDX Joint Publishing Company, 2022). She was too weak to write a preface, so she narrated it verbally and had it transcribed. Professor Duan completed the last sentence of the preface as follows: "Life is limited, but exploration is infinite."

During her teaching career spanning more than 30 years, Professor Duan supervised a total of 13 doctoral students and 18 master's students, and offered language and reading courses on Classical Sanskrit, Traditional Sanskrit Grammar, Pali, Khotanese and Gāndhārī, among others. She also provided various seminars to meet the needs of students and often led students on domestic and international field trips. Many of her students embarked on academic careers; some have become leading scholars at universities and research institutes. In 2022, the "Faculty Team of Eastern Languages and Cultures"at Peking University, led by Professor Duan, was awarded the "Huang Danian Exemplary Faculty Team of Universities" by the Ministry of Education of China.

Professor Duan was rigorous yet caring towards her students, employing an inspiring teaching style to motivate students. She encouraged them to choose research topics in areas with which she was unfamiliar, which meant that she also had to invest a significant amount of time and energy to expand her knowledge. She strongly advocated for students to work with first-hand materials and facilitated favorable research conditions for them. She often welcomed new students to join her team, allowing many to have the opportunity to participate in cutting-edge international research practices at an early stage of their studies, thus broadening their research horizons. In this way, Professor Duan created a progressive training method, achieving a rapid development in her research teams.

Professor Duan was at the peak of her academic career when she fell ill. She left behind two unfinished Chinese translations of Khotanese texts, the *Jātakastava* and the *Book of Zambasta*, which are under preparation for publication. Her students and colleagues will continue her long-term projects, such as the Chinese translation of the Pali Tipiṭaka, study of Khotanese documents, and research on Sanskrit manuscripts from Tibet.

We dedicate this book to our Professor Duan Qing with profound respect, hoping her benevolent presence continues to inspire us as we forge ahead on the path she illuminated.

The editors
March 2024

目　录

CONTENTS

上卷

Part 1

英文文章的中文摘要 Chinese Abstracts of Papers in English

下 卷

Part 2

英文文章 Papers in English

中文文章的英文摘要 English Abstracts of Papers in Chinese

段晴教授

1953.5.13—2022.3.26

学术简历

1971—1974　北京大学西语系德语专业，本科

1978—1982　北京大学、中国社会科学院南亚研究所，硕士
　　印度学方向，导师：季羡林，蒋忠新

1982—1986　德国汉堡大学，博士
　　主科：中古伊朗语言　导师：R.E. Emmerick
　　副科：印度学、藏学　导师：A. Wezler, L. Schmithausen
　　博士论文：Das Khotanische *Aparimitāyuḥsūtra*

1987—1992　北京大学东语系，讲师

1992—2000　北京大学东语系，副教授
　1996—1997　印度浦那大学梵语俗语系，访问学者

2000—2022　北京大学外国语学院，教授
　1999—2005　北京大学外国语学院梵语巴利语教研室，主任
　2004—2019　北京大学梵文贝叶经与佛教文献研究所，主任
　2007—2008　德国图宾根大学印度学系，访问学者
　2016—2022　北京大学博雅讲席教授

Professor Duan Qing

May 13, 1953–March 26, 2022

Curriculum Vitae

1971–1974	B.A., German language and literature, Department of Western Languages and Literatures, Peking University
1978–1982	M.A., Indology, Institute of South Asia, Peking University and Chinese Academy of Social Sciences Advisors: Prof. Dr. Ji Xianlin, Prof. Jiang Zhongxin
1982–1986	Ph.D., Iranistic, Universität Hamburg, Germany Promotor: Prof. Dr. R.E. Emmerick Secondary fields: Indology and Tibetology Advisors: Prof. Dr. L. Schmithausen, Prof. Dr. A. Wezler Dissertation: Das Khotanische *Aparimitāyuḥsūtra*
1987–1992	Assistant Professor, Department of Oriental Languages and Literatures, Peking University
1992–2000	Associate Professor, Department of Oriental Languages and Literatures, Peking University
1996–1997	Visiting Scholar, Pune University, India
2000–2022	Professor, School of Foreign Languages, Peking University
1999–2005	Director of the Section of Sanskrit and Pali, Department of South Asian Studies, Peking University
2004–2019	Director of the Research Institute of Sanskrit Manuscripts and Buddhist Literature, Peking University
2007–2008	Visiting Scholar, University of Tübingen, Germany
2016–2022	Peking University Boya Chair Professor

段晴教授著作目录

Publications of Prof. DUAN Qing

中文 Chinese:

专著 Books

2001 《波你尼语法入门》，北京：北京大学出版社。

2013 《于阗·佛教·古卷》，上海：中西书局。

2015 《中国国家图书馆藏西域文书——于阗语卷（一）》，上海：中西书局。

2016 段晴、才洛太，《青海藏医药文化博物馆藏佉卢文尺牍》，上海：中西书局。

2019 《于阗语无垢净光大陀罗尼经》，上海：中西书局。

2022 《神话与仪式：破解古代于阗氍毹上的文明密码》，北京：生活·读书·新知三联书店。

2023 《莲塘月色》，南京：凤凰出版社。

译著 Translations

1996 季羡林译，段晴、钱文忠续补，《梵文基础读本》，北京：北京大学出版社。

段晴、冉斌、贺喜、陈明译，《安徒生童话故事集》，石家庄：河北少年儿童出版社。

《格林童话故事集》，石家庄：河北少年儿童出版社。

2005 黄宝生、段晴等译，《摩诃婆罗多（四）》，北京：中国社会科学出版社。

2009 季羡林译，段晴、范慕尤续补，《梵文基础读本》，北京：北京大学出版社。

2012 段晴等译，《汉译巴利三藏·经藏·长部》，上海：中西书局。

2021 段晴等译，《汉译巴利三藏·经藏·中部》，上海：中西书局。

编著 Editorial Works

2011—2014 段晴、释了意主编，《梵藏汉佛典丛书》，上海：中西书局。

2012—2021 段晴、释贤星主编，《汉译巴利三藏》，上海：中西书局。

2013 段晴、张志清主编，《中国国家图书馆藏西域文书——梵文、佉卢文卷》，上海：中西书局。

文章 Articles

1982 《季教授和他的第二故乡——随季羡林先生访德散记》,《丑小鸭·青年文学月刊》第5期，第56—58页。

1988 《于阗文中的八曜》,《民族语文》第4期，第36—40页。

1991 《于阗文的蚕字、茧字、丝字》，李铮、蒋忠新主编《季羡林先生八十华诞纪念论文集》，南昌：江西人民出版社，第45—50页。

1992 《西方鬼的故事：晚皮尔的传说》,《国外文学》第3期，第82—90页。

《印度文化的知音——记金克木先生》,《中国文化报》1992年7月22日。

1993 《"慈悲者之城"与"涅槃城"》,《南亚研究》第2期，第41—45页。

《旅顺博物馆藏于阗语〈出生无边门陀罗尼经〉残片释读》，叶奕良编《伊朗学在中国论文集》第1辑，北京：北京大学出版社，9—14页。

《于阗经文中"作茧自缚"的来源》,《民族语文》第1期，第63—66页。

《于阗语〈出生无边门陀罗尼经〉残片释读》,《西域研究》第2期，第46—51页。

1995 《迎接挑战》，魏国英主编《她们拥抱太阳：北大女学者的足迹》，北京：北京大学出版社，第362—369页。

1996 《面如满月：浅谈中印审美观的差异》,《北京大学学报》(东方文化研究专刊)，第25—31页。

1997 《从〈梨俱吠陀〉读出的历史》,《南亚研究》第1期，第91—93页。

段晴、王炳华,《新疆新出于阗文木牍文书研究》,《敦煌吐鲁番研究》第2卷，北京：北京大学出版社，第1—12页。

1998 《〈大唐西域记〉瞿萨旦那国拾零》，北京大学东方文化研究所编《东方研究》(1996年、1997年合集)，北京：蓝天出版社，第139—146页。

《几件与册封于阗王有关的于阗文书》，叶奕良编《伊朗学在中国论文集》第2集，北京：北京大学出版社，第9—13页。

《印度人的自然观初探》,《南亚研究》第1期，第51—56页。

1999 《德国南亚学者彼得·达斯教授在北京大学讲学》,《南亚研究》第2期，第95—96页。

《写在〈季羡林文集〉出版之际》,《中华读书报》1999年4月21日。

2000 《敦煌新出土叙利亚文书释读报告》，彭金章、王建军、敦煌研究院编《敦煌莫高窟北区石窟》第1卷，北京：文物出版社，第382—390页。

《敦煌新出土叙利亚文书释读报告(续篇)》,《敦煌研究》第4期，第120—126页。

荣新江、段晴，《据史德语考》，余太山主编《中亚学刊》第5辑，乌鲁木齐：新疆人民出版社，第9—21页。

2002 《波你尼语法初探》，《华林》第2卷，北京：中华书局，第47—58页。

《敦煌莫高窟北区出土的一件梵语残卷》，戒幢佛学研究所编《戒幢佛学》第2卷，长沙：岳麓书社，第68—78页。

《梵语以及梵语的启示》，于维雅主编《东方语言文字与文化》，北京：北京大学出版社，第130—153页。

《梵语与零的发现》，北京大学东方文学研究中心、东方学研究院编《东方研究（二〇〇一年）》，北京：国际文化出版公司，第298—307页。

《素材是人文科学的基础》，北京大学外国语学院语言学研究所编《语言学研究》第1辑，北京：北京大学出版社，第181—185页。

2003 《读薛克翘先生〈中印文学比较研究〉有感》，《南亚研究》第2期，第92—93页。

《对vibhakti类词缀的补充说明》，北京大学东方文学研究中心、东方学研究院编《东方研究（2002—2003）》，北京：经济日报出版社，第123—136页。

《景教碑中"七时"之说》，叶奕良编《伊朗学在中国论文集》第3集，北京：北京大学出版社，第21—30页。

《林悟殊：〈唐代景教再研究〉》（书评），刘东主编《中国学术》第15辑，北京：商务印书馆，第311—314页。

《唐代大秦寺与景教僧新释》，荣新江主编《唐代宗教信仰与社会》，上海：上海辞书出版社，第434—472页。

《于阗语〈罗摩衍那〉的故事》，张玉安、陈岗龙主编《东方民间文学比较研究》，北京：北京大学出版社，第138—157页。

2005 《大秦寺的守望者》，《书城》第11期，第70—73页。

朱冠明、段晴，《梵汉本〈法华经〉语词札记》，《古汉语研究》第2期，第68—73页。

《筋斗背后的故事——从一个家喻户晓的词汇透视粟特文化的遗踪》，荣新江等编《粟特人在中国——历史、考古、语言的新探索》，北京：中华书局，第402—415页。

《西域的胡语文书》，国家图书馆善本特藏部敦煌吐鲁番学资料研究中心编《敦煌与丝路文化学术讲座》第2辑，北京：北京图书馆出版社，第36—62页。

《西域语趣——读〈正法华经〉、〈妙法莲华经〉随笔》，刘东主编《中国学术》第21辑，北京：商务印书馆，第193—210页。

2006 段晴、李建强，《悉昙字本说源》，《语言学论丛》第32辑，北京：商务印书馆，第334—355页。

《新发现的于阗语〈金光明最胜王经〉》，《敦煌吐鲁番研究》第9卷，北京：中华书局，第7—22页。

2008 《于阗文本〈修慈分〉》，朱玉麒主编《西域文史》第3辑，北京：科学出版社，第1—57页。

2009 文欣、段晴，《丹丹乌里克佛寺壁画上的于阗文题记考释》，中国新疆文物考古研究所、日本佛教大学尼雅遗址学术研究机构编《丹丹乌里克遗址——中日共同考察研究报告》，北京：文物出版社，第261—265页。

段晴、和田地区博物馆，《和田博物馆藏于阗语租赁契约研究——重识于阗之"桑"》，《敦煌吐鲁番研究》第11卷，上海：上海古籍出版社，第29—44页。

孙皓、段晴，《论"如意金箍棒"的原型及演变过程》，《南京社会科学》第8期，第80—83页。

《明咒护身符》，中国新疆文物考古研究所、日本佛教大学尼雅遗址学术研究机构编《丹丹乌里克遗址——中日共同考察研究报告》，北京：文物出版社，第267—279页。

《于阗僧提云般若与武则天——兼论〈造像功德经〉（上）》，《新疆文物》第3—4期，第114—128页。

《于阗语〈对治十五鬼护身符〉》，《敦煌吐鲁番研究》第11卷，上海：上海古籍出版社，第101—119页。

《于阗语高僧买奴契约》，《敦煌吐鲁番研究》第11卷，上海：上海古籍出版社，第11—27页。

2010 《梵语〈贤劫经〉残卷——兼述〈贤劫经〉在古代于阗的传布及竺法护的译经风格》，《西域历史语言研究集刊》第3辑，北京：科学出版社，第201—231页。

《关于古代于阗的"村"》，朱凤玉、汪娟编《张广达先生八十华诞祝寿论文集》（上），台北：新文丰出版公司，第581—604页。

2011 《宝藏遗踪——近年来和田地区新出非汉语类文书综述：纪念向达先生诞辰110周年国际学术研讨会论文集》，樊锦诗等主编《敦煌文献·考古·艺术综合研究——纪念向达先生诞辰110周年国际学术研讨会论文集》，北京：中华书局，第293—305页。

《德国的印度学之初与季羡林先生的学术底蕴》，初见于北京大学东方文学研究中心主办《东方文学研究通讯》2010年第3—4合期，第3—12页；后正式发表于《敦煌吐鲁番研究》第12卷（季羡林先生纪念专号），上海：上海古籍出版社，第1—14页。

《〈梵文贝叶经与佛教文献系列丛书〉总序》，见于叶少勇《〈中论颂〉与〈佛护释〉——基于新发现梵文写本的文献学研究》及范慕尤《梵文写本〈无二平等经〉的对勘与研究》，上海：中西书局，第(1)—(5)页。

《中国国家图书馆藏BH5-3号佉卢文买卖土地契约》，朱玉麒主编《西域文史》第6辑，北京：科学出版社，第1—12页。

《字里行间——汉译佛经所反映的梵文隐性现象》，王邦维主编《季羡林先生与北京大学东方学》（下），银川：阳光出版社，第252—268页。

2012 《Hedin 24号文书释补》，新疆吐鲁番学研究院编《语言背后的历史——西域古典语言学高峰论坛论文集》，上海：上海古籍出版社，第74—78页。

《探径于〈长部〉》，段晴等译《汉译巴利三藏·经藏·长部》，上海：中西书局，第6—30页。

《译后记》，段晴等译《汉译巴利三藏·经藏·长部》，上海：中西书局，第589—590页。

《有关译文体例的简单说明》，段晴等译《汉译巴利三藏·经藏·长部》，上海：中西书局，第31—35页。

《尉迟曜11年裴捺卖地案牍》，朱玉麒主编《西域文史》第7辑，北京：科学出版社，第123—137页。

2013 《波斯帝国的历史传说》，初见于北京大学东方文学研究中心主办《东方文学研究通讯》2012年第3期，第42—55页；后正式发表于《中国典籍与文化》第8辑，北京：国家图书馆出版社，第101—137页。

《慈无味——无法表演的慈》，《光明日报》10月28日第12版。

《伏阇达五年蠲除契约案牍》，《敦煌吐鲁番研究》第13卷，上海：上海古籍出版社，第291—304页。

《〈舅卖甥女〉案牍所映射的于阗历史》，秦大树、袁旔主编《古丝绸之路——2011年亚洲跨文化交流与文化遗产国际学术研讨会论文集》，新加坡：八方文化创作室，第33—58页。

《内容不明佉卢文木牍（国图BH5-7）》，段晴、张志清主编《中国国家图书馆藏西域文书——梵文、佉卢文卷》，上海：中西书局，第203—205页。

《前言》，段晴、张志清主编《中国国家图书馆藏西域文书——梵文、佉卢文卷》，上海：中西书局，第1—5页。

《萨波Vaisa之牒所隐括的社会变迁》，刘绍刚、侯世新主编《新疆博物馆新获文书研究》，北京：中华书局，第78—91页。

段晴、叶少勇，《未知名于阗语、梵语佛经抄本残片》，刘绍刚、侯世新主编《新疆博物馆新获文书研究》，北京：中华书局，第73—77页。

《贤劫经（Bhadrakalpikasūtra）》，段晴、张志清主编《中国国家图书馆藏西域文书——梵文、佉卢文卷》，上海：中西书局，第121—134页。

《义净与实叉难陀》，初见于北京大学东方文学研究中心主办《东方文学研究通讯》2010年第3—4合期，第13—22页；后正式发表于中国人民大学国学院主编《国学的传承与创新——冯其庸先生从事教学与科研六十周年庆贺学术文集》下册，上海：上海古籍出版社，第1109—1120页。

《于阗语等文献释读及论述部分之引言及凡例》，刘绍刚、侯世新主编《新疆博物馆新获文书研究》，北京：中华书局，第45—47页。

《于阗语〈佛说一切功德庄严王经〉残叶》，刘绍刚、侯世新主编《新疆博物馆新获文书研究》，北京：中华书局，第60—72页。

《于阗语〈僧伽吒经〉残叶》，刘绍刚、侯世新主编《新疆博物馆新获文书研究》，北京：中华书局，第48—59页。

段晴、郭金龙，《于阗语世俗文书残片》，刘绍刚、侯世新主编《新疆博物馆新获文书研究》，北京：中华书局，第92—95页。

《元孟八年土地买卖楔印契约（国图BH5-3）》，段晴、张志清主编《中国国家图书馆藏西域文书——梵文、佉卢文卷》，上海：中西书局，第193—201页。

《〈造像功德经〉所体现的佛教神话模式》，王邦维、陈金华、陈明编《佛教神话研究：文本、图像、传说与历史》，上海：中西书局，第83—102页。

2014 《穿越了时空的文字》，《多浪龟兹》第23期，第81—85页。

《洛浦地毯与吉尔伽美什的传说》，《华夏地理》第1期，第30—31页。

段晴、李建强，《钱与帛——中国人民大学博物馆藏三件于阗语—汉语双语文书解析》，《西域研究》第1期，第29—38页。

《新疆洛浦县地名“山普鲁”的传说》，《西域研究》第4期，第1—8页。

《于阗故地的诉说》，上海博物馆编《于阗六篇：丝绸之路上的考古学案例》，北京：北京大学出版社，第97—121页。

《于阗文书所见古代于阗的典押制度》，《敦煌吐鲁番研究》第14卷，上海：上海古籍出版社，第113—125页。

《于阗语〈无垢净光大陀罗尼经〉之源与流》，荣新江、朱玉麒主编《西域考古·史地·语言研究新视野：黄文弼与中瑞西北科学考察团国际学术研讨会论文集》，北京：科学出版社，第329—338页。

2015 《裴捺的人生轨迹》，阿不都热西提·亚库甫主编《西域—中亚语文学研究：2012年中央民族大学主办西域—中亚语文学国际学术研讨会论文集》，上海：上海古籍出版社，第80—89页。

《飘带来自吉祥——反映在古代于阗画中的祆教信仰符号》，中山大学艺术史研究中心编《艺术史研究》第17辑，广州：中山大学出版社，第153—166页。

《佉卢文世俗文书所反映的社会生活》，《中国文化报》5月22日第4版。

《天树下娜娜女神的宣言——新疆洛浦县山普鲁出土毛毯系列研究之一》，《西域研究》第4期，第147—160页。

《新疆山普鲁古毛毯上的传说故事》，《西域研究》第1期，第38—47页。

《一件来自公元6世纪的梵语世俗文书》，西藏社会科学院贝叶经研究所编《西藏贝叶经研究》，拉萨：西藏藏文古籍出版社，第1—11页。

2016 《木球之喻》，程彤主编《丝绸之路上的照世杯："中国与伊朗：丝绸之路上的文化交流"国际研讨会论文集》，上海：中西书局，第31—40页。

《萨迦牟云的家园——以尼雅29号遗址出土佉卢文书观鄯善王国的家族与社会》，《西域研究》第3期，第54—64页。

《粟特商队到于阗——BH4-135之于阗文书的解读》，荣新江、罗丰主编《粟特人在中国：考古发现与出土文献的新印证》上册，北京：科学出版社，第96—115页。

段晴、侯世新、李达，《于阗语大案牍——新疆维吾尔自治区博物馆藏初唐案牍研究》，荣新江主编《唐研究》第22卷（从高昌到奈良——丝绸之路上的写本研究专号），北京：北京大学出版社，第371—400页。

2017 段晴、才洛太，《佉卢文的证言——青海藏医药文化博物馆藏两件佉卢文尺牍研究》，孟宪实、朱玉麒主编《探索西域文明——王炳华先生八十华诞祝寿文集》，上海：中西书局，第292—305页。

2018 《精绝、鄯善古史钩沉》，余太山、李锦绣主编《欧亚学刊》新7辑，北京：商务印书馆，第21—34页。

《陌生的友邻》，《华夏地理》第8期，第78—92页。

《神话的跨域性与地方性——以观察新疆洛浦博物馆氍毹为基础》，《民族艺术》第4期，第13—22页。

陈姵瑄、段晴，《〈神话的跨域性与地方性——以观察新疆洛浦博物馆氍毹为基础〉问答、评议与讨论》，《民族艺术》第4期，第23—27页。

《神话与仪式——以观察新疆洛浦博物馆氍毹为基础》，《民族艺术》第5期，第31—44页。

程雪、段晴，《〈神话与仪式——以观察新疆洛浦博物馆氍毹为基础〉问答、评议与讨论》，《民族艺术》第5期，第45—49页。

《〈声教所及——对纪晓岚新疆行脚的民俗回访〉序》，上海：中西书局，第1—13页。

段晴、侯世新、李达，《石汗那的婴儿——新疆博物馆藏一件新出于阗语案牍》，《敦煌吐鲁番研究》第18卷，第265—278页。

2019 段晴、侯世新、李达，《于阗伏阇雄时代的两件契约》，荣新江、朱玉麒主编《丝绸之路新探索：考古、文献与学术史》，南京：凤凰出版社，第131—142页。

《早期/晚期于阗语与方言——〈无垢净光大陀罗尼〉所反映的语言问题》，王振芬、荣新江主编《丝绸之路与新疆出土文献——旅顺博物馆百年纪念国际学术研讨会论文集》，北京：中华书局，第497—511页。

2020 《古代于阗天灾人祸所生发的信仰与习俗》，《澎湃新闻》5月14日。

《买卖僧房舍契约》，郑阿财、汪娟主编《敦煌学》第36期（张广达先生九秩华诞颂寿特刊），第315—328页；后又收入郑阿财、汪娟主编《张广达先生九十华诞祝寿论文集》上册，台北：新文丰出版公司，2021年，第451—465页。

《一篇于阗语祈祷文所映射的十世纪敦煌于阗人的宗教信仰》，余太山、李锦绣主编《欧亚学刊》新10辑，北京：商务印书馆，第150—161页。

《于阗王国之名新考》，《西域研究》第1期，第79—89页。

《于阗语“四象”以及龙王“热舍”》，北京大学外国语学院外国语言学及应用语言学研究所编《语言学研究》第28辑，北京：高等教育出版社，第6—14页。

《专栏主持人语》，北京大学外国语学院外国语言学及应用语言学研究所编《语言学研究》第28辑，北京：高等教育出版社，第3—5页。

2021 《白沙瓦博物馆》，张嘉妹主编《犍陀罗的微笑——巴基斯坦古迹文物巡礼》，上海：上海三联书店，第64—66页。

《佛立像》，张嘉妹主编《犍陀罗的微笑——巴基斯坦古迹文物巡礼》，上海：上海三联书店，第67—75页。

《佛坐像》，张嘉妹主编《犍陀罗的微笑——巴基斯坦古迹文物巡礼》，上海：上海三联书店，第76—81页。

《诃利帝与般支迦》，张嘉妹主编《犍陀罗的微笑——巴基斯坦古迹文物巡礼》，上海：上海三联书店，第126—128页。

《菩萨像》，张嘉妹主编《犍陀罗的微笑——巴基斯坦古迹文物巡礼》，上海：上海三联书店，第82—85页。

《舍利盒》，张嘉妹主编《犍陀罗的微笑——巴基斯坦古迹文物巡礼》，上海：上海三联书店，第129—131页。

段晴、郑亮，《关于氍毹》，李肖主编《丝绸之路研究》第2辑，北京：生活·读书·新知三联书店，第1—7页。

《黄文弼发现的两件据史德语文书》，朱玉麒主编《西域文史》第15辑，北京：科学出版社，第1—18页。

《丝路之畔的赫尔墨斯》，马丽蓉主编《新丝路学刊》总第11期，第1—14页。

《探径于〈中部〉》，段晴等译《汉译巴利三藏·经藏·中部》上册，上海：中西书局，第5—16页。

《唐代据史德文化略考》，罗丰主编《丝绸之路考古》第5辑，北京：科学出版社，第106—114页。

《译后记》，段晴等译《汉译巴利三藏·经藏·中部》下册，上海：中西书局，第1039—1041页。

《于阗絁䌷，于阗锦》，北京大学伊朗文化研究所编《伊朗学在中国》第5辑，上海：中西书局，第50—64页。

2022 《关于古代于阗"税"的辩考——基于策勒县文物保护管理所藏于阗语案牍所做观察》，荣新江主编《丝绸之路上的中华文明》，北京：商务印书馆，254—276页。

《浸没的家产——中国国家图书馆藏于阗语案牍BH4-68研究》，朱玉麒、李肖主编《坚固万岁人民喜——刘平国刻石与西域文明学术研讨会论文集》，南京：凤凰出版社，第362—372页。

《吕珎胡书——对中国国家图书馆藏西域文书BH1-17于阗语文书的释读》，《西域研究》第2期，第73—88页。

段晴、范晶晶、杨帆，《粟特语灌顶仪轨》，余太山、李锦绣主编《欧亚学刊》新11辑，北京：商务印书馆，第1—14页。

《中国人民大学藏于阗语文书的学术价值》，《中国人民大学学报》第1期，第12—19页。

2023 《神话与仪式——以观察新疆洛浦博物馆氍毹为基础》，昝涛主编《东西之间——北大"丝绸之路"十五讲》，北京：社会科学文献出版社，第1—15页。

日文 Japanese:

2019 「『カルパラージャ·スートラ』と仏塔信仰」（アップル荒井しのぶ訳），『東洋学術研究』58/2: 65—85。

西文 Western Languages:

专著 Book

1992 *Das Khotanische Aparimitāyuḥsūtra: Ausgabe, Übersetzung, Kommentar und Glossar*. Reinbek: Dr. Inge Wezler.

编著 Editorial Work

2009 Ernst Steinkellner in cooperation with Duan Qing, Helmut Krasser, eds. *Sanskrit Manuscripts in China: Proceedings of a Panel at the 2008 Beijing Seminar on Tibetan Studies, October 13 to 17*. Beijing: China Tibetology Publishing House.

文章 Articles

1987 "*draivī." In: R.E. Emmerick and P.O. Skjærvø, eds., *Studies in the Vocabulary of Khotanese II*, 61–62. Wien: Österreichische Akademie der Wissenschaften.

"Einige Götter in dem khotanischen Text S 2471." *Zeitschrift der Deutschen Morgenländischen Gesellschaft, Supplementa* 9: 207.

1998 "What does Indology specially mean for China." 北京大学东方文化研究所编《东方研究》（纪念百年校庆论文集），北京：蓝天出版社，第429—441页。

2001 "Bericht über ein neuentdecktes syrisches Dokument aus Dunhuang/China (mit 2 Abbildungen)." *Oriens Christianus* 85: 84–93.

2002 "The Study of Sanskrit at Peking University." *Fragile Palm Leaves* 7, Bangkok, Thailand.

"What does Indology mean specially for China." In: Saroja Bhate, ed., *Indology: Past, Present and Future*, 223–232. New Delhi: Sahitya Akademi.

2003 Duan Qing and Peng Jinzhang. "A Newly Found Sanskrit Fragment from Dunhuang." *Annual Report of the International Research Institute for Advanced Buddhology at Soka University* 6: 197–206.

2007 "The Maitrī-bhāvanā-prakaraṇa: A Chinese Parellel to the Third Chapter of the *Book of Zambasta*." In: M. Macuch, M. Maggi, and W. Sundermann, eds.,

Iranian Languages and Texts from Iran and Turfan, Ronald E. Emmerick Memorial Volume, 39–48. Wiesbaden: Harrassowitz.

"Two New Folios of Khotanese *Suvarṇabhāsottamasūtra*." *Annual Report of the International Research Institute for Advanced Buddhology at Soka University* 10: 325–336.

2008 "In the Pursuit of Vyākaraṇa-elements in Chinese Translations." *Selected Papers of Beijing Forum 2007: The Harmony of Civilizations and Prosperity for All, Diversity in the Development of Human Civilization*, 163–172. Beijing: Peking University Press.

2009 "A Fragment of the *Bhadrakalpasūtra* in Buddhist Sanskrit from Xinjiang." In: Ernst Steinkellner, Duan Qing, and Helmut Krasser, eds., *Sanskrit Manuscripts in China: Proceedings of a Panel at the 2008 Beijing Seminar on Tibetan Studies October 13 to 17*, 15–39. Beijing: China Tibetology Publishing House.

"*Bisā*- and *Hālaa*- in a New Chinese-Khotanese Bilingual Document." *Journal of Inner Asian Art and Archaeology* 3: 65–73.

"'Mulberry' in Khotanese: A New Khotanese Loan Deed in the Hetian Museum." *Bulletin of the Asia Institute* 19 (Iranian and Zoroastrian Studies in Honor of Prods Oktor Skjærvø 2005): 5–14.

"Stories behind 'Jindou'." In: Ye Yiliang, ed., *Collection of Papers on Iranian Studies in China*, 26–36. Beijing: Peking University Press.

2010 "Besprechung: Sanskrithandschriften aus den Turfanfunden." *Orientalistische Literaturzeitung* 105. Juli-Oktober.

"Misfortune Caused by Kings." *Annual Report of the International Research Institute for Advanced Buddhology at Soka University* 13: 173–183.

Review: Klaus Wille, *Sanskrithandschriften aus den Turfanfunder*, Teil 10: Die Katalognummern 3200–4362, Stuttgart: Steiner 2008. *Orientalistische Literaturzeitung* 105/4–5: 581–583.

2011 "Some Fragments of the *Saṅghāṭa-sūtra* from the Xinjiang Museum, Urumqi." *Annual Report of the International Research Institute for Advanced Buddhology at Soka University* 14: 127–134.

2012 "A Land Sale Contract in Kharoṣṭhī Script: National Library of China Collection, No. BH5-3." *Annual Report of the International Research Institute for Advanced Buddhology at Soka University* 15: 63–69.

"The Inscriptions on the Carpets Found at Shanpula, Luopu (Lop) County, Xinjiang." *Journal of Inner Asian Art and Archaeology* 5: 95–99.

2013 "Puñadatta's Life as Reflected in Khotanese Documents." In: S. Tokhtasev and P. Luria eds., *Commentationes Iranicae. Festschrift to Prof. Vladimiro f. Aron*

Livschits nonagenario donum natalicium, 435–445. St. Petersburg: Petropoli in ædibus Nestor-Historia.

Helen Wang, trans., “Were Textiles used as Money in Khotan in the Seventh and Eighth Centuries?” *Journal of the Royal Asiatic Society* 23: 307–325.

2014 “Indic and Khotanese Manuscripts: New Finds and Findings from Xinjiang.” In: Paul Harrison and Jens-Uwe Hartmann, eds., *From Birch Bark to Digital Data: Recent Advances in Buddhist Manuscript Research: Papers Presented at the Conference Indic Buddhist Manuscripts: The State of the Field. Stanford, June 15-19 2009*, 269–278. Wien: Österreichische Akademie der Wissenschaften.

“Pledge, Collateral and Loan in Ancient Khotan.” In: Yu Taishan and Li Jinxiu, eds., *Eurasian Studies* II, 249–268. Sydney: Asia Publishing Nexus.

“Puñadatta’s Contract of Sale of an Estate.” *Annual Report of the International Research Institute for Advanced Buddhology at Soka University* 17: 349–363.

2015 “A Sanskrit Buddhist Document on Cloth of the Earlier 7th Century.” In: Yu Taishan and Li Jinxiu, eds., *Eurasian Studies* III, 171–185. Sydney: Asia Publishing Nexus.

2016 “Deed, Coins and King’s Title as Revealed in a Sanskrit Cloth Document from the 6th Century.” In: Yu Taishan and Li Jinxiu, eds., *Eurasian Studies* IV, 265–283. Sydney: Asia Publishing Nexus.

2017 “Greek Gods and Traces of the Sumerian Mythology.” 李肖主编《丝绸之路研究》第1辑，北京：生活·读书·新知三联书店，第1—16页。

“Transformation of the Administrative System in 3rd-Century Shanshan (Nuava): A Case Study of the Great Cozbo Soṃjaka.” In: Yu Taishan and Li Jinxiu, eds., *Eurasian Studies* V, 86–109. Sydney: Asia Publishing Nexus.

2020 Duan Qing and Zheng Liang. “About *qushu*: Carpets or Rugs with Long Hair.” In: Xiao Li, ed., *Studies on the History and Culture Along the Continental Silk Road*, 21–30. SDX Joint Publishing & Springer.

“Across-Regional and Local Characteristics of Mythologies: On the Basis of Observing the Lop Museum Carpets.” In: Xiao Li, ed., *Non-Han Literature Along the Silk Road*, 1–20. SDX Joint Publishing & Springer.

“Foreword.” In: Xiao Li ed., *Non-Han Literature Along the Silk Road*, ix–xi. SDX Joint Publishing & Springer.

“*Kalparāja-sūtra* and Pagoda Worship.” *The Journal of Oriental Studies* 30: 102–117.

“Legends and Ceremonies: Based on the Observation of the Qu Shu Collection at Xinjiang Lop Museum.” In: Xiao Li, ed., *Non-Han Literature Along the Silk Road*, 21–45. SDX Joint Publishing & Springer.

（荣新江 范晶晶 整理）

梵文书仪、佉卢文书信与“慧天致玄奘书”

般　灯

摘要： 本文分为三个部分。第一部分介绍梵文书仪的三部文献：《书信月光》（*Patra-kaumudī*）、《文书轨范》（*Lekha-paddhati*）与《蛮族政令次第》（*Yāvana-paripāṭī-anukrama*）。第二部分介绍尼雅地区的佉卢文书信的一般格式。第三部分则针对“慧天致玄奘书”，详细解释其内容并分析这封信与梵文书仪、佉卢文书信的关系：从书信的结构与用词来看，慧天给玄奘的信更加接近公元4世纪前后尼雅地区的佉卢文书信，尤其是“敬问无量少病少恼”一句，几乎等同于佉卢文书信中“*arogi preṣeti bahu aprameyo*”一句的直译，而在梵文书仪文献中则见不到此句。慧天书信的行文格式也与梵文书仪《书信月光》中规定的书信结构极不相同，因而可以推测：在玄奘以及更早的时代，印度本土及周边深受印度文化影响的地区应该流行着一种相对《书信月光》更为简单的书仪形式。

关键词： 梵文书仪；佉卢文；玄奘

“所谓书仪，是写信的程式和范本，供人模仿和套用。”（周一良 1990, 95）汉语书仪的相关内容，学者们已经研究得很充分了；而印度古典时期的书仪，学者们却鲜有触及：这一方面是由于印度本身书仪类文献较少，同时也几乎找不到公元8世纪之前的梵文书信[1]——资料的缺乏使得我们很难了解印度古代书信的真实面貌。然而在新疆尼雅地区发现的大量佉卢文书信，以及记载于玄奘传记中的一封梵译汉书信，或许可以填补这一空白。

一、梵文书仪

梵文的书仪文献中，最重要的有三部：《书信月光》（*Patra-kaumudī*）、《文书轨范》（*Lekha-paddhati*）与《蛮族政令次第》（*Yāvana-paripāṭī-anukrama*）。

作者： 般灯（关迪），沈阳北塔护国法轮寺编辑中心，中国人民大学国际佛学研究中心。

[1] 龙树的《亲友书》（*Suhṛllekha*，又名《龙树菩萨劝诫王颂》）与月官的《弟子书》（*Śiṣyalekha*）等一类作品虽然本身也是梵文书信，但它们并不是传统意义上相对私密的“信件”，也没有一般信件的格式，而是一类以书信为载体的宗教哲学著作，因此他们对于印度书仪的研究并不存在普遍价值。

1.《书信月光》

《书信月光》[1]的作者是婆罗流支(Vararūci)[2]。在本书的第2颂中说:

vikramādityabhūpasya kīrtisiṃdhor nirdeśataḥ |

śrīmān vararūcir dhīmān tanoti patrakaumudīn ||

因声名远播的超日王的敕令，吉祥的、有智慧的婆罗流支创作了《书信月光》。

这部著作旨在教导人们如何写信，并将制信、写信、送信、读信等一系列规则清楚明白地展示出来，是一部不折不扣的书仪作品，也是目前已知的年代最早的印度书仪专著。

该作开宗明义，第1颂是归敬颂，敬礼黑天等天神。第2颂说明创作背景与作者。第3—4颂说明写信的对象，其中包括国王(rāja)、大臣（mantrin）、智者（paṇḍita）、师长（guru）、夫妻（svāmin-bhāryā）、父子（pitā-putra）、苦行/静修者（saṃnyāsin-yāti）、奴仆（bhṛtya）、敌人（ripu）等。

第5—9颂是本文的大纲，其中包括:

① 染信(patrarañjana)；详释在第10颂。

② 信的尺寸(patrapramāṇa)；详释在第11颂。

③ 信的打开方式(patrabhaṅgaprakāra)；详释在第12颂。

④ 书吏的特征(lekhakalakṣaṇa)；详释在第13—17颂。

⑤ 写信的步骤(patrasya racanakrama)；详释在第18—21颂。

⑥ 写信的格式(lakhanaprakāra)；详释在第22—29颂。

⑦ 送信的步骤(patranayanakrama)；详释在第30—33颂。

⑧ 读信的方式(paṭhanaprakāra)；详释在第34—38颂。

⑨ 信的标记(patracihnāni)；详释在第39—43颂。

第44—56颂是针对不同的人在信中应该使用的词汇(padanyāsa)。

第57颂讨论了śrī(吉祥)的用法。

在第57颂之后，是以长行的方式罗列针对不同的人的赞词(praśasti)。

以下简略介绍其中的内容[3]。

[1] 本文中引用的《书信月光》主要依据Mondal 1989版，并参考了Banerji 1960版。

[2] 历史上曾有多位称为超日王(Vikramāditya)与婆罗流支(Vararūci)的人，本书的作者究竟是哪一位，前人已有相关研究，本文不作过多探讨。相关研究可见：Banerji 1958, 1960; Banerjee 1975，以及Mondal 1989。

[3] 以下内容均为依据Mondal 1989的梵文精校本进行的节译，括号内为颂号。

1.1 染信(10)

普通、中等、最好这三类信中，最好的信应该被染成金色(suvarṇa)、银色(rūpya)等颜色。

1.2 信的尺寸(11)

所寄的信，最好的长一肘六指，中等的一肘，一般的一拳。

1.3 信的打开方式(12)

信应该作三层，上两层应该被丢弃，而长行(gadya)与偈颂(padya)则应写在第三层上。

1.4 书吏的特征(13—17)

是婆罗门、擅长协商、精通王政、擅长种种书写方式、了解种种语言、精于协商、有智慧、通达《利论》、懂得拆连声、精熟王事、总是着眼于国王的利益、与国王同心同德、知道该做与不该做的事、诚实、自律、能说真相、善良、知法、知王法，具备这样的功德的人，他是国王的书吏。

1.5 写信的步骤(18—21)

国王召唤书吏之后，应说：你要认真写信，符合长行与偈颂的要求。

书吏在与智者商讨后，经过两三天后应拟好草稿。然后应该读给国王听，在国王同意之后，再誊抄到干净的信纸上。

1.6 写信的格式(22—29)

① 首先在书信上画吉祥纹：先画一个弯，其中有一个点，下方有一个数字“7”。

② 在吉祥纹之后书写svasti与śrī，并在其后书写收信人的称号。

③ 接下来是寒暄词(kuśala)，只能用梵语书写。

④ 再下方是好消息与坏消息，可以用梵语或俗语书写。

⑤ 接下来是信的主体内容。

⑥ 随后是宣扬名声与令其欢喜的赞颂。

⑦ 之后是附言(kim adhikam)。

⑧ 最后是结颂(śloka)。

此外，此段的最后两颂还特别强调了书信格式的重要性：

了知如是论典次第的人，方可书写国王的书信。这样的书吏及国王大臣能获得最高的美誉。而不懂论典常识的人假如书写了国王的书信，则他与国王大臣都会得到极大的恶名。

1.7 送信的步骤(30—33)

国王、师长、婆罗门、苦行者(yati)、静修者(samnyāsin)、丈夫的信件应该顶在头顶派送；大臣的信件应该置于前额派送；妻子、儿子与朋友的信应该置于胸口派送；敌人的信件应该置于喉部派送。

1.8 读信的方式(34—38)

智者应该在拿到信、顶礼信之后，先使信朝向东方，然后向南方展开，朝向国王。展信以后，书吏应先默读两遍，然后清楚地读出。如果是密信，先让国王了知以后再在大众中读出。如果有坏消息，则不应在大众中读出。

1.9 信的标记(39—43)

信上方六指处应空出。然后，在国王的信件上应该用麝香(kastūrī)或藏红花(kuṅkuma)画一个月点。大臣、苦行者的信上应用藏红花；智者、师长、父子、静修者的信上用旃檀；丈夫的用红丹(sindūra)；妻子的用虫胶(alakta)；仆人的用红檀泥(raktacandanapaṅka)；敌人的用血。

1.10 针对不同人的适用词汇(44—56)

对国王，应该用“伟大的王中王(mahārājādhirāja)”“精于布施者(dānaśauṇḍa)”“正行者(saccarita)”“如意宝树(kaplavṛkṣa)”等。对于诸王子也要依据不同的功德使用恰当的词汇。

对大臣，根据不同的功德，应该使用“正行者(saccarita)”等。

对智者，应该写“智者(saṃkhyāvattva)[1]”等词，以及精通论义(śāstrārtha-nipuṇa)等词。

对丈夫，应该敬礼并使用“亲爱的(prāṇapriya)”等词。

对师长，应写“精通数论派宗义(sāṃkhyasiddhāntanipuṇa)”并敬礼。

对妻子，应使用“亲爱的(prāṇapriyā)”“善女(sādhvī)”“正行女(saccaritā)”等词。

对儿子，应写“亲爱的儿子(prāṇaputra)”“正行者(saccarita)”等以及祝福之词(āśīrvacana)。

对父亲，应写“尊上(prabhuvarya)”“正行者(saccarita)”等并敬礼。

对苦行者及静修者，应写“解脱一切欲染(sarvavañchāvinirmukta)”“通达一切论义(sarvaśāstrārthapāraga)”。

对一般人、仆人及敌人，应该写适合该人的词，如“殊胜者(viśeṣita)”“如羊者(chāgatulya)”等。

---

1 此句Mondal(1989, 14)校本为saṃkhyāvattvādikapadaṃ(智者等词)，而Banerji(1960, 14)校本为saṃkhyāvadvanditapadaṃ(标明次数的礼敬之词)。

1.11 书信开头śrī（吉祥）的用法（57）

对师长，应该使用6个śrī，对丈夫用5个，对仆人用2个，对敌人用4个，对朋友用3个，对儿子和妻子各用1个。

2.《文书轨范》与《蛮族政令次第》

《文书轨范》又名《文书五十例》（*Lekhapañcāsikā*），作者未知，成书年代大概在15世纪末，根据室利贡德迦罗（Shrigondekar）的推测，其作者应该是印度帕特坦（Pattan）地区的行政长官（Dalal and Shrigondekar 1925, vii）。这部书记载了古吉拉特（Gujarat）地区的各种文书——它们的时间跨度大致为公元744年至1475年，使用的语言主要为古典梵语，也有混合梵语和俗语。本书中提供的文书范例多达70多部，包含王令（rājādeśa）、敕令书（śāsanapatra）、铜敕令（tāmraśāsana）、护照（deśottara）、村令（grāmapaṭṭaka）、税收（samakara）与罚款书（vyavasthā）、证书（ṭippanaka）等等。

《蛮族政令次第》的作者是达罗波底·罗耶（Dalapati Rāya），成书于18—19世纪。这部书主要将伊斯兰教法影响下的文书分为三类：1. 私人信件类（sandeśātmaka），2. 法律文书类（vyavahārātmaka），3. 皇室政令类（nideśātmaka）。并给出了各种文书的范例。

这两部书仪著作虽然都以古典梵语写成，但由于深受伊斯兰教影响，且成书年代较晚，与下文所要研究的内容没有直接关系，因此不作详细介绍。

二、佉卢文书信[1]

本文所依据的佉卢文材料，主要是在我国新疆尼雅地区出土的佉卢文简牍。这些佉卢文简牍的形制主要有三种（关迪 2016），其中用来书写私人书信的形制为矩形简牍，称为hastalekha。这个词过去有学者译为"手书"，然而段晴先生指出，hastalekha实际对应于中文的"尺牍"（段晴、才洛太 2016, 61—63）。hasta一词虽然有"手"的含义，然而在这里却是长度单位。这一用法在《书信月光》（Mondal 1989, 4）中也有体现：

> ṣaṣaṅgulādhikaṃ hastaṃ patram uttamam īritam |
> madhyamaṃ hastamātraṃ syāt sāmānyaṃ muṣṭihastakam ‖ 11 ‖
> 所寄的信，最好的长一肘六指，中等的一肘，一般的一拳。

---

[1] 关于佉卢文书信更详尽的介绍，可见拙作：《古鄯善国佉卢文简牍的形制、功用与辨伪》（关迪 2016）

这里所说的hasta按照印度的度量衡是一肘[1]，但就目前出土的佉卢文简牍实物来看，矩形尺牍一般长24厘米左右，和汉代的尺牍长度基本一致。因此可以推断，在佉卢文简牍中所使用的hastalekha一词中，hasta虽然也是长度单位，但并未选用印度“肘”，而是对应于汉代的“尺”。

以尺牍的形式记载的佉卢文文书主要有两类，一类是判决书等官方文书，一类是私人书信。在私人书信中，一般分为四个部分：①上款，②下款，③寒暄语，④正文。

信的上款包含写信人对收信人的敬称、收信人的官职及姓名。此处的敬称有很多，出现频率比较高的有“众所乐见（priya-darśanaṣa）”“人天共敬（devamaṃnuṣya-saṃpujitaṣa）”“美名遍扬（sunama-parikirtitaṣa）”及“宜享天寿百年（yogya-divyavarṣa-śataayu-pramanaṣa）”等敬称。此外，根据收信人与寄信人的关系不同，又有爱父（priyapitu）、尊兄（jeṭhabhradu）、挚友（priyamitra）等。因此，一般佉卢文书信的上款可以译为：

众所乐见/人天供养/美名遍扬/宜享天寿百年之**(官名)**(姓名)父/兄/挚友

在书信上款之后有一个“阙”，其后是寄信人的官职及名字。在寄信人名后，通常有一句寒暄语，有时是naṃmakero kareti（拜启），有时还有tivyaśarira arogi preṣeti（盼祷天身无恙），这两句的后面通常还有bahu aprameyo（多次乃至无量），表示不断地祈祷对方健康的意思。在回信的时候，往往还会写有tusyatra tivyaśarira aroga śruta ahaṃmapya arogemi tusmakam ca praṣadena，意为“悉闻阁下天身康健，蒙君庇佑我亦安康”。因此，一般佉卢文书信的寒暄语可以译为：

(官职)(姓名)拜启，数数无量盼祷天身无恙。(若回信时可写)悉闻阁下天身康健，蒙君庇佑我亦安康。

在寒暄语之后，会有一处空格，然后以evaṃ ca ṣa ca起始，表示信件正文的开始。有时在信件结尾处还会再次寒暄。

三、“慧天致玄奘书”

根据《大慈恩寺三藏法师传》（以下简称《三藏传》）记载，在唐高宗永徽三年（652）五月乙卯[2]，玄奘收到了来自印度的摩诃菩提寺的大德智光和慧天等人的来信。这封来信则完整收录于《三藏传》中。

---

[1] 按古代印度计量单位，一肘（hasta）=24指（aṅgula），即约46厘米。

[2] 这一年五月并无乙卯。《三藏传》（160）记载永徽三年三月始建大雁塔，五月收到慧天的来信。而《续高僧传》《开元释教录》《玄奘法师行状》中均记载永徽二年始建大雁塔，而永徽二年的五月是有乙卯日的。因此或许玄奘实际是于永徽二年收到的慧天的来信。

1. 慧天其人

慧天（*Prajñādeva）是中印度摩诃菩提寺的大德高僧，通晓小乘十八部的宗义，又善于讲法、摄受弟子，因此被人们推崇，玄奘在印度的时候经常与慧天切磋。如《三藏传》（162）说：

> 慧天於小乘十八部該綜明練，匠誘之德亦所推重，法師游西域日常共切磋。

慧天虽然对半教（即小乘）有很深的造诣，但却未能深入大乘经典。由于他固守小乘宗义，对大乘有偏见，因此玄奘经常批评他。尤其是他在曲女城法会之上被玄奘驳倒，内心羞愧且佩服。在与玄奘分别之后，他仍然对玄奘敬仰不忘，因此派同寺的僧人法长给玄奘送书信、赞颂以及一双白氎，可见他对玄奘的赞叹之心。如《三藏传》（162）说：

> 彼雖半教有功，然未措心於《方等》，爲其執守偏見，法師恒詆訶。曲女城法集之時，又深折挫，彼亦愧伏。自别之後，欽伫弗忘，乃使同寺沙門法長將書，并賫贊頌及氎兩端，揄揚之心甚厚。

2. 慧天书信

全文如下（《三藏传》162）：

> 微妙吉祥世尊金剛座所摩訶菩提寺諸多聞衆所共圍繞上座慧天，
> 致書摩訶支那國於無量經律論妙盡精微木叉阿遮利耶：
> 敬問無量少病少惱。
> 我慧天苾芻今造佛大神變贊頌及諸經論比量智等，今附苾芻法長將往。此無量多聞老大德阿遮利耶智光亦同前致問，鄔波索迦日授稽首和南。今共寄白氎一雙，示不空心，路遠莫怪其少，願領。
> 彼須經論，録名附來，當爲抄送木叉阿遮利耶，願知。

这一封信的行文与《三藏传》的整体行文极不一致，应是从梵文翻译而来。该信虽然是梵文书信，但与《书信月光》中的书信格式并不一致，反而与佉卢文书信的格式与用词高度一致。

① 上款

如上文提到，在佉卢文书信中先写收信人（上款），再写寄信人（下款），《书信月光》中也提到要先写收件人，而此处慧天书信中先写寄件人，可能是玄奘依据汉语习惯进行了调整。如果根据印度的传统，则“摩诃支那国于无量经律论妙尽精微木叉阿遮利耶”一句应为上款。这里，“摩诃支那国”，即Mahācīnadeśa，指中国。“于无量经律论妙尽精微”，这是称赞玄奘精通三藏的功德，符合《书信月光》(Mondal 1989, 14)中对智者写信的要求：

> saṃkhyāvattvādikapadaṃ śāstrārthanipuṇādikam |
> paṇḍitānāṃ ca patreṣu vilikhed vai padakramam ‖ 48 ‖
> 给智者的书信中，应该写“智者”(saṃkhyāvattva)等词，
> 以及他对论典内容的精通等词，是为用词方式。

“木叉阿遮利耶”，即Ācāryamokṣa。“木叉”即梵文“解脱”一词的音译，这是曲女城会上小乘僧众为玄奘立的称号“解脱(天)”。“阿遮利耶”，即阿阇梨、轨范师。

②下款

下款是寄信人，此处为“微妙吉祥世尊金刚座所摩诃菩提寺诸多闻众所共围绕上座慧天”。“微妙吉祥世尊金刚座所”，即佛成道处——菩提伽耶金刚座。“摩诃菩提寺”，即Mahābodhimahāvihāra，由僧伽罗国王所建，一直到15世纪都是印度本土弘扬小乘佛教的中心。慧天作为小乘僧人，不仅是这里的上座，而且有众多徒众，因而说“诸多闻众所共围绕上座慧天”。

③寒暄语

信中的寒暄语为“敬问无量少病少恼”，这句话与佉卢文书信中的寒暄语“tivyaśarira arogi preṣeti bahu aprameyo(企盼天身无病，多次乃至无量)”基本一致。而这样的寒暄语尚未见于梵语书信中。

④正文

正文第一段，是慧天托比丘法长将自己的作品送给玄奘。“我慧天苾刍今造佛大神变赞颂及诸经论比量智等，今附苾刍法长将往”，慧天造了一部《佛大神变赞颂》，以及《诸经论比量智》等著作。这里“比量智”一词原指与“现量智”相对的智慧，但此处应为作品名；或此处省略了“赞颂”一词，即《诸经论比量智赞》；或可以将其理解为“注释”，即“由个人思择(比量)所作的经论注释”。

正文第二段是其他人的问候及礼物。“此无量多闻老大德阿遮利耶智光亦同前致问，邬波索迦日授稽首和南。今共寄白氎一双，示不空心，路远莫怪其少，愿领。”智光论师是戒贤法师的上首弟子，精通大小乘及四吠陀、五明论，为五印度学者共所推崇。居士日授不知为何许人，但能出现在这封信中，应该也是玄奘在印度时相熟之人。慧天与他们共同送了玄奘一双白氎作为礼物，以免空手而来。

正文第三段，是咐嘱玄奘如缺少经论，他们可以派人抄送过来：“彼须经论，录名附来，当为抄送木叉阿遮利耶，愿知。”

3. 玄奘的回信

玄奘给智光和慧天分别回了信。玄奘对二人的态度极为不同，从信文中可知。智光是大乘僧人，又是戒贤的上首弟子，如今戒贤圆寂，智光继承法统，对玄奘来说又多了一层亲近。因此玄奘在回信中先申思念之情，然后悲叹戒贤圆寂，盛赞智光升座，继而报告自己的译经进度，并报平安。而慧天是小乘僧人，又曾于曲女城会上辩论败于玄奘，因此玄奘给他的回信更多是劝勉，让他转投大乘：“早发大心、庄严正见。”（《三藏传》165）

但本文更加关注的，是玄奘写信的方式。与慧天的信不同，玄奘的回信完全是汉语书信的用词与结构，如给智光的回信中说：“自一辞违，俄十余载。境域遐远，音徽莫闻。思恋之情，每增延结”（《三藏传》163），给慧天的回信中说：“乖别稍久，企仰唯深。音寄不通，莫慰倾渴”（《三藏传》164）。事实上，《三藏传》通篇都是这种纯文言的写作风格，只有慧天来信这一段格格不入，带有明显的翻译痕迹。

4. 分析

从书信的结构与用词来看，慧天给玄奘的信更加接近公元4世纪前后尼雅地区的佉卢文书信，尤其是“敬问无量少病少恼”一句，几乎等同于佉卢文书信中“arogi preṣeti bahu aprameyo”一句的直译，而在梵文的书仪文献中则见不到此句。慧天书信的行文格式也与梵文书仪《书信月光》中规定的书信结构极不相同。这似乎能从侧面反映出《书信月光》成书的年代应该晚于玄奘。因此我们有理由相信，在玄奘以及更早的时代，印度本土及周边深受印度文化影响的地区应该流行着一种相对《书信月光》更为简单的书仪形式。

缩略语

《三藏传》　[唐]慧立、[唐]彦悰著，孙毓棠、谢方点校，《大慈恩寺三藏法师传》，北京：中华书局，2000年。

参考文献

中文：

段　晴、才洛太

2016　《青海藏医药文化博物馆藏佉卢文尺牍》，上海：中西书局。

关　迪　2016　《古鄯善国佉卢文简牍的形制、功用与辨伪》，《西域研究》，2016年第3期，第84—93页。

周一良　1990　《书仪源流考》，《历史研究》第5期，第95—103页。

西文：

Banerji 1958 Sures Chandra Banerji. "A Study of the Epistolary Literature in Sanskrit." *Indian Historical Quarterly* 34: 226–250.

1960 "*Patra-kaumudī* of Vararuci." *Bulletin of the Deccan College Research Institute* 20/1–4: 3–19.

Banerjee 1975 Satya Ranjan Banerjee. *The Prākṛta-prakāśa of Vararuci*. Calcutta: Sanskrit Pustak Bhanbdar.

Mondal 1989 Balaram Mondal. *The Patrakaumudī of Vararuci: A Critical Edition with Introduction*. Calcutta: Everest Publishers.

Dalal and Shrigondekar

1925 Chimanlal Dahyabhai Dalal and Gajanan Kushaba Shrigondekar. *Lekhapaddhati*. Baroda: Central Library.

东南亚大陆早期本生图像*

——以堕罗钵底时期朱拉巴托塔上浮雕为中心

查克利

摘要: 泰国中部遗留的东南亚大陆早期本生图像制作于堕罗钵底国时期。本文主要研究佛统府朱拉巴托塔塔基壁上的本生图像。图像属浮雕类，由赤陶、灰泥所制，是当地易得的材料，制造于公元7—9世纪。该塔位于当时的港口或贸易中心地带。在前人识别的12篇本生的基础上，本文又新识别出两篇故事的图像。这些图像的主要依据虽为梵文佛典，却也有一些细节参照了巴利佛典。有5篇本生故事没有对应的巴利文本，而且其中的两篇为后来的僧人所重视，收入巴利藏外的《五十本生》中。此外，有些图像存在反映了当时人民生活习俗的部分元素。

关键词: 堕罗钵底; 本生; 赤陶; 灰泥; 东南亚史

佛教的传世文献体量大而多样。无论就哪种语言的佛教文献而言，本生故事皆是鲜明而重要的组成部分。在佛教流行的各个地区，本生皆入画，体现在浮雕、绘画等艺术形式当中。在东南亚大陆所发现的早期本生图像，属浮雕类，为泰境内堕罗钵底国时期所造。下文首先介绍东南亚大陆从佛教传入到堕罗钵底时期有关佛教等印度文化的记载和证据。

1 东南亚大陆的早期佛教(前3世纪至6世纪)

据《岛史》《善见律毗婆沙》等(Dīp 54; Sp I 68—69; T 24, no. 1462, 686a13—b11)记述，高僧目揵连子帝须在阿育王(前273年至前232年在位)的支持下，派遣了九支团队前往不同地区传播佛法。其中，第八支团队为须那(Soṇa或称Sonaka须那迦)和郁多罗(Uttara)比丘等前往东南亚金地弘法。

1.1 考古学家所发现的古物

从考古研究看东南亚佛教史，尚未发现公元3世纪以前的佛教文物，仅有可推测印度人早就来往此地区的文物，下面列出在泰国南部所发现的四件文物:

(1) 大约公元前3—前2世纪的孔雀、巽伽王朝石戒指(Mauryan-Śuṅga Ringstone)，在春蓬府(Chumphon)发现(Bennett 2019, 95—101);

作者: 查克利(Chakhrit Laemmuang)，泰国DCI佛学研究中心(DCI Center for Buddhist Studies)。

* 本文中使用的图片，除图11笔者参考彩色图片所绘制的草图之外，其余均已获得原作者或出版社的授权，特此致谢!

（2）刻有巽伽（Śuṅga，前185年至前73年）风格花纹的青铜钵，也在春蓬府发现（Glover 2019, 12, 14—15）；

（3）百乘（Śātavāhana）王朝的公元1世纪铜币，在甲米府（Krabi）发现（Bennett 2019, 107）；

（4）公元1—2世纪黄金印章上的婆罗米（Brāhmī）文字“Brahaspatiśarmasa nāvikasa”，在拉农府（Ranong）发现（Bennett 2019, 107—109; Skilling 2015b, 69—70, plate 10）。

关于在泰国发现有关佛教的文物，最早的为僧人托钵乞食的陶艺雕塑（图1），在素攀武里府（Suphanburi）乌通（U-Thong）古城被发现，造于公元三四世纪（属扶南时期），系阿玛拉瓦蒂（Amarāvatī）龙树山（Nāgārjunakoṇḍa）的艺术风格（Murphy 2016, 386），收存于乌通国家博物馆（U-Thong National Museum）。其后还有带阿玛拉瓦蒂、笈多（Gupta）风格的几尊佛像，制作时期为公元五六世纪（ศักดิ์ชัย 2004, 39—44）。

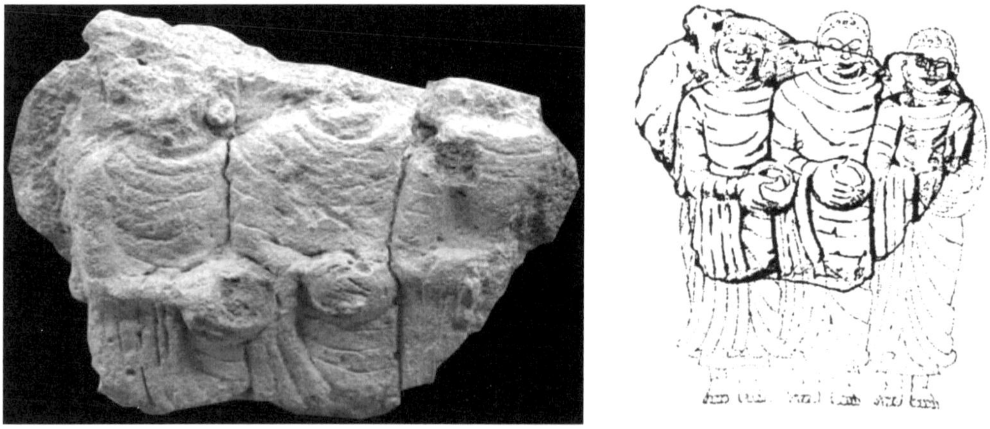

图1 僧人托钵乞食的赤陶（图源：左Courtesy of Stephen Murphy；右สุจิตต์ 2003, 111）

在东南亚大陆也发现了公元4—6世纪铭刻有关佛教文献的文物，现举两例如下：

（1）在马来西亚吉打州发现用梵文刻有两首佛偈的碑铭（Chhabra 1936, 14—20; 1965, 18—26），其年代为公元四五世纪（Skilling 2015a, 20—21）。

（2）骠国室利差呾罗城（今缅甸卑谬附近）公元五六世纪的金片上刻有一段巴利经文（Śrī Kṣetra Pyu Golden Pāli Text），其内容为十二因缘等（Falk 1997, 56—83; Stargardt 2000, 25）。

这表明在此时期梵语巴利语佛典或多或少已传入东南亚大陆。

1.2 中国典籍中的相关信息

关于东南亚大陆在堕罗钵底时期之前与佛教等印度文化的接触，史籍有几处记载。

(1)《南史》卷七十八、《梁书》卷五十四记载，公元357年扶南国按照印度的法规更改了国家制度，公元503年派遣使者到中国呈送佛像，援引《南史》([隋唐]李大师、[唐]李延寿 2004, 1657)原文为例：

> 穆帝升平元年，王竺旃檀奉表獻馴象，詔以勞費停之。其後王憍陳如本天竺婆羅門也，有神語曰應王扶南。憍陳如心悅，南至盤盤[1]。扶南人聞之，舉國欣戴，迎而立焉。復改制度，用天竺法。憍陳如死，後王持梨陀跋摩，宋文帝元嘉十一年、十二年、十五年，奉表獻方物。齊永明中，王憍陳如闍邪跋摩遣使貢獻。梁天監二年，跋摩復遣使送珊瑚佛像，并獻方物，詔授安南將軍，扶南王。

(2) 刘宋时期(420—479年)的《扶南记》记载，顿逊国[2]有印度居民、佛塔以及印度教信徒。此书已佚，但这一段内容仍在《太平御览》中([宋]李昉等 2008, 58)被援引如下：

> 竺枝《扶南記》曰：頓遜國屬扶南國，主名昆侖。國有天竺胡五百家，兩佛圖[3]，天竺婆羅門千餘人。頓遜敬奉其道，嫁女與之，故多不去，唯讀《天神經》，以香花自洗，精進不捨晝夜。

(3)《水经注》([北魏]郦道元 2000, 5)引用的《扶南记》记载，也使我们了解到当时东南亚内陆一带已有佛教，其原文如下：

> 竺枝《扶南記》曰：枝楊國去金陳國步道二千里，車馬行，無水道。舉國事佛，有一道人命過燒葬，燒之數千束樵，故坐火中，乃更著石室中，從來六十餘年，尸如故不朽，竺枝目見之。

(4)《南史》卷七十八([隋唐]李大师、[唐]李延寿 2004, 1662)的记载可证明，公元529—534年盘盘国(槃槃国)已有敬拜佛舍利、菩提树叶的文化，其原文如下：

> 槃槃國，元嘉、孝建、大明中，并遣使貢獻。梁中大通元年、四年，其王使使奉表累送佛牙及畫塔，并獻沉檀等香數十種。六年八月，復遣使送菩提國舍利及畫塔圖，并菩提樹葉、詹檀等香。

---

[1] 盘盘国在今泰国素叻他尼府(Suratthani)一带(黎道纲 2007, 135—140)。

[2] 顿逊国在今泰国中部一带，与《汉书》中的"谌离国"、《南州异物志》中的"典逊"、《洛阳伽蓝记》中的"孙典国"皆指同一地带(黎道纲 2000, 16—17; 2007, 17—24)。

[3] "兩佛圖"，即两座佛塔(段立生 2005, 49)。

(5)《北史》卷九十五（[唐]李延寿 2004, 2575—2580）记载，林邑国人信奉佛教，使用印度文字；赤土国[1]人有敬佛风俗，造作菩萨之像；真腊国大多数人信奉佛法，并在馆内安立佛像。其原文为：

林邑……人皆奉佛，文字同於天竺。……

赤土國……居僧祇城，有門三重，相去各百許步。每門圖畫菩薩飛仙之象，懸金花鈴毦，婦人數十人，或奏樂，或捧金花。……其俗敬佛，尤重婆羅門。……

真臘國……多奉佛法，尤信道士。佛及道士，并立像於其館。

从汉译佛典的历史来看，梁朝时期有两位扶南僧人——曼陀罗（Mandra）和僧伽婆罗（Saṅghapāla）。二人于公元503年、506年先后来到南京参与译经活动（Harris 2005, 6）。他们所译的汉文佛典，除《解脱道论》外，皆为大乘佛典。之后，公元546年受梁朝的邀请，扶南王派遣当时在扶南弘法的优禅尼国（印度乌贾因）真谛三藏前往梁都传法。由此可推断，当时的扶南存有丰富的来自印度的梵文佛典，也是当时佛教传播的重要中心之一（钟楠 2014, 103）。

至于泰境的佛教文化史，遗留“能证明佛教往昔于此处兴盛繁荣”的许多证据的最早期就是“堕罗钵底国”（Dvāravatī）的。

2 堕罗钵底国佛教（约6—11世纪）

公元6世纪时扶南国渐趋衰败，孟族人开始在湄南河下游建立堕罗钵底国。该国在中国史书中有别的名称，如：杜和钵底、杜和罗、堕和罗、头和、投和等。中国古籍最早提及堕罗钵底的是《南史》卷十（[隋唐]李大师、[唐]李延寿 2004, 237），记载南朝陈后主至德元年十二月（584年1至2月）该国遣使来朝，原文为：

至德元年……十二月丙辰，頭和國遣使朝貢。

关于堕罗钵底国的概况记载，需要参考中国古代人所记的史籍如《通典》卷一百八十八、《旧唐书》卷一百九十七（列传第一百四十七）、《新唐书》卷二百二十二（列传第一百四十七）、《岭表录异》卷中。援引唐代人杜佑于《通典》（[唐]杜佑 1988, 1010）记述该国的政治、风俗等内容为例：

投和國，隋時聞焉。在南海大洲中，真臘之南，自廣州西南水行百日至其國。王姓投和羅，名脯邪乞遥，理數城。覆屋以瓦[2]，并爲閣而居。屋壁皆以彩畫之。城内皆王宫室，城外人居可萬餘家。王宿衛之士百餘人。……國無賦税，俱隨意貢奉，無多少之限。多以農商爲業。國人乘象及馬。一國之中，馬不過千匹，又無鞍轡，唯以繩穿頰爲之節制。音樂則吹蠡、擊鼓。死喪則祠祀哭泣，又焚尸以罌

[1] 赤土国中心点在今日马来半岛的吉打州（黎道纲 2007, 123—130；丘新民 1984, 188—191）。

[2] “理數城。覆屋以瓦”正应作“所理城覆屋以瓦”（吴玉贵 2005, 157）。

盛之，沈于水中。若父母之喪，則截髮爲孝。其國市六所，貿易皆用銀錢，小如榆莢。有佛道[1]，有學校，文字與中夏不同。

由以上引文可知，堕罗钵底国有佛教，使用文字。关于该国有佛教活动，有不少证据，即现存堕罗钵底时代的许多佛教文物，例如法轮雕像、佛祖雕像、菩萨雕像、泥塑佛与弟子像、菩提树雕像、佛足印刻石、佛塔或其遗址、本生图像等。下文以堕罗钵底国的一些佛教文物为例进行概要讲述。

堕罗钵底的佛教文物，较常见的内容是缘起偈（又称缘生法颂）[2]或有关四圣谛的文物（หอสมุดแห่งชาติ 1986a, 59—67, 72—94, 132—134）。值得注意的是两件刻有巴利《三藏》及其注疏中经文的文物：

（1）公元六七世纪刻有《律藏》《经藏》中佛刚成道后所言的“自说”（Udāna）三偈[3]，以及《法句经》之二偈[4]（หอสมุดแห่งชาติ 1986a, 116—122）的碑文，发现在华富里府（Lopburi）；

（2）公元六七世纪刻有阿毗达摩藏《分别论》之注疏（*Sammohavinodanī*）中[5]的碑文（อุเทน 2020, 63—64），发现在猜纳府（Chainat）。

以上可知，巴利藏注疏于公元5世纪在斯里兰卡写就，公元六七世纪被传播到东南亚堕罗钵底。虽然我们不能确定，这些巴利经文是从斯里兰卡直接传入，还是由印度传入，但可以认为堕罗钵底国对上座部佛教也很重视。该国现存的佛教文物，不仅有巴利语相关的，还有梵语相关的（Skilling 2013, 79），表明使用梵语佛典的佛教部派亦曾传入该地区。此外，《旧唐书》卷一百九十七（列传第一百四十七）、《新唐书》卷二百二十二（列传第一百四十七）、《太平广记》卷四百八十二还记载，林邑的邻国名叫“堕婆登”，也有文字，书写于贝多叶上（［后晋］刘昫 2004, 4536; ［宋］宋祁、欧阳修等 2004, 4838; ［宋］李昉等 1998, 3326）。以贝多叶书写的文献主要是佛经（陈燕、王文光 2016, 309），由此可以推断，当时东南亚大陆已存有佛教贝叶经。

堕罗钵底本生图像[6]可分为两类：一、泰境中部塔基壁上所塑造的浮雕；二、泰境东北部石碑上所雕刻的浮雕。本文只探讨第一类。

---

1 “道”，指的是印度教的传播（郑筱筱 2015, 194）。

2 ye dhammā hetuppabhavā ... evaṃvādī mahāsamaṇo. (Vin I 40)

3 yadā have pātubhavanti dhammā ... yato pajānāti sahetudhammaṃ. (Ud 1; Vin I 2)
yadā have pātubhavanti dhammā ... yato khayaṃ paccayānaṃ avedi. (Ud 2; Vin I 2)
yadā have pātubhavanti dhammā ... sūriyo'va obhāsayam antalikkhaṃ. (Ud 3; Vin I 2)

4 anekajātisaṃsāraṃ ... taṇhānaṃ khayamajjhagā ti. (Dhp 43—44)

5 nābādhakaṃ yato dukkhaṃ ... iti so saccasammato. (Vibh-a 85)

6 据《通典》所记“屋壁皆以彩画之”，虽该国有造作壁画，但不知当时有没有绘出本生壁画，倘若曾有，乃是没存留至今。

3 堕罗钵底时期塔基壁上本生图像之缘由

据前文提到堕罗钵底时期刻有佛教经文的文物，可以进一步推测，梵语巴利语佛典或多或少已传入了堕罗钵底。其中，应该包含本生故事文献，以作为制造本生图像的依据。除本生故事的文献之外，必然还要有其他条件，才能够创作出本生图像。考古学家在泰境中部所发现堕罗钵底时期的本生图像，都是装饰在佛塔塔基壁上的由赤陶（Terracotta）、灰泥（Stucco）制作之浮雕。目前尚未发现记载有关制作此佛塔或本生图像的文献。只是依据目前仅有的历史信息作出推理，不足以推测出这些本生图像产生的前提条件。前文提到的基本产生条件是：佛教较为兴盛，同时有佛教经典流传。此处要进一步谈到如下的一些相关背景：

（1）与印度、斯里兰卡的交流

由前文§1中可知，前期已有印度人来往，印度文化对堕罗钵底的重大影响之一是，官方还使用了梵语巴利语写作，不止孟语。并且考古学家还在沙拉武里府（Saraburi）洞穴内墙上发现了公元六七世纪使用帕拉瓦（Pallava）字母刻的孟文，其内容提到斯里兰卡阿努拉德普勒（Anurādhapura）的代表以及阿努拉德普勒人民过来参与当地的乐庆节[1]（หอสมุดแห่งชาติ 1986b, 42—47）。这证明了堕罗钵底与斯里兰卡的交流。

在南亚佛教地区，通常修建的一种建筑就是佛舍利塔，以此代表佛陀并激励教徒摄心念佛，或作为教徒集合举行仪式的地方。有些佛塔还装饰了本生图像，传达佛必须在前世修满波罗蜜后才能成佛的意义。东南亚大陆前期古国如顿逊国也曾修建佛塔（见§1.2（2）中）。因此，作为佛国的堕罗钵底，修建佛塔乃是正常的事情，其中有些塔可能装饰了本生图像。

（2）作为经济繁荣的贸易中心地带

大佛塔的修建一般发生在区域性的经济中心，且需获得贵族或富商的支持。在堕罗钵底时代，海湾海岸线深入了现代泰国中部以南的一片陆地（图2）。今日的曼谷（Bangkok）、暖武里府（Nonthaburi）、巴吞他尼府（Pathumthani）等几座府几乎全都是海。阿瑜陀耶府（Ayutthaya）、那空那育府（Nakhon Nayok）、北柳府（Chachoengsao）的一部分地区也在海里。当时佛统府（Nakhon Pathom）、素攀武里府（Suphanburi）、叻丕府（Ratchaburi）等位于大海湾边上（Hutangkura 2014, 32—40）。该国建立了大港口，最重要的中心地带在佛统古城，另一处重要港口在叻丕府库布（Khu Bua）古城（黎道纲 2000, 119, 122; สฤษดิ์พงศ์ 2015, 221—222）。

---

[1] 其原文拉丁转写：kamun Anurādhapura ko’ka(tan) .. kunadarījan jiḥran leh komañaḥ ḍāṅpa a(p) tanāysinādha hnanaḥ toy lo paḍayvo’。

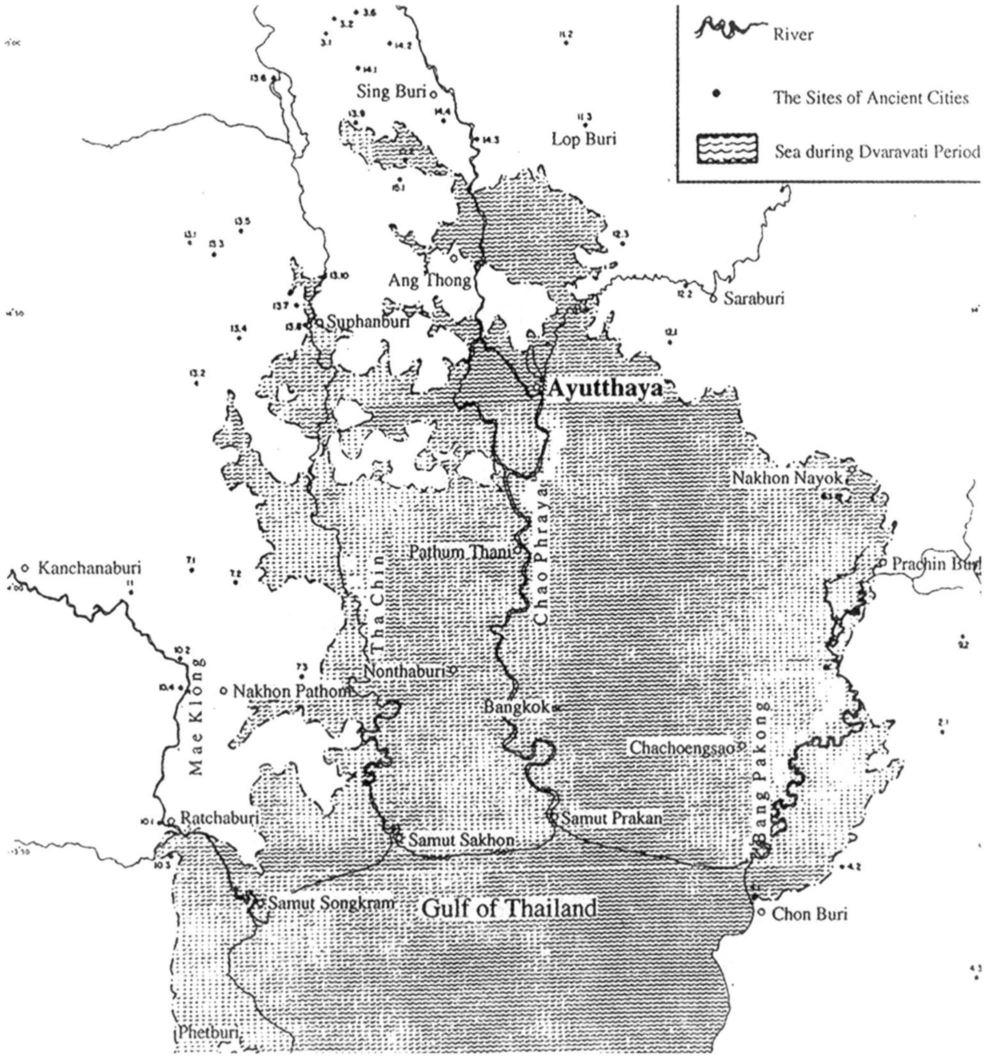

图2 堕罗钵底时代泰国海湾（图源：ชาญวิทย์ 2005, 115）

堕罗钵底国曾经与印度、中国[1]、阿拉伯地区等皆有交通往来。考古学家在佛统府、素攀武里府乌通古城、叻丕府库布古城均发现了堕罗钵底时期制作的外国人的塑像（图3）。这表明有外国人来往该国交流（สฤษดิ์พงศ์ 2015, 197—219）。

[1] 在泰国碧差汶府（Phetchabun）发现了公元7—9世纪佛牌上所刻写的汉字（สฤษดิ์พงศ์ 2015, 227）。此外，《大唐西域求法高僧传》（T 51, no. 2066, 4b18—21）中还提到中国唐代爱州人大乘灯禅师在堕罗钵底国出家求法的事迹。这可作为该国佛教与中国交流之证。

图3 于佛统府发现的公元7—9世纪塑像(图源：ศักดิ์ชัย 2004, 180)

(3)使用当地易得的材料来造像

当时在近海湾的地域不易找到大块岩石来刻图(尤其是适合雕刻的砂岩)，故而制作赤陶或灰泥的雕塑乃是符合当地材料的方法，正如堕罗钵底人所制作的外国人塑像。在当地更容易找黏土做雕塑材料并烧成“赤陶”塑像，堕罗钵底早期这类造像较多。后来，当地人能使用贝壳做成石灰(สุขกมล 2002, 30—31)并制作“灰泥”塑像，石灰材料更方便使用，所以多用它造像(สมศักดิ์ 1992, 109, 122—123)。关于在塔基壁上装饰以赤陶、灰泥浮雕的方式，也与孟加拉国帕哈尔普尔(Paharpur，图4)、印度比哈尔邦(Bihar)东部安蒂恰克(Antichak)超戒寺(Vikramashila)[1]等主建筑外壁上的图像相似。

图4 帕哈尔普尔主建筑外壁上的图像(图源：Courtesy of the Lonesome Traveler Ltd.)

以上条件具足，让经济繁荣的地区可以修建佛塔，而且在塔基壁上装饰了本生赤陶、灰泥浮雕。在泰境中部发现的堕罗钵底时期此类本生图像有三处：佛统府朱拉巴托塔(Cula Pathon Cetiya)、叻丕府库布古城佛塔以及那空沙旺府(Nakhon Sawan)可麦登(Khok Mai Den)古城佛塔。其中，朱拉巴托塔遗留到现代的图像较多，本文只阐述该塔的本生图像。

---

1 本文仅提出为例，其实堕罗钵底佛塔塔基壁上的图像也有按照南亚地区其他建筑壁上图像形式制作的可能性，但它没能留存至今。

4 朱拉巴托塔本生图像的特点

佛统府朱拉巴托塔，原来塔基壁上有依本生故事场景而造的赤陶、灰泥浮雕（图6、7），赤陶的稍早于灰泥种类。让·布瓦瑟利耶（Jean Boisselier）推断，塔上赤陶浮雕的制作时期为公元7世纪，灰泥浮雕的为公元9世纪（Krairiksh 1974, 5）。之后，尼古拉斯·雷维尔（Nicolas Revire）推测整座塔的修建时期应是公元八九世纪（Revire 2015, 184）。该塔上壁还装饰了佛立像（图5、7）。现在这些本生浮雕被分别收藏于佛统府佛统塔国家博物馆（Phra Pathom Chedi National Museum，简称佛统博）和素攀武里府乌通国家博物馆（简称乌通博）。

朱拉巴托塔塔基壁上的本生图像被发现于1968年。最初布瓦瑟利耶认为，此处图像是受到了印度尼西亚室利佛逝（Śrīvijaya）风格的影响。之后，经皮力亚·格莱瑞（Piriya Krairiksh）详细考察，推测该塔也参考了印度巴尔胡特（Bharhut）、阿旃陀（Ajanta）以及婆摩罗（Bhumara，5—6世纪初）的艺术风格来创作（Krairiksh 1974, 1, 4—6）。

图5 考古学家在朱拉巴托塔进行挖掘考察（图源：สมศักดิ์ 1992, 127）

图6 朱拉巴托塔本生图像原位（图源：ศรีศักร 2015: 31）

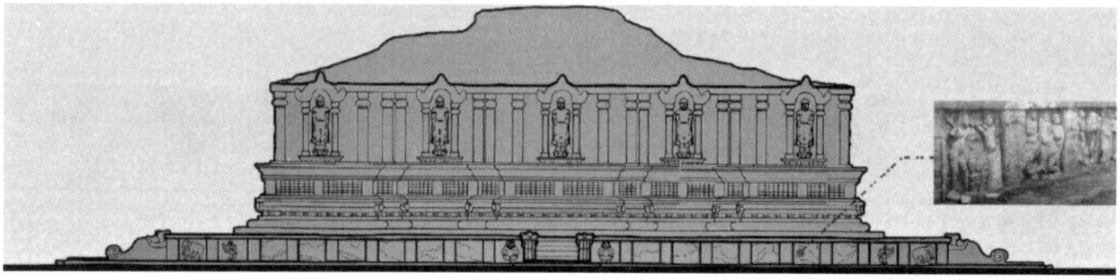

图7 朱拉巴托塔与立型佛像、本生图像的位置
（图源：https://oer.learn.in.th/search_detail/result/114720，2022-03-13 获取）

4.1 所依据的佛教文献

皮力亚·格莱瑞（Krairiksh 1974, 1—2, 21—24）认为，该塔上的本生图像主要根据梵文佛典尤其是说一切有部佛典中的本生故事绘制。其理由主要有如下三点：

（1）在公元6—8世纪，堕罗钵底及其邻国使用梵语，而且说一切有部早在公元5—7世纪就流行于东南亚，例如：

① 印度尼西亚，义净来往该国的时期（671—695年）属于室利佛逝时代，当时其国佛教为根本说一切有部（T 54, no. 2125, 205b11—16），而且在公元424年前不久罽宾国王族之高僧求那跋摩（Guṇavarman）曾经到此地区弘法（Coedès 1975, 54）；

② 缅甸，室利差呾罗（Śrī Kṣetra）时代公元7世纪以根本说一切有部为主（Ray 1936, 19—30）；

③ 林邑，又称临邑、占波（Champa，今越南），及其邻国，在义净往南海时期，此地域也有说一切有部（T 54, no. 2125, 205b22—28）；

④ 扶南，从公元3世纪起，尤其是5—6世纪，佛教徒大都使用梵语佛典（Coedès 1975, 61—62）。

（2）该塔上的本生图像都能对应梵文佛典中的本生故事，而且有一部分故事没出现在巴利《本生经》及其注疏里。

（3）说一切有部盛行的其他地区也出现了与之同类的图像，特别是龟兹石窟本生壁画。龟兹出土的梵文、吐火罗文经典大多数属于小乘说一切有部，而且龟兹的说一切有部曾经与罽宾关系密切（李瑞哲 2017, 79—86）。

宿帕德拉迪·迪色库尔（Subhadradis Diskul, สุภัทรดิศ 1974, 316—320）和南达娜·楚提旺（Chutiwongs 1978, 138—148）则对皮力亚·格莱瑞的意见略有反驳，认为堕罗钵底国也有上座部佛教，并且在佛统府所发现的堕罗钵底巴利文物是多于梵文的。此处塔基壁上的不少本生图像能对应巴利文本的故事，这些图像不一定是全部依据梵文文本造出。

笔者也注意到这一点，例如大猿本生(Mahākapijātaka)图像。图8中左侧为大猿菩萨，右侧为跌落谷底之婆罗门。这篇故事内容出现于梵文、巴利等文本[1]。巴利《本生经》中描述了大猿尾巴犹如牛尾，该图中亦描绘有这一细节形象。但这段描述猿尾的经文，不见于现存的非巴利佛典中。所以此细节应该是依据巴利文本的经文制作。该图中表现了大猿菩萨见到一个婆罗门落到谷底并想办法救他的情节。援引婆罗门描述大猿尾巴等的巴利颂文(J V 70)如下：

图8 朱拉巴托塔大猿本生泥塑（图源：Krairiksh 1974, fig. 16）

ath'ettha kapi-m-āgañchi[2] gonaṅgulo[3] darīcaro
sākhāhi sākhaṃ vicaranto khādamāno dumapphalaṃ.
so maṃ disvā kisaṃ paṇḍuṃ kāruññam akaraṃ mayi.[4]

那时，有尾巴犹如牛尾之猿，栖岩窟，穿跳于树枝之间，咀嚼树之果实，曾过来此处。此猿见我黄瘦，对我起慈悲。

该塔的本生图像中，前人已识别出的图像对应了12篇故事，笔者也进一步对两幅图像作了新识别。到目前为止，总计此处图像能对应14篇本生故事。全部故事皆能与梵文佛典中的内容相对应。其中，有5篇故事不见于巴利藏。总之，这些本生图像大体应该是依据梵文佛典，但有些图像或细节可能参考了巴利佛典。

4.2 前人所识别的图像

朱拉巴托塔塔基壁上本生图像大都是一篇故事以一幅图像展示某一处场景的，唯有象王本生(Hastijātaka)是含有两处场景的两幅图像。皮力亚·格莱瑞先做出初步识别(Krairiksh 1974, 8—21)，然后南达娜·楚提旺进一步纠正与补充(Chutiwongs 1978, 136—137)。这些本生图像的概况可总结如下。故事名单依照梵

---

1 见§4.2之(3)④。

2 注疏释为：*kapimāgañchī* ti kapi āgañchi. (J V 72)

3 注疏释为：*gonaṅgulo* ti gunnaṃ naṅguṭṭhasadisanaṅguṭṭho, gonaṅguṭṭho ti pi pāṭho, gonaṅgulī ti pi paṭhanti. (J V 72)

4 与之相对应的梵文经文在于Jm 157 (atha sa mahākapir ... mānuṣīṃ vācam uvāca)。

文名排列，并给出梵巴汉佛典中的本生故事出处，且补充说一切有部地区、巴尔胡特、桑奇、阿旃陀所出现相似场景的信息。

（1）**马王本生**（Aśvarājajātaka）

① 场景：人爬上飞马（残块，收存于乌通博）；

② 识别者：皮力亚·格莱瑞；　　③特征：赤陶；

④ 佛典出处：J no. 196、Mvu III 67—90、《六度集经》（T 3, no. 152, 33b24—c14）、《护国尊者所问大乘经》（T 12, no. 321, 6b9—10）、《根本说一切有部毗奈耶》（T 23, no. 1442, 887b1—889b22）；

⑤ 出现相似场景的图像之处：克孜尔（中国新疆壁画艺术编委会 2015b, 105）、巴尔胡特（Barua 1934, 104—105; 1937, plate XXVI [uppermost scene, right]）。

（2）**大龟本生**（Kacchapajātaka）

① 场景：大乌龟背上人（原位24号[1]，收存于佛统博）；

② 识别者：皮力亚·格莱瑞；　　③ 特征：灰泥；

④ 佛典出处：《杂宝藏经》（T 4, no. 203, 464b3—28）、《护国尊者所问大乘经》（T 12, no. 321, 6b1—4）；

⑤ 出现相似场景的图像之处：克孜尔（中国新疆壁画艺术编委会2015a: 189; 2015b: 40; Elikhina 2013: 157, plate IXb）、婆罗浮屠（Anandajoti 2018c）。

（3）**大猿本生**（Mahākapijātaka）

① 场景：大猿预备救人（原位25号，收存于佛统博）；

② 识别者：皮力亚·格莱瑞；　　③ 特征：灰泥；

④ 佛典出处：J no. 516、Jm no. 24、《六度集经》（T 3, no. 152, 27b21—29）、《根本说一切有部毗奈耶破僧事》（T 24, no. 1450, 176b8—c13）；

⑤ 出现相似场景的图像之处：阿旃陀（Yazdanic 1955, plate XXIX）。

（4）**弥兰本生**（Maitrakanyakajātaka）

① 场景：母亲抱儿子腿（原位5号，收存于佛统博）；

② 识别者：皮力亚·格莱瑞；　　③ 特征：赤陶；

④ 佛典出处：J no. 82、J no. 104、J no. 369、J no. 439、Avś no.36、Div no. 38、《六度集经》（T 3, no. 152, 21a17—c6）、《杂宝藏经》（T 4, no. 203, 450c19—451c6）；

⑤ 出现相似场景的图像之处：克孜尔（中国新疆壁画艺术编委会 2015c, 144; Grünwedel 1920, Tafel XIX—XX）、婆罗浮屠（Anandajoti 2013）。

---

[1] 塔上的原位序号见图9。

(5)须大拏本生(Viśvantarajātaka)

① 场景：菩萨布施妻子(原位30号，收存于乌通博)；

② 识别者：南达娜·楚提旺；　　③ 特征：灰泥；

④ 佛典出处：J no. 547、Jm no. 9、《六度集经》(T3, no. 0152, 7c28—11a24)、《太子须大拏经》(T 3, no. 171, 419a1—424a21)、《根本说一切有部毗奈耶药事》(T 24, no. 1448, 64c27—68b13)、《根本说一切有部毗奈耶破僧事》(T 24, no.1450, 181a23—184b22)；

⑤ 出现相似场景的图像之处：桑奇(林许文二、陈师兰 2012, 154)。

(6)修凡鹿王本生(Śarabhajātaka)

① 场景：鹿王背上负人(原位70号，收存于佛统博)；

② 识别者：南达娜·楚提旺；　　③ 特征：灰泥；

④ 佛典出处：J no. 483、Jm no. 25、《六度集经》(T3, no. 152, 33a6—b23)；

⑤ 出现相似场景的图像之处：婆罗浮屠(Anandajoti 2018b)。

(7)尸毗王本生(Śibijātaka)

① 场景：王拿刀割自身肉(残块，收存于乌通博)；

② 识别者：皮力亚·格莱瑞；　　③ 特征：灰泥；

④ 佛典出处：《六度集经》(T 3, no.152, 1b12—c24)、《菩萨本生鬘论》(T 3, no. 160, 333b11—334a6)、《师子素驮娑王断肉经》(T 3, no. 164, 392c25—28)、《大庄严论经》(T 4, no. 201, 321b9—323c3)、《贤愚经》(T 4, no. 202, 351c6—352b8)、《众经撰杂譬喻》(T 4, no. 208, 531b25—c24)；

⑤ 出现相似场景的图像之处：阿玛拉瓦蒂、龙树山(王乐乐 2017, 67; Tanabe 2019, plate 20—22 [fig. 13—16])。

(8)睒子本生(Śyāmakajātaka)

① 场景：二隐士到睒摩在地上失去意识之处(原位31号，收存于乌通博)；

② 识别者：皮力亚·格莱瑞；　　③ 特征：灰泥；

④ 佛典出处：J no. 540、Mvu II 209—231、《六度集经》(T 3, no. 152, 24b14—25a14)、《菩萨睒子经》(T 3, no. 174, 436b14—438a24)、《睒子经》(T 3, no. 175a, 438b17—440a4; no. 175b, 440a25—441c24; no. 175c, 442a12—443c12)、《杂宝藏经》(T 4, no. 203, 448b7—449a2)；

⑤ 出现相似场景的图像之处：白沙瓦(Ingholt 1957, 49, plate 5)。

(9)六牙象本生(Ṣaḍḍantajātaka)

① 场景：大象握着锯子(原位26号，收存于佛统博)；

② 识别者：皮力亚·格莱瑞；　　③ 特征：灰泥；

④ 佛典出处：J no. 514、《六度集经》(T 3, no. 152, 17a19—b29)、《大庄严论经》(T 4, no.201, 336b12—338a9)、《杂宝藏经》(T 4, no. 203, 454a6—b11)、《根本说一切有部毗奈耶药事》(T 24, no. 1448, 71a4—72b4)；

⑤ 出现相似场景的图像之处：阿旃陀(Yazdanic 1955, plate X)、高里(王乐乐 2017, 69)、巴尔胡特(王乐乐 2017, 68; Cunningham 1879, plate XXVI)。

(10) **苏婆罗迦本生**(Supāragajātaka)

① 场景：菩萨立于船头(原位23号，收存于佛统博)；

② 识别者：皮力亚·格莱瑞；　　③ 特征：灰泥；

④ 佛典出处：J no. 463、Jm no. 14；

⑤ 出现相似场景的图像之处：婆罗浮屠(Anandajoti 2018a)。

(11) **妙色王本生**(Surūpajātaka)

① 场景：国王将儿子供夜叉(残块，收存于乌通博)；

② 识别者：南达娜·楚提旺；　　③ 特征：灰泥；

④ 佛典出处：Avś no. 33、Mvu I 92—93、《妙色王因缘经》(T 3, no. 163, 391a9—c12)、《撰集百缘经》(T 4, no. 200, 219a3—b15)、《贤愚经》(T 4, no. 202, 349a18—b21)；

⑤ 出现相似场景的图像之处：克孜尔(赵莉 2016b, 82)、婆罗浮屠(Anandajoti 2018c)。

(12) **象王本生**(Hastijātaka)

① 场景：　一、大象遇见被驱逐的一批人(原位32号，收存于乌通馆)；
　　　　　二、人们割大象尸体(原位33号，收存于佛统博)；

② 识别者：皮力亚·格莱瑞；　　③ 特征：灰泥；

④ 佛典出处：Jm no. 30；

⑤ 出现相似场景的图像之处：场景一，婆罗浮屠(Miksic et al. 2010, 94)；场景二，克孜尔(中国新疆壁画艺术编委会 2015b, 42; 2015c, 15)；双场景，阿旃陀(Yazdanic 1946, plate XLVIII)。

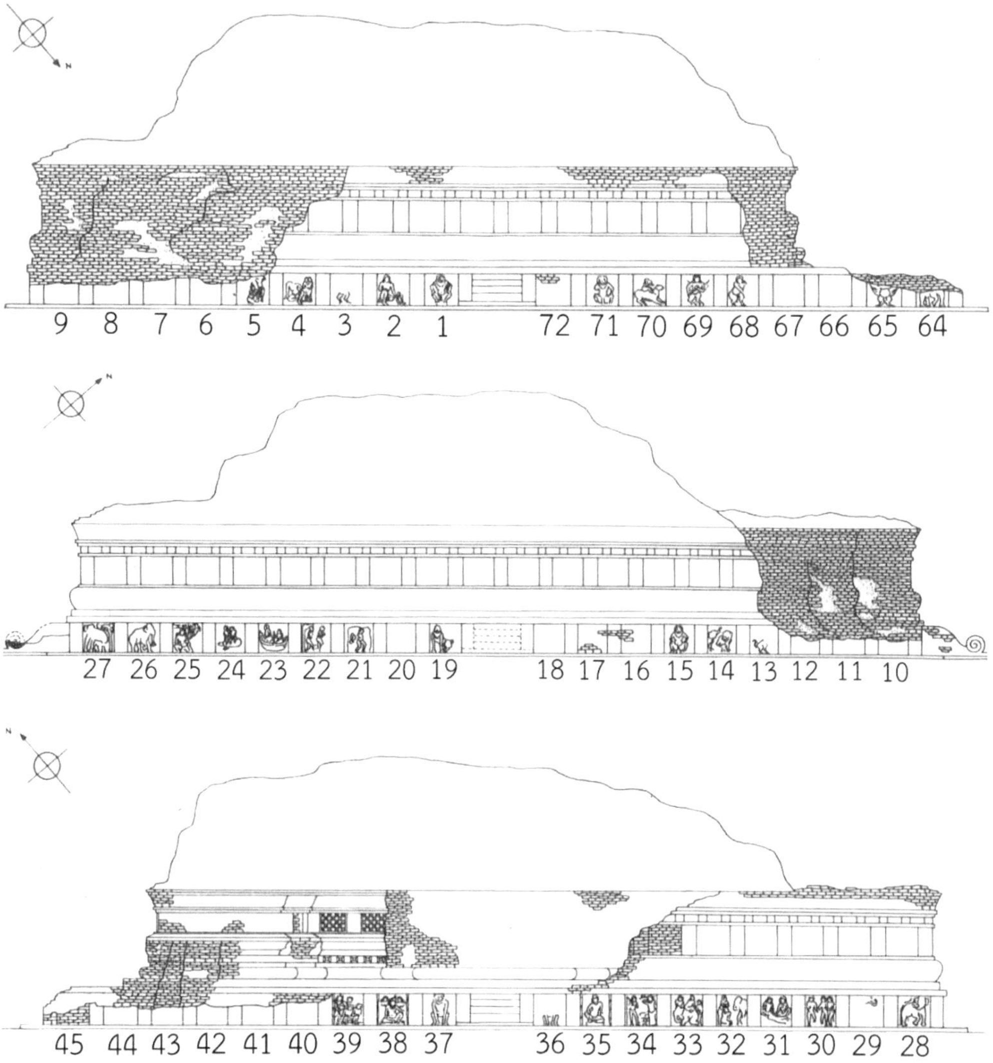

图9 塔基壁上图像原位序号(上：东北侧；中：东南侧；下：西南侧)

(图源：Krairiksh 1974, plate I—III)

4.3 新识别的图像

朱拉巴托塔上的一些图像目前尚未有人识别。笔者现就其中的几幅图像提出个人观点。

(1)月光王本生(Candraprabhajātaka)

该浮雕由灰泥制成(图10)，原位34号，收存于佛统博。该图中左边之人右手持剑；右边之人似立于树旁，并被树干半遮其身。笔者认为，该图似展示了月光王本生的一章情节。其故事出处在《六度集经》(T 3, no. 152, 2b27—c17)、《菩萨本缘经》(T 3, no. 153, 62c22—64c16)、《大方便佛报恩经》(T 3, no. 156, 149b18—

150b15）、《月光菩萨经》（T 3, no. 166, 406c12—408a24）、《贤愚经》（T 4, no. 202, 388b13—390b2）、Div no. 22，却不见于巴利文本。该故事要点为，菩萨月光王自愿入苑，将头发系于树上，将自己的头颅布施给一位婆罗门。

图10 朱拉巴托塔月光王本生泥塑
（图源：Muang Boran 1977, 45）

图11 克孜尔石窟第38窟月光王本生壁画草图

图10中应是表现婆罗门欲将王头砍下的情节。此场景之图也出现在克孜尔等石窟的壁画中（丁和 2015, 96；［德］勒柯克 2006, 426；中国新疆壁画艺术编委会 2015a, 138; 2015b, 36; 2015c, 16—17, 137, 165），见图11。下面援引与该情节有关的《大方便佛报恩经》的经文（T 3, no. 156, 150b4—7）：

> 王聞是語，心生慈愍 …… 即隨其言，以髮自縛著樹，語婆羅門："汝斷我頭，還著我手中。我當以手授與於汝。"

（2）忍辱仙人本生（Kṣāntivādijātaka）

该图像为一件泥塑残块（图12），收存于乌通博，描绘男子举起双手，头上戴冠，脸上现出受苦的模样，脖子下面到腰部似乎有火焰的样子，腰部下面的材料没有造出双腿。笔者认为，这表现的可能是忍辱仙人本生[1]的一个情节。据梵文、巴利文本（J no. 313; Jm no. 28; Mvu III 357—361），菩萨为修行忍辱之仙人。国王

图12 朱拉巴托塔泥塑残块
（图源：Krairiksh 1974, fig. 39）

1 《大唐西域记》（T 51, no. 2087, 882b10—26）有记载乌仗那国"忍辱仙人曾被割截肢体"之处。克孜尔石窟（丁和 2015, 97, 129；赵莉 2016a, 101；中国新疆壁画艺术编委会 2015a, 123; 2015c, 139）和婆罗浮屠（Anandajoti 2018b）亦出现该本生故事的壁画，不过没有描绘本文在谈的场景。

拔剑削其双手，又截其双脚，剁鼻割耳。国王做此恶业后，立即坠入大地，被地狱之火灼烧。

图12可能是表现国王坠入大地并被地狱之火灼烧的情节[1]。泥塑中仅描绘上半身，下半身应是坠入了大地的样子，头上所戴之冠表达此人为王，而举起的双手似乎有求救的意味。这泥塑所展示的情节更接近巴利文本，下面援引描述该情节的巴利经文(J III 42—43)：

> Avīcito jālā nikkhamitvā rājānaṃ kuladattikena rattakambalena pārupantī viya gaṇhi. so uyyānadvāre yeva paṭhaviṃ pavisitvā Avīcimahāniraye patiṭṭhahi. ...
>
> tassa kammassa pharusassa vipāko kaṭuko ahu
> yaṃ Kāsirājā vedesi nirayamhi samappito.[2] ...
>
> 火焰由无间地狱涌出，如同用代代家传之赤毛布包裹抓取了国王。他在园林入口处沉入大地，跌落到无间大地狱中。……
>
> 迦尸王已堕入地狱感受残忍之业，其果报很痛苦。……

《本生鬘》(Jm 190)中对应该情节的梵文经文如下：

> ghoraṃ tu tatkarma nṛpaḥ sa kṛtvā sadyo jvareṇānugato'gnineva |
> vinirgataś copavanāntadeśād gāṃ cāvadīrṇāṃ sahasā viveśa ||
> 国王犯下这番凶恶罪业后，顿觉灼热如火相随。
> 他走出园林后，立刻跌入裂开的大地。

4.4 与人民生活习俗有关的图像

朱拉巴托塔上的本生图像中，除了展示菩萨所修布施等波罗蜜的事迹，还有一些场景与当地人民生活习俗有关，譬如：

(1) 与海洋事物有关的图像

堕罗钵底时期，朱拉巴托塔位于海边城邑，即今佛统府。在该府发现了公元五六世纪圆片赤陶上绘制的小船图像(图13)(Krairiksh 2012, 40)。朱拉巴托塔的一些本生图像亦与海洋有关，反映了港口地区的生活[3]，如苏婆罗迦本生和大龟本生。下文以苏婆罗迦本生为例。

---

[1] 当初，笔者还考虑到弥兰本生中“头上戴着刀轮”之场景。但发现该塔上所展示“母亲阻止孩子”的浮雕(Krairiksh 1974, fig. 10)中之弥兰身体形象与图12中的有差异。

[2] 梵文《大事》亦出现相对应的偈颂(Mvu III 360—361: tasya ... samarpito)。

[3] 据§2 所引的《通典》原文，可知堕罗钵底许多人民从事商业，并且已使用银钱。对此，考古学家亦发现了不少证据(สฤษดิ์พงศ์ 2015, 5—6, 211—218)。

图13 圆片赤陶上的小船(图源：https://oer.learn.in.th/search_detail/result/114571，2022-03-14获取)

图14 朱拉巴托塔苏婆罗迦本生泥塑
(图源：Krairiksh 1974, fig. 12)

该本生故事记述，菩萨与随从在渡海时遇到危险，立誓之后即安全返回。图14可能表现菩萨发誓的场景，菩萨誓言的梵文颂文(Jm 93—94)如下：

> smarāmi yata ātmānaṃ yataḥ prāpto'smi vijñatām |
> nābhijānāmi sañcintya prāṇinaṃ hiṃsutuṃ kvacit ||
> anena satyavākyena mama puṇyabalena ca |
> vaḍavāmukham aprāpya svasti naur vinivartatām ||[1]
>
> 自从我能记忆自己以来，自从我得到知觉以来，连故意伤害某个有情，我都不曾记得。依此真实语以及我的功德力，愿船不要到达危险处之入口，并安全返回。

（2）与大象、马有关的图像

由前文《通典》的引文“国人乘象及马。一国之中，马不过千匹”可知，该国人民出行多乘大象或马，其中骑象者众，骑马者少[2]。朱拉巴托塔上涉及大象和马的图像有六牙象本生、象王本生以及马王本生。下文以象王本生为例。该本生故事记述菩萨生为大象，拼命帮助被驱逐的人们。其图像包含两个场景。

场景一，象菩萨遇见被驱逐的一批人(图15)。描述象菩萨与这批人开口说话的经文(Jm 201)如下：

> atha Bodhisattvo bhītān avetyaitān "mā bhaiṣṭa mā bhaiṣṭa | na vo bhayam asti matta" iti ... karuṇāyamāṇaḥ papraccha | "ke'trabhavantaḥ kena cemāṃ daśām anuprāptāḥ stha |

---

1 巴利《本生经》也出现与之相对应的偈颂(J IV 142: yato sarāmi ... nāvā nivattatu)。

2 据《旧唐书》，堕罗钵底国在公元649年派遣使者向唐朝祈求了良马([后晋]刘昫 2004, 4536)。

rajaḥsūryāṃśusaṃparkād vivarṇākṛtayaḥ kṛśāḥ |
śokaklamārtāḥ ke yūyam iha cābhigatāḥ kutaḥ" ||

此时，菩萨知道这些人感到恐惧后，说道："别怕！别怕！你们不用怕我"……心生悲悯，问道：

"尊者们是谁？为何你们到了这般境地？因冒着尘土和阳光，而有坏色的形状、瘦、忧伤、劳累、苦难。你们是谁？为何前来这里？"

图15 朱拉巴托塔象王本生泥塑（左：原处；右：补修 ）
（图源：左Krairiksh 1974, fig. 31；右Nguanphienphak 2009, 155）

场景二，那一批人割着象菩萨尸体（图16）。该场景讲述了象菩萨自愿布施身体作为众人行路过程中的食物，于是爬上高山，从瀑布边跳了下来，而众人为成功穿越沙漠，迫不得已利用象菩萨尸体的情节。下面援引《本生鬘》(Jm 207)进一步说明：

atha te puruṣāḥ kāntāranistāraṇāpekṣayā tasya dviradapater abhiprāyam anusmarantas tad vacanam apratikṣipya tasya Mahāsattvasya māṃsāny ādāya dṛtibhir iva ca tadantraiḥ salilaṃ tatpradarśitayā diśā svasti tasmāt kāntārād viniryayuḥ |

然后那些人因考虑到度过荒野[之事]，随念着那象王的意愿，不拒绝那番话，拿取摩诃萨埵之肉，且以其大肠当作水皮袋子装水，依赖其指示之方向，由此旷野平安出去。

图16 朱拉巴托塔象王本生泥塑（图源：Krairiksh 1974, fig. 32）

除此之外，前文《通典》的引文中还涉及孝顺父母以及与学校相关的话题。该塔本生图像之中也出现与孝顺有关的故事，如睒子本生、弥兰本生。此类故事的图像或许被用作修养品德的教材。

4.5 与巴利藏外《五十本生》相对应的两篇故事

朱拉巴托塔本生图像之中，有两篇本生没有出现在巴利藏《本生经》中，而是见于晚期的巴利藏外《五十本生》（*Paññāsajātaka*）中。这两篇即是大龟本生（PJ^{MCU} III 218—222）和妙色王本生（PJ I 177—185; PJ^{MCU} II 269—280）。

（1）大龟本生

该本生故事记述，菩萨生为大乌龟，见到众人在海中遇到灾难，全力以赴地背他们到海边。图17表达大乌龟在海中背着众人的情节。此场景之图也出现于克孜尔石窟，见图18。

（2）妙色王本生

该本生故事记述，菩萨生为国王，为了听到夜叉言唱佛法，不惜将王子、王后以及自己供给夜叉。图19中，右侧为夜叉；中间应是国王拿起小孩（王子），将他供给夜叉；女子是王后，其脸上现出愿意、喜乐的状态；左侧应是大臣们感到恐怖，不敢观看夜叉吃王子、王后和国王。此场景之图亦出现于婆罗浮屠（图20）。

图17 朱拉巴托塔大龟本生泥塑
（图源：Krairiksh 1974, fig. 14）

图18 克孜尔大龟本生壁画（图源：https://commons.wikimedia.org/wiki/File:Kucha_Turtle_King_Jataka.jpg，2022-04-03获取）

图19 朱拉巴托塔妙色王本生泥塑
（图源：Nguanphienphak 2009, 157）

图20 婆罗浮屠妙色王本生浮雕
（图源：Anandajoti 2018c）

关于《五十本生》的来历，泰国文学专家尼亚达·劳孙通（Niyada Lausunthorn）根据缅甸的碑文推测，其作者应该是泰北哈里奔猜（Hariphunchai）的僧人，且撰写年代不晚于1265年（นิยะดา 2015, 32—34）。

公元七八世纪，哈里奔猜王国的占玛黛薇女王（Queen Cāmadevī）从堕罗钵底国罗斛城邑（Lavo或Lavapura，今华富里府）往北到哈里奔猜王国时，曾礼请五百位上座部僧众长期驻锡弘扬佛法（Cdv 90—91; Jkm 77），这两篇故事也许在那时从泰境中部传到了北部。稍后，又有泰境北部僧人重视这两篇故事，将该故事内容写成巴利文本。

与佛教等印度文化相接触之后，东南亚兴起了佛教物品的制作活动，尤其是依据佛典“本生故事”中的某些场景绘制图像。泰境中部佛统府朱拉巴托塔塔基壁上的浮雕即是东南亚大陆早期本生图像之一。本文利用各种资料阐述其缘由，梳理该处本生图像的场景，并提出了若干个人观点。

缩略语

Avś *Avadānaśataka*. P.L. Vaidya, ed. Darbhanga: The Mithila Institute, 1958.

Cdv *Cāmadevīvaṃsa: The Hariphunchai Chronicles in Pāli with Thai Translation* = **เรื่องจามเทวีวงศ์ พงศาวดารเมืองหริภุญไชย ทั้งภาษาบาลีและคำแปล**. พระโพธิรังสี. นนทบุรี: ศรีปัญญา, 2011/BE2554

Dīp *Dīpavaṃsa*. Hermann Oldenberg, ed. Oxford: Pali Text Society, 2000.

Div *Divyāvadāna: A Collection of Early Buddhist Legends*. E.B. Cowell and R.A. Neil, eds. London: Cambridge University Press Warehouse, 1886.

Dhp *Dhammapada*. O. von Hinüber and K.R. Norman, eds. Oxford: Pali Text Society, 1995.

J *Jātaka together with its Commentary,* 6 vols. V. Fausbøll, ed. London: Pali Text Society, 1962–1964.

Jkm *Jinakālamālī* = **ชินกาลมาลีปกรณ์**. พระรัตนปัญญา. กรุงเทพฯ: โรงพิมพ์มหาจุฬาลงกรณราชวิทยาลัย, 1997/BE2540.

Jm *The Jātaka-māla or Bodhisattvāvadāna-mālā by Ārya-śūra*. Hendrik Kern, ed. Boston: Ginn & Company, 1891.

Mvu *Le Mahāvastu*, 3 vols. Émile Senart, ed. Paris: Imprimerie nationale, 1882–1897.

PJ *Paññāsa-jātaka or Zimme Paṇṇāsa*, 2 vols. Padmanabh S. Jaini, ed. London: Pali Text Society, 1981–1983.

PJ^{MCU} Vol.II, "Paññāsajātakassa aṭṭhama-sattavīsatimāni vatthūni: Parisodhanavīmaṃsā = ปัญญาสชาดก เรื่องที่ 8–27: การตรวจชำระและศึกษาเชิงวิเคราะห์." ตรวจชำระโดย พระมหาธานินทร์ อาทิตวโร (คำกมล). วิทยานิพนธ์มหาบัณฑิต, มหาวิทยาลัยมหาจุฬาลงกรณราชวิทยาลัย, 2003/BE2546.

Vol.III, "Paññāsajātakassa paṭhamabhāgassa aṭṭhavīsatima-catucattāḷīsamāni vatthūni: Vicāraṇa-yuttaparisodhanañ ceva vicchedhāyattavīmaṃsā ca = ปัญญาสชาดก เรื่องที่ 28–44: การตรวจชำระและศึกษาเชิงวิเคราะห์." ตรวจชำระโดย พระมหาประสิทธิ์ อหึสโก (ทองปาน). วิทยานิพนธ์มหาบัณฑิต, มหาวิทยาลัยมหาจุฬาลงกรณราชวิทยาลัย, 2004/BE2547.

Sp *Samantapāsādikā: Buddhaghosa's Commentary on the Vinaya-piṭaka*, 7 vols. J. Takakusu and Makoto Nagai, eds. London: Pali Text Society, 1966–1982.

T 『大正新脩大藏經』, 高楠順次郎, 渡辺海旭編, 100巻, 東京, 1924—1934。依台湾中华电子佛典协会（CBETA）电子版。

Ud *Udāna*. Paul Steinthal, ed. London: Pali Text Society, 1982.

Vibh-a *Sammohavinodanī: Abhidhammapiṭake Vibhaṅgaṭṭhakathā*. A.P. Buddhadatta Thero, ed. London: Pali Text Society, 1980.

Vin *Vinaya Piṭakaṃ: One of the Principal Buddhist Holy Scriptures in the Pāli Language*, 5 vols. Hermann Oldenberg, ed. Oxford: Pali Text Society, 1982–1997.

参考文献

中文：

陈　燕、王文光

2016　《〈新唐书〉与唐朝海内外民族史志研究》，昆明：云南大学出版社。

丁　和　2015　《德藏新疆壁画》，上海：上海九璞十景文化工作室。

[唐]杜佑　1988　《通典》，杭州：浙江古籍出版社。

段立生　2005　《泰国文化艺术史》，北京：商务印书馆。

黎道纲　2000　《泰国古代史地丛考》，北京：中华书局。

2007　《泰境古国的演变与室利佛逝之兴起》，北京：中华书局。

[隋唐]李大师、[唐]李延寿

2004　《南史》2册，杨忠分史主编，《二十四史全译》，上海：汉语大词典出版社。

[宋]李昉等

1998　《太平广记》第4册，韩冰等校，北京：中国盲文出版社。

2008　《太平御览》第8册，上海：上海古籍出版社。

李瑞哲　2017　《论小乘佛教说一切有部在龟兹的流行》，《世界宗教研究》第4期，第75—86页。

[唐]李延寿

2004　《北史》4册，周国林分史主编，《二十四史全译》，上海：汉语大词典出版社。

[北魏]郦道元

2000　《水经注》，陈桥驿注释，杭州：浙江古籍出版社。

林许文二、陈师兰

2012　《印度朝圣之旅·桑奇佛塔》，海口：海南出版社。

[后晋]刘昫

2004　《旧唐书》第6册，黄永年分史主编，《二十四史全译》，上海：汉语大词典出版社。

[德]勒柯克

2006　阿尔伯特·冯·勒柯克、恩斯特·瓦尔德施密特，《新疆佛教艺术》（下），管平、巫新华译，乌鲁木齐：新疆教育出版社。

丘新民　1984　《东南亚文化交通史》，新加坡：新加坡亚洲研究学会 · 文学书屋。

[宋]宋祁、欧阳修等

2004　《新唐书》第8册，黄永年分史主编，《二十四史全译》，上海：汉语大词典出版社。

王乐乐　2017　《从文本到图像：印度和中国克孜尔、敦煌石窟本生故事图像叙事模式小探——以尸毗王本生、六牙象本生和兔本生故事为例》，《山东艺术学院学报》第4期（总第157期），第62—71页。

吴玉贵　2005　《〈通典〉"边防典"证误》，《文史》第1期（总第70期），第149—184页。

赵　莉　2016a　《西域美术全集7：龟兹卷·克孜尔石窟壁画 1》，天津：天津人民美术出版社。

2016b　《西域美术全集8：龟兹卷·克孜尔石窟壁画 2》，天津：天津人民美术出版社。

2016c　《西域美术全集9：龟兹卷·克孜尔石窟壁画 3》，天津：天津人民美术出版社。

郑筱筱　2015　《斯里兰卡与东南亚佛教：从佛教传入至公元20世纪》，北京：中国社会科学出版社。

中国新疆壁画艺术编委会

2015a　《中国新疆壁画艺术1：克孜尔石窟壁画》，乌鲁木齐：新疆美术摄影出版社。

2015b《中国新疆壁画艺术2: 克孜尔石窟壁画》，乌鲁木齐: 新疆美术摄影出版社。

2015c《中国新疆壁画艺术3: 克孜尔石窟壁画》，乌鲁木齐: 新疆美术摄影出版社。

钟　楠　2014《柬埔寨文化概论》，广州: 世界图书出版广东有限公司。

西文:

Anandajoti 2013 Anandajoti Bhikkhu. "Avadāna, the Traditions about the Bodhisattva, Level 1, Inner Wall at Borobudur." Photo Dharma. Accessed 13 Mar 2022. https://www.photodharma.net/Indonesia/06-Divyavadana-Storyboard/Divyavadana-Storyboard-5-Maitrakanyakavadana.htm

2018a "Jātaka, The Buddha's Past Birth-Stories, Level 1, Balustrade, Top, at Borobudur." Photo Dharma. Accessed 13 Mar 2022. https://www.photodharma.net/Indonesia/04-Jataka-Level-1-Top/04-Jataka-Level-1-Top-1.htm

2018b "Jātaka, The Buddha's Past Birth-Stories, Level 1, Balustrade, Top, at Borobudur." Photo Dharma. Accessed 13 Mar 2022. https://www.photodharma.net/Indonesia/04-Jataka-Level-1-Top/04-Jataka-Level-1-Top-2.htm

2018c "Jātaka, The Buddha's Past Birth-Stories, Level 1, Balustrade, Top, at Borobudur." Photo Dharma. Accessed 13 Mar 2022. https://www.photodharma.net/Indonesia/04-Jataka-Level-1-Top/04-Jataka-Level-1-Top-3.htm

Barua 1934 Benimadhab Barua. *Barhut Book II: Jātaka-Scenes*. Calcutta: Indian Research Institute.

1937 *Barhut Book III: Aspects of Life and Art*. Calcutta: Indian Research Institute.

Bennett 2019 Anna Bennett. "Suvarṇabhūmi 'Land of Gold'." *Suvarnabhumi: The Golden Land*. Bangkok: GISTDA and BIA: 79–114.

Chhabra 1936 B. Ch. Chhabra. "Expansion of Indo-Aryan during Pallava Rule." *Journal of the Royal Asiatic Society of Bengal*, Letters Vol.I (1935): 1–64.

1965 *Expansion of Indo-Aryan Culture During Pallava Rule*. New Delhi: Munshi Ram Manohar Lal.

Chutiwongs 1978 Nandana Chutiwongs. "On the Jātaka reliefs at Cula Pathon Cetiya." *Journal of the Siam Society* 66/1: 133–151.

Coedès 1975 George Coedès. *The Indianized States of Southeast Asia*. Susan Brown Cowing, tr. from French. Canberra: Australian National University Press.

Cunningham 1879 Alexander Cunningham. *The Stūpa of Bharhut: A Buddhist Monument ornamented with Numerous Sculptures Illustrative of Buddhist Legend and History in the Third Century BC*. London: Wm. H. Allen and Co.

Elikhina 2013 Julia Elikhina. "The Renovated Central Asia Exhibit in the State Hermitage Museum." *The Silk Road* 11: 154–171.

Falk 1997 Harry Falk. "Die Goldblätter aus Śrī Kṣetra." *Wiener Zeitschrift für die Kunde Südasiens* 41: 53–92.

Glover 2019 Ian Glover. "Suvarnabhumi – Myth or Reality?" *Suvarnabhumi: The Golden Land*. Bangkok: GISTDA and BIA: 11–15.

Grünwedel 1920 Albert Grünwedel. *Alt-Kutscha archäologische und religionsgeschichtliche Forschungen an Tempera-Gemälden aus Buddhistischen Höhlen der ersten acht Jahrhunderte nach Christi Geburt*. Berlin: Otto Elsner Verlagsgesellschaft M.B.H.

Harris 2005 Ian Charles Harris. *Cambodian Buddhism: History and Pratice*. Honolulu: University of Hawai'i Press.

Hutangkura 2014 Trongjai Hutangkura. "Reconsidering the Palaeo-shoreline in the Lower Central Plain of Thailand." In: Nicolas Revire and Stephen A. Murphy, eds., *Before Siam: Essays in Art and Archaeology*, 32–67. Bangkok: River Books and The Siam Society.

Ingholt 1957 Harald Ingholt. *Gandhāran Art in Pakistan*. New York: Pantheon Books.

Krairiksh 1974 Piriya Krairiksh. *Buddhist Folk Tales Depicted at Chula Pathon Cedi*. Bangkok: Prachandra Printing Press. [Bilingual English-Thai]

2012 *The Roots of Thai Art*. Narisa Chakrabongse, tr. from Thai. Bangkok: River Books.

Miksic et al. 2010 John N. Miksic, Noerhadi Magetsari, Jan Fontein, Timbul Haryono, and Idham Bachtiar Setiadi. *Borobudur: Majestic Mysterious Magnificent*. Yogyakarta: Taman Wisata Candi Borobudur Prambanan & Ratu Boko.

Muang Boran 1977 "Stucco Reliefs at the Base of Chulapathon." *Muang Boran Journal* 4/1: 41–48. [Bilingual English-Thai]

Murphy 2016 Stephen A. Murphy. "The Case for Proto-Dvāravatī: A Review of the Art Historical and Archaeological evidence." *Journal of Southeast Asian Studies* 47/3: 366–392.

Nguanphienphak
2009 Usa Nguanphienphak. "Fouilles récentes au Phra Pathon Chedi." In: Pierre Baptiste and Thierry Zéphir, eds., *Dvāravatī: aux sources du bouddhisme en Thaïlande*, 145–168. Paris: Réunion des musées nationaux.

Ray 1936 Nihar-ranjan Ray. *Sanskrit Buddhism in Burma*. Kolkata: University of Calcutta.

Revire 2015 Nicolas Revire. "Re-exploring the Buddhist Foundation Deposits at Chedi Chula Prathon, Nakhon Pathom." In: D. Christian Lammerts, ed., *Buddhist Dynamics in Premodern and Early Modern Southeast Asia*, 172–217. Singapore: Institute of Southeast Asian Studies.

Skilling 2013 Peter Skilling. "Śrāvakas, Buddhas, and the Buddha's Father: Inscribed Artefacts in the U Thong National Museum." *Bulletin of the Asia Institute*, New Series 27: 77–89.

2015a "An Untraced Buddhist Verse Inscription from (Pen)insular Southeast Asia." In: D. Christian Lammerts, ed., *Buddhist Dynamics in Premodern and Early Modern Southeast Asia*, 18–79. Singapore: Institute of Southeast Asian Studies.

2015b "The Circulation of Artefacts Engraved with 'Apramāda' and Other Mottos in Southeast Asia and India: A Preliminary Report." *Annual Report of the International Research Institute for Advanced Buddhology at Soka University for the Academic Year 2014*, Vol. XVIII: 63–77.

Stargardt 2000 Janice Stargardt. *Tracing Thought through Things: The Oldest Pali Texts and the Early Buddhist Archaeology of India and Burma*. Amsterdam: Royal Netherlands Academy of Arts and Sciences.

Tanabe 2019 Tadashi Tanabe. "Gandhāran Śibi-Jātaka Imagery and Falconry: Gandhāra, Kizil and Dunhuang." *Annual Report of the International Research Institute for Advanced Buddhology at Soka University for the Academic Year 2018*, Vol. XXII: 359–376.

Yazdanic 1946 G. Yazdanic. *Ajanta: The Colour and Monochrome Reproductions of the Ajanta Frescoes Based on Photography Part III*. London: Oxford University Press.

1955 *Ajanta: The Colour and Monochrome Reproductions of the Ajanta Frescoes Based on Photography Part IV*. London: Oxford University Press.

泰文:

ชาญวิทย์ 2005/2548[1] ชาญวิทย์ เกษตรศิริ. **อยุธยา: ประวัติศาสตร์และการเมือง**. กรุงเทพฯ: มูลนิธิโครงการตำราสังคมศาสตร์และมนุษยศาสตร์.

นิยะดา 2015/2558 นิยะดา เหล่าสุนทร. **ปัญญาสชาดก: ประวัติและความสัมพันธ์ที่มีต่อวรรณกรรมร้อยกรองของไทย.** กรุงเทพฯ: ลายคำ.

ศักดิ์ชัย 2004/2547 ศักดิ์ชัย สายสิงห์. **ศิลปะทวารวดี: วัฒนธรรมพุทธศาสนายุคแรกเริ่มในดินแดนไทย**. กรุงเทพฯ: เมืองโบราณ.

ศรีศักร 2015/2558 ศรีศักร วัลลิโภดม. "สหพันธรัฐทวารวดี." **เมืองโบราณ** 41/4: 23–36.

สมศักดิ์ 1992/2535 สมศักดิ์ รัตนกุล. **โบราณคดีเมืองคูบัว**. กรุงเทพฯ: กรมศิลปากร.

สฤษดิ์พงศ์ 2015/2558 สฤษดิ์พงศ์ ขุนทรง. **ทวารวดี: ประตูสู่การค้าบนเส้นทางสายไหมทางทะเล**. กรุงเทพฯ: ภาควิชาโบราณคดี คณะโบราณคดี มหาวิทยาลัยศิลปากร.

สุขกมล 2002/2545 สุขกมล วงศ์สวรรค์. "การวิเคราะห์ปูนขาวจากเปลือกหอยที่แหล่งโบราณคดีวังไผ่ อำเภอบ้านหมี่ จังหวัดลพบุรี." วิทยานิพนธ์มหาบัณฑิต, มหาวิทยาลัยศิลปากร.

สุจิตต์ 2003/2546 สุจิตต์ วงษ์เทศ. **ประวัติศาสตร์สังคม-วัฒนธรรม ของภาษาและวรรณคดีในสยามประเทศ.** กรุงเทพฯ: มติชน.

สุภัทรดิศ 1974/2517 สุภัทรดิศ ดิศกุล. "โบราณคดีวิจารณ์: ศาสนนิทานที่เจดีย์จุลประโทน." **โบราณคดี** 5/3: 315–320.

หอสมุดแห่งชาติ

1986a/2529 **จารึกในประเทศไทย เล่ม 1: อักษรปัลลวะ หลังปัลลวะ พุทธศตวรรษที่ 12–14**. กรุงเทพฯ: หอสมุดแห่งชาติ กรมศิลปากร.

1986b/2529 **จารึกในประเทศไทย เล่ม 2: อักษรปัลลวะ อักษรมอญ พุทธศตวรรษที่ 12–21**. กรุงเทพฯ: หอสมุดแห่งชาติ กรมศิลปากร.

อุเทน 2020/2563 อุเทน วงศ์สถิตย์. "จารึกเสาแปดเหลี่ยมชัยนาท: จารึกอรรถกถาอภิธรรมที่เก่าที่สุดในประเทศไทย." **ธรรมธารา** 6/1: 55–77.

[1] "/"后面的数字为佛历年。

梵藏汉《圆满譬喻经》*

——新发现钢和泰任教北京大学时的梵语教材手稿

陈 明 罗 鸿

摘要：本文聚焦于一部新发现的钢和泰梵语教材手稿，该手稿系钢和泰为其1929至1930年度在北京大学所任《〈圆满譬喻经〉梵藏汉对比研究》课程特别准备的阅读材料。文中对钢和泰如何从《圆满譬喻经》中选取相关段落并开展梵藏汉三文对勘以及注释讲解进行了较为详细的梳理。当时有若干成名学者及日后成为大家的东方学学者参与了课程，该课程以及此次发现的手稿对于中国东方学学科史的研究有重要意义。作为背景描述，本文也勾勒了钢和泰从1920年春季至1937年辞世期间在北京大学逐步开展梵文教学建设的历程。

关键词：钢和泰；东方学研究；《圆满譬喻经》；梵语教材

1917年，爱沙尼亚籍学者钢和泰(Baron Alexander Wilhelm von Staël-Holstein, 1877—1937)来到北京，一住二十年，逐步成长为当时国际上著名的佛教语文学家[1]。在德国汉学家雷兴(Ferdinand Diedrich Lessing, 1882—1961)于1919年秋季学期首次在北京大学开设梵文课之后，钢和泰从1920年春季学期起，接过了梵语教鞭，一直到1937年因病去世，将近十八年的时间。[2] 1926年，钢和泰在上海的商务印书馆出版了《大宝积经迦叶品梵藏汉六种合刊》，这是世界上第一部梵藏汉三语对勘的佛经，意义巨大。钢和泰在印度学、佛教语文学，尤其是梵汉对音方面的研究，对中国学术界有很大的启发和引导作用。钢和泰的梵文教学也已成为中国东方学学科史的一部分，[3] 他所使用的课程教材及其相关情况，还值得进一步研究。

一、钢和泰梵文课所用的教材情况梳理

钢和泰是1920年1月正式入职北大的，其职称一直是讲师。1920年6月7日，钢和泰的名前缀次出现在《北京大学日刊》第627号第一版《特别讲演广告》之中：

作者：陈明，北京大学东方文学研究中心。罗鸿，北京大学外国语学院南亚学系。

* 本文是国家社会科学基金重大项目《中国东方学学术史研究》(14ZDB084)阶段成果以及“北京大学图书馆特藏文献丛刊”项目成果之一。

1 有关钢和泰的学术及其生平，参见王启龙 2008，王启龙、邓小咏 2009。

2 有关钢和泰在北京大学早期的教学情况，参见闫磊 2021。

3 有关钢和泰等学者在北京大学开设梵语课的情况，参见陈明待刊稿。

> 俄國治印度史學的學者、鋼男爵(Baron Staël-Holstein)於本月八日(星期二)下午四時，在第二院第一講堂講演《玄奘與近代之史學研究》。鋼男爵將於此講演中詳述玄奘之《西域記》與近代史學家研究印度及中亞細亞諸國史料之重要關係。由胡適之教授譯爲國語。本校同人皆可往聽。[1]

1920年10月27日，《北京大学日刊》第727号第一版通知《学梵文的同学注意》云："梵文教员钢先生因我们学梵文的时间，多与他项外国语冲突，定于今日(礼拜三)下午四时至六时在四十五教室开会决定时间，务请诸位按时都到，决定各人学习的时间为要。"这条通知明确提及钢和泰是梵文教员。北京大学档案室藏1920年11月《国立北京大学职员录》记载，钢和泰任本科哲学系外国讲师。[2]

1920年11月3日，《北京大学日刊》第733号第二版《陈廷璠启事》云：

> 梵文班第一天上課時，有位同學帶去鋼先生的*First Lesson in Sanskrit Grammar*一本，以後再没上課。現在請將該書交到第一院號房，以便交還鋼先生爲要。
>
> 十一、三。

陈廷璠(号昆山，1897—1951)在五四运动的时候，曾任北京大学哲学系学生代表，1922年毕业。他应该是钢和泰所教梵文课的学生之一。根据此条启事，钢和泰的梵文课所用的语法教材之一就是*First Lessons in Sanskrit Grammar*。该书的副标题是*Together with an Introduction to the Hitopadeśa*，其作者为英国印度事务部图书馆员James Robert Ballantyne(1813—1864)。该书1851年在印度的Mirzapore(Mirzapur)出版，1862年又在伦敦由J. Madden再次出版。钢和泰之所以选用此书，是因为该书是一本梵文语法学著作，且利用了印度梵语民间故事集《益世嘉言集》(*Hitopadeśa*)中的语料，适合初学者使用。

除此书之外，钢和泰自己也编写了梵文课入门的材料。罗常培在《元音字母演讲史》一书的序言中(1934, 4)，谈到先学拼音再教汉文的主张，"这种办法同钢和泰(Baron A. von Staël-Holstein)教授梵文，先教人熟读他用罗马字编的四十四页讲义，然后才开始教人认识繁难的天城体梵字(Devanagari)恰好相似的"。罗常培于1916—1921年间就读北大，然后一直在外工作，直到1934年回北大任教授。他虽未明确钢和泰编写讲义的时间，但大致可推测钢和泰在1920年代就是这么做的。

---

1 另见《特别讲演广告》，《北京大学日刊》第628号，1920年6月8日第一版。

2 北京大学档案馆藏，档案编号1MC192002，件号2，题名：《国立北京大学职员录》。

1921年1月11日，钢和泰致函哈佛大学教授伍兹（James Houghton Woods, 1864—1935），介绍了自己在北大教梵文而需要教材的情况：

> I am now a professor of Sanskrit at the Government (not the Missionary) University of Peking and I want the following American books rather badly: Three copies of Perry's *Sanskrit Primer* (a translation of Bühler's *Leitfaden*) and two copies of the *Jātakamālā* (edited as far as I remember by Kern in the Harvard Oriental Series). May I ask you to get these books for me and send them to me c/o the Peking Club, Peking, as soon as possible? [...] I hope you will excuse my boldness considering that I am trying to enlighten the Chinese by reintroducing the study of Sanskrit into this country. [...] There is much interest in Buddhist studies here and I have three quite serious Chinese Sanskrit students.[1]

该信有高山杉（2011）的汉译，其内容如下：

> 我现已是国立（而非教会的）北京大学的梵语教授，急需如下美国出版的书籍：佩里的《梵语入门》（即比勒《梵语初级教科书》的译本）三册，还有《菩萨本生鬘论》（就我记忆所及，应是柯恩编校的，收在《哈佛东方丛书》里）二册。能否请你帮我弄到这些书，然后通过北京的北京俱乐部邮给我？[……]我正通过重新把梵语研究输入这个国家，给中国人做点开蒙启明的工作。看在这一点的份上，希望你能原谅我冒失的请求。[……]我这里的人们对佛教研究的兴趣很浓，我带了三个非常认真的学梵语的中国学生。

可见，钢和泰需要的授课教材至少还有基础课本《梵语入门》（*Sanskrit Primer*）和作为阅读材料的《菩萨本生鬘论》（*Jātakamālā*）。钢和泰不只是为了在北大获得一个教职，而有将梵语教学重新输入中国学术界，以此来启蒙中国的强烈愿望。

二、钢和泰梵文教材手稿的新发现

1928—1929年，钢和泰受邀在哈佛大学任教，于1929年5月离开波士顿。钢和泰回到北平之后，继续在北京大学任教。1931年2月18日，钢和泰给哈佛大学的蔡斯教授（George Henry Chase, 1874—1952）写去长信，其中涉及他的教课情况如下：

> During the academic year 1929–1930 I conducted the following classes: 1) Sanskrit grammar for beginners (2 hours); 2) Comparative study of the *Pūrṇāvadāna* in Sanskrit, Tibetan and Chinese (4 hours); 3) Indian Religious History (2 hours). The lecture 1 and 2 were held at my house, but the lectures on Indian religious history were (and are still in 30/31) delivered at the National University of Peking*). In 29/30 I did

[1] 钢和泰此函收藏于哈佛大学哈佛燕京图书馆，但未见于邹新明2016。

eight weekly hours' teaching which, owing to Professor Weller's presence here, have been reduced to six in 30/31.[1]

钢和泰的“初级梵语语法”和“梵藏汉《圆满譬喻经》(*Pūrṇāvadāna*)比较研究”两门课，是在他家中上的。差不多同一时期，钢和泰给伍兹教授的信中也叙述了他的教学情况，文字几乎同上引给蔡斯的信，具体如下：

> During the academic year 1929/1930 I conducted the following classes: 1) Sanskrit grammar for beginners (2 hours); 2) Comparative study of the *Pūrṇāvadāna* in Sanskrit, Tibetan and Chinese (4 hours); 3) Indian Religious History (2 hours). The lecture 1 and 2 were held at my house, but the lectures on Indian religious history were delivered at the National University of Peking.[2]

从钢和泰所写的这两封信中，我们可以知道，钢和泰在梵文教学中，使用了《圆满譬喻经》(*Pūrṇāvadāna*)作为精读和语法分析的材料。当时钢和泰在家中举办的佛经读书班，陈寅恪、雷兴、清华大学的德籍教授艾锷风(Gustav Ecke, 1896—1971，艾克)以及来自厦门大学的学生林藜光等人参加了，进行梵藏汉佛经的对勘研读。钢和泰对《圆满譬喻经》的研究，也得到了陈寅恪(Tschen Yin Koh)、魏鲁南(James Ware)等学者的帮助。钢和泰早在1930年底给伍兹教授的信中就说过：

> Ware and Tschen Yin Koh study with me (four hours a week), I enjoy those hours very much, but the preparation of the texts (*Pūrṇāvadāna* and *Saddharmapuṇḍarīka*) in three languages takes a good deal of time. Ware is doing very well and derives much profit from being able to consult Tschen who is supreme in all things Chinese (not only Buddhistic).[3]

钢和泰此信中明确言及在准备《圆满譬喻经》和《妙法莲华经》(*Saddharmapuṇḍarīka*)的三语种版本数据时，要花费很多的时间，应该是很辛苦的。但钢和泰是如何使用梵藏汉三种语言的《圆满譬喻经》这一语料来进行文本的对勘研究的呢？近期的新发现为回答此问题提供了重要的契机。

2021年冬，北京大学图书馆特藏部主任邹新明研究馆员在筹办“承学脉而开风气 致广大而尽精微——百年前北京大学学术系列展·1921”的过程中，从北京大学图书馆的特藏品中，发现了三册与梵语相关的手稿。其中，一册装订本的背脊上写有“处胎会”三字，另两册写有“圆满”二字。

---

1 原信(Alexander von Staël-Holstein to George H. Chase, Feb. 18, 1931)见邹新明 2016，上册，111—120。

2 邹新明 2016，下册，433。

3 邹新明 2016，下册，455。

经初步查对，写有“圆满”二字的两册就是钢和泰所用《圆满譬喻经》的梵藏汉对勘本。该两册中有来自唐代高僧义净翻译的《根本说一切有部毗奈耶药事》卷二的长者子圆满（Pūrṇa）故事及其藏文版的对应经文、《天神譬喻经》（*Divyāvadāna*）中的第二个譬喻故事——《圆满譬喻经》（*Pūrṇāvadāna*）。虽然这三个版本不是原文（母本）与译本的关系，但它们属于同一个譬喻故事的多语种平行文本，是适合用于佛经比较研究的对勘材料之一，因此，被钢和泰选作教学用的文本。这也充分反映了钢和泰具有比较高深的语文学修养，擅长运用梵藏汉多语种佛经对比研究，这与他出版梵藏汉本《大宝积经·迦叶品》是一脉相承的。

三、梵藏汉《圆满譬喻经》：钢和泰的两叶手稿释读

在确认了北京大学图书馆藏的《圆满》和《处胎会》是钢和泰的教材手稿之后，感谢馆方的授权和陈建龙馆长、郑清文书记、邹新明老师的大力支持，2021年12月21日，陈明领衔的北京大学外国语学院研究团队同北京大学图书馆签订了正式的合作协议——《关于合作开展钢和泰笔记手稿研究项目的协议》，将对这三册手稿进行解读和研究。

就原文而言，此《圆满譬喻经》的梵藏汉三语文本都属于已定型的铅印本，其成书形式是“复印加粘贴”，因此，不必像处理梵藏汉佛经写本材料那样从头开始仔细地转写和校勘。但是，钢和泰在三语文本的段落旁边有非常多的批注，其书写十分繁乱，需要花大量的时间去辨认和转写。本文从该手稿本中挑选出两叶（图一、图二）作为样本进行释读，以便读者对写本有更为直观的了解。释读中仍有一些问题未能解决，我们也一一列出，留待方家指教。

考虑到此手稿本的复杂，我们用不同颜色来作标注，即：(1)原文中加注语词标为橙色；(2)蓝色水笔批注标为蓝色；(3)黑色水笔批注标为紫色；(4)黑色铅笔批注标为绿色；(5)红色铅笔批注标为绛色；(6)/ / / / 分别标示上列批注中的分行；(7)未能解读或存疑的批注标为红色；(8)未能识别转写的批注以红色问号标出。

现将此两叶手稿的内容转写如下：

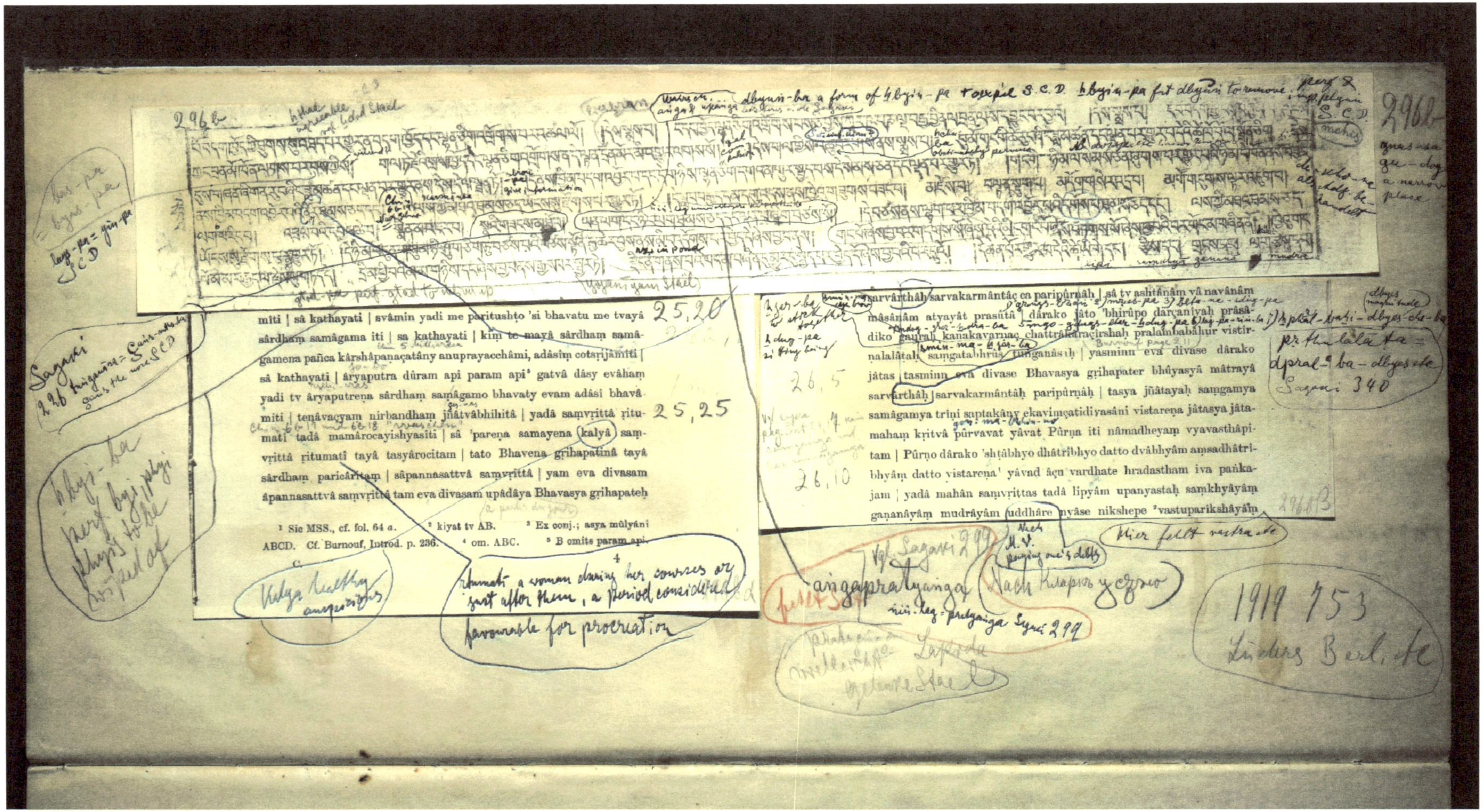
miti | sâ kathayati | svâmin yadi me paritushṭo 'si bhavatu me tvayâ sârdham samâgama iti | sa kathayati | kiṃ te mayâ sârdham samâgamena pañca kârshâpaṇaçatâny anuprayacchâmi, adâsîṃ cotsṛjâmiti | sâ kathayati | âryaputra dûram api param api[3] gatvâ dâsy evâhaṃ yadi tv âryaputreṇa sârdhaṃ samâgamo bhavaty evam adâsî bhavâmiti | tenâvaçyaṃ nirbandhaṃ jñâtvâbhihitâ | yadâ saṃvṛittâ ritumatî tadâ mamârocayishyasîti | sâ 'pareṇa samayena kalyâ saṃvṛittâ ṛitumatî tayâ tasyârocitam | tato Bhavena gṛihapatinâ tayâ sârdhaṃ paricâritam | sâpannasattvâ saṃvṛittâ | yam eva divasam âpannasattvâ saṃvṛittâ tam eva divasam upâdâya Bhavasya gṛihapateḥ

[1] Sic MSS., cf. fol. 64 a. [2] kiyat tv AB. [3] Ex conj.; asya mûlyâni ABCD. Cf. Burnouf, Introd. p. 236. [4] om. ABC. [5] B omits param api.

sarvârthâḥ sarvakarmântâç ca paripûrṇâḥ | sâ tv ashṭânâṃ vâ navânâṃ mâsânâm atyayât prasûtâ | dârako jâto 'bhirûpo darçanîyaḥ prâsâdiko gauraḥ kanakavarṇaç chattrâkâraçirshaḥ pralambabâhur vistîrṇalalâṭaḥ saṃgatabhrûs tuṅganâsaḥ | yasminn eva divase dârako jâtas tasminn eva divase Bhavasya gṛihapater bhûyasyâ mâtrayâ sarvârthâḥ sarvakarmântâḥ paripûrṇâḥ | tasya jñâtayaḥ saṃgamya samâgamya trîṇi saptakâny ekaviṃçatidivasâni vistareṇa jâtasya jâtamahaṃ kṛitvâ pûrvavat yâvat Pûrṇa iti nâmadheyaṃ vyavasthâpitam | Pûrṇo dârako 'shṭâbhyo dhâtrîbhyo datto dvâbhyâm aṃsadhâtrîbhyâṃ datto vistareṇa[1] yâvad âçu vardhate hradastham iva paṅkajam | yadâ mahân saṃvṛittas tadâ lipyâm upanyastaḥ saṃkhyâyâṃ gaṇanâyâṃ mudrâyâm uddhâre nyâse nikshepe [2]vastuparikshâyâṃ

图一：北大图书馆藏钢和泰用于教学的《圆满譬喻经》的梵藏汉对勘本手稿（选叶）

p. 4

mīti | sā kathayati | svāmin yadi me parituṣṭo 'si bhavatu me tvayā [1]

sārdhaṃ samāgama iti | sa kathayati | kiṃ te mayā sārdhaṃ samā-

gamena pañca kārṣāpaṇaśatāny[2] anuprayacchāmi, adāsīṃ cotsṛjāmīti |

sā kathayati | āryaputra[3] [4] dūram api param api gatvā dāsy evāhaṃ

yadi tv āryaputreṇa sārdhaṃ samāgamo bhavaty evam adāsī bhavā-

mīti | tenāvaśyaṃ nirbandhaṃ jñātvā[5]bhihitā | yadā saṃvṛttā ṛtu- [6]

matī tadā mamārocayiṣyasīti[7] | sā 'pareṇa samayena kalyā[8] saṃ-

vṛttā ṛtumatī[9] tayā tasyārocitam | tato Bhavena gṛhapatinā tayā

sārdhaṃ paricāritaṃ | sāpannasattvā saṃvṛttā | yam eva divasam

āpannasattvā saṃvṛttā tam eva divasam upādāya[10] Bhavasya gṛhapateḥ

sarvārthāḥ[11] sarvakarmāntāś ca paripūrṇāḥ | sā tv aṣṭānāṃ vā navānāṃ

māsānām atyayāt prasūtā | dārako jāto 'bhirūpo[12] darśanīyaḥ[13] prāsā-

---

1 25, 20 / 296b：25, 20标示梵本页码和行数，296b标示对应藏译德格版的叶码。

2 Chin 5 billionen：书于第21行与第22行之间，对应汉译为"五亿之钱"（T 24, no. 1448, 8a10）。

3 jo-bo：书于第22行与第23行之间，位于āryaputra之上，是296b1中藏译翻āryaputra译语。

4 ḥjeḥi-sras：书于第23行与第24行之间，位于āryaputra之下，是296b2中藏译翻āryaputra译语。

5 çes-nas：书于第24行与第25行之间，jñātvā的藏译对应语。

6 25, 25：25, 20标示梵本页码和行数。

7 Chin 6b17 und 6b18 "waschen"：批注标示出汉译中的"沐浴"情节不见于梵本；"当自沐浴"（T 24, no. 1448, 8a13），此处汉译或是对saṃvṛttā的引申意译。

8 kalya healthy, auspicious：书于左下方蓝色水笔所画圈内，以斜线对应到"kalyā"，释义摘自MW 263。

9 ṛtumatī a woman during her courses or / just after them, a period considered / favorable for procreation.：书于右下方蓝色水笔所画圈内，以斜线对应到"ṛtumatī"，释义摘自MW 224。

10 à partir du jour：批注书于铅笔所画圈内，位于upādāya之下，为tam eva divasam upādāya的法译。

11 以蓝色水笔圈出arthāḥ，并以曲线连至藏译296b4中nor，标示此处sarvārthaḥ中的artha一词在藏译中译为nor（财物）。

12 1) gzungs-ḥzaṅ：书于第1行与第2行之间，abhirūpaḥ的藏译对应词，见296b4。

13 2) mdzes-pa：书于第1行与第2行之间，darśanīyaḥ的藏译对应词，见296b4。

diko[1] gauraḥ kanakavarṇaś[2] chattrākāraśīrṣaḥ[3] pralambabāhur[4] [5]vistīrṇalalāṭaḥ[6] saṃgatabhrūs[7] tuṅganāsaḥ | yasminn eva divase dārako jātas tasminn eva divase Bhavasya gṛhapater bhūyasyā mātrayā sarvārthāḥ[8] | sarvakarmāntāḥ paripūrṇāḥ | tasya jñātayaḥ saṃgamya samāgamya[9] trīṇi saptakāny ekaviṃśatidivasāni vistareṇa jātasya jātamahaṃ kṛtvā pūrvavat[10] yāvat Pūrṇa iti nāmadheyaṃ vyavasthāpitam | Pūrṇo dārako 'ṣṭābhyo dhātrībhyo datto dvābhyām aṃsadhātrībhyāṃ datto vistareṇa yāvad āśu vardhate hradastham iva paṅkajam | yadā mahān saṃvṛttas tadā lipyām upanyastaḥ saṃkhyāyāṃ gaṇanāyāṃ mudrāyām uddhāre[11] nyāse nikṣepe vastuparikṣāyāṃ[12] [13] [14]

---

[1] 3) blta-na-sdug-pa：书于第1行与第2行之间，prāsādikaḥ的藏译对应词，见296b4。
btar-ba / to stick / together / ḥdug-pa / sitting being：书于左侧空白处，此条批注略显离谱。

[2] 4 mdog-gser-ḥdra-ba：书于第2行与第3行之间，kanakavarṇaḥ的藏译对应词，见296b4。

[3] 5 mgo-gdugs-ltar-ḥdug-pa：书于第2行与第3行之间，chattrākāraśīrṣaḥ的藏译对应词，见296b4。

[4] 6) lag-pa-riṅ-ba：书于第2行与第3行之间，pralambabāhuḥ的藏译对应词，见296b5。

[5] Burnouf page 211：书于第3行与第4行之间，有线连接chattrākāraśīrṣaḥ和pralambabāhuḥ。

[6] 7) ḥphral-baḥi-dbyes-che-ba：书于右侧空白处，紧接上注，vistīrṇalalāṭaḥ的藏译对应词，见296b5。

dbyes / magnitude：书于-dbyes-上。
pṛthulalāṭa = / dpral-ba-dbyes etc / Sagaki 340：书于-dbyes-下，Sagaki = 榊亮三郎《梵藏汉和四译对校翻译名义大集》。

[7] smin-ma-ḥjar-ba：书于第3行与第4行之间水笔所画圈内，smin-ma / eye brow：书于第1行左端水笔所画圈内，两圈之间有线连接。

[8] 以蓝色水笔圈出arthāḥ，表明此处sarvārthaḥ中的artha一词在藏译中译为dgos pa（所需）。

[9] Vgl. supra / Pag. Skt 24, 17 kiṃ / saṃgamya und / kim samāgamya

[10] goṅ-ma-bzhin-no：书于第7行与第8行之间，pūrvavat的藏译对应词。

[11] Nach / M. W. / paying one's debts

[12] hier fehlt vastra etc.：此批注标示藏译中有ras brtag pa dang（297a1），而此梵本中缺此项。义净汉译《药事》中"相诸衣服"（T 24, no. 1448, 8a24）可以印证藏译的读法。此处诸本之间还有其他差异。参看八尾史 2013, 41n1; 43n2。

[13] 296b7：或为标示德格版藏译对应位置？

[14] 1919 753 / Lüders Berl, etc：书于右下空白处。

296b [1] [2]

bo bdag khyod kyi thugs su 'thad[3] par gyur na bdag khyod dang lhan cig 'grogs par 'tshal lo ‖ des smras pa | nga dang khyod lhan cig 'grogs pas ci byas[4] kārśapaṇa lnga brgya byin la bran las dbyung bar[5] bya'o ‖ des smras pa | jo bo bdag rgyangs bkum par[6] mchis[7]

kyang bran mo kho na lags par[8] bas[9] kyis[10] | gal te rje'i sras khyod dang lhan cig 'grogs na de lta na dran mor[11] mi 'gyur lags so ‖ des gal[12] gyis 'chub ba[13]r shes nas smras pa | bu mo gang gi tshe rung zhing zla mtshan dang ldan par gyur ba de'i tshe kho bo la sbron cig des

dus gzhan zhig na rung zhing zla mtshan dang ldan par gyur nas des de la sbran[14] to ‖ de nas khyim bdag 'byor ba dang de gnyis lhan cig dga' mgur sbyad pas de sems can dang ldan bar gyur te ‖ gang gi nyi ma la sems can zhugs par gyur pa'i nyi ma de kho na nas bzung[15]

---

1 296b gnas-ba-gu-dog a narrow place：书于右侧空白处，用意未明。

2 第5行与第6行之间右侧书有Käzi，不可解。

3 ḥthad / agreeable SCD / vgl. ḥdud Staël：SCD = Sarat Chandra Das, *A Tibetan-English-Dictionary*, rev. and ed. Graham Sandberg and A. William Heyde, Calcutta 1902。

4 Skt. einf. kim?：einf. = einfach，藏本以ji byas翻kim是意译，更符合表达习惯。

5 dbyuṅ-ba a form of ḥbyin-pa to expel S.C.D ḥbyin-pa fut dbyuṅ to remove perf & / imp. phyuṅ / S. C. D.：没有连接标示，当是注释此词，fut = future。

6 jo bo bdag rgyangs bkum par mchis kyang bran mo kho na lags par bas kyis对应梵本āryaputra dūram api param api gatvā dāsy evāhaṃ，其中rgyangs bkum par mchis kyang对译dūram api param api gatvā，对应如下：dūram → rgyangs，param → bkum par，gatvā → mchis，…… api …… api …… → kyang。另参看第64页脚注9。

7 mchis：mchi ba（to go）的过去式，书于右侧空白处铅笔所画圈内。

8 lags-pa = yin-pa / SCD

9 bas-pa / = byas-pa：此处钢和泰先生的批注值得商榷，bas是动词bas pa（to end）的略语，现在时，不等于byas pa（动词byed pa（to do）的过去式）。

10 während?：书于第1行与第2行之间，此处对于kyis的用法理解正确，无需问号。梵本中虽无明确对应语，语境和结句中却有这一停顿转折的语气。

11 lierlran?：此处可能标注指出刻版错误，当为bran mo = dāsī，误为dran mo。

12 gal / com-/pulsion：书于第2行中标点后空白处。此处更好的批注方式应指出gal gyis这一固定用语，见本页脚注13。

13 ḥchu-/ba / obstinately persevere NB doppelte liaison ge...tier & pre-liaison：批注始于第2行中标点空白处，转入第2行与第3行之间至右侧空白处。讨论藏译对于梵本中tenāvaśyaṃ nirbandhaṃ jñātvābhihitā一句的翻译，此处藏译为：des gal gyis 'chub bar shes nas smras pa，梵藏对应如下：tena → des，avaśyam → gal gyis，nirbandham → 'chub bar，jñātvā → shes nas，abhihitā → smras pa。也许钢和泰先生认为出现了二次连音？

14 sbron/-pa / give information：书于第3行中标点后空白处。

15 de-kho-na / als ldg. be-/handelt：书于右侧空白处，ldg. = limited?，de-kho-na后疑有缺文。

nas khyim bdag 'byor pa'i nor thams cad dang |[1] las kyi mtha'[2] thams cad yongs su rdzogs par gyur to ‖ de zla ba brgyad dam dgu 'das nas khye'u gzugs bzang ba | mdzes ba | blta na sdug pa | mdog gser 'dra ba | mgo gdugs ltar 'dug pa |

lag pa ring ba[3] | 'phral ba'i dbyas che ba[4] | smin ma 'jar ba | sna'i gzangs mtho ba[5] | yan lag dang nying lag thams cad dang ldan pa zhig btsas so[6] [7] [8]‖ de btsas nas lhag par khyim bdag 'byor pa'i dgos pa thams cad dang | las kyi mtha' thams cad

yongs su rdzogs par gyur to ‖ de ni ma bdun gsum nyi shu gcig tu btsas pa'i btsas ston rgya cher byas nas ming 'dogs par byed de zhes bya ba nas | gang po zhes bya bar gdags so zhes[9] de'i ming gang po zhes bdags so zhes bya ba'i bar gong ma bzhin no ‖ khye'u gang

po ma ma brgyad la rjes su gtad[10] de | dri ma phyi ba[11]'i ma ma gnyis dang zhes bya ba nas rgyas par sbyar te[12] | rdzing na[13] gnas pa'i bad ma bzhin du myur du skyed par

---

1 Chin / 6 to 19 / Nach gelernt：书于第4行中标点后空白处，不可解。

2 karmānta：书于第3行与第4行之间空白处，对应藏本las kyi mtha'。

3 6：书于第4行与第5行之间空白处，对应梵本pralambabāhuḥ，6表示该词是批注中选出修饰dārakaḥ的第6个形容词。

4 7：书于第4行与第5行之间空白处，对应梵本vistīrṇalalāṭaḥ，7表示该词是批注中选出修饰dārakaḥ的第7个形容词。

5 Sagaki / 226 tuṅganāsa = Çaṅs-mtho-ba / çaṅs the more SCD：书于黑色水笔所画圈内，位于左侧空白处。

6 wahrs etc. -, / aṅga & upāṅga lets ... ei ole Sagaki：此注书于上部页眉。

7 ñiṅ-lag ...niestische Körpersteile：此注书于页中第4行与第5行之间，位于nying lag thams cad dang ldan pa zhig之上，两者处于黑色水笔所画框中。

8 有两组相关批注，一组以若干异色异笔书成，圈于红色铅笔所画框中，一组以黑色铅笔书成，圈于黑色铅笔所画框内。
Vgl. Sagaki 299 / aṅgapratyaṅga / fehlt Skt ñiṅ-lag = pratyaṅga Sagaki 299：此组书于红色铅笔所画框内。
(Nach ?pratyaṅga)：此条批注书于括号内，左边括号处于上述红色框内。
pratyaṅga / vielleicht Laprda / gedenke Staël：此组书于黑色铅笔所画框内。
藏译yan lag dang nying lag thams cad dang ldan pa zhig在梵本中没有对应，以上两组批注当是试图还原可能的藏译底本。

9 以铅笔框出，梵本无对应，相关部分为：Pūrṇa iti nāmadheyaṃ vyavasthāpitam，与下文de'i ming gang po zhes bdags so更为接近，钢和泰先生框出这一部分应是标示此处梵藏文本有差异。

10 gtod-pa perf. gtad to deliver up：书于下面空白处，对应梵本dattaḥ。

11 ḥbyi-ba / perf. byi | phyi / phyis to be / wiped out：书于下方左侧空白处，梵本无对应。此处dri ma phyi ba'i ma ma可以对应《天神譬喻经》梵本中的maladhātrī。

12 yojanīyam Staël：书于下方空白处。

13 ? in pond：书于第6行与第7行之间，hradastham的英译，对应藏译为rdzing na gnas pa。

byed do zhes bya　　ba'i bar du'o ‖ de chen por gyur pa de'i tshe yi ge[1] dang | rtsis[2] dang | grangs[3] dang | lag rtsis[4] dang |

以上是此叶（图一）中的梵、藏文段落的转写及其相关的分析。另一汉文段落所在叶面（图二）的内容转写和简要的分析如下：

6b

16　知我無所願。若許我者。[5]幸[6]請爲妻[7]。長者告曰。何用爲妻。今可與汝五億[8]之錢。賜[9]姓而去。彼婢報曰。聖子雖與我錢。賜[10]姓

17　而去。設[11]於餘處。不免[12]婢名。若我爲妻。絶斯[13]賤稱。爾時。長者知婢决意。[14]遂便[15]許之。復告婢曰。汝月期[16]將至[17] [18]。當自沐浴[19] [20] [21]。可來

6b

---

[1] lipi：书于第7行下空白处。

[2] saṃkhyā：书于第7行下空白处。

[3] gaṇanā：书于第7行下空白处。

[4] mudrā：书于第7行下空白处。

[5] yadi me parituṣṭo 'si / hsü if you agree / with me：hsü =許，以黑色铅笔写出，铅笔批注下有一道红色画线。

[6] hsing fortunate lucky：hsing =幸。

[7] Chin. mache mich ? ? / gemahlin Skt viel / gsöfor ????? ??? |：当为Gemahlin，是“幸請爲妻”的德译，梵本对应部分为bhavatu me tvayā sārdhaṃ samāgamaḥ，对应藏本bdag khyod dang lhan cig 'grogs par 'tshal lo，藏译更为直白。

[8] there is a large yi / (eine Million) and / a small yi (Hundert / Tausend)

[9] ?????? or t'??? / confer bestow or t'??? / confer bestow：问号标示部分或为某种注音字母，或为标注“賜”字读音的两种方式？

[10] ??????：同本页脚注9中or前符号，或亦为标注“賜”字读音？

[11] shê set up goods, settle down Staël

[12] mien avoid

[13] dzhüel ??????? destroy this：纵向写作两行，有红色底线标示。问号部分或为“斯”字注音？

[14] avaçyaṃ nirbandham / jñātvā：写作两行。

[15] bien to accord with：with上下有铅笔画线标示。

[16] ch'ī date / appointed time

[17] about ready to：to有下画线标示。

[18] when your menstruation / is about (drhiang) / to arrive：括号中为“將”字注音，is about用笔圈出对应到“將”字，to arrive用笔圈出对应到“至”字。

[19] mu yü bathe to bathe cleanse：纵向写作两行。

[20] Tib. & Skt. / muss von / waschen：批注由蓝色水笔和铅笔写成，位于黑色铅笔所画框内，该框指向本页脚注19中批注，钢和泰先生此处或将汉译“當自沐浴（should bathe yourself）”误解为“must be from bath”。

[21] goodr. 140 yue / 234 yü：goodr.和234有下画线标示，goodr.所指未明，或为某字典缩写？

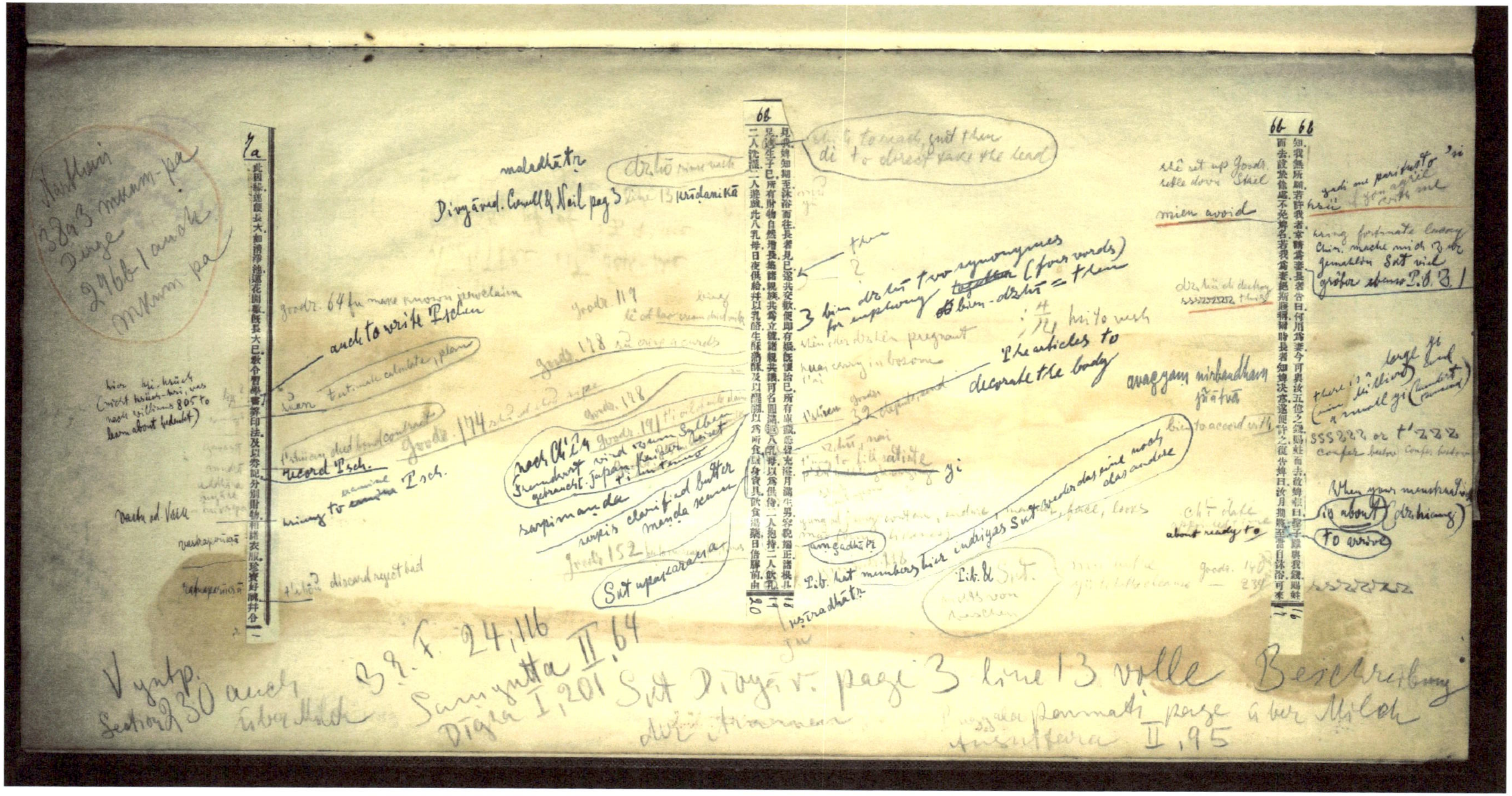

图二：北大图书馆藏钢和泰用于教学的《圆满譬喻经》的梵藏汉对勘本手稿（与图一相连的一叶）

18 見我。婢知期至。沐浴[1]而往。長者見已。遂[2]共[3]交歡。便即[4]有娠[5]。既懷胎[6]已。所有庫藏。悉皆充[7]溢[8]。月滿生男。容貌[9]端正。諸根具[10]

19 足。適[11]生子已。所有財物自然增長。集諸親族，共爲立號。諸親共議，可名圓滿。遣[12]八乳[13]母。以爲供侍[14]。二人抱持[15]。二人飲[16]乳[17] [18]。

20 二人洗[19]濯[20] [21]。二人游戲[22]。此八乳母日夜供給。并[23]以乳酪[24]。生酥[25]熟[26]酥[27]。

---

1 mu yü：纵向写作两行。

2 then：以箭头对应到"遂"字。

3 ?：以横线连接到"遂共"二字，钢和泰先生或对此处存疑。"遂共交歡"对译梵本tataḥ …… tayā sārdhaṃ paricāritam，"遂"对译tataḥ，"共"对译"具格 + sārdham"这一搭配；藏本对应部分为de nas …… lhan cig dga' mgur sbyad pa，"de nas"对译tataḥ，"lhan cig"对译"具格 +sārdham"这一搭配。

4 bien dshī two synonyms / for euphony ~~together~~ (four words) / bien-dshī = then：together被双画线删掉，批注以半圆弧对应到"便即"二字。

5 shên oder dzhên pregnant

6 huai t'ai carring in womb：huai t'ai 纵向书写，其余横向书写。

7 t'ung to fill satiate / p'ên budding & ...ing：钢和泰此处可能先将"溢"字误为"溢"字并以黑色铅笔标出读音和释义，意识到错误后再以蓝色水笔画掉此行批注并另将正确读音yi标出。

8 yi：以横线对应到"溢"字，此横线同时也删掉了此前铅笔批注中的错误解读。

9 yung ad Jung contain, endure, manner, face, looks / mao form likeness

10 Tib. hat members hier indriyas Skt weder das eine noch das andere：此批注针对"諸根具足"一语，此处梵本无对应，藏本对应部分为yan lag dang nying lag thams cad dang ldan pa，直译为"具足[人身]主干及支干"，与"諸根具足"不尽相同，比"诸根具足"所指更为宽泛，所以钢和泰有以上批注。

11 shih to reach, just then / di to direct take the lead：两种读法和解释均圈在框内并对应到"適"字。

12 t'shien sends / 32 depute, send

13 Rhū, nai：以横线对应到"乳"字。

14 shih wait upon：以横线对应到"侍"字。

15 aṃçadhātṛ：圈在框内并对应到"抱持"二字。

16 yin goodr. 228：以横线对应到"飲"字。

17 Ju：以斜线对应到"乳"字。

18 kṣīradhātṛ：意在对应"飲乳"二字。

19 洗 hsi to wash：写于空白处醒目位置，是这两叶中唯一一条带有汉字的批注。

20 ?zh? rinse bath：圈在框内并对应到"濯"字。

21 maladhātṛ：意在对应"洗濯"二字。

22 Divyāvad. Cowell & Neil pag 3 line 13 krīḍanikā：批注由蓝色水笔和铅笔写成。

23 goodr. 119 bing

24 lê od. lao cuam dried milk：lao cuam dried milk用下画线标出。

25 goodr. 178 sū crisp a curds：批注全文以下画线标出。

26 goodr. 174 shu od. shou ripe：批注全文以下画线标出并对应到"熟"字。

27 goodr. 178 su：批注全文以下画线标出并对应到"酥"字。

及以醍[1]醐[2] [3] [4] [5]。以爲所食。嚴身資具[6] [7]。飲食湯藥。日倍[8]勝前。由

7a[9]

此因缘速便長大。如清净池蓮花開敷[10]。既長大已。教令習學[11]書[12] [13]筭[14] [15]印法[16]。及以券[17]記[18] [19]分别[20]財物[21]。相[22]諸衣服[23]。珍寶好醜[24] [25]。并令

钢和泰在该叶中还标出了一些书名与对应的部分及其页码，如下：

Vyutp. / Section 230 auch / überliecht

---

[1] goodr. 191 t'i oil of milk elanie：批注全文以下画线标出并对应到“醍”字。

[2] goodr. 85 hu elain of milk：批注全文以下画线标出并对应到“醐”字。

[3] Nach Ch'êr / Fremdelt wird ??? Salben / gebracht. Japan Kaiser heisst / t'i hu Tenno：以蓝色水笔圈入框内并对应到“醍醐”二字，或为抄录字典中释义，与此处语境不合。

[4] sarpimaṇḍa：批注书于左侧，以斜线对应到“嚴身資具”四字，转写有误，当为sarpirmaṇḍa。

[5] sarpis clarified butter / maṇḍa scum：批注书于左侧。

[6] The articles to / decorate the body：批注书于右侧，以斜线对应到“嚴身資具”四字。

[7] Skt upakaraṇa：批注书于左侧，以斜线对应到“嚴身資具”四字。

[8] goodr. 152 bei to increase ?? times：批注全文以下画线标出并对应到“倍”字。

[9] 左侧空白处红铅笔画出的圆圈内批注：“Narthaṅ / 38a3 mkum-pa / Derge / 296b1 auch / mkum-pa”，此批注当是针对藏译296b1至296b2的一段文句jo bo bdag rgyangs bkum par mchis kyang bran mo kho na lags par bas kyis中bkum pa一词的不同拼写法，但此处钢和泰对于德格版中拼写法报告有误，德格版中拼为bkum pa，对于纳塘版的报告无误。

[10] goodr. 64 fu make known proclaim

[11] hier hsi-hsüch (nicht hsüch-hsi, was nach Williams 805 to learn about bedeutet)

[12] auch to write Tsch.：书于右侧，以斜线对应到“書”字。

[13] Lipi?：书于左侧。

[14] saṃkhyā / gaṇanā：书于左侧。

[15] suan to estimate calculate, plan：圈于框内，对应到“筭”字。

[16] mudrā

[17] t'shüan dud bond contract：书于右侧框内，以斜线对应到“券”字。

[18] uddhāra

[19] record Tsch.：批注下画线对应到“記”字。

[20] nyāsa / nikṣepa

[21] Vastu ad. Vasu

[22] hsiang to ~~emine~~ examine Tsch.：书于右侧，emine被画线删去，examine和画线的墨色一致，而异于其他，当为后来所更正。

[23] vastraparīkṣā：梵本为vastuparīkṣā。

[24] ratnaparīkṣā

[25] t'shōu discard neglect bad：书于右侧，以斜线对应到“醜”字。

B. R. F. 24, 116
Saṃyutta II, 64
Dīgha I, 201
Skt. Dīvyāv. Page 3 line 13 volle Beobachtung
Alles ?
Puggala Pammati page überliegt / Ulusuffevia II, 95

四、余论

《圆满譬喻经》并非一个单独流传的文本，而是一个佛教譬喻故事，它出现在两个文本之中。其一是《根本说一切有部毗奈耶药事》的一部分，即该律典的汉译本的卷二至卷三。其二是佛教譬喻故事集《天神譬喻经》(*Divyāvadāna*)的第二个故事。《根本说一切有部毗奈耶药事》有藏文译本。虽然目前尚未发现《根本说一切有部毗奈耶药事》卷二至卷三的梵文本存世，但是其汉、藏文译本有多个不同的大藏经版本，且《天神譬喻经》有梵文本流行。可以说，《圆满譬喻经》具备从多语种文本进行对勘研究的条件。这也是钢和泰选择该故事文本作为梵文教材的原因。目前日本学者八尾史已经出版了藏文本《药事》的日译本，并完成了藏文本《药事》的英译。《天神譬喻经》也已经有了两种英译本，分别由塔特尔曼(Tatelman)和罗特曼(Rotman)完成并出版。这些当代译本也为《圆满譬喻经》的深入研读提供了更好的基础与条件。

钢和泰擅长佛教文献研究，喜欢将不同语言的佛经文本进行对勘研究，标出相对应的词语，并且加以解释，其研究属于由历史语言学和西方写本学所衍生的佛教语文学范畴。从本文所释读的这两叶手稿来看，钢和泰使用了铅笔(红色、黑色)和水笔(蓝色、黑色)等不同颜色的书写工具，这说明《圆满譬喻经》手稿本是多次完成的。它是钢和泰在家中举办的佛经读书班的产物，但不一定是钢和泰独自完成的，很可能其中也包含了陈寅恪、林藜光、雷兴、艾锷风、魏鲁南等多位学者的一些观点或看法。这是值得我们充分注意的。从文本生成的角度而言，该手稿本不仅是跨文化交流的结果，而且是中国近现代学术史上的一个有特色的成果，值得进行全面的释读与整理。

目前所留下的《圆满譬喻经》手稿本经过装帧，加上了一个硬皮封面，且书脊上烫印了书名《圆满》。该手稿本是如何流入北京大学图书馆特藏图书中的呢？这也是需要考察的问题。1947年3月2日，时任北京大学文学院的东方语文学系主任季羡林在日记中记载："不久向先生来，他说他听到钢和泰夫人要卖书，让我写一封德文介绍信，明天到她家去看。到处找打印机找不到……回来到杨人楩屋，把信打好，回来十点多睡。”（季羡林 2015, 171）向先生即北大史学系的中西交通史家向达（觉明）。次日（3月3日），季羡林“九点同邓嗣禹到图书馆去，见了毛[之水]先生，就同邓坐胡校长的车到奥国府去找钢和泰的太太，看她要卖的书。结果是大失所望，根本没有什么有价值的书。出来坐汽车到北京饭店看了会书，又同邓到秀鹤去看书，看完坐公共汽车回来”（季羡林 2015, 171）。季羡林一行去钢和泰夫人家，见到的是“根本没有什么有价值的书”。这说明钢和泰原有的东方学藏书已经不在了，那么《圆满譬喻经》手稿本也就不是此时从钢和泰夫人之手买来的。据邹新明相告，北京大学档案馆收藏的原燕京大学档案记载，燕大曾经购买过钢和泰藏书，因此，此《圆满譬喻经》手稿本应是当年燕大所购之物，由于1952年燕大被并入了北大，所有的图书也归北大图书馆所有，此手稿本也就这样保存了下来。至于燕大收购钢和泰藏书的具体时间与相关情况，还有待查找原档，方能揭示其真相。

缩略语

MW　M. Monier-Williams. *Sanskrit-English Dictionary*. Oxford 1899.

T　『大正新脩大藏經』，高楠順次郎，渡辺海旭編，100卷，東京 1924—1934。依台湾中华电子佛典协会（CBETA）电子版。

参考文献

中文：

陈　明　待刊　《艰苦卓绝：北京大学早期的梵语教学史（1919—1945）》。

高山杉　2011　《钢和泰遗札一通》，《南方都市报》2011年6月5日。

季羡林　2015　《此心安处是吾乡：季羡林归国日记1946—1947》，重庆：重庆出版社。

罗常培　1934　《元音字母演进史》，北京：商务印书馆。

王启龙　2008　《钢和泰学术年谱简编》，北京：中华书局。

王启龙、邓小咏
2009　《钢和泰学术评传》，北京：北京大学出版社。

闫　磊　2021　《钢和泰与胡适的学谊》，《中国文化》第五十四期，第174—191页。

邹新明　2016　邹新明编《美国哈佛大学哈佛燕京图书馆藏钢和泰未刊往来书信集》，桂林：广西师范大学出版社/北京：北京大学出版社。

日文：

八尾史　2013　『根本説一切有部律薬事』，東京：連合出版。

西藏所藏《五字文殊怙主供养仪轨》梵文写本*

达娃群宗

摘要：本文介绍了西藏所藏《五字文殊怙主供养仪轨》(*Arapacanamañjunāthapūjāvidhi*)梵文写本，并对其进行转写、梵藏对勘以及初步研究。

关键词：《五字文殊怙主供养仪轨》梵本；藏译本

《五字文殊怙主供养仪轨》(*Arapacanamañjunāthapūjāvidhi*)梵文写本收录在题名为《阿罗波遮那成就法》(*Arapacanasādhana*)的一组写本中，写本共计10叶，内含五部与文殊和观音相关的文本(见后)。该写本现藏于西藏自治区博物馆，1985年罗炤先生编目时，此写本尚在罗布林卡[1]，为6部写本所成一函之中的第5部，此函共计141叶，除1叶零散贝叶外，罗炤对诸部题名的记录如下[2]：

1. 《太子苏达拏经》(*Sudhanakumāravadānam ekatriṃśatnāmaṃ ślokaśata-traya*[3])，33叶
2. 《迦罗巴经》(*Kalāpasūtraṃ*)，7叶
3. 《大班智达无畏光所作证悟月光疏五次第真义释》(*Mahāpaṇḍitābhayākara-kṛtā kramakaumudī nāma pañcakramatatparyapañjika*[4])，55叶
4. 《真实成就论》(*Tatvasiddhi nāma prakaranaṃ*)，20叶
5. 《精勤成就论》(*Ārabhacanasāddhana*[5])，10叶
6. 《瑜伽女行论》(*Yoganīsaṃcara*[6])，15叶

罗炤对第5部写本的详细记述如下：

作者：达娃群宗，西藏自治区社会科学院贝叶经研究所。

* 2021年度国家社会科学基金青年项目“西藏所藏《阿罗波遮那成就法》梵文写本研究”(项目编号:21CYY041)阶段性成果。本文的撰写得到了北京大学外国语学院南亚学系萨尔吉老师的帮助，特此致谢！

[1] 罗炤 1985, 10—13。

[2] 另有《桑德目录》(桑德 1994, 21—22)的记述，袭自罗炤。

[3] 原写本末尾题名作*sudhanukumārāvadānam ekatriṃsattamaṃ slokaśata 6 70 ‖*，其文本应出自《天譬喻》(*Divyāvadāna*)。

[4] *Pañcakramatatparyapañjika*：应作*Pañcakramatātparyapañjikā*。

[5] *Ārabhacanasāddhana*：应作*Arapacanasādhana*。

[6] *Yoganīsaṃcara*：应作 *Yoginīsaṃcara*。

《精勤成就论》(*Ārabhacanasāddhana*, 藏文为*brtson 'grus grub pa*)。共10叶，完整。贝叶长31.2厘米，宽3.8厘米，每面墨书“达利迦”体梵文4行。

在罗炤这一记述中，除了梵文标题应修正为*Arapacanasādhana*，亦即《阿罗波遮那成就法》之外，其所录藏译题名也不见于写本，应是罗炤所译。

这部《阿罗波遮那成就法》写本收录于《西藏自治区珍藏贝叶经影印大全》第33册，编号为ZX0472-BW311。[1]兹根据该书，对写本的基本情况描述如下：

共10叶，全，材质为贝叶，中条装式，无残损，规格为31.5厘米×5厘米，重量14克，墨为黑色，除第1叶正面、第10叶反面为空白及第10叶正面字行为3行外，其余诸面均为4行，且每叶均有两个穿孔。此写本的字体属于前孟加拉字体(Proto-Bengālī)。前孟加拉字体是由公元8世纪流传于印度东部地区的东部城体演变而来的，大约于11世纪在孟加拉地区形成，12世纪在东部地区流行广泛。根据其字体，该写本大概抄写于11或12世纪[2]。

该写本是一部包含有与文殊和观音相关的五篇文献的合集，分列如下：

1. 《五字文殊怙主供养仪轨》(*Arapacanamañjunāthapūjāvidhi*)，1b1—5a1
2. 《妙音赞》(*Mañjughoṣastava*)，5a1—6a1
3. 《妙音所做祈愿王》(*Mañjughoṣakṛtapraṇidhānarāja*)，6a1—6b2
4. 《观自在(菩萨)赞》(*Avalokiteśvarasya stotra*)，6b2—8a1
5. 《阿罗波遮那成就法》(*Arapacanasādhana*)，8a2—10a3

如上，罗炤将五篇文献的最后一篇作为整部写本的题名。本文所报告的是其中第一篇。据笔者目前掌握的信息，这是《五字文殊怙主供养仪轨》梵本的首次发现。该文献有藏译而无汉译。其藏译本收录于《中华大藏经丹珠尔(对勘本)》(北京：中国藏学出版社，1998年)第37卷第1626号，是基于德格版(第2716号)和卓尼版(以下简称C)的校勘，北京版和那塘版中则未收录此文献。藏译本在文首给出的题名为《白文殊供养仪轨》(*'jam dbyangs dkar po mchod pa'i cho ga*)，文末给出的题名则为《五字白文殊供养仪轨》(*'jam dbyangs dkar po a ra pa ca na mchod pa'i cho ga*)。藏译给出的作者为不败友(mi pham bshes gnyen)[3]，译者为班智达林宝(paṇḍitaśrīvanaratna)和法轮(chos 'khor)，校订者为嘉措(rgya mtsho)。

[1] 西藏自治区贝叶经保护工作领导小组2011年编，未公开出版。

[2] 参叶少勇2005，17。

[3] 梵文写本中未提及作者。不败友(mi pham bshes gnyen)在《丹珠尔》中的作品特别多，但由于在梵文、藏文中有很多一名多人、一人多名的情况，因此光凭一个名字很难确定是否是同一个人，需要具体分析。比如，Dan Martin认为这位不败友是有名的Mitrayogin，见他的Tibskrit

《五字文殊怙主供养仪轨》梵文写本图片见文后附图，以下为转写，所用符号如下：

<>　抄手遗漏，由笔者添加的字
«»　抄手插入的字
{}　多余而应删除的字
()　重构的字
○　穿绳孔

所对照的藏译文本选取自《中华大藏经丹珠尔（对勘本）》，以斜体表示，其中卓尼版（C）的译文也来自这一校勘本，与梵本不同之处用粗体表示。

[1b1]*S* namo mañjunāthāya ‖

rje btsun 'jam pa'i dbyangs la phyag 'tshal lo ‖

devatāsādhane jñeyāḥ ṣaḍ ity aṅgā jinoditāḥ |
samādhir bhāvanā jāpyaṃ stotraṃ pūjā namaskṛtiḥ ‖

lha yi sgrub thabs zhes bya ba ‖ ting 'dzin bsgom pa bzlas pa dang ‖
bstod dang mchod pa phyag bgyi ba'i ‖ yan lag drug tu rgyal bas gsungs ‖

atha sādhanānukūle sthāne paramaśucir bhū[1b2]tvā mantrī anuccāsanāsīnaḥ samyakchāṇitadivyo◯dakam anena mantreṇa tridhā śodhayet |

de nas sngags pas sgrub pa dang rjes su mthun pa'i gnas mchog tu gtsang bar byas nas ‖ dma' ba'i stan la 'dug ste / tshags kyis yang dag par btsags pa'i lha'i chu sngags 'di lan gsum gyis sbyang bar bya'o ‖

oṃ āḥ vajroda◯ke amṛtaṃ bhava hūṃ svāhā ‖

oṃ āḥ vajrodake amṛtaṃ bhava hūṃ svāhā ‖

tadādā(ya)
yathā hi jāta[1b3]mātreṇa snāpitāḥ sarvatathāgatāḥ |
tathāhaṃ ◯ snāpayiṣyāmi śuddhaṃ divyena vāriṇā

Philology（未正式出版）中的"Ajitamitra and Ajitamitragupta (Mi pham bshes gnyen)"条目。根据《东噶藏学大辞典》、《贤者喜宴》、《译师传记集》（第四卷 藏文）记载，Mitrayogin是一位曾来过西藏的印度班智达，原名为众悦（skye 'gro kun dga'），师从胜天（rgyal ba'i lha）学习佛法成为大智者，于1198年被绰普译师绛巴拜迎请到西藏传法。

de las blangs nas |
ji ltar bltams pa tsam gyis ni || de bzhin gshegs kun khrus gsol ltar ||
lha yi chu ni dag pa yis || de bzhin bdag gis khrus bgyi'o ||

oṃ āḥ sarvatathā○gatābhiṣekasamayaśriye hūṃ ||

*oṃ āḥ sarvatathāgatabhiṣeka***ta***samayaśriye hūṃ ||*

snānamantraḥ ||

khrus kyi sngags so ||

[1b4]tato hrīṃ «trāṃ» oṃ hūṃ khaṃ vaṃ iti ṣaṭtathāgataviśuddhaye ṣaḍindriyeṣu nyāsaṃ kuryāt | mukhaghrāṇacakṣuḥśrotrakāyahṛtsu yathākramaṃ ṣaḍbījoccāraṇapūrvakaṃ pañcāṅgu[2a1]lyagreṇa spṛṣṭvā a prāṇāyāmaṃ kuryāt ||

de nas hrīṃ trāṃ oṃ hūṃ khaṃ vaṃ zhes pa de bzhin gshegs pa drug dag pa'i phyir | dbang po drug la dgod par bya ste | kha dang | sna dang | mig dang | rna ba dang | lus dang | snying ga rnams su rim pa ji lta bar sngon du sa bon drug brjod cing | sor mo lnga'i rtse mos reg nas srog rtsol bya'o ||

oṃ vaḥ svāhā ity anena hastapādaprokṣaṇaṃ | oṃ hrīḥ svāhā ity anenācamanaṃ | oṃ namo bhagavate puṣpaketuprabharājāya[1] tathāgatāyārhate [2a2]samyaksambuddhāya tadyathā oṃ[2] puṣpe puṣpe mahāpu○ṣpe supuṣpe puṣpodbhave puṣpasambhave puṣpāvakīrṇṇe ○ svāhā || ity anena saptadhā puṣpaśodhanaṃ ||

oṃ vaḥ svāhā zhes pas lag pa dang rkang pa dag la 'thor zhing | oṃ hrīḥ svāhā zhes pas zhal bsil lo || oṃ namo bhagavate puṣpaketurājāya tathāgatāyārhate samyaksaṃbuddhāya tadyathā puṣpe puṣpe mahāpuṣpe supuṣpe ***puṣpedbhava*** *puṣpasaṃbhave puṣpāvakīrṇṇe svāhā | zhes pa 'di lan bdun gyis me tog sbyang ba'o ||*

tato vā[2a3]māṅguṣṭhānāmikābhyāṃ puṣpam ekam ādāya oṃ āḥ ○ hūṃ kāyavākcittādhiṣṭhānaṃ kuryāt ||

de nas g.yon pa'i mthe bong dang srin lag gis me tog blangs nas | oṃ āḥ hūṃ gis lus dang ngag dang yid byin gyis brlab par bya'o ||

[1] 藏译无*prabha*。

[2] *oṃ*：藏译无此词。

tathaiva puṣpa○m ekam ādāya oṃ maṇidhari vajriṇi mahāpratisa[2a4]re rakṣa rakṣa māṃ sarvasatvāṃś ca hūṃ hūṃ phaṭ phaṭ svāhā || anena śirasyātmarakṣāṃ kuryāt |

yang de bzhin du me tog gcig blangs la // oṃ maṇidhari vajrīṇi[1] ***mahāpratisāre*** *rakṣa rakṣa māṃ* ***sarvvasatvaṣṭhaṃ*** *hūṃ hūṃ phaṭ phaṭ svāhā // 'dis bdag nyid kyi mgo bor bsrung bar bya'o //*

oṃ svabhūme vajrīṃ bhava hūṃ anena karttavyamaṇḍalabhūmiṃ prokṣa<ṇaṃ> viśodhayet [2b1]tato oṃ vajrasatva sarvavighnān utsāraya utsāraya hūṃ phaṭ iti vāmāvarttena vighnotsāraṇaṃ |

oṃ svabhūme ***vajrī****bhava hūṃ 'di dag gis dkyil 'khor bya ba'i sa la bsang gtor bya zhing sbyangs la / de nas oṃ vajrasatva sarvvavighnān utsā*[2]*raya hūṃ phaṭ / zhes pas g.yon skor gyis bgegs bskrad par bya'o //*

tato niḥprāṇigomayena sodakena sugandhacandanādinā vā da[2b2]kṣiṇakareṇa vartulamaṇḍalam upalepayan da○kṣiṇāvartteṇa gāthādvayaṃ paṭhet ||

de nas srog chags med pa'i ba byung ngam tsandan la sogs pa dri bzang po'i chus lag pa g.yas pas dkyil 'khor zlum por nye bar byugs la[3] */ tshigs su bcad pa gnyis po bklag par bya'o //*

dānaṃ goma○yam ambunā ca sahitaṃ śīlañ ca sammārjanaṃ
kṣānti[2b3]ḥ kṣudrapipīlikāpanayanaṃ vīryaṃ kriyotthāpa○nam |
dhyānaṃ tatkṣaṇam ekacittakaraṇaṃ prajñā sure○kho<j>jvalā
etāḥ pāramitāḥ ṣaḍ eva labhate [2b4]kṛtvā muner maṇḍalaṃ ||

ba yi lci ba chur bcas sbyin pa yang dag byi dor tshul khrims dang //
srog chags phra mo'ang bsal ba bzod pa bya ba nyer gnas brtson 'grus so //
sems rtse gcig de'i skad cig bsam gtan ri mo mdzes 'bar shes rab yin //
thub pa'i maṇḍala bgyis las pha rol phyin drug 'di dag thob 'gyur zhing //

bhavati kanakavarṇṇaḥ sarvarogair vimuktaḥ
suramanujaviśiṣṭaś candravad dīptakāntiḥ |
dhanakanakasamṛddhe jāyate rājavaṃśe |
[3a1]sugatavaragṛhe (')smin kāyakarmmāṇi «kṛ»tvā ||

---

1 *vajrīṇi*: C *vajriṇi*。

2 *utsā*: C *uttā*。

3 据梵本，此处应补 *gyas skor*。

kha dog gser du 'gyur zhing nad kun las ni rnam par grol bar 'gyur ||
lha dang mi las ches lhag 'gyur dang zla ba lta bu'i mdzes pa 'bar ||
'dir ni lus kyi las bgyis pa las sangs rg.yas pa yi khyim dag tu ||
nor dang gser gyis yang dag 'byor zhing rgyal po'i rigs su skye bar 'gyur ||

tato liptamaṇḍalamadhye dakṣiṇāṅguṣṭhaṃ datvā tarjjanyā pūrṇṇacandramaṇḍalavat || oṃ vajrarekhe surekhe hūṃ phaṭ svāhā | dakṣi[3a2]ṇāvartteṇa rekhayet ||

de nas skyong nul byas pa'i dkyil 'khor gyi dbus su || g.yas pa'i mthe bong bzhag nas | mdzub mos zla ba gang ba lta bu'i rekhā oṃ vajrarekhe surekhe hūṃ phaṭ[1] *| ces pas g.yas skor du bya ste |*

vāmahāstena puṣpam eka○m ādāya dakṣiṇahastapṛṣṭhe tat puṣpaṃ datvā oṃ surekhe sa○rvatathāgatā«dhi»tiṣṭhantu svāhā || iti hastaṃ prāvṛtya [3a3]tat puṣpaṃ maṇḍala-madhye dadyāt ||

lag pa g.yon pas me tog gcig blangs la g.yas pa'i rgyab tu me tog de bzhag nas | oṃ surekhe sarvatathāgatādhitiṣṭhantu svāhā || zhes pas lag pa'i rgyab bsgyur te | me tog de dkyil 'khor gyi dbus su dbul bar bya'o ||

tato hastaprakṣā○lanaṃ kṛtvā vāmadakṣiṇahastābhyāṃ puṣpam ādāya oṃ ○ candrārkavimale svāhā || iti maṇḍalaṃ nirmma[3a4]ñcayet ||

de nas lag pa bkrus nas g.yon pa dang g.yas pa dag gis me tog blangs la | oṃ ***candrarkavimale*** *svāhā || zhes pas dkyil 'khor la bkram par bya'o |*

tan maṇḍala<ṃ> candrārkarūpeṇādhimucya [2] svahṛdi akārapariṇatacandramaṇḍale dhīḥkāraṃ vibhāvya tadraśmijālenākāśe bhagavantam avabhāsyāvāhaye[3b1]t ||

de ltar zla ba dang nyi ma'i ngo bos dkyil 'khor ***byin gyis brlabs nas*** *| rang gi snying gar a yig yongs su gyur pa'i zla ba la dhīḥ yig bsams la | de'i 'od zer gyi dra bas nam mkhar bcom ldan 'das snang bar byas pa ||*

anena mantreṇa oṃ saradamalamadhyāhna gaganopamadharmmadhātusvabhāva bhagavan{a} mañjughoṣa ihāgaccha ihāgaccha maṇḍale adhiṣṭhānaṃ kuru jaḥ hūṃ vaṃ hoḥ iti maṇḍa[3b2]le āhuyādhiṣṭhāpya subandhaṃ suparituṣṭaṃ kṛtvā ○ oṃ pravara

---

[1] 据梵本，此处应补 *svāhā*。

[2] *°ādhimucya*: 藏译 *byin gyis brlabs nas* (= *adhiṣṭhāpya*)。

satkāra śrīmañjughoṣa argham pādyāsa○nācamanaprokṣaṇaṃ pratīccha svāhā ‖ tato [3b3]'nanyacittaḥ san{a}praśādātiśayena[1] pūjaye○t ‖

sngags 'dis spyan drang bar bya ste / oṃ śaradamalamadhyāhṇa gaganopama-dharmadhātusvabhāva bhagavan mañjughoṣa ihāgaccha[2] maṇḍa[3]le adhiṣṭhānaṃ kuru jaḥ hūṃ vaṃ hoḥ zhes pas dkyil 'khor du spyan drang ba dang / byin gyis brlab pa dang / rjes su bcing ba dang / yongs su mnyes pa rnams byas nas // oṃ pravara satkāra śrīmañjughoṣa arghaṃ ***pādyaṃ āñcamanaṃ prokṣaṇaṃ praticcha*** *svāhā / de nas sems gzhan du ma yengs par yang dag pa'i dad pa dang / lhag pa'i bsam pas mchod par bya ste /*

madhye oṃ arapacanāya vajrapuṣpe dhīḥ svāhā | ○

dbus su oṃ arapacanāya vajrapuṣpe dhīḥ svāhā /

agre oṃ jālinīprabhāya svāhā |

mdun du oṃ ***jālini****prabhāya* ***vajrapuṣpe raṃ*** *svāhā //*

<pṛṣṭhe> oṃ candrapra[3b4]bhāyai vajrapuṣpe paṃ svāhā |

rgyab tu oṃ ***candraprabhāya*** *vajrapuṣpe* ***saṃ*** *svāhā //*

dakṣiṇe | oṃ keśinyai vajrapuṣpe caṃ svāhā |

g.yas su oṃ ***keśinye*** *vajrapuṣpe caṃ svāhā /*

vāme oṃ upakeśinyai vajrapuṣpe naṃ svāhā |

g.yon du oṃ ***upakeśinye*** *vajrapuṣpe naṃ svāhā /*

anena sva sva mantreṇa pu[4a1]ṣpadhūpadīpagandhanaivedyādibhiḥ saṃpūjya bali-mantreṇa baliṃ datvā ‖

rang rang gi sngags 'dis // me tog dang / bdug spos dang / mar me dang / dri mchog dang / zhal zas la sogs pa rnams kyis yang dag par mchod nas / gtor ma'i sngags kyis gtor ma dbul bar bya ste /

---

1 *san{a}praśādātiśayena*: 根据藏译*yang dag pa'i dad pa*，应作*samprasādātiśayena*。

2 据梵本，此处应补 *ihāgaccha*。

3 C + *la*。

oṃ akāro mukhaṃ sarvadharmāṇām ādyanutpannatvāt | oṃ āḥ hūṃ hoḥ | anena baliṃ śodhaye[4a2]t |

*oṃ akāro mukhaṃ sarvadharmāṇām ādyanutpannatvā**d** || oṃ āḥ hūṃ hoḥ || 'di dag gis gtor ma sbyang bar bya'o ||*

tataḥ oṃ arapa<ca>nāya kumatidahanadakṣāya ca○ndrakāntimaṇiprabhāya khaṅga-pustakavyagrāgra hastāya mañjuvāṇīvarapradāya imaṃ baliṃ gandhaṃ puṣpaṃ [4a3]dhūpaṃ dīpaṃ madhuśarkarādisahitaṃ gṛhṇa gṛhṇa kha kha ○ khāhi khāhi mama śāntiṃ puṣṭiṃ rakṣāvaraṇaguptiṃ kuru ○ oṃ āḥ dhīḥ hūṃ svāhā | balimantraḥ ||

*de nas oṃ arapacanāya **kumāri**dahanadakṣāya candrakāntimaṇiprabhāya **khaṅgapustaṃ kavyāgrāya hastayaṃ** mañjuvanivarapradāya imaṃ baliṃ **ganbhaṃ** puṣpaṃ dhūpaṃ dīpaṃ **madhuśakarārisahitaṃ** gṛhṇa gṛhṇa kha kha khāhi khāhi mama śāntiṃ puṣṭiṃ **rakṣa**varaṇaguptaṃ kuru oṃ āḥ dhīḥ hūṃ svāhā / gtor ma'i sngags so ||*

tataḥ [4a4]stotraṃ paṭhet |
yat kṛtaṃ duṣkṛtaṃ kiṃcin mayā mūḍhadhiyā punaḥ |
kṣantavyaṃ tat tvayā nātha yatas trātāsi dehināṃ ||

*de nas mngon par bstod par bya'o || **de nas tshigs su bcad pa 'di brjod par bya ste /***
rmongs pa'i blo yis bdag gis ci nas kyang ||
nongs pa bgyis dang bgyis stsal gang ci'ang rung ||
gang phyir lus can kun gyi skyabs yin phyir ||
de kun mgon po khyod kyis bzod par 'tshal ||

tato anayā gāthayā praṇidhānaṃ kuryāt || [4b1]

de nas tshigs bcad 'dis smon lam bya ste /

anena kuśalenāhaṃ buddhatvam adhigamya ca |
tārayeyaṃ jagat sarvam agādhād bhavaśāgarāt[1] ||

dge ba 'di yis bdag nyid ni || sangs rgyas nyid du mngon gyur nas ||
'gro kun gting mtha' med pa yi || srid pa'i mtsho las sgrol gyur cig /

---

1 *śāgarāt*: 应作*sāgarāt*.

tato visarjjanaṃ kuryāt ‖ anayā gāthayā ‖

de nas tshigs bcad 'dis gshegs su gsol bar bya ste /

kṛto vaḥ sarvasatvārthaḥ siddhir dattā [4b2]yathānugā ‖
gacchadhvaṃ buddhaviṣayaṃ punar āgamanā○ya vaḥ ‖

khyed kyis sems can don kun mdzad // ji lta'i rjes mthun dngos grub stsol //
sangs rgyas yul du gshegs nas kyang // slar yang 'byon par mdzad du gsol //

śīlacandanaliptāṅgā dhyānaprāvaraṇāvṛtāḥ | ○
bodhyaṅgakusumākīrṇṇān viharadhvaṃ yathāsukhaṃ ‖

tshul khrims tsandan gyis lus byugs // bsam gtan dag gi gos g.yon zhing //
byang chub yan lag me tog bkram // ji ltar bde bar bzhugs su gsol //

[4b3]tato śatākṣaraṃ mantrarājaṃ paṭhet ‖ oṃ vajrasatvasamayamanupālaya vajrasatvatvenopatiṣṭha dṛdho me bhava sutoṣyo me bhava supoṣyo me bhava [4b4]anurakto me bhava sarvasiddhiṃ me prayaccha sarvakarmmasu me cittaṃ śreyaḥ kuru hūṃ ha ha ha ha hoḥ bhagavan sarvatathāgatavajra mā me muñca vajrībhava mahāsamaya[5a1]satva āḥ ‖ ‖ iti śrīmadarapacanamañjunāthapūjāvidhiḥ samāptaḥ ‖ ‖

de nas sngags kyi rgyal po yi ge brgya pa gdon par bya ste / oṃ vajrasatvasamayamanupālaya vajrasatvatvenopatiṣṭha dṛdho me bhava sutoṣyo me bhava supoṣyo me bhava anurakto me bhava sarvasiddhim me prayaccha sarvakarmasu ***ca*** *me cittaṃ śreyaḥ kuru hūṃ ha ha ha ha hoḥ bhagavan sarvatathāgatavajra mā me muñca vajrībhava mahāsamayasatva āḥ 'jam dbyangs dkar po a ra pa ca na mchod pa'i cho ga zhes bya ba slob dpon mi pham bshes gnyen gyis mdzad pa rdzogs so // //* ***paṇḍita chen po shr'i ba na ratn'i spyan sngar / chos 'khor lo ts'a bas bsgyur ba las dge slong rgya mtshos bcos pa'o //***

缩略语

德格版　德格（sDe dge）版藏文大藏经，编号依据『西藏大藏经總目録 東北帝国大学藏版』，東北帝国大学法文学部，1934。

参考文献

罗　炤　1985　《罗布林卡所藏贝叶经目录（甘珠尔）》（未出版）。

桑　德　1994　《中国藏学研究中心收藏的梵文贝叶经（缩微胶卷）目录》（未出版）。

叶少勇　2005　《原民族宫藏梵文写本的字体研究》（北京大学硕士学位论文）。

《五字文殊怙主供养仪轨》梵文写本

1a

1b
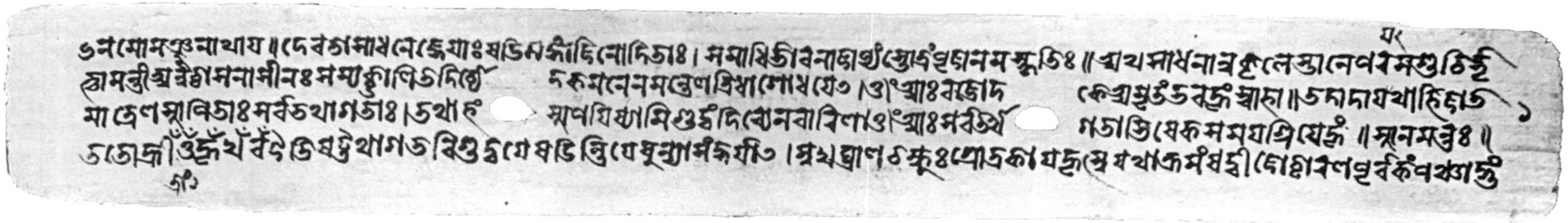

2a
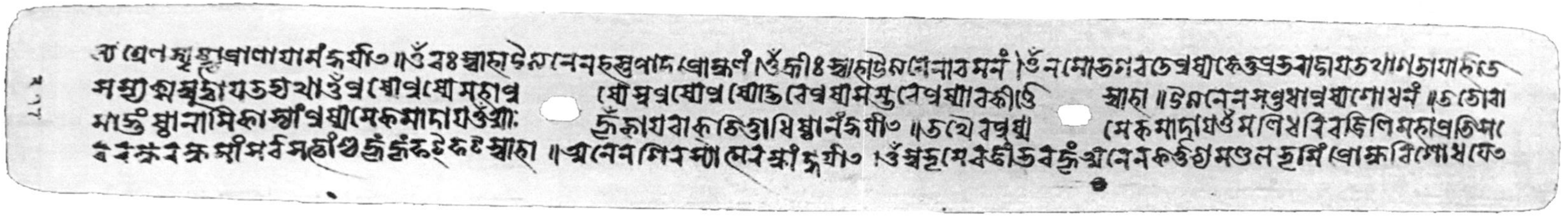

2b
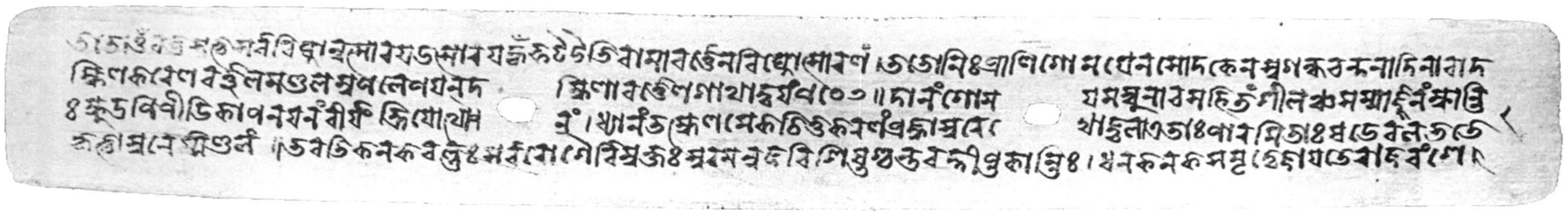

3a

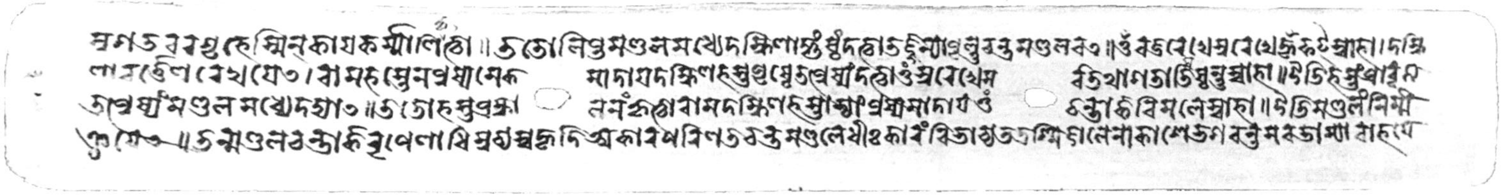

3b

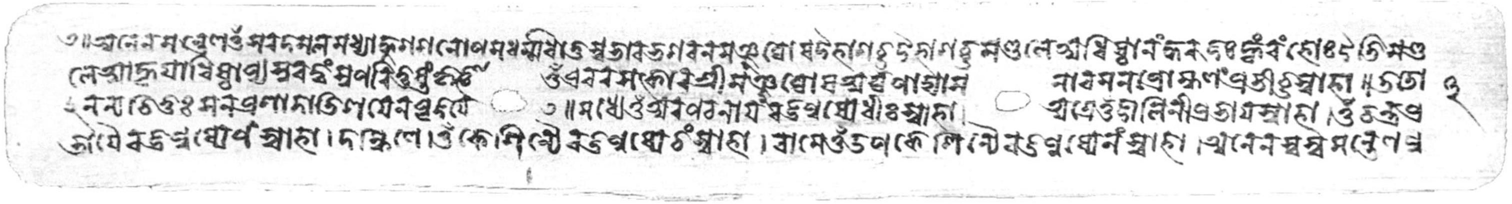

4a

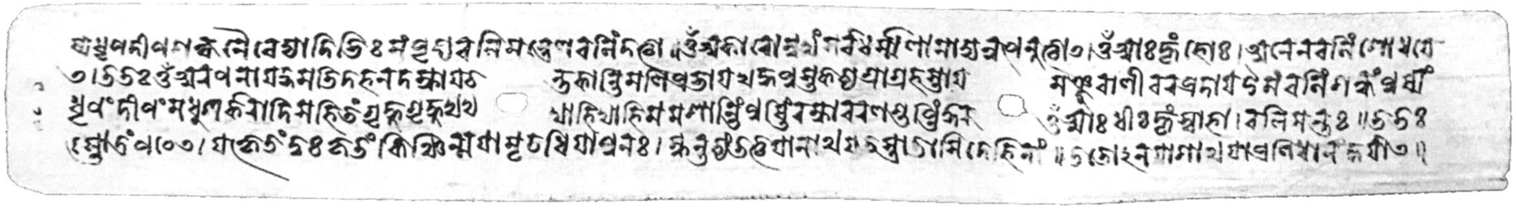

4b

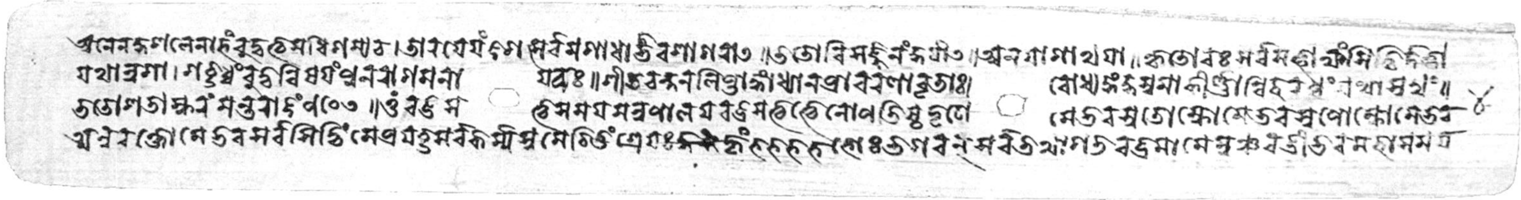

5a

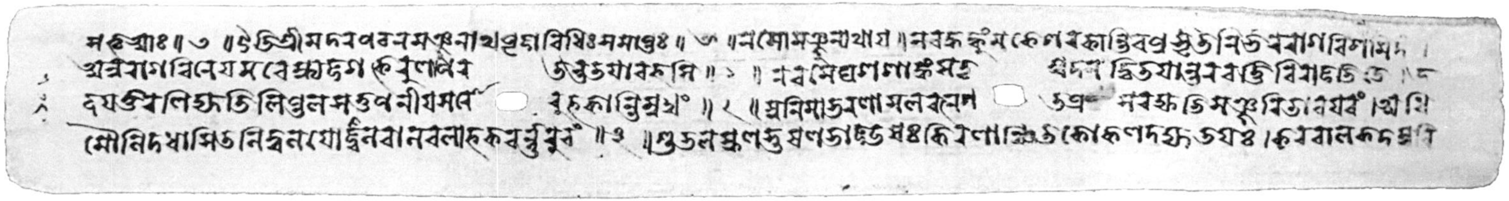

勃延仰的行迹*

——以中国人民大学博物馆藏于阗语文书为中心

范晶晶

摘要: 在中国人民大学博物馆(人大博)藏西域文书中,勃延仰(Puñargaṃ)是一个频繁出现的名字。可惜的是,大多数文书记载简略或残破,致使其事迹隐而不彰。本文刊布人大博藏5件有关勃延仰的于阗语文书:GXW0399、GXW0407、GXW0406、GXW2049、GXW2059,并以此为中心,梳理目前已经公布的有关勃延仰的文书材料,勾勒他的行迹。综合上述文书可以推测:勃延仰在思略前后担任杰谢乡头,大约在公元780至790年间,他不仅负责杰谢镇的税粮(主要体现在汉语文书中),而且负责织物、芝麻、麻子、羊皮、税钱等物的征收(主要体现在于阗语文书中)。

关键词: 勃延仰;中国人民大学博物馆;于阗语文书

一、GXW0399号征税文书[1]

该文书(见图1)长36.5cm,宽29.0cm,有残损,由两份文件拼接而成。文件的收件人均为杰谢勃延仰,由此推测该文书乃是勃延仰的私人档案。第一件文书是萨波末士向勃延仰分配任务,命他负责关于仓库的诸项命令,征收钱税、芝麻税与织物,并上交五硕王室的芝麻。第二件文书是两三个月后有关芝麻事宜的后续。可能是由于内容的相关性,所以才将两份文件拼接在一起。

1. *SI* spāta mar[ṣä] tta parī gayse
2. *SI* spāta marṣ[ä] (tta) [pa]rī gayseta puñargaṃ vara khu vaña parau pva thu pyaṃtsā-
3. [ṣṭa] kūṣḍi vī[rā]ṣṭa bisā parauva yana mūra thaṃgä u kāṃjsa thaṃgä u tsātāṃna
4. kāṃha thau[na]ka u peṃ'mīnā thauna vaña ī haḍā' āstaṃna ādari yaṃ khu vā

作者: 范晶晶,北京大学东方文学研究中心,北京大学外国语学院南亚学系。

* 本文属国家社科基金重大项目"中国人民大学藏唐代西域出土文献整理与研究"(20&ZD250)的阶段性研究成果。文书曾在段晴老师主持的于阗语读书班上集体讨论过,段老师多有指点;张湛博士、袁勇帮助审读论文初稿,修正了一些字词的释读;荣新江教授惠赐相关汉语文书的录文并在审读初稿后提出修改建议;中国人民大学博物馆陈姝婕老师提供清晰的文书照片;在此一并致谢。谨以此小文纪念引领我进入于阗语相关研究领域的恩师段晴教授。

[1] 转写及翻译中使用的符号说明:"+"表示文书残缺的一个字;"///"表示文书残缺未知数量的字;"( )"表示补充的字;"[ ]"表示不能确定的字;"?"表示无法识别的字;"."表示无法识别的字的一部分;"……"表示译文中原文书残缺的字;"—"表示写错后画掉的字。

5. tti [pa]rauva didye yaṃ [u] paṃjsa kūsa vā rrvī kāṃjsa hajseṃma haḍā-haṃgä kūṣḍi vī-
6. rai [ā]ṃ(na pa)rsaṃdai pajīdi u biśä vā [rr](vī kā)[ṃjsa] (ha)[js]eṃma thyau hā pa’sīñä
7. u hā misilīñä khu vā myāṃ māśtä mara hī(sī) mū(tca’caj)i māś(t)ä + +
8. mye haḍai ttā parau tsve 末 auva haṃdasti kīri [pha]rāka + + +
9. [tt]a vā śa’ ni byehä

萨波末士牒：致杰谢[1]（1）
萨波末士牒：致杰谢勃延仰。(2)
当你现在听到命令，即将执行关于仓库的诸项命令。(2—3)
现在，从今天起，你要照管钱税，以及芝麻税，以及诸富户的麻布与絁紬。(3—4)
这样，你要照看这些命令，并且在截止日期前征集五硕王室的芝麻。(4—5)
他们征收这送往仓库、给差人(的芝麻)。(5—6)
速速征集所有王室的芝麻，包括Pa’sīñä与Misilīñä的。
这样，在月中，它就能到达我处。(7)
(唐历)九月……日，命令发往你处。签名-末。(7—8)
乡头……许多徭役……(8)
如此，第二个不会得到……(9)

1. pharṣa śī’laṃ gayseta spāta sīḍakä pu’sū u tta (par)ī puña-
2. rgaṃ vara rrvī tta kāṃjsa [bi]ysīyāda pu[ña]rgaṃ .i + + sa cu rrvī kāṃ-
3. jsa biysīyai muhu ? jū haysagama vī āju[dä] yuḍādä
4. khu ttā pīḍakä hī[ś]t[ä] pa’sīñä [va] kāṃ[jsa] āju(ma) u mi-
5. salīñä nai vā tvarāta ayse va drri sayä ? .ṃ ? .ä
6. ysaṃthaḍau mūryau jsa kājsā ma śau gaysā(ta)ji (spā) [hīñaṃ] mara
7. natca 20 stī mara na ja phau’va haurū rrāhaji tcūramye haḍai ttā
8. ṣi pīḍakä tsue 签名

我破沙二郎问候杰谢萨波思略，并牒：致勃延仰。(1—2)
你们已掌控了王室的芝麻。勃延仰……(2)
因为你已掌控了王室的芝麻，他们可能给我带来了麻烦。(2—3)
当文书来到你处，你要带来Pa’sīñä以及Misalīñä的芝麻。(4—5)
如果你们不把它带来，我……三百……(5)
连带利息钱，在杰谢萨波自己这里之外，这里芝麻一(人)20(?)(6—7)
不(送来)这里，我会予以惩罚。(7)
(唐历)十二月四日，此文书发往你处。签名。(7—8)

[1] 经张湛博士提醒，这一行因parī后未空格，视为抄错，故而接下来一行又重抄一遍。

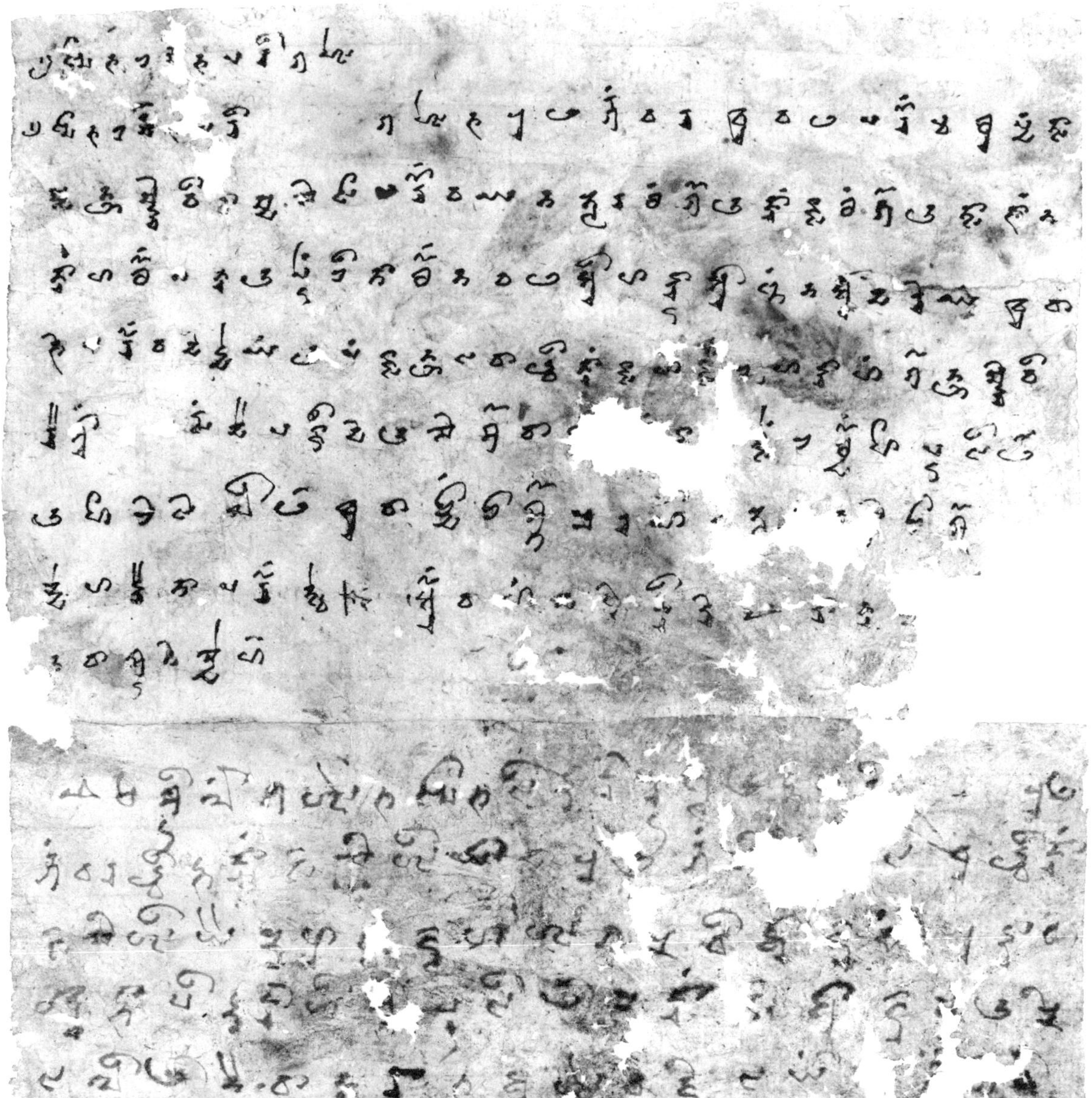

图 1　GXW0399号征税文书

kūṣḍi vīrāṣṭa bisā parauva

kūṣḍi，此前一般译作“宫殿”。通过对词源与语料的重新分析，段晴老师论证出该词有“仓房、库房”之义（段晴 2012，131—132）。这一义项比较符合文书的语境。vīrāṣṭa是表示方向的后置介词，bisā是bisaa（介词，“在……里”）的具从格。kūṣḍi virāṣṭa bisā构成一个整体，修饰parauva，意为关于、针对仓库的诸项命令。这一结构类似于SI P 94.10中salya bisā pāḍa（“一年中的文书”，Emmerick and Vorob'ëva-Desjatoskaja 1995, 99）的表达。

mūra thaṃgä u kāṃjsa thaṃgä u tsātāṃna kāṃha thau[na]ka u peṃ'mīnā thauna

tsātāṃna为tsāta（富有的）复数属格形式。对于该词的识别，主要依靠于阗语佛经与梵语佛经的比对，tsāta对译的梵语词有upeta、bhoga、samṛddha等，往往表示拥有资财，例如于阗语《业分别经》（*Karmavibhaṅga*）里所说：“人以此业而得富足。”[1] 在世俗文书中，或许可将其译为“富户”。汉魏以迄南北朝，曾通行以资产多寡划分等第、作为征发赋役的标准的制度（朱雷 1980，33）。《唐六典》中规定：“凡诸国蕃胡内附者，亦定为九等。”（陈仲夫 1992，77）由于文献资料的缺乏，目前尚无法对西域地区的计赀制度有翔实的了解，在此尝试性地将tsātāṃna译为“富户”。关于富户应纳的絁紬等，赫定文书中有几件可供参考。

Hedin 13：tsīṣī u hārvāṃ u tsātā bida thauna himārä hauda u dirsä chā（Bailey 1961, 29）。（摊到）刺史、官员、富户头上的絁紬是7匹30尺。

与这件文书关系密切的Hedin 1：tsīṣī u hārvā thauna himārä hauda u dirsä chā（Bailey 1961, 21）。刺史、官员需（纳）絁紬7匹30尺。

相较之下，Hedin 1中没有出现tsāta一词，但在与Hedin 1内容一致的Or.11344/4——施杰我推测为Hedin 1的草稿，相应的部分读作：tsīṣī u hārvāṃ u *tsātā*[ṃ x x x] thauna himārä hauda u dirsä chā（Skjærvø 2002, 109）。应纳的絁紬总数是一致的。两件文书罗列的名单与所欠絁紬数量大体一致，只有最后一项略有差异：Hedin 1是勿萨踵与拂里勿欠6尺，而Hedin 13则是Sakāṃ欠20尺。

另有Hedin 12，内容更为简略：hārvā u tsātā pe'mīnā thauna（Bailey 1961, 28），接下来罗列人名与絁紬数量。人员包括一位刺史、四位萨波、一位破沙，以及无头衔的数人。与上两件文书相同：刺史的絁紬数量是3匹。就文书现存内容来看，絁紬总计8匹30尺，与上两件文书的总数不同。Or. 11252/30虽然内容有残损，但还是保留了u tsātā hvaṃḍāṃ bida himārä的表达，接下来罗列了刺史萨波纳絁紬2，还有数位萨波、破沙，以及无头衔人员（Skjærvø 2002, 99）。

在上述几件文书中，刺史、官员与富户是作为交纳絁紬的整体而出现的。贝

[1] 原文aśtä karmä tcamäna hve' tsātä hämäte，参见Maggi 1995, 56。又参见Skjærvø 2004, 276。

利(Bailey 1967, 409)指出hāruva对应的梵语形式是śreṣṭhin。张湛博士论证hārua(hārva/hārvā/harvā为其复数属格形式)一词在世俗文书中并非商人，而是指包括萨波、破沙在内的官员，理由是Hedin 5中“以刺史为首的所有官员”(tsīṣī āstaṃna hamīḍa hārva)与“所有百姓”(hamīḍa pa'kisina)对举。Or.11252/15里有更标准的格式，在hārva前还出现了限定语bisā：bisā hārva u hamīḍa pa'kisina(Zhang 2016, 150—151; Zhang 2018a, 64)。段晴老师根据中国国家图书馆(国图)藏BH1-15号文书，对bisā的重新解释如下：坐落在田野的家族，被汉族称为“村”，是税收单位，家主是纳税的责任人(段晴 2010)。国图藏于阗语案牍BH4-68中，段老师将hārua-解释为一个大族群的“族长”：盗窃案发生时，事主派人去请族长，然后族长召集众亲属(段晴 2022b)。在本件文书中，勃延仰被指定负责关于仓库的诸项命令，责任范围包括钱税(mūra thaṃga)、芝麻税(kāṃjsa thaṃga)与富户们的麻布与絁紬。至于thaṃga一词，段晴老师也有所辨析：这种税的内容，不包括丝绸等纺织品与粮食，于阗王室有权按丁征收(段晴 2022a)。或许可推测：钱税与芝麻税是按各村丁口数征收，而麻布与絁紬的征收单位则是富户。那么，富户指涉的是哪些人呢？Hedin 1、Hedin 12、Hedin 13几件文书所罗列的人员中，除了有头衔的刺史、萨波、破沙外，其余未带头衔者或许就可归入富户之列。

有关富户们应纳之锦，俄罗斯圣彼得堡所藏于阗语文书SI P 94.22与本件也有相似之处：[…… va]rāṣṭa tsātāṃna thaunaka ya(Emmerick and Vorob'ëva-Desjatoskaja 1995, 103)，意为“给……的诸富户的锦”。

“富户”一词还出现在IOL Khot 157/4号文书中。文书一面是有关养蚕、桑树的较长的文书。另一面书写：tti tsāta ttī tta ādarä yinīryau khu tta... māśtä 10 7 mye haḍai ttā pīḍakä hauḍeṃ。大意如下：你们要照管这些富户，以便……月17日，我已将此文书交付你处(Skjærvø 2002, 352; 段晴 2009, 40—41)。从富户所缴纳的赋税内容以及出现的语境来看，猜测或与纺织业有关。

kūṣḍi vīrai āṃna parsaṃdai pajīdi

这里kūṣḍi vīrai即kūṣḍi vīra加上第三人称代词单数斜格的附着形式-i。kūṣḍi vīra等同于kūṣḍi virāṣṭa，即向着仓库、往仓库。parsaṃdai是动词√ pars-(“经过，路过”)的现在分词parsaṃdaa的为属格形式。parsaṃdaa的意思是过路人，可能也有信使、差人之意(Zhang 2016, 141)。这句话的大意可能是说：他们征收送往仓库的芝麻，而这芝麻将由差人再往上交纳。

hā pa'sīñä u hā misilīñä

hā... u hā...在这里是并列连词(Emmerick and Skjærvø 1997, 168—169)。

关于pa’sīñä，贝利（Bailey 1979, 224）推测词源来自pa’sa（信使），意为“信使的”，但并不确定。埃默利克与沃罗比耶娃–捷夏卡夫斯卡娅（Emmerick and Vorob’ëva-Desjatoskaja 1995, 153）则将词源归为pasa（羊），其形容词形式可以是pasīña-，意思或为“羊的水坑”（water holes for sheep），但无法解释pa’sīña中的’符号。施杰我先是认为pa’sīña是一种未知商品（unknown commodity, Emmerick and Skjærvø 1997, 89），后将其拆成两个单词pa’ sīña，译为“pa’城人Sīña”（Skjærvø 2002, 6）。张湛（2018b, 35—36）则认为该词与需要缴纳的某种税收相关。

到目前为止，文书中出现的pa’sīñä的用例如下。

SP I 103.41: spāta ṣṣanīrakä tta [pa]rī — gayseta sīḍakä vara u mūrahaṃgāṃ vara umāni tta pa’sīñä pharākä va vāri hiri ṣṭi（Emmerick and Vorob’ëva-Desjatoskaja 1995, 152）。萨波瑟昵洛牒：致杰谢思略，并致众征钱官。你们欠这许多pa’sīña差科。

Or. 6395/1: vikausa pa’sī[ñä va v]āri mūri puḍi（Skjærvø 2002, 6）[1]。勿苟悉欠了pa’sīña钱。

IOL Khot 41/1: ci tta aśnesalāña pa’sīña drāma ṣṭāri yāṃkūṃ x x hauryari khu na hvā’re（Skjærvø 2002, 270）。那些Aśnesala地方pa’sīña的drāma，要送给……这样它们不会枯竭。

IOL Khot W 33r: pa’sīñä ganaṃ x x x ñausaṃ kūsa（Skjærvø 2002, 568）。pa’sīña谷物……硕。[2]

在人大博藏于阗语文书中，除了GXW0399外，还有两件文书里也出现了pa’sīña一词。

GXW0403: ṣau śattuṃ tta parī — gayseta sīḍakä vara tvī tta p[a’s]īṃña pharākä mūri ṣṭāri。这个句式与上文SP I 103.41类似。知事尉迟信牒：致杰谢思略。你那里有这许多pa’sīña钱。

GXW0405: na pasi tsīṃdä u pa’sīṃña u mi[sa](līña) hā。羊群不去pa’sīṃña与misalīña。

根据语境，或许可以推测pa’sī(ṃ)ñä与misalīñä/misilīñä是地名的依格（位置格）形式。地名+钱、物的表达用例如下：

SI P 97.3: pheṃ[ma] kāṃjsa buḍä（Emmerick and Vorob’ëva-Desjatoskaja 1995, 114）。他已带去媲摩芝麻。

SI P 98.7: nīñāṇä mūrä hauḍāṃdä（Emmerick and Vorob’ëva-Desjatoskaja 1995, 118）。他们已纳尼壤钱。

---

1 这里对照原图对施杰我教授（2002, 6）的转写略有修正，将“[ña x ysā]ri”改成“[ñä va v]āri”。

2 IOL Khot 41/1与IOL Khot W 33r参考了Zhang 2018b的转写与翻译。

从本文书的语境来看，勃延仰负责征收送往仓库的各项物品，其中包括芝麻。那么，是否可以推测Pa'sīñä与Misalīñä乃是征税范围内的两个村庄呢？在第一份文件末尾提到"乡头"，是否就是指勃延仰？在人大博藏于阗语文书中，有两件里勃延仰带有乡头的头衔。

二、GXW0407号领受文书

这件文书（见图2）长38.8cm，宽17.5cm，右侧残损严重。从现存内容来看，应该是一件领受书，或称"抄"（kṣau），将五条内容书写在一张纸上。

1. *SI* ttāṃjari māśti 20 mye ha(ḍ)ai ///
2. ‖ daḍūsi pāsti hauḍi 10 ///
3. nāta ‖ puñargaṃ pās[t]i ///

（唐历）七月二十日。(1)

Daḍūsa已纳羊皮10……(2)

……已受。(2—3)

勃延仰……羊皮……(3)

4. *SI* braṃgulä pā[st]i hauḍi ///
5. pāsti śau ama nā ‖ īrasaṃgi pāsti 3 ma ///

没两隅已纳羊皮……(4)

……羊皮一，Ama已受(?)。(4—5)

伊里桑宜……羊皮3……(5)

6. *SI* maṃjaṃ mūri hauḍi ~~30~~ 100 30 3 ‖ jigeṃḍai mūri ///

Maṃjaṃ已纳钱133。(6)

日勲泥……钱……

7. *SI* braṃgulä kāhye hauḍä kha 9 śeṃga ///
8. kāhyeṃ hauḍi kha 7 ‖ [ī]ra[sa]ṃ[g]i ///

没两隅已纳麻子[1]9斗……升……(7)

……已纳麻子7斗。(8)

伊里桑宜……(8)

9. *SI* auva haṃdasti puñargaṃ nva pasāṃ bisā ///
10. pāsti hajsaudi 7 u kāhye haṃjsaudi śau [tt]u /// (ttī)
11. ra praṃmāṃ himi khu hā maciṣki haṃgu(ṣṭ)ä (viśtä) ///

---

[1] 关于kāhye（麻子）一词的辨析，参见范晶晶 2022。

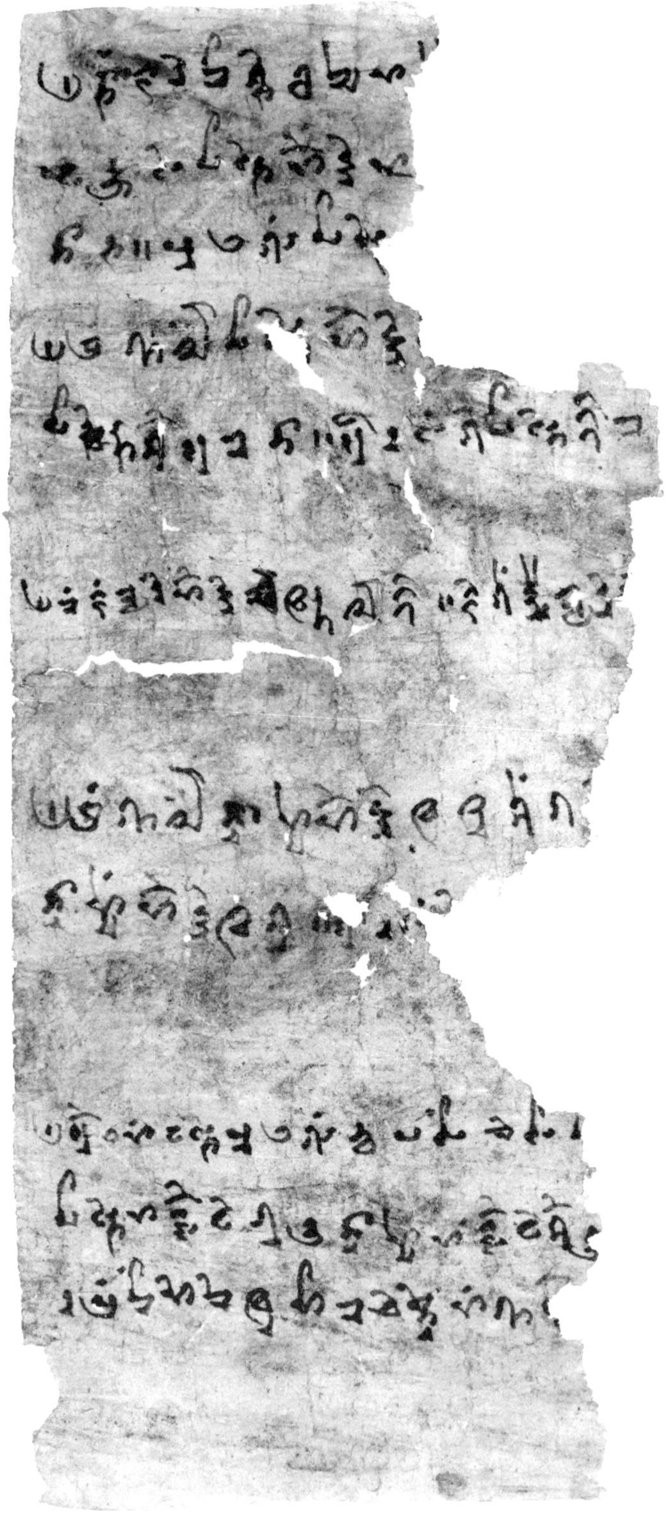

图 2　GXW0407号领受文书

乡头勃延仰根据羊户……(9)
……已征集羊皮7，又已征集麻子一……(9—10)
当Maciṣka在上面画指，然后生效。(10—11)

由于文书右侧残损严重，这五条领受书的内容都不完整，只能对其内容进行大致推测。头四条的文书格式都是“已纳”(hauḍi)、“已受”(nāta/nā)，最后一条则是乡头勃延仰“已征集”(haṃjsaudi)。但从所送物品的种类与数量来看，第五条并非前四条的汇总。如果文书完整无缺，那么第五条上理应有Maciṣka的画指，或许是由勃延仰保管这件文书。

勃延仰作为乡头出现的另一件文书是GXW0406。

三、GXW0406号买地文书

这件文书(见图3)残损严重，长28.8cm，宽29.5cm。缺失的部分较多，是一件买卖土地契约。从现存内容来看，卖地者是Maciṣka，但购地者、价格等信息残缺。知见人的信息齐全，共有五位，以乡头勃延仰为首。

(上残)

1. + + + + + yīṃdi ttä bur[ä] vā tt. + + + + + + + + +
2. ? ? rrj[ā](ṃ) h[ī]ya śa(ṃ)d(ā) uci jsai kavār[ai] + + + + + + + +
3. ñā ñūvijsai bulamaṃji hīya śaṃdā giry(e) m[ī] s. + + + +
4. khu vā maciṣki nvā śaṃdā iysginātä nūvara ṣṭānai [i] + + +
5. yīdi ttī ra ṣi’ pīḍakä praṃmāṃ himi khu hā maciṣki haṃguṣṭi viśti
6. bye auva haṃdasti puñargaṃ ‖ bye budāsakä ‖ bye bramūjsai bye
7. maṃjaṃ bye phakaḍi maciṣki | haṃ | gu | ṣṭä

……做……(1)
这些……(1)
……(与)? ? rrjāṃ的土地(为邻)。(1—2)
在(渠)水边是Kavāraa……河渠。(2—3)
在北边是(与)Bulamaṃja的土地(为邻)。(3)
他已买下……(3)
当Maciṣka在新(谷)时赎回相应的土地……(4)
……做……(4—5)
当Maciṣka在上面画指，然后此文书生效。(5)
知见人乡头勃延仰，知见人Budāsaka，知见人勃罗门济，知见人Maṃjaṃ，知见人Phakaḍi。(6—7)
Maciṣka画指。(7)

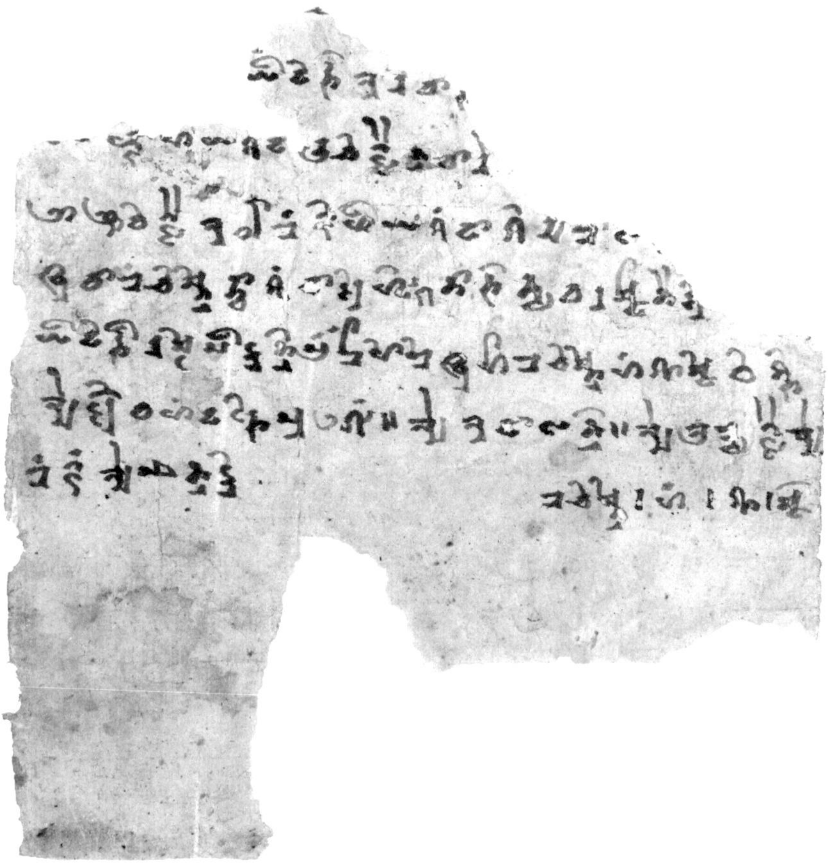

图 3 GXW0406号买地文书

文书中的一些内容，可与其他买卖土地契约相对照。例如，以四方相邻的土地、河流来界定买卖土地的大小与佉卢文文书一脉相承（段晴 2011），也与大夏语、据史德语同类文书体例一致（Ching 2019），在汉语文书中更是不乏其例。此外，在SI P 100.3+103.2中也有[jsāra]ñi ṣṭ̨āna nūvara的表达，施杰我尝试将其解释为有新谷时（for as long as (?) there is (?) new *grain）（Skjærvø 2017, 460）。

买卖契约的写作遵循一定的程式。P.2028号文书中有一篇学童习字，在抄写了20余遍字母表之后，学童又练习了几种常见的公文格式，首要的就是买卖契约：thyinä hī·ṅa nāmye kṣuṇi aśi salya rarūyi māśta nausamye haḍi hīvyau ṣi' gida (=girya) vāḍi pīḍaka ttyai pyocana (=pracaina) cu ḍi vijalada (=vijalaka)[1]。虽然短短三行里有不

[1] 注意到这则材料，得益于荣新江教授主持的法藏敦煌文献读书班，在此对读书班成员致谢。对于这段习字的分析，参见Kumamoto 1995, 242—243。笔者将熊本裕识别为pṭyi (=jsi) 的音节识别为ṣi'，可能是学童不了解"'"的写法，故而导致书写有误。ḍi vijalada (=vijalaka)，熊本裕将其译为"Li the youth"，即李姓青年；贝利则基于于阗王姓李，故而将其译为于阗王子（Bailey 1979, 385）。在文书IOL Khot 51/1中，Vijalaka的近似形式Veṃjilaka是专名：kaspakyi vī bisai

少抄写疏漏错误之处，但格式是明晰的。先交代时间为天兴九年（马年，即994年）六月十九日，接下来明确事由："此买契文书缘此之故：于阗王子（/李郎？）……"学童在练完字母后即刻练习买契文书的写作，可见买契应用之广，且遵循一定之规。

四、GXW2049与GXW2059号纳税文书以及勃延仰年表

这两件文书都残损严重，仅剩一到两行文字。

GXW2049文书（见图4）长7.8cm，宽7.5cm，转写翻译如下：

1. || puñargaṃ ka ///
2. u kāṃjsa (h)[au](ḍ) ///

勃延仰……(1)

以及已纳芝麻……(2)

GXW2059文书（见图5）长2.4cm，宽8.0cm，转写翻译如下：

1. /// [mä] ṣa puñargaṃ thau hauḍä 1 ///

勃延仰已纳絁紬1。(1)

梳理目前已公开发布的文书，可初步总结出勃延仰的简略年表。

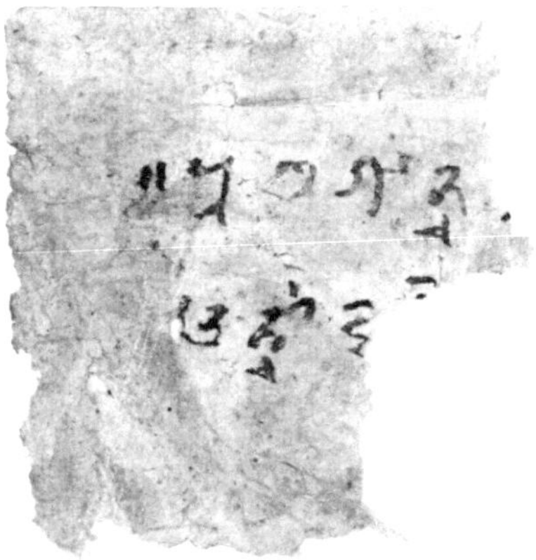

图 4　GXW2049纳税文书

图 5　GXW2059号纳税文书

veṃjilakä jsārä nātä nau kūsi (Skjærvø 2002, 286)，意为Kaspakā一地的Veṃjilaka已领粮食九硕。所以ḍi vijalada/vijalaka也可能是姓李名Vijalada/Vijalaka者。

公元	尉迟曜	唐纪年	文书编号	事由与涉事人员
777	11	大历12	Or. 6392/2	Puñārrjāṃ从粮仓拿走属于勃延仰的7硕小麦，思略从Puñārrjāṃ处收絁紬
778	12	大历13	SI P 103.6	勃延仰, Buhitta, Tsā tsauttau纳锦
781	15	大历16	Дх.18926 + SI P 93.22+Дх.18928	勃延仰（时年卅五）与勿萨踵、末查、纥罗捺、偏奴、勿苟悉为知见人，勃罗门济卖野驼（Kumamoto 2007；张广达、荣新江 2021, 300—302; 袁勇 2021, 69）
782	16	建中3	GXW0166:2	所由知事勃延仰，奉守捉牒贷床于百姓；所由勃延仰，百姓欠税粮[1]（庆昭蓉、荣新江 2022a）
			SI P 103.49	勃延仰与疾昨、日布洛为知见人，勿日本欠遏低税粮，乡头思略、叱半末查
783	17	建中4	Or. 6392/1	勃延仰与Khau śyaṃ、Hankaṃ为知见人；思略、没里曜思、Budarśaṃ' 涉事（有关粮食与衣装）
788	22	贞元4	Or. 6395/1	勃延仰与没里曜思、梅捺、日布洛、遏低、阿悉、Śalā、疾昨、偏奴、Mahvetara作为乡民画指，勿苟悉、毛勃捺与乡头萨波思略涉事（有关税钱），萨波Sudaṃ与萨波Budesa为知见人
			SI P 103.31	勃延仰出租桑树给萨波思略，知见人Mahvi' ttara（段晴 2009: 32—33）
790	24	贞元6	BH1-2背	魏副使对勃延仰贞元五年税粮（庆昭蓉、荣新江 2022b）
			GXW0169	帖勃延仰贞元五年税粮（庆昭蓉、荣新江 2022b）
			BH1-3	勃延仰纳青三石二斗，青一石一斗，青一石八斗，欠一斗粟；杰谢镇税粮总账[2]
尉迟曜纪年			SI P 95.14	人名、画指，勃延仰、偏奴，事涉羊、絁紬

[1] 唐使至于阗，于阗当地才得知已改元建中（张广达、荣新江 2021, 268）。

[2] BH1-3文书录文见本辑荣新江、庆昭蓉《汉语文书中的于阗语人名》，该文以及庆昭蓉、荣新江2022c对勃延仰的事迹都有所概述，可资参考。

ṣṣau ṣacū salya[1]	Or. 6400/2.2	勃延仰纳11尺絁紬6；Paṃda、渴底泥、偏奴纳絁紬、钱等物
	SI P 103.36	勃延仰欠钱5千余，人名有30余[2]
无纪年	BH1-7	吕珎胡书，勃延仰与悉略、梅榇、阿董并列（段晴 2022c将其断在公元782至784年间）
	GXW0407	乡头勃延仰征集羊皮、麻子等物
	GXW0406	乡头勃延仰与Budāsaka、勃罗门济、Maṃjaṃ、Phakaḍi充当买卖土地知见人，卖地者是Maciṣka
	GXW0399	（乡头？）勃延仰负责钱税、芝麻税与诸富户的麻布与絁紬，萨波末士、破沙二郎、萨波思略
	GXW2049	勃延仰，事涉纳芝麻
	GXW2059	勃延仰纳絁紬1
	Or. 6401/2.1	名录，另有遏踵、没两隅、桑宜没、裴捺、阿董、没特桑宜、Budai、Rạmaka、伊里桑宜、Guṇai、渴底泥、Brīna
	Or. 6401/3	勃延仰征驮棉花牲畜一头，疾咋、乡头Bayadatta
	SI P 95.14	人名、画指，勃延仰、偏奴，羊、絁紬
	SI P 96.1	勃延仰纳钱物及利息，与偏奴二人画指
	SI P 101.1	勃延仰与征钱官，事涉内廷钱
	SI P 103.43	勃延仰与征钱官征收差科、发放收据，与内廷欠款相关，瑟昵洛签名

---

1 ṣṣau ṣacū salya的表达又见于SI P 103.40：ṣṣau ṣṣacū salya …… [na-]vamye *kṣuṇi（Emmerick and Vorob'ëva-Desjatoskaja, 152）；SI P 103.49：salī 10 6 māśtä mūtcacaja haḍā tcahaulasä hvaṃni rrāṃdi viśa'vāhaṃ ttyeña beḍa ṣṣau ṣacū salya（Emmerick and Vorob'ëva-Desjatoskaja, 156）；Or. 6395/2：10 7 mye kṣāṇä ṣau ṣacū salya（Skjærvø 2002, 7）；Hedin 4：<sa>lī 20 1 māśta rarūya haḍā-t-ū jsa 10 8 /// <ṣau> ṣṣacū salya（Bailey 1961, 23, 76）。说明ṣṣau ṣacū当值的年份可能在尉迟曜第9至21年的范围之内，另可参见文欣 2009，127—133。然而，由于SI P 103.40关于年代的几处文字读法不确定，故而将其上限定在尉迟曜9年并非全无问题，但尉迟曜第16年至21年很有可能属于ṣṣau ṣacū当值的年份。

2 人名还包括Bīṃna、Yāmadāysa、疾咋、渴底泥、阿董、Mūśājsa、阿悉、Puñārrjāṃ、勃罗门济、勿萨踵、Dayaṃ、Daṃgūlaa、Dahūsa、Maciṣka、桑宜没、伊里桑宜、渴没黎、日懃泥、Mahvittara、末查/末士、Arrjāṃ、梅捺、乌勃匿、遏低、没两隅、偏奴、潘野人Yadūysa。

	SI P 103.4	勃延仰纳絁紬，Dilaa
	SI P 103.5	勃延仰纳芝麻1斗，思略、日布洛、Śalāṃ、疾昨、鐍养、末查、Mahvittara、Budarśaṃ'、阿董
	SI P 103.18	勃延仰欠钱画指，日懃泥、阿董、伊里桑宜、勃罗门济、渴底泥、末查
	SI P 103.28	勃延仰纳絁紬10尺2寸，末查、思略、Dilaa、没两隅、勃罗门济、遏低
	SI P 103.33	勃延仰纳锦1、钱250，阿董、勿苟悉、Budarśaṃ'、Śalāṃ
	SI P 95.8	文书残损，内容不明

从上表来看，建中三年(782)与贞元六年(790)，勃延仰都曾负责杰谢百姓的税粮事宜；而乡头(auva haṃdasta)的头衔则出现在人大博藏2件于阗语文书中，可惜都无纪年信息。思略于公元781至784年拥有乡头头衔，于公元785至788年拥有萨波头衔(张广达、荣新江 2021, 273—274)。但在公元788年的Or. 6395/1号文书中，思略却同时拥有乡头与萨波头衔(auva haṃdasti spāta)。或许可以推测：在思略前后担任杰谢乡头的正是勃延仰，但二人具体的交接年份难以确认。接下来的贞元七年(791)，杰谢乡头是没里曜思(庆昭蓉、荣新江 2022c)。

除了直接提及勃延仰的文书外，另有一件文书与勃延仰密切相关，即GXW0404号征税文书。该文书与上述GXW0407号领受文书的人名重合度极高，其中摊派麻子文书还提到：将这些麻子分配到(我的)五十丁身上(范晶晶 2022)。通过对已刊布文书的调查，纳税人数为50人左右的纳税单位是乡，如Or. 11252/2提到六城州质逻乡纳粮人数为53（Skjærvø 2002, 87—88），那么极有可能GXW0404号征税文书乃是乡头勃延仰的留档。

目前来看，人大博藏于阗语文书已有2件可确定归勃延仰所有：GXW0399与GXW0407。另2件GXW0406与GXW0404极有可能也是勃延仰的文书存档。作为与思略一样的杰谢乡头，勃延仰拥有私人档案并不奇怪。但或许是由于他担任乡头的时间较短，又或许是由于文书散佚、残损，无法总结出像思略那样详细的公文流程(文欣 2009, 139)。通读相关的文书材料，还可发现一个特点：目前提到勃延仰的汉文文书主要事关税粮，而于阗语文书的征税内容则较为丰富，涉及絁紬等各种织物、芝麻、麻子、羊皮、税钱等。如孟宪实教授所言：汉文文书多为于阗镇守军的文件，反映了镇守军与于阗地方社会之间的密切关系(孟宪实 2022)。而于阗语文书，如GXW0399，则补充了有关于阗王室、百姓的税收活动等信息。进一步的具体情形，有赖于对人大博藏这批于阗语文书的更深入研究。

参考文献

中文:

陈仲夫 1992 李林甫等撰,陈仲夫点校,《唐六典》,北京:中华书局。

段 晴 2009 《和田博物馆藏于阗语租赁契约研究——重识于阗之"桑"》,《敦煌吐鲁番研究》第十一卷,第29—44页。

2010 《关于古代于阗的"村"》,朱凤玉、汪娟编《张广达先生八十华诞祝寿论文集》,台北:新文丰出版公司,第581—604页。

2012 《尉迟曜11年裴捺卖地案牍》,《西域文史》第7辑,第123—137页。

2011 《中国国家图书馆藏BH5-3号佉卢文买卖土地契约》,《西域文史》第6辑,第1—12页。

2022a 《关于古代于阗"税"的辩考——基于策勒县文物保护管理所藏于阗语案牍所做观察》,荣新江主编《丝绸之路上的中华文明》,北京:商务印书馆,第254—372页。

2022b 《浸没的家产——中国国家图书馆藏于阗语案牍BH4-68研究》,朱玉麒、李肖主编《坚固人民万岁喜:刘平国刻石与西域文明学术研讨会论文集》,南京:凤凰出版社,第362—372页。

2022c 《吕珎胡书——对中国国家图书馆藏西域文书BH1-7于阗语文书的释读》,《西域研究》第2期,第73—88页。

范晶晶 2022 《对一件于阗语税收文书的考释》,《西域研究》第3期,第28—36页。

孟宪实 2022 《中国人民大学藏西域汉文文书及其学术价值》,《中国人民大学学报》第1期,第20—27页。

庆昭蓉、荣新江

2022a 《和田出土大历建中年年税粮相关文书考释》,《西域文史》第16辑,第125—155页。

2022b 《和田出土唐贞元年间杰谢税粮及相关文书考释》,《敦煌吐鲁番研究》第二十一卷,第165—209页。

2022c 《唐代碛西"税粮"制度钩沉》,《西域研究》第2期,第47—72页。

文 欣 2009 《于阗国官号考》,《敦煌吐鲁番研究》第十一卷,第121—146页。

袁 勇 2021 《公元7—8世纪于阗国的人口与社会——以杰谢和拔伽为例》,北京大学硕士学位论文。

张广达、荣新江

2021 《于阗史丛考:增订新版》,上海:上海书店出版社。

朱 雷 1980 《吐鲁番出土北凉赀簿考释》,《武汉大学学报(哲学社会科学版)》1980年第4期,第33—43页。

西文：

Bailey 1961 Harold W. Bailey. *Khotanese Texts IV*. Cambridge: Cambridge University Press.

1967 *Khotanese Texts VI*. Cambridge: Cambridge University Press.

1979 *Dictionary of Khotan Saka*. Cambridge: Cambridge University Press.

Ching 2019 "The Four Cardinal Directions in Tumshuqese." In: Pavel. B. Lurje, ed., *Proceedings of the Eighth European Conference of Iranian Studies*, Vol. I, 66–86. Saint Petersburg: The State Hermitage Publishers.

Emmerick and Skjærvø

1997 Ronald E. Emmerick and P. Oktor Skjærvø. *Studies in the Vocabulary of Khotanese III*. Wien: Der österreichischen Akademie der Wissenschaften.

Emmerick and Vorob'ëva-Desjatoskaja

1995 Ronald E. Emmerick and Margarita I. Vorob'ëva-Desjatoskaja. *Saka Documents Text Volume III: the St. Petersburg Collections*. London: School of Oriental and African Studies.

Kumamoto 1995 Hiroshi Kumamoto. "Miscellaneous Khotanese Documents from the Pelliot Collection." *Tokyo University Linguistics Paper* 14: 229–257.

2007 "Sino-Hvatanica Petersburgensia Part II." In: Maria Macuch, Mauro Maggi & Werner Sundermann, eds., *Iranian languages and texts from Iran and Turan: Ronald E. Emmerick Memorial Volume*, 147–159. Wiesbaden: Harrassowitz Verlag.

Maggi 1995 Mauro Maggi. *The Khotanese Karmavibhaṅga*. Roma: Instituto Italiano per il Medio ed Estremo Oriente.

Skjærvø 2002 P. Oktor Skjærvø. *Khotanese Manuscripts from Chinese Turkestan in the British Library: A Complete Catalogue with Texts and Translation, with contribution by U. Sims-Williams*. London: British Library.

2004 *The Khotanese Suvarṇabhāsottamasūtra, Volume II: Manuscripts, Commentary, Glossary, Indexes*. Harvard University.

2017 "Khotanese Land Purchase Deeds." In: Enrico Morano et al. eds., *Studia Philogogica Iranica, Gherardo Gnoli Memorial Volume*, 455–467. Roma: Scienze e Lettere.

Zhang 2016 Zhan Zhang. "A Documentary History of Khotan in the Late Eighth and Early Ninth Century." Ph.D. dissertation, Harvard University.

2018a "Secular Khotanese Documents and the Administrative System in Khotan." *Bulletin of the Asia Institute* 28 (2014) [2018]: 57–98.

2018b "Sogdians in Khotan." *The Silk Road* 16: 30–43.

佛经翻译与汉语演变举隅

姜 南

摘要： 众所周知，佛教传入中国，开启了中印两大文明古国历时千年的文化交流，留下了卷帙浩繁的汉文佛典，给汉语和汉文化带来深刻影响，构筑了儒释道三位一体的华夏文明。20世纪90年代以来，随着语言接触理论的突破性发展和在汉语历史研究中的应用，不仅证实语言接触是导致语言演变的重要动因，也加深了我们对汉译佛经研究价值的认识。它作为中古时代属汉藏语的汉语与属印欧语的印度语言接触的真实记录，不仅是探究这一时期的汉语由于这一接触引发的各类变化的第一手资料；而且在整个汉语历史研究中的历史语言学转型中，即从一般的断代面貌的静态描写向变化过程的描写与变化原因的解释的转变中，它为中古汉语研究者提供了无与伦比的语料宝库，即作为不可多得的语言接触语料的研究价值和对于汉语历史演变影响的研究价值。本文试从反映语言核心特征的语法层面略示佛经翻译对汉语演变的影响。

关键词： 佛经翻译；汉语演变；语言接触

一、 源头语的直接影响

翻译时源头语成分向目的语的负迁移，造成译文中出现大量负借贷成分。这些成分有些十分明显，例如音译词；有些则十分"隐蔽"，需要花大气力即系统梵汉对勘才能发现，如汉译佛经中增译的话题转移标记。

我们知道，梵汉两种语言的结构类型存在巨大差异。梵语的形态变化极其丰富，不仅在一个句子内，主谓之间通过性、数、格的一致变化来实现主语对谓语的管辖，而且句子或子句间的话题转换也能够凭借词语性、数、格的屈折变化明显呈现。而中古汉语缺乏形态变化，句法标记也不够发达，其结果就是句子或子句经常可以不带有任何明晰的界限就组织在一起，话题和述题之间主要依靠语义上的"有关性"(abountness)相互关联。而作为典型的翻译产品，汉译佛典常常表现出与同期中土文献不尽相同的语言特点，句首频繁使用话题转移标记就是其一。现以《法华经》[1]的梵汉对勘和异译比较为基础，展示这一倾向所蕴涵的深层类型对应。

作者：姜南，中国社会科学院语言研究所。

[1] 本文选用精校梵本：荻原云来、土田胜弥编订《改订梵文法华经》(东京：山喜房佛书林，1934—1935年)。汉译本方面，选用日本《大正藏》(T)本。"护"表竺法护译《正法华经》，T 9, no. 263。"什"表鸠摩罗什译《妙法莲华经》，T 9, no. 262。

首先，无论在较早的竺法护译本，还是后出的鸠摩罗什译本中，于句首话题转换处使用显性标记的情况都相当常见。有时原文中标示话题转换的小品词，如atha khalu、punar api、tatra等，或时间词，相应被译成“尔时”“于是”“复次”等位于句首的时间词、连词、副词等。如：

(1) **护**：又念往故无央数劫，不可思议，无能度量，时有如来，号日月灯明……

什：诸善男子！如过去无量无边不可思议阿僧祇劫，尔时有佛，号日月灯明如来……

anusmarāmy ahaṃ kula-putrā atīte ’dhvany asaṃkhyeyaiḥ kalpair asaṃkhyeyatarair vipulair aprameyair acintyair aparimitair apramāṇais tataḥ pareṇa parataraṃ yad’ āsīt | tena kālena tena samayena candrasūryapradīpo nāma tathāgato...（序品第一）

竺法护译本的句首时间词“时”和鸠摩罗什译本的句首时间词“尔时”直接对应原文中标示话题转换的时间词tena kālena tena samayena。

(2) **护**：于是舍利弗白世尊曰：……

什：尔时舍利弗白佛言：……

atha khalv āyuṣmāñ śāriputro bhagavantam etad avocat（譬喻品第三）

竺法护译本的句首连词“于是”和鸠摩罗什译本的句首时间词“尔时”直接对应原文中有话题转换功能的小品词atha khalu。

(3) **护**：又族姓子！其日月灯明如来灭度之后，次复有佛，亦号日月灯明。

什：次复有佛，亦名日月灯明。次复有佛，亦名日月灯明。

tasya khalu punaḥ kula-putrāś candrasūryapradīpasya tathāgatasya-arhataḥ samyak-saṃbuddhasya pareṇa parataraṃ candrasūryapradīpa eva nāmnā tathāgato ’rhan samyaksaṃbuddho loka udapādi（序品第一）

竺法护译本的句首副词“又/次复”和鸠摩罗什译本的句首副词“次复”直接对应原文中有话题转换功能的小品词khalu punaḥ和pareṇa parataraṃ。

但很多时候原文中并无直接对应词，而是通过词语性、数、格中某一范畴的形态变化表现出话题的转移。这种情况译成汉语，虽然依赖可靠的篇章语义信息也能分辨句子或子句间的界限，但是对于佛经翻译者来说，他们直接接触原文，易受原文话题转换处必有显性标志（时间词、小品词、或词语自身屈折变化）的影响和启发，常会设法将这些标记性成分用显性的方式表达出来。于是译者基于对篇章语义的整体把握，依照汉语中那些有话题标记的句子合理类推，在可用也可不用显性话题标记的语境中，多选择使用标记词，从而达到两种语言更为深层的类型对应。如：

(4) **护**: 于是弥勒菩萨心自念言。| **今者**世尊如来至真等正觉……现大感变。

什: 尔时弥勒菩萨作是念。| **今者**世尊现神变相。

atha khalu maitreyasya bodhisattvasya mahāsattvasya etad abhūt | mahā-nimittaṃ prātihāryaṃ bata idaṃ tathāgatena kṛtaṃ (序品第一)

时间词"今者"在原文中无直接对应词。原文中，前现句的主题是maitreyasya bodhisattvasya mahāsattvasya(属格)，后现句的主题是tathāgatena(具格)，二者"格"不相同，以此表现话题的转换，于是汉译添加时间词"今者"作为话题转移标记，同时开启新话题。

异译对比还清楚地呈现了后出的鸠摩罗什译本比早期的竺法护译本更自觉地使用话题转移标记，来标示新话题。如《序品第一》开篇处的大段铺叙:

(5) **护**: 一时 | 佛游王舍城灵鹫山。‖ 与大比丘众俱。‖ 比丘千二百一切无着。……‖ [缺译] ‖ 菩萨八万皆不退转，坚住无上正真之道。……‖ **尔时**天帝释与二万天子俱。‖ 日天子与无数眷属俱；月天子以宝光明普有所照；宝光天子光耀天子俱。‖ 四大天王与万天子俱。‖ 爁明大梵自在天子与三万天子俱。‖ 梵忍迹天子与三万二千天子俱。‖ 饰干大梵与无数天子……来诣佛所，稽首毕，退坐一面。‖ **有**八龙王与无央数千诸龙眷属俱。‖ 四真陀罗王[名号略]，各与营从来诣佛所，稽首毕，退住一面。‖ 净身四天子[名号略]，俱来诣佛所，前稽首毕，退坐一面。‖ 四阿须伦王[名号略]，与无央数百千阿须伦人民俱，来诣佛所，前稽首毕，退坐一面。‖ 四金翅鸟王[名号略]，俱来诣佛所，稽首毕，退住一面。‖ 摩竭国王阿阇世与十子并诸营从，来诣佛所，稽首毕，退坐一面。诸天龙神世人莫不归命奉敬侍坐。

什: 一时 | 佛住王舍城耆阇崛山中。‖ 与大比丘众万二千人俱，皆是阿罗汉。……‖ **复有**学无学二千人。‖ 摩诃波阇波提比丘尼与眷属六千人俱。‖ 罗睺罗母耶输陀罗比丘尼亦与眷属俱。‖ 菩萨摩诃萨八万人皆于阿耨多罗三藐三菩提不退转。……‖ **尔时**释提桓因与其眷属二万天子俱。‖ **复有**名月天子、普香天子、宝光天子。‖ 四大天王与其眷属万天子俱。‖ 自在天子、大自在天子与其眷属三万天子俱。‖ 娑婆世界主梵天王[名号略]，与其眷属万二千天子俱。‖ 尸弃大梵光明大梵等。‖ **有**八龙王[名号略]，各与若干百千眷属俱。‖ **有**四紧那罗王[名号略]，各与若干百千眷属俱。‖ **有**四阿修罗王[名号略]，各与若干百千眷属俱。‖ **有**四迦楼罗王[名号略]，各与若干百千眷属俱。‖ 韦提希子、阿阇世王与若干百千眷属俱，各礼佛足，退坐一面。

evaṃ mayā śrutaṃ ekasmin samaye | bhagavān rājagṛhe viharati sma gṛdhakūṭe parvate mahatā bhikṣu-saṃghena sārdhaṃ ‖ dvādaśabhir bhikṣu-śataiḥ sarvair arhadbhiḥ ... ‖ anyābhyām ca dvābhyām bhikṣu-sahasrābhyām śaikṣāśaikṣābhyām ‖

mahāprajāpatī-pramukhais ca ṣaḍbhis bhikṣuṇī-sahasrais ‖ yaśodharayā ca bhikṣuṇyā rāhula-mātrā saparivārayā ‖ aśītyā ca bodhisattva-sahasraiḥ sārdhaṃ sarvair avaivartikair eka-jāti-pratibaddhair yad uta-anuttarāyāṃ samyak-saṃbodhau ... ‖ śakreṇa ca devānām indreṇa sārdhaṃ viṃśati-devaputra-sahasra-parivāreṇa ‖ tadyath ā candreṇa ca devaputreṇa sūryeṇa ca devaputreṇa samatagandhena ca devaputreṇa ratnaprabheṇa ca devaputreṇa-avabhāsaprabheṇa ca devaputreṇa evaṃ pramukhair viṃśatyā ca devaputra-sahasraiḥ ‖ caturbhiś ca mahā-rājaiḥ sārdhaṃ triṃśad-devaputra-sahasra-parivāraiḥ ... ‖ īśvareṇa ca devaputreṇa maheśvareṇa ca devaputreṇa triṃśad-devaputra-sahasra-parivārābhyāṃ ‖ brahmaṇā ca sahāṃ-patinā sārdhaṃ dvādaśa-brahmakāyika-devaputra-sahasra-parivāreṇa ‖ tadyath ā śikhinā ca brahmaṇā jyotiṣprabheṇa ca brahmaṇā evaṃ pramukhair dvādaśabhiś ca brahmakāyika-devaputra-sahasraiḥ ‖ aṣṭābhiś ca nāga-rājaiḥ sārdhaṃ bahu-nāga-koṭī-śata-sahasra-parivāraiḥ ... ‖ caturbhiś ca kiṃnara-rājaiḥ sārdhaṃ bahu-kiṃnara-koṭī-śata-sahasra-parivāraiḥ... ‖ caturbhiś ca gandharva-kāyika-devaputraiḥ sārdhaṃ bahu-gandharva-śata-sahasra-parivāraiḥ ... ‖ caturbhiś ca-asurendraiḥ sārdhaṃ bahv-asura-koṭī-śata-sahasra-parivāraiḥ ... ‖ caturbhiś ca garuḍendraiḥ sārdhaṃ bahu-garuḍa-koṭī-śata-sahasra-parivāraiḥ ... ‖ rājñā ca-ajātaśatruṇā māgadhena vaidehī-putreṇa sārdhaṃ

原文是一个带有很长具格修饰语的主谓句，具格修饰语内部数次变更主题：比丘众 > 学无学 > 摩诃波阇波提比丘尼 >……但每次变换主题都伴有“数”（单、双、复数）的形态变化，一目了然。同理，汉译中的“尔时”“（复）有”等是译者有意加在话题转换处的标记词。可以看到，翻译同样一段内容，鸠摩罗什使用话题标记的次数明显高于竺法护。这也在某种程度上说明，越是高水平的翻译，越能更大程度地注意到源头语和目的语的语言类型差异，并设法在译文中体现出来，使得译文与原文的对应越成系统、有规律，表现为更加深层的类型对应，即梵语等原典语言的屈折形态往往对应于汉语线性序列上的词汇形式或语法成分。

同样为叙述文体的《维摩诘经》[1]也表现出类似的倾向。略举两例如下：

(6) **支**：闻如是，一时佛游于维耶离奈氏树园 ……| 彼天帝万二千释从四方来。

什：如是我闻，一时佛在毗耶离庵罗树园 ……| **复有**万二千天帝，亦从余四天下来在会坐。

奘：如是我闻，一时薄伽梵住广严城庵卫林 ……| **复有**万二千天帝，各从余方四大洲界亦为瞻礼供养世尊及听法故，来在会坐。

---

[1] 引例取自《梵藏汉对照〈维摩经〉》（大正大学综合佛教研究所梵语佛典研究会编订，2006年）。“支”表支谦译《佛说维摩诘经》，T 14, no. 474。“什”表鸠摩罗什译《维摩译所说经》，T 14, no. 475。“奘”表玄奘译《说无垢称经》，T 14, no. 476。

evaṃ mayā śrutam ekasmin samaye bhagavān vaiśālyāṃ viharati sma ... | dvādaśa ca śakra-sahasrāṇy anyānyobhyaś catumahādvīpakebhyo abhyāgatāni tatraiva parṣadi sannipatitāny abhūvan （佛国品第一）

原文前后两句的话题转换表现为“性”和“数”的不同：bhagavān（阳性单数）、dvādaśa ca śakra-sahasrāṇi（中性复数），鸠摩罗什和玄奘都在新话题前添加“复有”作为标记。

(7) 支：吾与官属共诣其所…… | 佛言：善哉善哉。

什：我亦与诸眷属，听受法故共到其所…… | 佛言：善哉善哉。

玄：我亦与一切眷属，为闻法故共诣其所……| **尔时**世尊告天帝释：善哉善哉。

tatra-ahaṃ saparivāro dharmaśravaṇāya-upasaṃkrāmiṣyāmi ... | evam ukte bhagavāṃc chakraṃ devānām indram etad avocet sādhu sādhu（法供养品第十三）

原文前后两句的话题转换表现为“人称”的不同：ahaṃ（第一人称）、bhagavān（第三人称），玄奘在新话题前添加“尔时”作为标记。

周一良（1963/1998）曾经指出，“复次”频繁用于句首是汉译佛经的特色，“自来士大夫作古文”不用。的确，“复次”“尔时”是伴随佛经翻译产生的新词，但在语篇衔接方面，它们跟其他居于句首的话题转移标记一样，都用来开启新话题，同时兼有话题转移的功能，这在佛经翻译之前的中土文献中已经初露端倪。

从上古开始，时间词“时”“是时”“今”等就常常用于句首话题位置。如：

是时孔子当厄，主司城贞子，为陈侯周臣。（《孟子·万章上》）| **时**吴政峻急，莫敢宣也。（《搜神记》卷八）| **尔时**吴兴沈充为县令，当送客过浙江。（《世说新语·雅量》）| **今**商王受，弗敬上天，降灾下民。（《尚书·泰誓》）

“有”字起首的无主句同样也是汉语历代沿用的固有句式，“有”具有介绍作用，如：

有女怀春，吉士诱之。（《诗经·召南·野有死麕》）| 子贡曰：**有**美玉于斯，韫椟而藏诸，求善贾而沽诸？（《论语·子罕》）| 礼还，**复有**诏责数诸葛瑾、步骘、朱然、吕岱等。（《三国志·吴书·吴主传》）| **有**人从长安来，元帝问洛下消息，潸然流涕。（《世说新语·夙惠》）| **有**一类人家儿子，不行。（《敦煌变文·父母恩重经讲经文》）| **有**个胡须将军，匹马单鞭，要见元帅。（《水浒传》64回）

此外，汉语里还有很多用以凸显话题的标记手段。常见的如冠于话题前的引介性小品词“夫”“若夫”“且夫”“唯（惟、维、隹）”等，如：

夫战，勇气也。（《左传·庄公十年》）| **若夫**豪杰之士，虽无文王犹兴。（《孟子·尽心上》）| **且夫**暴国之君，将谁与至哉？（《荀子·宥坐》）| 夫八万人奔散，非

八千人所能缚。(《三国志·魏书·武帝纪》裴注) | **维**予小子，未堪家多难。(《诗经·闵予小子之什》)

还有后附于话题的小品词“者”“也”等，如：

信**者**，言之瑞也，善之主也。(《左传·襄公九年》) | 此二君**者**，异于子干。(《左传·昭公十三年》) | 寡人之于国**也**，尽心焉耳矣。(《孟子·梁惠王上》) | 是鸟**也**，海运则将徙于南冥。(《庄子·逍遥游》) | 是月**也**，雷将发声。(《论衡·命义》)

由此可见，汉语作为话题优先语言，在遣词造句、布局谋篇时有使话题突出的内在要求。而在汉译佛经这一特定文体中，由于词汇的新旧更替，译者弃用了一些古老的标记形式，中意于在话题前加标记词的方式，最终目的还是为了对译原文中标记新话题的小品词或经由词形变化表现出的话题转换，由此导致译经文献中显性话题标记大幅增加，使用频率明显超出同时期的中土文献，略示如下：

项目 文献	夫-	-也	今(也/者)-	(是)时-	尔时-	(复)有-	复次-	合计
《搜神记》	10	2	13	29	0	86	0	**140**
《世说新语》	3	4	14	24	4	45	0	**94**
《法华经》	0	0	42	103	149	75	6	**375**

但这并未违反汉语自身的组织原则，反而突出了汉语作为话题优先语言的类型特征，加快了汉语句子话题化的进程，即向话题概念结构化语言迈进（徐烈炯、刘丹青 1998）。至于这些前加成分是否已经像现代汉语里后附于话题的“吧、呢、啊、的话”等表停顿的语气词一样，语法化为话题的句法标记，还有待讨论。总之，译者有意添加话题标记的倾向对此类带有明显翻译色彩的话题结构起着至关重要的作用，他们的主观自觉直接作用于译文，并凭借译文的广宣弘传深刻影响着汉语全民语的表达习惯和表达方式。

二、源头语的间接影响

这类影响的典型表现是仿译造成的大量“旧瓶装新酒”的情形，即所谓的同词化。语法形式为汉语固有，在佛经翻译时扩展出新的功能用法。譬如在汉译佛经中，“为”因复制了原典梵语be动词√as和√bhū的句法语义功能，使用范围扩大，可与各类谓词性成分自由结合，组成判断谓语，打破了原本系词“为”后只带指称性成分的限制，也可以联系和引出陈述性的动词、形容词甚至介词短语，帮助构成被动态、疑问句和加强语气等，表现出鲜明完整的助动词属性。

2.1 先秦“为”字句的指称性特征

上古汉语中，动词“为”有两个主要意义：“是”与“做”，分别用作系词和行为动词，构成系表结构和动宾结构，句法表现也不尽相同。譬如在先秦汉语中，上述两种结构就遵守完全不同的语序规则，当“为”作为行为动词带疑问代词宾语时，宾语几乎无例外地位于动词前，如《论语·为政》：“哀公问曰：‘**何为**则民服？’”但“为”作为系词带表语时则位于动词后，如《论语·微子》：“长沮曰：‘夫执舆者**为谁**？’子路曰：‘为孔丘。’……问于桀溺曰：‘子**为谁**？’曰：‘为仲由。’”

系词“为”的典型功能是起肯定和联系的作用，通常联系和引出对主语进行定义、归类、描述的体词性成分，如“晋为盟主”之类，例子很多。此外，“为”还可以引出谓词性成分，但在上古时期，“为”后面的谓词性成分必需指称化。如：

(8) 礼之用，和为贵，先王之道，斯为美。(《论语·学而》)
(9) 唯女子与小人为难养也。(《论语·阳货》)
(10) 彼若谋害楚国，岂不为患。(《左传·襄公二十六年》)
(11) 寡君闻有不令之臣为君忧。(《左传·昭公二十二年》)

例(8)“为”后面的谓词性成分表示的是事类，即主语属于贵、美这一类的事；例(9)的相应成分则是指难养之人。例(10)、(11)中的“V”和“NV”也已指称化，意思依次是“岂不是患害”“成为国君担忧的对象”。即使所谓表被动的“为(N)V”式，“为”后面的成分也是指称性的，如：

(12) 管蔡为戮。(《左传·襄公二十一年》)
(13) 战而不克，为诸侯笑。(《左传·襄公十年》)

据姚振武(1998)考察，整个春秋战国时期，经常进入“为(N)V”式的及物动词只有“笑”“戮”“擒”等少数几个，而这几个动词所表示的行为在当时各国之间是经常发生的，这就使“为(N)笑(戮、擒)”这种形式具有某种熟语的性质，指称性明显。“为(N)V”式表指称，在先秦是严格的，两汉也基本严格。这也符合大家对先秦判断句的普遍认识，即谓词性成分之所以能够充任判断句的谓语，是因为其在谓语的位置上指称化了(张双棣等 2002)。

2.2 中古“为”字句向陈述式转变

战国末期出现的“为N所V”被动式率先突破了上述限制。先秦“为N所V”的用例还不多，从汉代开始，使用频率才逐渐提高，魏晋南北朝时期成为汉语被动式的主体(参看唐钰明 1987的统计)。如:

(14) 方士徐市等入海求神药，数岁不得，费多，乃诈曰："蓬莱药可得，然常为大鲛鱼所苦，故不得至……"(《史记·秦始皇本纪》)
(15) 臣门宗二百余口，为孟德所诛略尽。(《三国志·蜀书·马超传》)

姚振武(1998)指出，"为N所V"式显然是从"为(N)V"式发展来的，但这种发展不是一种简单的扩展，体现的是由指称式到陈述式的转变。"所"的介入及"所V"结构自身带有的陈述因素，使能够自由进入此式的动词性成分呈爆发性增长，仅《史记》就有"败""杀""执""夺""围""苦禽灭""生得"等二十余个，几乎没有限制，这是陈述式正式确立的一个标志。一般说来，指称与陈述的区别在于：前者可以用"什么"指代，后者则只能用"怎么样"指代，即陈述主语怎么了，而不可能是指它成为了什么。上述各句都是在陈述受事主语怎么了，而不可能是指称它成为了什么，否则句意别扭难通。如例(14)如果是"常常成为大鲛鱼所苦之人"则与上下文完全不合。例(15)"为N所V"后带了补语，而指称式是不可能带补语的。

姚振武进而认为此时的"为"可以由"被"取代，形成"被N所V"式，性质和"被"完全一样，是单纯表被动的标记，不再属于动词范畴。如：

(16) 其王本姓温，月氏人也。旧居祈连山北昭武城，因被匈奴所破，西逾葱岭，遂有其国。(《魏书·西域传》)

并且推断，可能是在陈述式"为N所V"的**类化**作用下，魏晋时期出现少量"为(N)V"表陈述的例子。如：

(17) 其妇上岸，便为虎将去。其夫拔刀大唤，欲逐之。(《搜神记》卷五)

虽说随着"为"的后续成分由指称性向陈述性转变，"为"的性质可能会发生改变，但问题是同样在汉魏晋六朝时期，汉译佛经中还出现大量"是N所V"式被动句，如：

(18) 舍利弗！汝勿谓此鸟实是罪报所生。(鸠摩罗什《阿弥陀经》)
(19) 其罗睺罗，真我之子，但是往昔业缘所逼，在胎六年。(阇那崛多《佛本行集经》)

我们完全可以基于同样的理由认为"为N所V"和"是N所V"是同类结构，"为"和"是"性质相同。鉴于以往对"为N所V"被动式的研究存在较大差异，朱冠明(2013)从语言类型学的角度提出一种全新的分析，即"为"仍是系词，但其功能不是联系主语和表语，而是帮助构成被动式，类似于英语的be动词。这样的分析不仅能比较好地解决以往对"为N所V"式分析中的种种不足，而且符合世界语言的共性：世界上许多语言如拉丁语、英语、德语、法语、俄语等使用的都是由助动词辅助构成的"迂说式被动式(periphrastic passive)"，其中助动词来源于"是"或"成为"义动词。古汉语中的"为N所V"式可归属于这一类。

2.3. 汉译佛经中系词"为"的功能扩展

朱冠明的分析不无道理，至少认为"为N所V"式中的"为"来源于"是"或"成为"义动词，可以得到同时期译经材料的支持。以《法华经》为例，我们通过梵汉对勘看到：

(20) 什：此诸菩萨……恒**为**诸佛之所称叹。

te bodhisattva <u>bhaviṣyanti</u> ... tathāgata-parisaṃstutās（譬喻品第三）

pron.N. m.pl.N. fut.3.pl.P. ppp. m.pl.N.

这些 菩萨 将是 受到如来称赞

(21) 护：若今有人……常**为**众人所见爱敬。

什：斯人……**为**人所喜见。

sa sattvas ...priya-darśano <u>bhoti</u> sadā narāṇāṃ（随喜功德品第十八）

pron.N. m.sg.N. ppt.Ā.m.sg.N. pres.3.sg.P. adv. m.pl.G.

这 众生 乐见 是 经常 人们

以往多将"为"视为原文表施事的名词具格（及用如具格的属格、依格）的翻译（姜南 2011），但是如果站在语言类型学和世界语言共性的角度重新审视，"为"也有可能对译原文帮助构成被动态的be动词√bhū（即上述诸例中的画线部分）。梵语里被动分词可以表达被动，而分词在梵语中的作用相当于形容词，需与be动词结合构成谓语。即使be动词不出现，句中也隐含着一个be动词，一般为现在时陈述语气。如：

(22) 什：**为**火所烧，争走出穴……又诸饿鬼。

bhramanti pretāḥ ... dāhena ca dahyamānāḥ（譬喻品第三）

pres.3.pl.P. m.pl.N. m.sg.I. conj. ppt.Ā.m.pl.N.

乱转 饿鬼 燃烧 又 烧灼

原文句子的表层谓语虽然只有一个现在被动分词dahyamānāḥ，但实际上句子内部还隐含着一个be动词bhavanti或santi（现在时复数第三人称陈述语气），协助分词一起构成被动语态。可见，佛经翻译会有意识地将这类隐含的be动词也翻译出来。

而且在汉译佛经中，"为V"表陈述的例子相当多，并不限于表达被动。如：

> 三千世界，**为**大震动。（东汉昙果共康孟详译《中本起经》，T 4, 149a）| 菩萨摩诃萨闻是阿閦佛德号法经，皆**为**离魔罗网（东汉支娄迦谶译《阿閦佛国经》，T 11, 761a）| 诸天伎乐，自然**为**鸣。（西晋竺法护译《阿差末菩萨经》）| 时须达长者复来到边，复问彼人："汝捉此花，**为**欲卖不？"皆言欲卖。（三国吴支谦译《撰集百缘经》，T 4, 206a）

这是因为梵语里be动词与分词结合构成谓语的情况非常普遍，而分词又是由动词变化来的，动作性质明显，既有表达被动的分词，也有陈述一般动作行为的分词，这些分词与be动词的组合在汉译佛经中都可被译成“为VP”式，表达陈述。如《法华经》中：

(23) **护**：族姓子！女人有四事法，得是经卷。何谓为四？一曰常**为**诸佛所见建护。

什：若善男子、善女人成就四法，于如来灭后，当得是法华经。……一者，**为**诸佛护念。

caturbhiḥ kula-putra dharmaiḥ samanvāgatasya mātṛgrāmasya ayaṃ
m.pl.I. m.sg.V. m.pl.I. ppp.m.sg.G. m.sg.G. m.sg.N.
四种 善男子啊 法 具有 女人 这

Saddharmapuṇḍarīko dharma-paryāyo hastagato bhaviṣyati katamaiś caturbhiḥ
m.sg.N. m.sg.N. ppp.m.sg.N. fut.3.sg.P. m.pl.I. m.pl.I.
妙法莲花 法门 获得 将是 哪 四种

yad-uta buddhair bhagavadbhir adhiṣṭhito **bhaviṣyati**（普贤菩萨劝发品第二十八）
indec. m.pl.I. m.pl.I. ppp.m.sg.N. fut.3.sg.P.
即 诸佛 诸世尊 护持 将是

(24) **什**：若人有能信汝所说，则**为**见我，亦见于汝。（譬喻品第三）

ahaṃ ca tvaṃ caiva **bhaveta** dṛṣṭo ...
pers.1.sg.N. conj. pers.2.sg.N. conj.adv. opt.3.sg.Ā. ppp.m.sg.N.
我 和 你 和 即 会是 看见

ye śraddadhe bhāṣitam eta mahyam
rel.m.pl.N. n.sg.L. ppp.n.sg.N. n.sg.N. pers.1.sg.I.
有人 信奉 所说 这 我

再如《维摩诘经》中：

(25) **支**：卿，弥勒！在一生补处，世尊所莂无上正真道者，**为**用何生得决？

什：弥勒！世尊授仁者记一生当得阿耨多罗三藐三菩提。**为**用何生得受记乎？

奘：尊者慈氏！唯佛世尊授仁者记一生所系，当得无上正等菩提。**为**用何生得授记乎？

tvaṃ maitreya ekajātipratibaddho bhagavatā vyākṛto ’nuttarāyāṃ
2.sg.N. m.sg.V. m.sg.N. m.sg.I. ppp.m.sg.N. f.sg.L.
你 弥勒啊 一生补处 世尊 授记 无上

samyaksaṃbodhau | tat katamayā **asi** maitreya jātyā vyākṛtaḥ（菩萨品第四）
f.sg.L. adv. inter.f.sg.I. pres.2.sg.P. m.sg.V. f.sg.I. ppp.m.sg.N.
正等菩提 那么 哪一个 是 弥勒啊 生 授记

当然，“为”后的谓词性成分还包括形容词，对译原文形容词与be动词结合构成的判断谓语，如《法华经》中：

(26) **护:** 佛虽说彼经，不足为奇特。

什: 虽说此等，未足为难。

tāni	kaś-cit	prakāśeta	na	tad	**bhavati**	duṣkaram(见宝塔品第十一)
n.pl.Ac.	inter.m.sg.N.	opt.3.sg.Ā.	adv.	n.sg.N.	pres.3.sg.P.	adj.n.sg.N.
这些	任何人	会宣说	不	这	是	难得

又如《金刚般若波罗蜜经》[1]中:

(27) **什:** 菩提！譬如有人，身如须弥山王，于意云何？是身为大不？

tadyathāpi	nāma	subhūte	puruṣo	bhaved	upetakāyo	mahākāyo	yat	tasya
indec.adv.	adv.	m.sg.V.	m.sg.N.	opt.3.sg.P.	m.sg.N.	m.sg.N.	adv.	pron.m.sg.G.
譬如 又	确实	须菩提	人	会是	具有身躯	身躯高大	即	他的

evaṃrūpaḥ	ātmabhāvaḥ	syāt	tadyathāpi	nāma	sumeruḥ	parvatarājaḥ	|tat
m.sg.N.	m.sg.N.	opt.3.sg.P.	indec.adv.	adv.	m.sg.N.	m.sg.N.	pron.Ac.
这样	身体	会是	譬如 又	确实	须弥	山王	这

kiṃ	manyase	subhūte	api	nu	mahān	sa	ātmabhāvo	**bhavet** |
inter.Ac.	pres.2.sg.P.	m.sg.V.	adv.	adv.	adj.m.sg.N.	pron.N.	m.sg.N.	opt.3.sg.P.
怎样	你认为	须菩提	也	是否	大	这	身体	会是

同理，当原文be动词为现在时陈述语气时，可以隐含不现，但译经常常会将隐含的be动词用"为"翻译出来。如《法华经》中:

(28) **护:** 今为所从来？

什: 为从何所来？

kutas	ete	ṣamāgatās (从地踊出品第十四)
inter.adv.	pron.m.pl.N.	ppp.m.pl.N.
从哪	这些(菩萨)	来、会集

又如《维摩诘经》中:

(29) **支:** 是身无主，为如地；是身非身，为如火；是身非命，为如风；是身非人，为如水。

什: 是身无主，为如地。是身无我，为如火。是身无寿，为如风。是身无人，为如水。

奘: 是身无主，为如地。是身无我，为如水。是身无有情，为如火。是身无命者，为如风。

nirvyāpāro	'yaṃ	kāyaḥ	pṛthivīsadṛśaḥ |	anātmo	'yaṃ	kāyo	'psadṛśaḥ |
adj.N.	pron.N.	m.sg.N.	adj.N.	adj.N.	pron.N.	m.sg.N.	adj.N.
无作用	这	身体	如地	无我	这	身体	如水

---

[1] 引例取自孔泽(E.Conze)编订《金刚经》(*Vajracchedikā Prajñāpāramitā*, Roma, 1974)。"什"表鸠摩罗什译《金刚般若波罗蜜经》, T 8, no. 235。

nirjīvo 'ya kāyas ejaḥsadṛśaḥ | niṣpudgalo 'yaṃ kāyo vāyusadṛśaḥ |

nirjīvo	'ya	kāyas	ejaḥsadṛśaḥ	niṣpudgalo	'yaṃ	kāyo	vāyusadṛśaḥ
adj.N.	pron.N.	m.sg.N.	adj.N.	adj.N.	pron.N.	m.sg.N.	adj.N.
无生命	这	身体	如火	非人	这	身体	如风

（不可思议方便善巧品第二）

综上可见，汉译佛经确实是用“是”或“成为”义的“为”翻译原文的be动词√as和√bhū，同时复制了原典梵语be动词的句法语义功能。虽然古汉语的“为”和梵语的be动词都有系词用法，但它们的功能并不完全对等。根据刘丹青（2008）给出的判定标准，梵语应当属于名词和形容词表现相近的语言，因为梵语的be动词既可以引出名词，也可以引出形容词，其中包括作用相当于形容词的分词，充当主语补足语（表语）。而汉语属于谓词型形容词语言，即形容词的表现接近动词，无需系词可以直接作谓语，且汉语里没有分词一类的非定式动词，所以汉译佛经通常是用动词直接翻译原文的分词，相应地，与分词和形容词同现的be动词也被译成当时常用的系词“为”。这一方面造成“为”字判断句中谓词性谓语所占的比重上升，据解植永（2012）调查，中古“为”字判断句的谓语成分出现“体降谓升”的变化。而这一趋势在同期汉译佛经中的表现更为突出，参见下表对比所示：

文献＼项目	总数	体词性谓语		谓词性谓语	
		数量	比重	数量	比重
东汉王充《论衡》	174	113	64.9%	61	35.1%
南朝宋刘义庆《世说新语》	44	28	63.6%	16	36.4%
东汉支娄迦谶《阿閦佛国经》	92	40	43.5%	52	56.5%
姚秦鸠摩罗什《妙法莲华经》	194	76	39.2%	118	60.8%

另一方面，“为”通过对原文be动词的语义模仿，打破了原本系词“为”后只带指称性成分的限制，也可以联系和引出陈述性的动词、形容词甚至介词短语，从而大大推动了“为”字句由指称式向陈述式的转变，为系词“为”进一步语法化为语气副词和选择连词创造了条件。

三、 翻译中的言语创新

还有一种是翻译活动本身的影响，即翻译过程中的言语创新。佛经翻译参照原典语言的构式、语序以及语义分工，重组汉语现有材料，还会造成汉语固有语义单位的重新排列，句法关系的重新分析、语法功能的类推和扩展，催生许多新兴句法格式。下以中古新兴的框式等比结构“如……等/许”为例。

不同于上古汉语加在形容词或副词之上、表达样态的“如/若……然”结构，中古新兴的框式结构“如……等/许”引进名词作为平比基准，表示数量相同或形状相近。大量用例来自汉译佛经：

复有万婆罗门，皆**如**编发**等**。（三国吴支谦译《佛说维摩诘经》，T 14, 519b）｜**如**六十亿江河沙**等**菩萨大士。（《正法华经》，T 9, 110b）｜无有**如**芥子**许**非是菩萨舍身命处。（《妙法莲华经》，T 9, 35b）｜见向一虫，大**如**狗**许**。（姚秦鸠摩罗什等译《禅秘要法经》，T 15, 247a）｜有一宝柱，**如**毫毛**许**。（姚秦弗若多罗共罗什译《十诵律》，T 23, 442a）

此类等比结构在同期的中土文献里尚不多见，只有《齐民要术》中出现6例，并且都是“如+NP+许”格式。如：

浥浥时作团，大**如**梨**许**。｜各**如**鸡子黄**许**大。｜栽后二年，慎勿采、沐，大**如**臂**许**，正月中移之。

以往的研究曾经讨论过其中“许”的来源。吴福祥（1996）认为它从指示代词“许”虚化而来；冯春田（2000）认为也有可能直接来源于处所名词；龙国富（2004）取折中观点，认为“许”先从处所名词发展为指示词，再语法化为等同助词，指出触发“许”由指示代词虚化为等同助词的句法环境是，唐代以后，“许”与“如”组合形成大量“如许”指示词，造成了“许”的意义转化，当“如许”中间插入名词后，“许”便完全脱离与指示代词的关系，表示等同。

我们赞成“许”由处所名词到指示词，再到等同助词的语法化过程，但对“许”由指示词“如许”中间插入名词后虚化成等同助词的说法则难以认同。原因在于：一，既然指示词“如许”唐代以后才大量出现，为什么魏晋时期就有中间插入名词的“如+NP+许”结构了呢？二，既然“如许”已经成为表达“如此、这么”意义的指示词，怎么还能中间再插进名词，离合成“如+NP+许”结构呢？显然这样一条从词到短语的语法化路径尚缺少可信的机制和动因，时代先后也有问题，恐难成立。况且大量用例都出自中古译经，所以我们有必要结合汉译佛经中的丰富实例，利用现有的对勘材料，重新考虑“如……等/许”等比结构的来历。

首先，汉译佛经除了用框式结构“如……等/许”表示等同外，还有前置词“如”或后置词“等/许”单独用作等比标记的例子。如：

见佛**如**恒沙（隋阇那崛多译《佛本行集经》，T 3, 718c）｜其所散华**如**须弥山（《妙法莲华经》，T 9, 23b）｜坐千叶莲华大**如**车轮（《妙法莲华经》，T 9, 35a）

十世界微尘**等**数诸佛如来（《妙法莲华经》，T 9, 30a）｜处处安置臂**许**灯明（隋阇那崛多译《佛本行集经》，T 3, 817a）｜一切大地，无有针**许**非我身骨（元魏吉迦夜共昙曜译《杂宝藏经》，T 4, 481b）

框式结构“如……等/许”可以看作前置词“如”和后置词“等/许”临时搭配形成的句法现象，并且具有形式完整、表义更加具体周密的优势，“如……等”侧重表达数量相等，“如……许”侧重表达外形相近。

其次，梵汉对勘的证据显示，由前置词“如”或后置词“等/许”单独标记的等比结构明显带有仿译原文同型格式的倾向。如《法华经》中：

(30) **护:** 诸天人民**如**江河沙。
什: 诸天人民数**如**恒沙。
devā manuṣyā **yatha** gaṅga-vālikā（授记品第六）

前置词“如”刚好对应原文中表达“相似、如同”意义的不变词“yathā”。

(31) **护:** 江河沙**等**三千大千世界。
什: 恒河沙**等**三千大千世界。
gaṅgā-nadī-vāluka-**upamās** tri-sāhasra-mahā-sāhasra-loka-dhātavas（五百弟子受记品第八）

后置词“等”对应原文复合词尾部的“-upama”，它的词义为“相等、如量”。梵文中，与“-upama”意思相近的词还有“-sama”和“-mātra”，同样可以出现在复合词的尾部，整个复合词表达“跟……一样”的意思。

有时，佛经翻译中还会出现交叉对应的情况，即用前置词“如”对译原文复合词尾部的“-sama/-upama/-mātra”等，用后置词“等”对译原文的不变词“yathā”。如：

(32) **护:** **如**十世界尘数如来。
什: 十世界微尘**等**数诸佛如来。
daśa-loka-dhātu-parama-aṇu-rajaḥ-**samān** tathāgatān arhatas samyak-saṃbuddhān（授学无学人记品第九）

竺法护用前置词“如”对应复合词尾部的“-sama”，呈现交叉对应。鸠摩罗什则直接模仿原文，译成后置词“等”。

(33) **护:** 于江河沙，不可称限，亿百千数。
什: 有六百万亿，恒河沙**等**众。
gaṅgā **yathā** vāluka aprameyā sahasra-ṣaṣṭiṃ（化城喻品第七）

竺法护直接仿译原文，用介词短语对应原文由不变词“yathā”引介的等比结构。鸠摩罗什则用后置词“等”翻译原文的不变词“yathā”，呈现交叉对应。

(34) **护:** 手执大华**如**须弥山。
什: 所散之华**如**须弥山。
taiḥ Sumeru-**mātraiḥ** puṣpa-puṭais（化城喻品第七）

两位译者都用前置词“如”翻译原文复合词尾部的“-mātra”，呈现交叉对应。

在交叉对应的基础上，形式完整、表义周密的框式结构“如……等/许”自然更能得到译者青睐，作为译经常用的等比标记，翻译原文的等比结构。《法华经》异译对比显示，比起早出的竺法护译本，鸠摩罗什更善于使用框式等比标记，翻译原文的等比结构。如：

(35) 护：又此众生**如**江河沙。

什：**如**恒河沙**等**无数诸众生。

sattvās **yatha** gaṅga-vālikās（授学无学人记品第九）

鸠摩罗什用框式等比标记“如……等”对译原文中表示等同的不变词“yathā”。

(36) 什：无有**如**芥子**许**非是菩萨舍身命处。

nāsti kaścid antaśaḥ sarṣapa-**mātro** 'pi pṛthivī-pradeśo yatrānena śarīraṃ na nikṣiptaṃ sattvahita-hetoḥ（提婆达多品第十二）

鸠摩罗什用框式等比标记“如……许”对译原文中位于复合词尾部、表示等同的“-mātra”。

据此推测，译经中表示等同的“等/许”基本上是在仿译原文同型等比结构的过程中发展为后置等比标记的，进而与前置词“如”相搭配，形成框式等比标记“如……等/许”。

汉译佛经不仅模仿原文构式，还模仿原文构词，促使等比标记进一步向词内成分虚化，成为构词语素，这也符合由短语词汇化成词的一般规律。

首先，前置词“如”向词内成分虚化，形成大批专门做状语的“如-”类复合词，直接对应原文yathā加中性单数名词构成的不变状复合词（也叫作副词性复合词，Avyayībhāva）。如：

(37) 什：**如**实知之 < yathā-bhūtaṃ prajānāmi（药草喻品第五）

(38) 什：**如**其种性具足蒙润 < vāriṇā saṃtarpayati yathā-balaṃ yathā-viṣayam yathā-sthāmaṃ（药草喻品第五）

《波你尼经》曾特别说明：虽然梵语的不变词yathā可以表达恰如其分、重复、于词义无逾越及相似等四层涵义，但在复合词中却不能表达“相似”的意义（段晴2001，427—428）。因而与之对应的汉译“如”也只有“依据、按照”的意思，相当于介词，整个“如+名词”组合表达行事或变化的依据。荻原云来编《梵和大辞典》中收录了更多实例，如：

如理 < yathārtham“按照道理地、适当地”| 如法 < yathā-dharmam“依据法则地、适当地”| 如应 < yathā-yogam “相应地、适当地”| 如数 < yathā-saṃkhyam

“按照数目地”| 如次 < yathā-kramam “按照顺序地”| 如力 < yathā-balam“依据能力地”| 如言 < yathā-śabdam “按照所说地”| 如声 < yathā-ruta “依据所说地”| 如见 < yathā-dṛṣṭam “依据所见地”| 如旧 < yathā-sthāna “按照原有地、照旧地”| 如本 < yathā-pūrvam “按照本来地、照旧地”| ……

译经中的“如+名词”组合多为双音节形式，符合汉语词汇双音化的趋势，因此很容易取得副词资格，专门充当状语。并且作为一种能产的词法模式[1]——介宾式复合词，已经融入后世汉语的词汇系统，如现代汉语中常见的“如实（反映）、如法（炮制）、如数（退还）、如期（完成）、如约（前往）……”。

然而在佛经翻译之前，古汉语中“如+名词”构成的介宾短语并不具备成词能力，主要表现在：一、介词“如”的结合能力有限，构成的双音组合屈指可数，只有“如约”“如志”“如期”“如法”“如数”“如实”“如律”“如令”“如礼”“如仪”等几种形式；二、“如+名词”组合的句法位置自由，可以充当谓语、补语、状语等多种句法成分，如：

唯所纳之，无不**如**志。（《左传·僖公十五年》）

项王使人致命怀王，怀王曰：“**如**约。”乃尊怀王为义帝。（《史记·项羽本纪》）

以上用作谓语。

因是而知之，故生间可使**如**期。（《孙子兵法·用间》）

长当弃市，臣请论**如**法。（《史记·淮南衡山列传》）

以上用作补语。

大射、燕射，共弓矢**如**数并夹。（《周礼·夏官·司弓矢》）

如实论之，虚妄言也。（《论衡·奇怪》）

以上用作状语。

可见，汉语本有的“如+名词”组合短语性质明显，缺少词汇化为副词的有效机制和强大动力。然而作为后世汉语中现实存在的词法模式，“如+名词”能够成功转型为介宾式复合词，汉译佛经对原文不变状复合词的大量仿译可能起到至关重要的作用。

其次，与前置词“如”类似，后置词“等”也表现出向前黏附、成为构词语素的倾向。

[1] 董秀芳在《汉语的词库与词法》（2004）中把汉语中具有一定规则性的产生词的格式统称为词法模式。它具备以下特征：（1）其中一个成分具有固定性，另一个成分具有语法类别和语义类别的确定性，或者虽然其中没有一个固定性成分，但两个成分具有语法和语义类别的确定性；（2）构成成分之间的语义关系固定；（3）整体的意义基本可以预测。

(39) **护:** 大君主 | **什:** 王**等** < rāja-mātras(信解品第四)

(40) **护:** 王太子 | **什:** 王**等** < rāja-mātras(信解品第四)

《法华经》原文中，以-mātra收尾的格限定复合词(依主释，tat-puruṣa) rāja-mātras出现两次，字面直译是“与国王相等之人”，实际上指一种称谓，竺法护意译作“大君主”和“王太子”，鸠摩罗什则仿译原文构词，将一贯对译-mātra的后置等比标记“等”直接代入“王等”双音组合，词汇化为构词语素，与“王”凝固成专表称谓的不可数名词。其他译经中也有用例，如：

> 诸王、**王等**、群臣、宰相。(元魏般若流支译《金色王经》，T 3, 388a) | 自于大臣**王等**众中。(唐菩提流志译《大宝积经》，T 11, 11c) | 自恣时，王若**王等**，诸比丘边坐欲听法。(姚秦弗若多罗共罗什译《十诵律》，T 23, 171a)

但是“王等”一词基本仅限于汉译佛经中使用，可视为译经语言的特殊词汇。

综上所述，汉译佛经从仿译原文同型等比结构到仿译构词，原文的影响步步渗透、层层深入，在一定程度上推动甚至引导了汉语语法化的进程。

缩略语

Ā.	ātmanepada, middle-voice 为己，中间语态
Ac.	accusative 业格，对格
adj.	adjective 形容词
adv.	adverb 副词
conj.	conjunction 连词
f.	feminine 阴性
fut.	future 将来时
G.	genitive 属格
I.	instrumental 具格
indec.	indeclinable 不变词
inter.	interrogarive 疑问代名词
L.	locativen 位格，依格
m.	masculine 阳性
N.	nominative 主格
n.	neuter 中性
opt.	optative 祈愿语气、虚拟语气
P.	parasmaipada, active-voice 为他，主动语态
1.	first-personal 第一人称代名词

2.	second-personal 第二人称代名词
3.	third-personal 第三人称代名词
pl.	plural 复数
ppp.	past passive participle 过去被动分词
pres.	present 现在时
pron.	pronoun 代名词
rel.	relative-pronoun 关系代名词
sg.	singular 单数
T	《大正新脩大藏經》，高楠順次郎，渡辺海旭编，100卷，東京，1924—1934。
V.	vocative 呼格

参考文献

段　晴　2001　《波你尼语法入门》，北京：北京大学出版社。

董秀芳　2004　《汉语的词库与词法》，北京：北京大学出版社。

姜　南　2011　《基于梵汉对勘的〈法华经〉语法研究》，北京：商务印书馆。

刘丹青　2008　刘丹青编著，《语法调查研究手册》，上海：上海教育出版社。

唐钰明　1987　《汉魏六朝被动式略论》，《中国语文》第3期，第216—223页。

吴福祥　1996　《敦煌变文语法研究》，长沙：岳麓书社。

解植永　2012　《中古汉语判断句研究》，成都：巴蜀出版社。

徐烈炯、刘丹青
1998　《话题的结构与功能》，上海：上海教育出版社。

姚振武　1998　《“为”字的性质与“为”字式》，载郭锡良主编《古汉语语法论集》，北京：语文出版社，第536—555页。

张双棣等　2002　《古代汉语知识教程》，北京：北京大学出版社。

朱冠明　2013　《“为N所V”被动式再分析》，《古汉语研究》第2期，第2—9页。

周一良　1963/1998　《论佛典翻译文学》，收于《周一良集》（第三卷·佛教史与敦煌学），沈阳：辽宁教育出版社，第207—217页。

不空译《佛母大孔雀明王经》咒语（上卷第五段）校读札记*

李建强　郭禹彤　赵文博

摘要： 以往的梵汉对音研究，咒语的校勘工作很少发表出来。汉文本咒语的校勘可以弥补《中华大藏经》咒语部分未出校的缺憾。依据汉文本和其他线索来校定梵本，可以极大丰富梵本的来源。反推出的梵词应该符合一定的对音规律以及梵语语法，有时还可参考藏文本。本文以不空译《佛母大孔雀明王经》咒语（上卷第五段）为例谈谈具体的做法。

关键词： 梵汉对音；咒语；校勘

一、引言

梵汉对音研究从20世纪初诞生至今，已经将近一百年了。前辈学者的文章著作描写和勾勒了历代音系的对音规律，也建立了梵汉对音研究的基本范式，对音规律和文献校勘考证相结合，是这个范式的根本要求，只是相关的文献考证成果较少发表。当前各类资料大量刊布，新一代的学者继续从事梵汉对音研究，有条件在前辈学者成果的基础上，扎扎实实地做文献校勘工作。《大孔雀明王经》是密教重要经典，相关的资料和研究较为丰富，我们打算先从这部经入手，校勘密咒的梵本和汉文本，为对音研究整理出可靠的精校本。

梵本方面，包括《大正藏》收录的三个梵本：《孔雀经真言等梵本》（T 19, no. 983B, 441b5—446b），以高野山高室院藏本为底本（本文校勘记中以“原”表示），对校平安时代写石山寺藏本（本文校勘记中以“甲”表示），《大正藏》No. 982中的梵注依东京帝大梵本No. 334记载（本文校勘记中以“帝”表示）。在此基础上，补充了IOL No. 1783奥登堡的梵文拉丁转写本（本文校勘记中以“奥”表示），并参考敦煌文献中的两个藏文转录的梵本P.t.359、P.t.360。

作者：李建强，中国人民大学国学院。郭禹彤，北京大学中文系汉语言文字学专业博士研究生。赵文博，中国人民大学国学院汉语言文字学专业硕士研究生。

* 谨以此文纪念我的老师，敬爱的段晴教授。我在北大的那段时光，有缘在段老师的课堂上听课，在学术人生的十字路口，段老师鼎力相助，使我在学术上顺利发展。近年来，段老师及其教学团队为梵汉对音研究培养了难得的学术后备力量，向筱路、郭禹彤、赵文博就是其中的佼佼者，这篇文章就是在他们的帮助和参与下完成的，是我们献给段老师的一份不合格的作业。我们努力把专业学术做好，就是对她最好的纪念。

汉文方面，以《大正藏》为基础，先核对《高丽藏》（本文校勘记中以“丽”表示），再录《大正藏》的校文（咒语断句、标号的分歧不录），并且对校《中华大藏经》所收的《赵城金藏》（本文校勘记中以“金”表示）、《房山云居寺石经》第25册金代天眷元年戊午（1138年）刻石（本文校勘记中以“云”表示）以及《影印宋碛砂藏》（本文校勘记中以“碛”表示），加上《大正藏》校勘记中对校过的《资福藏》《普宁藏》《径山藏》，《中华大藏经》所涉及的几种版本基本上就都能代表了，这可以补充《中华大藏经》（汉文部分）咒语未出校的缺憾。

对音规律是咒语校勘的背景知识，校勘《佛母大孔雀明王经》的咒语参考了刘广和《不空译咒梵汉对音研究》（2002）。确定出的梵词形式要讲明语法根据才有说服力，咒语的句法形式相对单一，而构词法方面的变化较为复杂，对构词法的分析有的追溯到《波你尼经》。除了普通的语法书之外，段晴《波你尼语法入门》（2001）和*Shabda-Sagara*梵英词典（Vidyasagara 1900）是重要参考。

一般的版本校勘，是选好某个善本作底本，其他版本有不同的地方，用校勘记标出来，不会擅自改动底本。由于本文是为对音研究打基础，目的是找准梵本和汉文本的对应关系，最后得出的“校本”，是最能体现二者对音关系及梵文语法规律的一个本子，和任何一个现有的本子都不一致。这么处理，还有一层理由。一般理解的梵文文献，指的是用婆罗迷字、悉昙字、佉卢字、天城体等古印度文字书写的梵语文献。可是古人是把汉字也当作记录梵语的文字之一的。《悉昙藏》卷一引慧均《无依无得大乘四论玄义记》云：“诸佛去后，梵天议要三兄弟下欲界，如梵书、伽书、篆书，左、右、下三行书。二种在天竺国，行化字体犹是梵字，右、左行为异也。最弟苍颉在后，下来汉地，黄帝时飞往海边，观鸟迹、造书字，名篆书也。”（T 84, no. 2702, 368c22—369a1）敦煌文献及房山石经中保存多份题名为《梵本般若波罗蜜多心经》《唐梵翻对字音般若波罗蜜多心经》的文本；所谓“梵”，就是用汉字来记梵音，所谓“唐”，指的是梵词的意译。可见古人是把用汉字记录梵音的音译就当作“梵文”来看待。从这个角度来理解，汉文佛经里面保存的大量音译咒语材料，其实就相当于特殊的梵本，只不过没有用婆罗迷字、悉昙字等古印度文字书写罢了。这些材料大多数翻译时间确定，时代较早，数量众多，要是把其中的版本价值充分发掘出来，对其他相关领域的研究应该有一定的帮助。这也是不揣固陋，再作校勘的理由。

先前我们曾以《佛母大孔雀明王经》上卷第四段咒语为例，介绍过具体的做法（李建强 2021, 50—60），现在接下来整理第五段，祈请各位同仁批评指正。

二、文本校读

1. tadyathā 怛你也二合他去引

tadyathā：梵本原、帝、奥一致，藏P.t.359 'dï lta ste。tadyathā，不变词，正如，像……一样。

你：丽、云、金、碛作“你”，大作“儞”。

他：丽、大、云作“他”，金、碛作“佗”。

2. itti mitti 壹底蜜底

itti mitti：梵本原、帝作itti mitti（n和t很相近）；奥作ili mitti；藏P.t.359作 ïdtï mïdtï，与原、帝形近。奥 ili-与诸汉译本“壹底”对不上。词根√i，第2类动词，走；词根√mi，第5类动词，建造。

壹：丽、大作“壹”；金、碛作“伊”；云字体模糊，不易辨认，但根据部分笔画推断，应为“壹”字。壹，入声质韵，於悉切，重四，该对it；伊，平声脂韵，於脂切，重四，该对i。

3. tili mitti 底里蜜底

tili mitti：梵本原作vili miti；甲作tili miti；帝、奥作tili mitti（帝后接ili tili mitti）；藏P.t.359作tïlï mïdtï（与帝、奥形近）。悉昙字vi 、ti 形近而误。词根√til，第1类动词，来、去；词根√mi，第5类动词，建造。

里：丽、大、云、金作“里”；碛作“哩”。按：“哩”字该对ri。诸梵本第二音节皆为li，故以“里”字为是。

4. tili mili mitti 底里弭里蜜底

tili mili mitti：梵本原作vili mila mitti；甲、奥作tili mili mitti；帝作tili mili mili；藏P.t.359作tïlï mïlï mïtï。词根√til，第1类动词，来、去；词根√mil，第6类动词，聚集；词根√mi，第5类动词，建造。

底里：丽、大、云、金作“里”；碛作“哩”。诸梵本第二音节皆为li，故以“里”为是。

5. tilipi 底黎比

tilipi：梵本原作tilepi；帝作tliliti（后接lemitti cili mili mittivi）；奥tili mitti tili tili；藏P.t.359作tïlïmï。原tile或为tili之误，不空译本之“黎”，《集韵》有“良脂切”一读，可以对li。值得注意的是，P.t.359的mï ，左下角似乎有涂抹的痕迹，如果不算左下角，那就是pï。诸汉译本末字为“比”，常对pi。词根√til，第1类动词，来、去。√lip，染。lipi，阴性名词，书画。

底黎比：丽、大、碛作“底黎比”，云、金作“底黎”。但云“底黎”二字与咒语序号“五”之间有一字以上的空格，可能缺字。

6. mili mili 弭里弭里

mili mili：梵本原作mili mili ；帝mili mitti；奥作mili mili mitti；藏P.t.359作mïlï mïlï。词根√mil，第6类动词，聚集。

里：丽、大、云、金作“里”；碛作“哩”。诸梵本第二音节皆为li，应对“里”字。

7. timi tili 底弭底里

timi tili：梵本原作timi tili；帝作vimili mili tili；奥作mitti tilli mili mitti tili miti tili；藏P.t.359作tïmï tïlï。

里：丽、大、云、金作“里”；碛作“哩”。“哩”字该对梵文ri。诸梵本第二音节皆为li，该对“里”。

8. mili 弭里

mili：梵本原作mili；帝作 mili；奥mitti；藏P.t.359作tïmï。

9. sutumbā tumbā 蘇上頓嚩引頓嚩引

梵本原、奥作sutumbā tumbā；帝作sutumbā；藏P.t.359作sutumba tumba。词根√tumb，第1类动词，使苦恼、压迫。tumbā：阴性名词，被挤奶的牛。单数第一格形式就以-ā收尾。不空汉译本“嚩引”该对vā，说明此处把bā读成了vā。sutumbā的形式没查到，可能是加了前缀su-，表示好。

嚩引：丽、大、金、碛此处有“引”字；云此处无“引”字。

10. suvaca 蘇上嚩左上

suvaca：梵本原作suvaca；帝作suvacā；奥作suvacari；藏P.t.359作suvatsa。诸汉译本末字作“左”，注明上声字，说明对短元音ca，帝不合；奥多出-ri，亦不合。梵词su-vaca：形容词，易于说的。词根√vac，说（前缀su-：好）。

蘇上：丽、大此处无“上”字;云、金、碛此处有“上”字。《大正藏》校勘记：“蘇+（上）細註宋、元，（上聲）明。”

左上：丽、大此处有“上”字；云、金、碛此处无“上”字。《大正藏》校勘记：“（上）——三。”

11. cilikisiya 唧里枳枲野

cilikisiya：梵本原作ciliki siya；帝作cirikisi；奥作cirikisiyām；藏P.t.359作tsïrïkï sïmïya。不空汉译本第二个音节丽、云、金三个早期的刻本俱作“里”，由此推测对应的梵文音节应为li。这几个梵词，词义不明。词根√cil，第6类动词，穿衣。√ciri，第5类动词，伤害、杀害。cirikā，阴性名词，一种武器，又作cilikā。

里：丽、云、金作“里”；大、碛作“哩”。

12. bhinna-meḍi 牝那謎膩

梵本原作bhintametri；甲作bhintameḍi；帝作prabhinnameḍi；奥作bhinnameḍi；藏P.t.359作bĭndameḍï。词根√bhid，打破，过去被动分词形式是bhinna。悉昙字ta 𑖝、na 𑖡形近，原作 𑖝，或为-nna之误。悉昙字tri 𑖝𑖿𑖨𑖰与ḍi 𑖚𑖰形近，原-tri应为形误。√meḍ，发疯；meḍi：阳性名词，吼叫声。

13. namo buddhānāṃ 曩謨没馱南

梵本无异文；藏P.t.359作namo bhuddhanan。

馱：丽、云、金、碛作“馱”；大作“馱”。《大正藏》加“*”，表示承前校“馱+（引）細註丙”。

14. cikarsi prānta-mule 唧羯梟 鉢囒二合多 慕黎

梵本原作cikarsi prāta mule；帝作cilikisi cihnāsi prānta mūle；奥cilikisi prāpta mūle；藏P.t.359作tsïgkasï pra'nata mu'ule。最接近不空译本“唧羯梟”的是原cikarsi。动词√kṝ，第8类动词，散布、撒落。其愿望动词现在时语干为cikariṣa-。梵词prānta：阳性名词，边际、僻静处（前缀pra-，前；anta，末端）；梵词 prāpta：pra-√āp的过去分词形式，获得。不空汉译本“鉢囒二合多”，囒属阳声寒韵，能对prānta。√mūl，第1类动词，根植于、安置。mūla，中性名词，根基，单数第七格。巴利语用mūle跟在名词后面，表示“在……下”。√mul这样的词形，字典中也有，相当于mūl。按照《界读》（Dhātupāṭha），mūl在第1类，mul在第10类。cihna，中性名词，标志、记验。

15. itihāro 壹底賀嚧

梵本原作itihāro；帝作itihārā；奥作itihāre；藏P.t.359作ïtïhara。诸汉译本末字作“嚧”，模韵平声，对长元音。故梵本依原作ro。√hṛ，夺走，加直接词缀GHaÑ构成名词，元音ṛ三合。在佛教混合梵语中，-hara可以表示目的。其单数、体格形式在浊音前是hāro。iti，不变词，如此；也是阴性名词，行走，词根是√i。

16. lohita-mūle 路引呬多慕黎

梵本原、帝作lohita mule；奥作lohita mūle；藏P.t.359作lohïta mule。梵词lohita，红色，词根是√ruh，生长，加上Unādi词缀itaC；并且ra变成la。值得注意的是，《界读》对第1类动词mūl的释义是rohaṇe，rohaṇa的词根也是√ruh。

路：丽、大、云、金作“路”；碛作“路”。梵词有lohita，也有rohita，意思都差不多。《大正藏》校勘记：“路=路㊂。”后一个“路”应为“路”。

慕：丽、大、金、碛作“慕”；云作“莫”。云应为讹误。

17. tambā ambā 膽嚩 暗嚩

梵本原作tadvā ambā；甲作tambā ambā；帝作tumbā ambā；奥作tumbā sutumbā；藏P.t.359作tumba amba。悉昙字ba、va分不太清楚，不空汉译用微母字“嚩”来对，可见他口中这个字符读va。梵词√tamb，来；√tumb，压制。加后缀a可构成相应的名词。第一个音节，不空译本作“膽”，谈韵系上声敢韵字；僧伽婆罗、义净作“耽”，覃韵。一般来讲，覃韵系对-am，有时也对-um/-om等有合口成分的音；谈韵系则对-am。不空及僧伽婆罗、义净该句可能各有所本。√amb，来。

18. kuṭṭi 俱置

梵本原、帝、奥俱作 kuṭṭi；藏P.t.359作kudṭï，与前三本形近。√kuṭ，第6类动词，变弯曲，不诚实；第10类动词，斩断、不喜，也作√kūṭ。√kuṭṭ，第10类动词，压碎、威胁，灼热、痛苦，也作√kūṭ。

19. kunaṭṭi 矩曩置

kunaṭṭi：梵本原作kunaṭṭi；帝作kūnaṭṭi kukunaṭṭi；奥作kunaṭṭi kukunaṭṭi；藏P.t.359作kunadṭï kukunadṭï。这两个词该怎么解，还拿不准，暂列一些线索：√naṭ，第1类动词，伤害；闪耀。

20. tila-kuñcanaṭṭi 底羅君去左曩置

梵本原作tila-kuṃcanaṭṭi；帝、奥作tila-kuñjanaṭṭi；藏P.t.359作ṭïla-kuntsanadṭï。词根√kuñc，第1类动词，弯曲，加ana词缀构成名词。梵词kuñcana：中性名词，弯曲。清音c在浊音ñ和元音a之间容易浊化，就成为帝、奥-kuñjana-这样的形式。梵词tila：阳性名词，芝麻。

羅：丽、云、金作“羅”；大、碛作“囉”。梵本相应位置作-la-，正文取“羅”字。

21. aḍavātāya 阿拏嚩多上引野

梵本原作aḍavātāya；帝作aḍakavatyāyāṃ；奥作aḍakavattāyāṃ；藏P.t.359lcang lo can。原最符合汉译，但无该梵词。参考藏译，梵词应该是āḍakavatī，阴性名词，杨柳宫，持金刚（Vajradhara）菩萨的住处；藏文lcang lo，柳叶、发辫，与之对应的梵词是alaka、alakā。这个词又写作aḍa°、aṭa°，不空“拏”是对ḍa，僧伽婆罗“迮張假反”是对ṭa。在名词后加上派生词缀matUP，表示拥有，要是词干以a收尾，词缀mat就变成vat，符号U代表阴性形式要加ī（见《波你尼经》5.2.95，《入门》710条）。词缀mat（vat）与藏文的can对应。以ī收尾的多音节阴性名词aḍakavatī单数第七格应该是aḍakavatyāṃ，和几个梵本都不合。要是阴性形式不按《波你尼经》的规定来，而是加后缀ā，那么aḍakavatā的单数第七格是aḍakavatāyāṃ，和奥本最像。或者aḍakavatī后面加个āya（名词，到来）构成复合词，连声之后就是aḍakavatyāya。

多上引：丽、大、金、碛作“上引”；云作“上”，无“引”字。

22. varṣatu devo 韈嚩灑二合覩祢務

梵本原作varṣatu devo；帝、奥作varṣatu devaḥ samantena；藏P.t.359 lhas …… char phob śïg。梵词√vṛṣ，第1类动词，下雨；varṣatu是命令语气主动语态第三人称单数，对应的藏文是char（雨）phob（落）śig（表命令的助词），梵词deva，阳性名词，天神，devaḥ是其阳性、单数、体格形式；藏文lha（天神）加上s表示施事。梵词samanta：形容词，"把两端连在一起"，相邻的、毗连的。《梵英字典》认为samantena是不变词，彻底、完全。

祢：丽、云、金、碛作"祢"；大作"禰"。

務：丽、大、云、碛作"務"；金此处模糊，作"[illegible]"。

23. nava māsā daśa māseti 曩嚩 麼引娑去 娜捨 麼引細底

梵本原作nava māsā daśa māsati；帝作nava māsan daśa māsān；奥作nava māsān；藏P.t.359 zla ba dgu 'am zla ba bcu-r，九月或十月。梵词navan：基数词，九，第二格是nava；daśan：基数词，十，第二格是daśa。māsa：阳性名词，月份。帝和奥的māsān 是复数第二格，符合语法搭配。在佛教混合梵语中，以a结尾的阳性名词的复数第二格写作-ā很常见，原的形式māsā或许可以这么解释。按照不空"麼引細底"来反推，梵文形式应该是māseti，这个形式也难解，像māsa+iti。iti可以表列举。

麼引娑去：丽、大、金、碛"麼引"后有"娑去"；云"麼引"后无"娑去"。

24. ili mili 壹里弭里

梵本原作itimili；帝、奥作ili mili；藏P.t.359作ïlïmïlï。词根√i，第2类动词，走；词根√il，第6类动词，来、发送；词根√mil，第6类动词，聚集。

壹里：丽、云作"里"；大、金、碛作"底"。可能所译原词不同，作"里"则是-li；作"底"则是-ti。

弭里：丽、云、金作"里"；大、碛作"哩"。正文不取《大正藏》"哩"字，因为"哩"字该对梵文ri。诸梵本第二个音节皆为li，应是"里"字。以下"枳里弭里" "計攞弭里" "娜里謎"之"里"諸本"里/哩"异文情况与此同。

25. kili mili 枳里弭里

梵本原作kili mila；帝、奥作kili mili；藏P.t.359作tïlïmïlï。√kil，第6类动词，变白、玩，第10类动词，发送；√mil，第6类动词，聚集。

26. kelamili 計攞弭里

梵本原作kalamili；帝、奥作kelimeli；藏P.t.359作kelïmïlï。梵词 kela佛经中指非常大的数。√mil，聚集。

27. ketu-mule 計覩母黎

梵本原作kitumule; 帝作ketu mule; 奥作ketumūle; 藏P.t.359作ketu mu'ula。梵词ketu: 阳性名词，彗星、标志。梵词mūla: 中性名词，根基，mūle应是其单数依格形式。

28. dudumbe sudumbeḍe 努努鼻迷 蘇努謎㜷

梵本原作dududdhe sudumeḍe, 帝、藏P.t.359作dudumbe sudumoḍe, 奥dudumbe sudumbe sudumoḍe。这几个词该怎么解，还不太清楚。相近的词有个dundubhi，阴性名词，雷音(佛)，要是有的本子把bhi理解成bi，带上格尾就可以对齐韵系字“迷”或“㜷”，次浊声母明母可以对b，但一般不对bh，“努”可以对du，也可以对ndu。[1]

努(首字): 丽、大、金、碛作“努”; 云作“怒”。

努鼻: 大、金、碛“鼻”字后无“音”字; 丽、云“鼻”字后有“音”字。

29. dalime 娜里謎

梵本原、帝、奥dalime; 藏P.t.359作dalïme，同。

30. santuvaṭṭe 散覩韈穌

梵本原作saṃtuvaṭṭe; 帝、奥作santuvaṭṭe; 藏P.t.359作santuvadṭe。√vaṭṭ，第1类动词，在……上、向着。vaṭṭa: 形容词，圆的。

31. busavaṭṭe 畝娑韈穌

梵本原作busavaṭṭa; 甲作busavaṭṭe; 帝、奥作vusavaṭṭe; 藏P.t.359作busavadṭe musabaṭa。汉译本首字作“母”或“畝”，可对bu也可对mu，这可能是藏文本出现两种写法的原因。√bus，第4类动词，排放、倾泻，加词缀Ka(《入门》第560条: K是符号，表示在此词缀之前，词根元音不二合)构成busa，中性名词，雾。

畝: 丽作“畒”; 大作“畝”; 云、金作“畞”; 碛作“母”。《大正藏》校勘记: “畝=母㊂。”“畒”“畝”“畞”三字应是异体字关系。

32. busare 2 畝薩嚇 畝薩嚇

梵本原作busare busare; 帝作vusare 2; 奥作vusara 2; 藏P.t.359作musara busara, “busara”是补写的，挤在正文之下。busara解不通，musala，木杵。

畝: 丽作“畒”; 大作“畝”; 云、金作“畞”; 碛作“母”。

33. eḍavastarake 曀拏嚩無博反窣多二合囉計

梵本原作retuvastarake; 甲作etuvastarake; 帝作dhanavastarake; 奥作dhana mastarake; 藏P.t.359作enavastarake banabhu'urake。梵本太乱，咱们从汉译来判断。

---

[1] 这个线索是北京大学范晶晶副教授提供的，向她表示感谢！

“噎拏”该对eḍa。悉昙字tu 𑖝𑖲、ḍa 𑖚、na 𑖡形近，e 𑖊、dha 𑖠形体略近。[原]写作re°可能是承前而误。梵词eḍa，绵羊；vasta，山羊；梵词raka，宝石。

計：[丽]、[大]、[云]“計”字后断句；[金]、[碛]“計”字后还有“捺迦攞”，是把“捺迦攞”断在了这句。

34. narkalā 捺迦攞

梵本[原]作nakalā；[帝]、[奥]作narkalā；[藏]P.t.359作narkala。诸汉译本的“捺”字入声曷韵，该对nar-。narka，中性名词，鼻子，后面再加个la不知道该怎么解。

《大正藏》校勘记：“自三十五至五十六記数三本俱減一。”是因为把“捺迦攞”断在了上句。

35. narkalime 捺迦里謎

梵本[原]作nakalime；[帝]、[奥]作narkalime（帝后接narkalike narmalike）；藏P.t.359作narkalïme。

捺：[丽]、[大]作“捺”；[云]、[金]、[碛]作“曩”。《大正藏》校勘记：“捺=曩㊂*”

里：[丽]、[云]、[金]作“里”；[大]、[碛]作“哩”。“哩”字该对ri。诸梵本第三个音节皆为li，“里”字为确。

36. kharamara 佉囉麼囉

梵本[原]、[藏]P.t.359作khara-mara；[帝]作narakharima；[奥]作kharima。梵词khara，苦难、极痛。mara：死亡，源自√mṛ，死。

佉：[丽]、[大]“佉”字后无“上”字；[云]、[金]、[碛]“佉”字后有“上”字。《大正藏》校勘记：“佉+（上）細註[宋][元]，（上聲）[明]。”

37. khile iti 企黎壹底

梵本[原]作khile iti；[帝]作ghoṣe iti；[奥]作ghoṣe rakhile iti；[藏]P.t.359作khïle ïdtï。梵词khila：阳性名词，忿恨。ghoṣa，怒吼，√ghuṣ，鸣，加原始词缀a构成名词，词根元音二合。

38. sarjjale 薩惹黎

梵本[原]作sajjale；[帝]作sarjjale；[奥]作sañjale；[藏]P.t.359作saddzale。√sarj（与√arj相似），第1类动词，劳作、获得。√jala，第1类动词，变得富有。saṃ-ja，阳性名词，造物者。

惹：《大正藏》校勘记“惹+（自攞反）細註[丙]”。

39. tumbe 頓迷

梵本[原]作tuve；[帝]、[奥]作tumbe；[藏]P.t.359作tumbhe。这一句，汉译诸版本分歧较大。[丽]作“頓迷”，[云]、[金]、[碛]作“頓吠”，[大]作“覩吠”。“迷”对be、“吠”对ve，这是梵文ba、va的混淆。√tumb，使悲伤，不可见。这个词在《梵英词典》中有收录，按照字典中提供的线索，在《界读》中查到的写法是tubi（词根后带元音是为读着方便），梵本原的tuve可能真有所本。

頓：丽、云、金、碛作“頓”；大作“覩”。《大正藏》校勘记：“覩=頓㊂。”

迷：丽作“迷”；大、云、金、碛作“吠”。

40. tutumbe 覩頓迷

梵本原作tutuṃve；帝、藏P.t.359作tutumbe；奥作satumbe。

頓：丽、大、云“頓”字下没有小注“鼻”；金、碛“頓”字下有此小注。《大正藏》校勘记：“頓+（鼻）㊂。”

迷：丽、大作“迷”；云、金、碛作“吠”。《大正藏》校勘记：“迷=吠㊂。”

41. atnaṭṭe 頞曩蘇

梵本原作anaṭṭa；甲作anaṭṭe；帝作anaṭṭe ṇaṭṭe；奥作aṭṭe naṭṭe；藏P.t.359作adṭe。√aṭṭ，第1类动词，超过；第10类动词，蔑视；完成时中间语态第三人称单数是ānaṭṭe，“頞曩蘇”可能对的是这个形式。√aṭṭ加上后缀a构成名词形式，藏文本aṭṭe可能是这么来的。

42. pranaṭṭe 鉢囉二合捺蘇

梵本原作pranaṭṭa；甲作pranaṭṭe；帝、奥作praṇaṭṭe；藏P.t.359作pranadṭe。在ānaṭṭe加上前缀pra-，向前。

捺：丽、大、云作“捺”；金、碛作“曩”。

蘇：丽、大、云“蘇”字没有注释；金、碛“蘇”字下注“二合”。

43. aṇaṇaṭṭe 頞拏捺蘇

梵本原作aṇanaṭṭa，甲aṇaṇaṭṭe，帝aṇaṇaṭṭe aṇamāle，奥aṇaṇaṭṭe anamale；藏P.t.359作ananadṭe acanastamōle。ānaṭṭe加上否定前缀an-构成anānaṭṭe。

44. varṣatu devo namo dakena 嚩囉灑二合覩 祢務 曩謨 娜計曩

梵本原作varṣatu devo namo dakena；帝、奥作varṣatu devo navo dakena。藏P.t.359 lhas …… char phob śïg。√vṛṣ，第1类动词，下雨。命令语气主动语态第三人称单数varṣatu。deva：阳性名词，天神；单数第一格devaḥ。namo对“曩謨”，帝、奥写作navo，从梵文方面讲不通。明母字“謨”理论上可以对bo，bo和vo容易混。daka：中性名词，水。dakena是单数第三格形式。√nam可以和第三格连用，表示目标。

嚩：丽、大、云作“嚩”；金、碛作“韈”。《大正藏》校勘记：“嚩=韈㊂。”

祢：丽、云、金作“祢”；大作“禰”；碛作“你”。

45. santa-khutto/saṃtaḍ-khutto散怛麴姡

梵本原作sanakuto；帝、奥作sarvataḥ。藏P.t.359kun du kun nas。梵词sarvatas，不变词，到处；藏语kun du kun nas，从这儿到那儿。汉文本“散怛麴姡”和以上诸本都不合，要是从汉文本反推，音近的词有个santa-khutto。梵词sat，中性名词，善，有梵语文献把sat写作santa；佛教混合梵语khuttaṃ=khutto，相当于梵语的kṛtvā，词根√kṛ的独立式。santa-khutto，做了善事之后。音近的词还有saṃtaḍ-khutto，saṃ-√taḍ，遍打，只是复合词前词用动词的原形，不太好理解。这两个梵词都能对“散怛麴姡”。梵本原像从汉文本误译的，“麴”，《集韵》有见母麌韵、溪母麌韵两读，对khu是取溪母音，要是照着见母音来回推，可能产生ku这样的形式；nta 𑖡𑖿𑖝和na 𑖡形近。丽、大“麴”作“麳”，可能是°taḍ-khṛ°的一个语流音变，在前后两个卷舌音ḍ和ṛ的作用下，kh可能脱落并影响前面的ḍ变成清的ṭ，知母皆韵的“麳”可以对ṭe。这两种推测共同的困惑是，和帝、奥本有什么关系不太好解释。

麴：丽、大作“麳”；云、金、碛作“麴”。《大正藏》校勘记：“麳=麴㊂。”

姡：丽、大、云“姡”字后无“引”字；金、碛“姡”字后有“引”字。《大正藏》校勘记：“(引)+四㊂。”

46. samantena 三满帝曩

梵本原作samantana；甲、帝、奥作samantena。梵词samantena，不变词，彻底、完全。亦可析为sam-anta，“把两端连在一起”，相邻的、毗连的。

47. nārāyaṇi 曩引囉引野抳

梵本原作nārāyaṇa；甲作nārāyaṇe；帝、奥作nārāyaṇi；藏P.t.359作narayaṇe。诸汉译本末字作“抳”，上声纸韵字，该对ṇi，原、甲、藏不合。梵词nārāyaṇa：阳性名词，人名。阴性形式nārāyaṇī，毗湿奴之妻，阴性单数呼格形式即为nārāyaṇi。

曩引：丽、大“曩”字后有“引”字；云、金、碛“曩”字后无“引”字。《大正藏》校勘记：“[引]—㊂。”

囉引：丽、大、金、碛“囉”字后有“引”字；云“囉”字后无“引”字。

48. pārāyaṇi 播引囉引野抳

梵本原作pārāyaṇe；帝、奥作pārāyaṇi；藏P.t.359作parayaṇa。诸汉译本末字作“抳”，该对ṇi，原、藏不合。梵词pārāyaṇa，中性名词，阅读，阴性形式pārāyaṇī，辩才天女，阴性单数呼格形式即为pārāyaṇi。

播引：丽、大、金、碛作“播引”；云作“播”

囉引：丽作“羅引”；大、云、金、碛作“囉引”。《大正藏》校勘记：“囉引=引囉㊂。”

49. haritāli 賀哩多上引里

梵本原作haritali; 帝、奥作haritāli; 藏P.t.359作harï tïlï。梵词hari: 阳性名词，黄褐色，也特指大神毗湿奴，维护之神，从√hṛ（带走，带走或除去罪恶）派生。haritāla, 中性名词，雌黄，阴性形式是加词缀ṅīṣ=ī, 呼格变-i尾。

多上引: 丽作“哆”; 大、碛作“多”; 云、金作“跢”。丽、大、金、碛有“引”字; 云无“引”注。

里: 丽、大、云、金作“里”; 碛作“哩”。“哩”字该对梵文ri。诸梵本第后一个音节皆为li, 应对“里”字。

50. kuntāli 君多上引里

梵本原作kukāli; 甲、帝、奥作kuntāli; 藏P.t.359作kuntalï。《界读》中收了一个词根√ku, 是第2类动词（2.33），又写作kuṅ, 收在第1类（1.999）和第6类（6.108）动词中，又写作kuñ, 收在第9类（9.10）动词中，词义都是śabde出声。汉译本的“君”可能对的这个词。tāla, 棕榈树，多罗树。阴性形式是tālī。

君: 丽、大“君”字后无“上”; 云、金、碛“君”字后有“上”。《大正藏》校勘记: “君+（上）細註宋元，（上聲）明。”

多上引: 丽、云、金作“跢”; 大作“哆”; 碛作“多”。《大正藏》校勘记: “哆=多三。”丽、大、金、碛有“引”字; 云无“引”字。《大正藏》校勘记: “上引=引上宋元，上引明。”

里: 丽、大、云、金作“里”; 碛作“哩”。“哩”字该对梵文ri。诸梵本第后一个音节皆为li, 应对“里”字。

51. ili misti 伊里蜜窣底二合

梵本原、帝、奥作ili misti; 藏P.t.359作ïlï mïstï。√il, 第6类动词，走; 第10类动词，保持安静。√mis, 第4类动词，去。

伊: 丽、大无“引”字; 云、金、碛有“引”字。

里: 丽、云、金作“里”; 大、碛作“哩”。诸梵本第后一个音节皆为li, 该对“里”字。

52. kitili misti 吉底里蜜窣底二合

梵本原作kitilimisti; 帝、奥作kili misti kili tili misti; 藏P.t.359作kïtïlïmïstï。√kil, 第6类动词，变白; 第10类动词，放出，发出。√til, 第1类动词，来、去。√mis, 第4类动词，去。√ki, 第3类动词，观察，感知。

里: 丽、大、云、金作“里”; 碛作“哩”。诸梵本相应音节为li, 该对“里”字。

53. ime siddhyantu 伊上謎引悉鈿覩

梵本原作ime sidhyantu；帝作ilime siddhyantu；奥作ilime sidhyantu。ime，指示代词，阳性复数第一格。√sidh，第4类动词，完成，命令语气主动语态第三人称复数为sidhyantu。藏P.t.359 'dï dag grub par gyurd cig。'di dag，这两个，这些。grub，成就；grub par gyur cig，相当于梵语的sidhyantu，cig是命令语气的助词。

伊上：丽、大、云、金"上"注后无"哩"字；碛"上"注后有"哩"字。

54. drāmiḍā 捺囉二合引弭拏引

梵本原作dramiḍa；帝作me drāmiḍā；奥作drāmiḍā。梵词dramiḍa，名词，龙王之一，也作dramita、dramiṭa。dramila，地名，也写作dramiḍa，drāmila，在这个地方生活的人，达罗弭荼。汉译本的"拏引"证明ḍā是长音，像阴性单数第一格。帝中的me，是第一人称代词（mad）单数第四格或第六格。这句话有藏译，藏P.t.359 tramïḍa 'ï，'ï是表示修饰关系的一个虚词，相当于属格。

囉二合引：丽、金作"羅"；大、云、碛作"囉"。三种梵本对应的音俱为ra，该对"囉"。丽、大、碛作"二合引"；云作"二合"，无"引"字；金作"合引"，但"合"字之前有明显空位，应是"二"字脱落。

拏引：丽、大、金、碛有"引"字；云无"引"字。

55. mantra-padāḥ svāhā 曼怛囉二合跛那引娑嚩二合引賀引

梵本原作mantra-pradāḥ svāhā；甲、帝、奥作mantra-padāḥ svāhā；藏P.t.359 gsang sngags kyï tshïg …… svāhā。梵词mantra，颂诗、辅助思考的咒语。该词由√man（思考）+tra（表示工具）构成。藏语gsang，秘密；sngags，咒语。梵词pada，脚、足迹，完整的句子。字典中标的是中性名词，复数第一格该是padāni，此处的padāḥ是阳性或阴性的复数第一格。藏语tshig，语句，也表示句末的语气词，可和pada的这个用法对应。mantra-padāḥ是个持业释复合词，"咒语的句子"。藏语的kyi表示修饰关系。

跛那引：丽、大作"路那"，"路"可能是形误；云作"跛那引"；金作"跛那引"；碛作"跛諾引"，用铎韵的"諾"对出visarga尾。《大正藏》校勘记："路那=跛諾引㊂。"

娑嚩二合引：丽、大、金、碛作"二合引"；云作"二合"。

賀引：丽、大"賀"字后无"引"字；云、金、碛"賀"字后有"引"字。

三、对音字谱

以上一节的分析为基础，按照与汉字的对应关系，把梵音切分成音段，再照梵文字母表排序，制作对音谱。梵音后列对应的汉字及该汉字出现的次数。各组辅音以横线隔开，同一个辅音与不同元音拼合，按照a、ā、i、ī、u、ū、e、ai、o、au顺序排列，带辅助符号anusvāra、visarga的音段放在其他音段之后。

a阿（1）；i伊（2）；e曀（1）；at頞（1）；a(ṇ)頞（1）；am暗（1）；it壹（3）il壹（1）；

---

ka迦（2）；ki枳（2）吉（1）ku俱（1）矩（1）；ke計（4）；kar羯（1）； kun君（1）kuñ君去（1）；

kha佉（1）；khi企（1）；khu齲（1）

---

ca左（1）左上（1）；ci唧（2）

ja惹（1）

---

ta多（3）；tā多上引（3）；ti底（16）；tu覩（6）；te帝（1）；to妬（1）；tad怛（2）t怛（1）；tum頓（4）；tam膽（1）

thā他去引（1）

da娜（3）；dā那引（1）；de祢（2）；du努（2）；dum努鼻（1）；d捺（1）你（1）；

dhā馱（1）；dhyan鈿（1）

na那（1）曩（8）；nā曩引（1）；nāṃ南（1）；nar捺（2）

ṭi置（3）；ṭe穌（5）

ḍa拏（2）ḍā拏引（1）；ḍi膩（1）；ḍe嬭（1）

ṇa拏（1）；ṇi抳（2）；ṇaṭ捺（2）

---

pa跛（1）；pā播引（1）；p鉢（2）

bu畆（3）；bud没（1）

bhin牝（1）

ma麼（1）；mā麼引（2）；mi弭（6）；me謎（3）謎引（1）；mu慕（1）母（1）；mū慕（1）；mo謨（2）；mit蜜（3）mis蜜（2）；man滿（1）曼（1）；mbe謎（1）迷（3）

---

ya也（1）野（4）

ra囉（5）rā囉引（3）；ri哩（1）；re隸（2）；ro嚧（1）；rān嚻（1）； r囉（2）

la羅（1）攞（1）；lā攞（1）；li里（19）黎（1）；le黎（5）；lo路引（1）

va嚩（3）嚩無博反（1）；vā嚩（3）嚩引（3）；vo務（2）；var韈（1）vaṭ韈（2）

---

sa娑（1）；sā娑去（1）；si枲（2）；su蘇（1）蘇上（2）；se細（1）；sam三（1）；san散（2）；sar薩（3）；s窣（3）； sid悉（1）；svā娑引（1）

śa捨（1）

ṣa灑（2）

---

ha賀（1）；hā賀（1）賀引（1）；hi呬（1）

安然《悉昙藏》卷二谈了《韵诠》五十韵头和悉昙十六韵头的对应关系，按照梵文的元音顺序a、ā、i、ī、u、ū、e、ai、o、au、aṃ、aḥ列举，与aṃ、aḥ对应的是“以彼东德红反冬都宗反江古邦反钟之容反阳移章反唐徒郎反京古行反争侧耕反青仓经反清七精反蒸七应反登都藤反春尺伦反臻侧诜反文武分反魂户昆反元愚袁反先苏前反仙相然反山所奸反寒胡安反琴渠今反岑锄簪反覃徒含反谈徒甘反咸胡谗反严语坎反添他兼反盐余占反及以诸入声字，摄此暗、恶。如摄韵头，从韵皆摄”（T 84, no. 2702, 383c5—17）。汉语的阳声韵和入声韵都用aṃ、aḥ来统摄，说明此处的anusvāra（即ṃ）代指诸鼻音，visarga（即ḥ）代指塞音、咝音或r等，按照梵语的连声规则，anusvāra和visarga本来也有近似的功能。本文仿照俞敏先生《后汉三国梵汉对音谱》的排谱格式排出的对音字谱竟然和安然的论述基本暗合，这说明安然的这段论述，应该有梵汉对音实践作为基础。二者的一个重要的共同之处是，梵文音段的切分，只是字符（akṣara）层面的事，和“音节”无关。与汉字音对应的梵文音段，或者表现为一个梵文字符，或者跨两个字符，比如sar、vaj等。为了说明对音切分出的音段和梵文字符之间的关系，俞敏（1999, 8）曾下过一个定义：“梵文音节的划分法是尽可能把一连串儿辅音放到音节头上。”这里虽然用了“音节”，但显然指的是字符akṣara所记录的语音单位，和谈梵语韵律、语法时所用的术语“音节”一点儿关系也没有。俞先生接下来指出，“表里音节的写法，有梵文家认为该掌嘴的，这是为反映汉语。实逼处此，无可奈何”。这清清楚楚说明他列的“音节”和“梵文家”说的“音节”概念和标准不同。现在有人主张做梵汉对音，先要弄明白《对支》（Prātiśākhya）、《式叉》（Śikṣā）等传统语法文献中划分梵文音节的规则，否则就不能正确有效地利用这些材料，甚至会发生错误的分析（赵淑华 2013, 41—47），这是对梵汉对音研究缺乏最基本的了解。当然，在分析具体对音现象时，还是应该参考《对支》《式叉》《波你尼经》等梵文传统语法文献。对梵语研习得越深，梵汉对音的研究才会越精。在这方面，我们都有很长的路要走。

参考文献

段　晴　2001　《波你尼语法入门》，北京：北京大学出版社。

李建强　2021　《不空译〈佛母大孔雀明王经〉咒语校读札记》，《西域历史语言研究集刊》第十六辑，北京：中国藏学出版社，第50—60页。

刘广和　2002　《不空译咒梵汉对音研究》，《音韵比较研究》，北京：中国广播电视出版社，第1—118页。

俞　敏　1999　《后汉三国梵汉对音谱》，《俞敏语言学论文集》，北京：商务印书馆，第1—62页。

赵淑华　2013　《论梵语音节划分的规则——梵汉对音研究的基础之一》，《汉语史研究集刊》第16辑，成都：巴蜀出版社，第41—67页。

Vidyasagara 1900　Jibananda Vidyasagara. *Shabda-Sagara or a Comprehensive Sanskrit-English Lexicon: Chiefly Based on Professor Horace Hayman Wilson's Sanskrit-English Dictionary and Compiled from Various Recent Authorities for the Use of Schools and Colleges*. Calcutta: Calcutta Press.

敦煌《法华》文献的解经学维度*

李四龙

摘要: 敦煌遗书是研究古代中国佛教的宝藏，内含大量汉语佛教解经文献，对拓展中国中古佛教哲学的研究领域具有重要学术价值。中外学者已对涉及《法华经》的敦煌写本做出了详尽的编目整理，本文试以佛教解经学方法，从“开题、科判、明宗、论义和判教”五个方面阐释《法华》解经文献的哲学价值，借以窥测北方法华信仰的思想世界。

关键词: 汉语佛教解经文献；敦煌遗书；佛教解经学

在佛教经典里，哲学思想最丰富的是其论藏部分，其中的名相和教理长期为学界重视。敦煌遗书在这方面的写本也有不少，包括《中论》《成实论》《俱舍论》《摄大乘论》《成唯识论》《瑜伽师地论》等。本文试图说明，敦煌遗书还有一批解经文献，它们通常在文献学上被使用，但更应关注它们的哲学价值。

仅以《大正藏》第85卷所收的敦煌佛教写本为例，其中绝大多数是汉译佛典的解经文献，具有丰富的思想内涵。这些解经文献历史上未被收入藏经，属于散逸而复得的出土文献。该卷目录可被简单压缩如下:

2732—2747 金刚经、心经、仁王经注疏(《梁朝傅大士颂金刚经》等)

2748—2752 法华经疏(《法华义记》等)

2754—2758 华严经疏(《华严略疏》等)

2759—2760 无量寿经疏(《无量寿经义记》卷下)

2761—2763 胜鬘经疏(《胜鬘经记》等)

2764a、2764b—2765 涅槃经疏(《涅槃经义记》等)

2766—2767 药师经疏

2768—2778 维摩经疏(《维摩义记》等)

2779—2786 楞伽经、温室经、盂兰盆经、天请问经等疏

2787—2798 四分戒本疏等

2799—2816 十地经论、广百论、瑜伽师地论、地持、唯识三十论、摄大乘论、百法明门论、起信论等注疏

作者: 李四龙，北京大学哲学系。

* 本文系国家社会科学基金重大项目“汉语系佛教解经古文献编目整理和诠释研究”(22&ZD256)的阶段性成果。

2817—2840 大乘诸宗撰述(《大乘经纂要义》《大乘二十二问本》等)

2841—2864 礼忏文、押座文、祈愿文、变文等(《大佛略忏》等)

2865—2920 疑伪经(《妙法莲华经广量天地品第二十九》等)

表上的2732—2816号写本，都是对汉译佛典的解释，可被归入“汉语佛教解经文献”，这里所说的“经”泛指佛教经律论三藏。以前这批文献被统称为“义疏”，学术界亦常称之为“章疏”，或分别称为“经疏”“律疏”“论疏”。笔者从“佛教解经学”的角度阐释佛教解经文献的哲学特点，区分了“论义体”和“章疏体”(义疏体)的差异(参李四龙 2022)。这批佛教文献首先是从形式上与中国传统的章句训诂有所区别，融入了印度佛教的论义传统。

依据现有的文献调查，日本古寺和韩国古寺还保存了一批珍贵的汉语解经古文献写本。这批文献的汇总整理，挖掘其中的论义传统和哲学命题，对还原中国中古佛教的实际状态和思想原貌，具有极其重要的学术意义。

本文以《法华》解经文献为例，论述敦煌佛教解经文献的哲学价值。

一、 敦煌《法华》解经文献

法华信仰与敦煌有着密切的联系。敦煌石窟开凿于前秦建元二年(366)，在此之后的历代壁画里有很多内容涉及《法华经》。在石窟开凿前，敦煌已有佛教流传，是连接中原与西域的关键节点。《法华经》的传译，与这块圣地直接有关。被称为“敦煌菩萨”的竺法护，太康七年(286)译出《正法华经》。后在弘始八年(406)译出《妙法莲华经》的鸠摩罗什，从西域龟兹到凉州，应该也曾到过敦煌。在今天的敦煌遗书里，罗什译《妙法莲华经》写本的总量在所有佛经里应数最多之列。据方广锠先生研究，篇幅较长的敦煌汉文遗书约为30000号，《妙法莲华经》的写本数量超出5000号[1]，即占六分之一强。这些《妙法莲华经》写本大部分是南北朝及盛唐所写。

更有意思的是，敦煌遗书还保存了大量从内地传来的或在当地抄写的《法华》解经文献。《法华经》在南北朝、隋、初盛唐非常流行，出现了许多讲解或注释作品，构成了一个丰富的《法华》解经传统(参菅野博史 2017)。现在能见的敦煌《法华》解经文献，包括两部分：一部分是有传世文献的写本，它们具有很高的版本价值；另一部分则是历史上散逸的文献写本，属于出土文献，虽然零碎，但仅见于敦煌。后者的文献学价值显然更高。经过长期的文献学研究，现在应对这批解经文献做出思想史乃至哲学史的研究。

[1] 参方广锠 1998。此外还有少量《正法华经》《添品法华经》写本。参兜木正亨 1987。

部分《法华》注疏一直在中国佛教史上流传，如竺道生《法华经疏》，法云(467—529)《法华经义记》，智顗(538—598)《法华玄义》《法华文句》，吉藏(549—623)《法华玄论》《法华义疏》《法华游意》《法华统略》等。但有很多作品早已散逸。敦煌遗书里的《法华》解经文献，主要是历史上已经散逸的法华经疏。这些敦煌文献，已经得到了方广锠、金炳坤、矢吹庆辉、平井宥庆、兜木正亨等中外学者的梳理。

方广锠1997年撰文介绍敦煌遗书中现存关于《妙法莲华经》的注疏14种，其中唐以前的注疏9种，唐代注疏5种。1998年他又增补到33种，不过其中有两种"讲经文"，严格说来不能算作解经文献，实为民间演义，有宗教学研究价值，但其哲学内涵不多。2012年上海师范大学吴建伟在博士论文《敦煌本〈法华经〉注疏研究》(导师郝春文)中认定敦煌遗书中有126种《法华经》注疏写本。2013年金炳坤把相关的敦煌文献增加到134种。《大正藏》经疏部收录关于《妙法莲华经》的注疏15种，其中唐以前8种，唐代5种，宋代2种；《续藏经》收录唐以前法华解经文献16种。这些已整理的传世文献，均可供我们对比研究。

敦煌遗书还有两种《观世音经》的注释：(1)《观音经注》，金藏刚菩萨注释，译者不详。一卷。北雨51号，首残尾全。原尾题"《观音经》一卷"。方先生认为，"文内将种种化身各与佛教教义相联系，将原文简单的信仰形态引申为深奥的佛教哲学，值得注意与研究"。(2)《注观音经》，道微注，一卷。伯3904号，首尾均全。结合智顗《观音玄义》《观音义疏》，我们可以发现观音信仰的历史展开形态及其教义基础。

《大正藏》第85册还收录了三个不属于《法华》解经文献的写本，但与中古时期法华信仰有关，属于当时出现并流行的法华系疑伪经：《妙法莲华经广量天地品第二十九》《高王观世音经》《妙法莲华经马明菩萨品第三十》。

为了诠释这批文献的哲学价值，本文结合南北朝《法华》解经传统，集中关注已被收入《大正藏》第85册的敦煌《法华》解经文献，第2748—2752号：《法华义记卷第三》、三种《法华经疏》和《法华问答》。

二、解经学作为佛教史研究的新领域

研究汉译《法华经》的解经传统，主要有三方面的研究对象：一是《法华经》的汉译过程；二是汉译《法华经》的讲经活动；三是汉译《法华经》的注释传统。这三方面内容构成完整的汉译《法华》解经学。以往的研究，这三部分实际上是分开的，由不同领域的学者分头进行。《法华》汉译的研究者通常是精通梵语佛典的专家，讲经活动的研究并不多见，《法华》注释的研究者通常是中国佛教史专家。

汉译《法华经》的注释传统，主要源自鸠摩罗什及其弟子的翻译和讲解。若从后世的影响来讲，天台智顗、三论吉藏的《法华经》注释最有影响力。智顗的法华解经，由于后世不断壮大的天台宗影响而变得无比重要。相形之下，吉藏的法华解经，由于他被贴上三论宗祖师的标签而被忽视。梳理汉译《法华》解经传统，有三个形式上的问题需要面对：一是罗什僧团如何在竺法护之后开启这个解经传统？二是南朝和北朝的《法华》解经传统各自有何特点？三是如何理解智顗、吉藏之后其他的《法华》解经传统？第一个问题涉及很多史料，现有的敦煌解经文献很难直接用上。菅野博史《中国法华思想的研究》对此已有研究，讨论了罗什及其弟子慧观、僧叡（352—436）、竺道生的法华经观[1]。第二、第三个问题则可借助敦煌解经文献。

第二个问题最关键。传世的法华解经文献，比较多地保留了南方的法华解经传统。依据《法华传记》和《弘赞法华传》，我们可以得到一些直观的认识。围绕《法华经》的传承与修持，《法华传记》主要分为"十二科"：部类、隐显、传译、支派、经序、论释、讲解、讽诵、转读、书写、听闻、供养。《弘赞法华传》分为图像、翻译、讲解、修观、遗身、诵持、转读、书写八篇。但是，对北朝的法华信仰传统，我们了解得并不多。壁画、造像等考古资料，给我们提供了直观的素材。如何表述或诠释这些直观的信仰形式，最终还是需要文献佐证。把握北方法华信仰，主要有三方面资料：首先是《法华经论》的汉译和《添品法华经》的出现，其次是北方的法华解经文献以及大量法华题材的壁画和造像，第三是北方的法华解经文献。抛开考古资料，就文献而言，有以下三件大事：

第一，《法华经论》的汉译。和《宝性论》《十地经论》的翻译一样，该论同时有两批译者在译，一是菩提留支主译，一是勒那摩提主译。菩提留支（菩提流支）译《妙法莲法经优波提舍》（大乘论师婆薮盘豆释，后魏北天竺三藏菩提留支共沙门昙林等译），此处可参考《法华传记》"论释不同"部分，谈到印度有多种《法华经论》。还有一个译本的署名是"婆薮般豆菩萨造，元魏中天竺三藏勒那摩提共僧朗等译"。

第二，《添品法华经》的出现。隋代阇那崛多（523—600）、达摩笈多（？—619）补订什译；南齐法献共达摩摩提译的《提婆达多品》第十二和北周阇那崛多《普

---

[1] 罗什、慧远《大乘大义章》，保留了这两位高僧对《法华经》的态度。慧观《法华宗要序》、僧叡《法华经后序》、竺道生《法华经疏》现存。刘虬（438—495）撰《注法华经》（逸文），据菅野统计，吉藏"法华经疏"（包括《法华玄论》10卷、《法华义疏》12卷、《法华游意》2卷或1卷、《法华统略》6卷、《法华论疏》3卷）中约有多达50次的引用。参见菅野博史 2017，"绪论"，第9页。

门品偈》。这是对南北朝《法华》信仰的整合，将当时围绕罗什译本展开的种种补充材料进行了系统的修订，南齐译出的《提婆达多品》、北周译出的《普门品偈》都被糅入。隋仁寿元年(601)崛多、笈多二法师《添品法华经》的佚名者《序》详细介绍了这个改编过程。

第三，北方的《法华》解经文献。这是理解北方法华信仰的重点，需要从现存的传世文献里寻找蛛丝马迹。

智顗、吉藏开创了《法华》解经的新时代，他们都以般若中观学的“实相论”作为解经的理论基础。同时，他俩也都回顾了此前的《法华》解经学史。智顗《法华文句》多处提及《法华经》的讲解者，尤其在开篇部分讲得相对比较全面。他说：

> 昔河西凭、江东瑶，取此意节目经文，末代尤烦。光宅转细，重雰翳于太清，三光为之戢耀，问津者所不贵。昙鸾云：“细科烟扬，杂研尘飞。”盖若过、若不及也。庐山龙师，分文为序、正、流通，二十七品统唯两种：从《序》至《法师》，言方便、言真实，理一说三故；《宝塔》下，身方便、身真实，实远唱近故。又从《方便》至《安乐行》是因门，从《踊出》下是果门。齐中兴印、小山瑶，从龙受经，分文同。玄畅从《序》至《多宝》为因分，从《劝持》至《神力》为果分，从《嘱累》尽经为护持分。又有师云：“从《序》至《学无学人记》，是《法华》体；从《法师》至《嘱累》，明受持功德；从《药王》尽经，美诸菩萨本愿。”有师作四段：初品为序段；从《方便》至《安乐行》，开三显一段；从《踊出》讫《分别功德》，开近显远段；后去余势，流通段。光宅云从印受经，初三段次各开二，谓通序、别序，正谓因门、果门，流通谓化他、自行。二序各五，二正各四，二流通各三，合二十四段。(《法华文句》卷一，T 34, 1c)

智顗在这里提到了很多法师，依次有：河西凭[1]、江东瑶(法瑶)、光宅法云、昙鸾、庐山龙师(慧龙)、齐中兴印(僧印)、小山瑶、玄畅等。

吉藏《法华游意》《法华玄论》对此都有讲述。《法华玄论》的叙述比较完整，他说：

> 《法华》既有新旧两本，讲者亦应二人焉。《名僧传》云：“讲经之始起竺法护。”护公既亲译斯经，理应敷阐。自护公之后，释安竺汰之流唯讲旧本而已。及罗什至长安翻新《法华》竟，道融讲之开为九辙。时人呼为九辙法师。九辙之文今所未见。讲新《法花》始乎融也。

---

[1] 河西凭，是否就是“关内凭”，即罗什弟子道凭？证据并不充分。智顗《法华文句》卷一说，河西凭以天亲论意科判《法华经》。

自融已后，昙影、道生之流染翰著述者，非复一焉。次乎齐代有清信优婆塞刘虬，与十许名僧，依傍安林壹远之例、什肇融垣之流，撰录众师之长，秤为《注法华》也。爰至梁始三大法师，硕学当时名高一代。大集数论，遍释众经。但开善以《涅槃》腾誉，庄严以《十地》《胜鬘》擅名，光宅《法华》当时独步。

但光宅受经于中兴寺印法师。印本寿春人，俗姓朱氏。少游彭城，从昙度受论。次从匡山惠龙受学《法华》。而印讲斯经自少至老，凡得二百五十遍。春秋六十六，永明元年卒。光宅云法师息慈之岁，随印在钟山下定林寺听《法华经》。下讲竟，住寺后石涧中，累石为高座及以听众，于是自登石座霞述所闻。印未知之密听其所说，一言靡遗。年至三十，于妙音寺，开《法华》《净名》二经题。机辨纵横，道俗叹伏。由是已来《法华》誉显。(《法华玄论》，T 34, 363c)

这段文字特别珍贵，其记录了法云学习《法华经》的师承关系：昙度(彭城)、惠龙(匡山)→印法师(钟山下定林寺、中兴寺)→法云(妙音寺)。

在具体的解经过程中，智顗、吉藏都会不断讲到此前讲解《法华经》的名家，即各种“旧解”。我们发现，相对而言，智顗提到了两位北方的法华学者：河西凭、昙鸾。昙鸾的身份比较明确，这位早年想要成仙的法师，在中国佛教史上常被视为净土宗祖师，而在其传奇的一生中，与菩提流支的关系密切。他因受后者的引导，终身推崇《无量寿经》。只是其中的“河西凭”到底是谁？通常被说成是罗什门下的道凭，未尝不可。但在智顗的笔下，这位河西凭竟能以世亲《法华经论》的说法解读《法华经》。这就与罗什注重中观的学风有所不同。显然，吉藏与智顗笔下的法华解经传统同中有异：智顗相对更多关注北方的解经传统，而且明确提到世亲的解经思想。

从现有文献来看，要想弄清北朝法华信仰，必须依赖初盛唐时期的资料。这部分文献，恰好可以借助敦煌写本。我们可以从中了解智顗、吉藏之外的《法华》解经传统，并推测北朝法华信仰的传承关系。下文将会提及敦煌文献里出现的法华解经高手，隋初唐慧净法师，在窥基之前以瑜伽行派思想解释《法华经》。

以佛教解经学的方法审视中古佛教史，很多常识将会受到挑战。譬如，三论宗祖师吉藏热衷讲解《法华经》，净土宗祖师昙鸾与《法华经》有关，从地论师到华严宗、唯识宗，全都没有排斥《法华经》。

三、 研究敦煌法华解经文献的“解经学”维度

面对数量众多但又不系统、通常也不完整的敦煌佛教写本，想要系统研究其中的哲学思想确实困难，但也不等于没有办法。首先是要区分研究对象，有些哲

学性较强的写本相对完整，且有传世文本，譬如属于论藏的佛教论典，配以未必完整的解释文献论疏写本，这方面的研究实际上已经展开，只是并没有关注文献的敦煌属性，现在可以把这方面的研究汇总起来，研究敦煌地区曾经流传的佛教思想。

其次是用“佛教解经学”这种新的研究视角。敦煌保留了一批散逸的佛教解经文献，譬如前面提到的写本。佛教解经学的基本研究框架有五个方面：以开题为特色的解经体例、经文科判、辨析经宗或经体（宗要）、论义或释义（名相释义、文句释义）、判教。结合《大正藏》第85册所收的五部六种散逸文献，这里尝试说明其中的佛教哲学，为解明当时北方的法华信仰特点提供文献依据。

1. 开题

南北朝佛教讲经，不仅有仪式感，还有相对固定的套路：首先是解释经题，相当于整个讲经活动的导论，所谓“开题”；其次是经文解释，所谓“消文”。通常情况下“开题”十分简略，主要是讲解经文。但这也有例外，智顗特别擅长开题，《妙法莲华经》一个“妙”字讲三个月，新义迭出。在他那里，形成了“五章”开题的解经体例，即：释名、辨体、明宗、论用、判教。在智顗之后，窥基《法华玄赞》亦以五章开题，但其所指不同。他说：“以六门料简：一叙经起之意，二明经之宗旨，三解经品得名，四显经品废立，五彰品之次第，六释经之本文。”（T 34, 651b）此所谓“六门料简”，实际上包括“开题”和“消文”两部分。相对而言，窥基的开题更重视《法华经》自身的文本结构，而其思想主旨严守瑜伽行派的法相唯识宗义。

窥基《法华玄赞》有敦煌写本[1]，第85册所收的“法华经疏”体例均不完整。2748号《法华义记》残卷，没有开题，仅有：《受记品》《化城喻品》《五百弟子受记品》《授学无学人记品》《法师品》《见宝塔品》《（劝）持品》《安乐行品》《从地踊出品》，主要是逐段解释大意[2]。第2749号《法华经疏》残卷，没有开题，仅有：《如来寿量品》（残）、《分别功德品第十七》、《随喜功德品第十八》、《法师功德品第十九》、《常不轻菩萨品第二十》，亦是逐段解释大意。第2750号《法华经疏》残卷，没有开题，仅有：《法师功德品》《常不轻品》《如来神力品》《嘱累品》《药王本事品》《妙音菩萨品》《观音品》《妙庄严王品》《普贤品》，只说大意，十分简略。第2751品《法华经疏》残卷，没有开题，仅有：《如来神力品》（残）、《嘱累品》、《药王品》、《妙音品》、《观世音品》、《陀罗尼品》、《妙庄严王品》、《普贤品》，只说大意，对最后一品解释稍详，有较明显的瑜伽行派思想。

---

[1] 《法华经玄赞》，［唐］窥基撰。北图藏有四号：结48号，昃68号，河39号，黄12号；法国亦藏有伯2176、2118、3832等多号。历代大藏经均未收入，日本古寺存有该书写本。

[2] 与此相近的作品还有《法华经义记》第一卷，利都法师撰，伯3308号。

第2752号《法华问答》，以问答形式论义是佛教哲学的主要表现形式之一，但完全是问答体，亦甚罕见，不同于当时常见的法华解经文献体例。

2. 科判

在中国佛教史上，道安是创设“科判”的始作俑者。他在襄阳讲经时，通常只是“叙大意，转读而已”。而在注释《般若道行》等经时，“寻文比句为起尽之义”（参慧皎《高僧传》卷五，T 50, 352a）。这在中国佛教解经学史上被认为是“科判”的开始，当时称为“起尽”。

在传世的法华解经文献里，对《法华经》的科判是其重要内容，直接体现对《法华经》教义思想的理解。但在第85册所收的法华经疏里，并没能体现这种科判，想必是残卷之故。

3. 明宗

“科判”重在说明经文的结构关系，“经宗”则是点明《法华经》的根本精神或思想主旨、理论基础。到了智顗的时代，他又提出“经体”的概念，区别于“经宗”。智顗以“一实相印”作为《法华经》的“体”，而把“宗”解释为“行”，基于因果的成佛法门。吉藏也对“体”和“宗”作了区分，但不统一，总体上还是使用“经宗”这个概念，在其《法华玄论》提及了十三家法华注家的“经宗”。

对“经宗”的讨论，可以说是中国佛教哲学最重要的组成部分之一。在第85册收录的五种“法华经疏”里，《法华问答》（2752号）对此有明确的讨论，指向初唐的佛学代表人物慧净法师，引用世亲《法华论》。这份作者不详、原著卷数不详的敦煌写本，基于罗什译《妙法莲华经》。现存问答共103条（首末两条残）。前45条问答按照《法华经》各品的顺序，从《序品》开始，问及《方便品》《譬喻品》《信解品》《药草喻品》《授记品》《化城喻品》《寿量品》《法师功德品》。其中，对《方便品》《譬喻品》《法师功德品》三品的解释尤详。这种篇幅上的详略配置，完全因袭世亲《法华经论》，在解《譬喻品》首先问及“十种对治”“十种无上”，即是对《法华经论》解释的概括。

后58条问答则不顾及经文顺序，专门解释重要的问题。这部分的哲学色彩颇浓，不仅是在讨论《法华》思想，有些更是在通论佛教哲学。其中，第73问专门讨论《法华经》的“经宗”，将之分为“体宗”和“用宗”。

> 问：汝来说法必有要归，未审此经以何为宗旨？
>
> 答：诸师辩宗各各不同。今依征宗有二种：一者体宗，二者用宗。非二非一，是其体宗。破三归一，是其用宗。法无二会，对器得名。会假归真，形三一立。三名无遣，一号亦三故。《法句经》云：一亦不为一，为欲破诸数。浅识之所闻，见一以为一。即其义也。净法师以一乘为宗。（《法华问答》卷一，T 85, 203a）

这段引文很有意思，以“体”“用”会通《法华》宗旨和根本，明显有沿袭智顗、吉藏分“体”分“宗”的色彩，更接近中国传统哲学的思路。这里出现一位主张“以一乘为宗”的净师，金炳坤将之解为“纪国寺僧释慧净”[1]。这位法师在初唐佛学界还颇有影响，只是我们现在的佛教史对他的介绍很少。或许这份《法华问答》与慧净法师有些渊源。顺着这个思路，我们还能进一步挖掘南北朝、隋、初唐的北方法华思想。

永超《东域传灯目录》记载：“同经疏七卷（惠远师）”（T 55, no.2183, 1148c），我们或可由此推断此处的“惠远师”是指净影慧远，他还撰有《法华经疏》七卷。既然《法华经论》是菩提流支等译出，北方地论师因此普遍熟悉《法华经论》，并以此解释当时已很流行的《法华经》。

4. 论义或释义

“经义克明”，一方面是指对全经思想的整体把握，另一方面也指对经文章句的疏通理解。笔者在讨论解经文献的类型时，把“佛学通论”和“佛典总论”的文体形式概括为“论义体”，这类解经文献通常会概括出一些重要的名相或基本的命题。譬如，吉藏《大乘玄论》，智顗《法华玄义》。第85册收录的《法华问答》，其实是想宏观把握《法华》思想，可惜书已残缺。

第85收录的其他四部“经疏”，都是属于“随文释义”，详略不同。有的仅是点明大意，有的则有理论发挥，个别还有品内的经文科判。

5. 判教

南北朝判教理论，是中国佛教史研究的重要议题，成果很多。从解经学的角度来看，这里特别关注《法华》《涅槃》《华严》的三经关系。

第85册收录的《法华义记》卷三（2748号），实际包括两个写本：斯2733号，卷末有题记：“比丘惠业许。正始五年（508）五月十日，释道周所集。在中原广德寺写讫。”斯37号，有尾题与题记：“《法花义记》第三，比丘法顺写记也。”尤其是前一个作品，有北魏正始五年的纪年，虽不能由此确定该疏撰写于北方，但在北方流通，且比法云《法华义记》年代稍早，这就有与法云《法华义记》比较的价值。（参见方广锠 1998）

在法云的笔下，《法华经》讨论“法身常住”的思想不及《涅槃经》。他说：“若使理中为论，既度二种生死，应是常住涅槃。而今此教未明此理，故名复倍上数，以为涅槃。”《法华经》对“法身”的理解不及《涅槃经》所说的“常住涅槃”。而在敦

[1] 彦琮《唐护法沙门法琳别传》对“纪国寺僧释慧净”有记载。《续高僧传》卷三、《弘赞法华传》卷三。

煌本《法华义记》里，认为《法华经》亦明“常住深理”，“已说三乘，当说涅槃。今者说《法华》，何故为胜？此经偏明一乘，文理周备，胜于涅槃，故言最为第一”。也就是说，敦煌写本体现了不同的判教思路。

有趣的是，敦煌本《法华义记》虽然残缺，却提到了《华严经》。而在完整的法云《义记》里却只字不提《华严经》。在南北朝的判教系统里，基本上是把《华严经》当作“顿教”看待。但这个“顿教”是否“圆顿”？能否纳入“五时”序列？各家说法不一。所以，菅野先生认为，“敦煌本在这点上与吉藏、智顗和灌顶的法华经疏是相同的”（菅野博史 2017, 119）。智顗的思想是在批判北方佛学的基础上成长起来的，并不完全继承南方的佛学传统。敦煌本《法华义记》多少给出了一些佐证。

小 结

敦煌《法华》解经文献种类并不很多，但有未被历代藏经收录的散逸写本，学术研究价值很高。学术界此前主要集中在文献学研究，研究这些写本的内容、馆藏地和版本价值。本文认为，还应研究它们的哲学内涵，从解经学的角度研究它们的解经体例、科判特点、法华经观、核心议题和教相判释。

结合传世的《法华》解经文献，这些敦煌写本能丰富中古时期北方法华信仰的思想世界，亦有助于重新理解与《法华》信仰密切相关的天台宗思想源流。

缩略语

T　『大正新脩大藏經』，高楠顺次郎，渡辺海旭編，100卷，東京，1924—1934。

参考文献

中文：

方广锠　1997　《敦煌遗书中的〈妙法莲华经〉及有关文献》，《中华佛学学报》第10期，第211—231页。

　1998　《敦煌遗书中的〈妙法莲华经〉及有关文献》，《法源》总第16期，第38—55页。

菅野博史　2017　《中国法华思想的研究》，张文良、张宇红译，北京：国际文化出版公司。

李四龙　2022　《“义论疏”与中古佛教解经文献类型》，《北京大学学报》2022年第3期，第24—32页。

吴建伟　2012　《敦煌本〈法华经〉注疏研究》，上海师范大学博士论文（导师郝春文）。

日文：

兜木正亨　1987　『スタインペリオ蒐集敦煌法華經目録』，東京：霊友会.

金炳坤　2013　『西域出土法華章疏の基礎的研究』，불교학리뷰[*Critical Review for Buddhist Studies*], 56—111.

关于新出《二偈疏》等梵文写本的调查报告

李学竹

摘要: 本文是对保存在中国藏学研究中心的梵文贝叶经写本复印件第37函的调查报告。经调查，此函共有7部显密经论，其中，密教经典有3部，显教论典有4部。密教经典中的《具足吉祥红阎摩敌怛特罗王》(*Śrīmadraktayamāritantrarāja*)在无上瑜伽阎摩敌(Yamāri)密法系统中，是极为罕见的梵文写本之一，也是研究红阎摩敌怛特罗(Raktayamāritantra) 的重要文献。而显教论典中的《二偈疏》(*Gāthādvayavyākhyāna*)、《中观与瑜伽行优劣之考察》(**Madhyamaka-yogācārabalābalaparīkṣā*)、《圣贤行愿注》(*Āryabhadracaryāpraṇidhānaṭīkā*)3部论典皆为现存唯一的梵文写本，是研究大乘佛教教义、密教仪轨、净土思想极为珍贵的资料。

关键词: 梵文写本；二偈疏；普贤行愿赞注

20世纪80年代中国藏学研究中心搜集了一批来布达拉宫和罗布林卡梵文贝叶经写本复制品，共有185函，大约700多部各种文献，内容大部分是佛教经论，其中般若经和密教典籍居多，占一半以上。2004年，中国藏学研究中心正式展开了对这批梵文贝叶经复制品的校勘研究，同时创办了《西藏自治区梵文文本系列丛书》，迄今已出版了23卷26册。如此一大批失传已久的梵文文献的校勘出版，不仅对佛教哲学思想，尤其是因明学的研究提供了珍贵资料，而且对世界梵文研究也有深远的影响。

近年，笔者对该中心所藏的梵文贝叶经复制品第37函作了详细的调查，发现了《二偈疏》等一些新作品，在此作一汇报。这第37函写本原件现保存在拉萨罗布林卡，80年代罗炤老师曾对罗布林卡的贝叶经写本作过调查，在他的调查笔记中对这函作了如下描述[1]。

> 《观中道瑜伽师力强弱经》(*Madhyamakayogācārabalābalaparīkṣa*，藏文为*dbu ma rnal 'byor spyod pa'i rtsa stobs brtag pa*/)、《吉祥赤狂阎摩黎王密咒本续》(*Śrīmadraktayamāritantrarāja*，藏文为*gshed dmar gyi rgyu*/)、《吉祥醯鲁迦(胜乐)奴大明王咒》(*Śrīherūkābhidāne mahātantrarāja……. mahāsamvara*，藏文为*bde mchog sdom pa 'byung pa'i rgyud*/)等五部密宗经典合为一函。"藏编22，现号401"，共156叶。除《吉祥赤狂阎摩黎王密咒本续》缺第27叶1叶之外，其余四部经均完整。

作者: 李学竹，中国藏学研究中心。

[1] 罗炤老师的调查笔记，一般又称《罗炤目录》，由于种种原因，尚未正式出版。此处引自《罗布林卡所藏贝叶经目录》笔记，第60页。

贝叶长31.2厘米，宽4.5—4.8厘米，每面墨书“笈多”体梵文5—7行。各经首叶多有藏文标题，其中《胜乐大明王咒》的底叶并有如下藏文题记：*bya nag bkra shis / 'di 'dra ko'm bsam / paṇḍita mdzes pa dpal ldan gyis gjigs /*

现在尚不知道这里说的班智达是什么时候的人。经函上、下木夹板内面彩绘五方佛及佛传图。此函内有零散贝叶3叶，其中2叶为同一书，首叶上分别写出梵文和藏文的标题：*Trisvabhavakārakārya; rang bzhin gsum gyi chig le 'ur byas pa / dbyig gnyen /* 从以上梵藏题记可知：这2叶零散贝叶属于公元5世纪印度佛教大师世亲（*Vasubandhu*，藏文为*dbyig gnyen /*）的重要著作《三自性论》。

罗炤老师已基本上把这函的大体情况，如贝叶大小、叶数、作品内容等反映出来,认为这函包括5部密教经典：

1. *Madhyamakayogācārabalābalaparīkṣā* 《观中道瑜伽师力强弱经》
2. *Śrīmadraktayamāritantrarāja* 《吉祥赤狂阎摩黎王密咒本续》
3. *Śrīherukābhidāne mahātantrarāja.....mahāsamvara* 《吉祥醯鲁迦(胜乐)奴大明王咒
4. *Trisvabhavakārakārya* 《三自性论》
5. 不明散叶1叶

然而，经过笔者的重新调查，发现罗炤老师的记述存在一些问题。首先，此函至少有孟加拉体、尼泊尔钩体两种字体的写本。其次，5部作品中的第4部《三自性论》属于唯识学派的论典，非密教经典，题目也非*Trisvabhavakārakārya*，而是*Trisvabhāvaḥ*，而且不是只有2叶的残卷，其实有3叶，是一部完整的论典，具体情况后面再详细介绍。再者，此函不止5部经典，而是包含有7部作品，不仅有密教经典，还有4部重要的显教论典。7部作品具体情况如下：

1. **Madhyamakayogācārabalābalaparīkṣā* 《中观与瑜伽行优劣之考察》
2. *Śrīmadraktayamāritantrarājaḥ* 《具足吉祥红阎摩敌怛特罗王》
3. *Śrīmahāsamvarodayatantrarāja* 《吉祥大胜乐生怛特罗王》
4. *Āryabhadracaryāpraṇidhānaṭīkā* 《圣贤行愿注》
5. *Gāthādvayavyākhyāna* 《二偈疏》
6. *Trisvabhāvaḥ* 《三自性论》
7. 题目不明陀罗尼。

其中，第2、3、7是密教经典，第1、4、5、6是显教论典。第2部*Śrīmadrakta-yamāritantrarājaḥ*（《具足吉祥红阎摩敌怛特罗王》），有44张贝叶，缺第27枚，实际上只有43叶。此论有藏译本（*Dpal ldan gshin rje gśed dmar po'i rgyud kyi rgyal po shes bya* *ba*, D no. 475, Ja, 215a1—244b7)，属于毗卢遮那部族，忿怒类阎摩敌怛特罗。在无上瑜伽阎摩敌(Yamāri)密法系统中，有黑阎摩敌怛特罗(Kṛṣṇayamāritantra)和红阎摩敌怛特罗(Raktayamāritantra)两类，与黑阎摩敌怛特罗有关的梵文写本，包括注释书在内，至今已发现有20多部。而与红阎摩敌怛特罗有关的梵文写本，到目前为止只在罗睺罗目录中发现一部[1]。出现在本函中的这部梵文写本，可能是第2部，是研究红阎摩敌怛特罗极为重要的资料。

第3部*Śrīmahāsamvarodayatantrarāja*(《吉祥大胜乐生怛特罗王》)，共有68张贝叶，是一部完整的密教论典。此写本属于后期密教胜乐系统的怛特罗，此怛特罗在尼泊尔也发现有10多个梵文写本。日本的津田真一博士发表了部分梵文章节的校勘和英译(Tsuda 1974)。还有，中国社科院的李南老师(2011)发表有《〈胜乐根本续〉及其注疏研究》一文，对此系统怛特罗的有关资料作了非常详细的梳理，同时对《胜乐根本怛特罗》和婆和婆吒的《胜乐怛特罗注释》两部经籍的主要内容作了介绍，并进行评释。

第7部只有1张贝叶，B面空白，只有A面书写有4行半文字，每行大约75字，总共约有350字，由于叶面不清，多处褪色严重，难于释读，只可辨认出*oṃ āṃ hūṃ mantra*等字样，从贝叶形态看，首尾齐全，应该是一篇完整的陀罗尼经。

其次，关于1、4、5、6四部显教论典情况。第1部**Madhyamakayogācārabalābala-parīkṣā*，也可译为《中观与瑜伽行优劣之考察》。此写本共有11叶，封面叶上写有此论的题目，即左边有两行文字，上一行用梵文写有：*Madhyamakayogācāra-balābalaparīkṣā*，其下一行是上行梵文题目的藏文音译，右边有一行用藏文乌梅体写着：*dbu ma rnal 'byor spyod pa'i stobs brtag pa*(中观[及]瑜伽行之力的考察)，这可能是左边梵文题目的藏文意译。这里出现的梵文题目是否为抄写者或写本持有者所加，抑或是本书原有的题目，由于没有题记的佐证，就不得而知，故标上星号作为暂定题目，但从本书内容来看，确实是关于中观派与瑜伽行派之间的争论，想必用此题目相差也不会太大。

末尾叶只有一行文字，其下空白处中间位置有“ekajñāna sarvatattva 6”字样，从最后一叶的内容来看，论文并没有结束，应该还有后续内容，不知为何突然中断。由于未发现题记，故也不知作者名称和论典的具体题目。此论内容大意可参见《新出梵本**Madhyamakayogācārabalābalaparīkṣā*について》一文(李学竹 2020)。

第4部*Āryabhadracaryāpraṇidhānaṭīkā*(《圣贤行愿注》)在罗炤老师笔记中未曾提及，共有19张贝叶的完整本。没有汉译本，但有藏译本，题名为*'phags pa bzang po spyod pa'i smon lam gyi 'grel pa* (《圣贤行愿注》)，作者为世亲。此写本开头部分有：

[1] 罗睺罗目录第18号(Sāṅkṛtyāyana 1935, 29)：*Raktayamāritaṃtra*，与此写本题目相似，是否同一内容的怛特罗，有待进一步确认。

namaḥ samantabhadrāya ‖ samantabhadracaryāmahāpraṇidhāne saṃpiṇḍi‹‹tā›› daśārthāḥ | (1b1) (皈敬普贤［菩萨］。普贤行大愿有十要义)，可见与普贤行愿有密切关系，经与藏译本对照，内容确实为世亲的《圣贤行愿注》。末尾叶有极为简单的题记：kṛtir iyam vasubandhupādānām ‖ (19b7)，也非常明确地指出作者为世亲(Vasubandhu)。

顾名思义此书是解释《普贤行愿赞》的注释书。《普贤行愿赞》(*Samantabhadracaryāpraṇidhāna*)有不少梵文抄本传世，已知的有剑桥本、尼泊尔的杜跋(Durbar)本和圣彼得堡本。1912年，日本学者渡边海旭根据以上三写本，以及日本原有的慈云尊者手抄本，对此经进行了细致的梵本校勘(Watanabe 1912, 103—152)。1956年，足利惇氏(1956)在此基础上，又根据京都大学所收藏的三个梵文写本重新对此经作了校定，发表了《普賢菩薩行願讃の梵本》，并与不空的汉译进行对勘。

在印度佛教史上，为《普贤行愿赞》作注的历代高僧大德不在少数，仅在藏文大藏经中就保存有5种由印度论师所撰述的注释书：

（1）龙树的《圣贤行愿大王会疏》(*'phags pa bzang po spyod pa'i smon lam gyi rgyal po chen po'i bshad sbyar,* D no. 4011, mdo 'grel, nyi, 163b4—182a1; P no. 5512, mdo tshogs 'grel pa, nyi, 189b7—211a2)

（2）陈那的《普贤行愿义摄》(*Kun tu bzang po'i spyod pa'i smon lam gyi don kun bsdus,* D no. 4012, mdo 'grel, nyi, 182a1—201a4; P no. 5513, mdo tshogs 'grel pa, nyi, 211a2—231a5)

（3）释迦亲友的《圣贤行愿王广注》(*'phags pa bzang po spyod pa'i smon lam gyi rgyal po'i rgya cher 'grel pa,* D no. 4013, mdo 'grel, nyi, 201a4—234a4; P no. 5514, mdo tshogs 'grel pa, nyi, 231a6—267a7)

（4）庄严贤的《圣贤行愿王广注》(*'phags pa bzang po spyod pa'i smon lam gyi rgyal po'i rgya cher 'grel pa,* D no. 4014, mdo 'grel, nyi, 234a4—252b4; P no. 5515, mdo tshogs 'grel pa, nyi, 267a7—288a3)

（5）世亲的《圣贤行愿注》(*'phags pa bzang po spyod pa'i smon lam gyi 'grel pa*, D no. 4015, mdo 'grel, nyi, 252b5—269a7; P no. 5516, mdo tshogs 'grel pa, nyi 288a3—308a8)

虽然《普贤行愿赞》注释书有以上5种藏译本传世，但梵文本的注释书唯有这次新发现的第(5)世亲《圣贤行愿注》一种，所以显得弥足珍贵。

《普贤行愿赞》是大乘佛教的重要经典之一，无论是在印度佛教，还是在藏传佛教、汉传佛教中都广为流传，深受欢迎。此经曾在南印度的密教徒之间也非常盛行，据说不空三藏带来的该经梵本就是来自斯里兰卡，还有日本的慈云尊者的写本也是来自南印度，而且据说密宗的许多仪轨都是依据十大行愿来组成的，尤其西藏密宗的一些仪轨，也都以普贤七支的结构来组织，可见此经与密教有非常密切的关系。此外，此经盛赞行愿的作用，而且强调回向往生净土，故也成为净土宗的重要典籍。因此，此梵文本的发现无论是对密教仪轨还是对净土思想的研究都是极为珍贵的学术资料。

第5部*Gāthādvayavyākhyāna*（《二偈疏》），共有7叶的完整论典。末尾叶有明确的论典题目：gāthādvayavyākhyānaṃ samāptam ‖（7b2）。除此之外，无任何信息，不知作者为谁。

此疏题目虽为《二偈疏》，实际内容则由五个偈颂和注释构成，分为前后两部分，即前2颂及注释与后3颂及注释。前两颂大意是，大乘教理可以对治、断除8种障碍：轻佛障（buddhāvajñā）、轻法障（dharmāvajñā）、懈怠障（kausidya）、少善知足障（alpamātra）、贪欲障（rāga）、慢心障（mānacarita）、悔行障（kaukṛtya）、不定障（aniyatabheda）[1]。后3颂大意是，无论从文字中还是义理上，能够受持前2颂，并勤修对治以上8种障碍，可以获得十种功德利益：（1）增长善根，（2）临命终时得喜悦，（3）随愿受生，（4）一切生处保持前世记忆，（5）所生之处恒得遇佛，（6）常闻大乘佛法，（7）成就信根，（8）成就慧根，（9）（以三昧与陀罗尼）二门悟入[2]，（10）迅速成就无上菩提。[3]

此疏没有汉译本，藏文大藏经收录有《二颂释》（*Tshigs su bcad pa gnyis pa'i bshad pa*, P no. 5503, mdo 'grel, Ji, 196b2—205b6; D no. 4002, mdo 'grel, Ji, 163b4—171a1），著者为妙庄严（Mdzes bkod; Sundaravyūha）。此外，敦煌也发现有此疏的藏译本[4]。

---

1 buddhe dharmme 'vajñā kausīdyaṃ tuṣṭir alpamātreṇa |
rāge māne caritaṃ kaukṛtyañ cāniyatabhedaḥ ‖
satvānām āvaraṇaṃ tatpratipakṣo 'grayānasaṃbhāṣā |
sarvvāntarāyadoṣaprahāṇam eṣāṃ tayā bhavati ‖

2 《大乘庄严经论》则作"远离二障"，见T 31, no. 1604, 621a26。

3 yo granthato 'rthato vā gāthādvayadhāraṇe prayujyeta |
sa hi daśavidham anuśaṃsaṃ (6a3) labhate satvottamo dhīmān ‖
kṛtsnāñ ca dhātupuṣṭiṃ prāmodyañ co○ttamaṃ maraṇakāle |
janma ca yathābhikāmaṃ jātismaratāñ ca sarvvatra ‖
buddhaiś ca samavadhānaṃ tebhyaḥ śravaṇaṃ (6a4) tathāgrayānasya |
adhimuktiṃ saha buddhyā dvayamukhatām āśu bodhiñ ca ‖

4 现藏不列颠博物馆，编号为IOL Tib J63/J64。

日本学者藤田祥道博士曾依据藏译本把此疏翻译为日文，并作了详细研究[1]，指出此书5个偈颂是引自《大乘庄严经论》第13章《弘法品》(Deśanā-adhikāra)的第19—23颂[2]，甚至认为《二偈疏》很有可能是藏族学者从《大乘庄严经论》摘出了5个偈颂，并在开头加个归敬颂，然后加以解释，即怀疑是藏族人所撰，并非译自梵文。但如今梵本的发现，完全可以否定他的这个假设。不过，从现有的梵文写本来看，开头确实没有归敬颂，以namo buddhāya开始，紧接着就是两个正文偈颂。

其实，后世流传的《二偈陀罗尼》(*Gāthādvayadhāraṇī*)就是在这个五偈颂的基础上，再添加2个颂，强调"世间的宝藏随时会散失，唯有听闻如来教法才是属于自己永恒的财宝。最后指出涅槃之本在于不放逸，利他之本在于菩提心，菩提心之本在于厌离心，而所有吉祥幸福的根本在于无执着"[3]。同时在5颂之间，即前2颂与后3颂之间，插入一个陀罗尼咒语。这样就由7个偈颂和1个陀罗尼重新构成了《二偈陀罗尼》一书，但没有长行注释。这部《二偈陀罗尼》有藏译本，梵文本在尼泊尔等地已发现有4种[4]，但对5个偈颂作出详细注释的《二偈疏》梵文本是现存唯一的孤本，而且无归敬颂和陀罗尼咒语，以及没有最后2个颂文，这可能是此文本最初的形态。从内容来看，此书是修学大乘佛法重要的经典，据加纳博士研究指出，《二偈陀罗尼》也是11世纪印度佛教徒日常念诵的经典之一(加纳和雄 2011)。

第6部*Trisvabhāva*(《三自性论》)，此论前2叶贝叶位于复制品第52与53页上，不知何故第3叶被错位到复制品第42和43页上，即被放在第3部《吉祥大胜乐生怛特罗王》之后，正是由此之故，罗炤老师才认为只有两叶的残卷。经笔者确认，前

---

[1] 藤田祥道 2002, 2004。

[2] 輕佛及輕法，懈怠少知足；貪行及慢行，悔行不定等。如是八種障，大乘說對治；如是諸障斷，是人入正法。若文及若義，二偈勤受持；功德數有十，是名勝慧者。善種得圓滿，死時歡喜勝；受生隨所欲，念生智亦成。生生恒值佛，聞法得信慧；遠離於二障，速成無上道。(T 31, no. 1604, 620c29—621a26)

[3] kṣayaṃ hi gacchanti mahānidhānā rāgāgnicaurodakavipralabdāḥ |
śrutaṃ nidhānaṃ hi tathāgatānām avipranāśaṃ bahukalpakoṭibhiḥ ||
sadāpramādo hy amṛtasya mūlaṃ sattvārthayuktasya ca bodhicittam |
yad yoniśaś caiva vivekaacittaṃ aparigrahaḥ sarvasukhasya mūlam ||

其实这两个偈颂也出现在《佛说如来不思议秘密大乘经》中(T 11, no. 312, 750c24—25)：

世間財寶聚還散，王官水火賊盜分，諸佛多聞妙法財，多俱胝劫不壞失。
常無放逸甘露法，利衆生發菩提心；深固寂靜心亦然，諸樂根本無所取。

[4] 见Matsunami 1965; NGMPP A131/9, fols.96b8—97a11; Asiatic Society of Bengal No.9987, fols.1—3b。

2叶内容只到第32颂abc句，第3叶内容正好是从第32颂d句开始，所以完全可以肯定它们是同一部论典的贝叶，而且在这叶末尾还发现了简单的题记：

trisvabhāvaḥ samāptaḥ | kṛtir jjagadālokakarttur ācāryavasubandhoḥ

这里非常明确地提到论题是trisvabhāvaḥ（三自性）和著者为Vasubandhu（世亲）。其实《三自性论》梵文本早在20世纪80年代已有校勘本（Tola and Dragonetti 1983），题名为*Trisvabhāvakārikā*，从题目来看，明显是另一个不同的抄本。经内容的核对，此校勘本只有38个颂，而本写本共有40个颂，即在第26颂后增加了以下两个颂：

bhinnaś caturdhā pratyekaṃ svabhāvato ’yam iṣyate |
buddhā¦(2b3)buddhavibuddhābhisaṃbuddhagrāhabhedataḥ ||
nāmadvayaśrutabhrānti¦◯vaśitvakhyā na bhedataḥ |
ālambyādvayatākliṣṭenaikānaikatvabhedataḥ ||

此论有藏译本，题名为*Rang bshin gsum nges par bstan pa* (D no. 4058, sems tsam, Shi,10a3—11b4; P no. 5559, sems tsam, si, 11a1—12b6)，梵文为*Trisvabhāvanirdeśa*，这与本写本题记中的论题稍有不同，全论也是38个偈颂，缺少以上两个颂。近代有刘孝兰依据藏文版译为汉文[1]，后来金克木先生又根据梵文本及两种藏译本进行了重译[2]。论题中的三自性，即指遍计所执自性、依他起自性、圆成实自性。此三自性是唯识学派重要学说之一。本论对三自性的个别性质、相互关系以及悟入的次第、方法等问题进行了详细的阐述。

总之，通过对此函的再调查，不仅新发现两部梵文原典，也重新确认了其中所包含的显密经论的重要性，特别是1、2、4、5可能是现存的唯一梵文孤本，它们是修学大乘佛教显密教义的重要文献之一，也是研究因明学、密教仪轨、净土思想极为珍贵的资料，现我们正在对其中的1、4、5三个写本进行校勘研究。

缩略语

D　德格（sDe dge）版藏文大藏经，编号依据『西藏大藏经總目録　東北帝国大学藏版』，東北帝国大学法文学部，1934。

NGMPP　Nepal-German Manuscript Preservation Project.

P　北京版藏文大藏经，编号依据『影印北京版西藏大藏経（大谷大学図書館藏）總目録』，鈴木学術財団，1962。

T　『大正新脩大藏經』，高楠順次郎，渡辺海旭編，100卷，東京，1924—1934。依台湾中华电子佛典协会（CBETA）电子版。

---

[1] 现收录于《大藏经补编》第九册。

[2] 见《金克木集》第七卷，北京：生活·读书·新知三联书店，2011年。

参考文献

中文:

李　南　2011　《〈胜乐根本续〉及其注疏研究》，《南亚研究》2011第4期，第131—145页。

日文:

足利惇氏　1956　「普賢菩薩行願讃の梵本」，『京都大學五十周年記念論集』，1—16。

加納和雄　2011　「Ekagāthā, Caturgāthā, Gāthādvayadhāraṇī —11世纪のインド仏教における読誦経典のセット—」，『密教文化』227: 49—87。

藤田祥道　2002　「インドにおける大乗経典解釈の一伝承－Gāthādvayavyākhyāna和訳－」，『親鸞と人間－光華会宗教研究論集第三巻－』，永田文昌堂，23—42。

　　　　　2004　「インドにおける大乗経典解釈の一伝承－*Gāthādvayavyākhyāna和訳（承前）－」，『インド哲学仏教思想論集　神子上恵生教授頌寿記念論集』，721—745。

李学竹　2020　「新出梵本**Madhyamakayogācārabalābalaparīkṣā*について」，『印度学仏教学研究』69/1: 83—88。

西文:

Matsunami　1965　Seiren Matsunami. *A Catalogue of the Sanskrit Manuscripts in the Tokyo University Library*. Tokyo: Suzuki Research Foundation.

Sāṅkṛtyāyana　1935　Rāhula Sāṅkṛtyāyana. "Sanskrit Palm-leaf Mss. in Tibet." *Journal of the Bihar and Orissa Reasearch Society* 21/1: 21–43.

Tola and Dragonetti
　　1983　Fernando Tola and Carmen Dragonetti. "The *Trisvabhāvakārikā* of Vasubandhu." *Jounal of Indian Philosophy* 11/3: 22–25.

Tsuda　1974　Shinichi Tsuda. *The Samvarodaya Tantra, Selected Chapters*. Tokyo: Hokuseido Press.

Watanabe　1912　Kaikioku Watanabe. *Die Bhadracarī: Eine Probe buddhistisch-religiöser Lyrik, untersucht und herausgegeben*. Leipzig: Druck von G. Kreysing.

古印度工巧论《摩耶所说义》概述与节译

李　颖

摘要："工巧论"是印度的一类专门记录建筑、造像相关规则的文献，《摩耶所说义》正是其中较有代表性的一部。其主题符合古印度工巧论文献的一般特征，其传承区域、所属教派、具体议题以及对特定术语的阐释等，则具有鲜明的独特性，展现出特定时期南印度达罗毗荼工巧文化的一个侧面。目前，我国对《摩耶所说义》的研讨尚在起步阶段，既缺少译文，也缺乏对相关研究成果的引进和吸收。为此，本文尝试从"概述"和"节译"两方面展开，首先简要介绍《摩耶所说义》的基本特点和国外译介情况，在此基础上，为读者提供从梵语原文译出的《摩耶所说义》第一章译文"总述"，主要涉及经典的作者和内容概要等。

关键词：印度工艺；印度建筑；工巧论；摩耶所说义

"工巧论"（śilpaśāstra, vāstuśāstra）是印度的一类专门记录建造工事相关规则体系的论书，其主题大致分为"建筑"和"造像"两类，具体议题不仅包含建造物及其必要组件的营造方法、象征意义和布置要点，而且也广泛涉及城乡规划、天文、数学、祭祀与供神仪轨等多方面的内容。对这类文献进行研讨，可以帮助我们了解印度传统文化的若干特征。

一、《摩耶所说义》概述

广义上的工巧论，既指代那些以独立著作形式传世的专论，如《摩那娑罗》（*Mānasāra*）[1]、《摩耶所说义》（*Mayamatam*）等，也包含那些分散在《火神往世书》（第21—106章、第263—272章、第317—326章）、《鱼往世书》（第252—270章）等"百科全书"中的相关记述。这些工巧论各自流行于印度次大陆的不同区域，代表了地区性的工巧文化与教派传承。例如，北方学派一般将工巧神毗首羯摩视为祖师，南方学派则通常尊崇圣人摩耶（Salvini 2012, 35）。针对一些术语，各学派传承之间也有不同的解读（Branfoot 2015, 80）。这就要求我们在对特定的工巧论进行研读时，必须对其流行地区、所属学派、宗教特征等基本情况有所把握。

作者：李颖，北京外国语大学亚洲学院。

[1] 《摩纳娑罗》是南印度地区流传的又一部工巧论，含5400颂，分为70章，其中有数章内容与《摩耶所说义》（以下简称《所说义》）相似，但二者分属不同的传承。

在诸工巧论中，《摩耶所说义》被认为是“南方派”传承的重要代表之一。它产生于公元9—12世纪之间的朱罗王朝时期，体现了泰米尔-达罗毗荼文化区的湿婆教悉檀多派的工巧观念（Dagens 1994, xlii），全篇以梵语“输洛迦”体作成，含3300颂，分为36章。前32章主要围绕“居事”（vastu）这一核心议题展开，涉及选地、民宅与神庙建造、乡村城镇规划等；后4章主要讨论各类神像及其基座的营造法则，其中不乏“异想天开”之辞，例如婆罗门应居住在白色土地上，刹帝利应居住在红色土地上（Dagens 1994, 8—9）。有学者据此推测，它的编写者很可能不是专业的建筑师，而是熟悉术语的婆罗门，他们借用工巧的视角来描述理想化的社会秩序。因此，工巧论中的某些记述与其说是取自实践经验，毋宁说是教条性的、理想化的（Parker 2003, 5, 24）。一方面，我们需要释读工巧论以了解印度传统建筑艺术的理论体系；另一方面，工巧论并不完全贴合实际，这又给释读工作造成了一定的困难。

1834年，印度学者罗姆·罗兹（Ram Raz）出版了《印度教建筑论》（*An Essay on the Architecture of the Hindus*），首次将《摩耶所说义》与《摩纳娑罗》的部分内容译为英语，并尝试将文本内容与实际建筑进行比对。此后，印度学者阿阇耶（P.K. Acharya）于1927—1946年间陆续出版了七卷本《摩纳娑罗系列丛书》（*Mānasāra Series*），其中第一卷为《印度教建筑辞典》（*Dictionary of Hindu Architecture*），第七卷为《印度教建筑百科全书》（*Encyclopaedia of Hindu Architecture*），为随后的工巧论释读事业提供了助力。与罗兹不同，阿阇耶并不重视实物与文本的呼应，在翻译术语时，往往将其抽离于印度文化情境之外，因而受到一些学者的诟病（Coomaraswamy 1928, 250）。到了1994年，由法国学者布鲁诺·达根斯（Bruno Dagens）编译的《摩耶所说义：关于居所、建筑和图像的论书》（*Mayamatam: Treaties of Housing, Architecture and Iconography*）正式出版。这是目前唯一对《摩耶所说义》作全文翻译的英译本。在译文中，达根斯谨慎地保留了绝大部分术语的原词，针对某些意义难辨的语句，仅概述其大意，避免过度阐释。对于缺少相关背景知识的读者来说，这部译本或许稍嫌晦涩，而对于研究者来说，这实际也为进一步的探讨留出了空间。

在跟随段晴教授攻读学位期间，我曾尝试对《摩耶所说义》进行初步研习，虽然最终并未以它作为博士论文的研讨对象，但在随后关于吴哥古迹的研究中，我确有从中获益（李颖 2016, 19, 145）。此时重拾这份文献，既是为缅怀恩师、纪念自己在燕园学习的时光，也是基于对其难点与价值的切身感受，期望尽己所能，向着工巧论研究的漫漫前路，抛出一块微小、粗粝的引玉之石。限于个人能力，本文内容难免挂一漏万，就留待日后与各位师友探讨，再行补正。

二、《摩耶所说义》节译

《摩耶所说义》第一章题为“总论”，主要介绍了这部经典的作者、经典所涉及的具体话题以及经典的神圣来源，最后阐明了编纂经典的目的——为神居以及人类的居所提供指导。

《摩耶所说义》

第一章 总论

向全知的世自在[1]顶礼，向他详细询问并依次聆听教诲之后，为了众神与凡人们的居事[2]的安乐，睿智的圣人摩耶[3]，便制定[4]了一切居所的特质。

首先是居所的种类[5]，土地堪舆[6]和圈占[7]，测量手段[8]，以及在觜月[9]竖立表

---

1 原词为“jagatīśvara”。

2 原词为“vastu”，意为“事，物，境事”，有别于专指居所的词汇“vāstu”。不过，在《所说义》中，“vastu”也被用于描述“居所”或“与居所相关的事物”。

3 摩耶（Maya）是一位传说中的工巧大师。据史诗《摩诃婆罗多》（［印度］毗耶娑 2005, 483–484, 501–502），般度之子阿周那在焚烧甘味林的大火中救出了一位名叫摩耶的、精通工艺的阿修罗。为报答他的救命之恩，摩耶便为般度五子在天帝城建立了一座华丽的大会堂。此处的“摩耶”有可能就是指史诗中的阿修罗摩耶。

4 原句为“prājño munirmayaḥ kartā sarveṣāṃ vastulakṣaṇaṃ”，直译为“睿智的圣人摩耶是一切居事之特质的制造者”。“kartā”字面意义为“造者”。达根斯认为，此词有双重意义，其一是指《所说义》的“作者”，其二是指建筑的“造者”，因为摩耶本人不仅被认为制定了《所说义》，而且在相关传说中也是一位建造大师。

5 《所说义》主张，“居所”（vastu）共包含四类，即：土地、楼宇、车舆、偃卧处。

6 即考察住宅基地的色、香、味、密度、形状、周边环境等多方面条件的一种术业。印度传统的“堪舆”术业理念与中国的相宅之法有相通之处，都强调居住环境与房屋及居住者命运间的关联性，要求人们在建房定居之前，必须周密、审慎地考察住宅基地的形势环境。

7 古印度人认为野地上栖息着乾达婆、药叉等精灵，因此，为了家宅及居住者的平安，必须采用特定的仪式、咒语来驱散这些神灵，并做净化仪式，宣告土地已被自己占有。这一整套仪式即被称为“圈占土地”。

8 主要列举常用的长度单位及换算法则。本书列举的长度单位大致分三类：一为自然物，如麦粒、虱虮等；二是人体部位，如指、肘等；三为特殊单位，如弓、杖等。

9 也写作“Mārgaśīrsha”（音译“摩伽尸舍月”），是古印度传统历法中的第九个月，相当于现代公历的十一月至十二月之间。

杆[1]的方法；安置宫位天神[2]与相应的献祭法则[3]，乡村诸地的规划[4]与城市特征[5]等；占地空间的设置[6]，胎藏[7]的安置指南，底座[8]法式以及基座的要点，诸立柱的要素[9]，柱顶楣构[10]的次第法则，梁架接榫[11]的设置，以及诸屋顶的特质[12]，平层、两层、三层、四层等建筑的设置与特征，环绕四周的瞿布罗门楼[13]

---

1 “表杆”即一种垂直于地面竖立的直杆，其用途是借助太阳的投影来确定所要建造的建筑物的四个方位基点，以便接下来对建筑的平面图形进行进一步的细致规划。

2 印度传统建筑理论将建筑的平面图切分为若干个宫格(pada)，并认为不同的宫格隶属于不同天神。“宫位天神”即是指这些在建筑平面上占据特定宫格的神明。

3 因宫格内有天神驻扎，为了建筑及居住者的安宁，需要给这些天神做相应祭祀。祭祀分为“单神祭”和“群祭”两种，“单神祭”要在不同的神明宫位供奉不同的祭品，例如，梵天宫位上要用香花、蜂蜜等供养，因陀罗宫位则要用鲜花和内脏供养；“群祭”则是为所有天神依次进献相同的祭品，即拌有酥油的食物和香料等，同时念诵咒语。

4 主要涉及乡村、城镇、堡垒等不同规模聚落的占地测量问题，村镇中应当设置的道路的数量、方位、名称等问题，以及城门、神庙、神像的安置方位等问题。

5 主要涉及占地周长、城墙建造、居住人群、街道设置等多方面问题。

6 主要谈论对房屋平面及其以上的立体空间的规划法则，具体涉及不同层高的房屋的尺寸比例、种类名称等问题。

7 原词“garbha”原指胎儿，引申表示原初的生命力、精力或孕育新生的源头，笔者遵此意而将其译作“胎藏”。古印度建筑理论认为，应在一切聚落房屋的下方地基挖掘一个坑穴，在坑内埋入吉祥的“胎藏”，以确保居所和居民万事富足安宁。在本书中，“胎藏”的种类包括谷物、莲花、金属等，以及一个分为数个宫格的铜盒，宫格内按照宫位天神的不同而要放入不同宝物。

8 原词“upapīṭha”指的是建筑物埋在地下的底层台座，“adhisthāna”一般指“所依处”。笔者试将“upapīṭha”译为“底座”，强调底部位置；“adhisthāna”译为“基座”，强调其承托建筑物及雕像的功能。

9 主要讨论了不同规模的建筑中的柱子应有的长宽比例、数目、使用材质(包括各种材质的取用与加工方法)、外形装饰等问题。

10 原词“prastāra”原指“顶部平面”，在工巧论语境中，指的是从柱顶上方直至房屋顶部的整体结构，包括横梁等。

11 原词“sandhikarman”字面意义为“连接工活”。《所说义》在这一话题上主要介绍了榫卯的分类、组装法及接榫过程中的若干错误操作等。

12 主要涉及屋顶的高度比例设置、形状及构成屋顶的各部分的材质、组装方法等。

13 “瞿布罗”是对原词“gopura”的音译。在南印度泰米尔地区的建筑术语中，“瞿布罗”指的是一种设立在寺庙或城池内墙处的阶梯状门楼。这种门楼的规模因主建筑物的规模而异，最小的仅有一层，最大的可达七层，多呈现为下大上小的梯形外观，多见于印度教神庙，少数见于耆那教寺庙。《所说义》主要讲解了五种瞿布罗门楼的分类与特质，不同层数瞿布罗的结构，以及各部件所占的数值比例等。

的特征，柱厅[1]等的建筑法则，以及诸房屋[2]的特质，房间的布置之道[3]，(首次)入室礼[4]，王宫的设置[5]，以及设立门户的注意事项[6]，诸车乘[7]与偃卧处[8]的要素，林伽的要素[9]，台座的要素[10]，以及与之相应的、正统的后补工事之规则[11]，诸男女天神[12]的肖像要点，度量要点，以及开眼仪式[13]，均已依次集结完毕。

[1] 原词“maṇḍapa”可指在节庆期间临时搭起的帐篷，在建筑论的语境中则指代举办各类婚庆仪式、歌舞表演和净化仪式的“亭子”，以及在寺庙主塔前方搭建的四方形柱厅。这种柱厅一般立在台基上，厅内有多根柱子，采用双柱一组或三柱一组的方式分隔厅内空间，柱厅的屋顶一般为平顶。

[2] 原词“śālā”的含义较宽泛、模糊，既可指整栋的建筑物，又可指代房屋中向外伸长的附属结构和屋顶等。

[3] 主要介绍不同种姓的人群应当如何合理地在居住空间内布置、安排多个不同用途的房间的规则。

[4] 即首次进入新修好的建筑物时需要注意的诸般礼仪事项，主要涉及如何选择初次进入新房的良辰吉日，以及行入室礼时的相关仪式、咒语等内容。

[5] 王宫由王殿、王后殿、剧场、马厩等多座建筑物构成，形制结构较复杂，且各个设施所应安置的位置也有特殊讲究。《所说义》在“王宫设置”这一专题叙述了上述要点，同时也列举了一系列不同规模、适用于不同身份的国王的宫殿类型。

[6] 主要讲解门户的各个组成部分、尺寸比例、吉利的与不吉利的方位以及不同类型的大门的特质，其中有部分内容与上文谈到的“瞿布罗门楼”有所重复。

[7] 是各种出行工具的总称。《所说义》将“车舆”分为两类，一类是没有车轮的乘具，如各式轿子；一类是有车轮的战车、马车等。

[8] 是各类“歇脚处”的总称。《所说义》将“偃卧处”分为可躺的“床”和可坐的“座”两大类，具体涉及床、榻、椅、凳、座等。叙述相对简略。

[9] 《所说义》从第33章开始讨论“造像”，并以“湿婆林伽”作为首个讲解话题，内容涉及林伽的分类、材质(一般石材或宝物类)、尺寸比例(各部分比例，以及林伽与神殿的比例等)、形状、底座、具体雕凿方法等。

[10] 《所说义》主张，雕像的台座必须尽可能地采用与雕像相同或相近的材质进行制作，同时其大小比例也必须与雕像本身及神庙的大小相协调。台座的安放位置因神而异。

[11] 《所说义》在这一部分主要讨论两个问题：一是如何为建造物做修复(着重谈论了湿婆林伽的修复)以及相关的净化仪式；二是在特殊情况下(如修复工事期间)制作并安置一座临时神像时应当注意的事项。

[12] 《所说义》提及的男女神明造像依照身份的不同可大致归为三类：一是湿婆、毗湿奴等印度教主神(湿婆占比最高)；二是印度教的“次级天神”与各类精灵，如太阳神苏利耶、药叉女等；三是佛教的佛陀与耆那教的“大雄”。

[13] 是一种给造好的神像点上瞳孔，为其赋予神采的仪式。

从父辈先祖开始，它由那些不朽的圣人之主代代相传，又由摩耶如实转述。在不同的运用情形下，它对于智慧的天上住客和凡人来说，都是完美无缺的住所指示。

(以上便是《摩耶所说义》工巧论的第一章“总论”)

参考文献

中文：

李　颖　2016《“翻搅乳海”：吴哥寺中的神与王》，北京：中国社会科学出版社。

[印度]毗耶娑 2005《摩诃婆罗多　卷一》，金克木、赵国华、席必庄译，北京：中国社会科学出版社。

西文：

Acharya 1927 Prasanna Kumar Acharya, ed. & trans. *Mānasāra Series, Volume I: A Dictionary of Hindu Architecture*. London: Oxford University Press.

1946 Prasanna Kumar Acharya, ed. & trans. *Mānasāra Series, Volume VII: An Encyclopaedia of Hindu Architecture*. London: Oxford University Press.

Branfoot 2015 Crispin Branfoot. “The Tamil Gopura: From Temple Gateway to Global Icon.” *Ars Orientalis* 45: 78–112.

Coomaraswamy

1928 Ananda K. Coomaraswamy. “Indian Architectural Terms.” *Journal of the American Oriental Society* 48: 250–275.

Dagens 1994 Bruno Dagens, ed. & trans. *Mayamatam: Treaties of Housing, Architecture and Iconography*. New Delhi: Indira Gandhi National Center for the Arts.

Parker 2003 Samuel Parker. “Text and Practice in South Asian Art: An Ethnographic Perspective.” *Artibus Asiae* 63/1: 5–34.

Raz 1834 Ram Raz. *An Essay on the Architecture of the Hindus*. London: Royal Asiatic Society of Great Britain and Ireland.

Salvini 2012 Mattia Salvini. “The *Samarāṅganasūtradhāra*: Themes and Context for the Science of Vāstu.” *Journal of the Royal Asiatic Society* 22/1: 35–55.

犍陀罗佛寺的布局

——以塔克西拉、白沙瓦、斯瓦特地区为中心

廖志堂　李　肖

摘要：本文选取塔克西拉、白沙瓦、斯瓦特三个代表性片区，对犍陀罗古代地面佛寺布局的类型和发展特征做了跨区域的综合探讨。不同地区的佛寺布局具有地域性特征，塔克西拉地区较早形成了较为典型的塔院、僧院的布局，白沙瓦地区因地制宜地发展出以中心佛寺为核心的分散式的佛寺布局，斯瓦特地区在遗址内及出土佛教雕塑上发现了较多的中心佛塔-四角立柱的五点梅花状布局。但三地佛寺布局具有更多的共性，均以方形塔院和与之相邻而建的方形僧院为基本布局模式，其中主佛塔与僧院沿着各自规模化、复杂化的嬗变路径不断发展，而二者之间多变的组合很可能体现了佛教教义的区域性和历时性差异。犍陀罗地区塔院-僧院二元组合的佛寺布局特点鲜明，可与佛教壁画、钱币上的图像相互印证，对犍陀罗以北、以东甚至印度本土的佛寺发展具有广泛而深远的影响。

关键词：犍陀罗；佛寺布局；塔克西拉；白沙瓦；斯瓦特

一、前言

犍陀罗(Gandhāra)地区位于古代印度西北，狭义上指今巴基斯坦白沙瓦盆地一带，喀布尔河与斯瓦特河汇流于此，被称作"重心之地"(le centre de gravité, Foucher 1905, 13)。但从历史文化角度来说，巴基斯坦西北部的斯瓦特盆地、东部的靠近印度河流域的塔克西拉平原地区都属于大犍陀罗文化圈(Greater Gandhāra)的范围。

历史上，多元民族、多种宗教的文明都曾对犍陀罗佛教文化的面貌产生过影响。从早期希腊、罗马等域外征服者留下的文字记录出发，结合目前所见的犍陀罗古代建筑遗存的风格来看，公元前3至前2世纪，佛教很可能已在犍陀罗地区有所流布，但此时的佛教还处于萌芽阶段，发展沿革缓慢。直至公元前后一个世纪，随着原游牧于草原地带的塞人向南进入中亚，犍陀罗地区农业经济的发展进一步带来城市生活的繁荣，佛教及其附属的宗教产物——佛寺才逐渐步入兴盛阶段，而贵霜王朝治下相对稳定的政治、经济、外交形势，为印度域外古代佛寺的第一次大变革创造了良好条件。

作者：廖志堂，中国社会科学院考古研究所。李肖，中国人民大学国学院西域历史语言研究所。

地理上，犍陀罗地处联结印度、中亚、西亚三地的交通商贸要道上，向西南可通向古代印度，向西北经苏莱曼山脉可进入中亚北部、西亚，向北横穿兴都库什山即到达北巴克特里亚，向东经喀喇昆仑山、昆仑山间多条山间通道进入古代西域后，即可直接与塔里木盆地丝绸南、北两道相接（Dar 2007）。犍陀罗地区遂成为印度佛教通过陆路初传西域的重要中继站，而走出印度本土的早期佛教无论是向东，还是向北（绕道中亚北部）流布至西域，犍陀罗本土的佛教及相关的佛寺文化必然对西域佛教产生了重大影响。诚然，古代印度是佛教的发祥地，但在公元最初几个世纪，由于政治、交通等种种原因，西域佛教的直接来源仍是犍陀罗地区。深入、全面研究犍陀罗佛寺对于进一步勾勒西域佛寺的完整历史面貌无疑具有重要意义。

若从19世纪30年代英国殖民者为搜集古钱币而挖掘佛塔算起，犍陀罗地区的佛教考古与研究工作已进行近二百年（廖彩羽 2020），以欧美和日本为首，各国学者不同程度地参与其中。相比于炙手可热的犍陀罗艺术风格学、年代学等议题，犍陀罗佛寺发展的问题鲜有人问津，目前仅有零星的案例性研究出现（李肖等 2022），这与犍陀罗地区曾经保存下来的数量、形式都极其丰富的佛寺遗址是不相称的。

本文拟以保存状况较好的古代佛寺遗迹材料为基础[1]，以塔院（stūpa court）和僧院（vihāra court）的配置模式作为线索，分塔克西拉、白沙瓦、斯瓦特三个地区，对犍陀罗佛寺的布局类型进行梳理和归纳，对其发展特点进行分析，以期为进一步探究佛教文化在南亚-东亚广大范围内的传播、交流与发展提供一个重要的地域类型参考。

二、塔克西拉、白沙瓦、斯瓦特地区的佛寺布局概况

2.1 塔克西拉地区

除少数佛寺分布在城市内部，如散布于西尔卡普（Sirkap）城市主干道两侧（图1）[2]，目前发现的塔克西拉地区大多数佛寺——尤其是大型佛寺，都选址于城市外的平原、谷地、山丘上。

---

[1] 限于篇幅，本文略去对各个佛寺遗址概况的描述，相关内容可参见相关遗址的考古报告及研究文献（https://www.carc.ox.ac.uk/GandharaConnections/bibliography）。

[2] 桑山正进（Sh. Kuwayama）认为西尔卡普城市内发现的佛教建筑很可能是在城市发展末期或废弃之后才被修建（Kuwayama 2007, 224）。值得注意的是，西尔卡普城市内的佛寺遗址中尚未发现佛像遗存（Marshall 1951, 87—230），可以进一步推测塔克西拉地区城市内佛寺兴建时正值当地流行佛教象征物的时期，换言之，直接受到了印度早期佛教建筑内不设或少设佛像传统的影响。

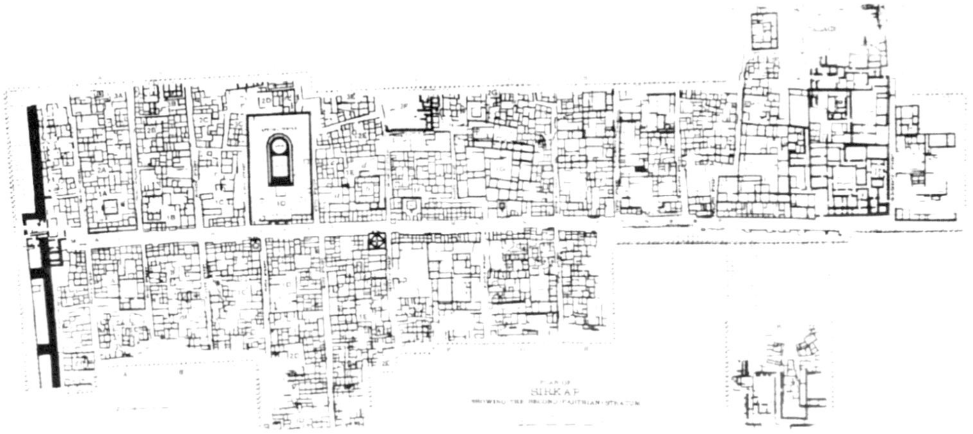

图1　塔克西拉西尔卡普城遗址平面图
（采自Marshall 1951, Pl. 10）

马歇尔（J. Marshall）最早就塔克西拉地区古代遗址的建筑墙体石砌方式进行了年代学、类型学分析，并以此推论佛寺发展的进程（Marshall 1951, 320—322）。后来，盖世（Gosh 1947—1948）、威勒（Wheeler 1948）、达尔（Dar 1989）、埃尔德西（Erdosy 1990）、福斯曼（Fussman 1993）、奥尔欣（Allchin 1993）、菲兹西蒙斯（Fitzsimmons 2001, 5—13）、桑山正进（Kuwayama 2007）等学者进一步修正、完善了相关推论。鉴于此，可以基于该地区墙体砌筑方式的讨论成果，对古代佛寺的布局演变进行整理归纳。

第一阶段：公元前3至前1世纪，大致相当于塞人时期，以毛石砌（rubble masonry）为主。

塔克西拉地区现存年代最早的佛教建筑是达摩拉吉卡佛寺（Dharmarājikā）主佛塔的核心佛塔（core stūpa），其塔基平面为圆形，始建于公元前2世纪。西尔卡普1E遗址中发现的佛塔塔基平面亦呈圆形，修建年代为公元前1世纪后半叶（Marshall 1951, 198）。西尔卡普1D倒“U”形佛殿（apsidal temple）遗址中佛塔（已不存）塔基原本很可能也呈圆形（Brown 1959, XVI-②）。可见，塔克西拉地区早期佛寺布局在一定程度上延续了印度早期佛寺修建圆形塔基的建筑传统。此外，达摩拉吉卡大佛塔周围环绕设置有低矮的围墙、立柱或小塔的布局，也与桑奇（Sanchī）、阿马拉瓦蒂（Amarāvatī）等印度本土早期佛寺在主佛塔周围修建栏楯类建筑、以佛塔为中心的整体布局一脉相承（Mitra 1971, 96—99, 200—204）。僧房方面，随着佛教僧团的发展，多座僧房排成“列状”被修建在主佛塔附近（达摩拉吉卡、达摩拉吉卡北部僧院A-B、詹迪安B〔Jaṇḍiāl B〕）或是佛寺入口两侧（西尔卡普1D）——在塔克西拉出土的钱币表面也描绘有独立的佛塔旁设置列状方形僧房的佛寺布局的图案（Marshall 1951, 756—759）。鉴于早期佛教僧团不主张出家僧侣礼拜佛塔，这些佛塔旁设置有限数量的僧房的布局很可能是为了满足少量负责维护佛塔的僧侣的居住需求，也可能是部分较为“开放”的僧侣尝试“参与”礼拜供养佛塔的实践。无论如何，从佛寺布局上似乎都预示着后来塔克西拉地区僧侣们逐渐“采纳”佛塔礼拜成为日常宗教活动的发展趋势。

第二阶段：公元1世纪后半叶至公元2世纪初，大致相当于帕提亚时期，以菱花砌（diaper masonry）为主，这也是公元1世纪上半叶发生地震后佛寺恢复发展的重要阶段（Marshall 1951, 63）。

其间，塔克西拉地区佛寺出现了变革性发展，主要表现在两个方面。其一，佛塔开始修建于平面呈方形的塔基之上（西尔卡普城址主干道两侧的佛塔建筑），部分塔基内部还修建有用于支撑的轮辐状墙体（达摩拉吉卡主佛塔），这两种佛塔新元素折射出古代罗马的陵墓、石棺丧葬传统的影响，这一来自西方世界的建筑文化很可能沿着海上航线从古代印度南部登陆，进入犍陀罗地区后首及塔克西拉，并逐渐融入当地佛塔建筑中（桑山正进 1998，506—566；Kuwayama 1979, 1997, 1998, 2002a）。其二，平面呈方形的僧院布局开始见于塔克西拉的大小佛寺，僧院中央几乎都是方形的露天庭院，周围多环绕走廊，再向外是整齐排列在庭院四围的僧房及集会厅、厨房、饭厅、贮藏库等附属建筑，整个院落一般只设一个狭窄的出入口，表明这一时期僧院与外部世界存在明确的实体界限。这一时期，只发现少数佛寺的佛塔与寺院分立两地（莫赫莫拉杜〔Mohṛā Morādu〕），大多数佛寺的主佛塔被直接设置在方形僧院中央（詹迪安〔Jaṇḍiāl〕B、吉尔托普〔Chir Tope〕D2、巴伯尔·汗纳〔Babar Khana〕、皮帕拉〔Pippala〕东侧僧院、达摩拉吉卡M5、达摩拉吉卡北部僧院B、摩亨佐达罗〔Mohanjo Daro〕佛寺）。

第三阶段：公元2世纪，大致相当于贵霜时期，是从菱花砌到琢石砌（ashlar masonry）的过渡阶段，既是塔克西拉地区佛寺营建活动的黄金时期，也是该地佛寺布局基本定型的阶段。佛塔方面，主佛塔附近陆续修建有小型奉献塔，衍生出以主塔和小型奉献塔群为主要组成元素的相对独立的塔院建筑（卡拉宛〔Kālawān〕、吉尔托普B、基里〔Giri〕C-D-E、焦利安〔Jauliāñ〕等）。在形式上，这些奉献塔“充当”着早期佛塔周围栏楯一类建筑的角色，与主佛塔之间形成右绕礼拜道。僧院方面，除个别小僧房组合（拉查克〔Lālchak〕），方形僧院继续占据僧院布局的主流（皮帕拉西侧僧院、卡拉宛、基里C-D-E、吉尔托普A-B-C-D1），僧院与佛塔逐渐分离而形成塔院–僧院的典型佛寺布局。

第四阶段：公元3世纪及以后，大致相当于后贵霜时期（Post-Kushan Period），以琢石砌为主，出现双层琢石砌（semi-ashlar masonry）。塔克西拉地区的佛寺基本延续上一阶段的发展，个别佛寺仍有扩建或增建（詹迪安B、焦利安、达摩拉吉卡），主佛塔周围的奉献塔增加的同时，塔群四面出现了方形佛龛（焦利安）——其中的“大像龛”具有鲜明地域特色，佛龛与塔群外立面之间形成一条新的礼拜道。少数新佛寺被修建（巴达普尔〔Bādalpur〕、库纳拉〔Kunala〕、巴拉尔〔Bhallar〕、帕玛拉〔Bhamāla〕）。

公元6世纪，由于西突厥势力对印度西北部的“漠然”，塔克西拉地区的佛寺发展一度停滞，公元7世纪中后期得到一定程度的恢复，并延续至公元8世纪（Kuwayama 2002b）。除受古代迦湿弥罗（Kāśmira）地区佛教的影响而出现用体积较大的经锤琢的石灰石块（dressed limestone blocks）修建的“十”字形佛塔（帕玛拉）外，佛寺布局未见更多演进。

2.2 白沙瓦地区

从目前发现的白沙瓦地区古代佛寺遗迹来看，很大一部分选址在山地地带，其布局的最大特点即是塔院与零散分布的僧院的组合，是因地制宜、适应山地地形而出现的山地佛寺布局。

塔院方面，通常最先修建主佛塔，其中仅有少数塔基平面为圆形（杰玛勒堡〔Jamālgaṛhī〕、塔克巴拉〔Tahkal Bala〕A），其余均为方形（如塔赫特巴希〔Takht-i-Bāhī〕、沙赫里·巴哈劳尔〔Sahrī-Bāhlol〕A-德玛米〔Dhamami〕、锡克里〔Sikri〕、上纳头〔Upper Nathou〕、梅哈桑达〔Mekhasanda〕），且最初只在一个方向设置踏步。主佛塔在后期一般至少经历一次的“增广”（enlargement），或在核心佛塔的基础上扩大半径筑成体积更大的佛塔（沙基德里〔Shāh-jī-kī-Dherī〕），或同时覆盖叠压数座小奉献佛塔而修建新的大佛塔（特雷利〔Thareli〕、拉尼格德〔Ranigat〕）。主佛塔完工后，周围开始环绕修建形状、大小各异的奉献塔，它们紧靠主佛塔而建——尤其偏向于主佛塔的正面踏步两侧。塔院的院墙一般由奉献塔群外围排列整齐的佛龛界定，早期的佛龛体积较小，后期逐渐增大而形成“大像龛”。

僧院方面，主要有两种类型，一种是在塔克西拉地区常见的方形的相对封闭的僧院建筑（沙赫里·巴哈劳尔A-德玛米、拉尼格德），另一种比较特殊，但在白沙瓦地区较为多见，即零星分布在山地的僧房或僧房组合，后者多为以数个僧房并排修建的在同一院墙内的形式出现（梅哈桑达），这两种僧房布局在一些较大型的佛寺群中均有分布，方形僧院毗邻主佛塔所在主体建筑，僧房组合则散布于主体建筑群的周围（特雷利、杰玛勒堡、塔赫特巴希），应是限于主体建筑所在山地建筑饱和后而就近选址的结果，其布局似无规律可循。

2.3 斯瓦特地区

塔院方面，早期仍以带圆形塔基的大型佛塔为礼拜中心，佛塔保留了印度早期佛塔的覆钵状塔身及周围一圈栏楯性建筑结构（布特卡拉〔Butkara〕I号）[1]。近年，意大利考古队还在巴里果德（Barikot）地区新发现一座始建年代早至公元前3世纪的佛寺，其中包含一座倒“U”形佛殿（图2），这一发现表明，该地区也曾采用印度早期佛寺倒“U”形佛殿的布局，此后才出现了修建于方形塔基上的主佛塔（班尔〔Pānṛ〕I、塞杜沙里夫〔Saidu Sharif〕I、托卡达拉〔Tokar Dara〕）。其中，可以发现一些佛寺出现了多座主佛塔并排而设的布局（尼姆格拉姆〔Nimogram〕、马尔加奈〔Marjanai〕、阿巴萨和至那〔Abba Sahib China〕1、布特卡拉III）。此外，还发现多例于方形塔基四角修建立柱的特殊的主佛塔形制（塞杜沙里夫 I、托卡达拉、贡巴特（Gumbat）），此类建筑在斯瓦特地区出土的佛教雕塑中十分常见（栗田功2003），应是当地广泛流行的一种佛塔建筑样式。

图2　巴里果德巴济拉地区（Bazira）新发现俯视图（局部）
（采自https://www.livescience.com/early-buddist-temple-pakistan）

斯瓦特地区年代最早的佛寺僧房以列状的形式被修建在塔院院墙外（布特卡拉I）。此外，主要可见两种僧房配置形式，一种是院落式，即方形僧院中庭周围环绕一定数量的僧房（尼姆格拉姆、托卡达拉、班尔 I、塞杜沙里夫 I）；另一种是

[1] 晚期佛寺内也存在“复古”现象，如修建于公元3至七八世纪的马拉加巴（Mlamjaba）佛寺中发现带圆形塔基的主佛塔遗迹（Khan 1993, 51）。

非院落式，即独立僧房或僧房组合零散分布在由多个平台构成的山地佛寺中（阿巴萨和至那 1—2、坎德莱 1〔Kanderai 1〕、托卡达拉 1—2），这两种僧院布局有时会出现在同一处佛寺中。

就斯瓦特地区而言，当地佛寺中塔院布局明显可分为有主佛塔-奉献塔群和主佛塔几乎独立存在的两派，前者包括布特卡拉I、班尔 I、塞杜沙里夫I、希奈夏（Shnaisha）、贡巴特、恰特帕特（Chakpat）、尼姆格拉姆、查格帕特（Chargpate）、纳瓦盖塔赫希（Nawagai Tehsil）等佛寺，后者包括阿穆鲁克达拉（Amluk Dara）、洛伊班（Loebanr）、托卡贡巴德（Tokar Gumbad）、托普达拉（Top Dara）、达玛克（Damakot）等佛寺。还存在极个别主佛塔与奉献小塔分院而设的例子（安旦德里〔Andan Dheri〕）。塔院一般从位于中心位置的主佛塔向外逐步增建，改建佛塔、佛龛而形成，但个别佛寺的塔院中佛塔的修建晚于周围佛龛或佛殿的形成时间（布特卡拉 III）[1]。

三、 犍陀罗佛寺布局的类型

目前发现的塔克西拉、白沙瓦、斯瓦特地区的佛寺年代最早者，大约都在公元前3至前2世纪，从圆形塔基、围绕的栏楯性建筑、倒“U”形佛殿、“列状”僧房等来看，犍陀罗地区早期的佛寺布局很大程度上继承了印度本土早期佛寺最传统、最流行、最典型的建筑样式。公元前半个世纪，在阿契美尼德王朝、马其顿帝国亚历山大大帝及后续的希腊化王国先后统治犍陀罗地区的时代背景下，以波斯、希腊、罗马文化为代表的西方文明在西北印度地区得到大范围传播。早期佛寺建筑中采用希腊罗马式立柱、方形塔基及其内部轮辐状墙体都是西方文化与犍陀罗佛教交流与融合的成果，这些新元素的引入大大改变了佛寺从印度初传进入犍陀罗地区时的模样。公元1至3世纪，伴随着佛像和大乘佛教的兴盛，犍陀罗佛寺进入新的发展阶段，一方面，佛寺的选址不仅见于远离城镇的区域，还融入了城市居民的日常生活（Callieri 2006, Olivieri 2011, Rienjang 2011），犍陀罗佛寺的功能分区逐渐清晰。正如马歇尔所言，“覆盖着这些佛寺的山丘很容易就能辨认出来，因为它们的形状几乎都是一样的，都是在一个圆圈旁边有个平行四边形”。在吸收古代印度早期佛寺中佛塔、僧房、佛殿等基本建筑元素的基础上，犍陀罗地区的佛寺发展出了塔院-僧院二元组合的布局，以主佛塔为中心的礼拜区域和以僧院为主的居住区域是犍陀罗佛寺的基本元素，二者相互毗邻、有序分布，在后

---

[1] 布特卡拉III号佛寺南部的塔院布局较为特殊，中央是六座集中设置的方形塔基的佛塔，四周为更早期的地下佛龛，佛龛均带有方形前室、方形后室，后室内均设置有圆形塔基的佛塔，此为犍陀罗地区唯一修建于地下的佛龛建筑的例子，始建年代约为公元1世纪，参见 Rahman 1991。

续的演变过程中，佛塔、僧房等建筑（甚至包括装饰）元素呈现逐步变多、变大的总体趋势，功能的多样性也得到丰富和完善。根据两个基本元素组合关系的不同，可将犍陀罗佛寺的布局划分为以下三大类型。

第一类型，独立主佛塔与列状僧房的组合。

这是犍陀罗地区目前发现的年代最早的佛寺布局类型，约流行于公元前3至前2世纪，以圆形塔基、低矮塔身、半圆形覆钵为最早期的佛塔样式。僧房平面呈方形，以列状或多列形成的“翼”状分布在主佛塔侧面，僧房组合的朝向并不固定——并不都是面向主佛塔，均与佛塔保持一定的距离（达摩拉吉卡〔早期〕、达摩拉吉卡北部僧院 A-B、詹迪安 B），或被直接设置在礼拜区域院墙之外（布特卡拉 I），极少数分布在佛寺礼拜区域的入口附近（西尔卡普 1D）。

第二类型，独立主佛塔与方形僧院的组合。

此类佛寺布局最早出现于公元前后，最先出现在靠近古代印度的塔克西拉地区，后见于白沙瓦和斯瓦特地区，并迅速取代第一类型成为后期犍陀罗地区最流行的佛寺布局。目前发现的第二类佛寺中主佛塔塔基无一例外均为方形，绝大多数塔基最初只在一面设置踏步，周围未发现或仅发现少量奉献塔遗迹。

根据主佛塔周围是否修建有封闭的围墙，又可将第二类型佛寺分出两式。

第一式，主佛塔周围建造围墙，由此形成与外界存在明显边界的“闭合式”塔院（吉尔托普 D1、真南瓦利〔Jinnan Wali Dheri〕、巴达普尔、沙基德里、卡拉宛 H、基里 A-B，詹迪安 A、帕玛拉-B、皮帕拉〔晚期〕、扎德里、拉查克），多见于塔克西拉地区。

第二式，主佛塔周围未建造围墙，主佛塔及邻近的奉献塔共同形成无实体边界的“开放式”塔群（帕玛拉、吉尔托普 A-B-C、库纳拉、莫赫拉莫拉杜、阿穆鲁克达拉、洛伊班尔〔Loebanr〕、托卡贡巴特、托普达拉、达玛克），多见于白沙瓦地区。

第三类型，非独立主佛塔与僧院的组合。

此类佛寺布局流行的时间与第二类相近，均为公元前后方形僧院出现后即开始形成的佛寺布局形式。根据与主佛塔一起形成塔院的建筑的差异，可分出两式。

第一式，主塔周围未环绕奉献塔，或直接在周围修建佛龛形成塔院（特雷利 C-D），或另设院落并在其中修建小型奉献塔，形成“奉献塔院”（塔赫特巴希、杰玛勒堡、桑果〔Sanghao〕）。

第二式，主塔周围环绕数量较多的奉献塔形成“主佛塔-奉献塔群”，奉献塔通常从主佛塔踏步两侧或其他靠近佛塔的地方开始修建，逐渐向外扩大修建范围，但与外侧包围的佛龛列之间会保留一定的礼拜空间（达摩拉吉卡〔晚期〕、焦利安、基里 C-D-E、巴达尔普尔、梅哈桑达、布特卡拉 I、班尔 I、塞杜沙里夫 I、希奈夏、贡巴特、恰特帕特、安旦德里、巴里格拉姆〔Baligram〕、尼姆格拉姆、拉尼格德-E、沙基德里[1]）。个别塔院中呈现出主佛塔与佛殿、数座佛塔并列于院中的例子，这些并置的佛塔与佛殿的大小并无太大差别，换言之，在一些佛寺中很可能存在不止一座建筑作为礼拜中心（卡拉宛、上纳头、布特卡拉 III、马尔加奈、尼姆格拉姆、阿巴萨和至那）。

在犍陀罗地区的山地地带——尤其是白沙瓦和斯瓦特地区——的大型佛寺建筑群中，还发现散建在主体的礼拜与居住区域以外的僧房与礼拜建筑（包括佛殿、佛塔等），其中僧房多以小型组合的形式出现，礼拜建筑则多为单体布局。这些山地类型的佛寺建筑群的结构相对复杂，建筑体量最大的主塔院通常与方形僧院一起作为"中心佛寺"修建于佛寺遗址群的正中位置（通常也是最高位置），由此向外的一定范围内，则零散修建有一些较小型的佛殿、佛塔。散建的僧房组合中僧房数量多为三至五间，或并排而设，或围绕成"田"形，并与前述礼拜建筑保持一定距离。"中心佛寺"与散置佛寺之间的布局差异很可能是因为二者面向的礼拜人群或所承担的宗教功能的差别。

值得注意的是，犍陀罗地区部分佛寺院墙外出现了附加建筑。他们平面呈方形、圆形或半圆形，位于佛寺四角、院落出入口的旁侧、院墙中部或主佛塔四角，应是为加固佛寺院墙而设。这种修建有扶壁（buttress）的方形院落建筑常见于古代印度地区，此类带扶壁的方形佛寺院落（帕玛拉、达摩拉吉卡北部僧院G、塔卡巴拉A、沙基德里、德玛米）很可能直接仿自早期印度城市建设甚至是私宅中的"大房子"（catuḥśāla）[2]。犍陀罗地区新发现的一处洞窟壁画中就描绘了类似的佛寺布局。

图3 犍陀罗地区卡拉·塔瑟洞窟发现的佛教壁画（局部）
（采自Nasim Khan 2000, Fig. 25）

[1] 玄奘对此佛寺有"大窣堵波东南石陛南，镂作二窣堵波，一高三尺，一高五尺，规摹形状，如大窣堵波""大窣堵波左右，小窣堵波鱼鳞百数，佛像庄严，务穷工思，殊香异音，时有闻听，灵仙圣贤，或见旋绕"等记载，说明沙基德里佛寺主佛塔踏步及塔基周围原来很可能修建有数量可观的小型奉献塔（CBETA, T 51, no. 2087, 879c5—881a8）。

[2] 有学者从建筑安全的角度出发，认为此类附属建筑具有"陵堡"（bastion）性质，是出于保护佛寺免受盗匪劫掠而修建的防御性设施（Marshall 1951, 281—282）。

如图所示，该壁画发现于犍陀罗曼塞赫拉地区（Mansehra）的卡拉·塔瑟（Kula Tassa）的一处洞窟中（图3）。画面中央上部的方形门框建筑——很可能代表着佛寺的正门——前方绘有一个站立的人物形象，以其为中心，周围共描绘了五座方形建筑，部分呈现不规则方形建筑的随意组合，不见于实地发现的犍陀罗佛寺，具体功能尚待考证。但西侧较小的两座方形建筑的墙角均描绘了钩状图案，很可能即为扶壁。此外，最西侧的方形建筑上部描绘了一座单体佛塔，其两侧对称分布有一立柱，中央是端坐的禅定人物形象，四边整齐排列着方形小房间。壁画右侧的佛寺也具备相似的布局，此处方形院落只在三面绘制房间，中央绘两个并排而立的人物形象。佛塔伞盖两侧发现有佉卢文题记，其内容用拉丁文转写作“*kaniṣka maharajasa viharo*”，意为“迦腻色迦大王的毗诃罗”。画面中描绘的即是两处佛塔与僧院的组合及三处零散建筑组成的佛教建筑群，很可能即是题记中的“毗诃罗”。该图像证据可进一步说明，最晚至迦腻色迦在位时期（公元1世纪后期），主佛塔和僧院的佛寺布局已经在犍陀罗地区发展起来。

四、余论

犍陀罗地区内塔克西拉、白沙瓦、斯瓦特三地的古代佛寺布局既具有普遍性，也具有地区特殊性。就普遍性而言，犍陀罗佛寺始终以佛塔为佛寺最早、最核心的建筑，方形塔院（或主佛塔）与方形僧院的轴线式二元组合是三地佛寺布局最典型的特征。随着时代的推移，佛教教义发生变化，且受限于自然地理条件，佛寺布局逐渐从简单有序走向繁复杂乱，从有序走向混乱。就特殊性而言，塔克西拉地区的佛寺布局形成较早，曾明显经历过与古代印度早期佛寺布局相似的“保守”阶段，塔院-僧院的组合布局也最早出现于塔克西拉地区，但起初主佛塔在佛寺中所处的位置尚未固定，而到了白沙瓦和斯瓦特地区，主佛塔几乎都被修建在了院落围墙中央，进而形成塔院。白沙瓦和斯瓦特地区在塔院-僧院组合的基础上发展出以“中心佛寺”为主体的山地佛寺布局，独具特色，形散而神不散。这些佛寺群落多分布在一定的地域范围之内，这些建筑之间很可能存在一定的组合关系，有待从佛寺功能的视角对这些看似独立的佛寺遗址进行宗教聚落的探究。

作为礼拜区域与居住区域，以主佛塔为中心的塔院与围绕中庭修建的方形小僧房形成的僧院灵活组合，相辅相成，互为补充，可谓犍陀罗佛教在佛教建筑领域的一大创新，此类特点鲜明的佛寺布局或可被称作“犍陀罗模式”。这一佛寺模式不仅在当地生根发芽，还在犍陀罗以外的地域得到广泛传播，直接影响了中亚北部、西域乃至中原地区古代佛寺的历史发展进程，甚至回传至古代印度地区，成为丝绸之路上东西方文化交流互鉴的重要历史见证。

缩略语

T　『大正新脩大藏經』，高楠順次郎，渡辺海旭編，100巻，東京，1924—1934。依台湾中华电子佛典协会(CBETA)电子版。

参考文献

中文:

李肖等　2022　《犍陀罗佛寺的发现及其形制布局方面的研究》，赵立新、海滨主编《凌云集：薛天纬教授八十华诞学术纪念文集》，南京：凤凰出版社，第47—60页。

廖彩羽　2020　《犍陀罗佛教考古190年》，《石窟寺研究》第10辑，第234—243页。

日文:

桑山正进　1998　「アウグストゥス靈廟と大ストゥーパ——車輪状構造の由來」，『東方學報』70, 506—566。

栗田功　2003　『ガンダーラ美術 I: 佛伝』，『ガンダーラ美術 II: 佛陀の世界』，東京：二玄社。

西文:

Allchin　1993　F. R. Allchin. "The Urban Position of Taxila and Its Place in the Northwest-Pakistan." *Studies in the History of Art* 31: 69–81.

Brown　1959　P. Brown. *Indian Architecture, Buddhist and Hindu Periods*. Bombay: D. B. Taraporevala.

Callieri　2006　P. Callieri. "Buddhist Presence in the Urban Settlement of Swāt, Second Century BCE to Fourth Century CE." In: Pia Brancaccio and Kurt A. Behrendt, eds., *Gandhāran Buddhism: Archaeology, Art, Texts*, 60–82. Vancouver: UBC Press.

Dar　1989　S. R. Dar. "Chronology and Typology of Buddhist Monasteries of Gandhara (Pakistan)." *Lahore Museum Bulletin* 2/1: 23–38.

2007　"Pathways Between Gandhāra and North India during the Second Century B.C. –Second Century A.D." In: D. Meth Srinivasan, ed., *On the Cusp of an Era: Art in the Pre-Kuṣāṇa World*, 24–54. Leiden: Brill.

Erdosy　1990　G. Erdosy. "Taxila: Political History and Urban Structure." In: M. Taddei, ed., *South Asian Archaeology 1987*, 657–674. Rome: Istituto Italiano per il Medio ed Estremo Oriente.

Fitzsimmons　2001　T. Fitzsimmons. *Stupa Designs at Taxila*. Kyoto: Institute for Research in Humanities, Kyoto university.

Foucher　1950　A. Foucher. *L'Art gréco-bouddhique du Gandhâra: étude sur les origines de l'influence classique dans l'art bouddhique de l'Inde et de l'Extrême-Orient*, Tome Premier. Paris: Imperimerie Nationale.

Fussman 1993 G. Fussman. "Taxila: The Central Asian Connection." In: H. Spodek and D. Meth Srinivasan, eds., *Urban Form and Meaning in South Asia: The Shaping of Cities from Prehistoric to Precolonial Times*, 83–100. Washington: National Gallery of Art; Hanover, N.H.: Distributed by the University Press of New England.

Gosh 1947–1948 A. Ghosh. "Taxila (Sirkap) 1944–45." *Ancient Pakistan* 4: 41–84.

Khan 1993 M. A. Khan. *Buddhist shrines in Swat*. Lahore: Artico Printers.

Kuwayama 1971 Sh. Kuwayama. "Note on the Introduction of Square Podium to the Taxila Stupas." *Orient* 14: 23–34.

1997 "A Hidden Import from Imperial Rome Manifest in Stupas." In: R. Allchin, B. Allchin, N. Kreitman and E. Errington, eds., *Gandharan Art in Context: East-West Exchanges at the Crossroads of Asia*, 119–171. Cambridge: The Ancient India and Iran Trust.

2002a "The Wheel-shaped Structure inside Stupa: A Hidden from Augustan Rome." In: *Across the Hindukush of the First Millennium: A Collection of the Papers*, 44–68. Kyoto: Institute for Research in Humanities, Kyoto University.

2002b "The Hephthalites in Tokharistan and Gandhara". In: *Across the Hindukush of the First Millennium: A Collection of the Papers*, 107–139. Kyoto: Institute for Research in Humanities, Kyoto University.

2007 "Kaṅjur Ashlar and Diaper Masonry: Two Building Phases in Taxila of the First century A.D." In: D. Meth Srinivasan, ed., *On the Cusp of an Era: Art in the Pre-Kuṣana World*, 201–231. Leidon, Boston: Brill.

Marshall 1951 J. Marshall. *Taxila: An Illustrated Account of Archaeological Excavations Carried out at Taxila under the Orders of the Government of India between the Years 1913 and 1934*, 3 vols. Cambridge: Syndics of the Cambridge University Press.

Mitra 1971 D. Mitra. *Buddhist Monument*. Calcutta: Sahitya Samsad.

Nasim Khan 2000 M. Nasim Khan. *Buddhist Paintings in Gandhara*. Peshawar: Printo Graph.

Olivieri 2011 L. M. Olivieri. "The Last Phases at Barikot: Domestic Cults and Preliminary Chronology, Data from the 2011–2012 Excavation Campaigns in Swat." *Journal of Inner Asian Art and Archaeology* 6: 1–40.

Rahman 1991 A. Rahman. "Butkara III: a preliminary report." *Ancient Pakistan* 7: 152–163.

Rienjang 2011 W. Rienjang. "Religious Environs in the Buddhist (?) Towns of Taxila." *Gandharan Studies* 4: 203–244.

Wheeler 1948 R. E. M. Wheeler. "Postscript: The Two Cities of Sirkap." *Ancient India* 4: 83–84.

山南博物馆藏信度体正量部《长阿含经》写本的初步报告*

普　仓

摘要：本文初步报告了西藏所藏的一部此前被称为《梵网经》的信度字体写本的主要内容，确定该文本至少由8部不同经文组成，对应巴利语《长部》和汉译《长阿含》的有关经文。同时简要分析写本字体及其语言情况，进一步证实了该文本为正量部所传《长阿含经》的内容。

关键词：信度字体；梵网经；长阿含经

2012年11月，中国西藏电视台报道了西藏自治区贝叶经保护工程项目情况，其中一件带有彩图的写本画面（图1）引起了德国学者卓格梅尔·迪米特洛夫（Dragomir Dimitrov）的注意，他认为这件写本对应巴利语《长部》第11号《坚固经》（*Kevaṭṭasutta*），并认为可能来自于正量部《长阿含》（Dimitrov 2017, 57）。2020年该作者出版的《佛教信度字体及其典籍》（*The Buddhist Indus Script and Scriptures*）一书进一步证实了该文本是属于正量部《长阿含》范畴的《坚固经》，与上座部巴利语《坚固经》与（根本）说一切有部的梵文《坚固经》相对应。

2017年西藏自治区社会科学院贝叶经研究所出版的《西藏贝叶经研究》（汉文版）内封上附了几张不同字体的梵文贝叶经写本照片，其中就有一张照片来自上述同一写本（图2）[1]。笔者听闻意大利那不勒斯东方大学教授弗朗西斯·塞弗罗（Francesco Sferra）正在对该照片进行解读和研究，应该很快就有成果发表。[2]

上述两张照片都来自西藏山南博物馆所藏信度字体贝叶经写本，在《西藏自治区珍藏贝叶经总目录》（以下简称《西藏目录》）中编号为ZX0165-YB15，登录信息为：《梵网经》，78叶，尹杜体，不全，每叶8行，尺寸54厘米×5厘米。

作者：普仓，西藏自治区社会科学院贝叶经研究所。

* 本文系2021年西藏自治区哲学社会科学专项资金青年项目“西藏所藏箭头形字体佛教文学作品研究”（项目编号：21CZJ02）阶段性成果之一。

1 在2017年《西藏贝叶经研究》（汉文版）延续了藏文资料中的“Sindhu’i yi ge”（信度字体）的称谓。

2 塞弗罗教授发邮件给笔者，强调了他与图尼尔（Vincent Tournier）教授正在合作研究该照片内容。

图 1　《坚固经》(图片来自西藏藏贝叶经写本影印件)

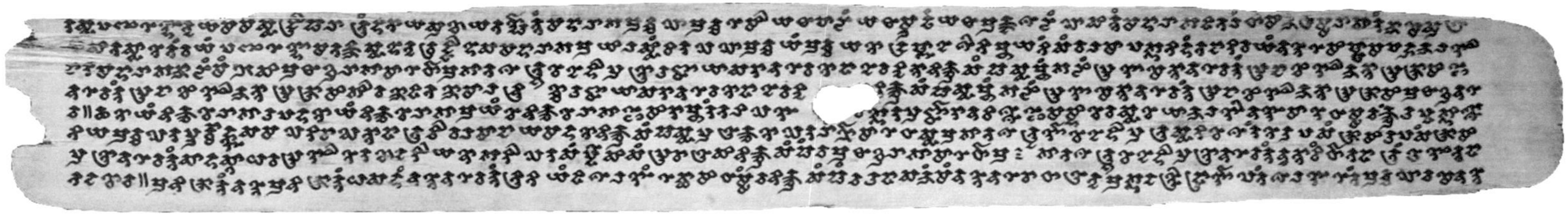

图 2　《沙门果经》(图片来自西藏藏贝叶经写本影印件)

1 文本概况

这件写本的每叶左边的空白处有信度体字母数字，字形完全相同于迪米特洛夫在《月光庄严论》文本研究著作中列出的字母数字（普仓 2020，54—57）。根据这些字母数字我们可以知道，这件写本现存第3、4、11—21、24—88叶。其中第84、85叶上未见叶号，是根据其内容推知，第88叶的内容并没有结束，剩余还有几叶无法确定。

西藏自治区贝叶经保护工程项目组印有《西藏自治区珍藏贝叶经影印大全》（以下简称“影印件”）一套（共61册）和各收藏部门分册，这件写本的影印件收于第20册。写本照片按照阿拉伯数字排序，未见叶号的两叶（第84、85叶）被排为第1叶和第2叶，其余贝叶根据叶边处原有字母数字顺序逐一排列。但由于其中不少贝叶丢失，因此影印件叶号排序与原有顺序不符，例如影印件编号第78叶实为原文第88叶。以下一律以原文叶号指称。

这件写本第85叶背面绘有佛陀与诸婆罗门佛事彩图，即迪米特洛夫在西藏电视台报道时见到的叶面（图1）。第84叶受损严重，只剩下右边三分之二内容，其正面即是2017年《西藏贝叶经研究》（汉文版）内封上的照片（图2），也就是塞弗罗教授正在研究的那张照片。《西藏目录》中所登录的《梵网经》标题，来源于第13叶背面第4行的“*samāptaṃ bṛhmajālamahāsūtraṃ*”一句，由于当时时间紧迫，就以该标题涵盖整件贝叶经写本。根据笔者初步考察，这件写本是一部合集经，目前比对出来的经题均出自《长阿含经》，因此本文暂时称之为《长阿含经》。

2020年，塞弗罗在《补特伽罗论——关于最近重新发现的正量部梵文写本〈阿毗达摩集论颂〉第一章精校版》（Sferra 2020）中指出，《阿毗达摩集论颂》（*Abhidharmasamuccayakārikā*）、《摩尼顶髻本生》（*Maṇicūḍajātaka*）以及迪米特洛夫所比定的信度体《坚固经》（*Kevaṭṭasutta*）在贝叶裁剪大小与书写格局上非常相似，即页面分成三栏，共8行，两边栏每行25至32个字，中间栏31至38个字。这一切不禁让人怀疑这些文本是否出自同一个缮写室（Sferra 2020, 656, Fig. 11）。《阿毗达摩集论颂》[1]和《摩尼顶髻本生》写本，与本文报告的《长阿含经》写本在尺寸上确实相似。不同的是，这件《长阿含经》写本第84叶背面（图2为该叶正面）和第85叶背面（图1）上的文本被彩图分隔成4栏，第51叶正面和第52叶背面被彩图分隔成3

---

1 这件写本先后有意大利学者图齐（Giuseppe Tucci）本人及爱德华·孔兹（Edward Conze）作了汇报，之后长期销声匿迹，直到2014年，在图齐去世近30年之后这件写本才重新得以面世，该本共有14叶，547颂（每叶8行），分为13品。2020年塞弗罗出版了写本研究情况及第一章精校版（Sferra 2020）。

栏，除此之外的其余贝叶都分成两栏，左栏宽度约占叶面的三分之一，右栏约占三分之二，叶上等距分布的两个穿绳孔，左孔是分栏处，右孔则仅使第4、5行的文字中断，其他诸行仍连续书写(参见图2，其左栏缺损，仅余右栏)。然而，这并不影响上述三件写本出自同一缮写室的猜测，《阿毗达摩集论颂》《摩尼顶髻本生》以及这件《长阿含经》写本都曾存于西藏[1]，有可能出自同一个地方并被一同带进西藏，又或者同出自西藏某一处缮写室。[2]

2 文本内容

根据笔者初步考察，写本中出现了7部经本的标题：

第13叶背面第4行处：‖ ‖ samāptaṃ bṛhmajālamahāsūtraṃ ‖ ‖ （《梵网经》已结束），下方有藏文写，上方空白处用藏文标注经题 “mdo chen po tshangs pa drawa rdzogs so”；

第30叶正面第6行处：‖ ‖ samāptaṃ acelakamahāsūtraṃ ‖ ‖（《裸形梵志经》已结束）。标题用藏文转写，在页边下方空白处也用藏文翻译标题 “mdo chen po gos med pa rdzogs so”；

第38叶正面第8行处：‖ ‖ samāptaṃ trevijjakamahāsūtraṃ ‖ ‖（《三明经》已结束），下面有藏文转写，下方空白处用藏文标注标题 “mdo chen po”；

第51叶正面第3行处：‖ ‖ samāptaṃ aṃbaṭṭhamahāsūtraṃ ‖ ‖（《阿摩昼经》已结束），下面有藏文转写，上方空白处用藏文标注标题 “mdo chen po amba ṭṭha rdzogs so”；

第62叶背面第5行处：‖ ‖ samāptaṃ śoṇadaṇḍamahāsūtraṃ ‖ ‖（《种德经》已结束）；

第73叶背面第7行处：samāptaṃ kuṭadantamahāsūtraṃ ‖ ‖（《究罗檀头经》已结束），下面藏文转写，下方空白处用藏文标注标题 “mdo chen po ku ṭa danta rdzogs so”；

第84叶背面第6行处：‖ ‖ samāptaṃ śāmaṇṇa ..（《沙门果经》已结束），下方有藏文转写，但不全。

---

[1] 《阿毗达摩集论论颂》与《摩尼顶髻本生》曾在贡嘎曲德寺内保存，后由图齐获得这两件写本，并拍照带回意大利(可能带走了原件，因为西藏自治区贝叶经保护工程项目组并没有发现这两件写本)。

[2] 根据图齐的分析，《阿毗达摩集论颂》写本包含550个偈颂(塞弗罗确定具体为554颂)，书写于叫纳兰扎(Nālindra)的地方，岡野潔建议其中的“纳兰扎”是指位于拉萨北部的纳兰扎寺(Okano 1998, 16)，但迪米特洛夫和塞弗罗等人认为Nālindra一词指的是那烂陀寺或其周边某个寺院(Dimitrov 2020, 46)。

除了上述出现经题的文本之外，加上由迪米特罗夫比定的《坚固经》，这部合集经至少由8部不同的经篇组成。

2.1 平行本

南传上座部保存有完整的巴利语三藏。其中，经藏的《长部》共有34篇经文，分为三品，即《戒蕴品》《大品》《波梨品》（段晴等 2012）。本文报告的这部写本中提到的各经题对应巴利语《戒蕴品》（*Sīlakkhandhavagga*）中的《梵网经》（*Brahmajālasutta*）、《沙门果经》（*Sāmaññaphalasutta*）、《坚固经》（*Kevaddhasutta*）、《大狮子吼经》（*Kassapasīhanādasutta*）、《三明经》（*Tevijjasutta*）、《阿摩昼经》（*Ambaṭṭhasutta*）、《种德经》（*Soṇadaṇḍasutta*）、《究罗檀陀经》（*Kūṭadantasutta*）。

在汉译《大藏经》中也保存了完整的《长阿含》，分成4分共30部经，学界多认为其底本属于法藏部（Dharmaguptaka）传本，是以中古印度语而非梵语写成（刘震 2020, 11）。

除此之外，在20世纪中亚和巴基斯坦吉尔吉特地区陆续发现了大量古代写本，经学者的整理和研究，其中一些梵本经文可以在《长部》与汉译《长阿含》中找到对应，被归为（根本）说一切有部传本。[1]

2.2 经文排序

上述三个《长阿含》系统在经序和品目划分上都不相同。

上座部传本巴利语《长部》中《戒蕴品》13经的排序为（参段晴等 2012, 6—7）：1.《梵网经》（*Brahmajālasutta*）；2.《沙门果经》（*Sāmaññaphalasutta*）；3.《阿摩昼经》（*Ambaṭṭhasutta*）；4.《种德经》（*Soṇadaṇḍasutta*）；5.《究罗檀陀经》（*Kūṭadantasutta*）；6.《摩诃利经》（*Mahālisutta*）；7.《阇利耶经》（*Mahālisutta*）；8.《大狮子吼经》（*Kassapasīhanādasutta*）；9.《布吒波陀经》（*Poṭṭhapādasutta*）；10.《须婆经》（*Subhasutta*）；11.《坚固经》（*Kevaddhasutta*）；12.《露遮经》（*Lohiccasutta*）；13.《三明经》（*Tevijjasutta*）。

有部传本梵语《长阿含》的《戒蕴集》（*Śīlaskandhanipāta*）包括23经（参Hartmann 2004, 127—128；刘震 2020, 26—29，括号中为对应的汉译《长阿含》经名）：1. *Tridaṇḍin*; 2. *Piṅgalātreya*; 3. *Lohitya* I（露遮）；4. *Lohitya* II; 5. *Kaivartin*（坚固）；6. *Maṇḍīśa* I; 7. *Maṇḍīśa* II; 8. *Mahallin*; 9. *Śroṇatāṇḍya*（种德）；10. *Kūṭatāṇḍya*（究罗檀头）；11. *Ambāṣṭha*（阿摩昼）；12. *Pṛṣṭhapāla*（布咤婆楼）；13. *Kāraṇavādin*; 14. *Pudgala*;

[1] 有关中亚和吉尔吉特发现的梵本《长阿含》情况参刘震 2020。

15. *Śruta*; 16. *Mahalla*; 17. *Anyatama*; 18. *Śuka*; 19. *Jīvaka*; 20. *Rājā*（沙门果）; 21. *Vāṣiṣṭha*（三明）; 22. *Kāśyapa*（裸形梵志）; 23. *Brahmajāla*（梵动）。

法藏部传本的汉译《长阿含》第3分包括10部经：1.《阿摩昼经》; 2.《梵动经》; 3.《种德经》; 4.《究罗檀头经》; 5.《坚固经》; 6.《裸形梵志经》; 7.《三明经》; 8.《沙门果经》; 9.《布吒婆楼经》; 10.《露遮经》

西藏现存这件《长阿含》写本第1、2叶缺失，第3叶上的文本是《梵网经》中"中戒"的内容，由此推测《梵网经》应该排在第一位，与巴利语《长部》一致，其他经篇则多有不同。例如《沙门果经》内容出现在《究罗檀头经》之后。写本第84叶背面第6行处《沙门果经》的结束语之后，接着写道："evaṃ me śuta .. ggrahapati-"，正好接上了第85叶正面："-putro paṃcamātrehi .."即《坚固经》的内容，说明《沙门果经》之后紧接着《坚固经》的内容。

此外，在这部写本中目前还未找到与巴利语《戒蕴品》中的《摩诃利经》《阇利耶经》《布吒波陀经》《须婆经》《露遮经》相对应的经文，或许随着对这部写本的深入解读，还会找到更多的对应经文。

3 文本字体及语言

3.1 字体

这部写本是西藏目前保存的带有标题的4件信度字体贝叶经写本当中的一件。该字体是指字头有小三角形并且尖头指向上方，根据其形状被称为尖头字（point-headed）或箭头字（arrow-headed）（Bendall 1886, 111）。随后有学者根据波斯学者比鲁尼（Al-Bīrūnī）的记载[1]，称该字体为比丘克字体（Bhaikṣukī），并出版了一些研究成果，其中列出了字体表[2]。经初步解读，前期学者列出的字体表完全适用于这件西藏保存的《长阿含》写本，也就是说它们之间存在同样的字体学特征。

---

1 公元10至11世纪的波斯学者比鲁尼（Al-Bīrūnī）用阿拉伯语撰写了1030年代印度的宗教、哲学、文学、地理、年鉴、天文、习俗、法律方面的重要著作。这本著作于1888年由爱德华·卡尔·萨乔（Edward Carl Sachau）翻译成英文并出版发行。

2 哈尼斯的《摩尼顶髻本生》（Hanisch 2006）、迪米特洛夫的《月光庄严论》（Dimitrov 2010）以及塞弗罗的《阿毗达摩集论颂》（Sferra 2020）分别列出了信度字体表，其中迪米特洛夫列出的字体更为详尽，包括基本字母、连写字等共750多个字体（参见普仓 2020）。

3.2 语言

绝大多数以信度字体书写的写本使用的语言比较特殊，众多学者包括《巴特那〈法句经〉》文本的研究者都遇到了如何准确定位该字体材料中所使用的语言性质的难题。长期以来，学者们对其语言现象进行研究，得出的结论并不一致，有人认为是佛教混合梵语，有人认为是受到梵语影响的巴利语，也有人认为是一种佛教中古印度语，更有人称之为正量部俗语（Sāṃmitīya Prakrit, Skilling 2016）。正如迈克·翰（Michael Hahn）在20世纪90年代末所说，它在读者面前呈现为一种纯梵语和几乎纯巴利语的奇怪混合体，还夹杂着其他俗语方言（Hahn 1998, 57）。直到2020年，迪米特洛夫出版了关于信度字体文本的最新研究成果（Dimitrov 2020），其中探讨了该字体及其语言情况，认为“比丘克”一词虽然在比鲁尼的著作中有记载且不少学者乐于使用，但这种称谓并没有事实依据证明该字体使用者们也用“比丘克”一词[1]。他分析和研究藏文文献中的记载，认为该字体原始称谓为“信度”（Sin dhu ra’ ye ge, Saindhavī），如同纳嘎迦字体（Na ga ra’ ye ge）、摩揭陀字体（Ma ga da’ ye ge）、克什米尔字体（Kasmī ra’ ye ge）等称谓可还原梵文分别为天城体（Nāgarī）、摩揭陀体（Māgadhī）以及克什米尔体（Kāśmīrī）等。他还进一步论证信度字体首先由正量部佛教徒使用，因此他们也被称为“信度人”（Sendha pa），使用的特殊语言可称为“信度语”（Dimitrov 2020, 44）。

经初步解读，山南博物馆藏信度字体《长阿含经》中有大量的并非正规的梵文或巴利文的词汇形式，例如在文中大量出现的“长者子”（ggrahapatiputra）一词，其梵文形式为gṛhapatiputra，而巴利文形式为gahapatiputta；“长时”（$2B_1$: drīgharātraṃ）一词，梵文形式为dīrgharātraṃ，而巴利文形式为dīgharattaṃ；“韦提希子”（vedehīputra）一词，梵文形式为vaidehiputra，而巴利文形式为vedehīputta，等等，诸如此类的不规则词汇非常的多；三种咝音ṣ、ś以及s都有用到，包括双写咝音ṣṣ（manuṣṣa）、śś（paśśati）以及ss（bhūyassa）。对比下来，该文本语言与巴利语《长部》对应平行段落相近，但也有明显不同于巴利语的梵语特征及中古印度语特征。正如迪米特洛夫所说，kr、tr、gr等辅音群更倾向于梵语化（Dimitrov 2020, 181—184）。此外，有特殊的单词格尾形式，例如单数体格形式ajātaśatrū（Skt. ajātaśatruḥ, Pl. ajātasattu）、复数具格形式以-ehi或-āhi结尾（$1B_1$: paṃcamātrehi）；独立式形式以-ttā结尾（$1B_1$: upasaṃkramittā; $2B_3$: vandittā, praṇamettā, pradākhīṇīkattā; $2B_6$: nivāsettā），而巴利语同梵语一样以-tvā结尾（upasaṃkamitvā）。这些特征同样出现在信度体

[1] 迪米特洛夫通过梵文语法分析得出了“比丘克”（Bhaikṣukī）衍生于“比丘”（Bhikṣu）一词，认为“比丘克”的称谓是来自于佛教团体之外的外来词汇，而使用该字体的佛教徒应该有更具体的称呼（Dimitrov 2020, 44）。

其他文本资料中（Hanisch 2006, 121—133）。总而言之，这件信度字体抄写的写本语言，与已被归为正量部的文本《摩尼顶髻本生》以及印度人罗睺罗在西藏发现并拍照带回去的《巴特那〈法句经〉》文本有共通之处。[1]

4 结语

通过上述文本内容及其特殊字体和语言等情况来看，进一步证实了迪米特洛夫的猜测，这件写本为正量部《阿含经》内容。该写本作为信度字体写本，使用的特殊语言有学者称之为“信度语”，而对此目前尚缺乏更多的相关资料来深入分析和研究，该文本则为研究该语言的特征和性质增添了新的文本资料。如上所述，这件写本作为部派佛教经典，又有巴利语、梵语以及汉译平行本可作比较研究，对于我们了解部派佛教经典、佛经体裁，甚至对于了解整个中古印度语言演变具有非常重要的意义。

参考文献

中文：

段　晴等　2012　《汉译巴利三藏·经藏·长部》，上海：中西书局。

刘　震　2020　《禅定与苦修——关于佛传原初梵本的发现和研究》（修订本），上海：上海古籍出版社。

普　仓　2020　《箭头形字体写本〈月光庄严论〉研究、字体表，以及写本复制件》，拉萨：西藏藏文古籍出版社。

西文：

Bendall 1886 Cecil Bendall. “On a Newly Discovered Form of Indian Character.” In: *Verhandlungen des VII, Internationalen Orientalisten-Congresses gehalten in Wien im Jahre 1886*, Arische Section, Mit zehn Tafeln, 111–125. Vienna: Alfred Holder.

Cone 1989 Margaret Cone. “Patna Dharmapada.” *Journal of the Pali Text Society* 13: 111–125.

Dimitrov 2010 Dragomir Dimitrov. *The Bhaikṣukī Manuscript of the Candrālaṃkāra:Study, Script Table, and Facsimile Edition*, Havard Oriental Series 72. Cambridge (Mass.): Harvard University Press.

2017 “Die entzifferte Indus-Schrift. Zur Geschichte der Saindhavī-Schrift nach einigen arabischen, tibetischen und indisschen Ouellen.” *Berliner Indologische Studien* 23: 33–68.

2020 *The Buddhist Indus Script and Scriptures*. Wiesbaden: Harrassowitz Verlag.

[1] 1934年，印度人罗睺罗在西藏俄尔寺发现了前孟加拉字体的《法句经》，其胶卷目前收藏在位于巴特那的比哈尔研究学会（Bihar Reasearch Society），因此以《巴特那〈法句经〉》为名，先后由罗特（Roth 1980）和科恩（Cone 1989）编辑出版。该文本经学者研究，归为正量部传承的文本。

Hahn 1998 Michael Hahn. "On the hapax legomenon *upoko* (Patna Dharmapada II.30)." In: Paul Harrison and Gregory Schopen, eds., *Sūryacandrāya, Essays in Honour of Akira Yuyama, on the Occasion of His 65th Birthday*, India et Tibetica 35, 57–66. Swisttal-Odendorf.

Hanisch 2006 Albrecht Hanisch. "Progress in Deciphering the So-called 'Arrow-head' Script Allowing Access to Sarvarakṣita's Maṇicūḍajātaka, a Text of the Buddhist Sāṃmitīya School." *Journal of Buddhist Studies* 4: 109–161.

Hartmann 2004 Jens-Uwe Hartmann. "Contents and Structure of the Dīrghāgama of the (Mūla-)Sarvāstivādins." *Annual Report of The International Research Institute for Advanced Buddhology at Soka University for the Academic year of 2003*, vol. 7: 119–138.

Okano 1998 Kiyoshi Okano. *Sarvarakṣitas Mahāsaṃvartanīkathā: Ein Sanskrit-Kāvya über die Kosmologie der Sāṃmitīya-Schule des Hīnayāna-Buddhismus*, Second revised edition, Tohoku-Indo-Tibetto-Kenkyūsho-Kankokai Monograph Series I. Sendai.

Roth 1980 Gustav Roth. "Particular Features of the Language of the Ārya-Mahāsāṃghika-Lokottaravādins and Their Importance for Early Tradition." In: Heinz Bechert, ed., *Die Sprache der ältesten buddhistischen Überlieferung*, Symposien zur Buddhismusforschung 2, 78–135. Göttingen: Abhandlungen der Akademie der Wissenschaften.

Sferra 2020 Francesco Sferra. "Pudgalo 'vacaya—Apropos of a Recently Rediscovered Sanskrit Manuscript of the Saṃmitīyas, Critical Edition of the First Chapter of the *Abhidharmasamuccayakārikā* by Saṅghatrāta." In: Vincent Tournier, Vincent Eltschinger and Marta Sernesi, eds., *Archaeologies of the Written: Indian, Tibetan, and Buddhist Studies in Hounour of Cristina Scherrer-Schaub*, 655–660. Napoli: UniorPress.

Skilling 2016 Peter Skilling. "Rehabilitating the *Pudgalavādins*: Monastic Culture of the Vātsīputrīya-Sāṃmitīya School." *Journal of Buddhist Studies* 13: 1–53.

汉语文书中的于阗语人名*

——杰谢居民的新集合

荣新江　庆昭蓉

摘要: 自从恩默瑞克、沃罗比耶娃-捷夏托夫斯卡娅合作刊布俄藏文书以来,于阗语研究进展飞跃。2006年,吉田豊偕熊本裕对沃罗比耶娃-捷夏托夫斯卡娅研究的评论指出,缜密的群体传记学分析不可或缺,同时期汉语、吐蕃语资料更应详加比对。站在张广达、荣新江整理思略年表、尉迟曜年表的基础上,本文着眼于双语契约Дх. 18926 + SI P 93.22 + Дх. 18928所见勃延仰等已知公元8世纪后半杰谢(今丹丹乌里克)居民。我们将提示一些人名与人际关系集合,参照段晴、李建强刊布的中国人民大学博物馆藏双语欠钱名单(GXW0107),探讨中国国家图书馆藏和田出土汉文文书BH1-3所见30人名单。按照我们的理解,这些人是贞元六年(790)缴交税粮给唐代镇守军的杰谢当地百姓,主体是于阗人。它为廓清沃罗比耶娃-捷夏托夫斯卡娅率先提出的"丹丹乌里克文书档案"此一概念,提供了有用线索。

关键词: 于阗;杰谢;于阗语;群体传记学分析;丹丹乌里克

1 导论

在2010年以来我们合作整理的一批中国国家图书馆、中国人民大学博物馆藏和田出土汉文文书中,含有不少公元8世纪于阗的专有名词[1]。它们不但是珍贵史料,也是重要的语言学材料。1993年,基于Ch.00120+P.5597等敦煌文献,恩默瑞克(R. E. Emmerick)、蒲立本(E. G. Pulleyblank)出版了他们对于中古晚期汉语与于

作者: 荣新江,北京大学中国古代史研究中心。庆昭蓉,京都大学白眉高等研究中心、京都大学人文科学研究所。

* 本文原为奉献给段晴教授七十华诞的文章,以感激她对推动于阗研究的贡献。可惜今年3月26日,哲人遽归道山,学界痛失良师益友。谨以此文,略表追念,并向所有应受尊崇的梵学先贤深致敬意: *ye sava puyaraha puyaïda*(所有应获尊崇者皆受致敬),采自纽约大都会博物馆藏巴焦尔出土卵形圣物罐(或舍利罐)外侧佉卢铭文,奉献者为Ramaka与Uḍita。见D. Jongeward, E. Errington, R. Salomon and S. Baums, *Gandharan Buddhist Reliquaries*, Seattle, University of Washington Press, 2012, Fig. 3.44, 录文见同书215页。2022年4月10日记。

本文脚注及第5节所附人名索引之粗体表示文献编号,惊叹号表示残字不可忽视,赫定、俄藏、英藏录文分别以KT IV、SDTV III、Skjærvø 2003为准。国图藏双语名单BH1-15的录文以段晴(Duan 2009)所录为主,在那里其文献编号暂时给作X15。正文引述于阗语人名时,通常参考出版者英译中选用的形式。残字如无特别疑义,不予指出。

[1] 庆昭蓉、荣新江 2022a, 2022b, 2022c。(按:庆昭蓉、荣新江 2022a脱胎于我们长篇旧稿的第三篇合撰文,而最先面世,故前置。)

阗语的声韵分析。但直到恩默瑞克遗作（Emmerick 2009），晚期于阗语的声韵体系仍未充分厘清。我们远非于阗语专业学者，可是我们在面对来自同样环境的唐代汉语文书之际，往往必须触及于阗语文书，这使我们不可避免地必须处理两种语言的对音问题。

所幸，自从恩默瑞克与沃罗比耶娃-捷夏托夫斯卡娅合作研究俄藏于阗语文书（SDTV III）以来，于阗语文书研究进展飞跃。在辛沃思（U. Sims-Williams）的协助下，施杰我（Skjærvø 2003）对英国藏品的整理也是一大里程碑。吉田豊（2006, 11—12, 38—39; 2008, 96）借熊本裕（Kumamoto 1996, 44—45, 50）对沃罗比耶娃-捷夏托夫斯卡娅（Vorobyova-Desyatovskaya 1994）的评论指出[1]，缜密的群体传记学分析（prosographical analysis）对于阗语世俗文献分析不可或缺，与之同时的汉语、吐蕃语信息更应详加比对。于是吉田豊（2006, 39）以双语文书Hedin 24的汉文部分为例，指出乘驼人桑宜本的名字正是于阗语Saṃgapuña；并将Pheṃdūkä的准确汉字音写推拟为“偏奴伽”[2]。我们知道，杰谢（今丹丹乌里克）就住着一位名叫偏奴的“胡书”典（Дx. 18925）[3]。他显然是公元781年双语卖驼契Дx. 18926 + SI P 93.22 + Дx. 18928的保人Pheṃdūkä/偏奴[4]。那时他31岁，与驼主杰谢乡百姓Braṃmūjsai/勃门罗齐（65岁）[5]以及其他保人——Puñargaṃ/勃延仰（35岁）、Visarrjāṃ/勿萨踵（61岁）、Marṣäkä/末查（31岁）、Rruhadattä/纥罗捺（25?岁）[6]、Vikausä/勿苟悉（34岁）——构成至今资料最翔实、年代最准确的一组杰谢居民胡汉双语对照人名集合。

---

[1] 亦参见英文版，即Vorobyova-Desyatovskaya 1996。

[2] 吉田豊未提供出处，但前者至少Hedin 10第2行有Saṃgapuñi（由句法看，是单数主格）。贝利翻译取其语干Saṃgapuña（KT IV, 95），列举人名时仍作Saṃgapuñi（idem., 99）；后者汉名中的“伽”，似为吉田氏所加。

[3] 汉文部分发表于张广达、荣新江 2002, 230—232。收录于张广达、荣新江 2008, 278—280。于阗语人名Pheṃdūkä的例证见Kumamoto 2001, 4, 8, n. 17，但实际上还有许多，例如本文表一的Or. 6397/2 (M. 3, H. 4)和Or. 6395/1 (M. 10)。关于尉迟曜纪年，我们采用张广达、荣新江（Zhang and Rong 2009）的结论。

[4] 汉文部分发表于张广达、荣新江 2002, 232—234；收录于张广达、荣新江 2008, 280—282。双语合并释录参见Kumamoto 2001、Kumamoto 2007。以下该契于阗语录文以Kumamoto 2007为准。

[5] 本文之中，行政单位“乡”（于阗语*auva*）相当于英文Township，“村”（于阗语*biśā-*）为Village。参见Rong and Wen 2009, 107, Tab. 2。原件上的“罗”字读法由吉田豊提供（2022年9月26日），乃勃罗门齐之讹。

[6] Rruhadattä其人的汉文名字，抑或其于阗语名字的汉文音写又见Дx. 18927（张广达、荣新江 2002, 234; 2008, 282—283）。我们接受熊本（Kumamoto 2007, 153, 157; Kumamoto 2009, 77）解释，以“纥”为正。下述BH1-3第30行的“纥”字比较清楚。

2 公元8世纪杰谢人名比定的定锚点

2.1 Puñargaṃ其人

对于上述集合，我们同意熊本裕释读的于阗名Puñargaṃ。但其汉名读作“勃迩仰”（LMC pɦut-ri´-ŋiaŋ´）则未宜，因为已知“迱”是“延”的唐代常见变体（黄征 2019, 919—920）。勃延仰又见公元782年汉文书（GXW0166: 2背）第4行，当时他是杰谢的“所由知事”[1]。其汉名登记成“勃延仰”（LMC pɦut-jian-ŋiaŋ´）蕴含的语言学课题——包括于阗语俗语、唐代西北方言等层面——有待学者考索，唯本文为简明起见，只附列蒲立本构拟的晚期中古汉语作为基本对照资料。毋庸赘言，蒲立本拟音是有用的研究工具，但不宜以之为唯一准绳。我们着重于保存第一手资料反映的珍贵对音线索——虽然大多数时候我们只能指出汉字与婆罗谜文写法的对应关系，而非提炼过的汉语、于阗语音位系统比较[2]。

Puñargaṃ其人多见于于阗语文书。如Or. 6392/2（M.9）尉迟曜（Viśa' Vāhaṃ）十一年（777）是关于约定Puñārrjāṃ取用Puñargaṃ的7硕小麦后，应递送（甚或预备？）Puñargaṃ名下*pe'mīnai*布疋至Sīḍaka处的文书[3]。这就形成了由Puñargaṃ、Puñārrjāṃ、Sīḍaka三人构成的一个年代为公元777年的人际关系集合。正如施杰我（Skjærvø 2003, 4）指出，Puñārrjāṃ还出现于SI P 103.36（详下）、SI P 98.10、IOL Khot 3/5（D.viii.2）+ IOL Khot 3/6（D.viii.3）。Puñarrjāṃ是否也是杰谢居民？只要从Sīḍaka着眼，就可以得出相当肯定的结论。

2.2 Sīḍaka其人

Sīḍaka是杰谢居民中生活史最鲜活的人物，汉名常作思略、斯略。他看来有位姊妹名叫Dūlakā，还有许多亲戚[4]。当他在某王十八年（应为尉迟曜十八年，784）任乡头（Auva-haṃdasta）时，便有个年轻的儿子名叫Sīlāṃ[5]。他在784—785年升为萨波[6]，甚至也许可以指出他居住或办公的地址[7]。恩默瑞克（Emmerick 1996, 114, n. 4）

---

[1] 庆昭蓉、荣新江 2022b, 142。GXW0166: 2正、背面合编作《唐建中三年（782）杰谢镇状稿为合镇应管仓粮帐事》。

[2] 下文之中，<>表示个别文书所见婆罗谜文写法而非于阗语音素。

[3] Skjærvø 2003, 3—4，该处将*pe'mīnai*布翻作“woolen cloth”。吉田豊（Yoshida 2008, 110—111）强调这种布“指涉丝绸而非棉布或毛布”（refers to silk cloth rather than cotton or wool cloth）。

[4] Or. 6402B/1.3 (G.7)，参见Skjærvø 2003, 21；庆昭蓉 2020, 587。

[5] SI P 103.38，参SDTV III, 151。

[6] 张广达、荣新江 1997, 351，表2；收入张广达、荣新江 2008, 256。宜补入该表者包括D.v.5（Or. 8210/S.5891，中国社会科学院历史研究所等 1994, 194）以及BH1-17，详下述。

[7] 荣新江 2005, 34。参Stein 1907, 263—673。

猜测他的名字源于印度语*sīḍa*-“蛇”（梵语 *śīla*-“大蛇”）[1]。此人曾在Дx. 18923用汉文“斯”字签名，似乎本人偏好的是“斯略”[2]。看起来，他不太关心或者无法过多干涉汉语行政文书上怎样登记他的名字，以致通常我们见到的写法是“思略”。

有关Sīḍaka的于阗语文书非常多。这里仅举Or. 6392/1（M.9, Hoernle 1）尉迟曜十七年（783）为例（Skjærvø 2003, 3），它主要涉及Brīyāsa、Budarśaṃ以及三名知见人：Puñargaṃ、Khau Śyaṃ、Hatkaṃ。思略、勃延仰的组合提示，Or. 6392/1涉及杰谢事务的可能性很高。而不管是Budarśaṃ或Hatkaṃ，文书中都有许多例证[3]。假以时日，分辨并复原出一份较确定的杰谢居民名单，并非遥不可期。

3 人名比定的困难

上文已经指出了分析的一些难点。就于阗语的名词变格而言，很可能汉书典耳里听到的是主格、属格等实际屈折变化，未必总是与语言学者分析出来的语干相符。以Or. 6392/1所见人名Brīyāsa为例，SI P 103.53也有一位Brīyāsa，但后者写的是Brīyāsi，从文脉来看应可看成单数主格。我们从GXW0166: 2背第4行读到一位“没里遥思”（LMC mut-li-jiaw`-sẓ），大历十五年（780）时为杰谢所管碛外百姓。这提示在镇汉官听到的形式也许是Brīyāsi或Brīyāsä，而于阗语的<ā>在唐人耳中听起来近乎/aw/[4]。

拼写变异方面，比如BH1-15双语名籍也有一位偏奴。其胡名部分略残，段晴（2009, 67）录作Phiṃdū[kä]而稍有别于Pheṃdūkä，其年龄正好残缺。兹不论他是否正是那位杰谢胡书典，只要两者可以看成同一个名字，至少它说明了<e><i>相递用。

熊本（1996, 38）认为，像Puñadatta这样的人名可能过于常见而不利于建构各文书彼此的连接关系。我们同意他的观察与基本前提，比如Puñadatta、Budadatta这样的佛教徒名字，显然应该谨慎处理。但于阗语文书所见人名，还存在更多Pheṃdūkä/Phiṃdū[kä]这样难以充分解释者，无从评估其常用性或者说受到人们喜爱的程度。即使是意义可以解释的少数人名，名字同异划分以及个人身份厘清也时而浮现困难。例如恩默瑞克凭借SI P 103.20所见Rąmaka、Jsajsaka、Maṃgalaka——

[1] Monier-Williams 1899, 1079a。亦参见SI M 20.2译文，载SDTV III, 216。

[2] 图片见孟列夫、钱伯城 2001, 285。

[3] 以俄藏文书为例：Budarśaṃ SI P **94.19**.6; **98.8**.5; **103.53**.1; Budarśaṃ' SI P **103.5**.7; **103.33**.2; **103.44**.2; SI M **52.8**; Budarśa'nāṃña SI P **97.6** + **97.7**.4!, 4。Hatkaṃ的例证则为 SI P **93.30**.b1; **94.5**.4; **95.6**.4, 7!; **96.13**.2; **96.16**.6!; **97.3**.5; **103.11**.5; **103.25**.1, 4; **103.51**.2; **103.53**.2! 我们感到难以决定，此名字是否可以视同BH1-15所见褐鸡/Harkaṃ。

[4] 关于Late Khotanese *ā* ~ *au* ~ *āṃ*的变异现象，参见Kumamoto 1995。

名单书写形式分别为Rąmakä、Jsajsakä、Maṃgalakä——三人缴交物资名单，讨论Maṃgalaka是否相当于其他世俗文书所见人名Maṃgala，意为“好运”(good luck)[1]。可是他没有进一步讨论其他近似人名，例如Makali[2]。就这点而言，BH1-15的Makalau/没割娄亦值得纳入探讨。

要是恩默瑞克倾向于勘同Maṃgala~Maṃgalaka的考虑有道理，那么我们想借第1节提到的Pheṃdūkä/偏奴(LMC p^{h}jian-nuǝ̆)与Marṣäkä/末查(LMC muat-tʂɦa:)指出，-ka/kä是否音写于汉语，对于分辨不同名字而言不那么重要。实际上，已知赫定文书、俄藏文书就有许多Marṣäkä的近似人名[3]。从现代语言学家观点来说，这些变异不可忽视，但当时人是否也如此严格区别？举个不算适切的例子，Joseph是否可以拼为Josef或Jozef，或许只有他本人家族与登记官员说了算。我们不拟就此放弃比对人名的意图，但保持充分的谨慎态度与弹性观点显然是必要的。

至于声韵演变，仍举偏奴/Pheṃdūkä为例，其鼻音弱化不令人意外：马伯乐(Maspero 1920, 30—36)早已指出中古汉语具有这项变化，遑论高田時雄(1988, 86—87 Tab. 4; ibid., 90, Tab. 12)举出的丰富于阗语料。国图新出文书方面，已知Puñadattä写为裴捺、盆捺[4]，再再表示-datta习惯以“捺”写之。这说明“捺”(LMC nat)的声母在当时基本去鼻音化，故可用于音写于阗语处于字中位置的<d>。

显然，同一胡名的不同汉字异写，有助于声韵分析。比如荣新江、文欣(2009)刊布的木简有：

BH3-129, 3-121 (Nos. 1, 4)	Puñekulä / 不挠俱	(LMC put-nra:w´-kyǝ̆)
BH3-124 (No. 29)	Puñekulī / 不你俱	(LMC put-ni´-kyǝ̆)

虽然“你”字的声韵构拟有疑义(参Pulleyblank 1991, 223—224)，但这个例子至少指出，<ñ>的汉语音写方式不固定，还不论人名尾音节常见的<l>被予以省略。不幸的是，汉文加以进一步简化的情况并不罕见，比如下列木简：

[1] SDTV III, 143—144. Maṃgala一名的例证如Hedin **6**.13, 14, 19，三次均呈现为Maṃgali。

[2] Hedin **9**.1,7; **16**.18; **19**.6。英藏例证从略。

[3] 例如：Marṣakä SI P **97.8**.2!; Marṣa'kä SI P **103.36**.5;**103.53**.1; Marṣa'ki SI P **103.49**.4; Marṣä' Hedin **9**.2 (*Naṃdaki Spāta*), 5 (*Spāta*); **12**.8 (*Spāta*); Marṣäkä SI P **101.14**.2!; Marṣä' kä SI P **101.31.9**.1; **103.5**.5; **103.18**.8!; **103.28**.1, 2。其中大部分都被Kumamoto (2001, 8, n. 15)视为同一个名字。此外还有Marṣa'datti Hedin **6**.4, 23; **10**.5。Marṣi' /末士 Hedin **16**.23 (*Kṣvā Auvā Spāta*)。Marṣī'kä SI P **94.9**.4。Maṣa' Hedin **19**.8 (*Spāta*)。Maṣi' Hedin **9**.2 (*Spāta*)。

[4] 裴捺见BH3-98，3-112，3-128。参Rong and Wen 2009, 105—106 Table 1(Nos. 22, 20, 32，下引木简之No编号均指该文编号)。盆捺见Hedin **16**.21。

BH3-130 (No. 28)　Haskadatti /賀悉雞捺 (LMC xɦaˋ-sit-kjiaj-nat)

BH3-103 (No. 31)　Haskadatti /賀悉捺

BH3-126 (No. 30)　Haskadatti /贺捺

这未必需要涉及音节弱化或脱落，因为汉文文书本就有简称人名的习惯，比如一位名叫李奉珎的官员往往简称李珎。有时未被音写的部分难以忽略。比如下列例证的汉文部分均因不明原因而缺少首音节：

BH1-15　Vidaraṃ / 特朗[1]

BH1-15　Sirphūkä / 普(?)鸡 (普〔?〕是本文提出的读法)

而毋庸赘言的是，地名拔伽（Birgaṃdara）只音写了前半。更有甚者，同一种汉字组合似乎可以用于音写不同于阗人名，虽然就我们所知，这种例子非常罕见而有待语言学家确认。比如BH1-15里，疾昨（LMC tsɦit-tsɦak）是Jajahasä的汉语对应（Duan 2009, 66）。但尉迟曜十六年（782）的SI P 103.49所见Jsajsaka之音韵亦甚吻合[2]，并且这个形式更常见[3]。即使人们假定BH1-15的Jajahasä恰在纸边，不妨读为J[s]aj[s]ahasä，°hasä的意味也难以解释。以上这些因素，都为我们的分析带来不确定性。

理想情况下，应通过特定信息才能确定个人身份，例如画押、年龄等。比如吉田豊尝试决定一位名叫Tturgäśi的官员签押[4]，施杰我（Skjærvø 2009）、Maggi (2019) 也都讨论过各种签署。不过就多数文书性质而言，它们无需留下每位涉事者的画押或详细资料。因此，只要学者有意勾勒古代于阗的生活图景，便不得不有所假设——假设某件残契上的保人，就是另一件名单上的同名支付者，等等。这种做法难免招致怀疑，特别是针对一些出土过程不明、又缺乏年款的片段资料来说，

---

[1] SI M **28.2**.b5有人名Vidarāṃ。应指出，<d>与<s>的草书偶尔相似。但与此同时，确实存在人名Visarä (SI M 43.1.b5!)，并且它可以关联到木简BH3-116, 3-122所见Visaraṃ /勿悉朗（＝Rong and Wen 2009的Nos. 11, 12）。

[2] SDTV III, 156—157. 吉田豊（2006, 56）认为，SI P 103.49所见Sīḍaka就是我们熟知的那位思略。

[3] 参见上引SI P 103.20。其他俄藏文书所见例证包括*Jsajsakä* SI P **103.5**.3; **103.36**.2—3; **103.53**.2; *Jsajsaki* SI P **98.8**.1!; **103.49**.11。又是Hedin 23所见施主之一，参Skjærvø 2003, 6—7。

[4] 吉田豊 2006, 32。又见Ching 2013, 346, n. 73。俄藏文书相关例证为：*Tturgäca* SI P **103.29**.3!; *Tturgäśä* SP P **103.27**.3—4; *Tturgäśi* SI P **103.44**.3。三例均为*Spāta*，但年代不明。张广达、荣新江（2008, 109）曾推测这个名字意味着“突骑施”，如今我们在BH1-2正面第21行确实见到一名“突骑施”，他是六城州所由之一，两者或为同一个人。该面主要内容写于774或775年，是一份于阗镇守军仓帐草稿。

显然有风险。不过我们认为，只要学者尽可能建构相关人名集合，收集人际关系，那么将更多具有缺陷的资料纳入分析，仍合乎理性思维。并且我们相信，一旦建构出大致资料框架，未来便可望透过社会统计学分析等工具，得到更加科学的分析成果。故而以下以公元8世纪后半杰谢为例，建构于阗人口的相关集合。

4 公元8世纪后半的杰谢：已知的代表性集合

除了年代、地点清楚的Дх. 18926 + SI P 93.22 + Дх. 18928与SI P 103.49，我们业已举出两个重要集合，即Or. 6392/2（M.9）与Or. 6392/1。已刊文书值得考虑的还很多，这里仅举三例如下：

尉迟曜二十年（786）	Or. 6397/2（M.3; H.4）于阗语贷钱契[1]
尉迟曜二十二年（788）	Or. 6395/1（M.10）征税文书[2]
年代不明	SI P 103.36[3]与不明词语*sukavaṃdā*有关的一份名单

SI P 103.36年代不明，但它与公元782年的SI P 103.49都属于Ṣṣau官Ṣacū治理期间，情境相去不远。中国人民大学博物馆新入藏一份年代不详的双语欠钱名单（GXW0107）尤其具有价值，我们参考段晴的于阗语部分录文[4]，重新按照文面将双语内容排比如下：

1 桑宜没欠一千四百五十文
1’ saṃgabude mūri puḍe tcahārya se pamjsā
2 史郎除碛外及先纳外欠二千三百六十文
2’ ṣālāṃ 2000 60
3 阿悉欠三百廿文
3’ arsäle 300 20
4 日布洛欠一千卅五文
4’ japāṇaki 1000 30 5
5 没里曜娑欠八百一十文
5’ brīyasä 800 10

---

[1] Skjærvø 2003, 9。

[2] Skjærvø 2003, 6—7。

[3] SDTV III, 150。

[4] 段晴、李建强 2014, 29—30。唯第2行“债”当作“碛”；第7行“二千一百六十五”当作“二千六百一十五”。

6 阿董欠一千四百五十文

6' altāṃ 1000 400 50

7 没特桑宜欠二千六百一十五文

7' budasaṃgä 2000 600 10 5

8' saṃgabude mūre 200 ‖ ṣīlāṃ 200 ‖ arrtai 200 ‖ budasaṃgä x ///

9'] x jsai 70

段晴、李建强（2014, 31, 34）借上述材料指出，基于鼻音弱化的现象，“没”（LMC mut）常音写Buda-、B-开头人名。我们基本认同其见解，例如“摩”（LMC mua）至少有一次用来音写<ba>（BH1-15：摩野若村/Bayajvā biśa）。但也存在异常或反例，例如第3节举出BH1-5的Makalau/没割娄（LMC mut-kat-ləw），显示唐代长安音韵或西北方音的鼻音弱化现象在于阗语音的音写应用上并不完全是普适性的。

至于人物比定方面，段晴认为Ṣälāṃ如果可以等同于Ṣīlāṃ，便是于阗语文书常见人物。她举SI P 95(96).15、Hedin 32、Hedin 41为例，认为曾有一个Ṣīlāṃ（Ṣīlā）担任萨波[1]。但她认为，鉴于与勿日桑宜（一位767年前后的拔伽居民）的相对地位关系，这个人与Hedin 71的Ṣau官Ṣīlāna并非同一人[2]。这意味着，Ṣälāṃ/Ṣīlāṃ是于阗常用人名之一。

人名Saṃgabuda又见领抄文书SI P 103.23，记录他从Japāṇaka处收到麻五斗[3]。正如吉田豊（Yoshida 2007, 464—465）业已指出的，在那里，他用“桒”、<saṃ>签名，而段晴推定其书写时间为尉迟曜二十年（786）[4]。段、李没有特别讨论Altāṃ与Arrtai，至于Arsäle，她使用SI P 92.23、SI P 95.6、SI P 98.7、SI P 103.25、SI P 103.53等纪年不明文书，指出此人是位织工（段晴、李建强 2014, 31）。

我们则注意到，Altāṃ曾出现在吐蕃占领时期于阗文书Or. 11252/2a面18行[5]。我们考虑这是否与杰谢文书Or. 6397/2（M.3，H.4）所见Altāṃ/Alttāṃ都指涉同一人（庆昭蓉、荣新江 2022c，192—193），不论如何，SI M 53领抄文书所见“杰谢的Alttūṃ”（Gaysātaji Alttūṃ）应即同一人，而这个写法更贴近阿董（LMC ʔa-təwŋˊ）。

---

1 分别参见SDTV III, 113; KT IV, 41; KT IV, 43。

2 段晴、李建强 2014, 31。按，这里Ṣīlāna看文脉应该也如同Hedin 41一样，是工具格兼从格“来自Ṣīlā的[命令]”（[the order] from the Ṣīlā）。

3 参SDTV III, 144—145。段晴比定为Or. 6393/2之Japāṇaka，而Skjærvø（2003, 4—5）对该契录文注释指出，相同的名字还出现在Or. 6395/1, SI P 137.2等。

4 段晴、李建强 2014, 30。又，GXW0174《唐某年十二月十二日李旺致杨副使书状》也有“桑宜没”一名。关于此件人大博文书，参Rong 2016, 115。

5 Skjærvø 2003, 85。文书年代，参文欣 2008，118—120。

承吉田豊(Yoshida 2007, 464—465)指示，SI M 53、SI P 103.23均有“桒”字画押，又均处某王二十年，格式相仿，无疑也该照段晴意见定为公元786年。实际上，SI P 103.23指明发抄对象是“杰谢的Jäpāṇaka”(Gaysātaji Jäpāṇakä)，故而这些抄文书充分说明，公元8世纪后半杰谢居民中有一位Alttūṃ/Alttāṃ/Altāṃ与一位Jäpāṇaka[1]。

我们还注意到，尽管第8'行Arrtai没有汉文对应，它在已知杰谢文书中也是常见名字。例如吉田豊(2006, 56)诠释过的于阗语文书SI P 103.49(见第3节)，实际上它不仅提到乡头思略、勃延仰(Puñargaṃ)、日布洛(Jäpāṇaki)、疾昨(Jsajsaki)，负责征收坎城唐军要求的粮食税(*kamali jsāri*，字面意为“人头的粮食”[2])的人员就名唤Arttai(词干可以复原为Arttaa-)，俄藏文书有不少例证[3]。

顺带一提，一件关于缴交布帛的残纸Or. 6401/1.4记录了Arjjāṃ、Arttai、Pheṃdūkä三人名字，这里的这位Arttai地位像是与其他交税者相同，而Arjjāṃ不妨比定于GXW0166: 2背面第8行所见胡名遏踵(LMC ʔat-tʂywŋ´)[4]。其人是大历十五年(780)暂时寄住拔伽勿日桑宜家的杰谢百姓。

5 BH1-3: 一个新出的杰谢居民集合

兹以BH1-3(长81.8cm，高29cm)为例，提出一个年代明确又具有意义的名单。它记载贞元六年(790)十月二十二日叱半史郎以下三十人税粮的已缴数量与欠额。除了极少数不规范之处，已缴规律地用大写数字与单位表示，欠粮用一般形式[5]。其年杰谢百姓交纳的税粮有青麦(*rrusa*)、小麦(*ganaṃ*)、床(*āysaṃ*)、粟(*gau'sa*)四种。明显的，BH1-3与GXW0107密切相关，但于阗人名的汉文音写方式不完全一样。我们认为这或许表示的是双方书写年代稍有差异。我们将BH1-3录写、断句如下[6]:

---

[1] 亦参见Kumamoto 1996, 44。关于<ā>、<ū>的平行拼法，我们无法提供理想解释，但至少在众多Rruhadatta例证中，有一次拼写为Rrahadattä (SI P **94.23.**9)。

[2] 参见Kumamoto 1997, 244。我们推测这里*kamali jsāri*便是于阗人对“税粮”的一种说法，但限于篇幅，此不多论。

[3] SI P **103.13.**2; **103.28.**4; **103.36.**6; **103.37.**2, 3; **103.42.**2; **103.53.2**, 2。

[4] 庆昭蓉、荣新江(2022b, 147)所录BH1-1《唐建中七年(786)(?)于阗某仓欠粮簿草》第28行人名“渴踵”声韵略异，不确定是否表示同一人名。

[5] 壹、贰 、叁对一、二(两)、三; 硕、㪷、胜对石、斗、升。

[6] 庆昭蓉、荣新江 2022c, 185—189。行间有检纳时的墨点勾记，录文从略。有些欠粮记录被圈销，上面录文用暗灰色表示。

1 贞元六年十月贰拾贰日筭税粮摠：吒半史郎，小一石七斗，青一石七斗，二石一斗粟。

2 阿薛：小叁硕玖㪷。 欠粟两石。

3 那仵黎：青麦贰硕伍㪷，小麦肆㪷。欠青二斗，小一石三斗，粟二石一斗。

4 盆仁朗：小玖㪷，青貮㪷，又小壹石陆㪷叁胜。欠小五斗，青貮㪷。粟两石一斗。

5 宋免：青伍硕伍㪷。

6 实离弟：小伍硕伍㪷。

7 伊里弟：青壹硕捌㪷，床壹硕。 欠小一石六斗，粟两石一斗。

8 史郎：小肆硕，小壹硕，床壹硕。 欠一石二斗粟。

9 虵郎：青贰硕伍㪷，小壹硕， 床壹硕。 粟两石。

10 摩何捺：青贰硕，又粟壹硕伍㪷，青壹石。欠粟六斗，欠四斗小。

11 莫不多：青壹硕七斗，床壹硕柒㪷。 欠粟四斗，~~欠小三石八斗~~，欠小一石七斗。

12 勃延仰：青叁硕贰㪷，又青壹硕壹㪷， 青壹硕捌㪷。 欠一斗粟。

13 桑莫：小壹硕陆㪷，又小伍㪷。 欠一石二斗青， 粟两石八斗。

14 瑟答矍：小贰硕，床贰硕伍㪷。 欠青一石四斗， 粟两石一斗。

15 日布诺：青壹硕柒㪷，小贰㪷， 青壹硕陆㪷， 粟粟二石欠。

16 没里曜思：青贰硕陆㪷，小叁㪷。 欠一石五斗， 粟二石一斗。

17 没帝娑：小贰硕。 欠青一石四斗， 粟二石一斗。

18 四郎：青壹硕肆㪷，青叁硕。 欠粟一石一斗。

19 阿闭娑：小伍㪷，小叁硕伍㪷， 青壹石壹㪷。 欠粟四斗。

20 偏努：青壹硕柒㪷，粟贰硕柒㪷陆胜。 欠小一石七斗。

21 吒半遏低：

22 疾昨：床叁硕贰㪷伍胜，粟壹硕肆㪷。 欠青小三石四斗。

23 阿揽莫：小贰㪷，青壹石肆㪷，青壹硕陆㪷陆胜。 欠小二斗八升， 粟二石一斗。

24 没特桑宜：青壹硕陆㪷六升，青贰硕，小贰㪷，床壹硕壹㪷捌胜。 欠小二斗，欠四斗六升粟。

25 梅捺：青贰硕。 欠一石四斗小，粟二石一斗， 欠九石。欠青四石八斗，粟四石二斗。

26 咬诺：全欠。粟两石一斗，青小三石四斗。

27 阿羝：小伍硕伍㪷。

28 阿董：青肆硕柒㪷陆胜，小陆㪷。 欠粟二石一斗四升。

29 苏弟：青肆硕。 欠粟一石五斗。

30 纥罗捺：青贰硕伍㪷，小叁㪷，又壹㪷。 欠小六斗， 粟二石一斗。

有几点基本注释如下：

税粮："税粮"（龟兹语写作*śwaiylyāṅk, śwelyāṅk*）是唐朝在安西四镇，即龟兹、于阗、疏勒、焉耆范围内征收的一种粮食税（参Ching 2013, 353, n. 88）。根据我们的最新研究结果，税粮主要用来补充唐朝中原物资调拨不足乃至断绝时，当地驻军所需的粮食，次要用途则包括借贷给百姓作为种子等。在于阗，这个特殊征税系统不断往地方扎根，负责税粮征收的唐军将官越来越接近本地居民，而不是始终通过于阗王府固有的税收系统。公元8世纪后半，税粮对于于阗百姓而言负担沉重。

叱半：沙畹（Chavannes 1913, 211）释为"负责监督某城镇内某一坊里若干特定税收的公务员"。更精确一点说，这是负责村或坊（于阗语 *biśā-*）一级事务的低级官吏，是*Spāta*和*Auva-haṃdasta*的下级，后者对应于城或乡（于阗语*auva*）一级[1]。

欠：根据段晴对GXW0107的研究（段晴、李建强 2014, 29—32），此字对应于于阗语*puḍe*，后者相当于完成式及物动词的限定形式"他欠了"（he owed; he has owed）。在本件文书中，"欠"字则意味着在该年十月二十二日算定某人缴过以大写数额、单位表示的若干粮食后，其日"尚欠"粮食若干。但随着后续稍有补缴，文书又添写一些圈销等记号。

BH1-3中的人名

我们对BH1-3等汉文书分析显示，贞元六年杰谢乡各村叱半征集的粮食，不需全部集中交给当地乡官，而可以由叱半史郎等人直接交给李奉珎等杰谢镇军官就地点算，这是这份30人名单出现的背景。又，根据我们对D.v.5的诠释（见下举人名No. 19阿闭娑，并参见第2.2节），萨波思略个人也要交税粮，他的份额在当年九月就由镇官直接征收并清点入仓了，所以不在这份名单上。此外，根据我们的研究，李奉珎在该年十月二十二日之前就已经征集了相当数量的税粮并送到镇外，故而BH1-3登记的30人不是该年杰谢镇管内应缴税粮者的全员名单，只反映十月二十二日当天及以后缴纳的情况。关于这些人名，兹将相关材料汇聚考释如下，上面已经讨论的例证除外（亦参见表一）：

(1) **叱半史郎**（LMC ʂr̩ʹ-laŋ）：与第8行史郎同名而不同人，因为两人欠粮数额不同。承第4节，段晴认为GXW0107所见Ṣälāṃ/Ṣīlāṃ/史郎可能是SI P 95.15、Hedin 32、Hedin 41所见萨波Ṣīlā(ṃ)。但吉田豊（2006, 50—54）、文欣（2009, 133—135）先后指出多数赫定文书为拔伽文书；并且据张湛（Zhang 2016, 47—49）研究，Hedin 32-

[1] Duan 2009; Rong and Wen 2009, 107 Tab. 2; 文欣 2009, 143—144; Wen 2021, 205—206。

75属于Archive 1-1，年代在公元767年前后，所以赫定文书与俄藏文书所见萨波Ṣīlā(ṃ)未必全是同一人。因为赫定文书的例证，其年代不仅较BH1-3早，地位也比这里这位叱半史郎高得多。至于SI P 95.15的萨波Ṣīlāṃ，他与Pheṃdūka（偏奴）同时出现，不排除便是这位史郎，他后来从叱半升任萨波。

(2) **阿薛**（LMC ʔa-siat）：此名又见BH1-1背第33行[1]。此人应即GXW0107之阿悉/Arsäle。段晴注意到，SI P 103.53上Arsäla、Sīḍaka、Saṃgabuda、Brīyāsa一道去修水渠（段晴、李建强 2014, 31）。而我们想补充的是，这件木简应涉及掏拓，即修理、疏通水渠，并且Arsäle（SDTV III译文按词干给作Arsäla）在英藏文书也颇常见，比如Or. 11252/27、11252/31、11252/32等。这些Or. 11252文书被分类成吉田豊定义的Archive 3，年代与Hedin 15、Hedin 16（尉迟曜三十五年，801年）相仿[2]，即于阗陷蕃前后时期。但难以忽略的是，Archive 2、3存在一些共通人名（例如第4节提到的Altāṃ/Alttāṃ/Alttūṃ，并详下）。又，据上述Puñekulä/Puñekuli的例子，末音节的le/lä/li没有音写出来，但这并不构成严重问题。也有可能，于阗语的-l-被转写成了“薛”的尾音t。

(3) **那仵黎**（LMC naˊ-ŋuǎˊ-liaj）：已知<n>开头于阗人名甚少。基于Kharamurrai/可里没黎（Hedin 16.6）、Kharmurrai/渴没黎（BH1-15）的例证，我们期望它近似于以*rrai*结尾的人名。最符合此条件的是俄藏文书所见Daṃgūlai（SI P **95.2**.1; **97.3**.1; **103.36.4**，词干Daṃgūlaa-）[3]，它可以借由上述去鼻音化现象加以说明。

(4) **盆仁朗**（LMC pɦun-rin-laŋˊ）：据上举盆捺、Puñekulä/Puñekuli的例证，这是个以Puña或Puñe开头的人名。我们一度怀疑是否是Puñārrjāṃ，但顾及Visarrjāṃ/勿萨踵对音（见第1节），这个解答不太理想。Vidaraṃ/特朗、Visaraṃ/勿悉朗（见第3节）的“朗”字提示它最可能是恩默瑞克释读的Puñara（SI P **101.7.2**.b1; **103.31**.8; SDTV III, 128, 148）。

(5) **宋免**（LMC səwŋˋ-mianˊ）：疑为简化胡名。已知“宋”对Suṃ或Su，例如Suṃtharahaksä /宋闼贺悉鸡（BH1-15）、Sudarana /宋闼（Hedin 16）。理论上可以纳入考虑的诸如Sudarma（Hedin 16, etc.）、Subikṣa（SI P 94.7）、Sumauna（BH3-105, 107,

[1] 庆昭蓉、荣新江(2022c, 185)作“阿萨”。这里我们鉴于吉田豊教授口头询问（2022年10月29日于大阪），将此异体字改读为“薛”。

[2] 吉田豊 2006, 60; Yoshida 2008, 99—100; Zhang 2016, 384—388。

[3] SDTV III, 105, 114, 150。此外还存在人名形式Saṃgulai（Hedin **6**.18）；Saṃgūlai（Hedin **6**.7）；Sāṃgūli（Hedin **2**.3—4）。但我们已借Vidara(ṃ)、Visara(ṃ)例证指出，俗语中确实[d]、[s]的对比而不至于不分。

113)[1]、Suramarṣā'(Hedin 36b)、Suhaṃparä(SI M 43.1b)等，但还缺乏明显的对证。我们认为这与第13行"桑莫"的比定相干涉：如果后者可以看成GXW0107之桑宜没/Saṃgabuda的简化，此名就有可能比定于另一个常见人名Sāṃmaka，见SI P 103.53水渠文书等。

(6) **实离弟**(LMC ʂɦit-li-tɦiaj`)：汉名又见GXW0166：2背第14行，其人在大历十六年(781)时在杰谢。此名有两种可能性：(1) Or. 11252/32a.17 Śirīde(Skjærvø 2003, 99)：这件涉及坎城(Phema)的服役名籍没有年代，但属于Archive 3，即于阗陷蕃前后时期。(2) Or. 11252/32a.18 Śirībudi(Skjærvø 2003, 100)：同名者又见Hedin 6.17，据张湛(Zhang 2016)分析，Hedin 6也属于Archive 3的服役名籍一类。此名又见于Or. 11252/13r、11252/31、11344/13，也大抵被归于同一组(Zhang 2016, 91—93)。Śirīde此名罕见，待考。但不论如何，未来实离弟一名不妨作为Archive 2、Archive 3的共通关联人名来追索。

(7) **伊里弟**(LMC ʔji-li-tɦiaj`)：参照荣新江、文欣(Rong and Wen 2009, Tab. 1)列举的"伊里丧宜"的于阗名形式Īrasaṃga，我们期望它是īra开头，但缺乏合适形式。值得一提的是，就在Or. 11252/32a.17—18出现了'Īraki、Iysadatti之罕见人名，位置恰巧分别就在Śirīde、Śirībudi前面，待考。

(8) **史郎**：参考上述疾昨例证，要是史郎在这份名单上未必代表完全一样的名字，则我们考虑此人也许是Or. 11252/31, Or. 11252/32等Archive 3文书所见Śī'lāṃ。已知一位名叫Śi'lāṃ之人的汉名在BH1-15登记为汉风的"二郎"[2]。

(9) **虵郎**(LMC ʂɦia-laŋ)："虵"为"蛇"的异体字，我们怀疑"虵郎"为Ṣälāṃ/Ṣīlāṃ另一种音写。倘若如此，那么区区一份名单就登记三位同名或名字极为相近的人士，虽然不能说完全不可能，仍不免令人诧异。这使我们考虑，是否他们并非全是土生土长的杰谢人，而含有外地迁入者。抑或，"虵郎"写的是另一个发音也类似的名字。在后一种情况下，它或许可以比定为俄藏文书所见Śalāṃ[3]。我们进一步考虑，年代不明而带有纥罗捺画指的残文书Or. 6401/1.2(G.1, Hoernle 9; Skjærvø 2003, 18)，其中与偏奴一起出现的Śalā也是同一人，他又出现在Or. 6395/1(M.10, Skjærvø 2003, 6)等英藏文书。如果上述Puñara/盆仁朗对应成立，那么Śalā/虵郎尾部有无鼻音虽不一致，也不构成太大问题。

---

1 分别相当于Rong and Wen 2009, Nos. 13, 14, 19。

2 关于二郎、Śi'lāṃ对音问题，参见Ching 2013, 341, n. 44。

3 SI P **103.5**.2; **103.11**.2; **103.33**.3; **103.53**.1。包括结论处理的SI P 103.53在内，四件文书均带有不少杰谢人名。然而我们亦须承认，对于Or. 6400/2.1残纸所见Śīlaka一名，我们感到难以决定它更该联系到史郎、虵郎还是二郎。

(10) **摩何捺**(LMC mua-xɦa-nat)：鉴于“捺”字，这最可能含有-datta。“摩何”则意味着开头类似于Mahā-，但也完全可能音写某个<ba>开头名字。目前缺少这样的组合，而我们能找到的最佳解是Mahvittara/Mahvetara[1]，例如SI P 94.11第1行有*Gaysātaji Mahvi'ttara* “杰谢的Mahvi'ttara”，但声韵学上需要解析。另一种解决方案是SI P 103.6第2行所见Buhittä，那里提到杰谢的勃延仰(Gaysātaji Puñargaṃ)，但Buhittä一名极其罕见。

(11) **莫不多**(LMC mak-put-ta)：分析No. 9虵郎时指出的契约Or. 6395/1(M.10)令我们考虑，此人是否为Mūpadatta。如果这个比定没错，则它为何用“多”字而非“捺”字，又为何用短促的“莫”音写首音节，都有待分析。“莫”字又见No. 13桑莫、No. 23阿揽莫。或许可以勉强解释：登记官员听到的发音有音位变换之错乱或者唇音化，类似于*Mapudatta。

(12) **勃延仰**：即Дx. 18926 + SI P 93.22 + Дx. 18928所见同名者，见第1、2节。

(13) **桑莫**(LMC saŋ-mak)：有两种解释：(1) 即GXW0107之桑宜没/Saṃgabuda，乃官方认可的简称。鉴于两件名单重复性很高，这是或然率最高的解答。(2) SI P 103.53第1行所见Sāṃmaka，我们对No. 23阿揽莫的诠释可以用于支持此解。亦参见我们对No. 5宋免的讨论。

(14) **瑟答矍**(LMC ʂət-tap-kyak)：未找到对应人名。“瑟”一般对译<ṣa>，如Hedin 16有Ṣanīra，汉字作“瑟昵洛”[2]。它也许是个含有<ṣta>的胡名，待考。

(15) **日布诺**(LMC rit-puǝ̆`-nak)：即众多杰谢文书所见Jäpāṇaka。GXW0107与本件文书显示<ṇ>可用诺、洛的声纽转写。以“布”音写<pā>，可支持No. 11莫不多/Mūpadatta比定。

(16) **没里曜思**(LMC mut-li-jiaw`-sẓ)：即众多杰谢文书所见Brīyāsa(其中，Brīyāsi之常见写法可视各文书文脉释为单数主格或属格)，GXW0107作没里曜娑(LMC mut-li-jiaw`-sa)。承第2、3节讨论，此人应即GXW0166: 2背所见“没里遥思”，而这名杰谢百姓在公元780年暂时住在拔伽。依据于阗语文书M. 9(Or. 6392/1)，他在公元783年就与乡头思略密切交往。北京某氏藏公元791年汉文书说明，没里曜思那时候任职杰谢乡头，也许其拔擢就在BH1-3编成后不久(庆昭蓉、荣新江2022a, 51)。

---

1 例证甚多，例如SI P 94.1、SI P 94.11、SI P 103.5、SI P 103.31、SI P 103.36、SI P 103.53。SI P 103.9第4行作Mahvetari。

2 KT IV, 30—31, 178。又见段晴、李建强 2014, 33。

(17) **没帝娑**(LMC mut-tiaj`-sa)：此名可能是<b>开头。我们注意到Or. 6395/1 (M.10)所见萨波名为Budesa，疑同名而不同人。另一方面，它或许可以比定为Mādāśa，见Hedin 4(KT IV, 23)。据张湛(Zhang 2016, 47)看法，Hedin 4属于稍早的Archive 1-2(约773—787年)，有可能就是公元787年(尉迟曜二十一年)。但Mādāśa也见于Or. 11252和Or. 11344两组于阗语文书，属于Archive 3。假令这些都是同一人，那么此时其人可能像No. 6实离弟一样，移到了六城地区；而Mādāśa或许是串联Archive 1, 2, 3的关键，他是公元8世纪后半流动于拔伽、杰谢之间的人口之一。

(18) **四郎**(LMC sẓ`-laŋ)：疑即思略之子Sīlāṃ(SI P 103.38，见2.2节)。然而，字面上它只意味着家族里第四个出生的男性。Sīlāṃ一名还出现于其它文书，可以是个普遍的人名[1]。SI P 103.34提到一名名叫Sīlāṃ而向杰谢征税的Ṣau官(SDTV III, 149)，待考。

(19) **阿闭娑**(LMC ʔa-pjiaj`-sa)：此汉名见丹丹乌里克出土汉文木简D.v.5(Or. 8210/S.5891)，另一面写有“思略”(见第2.2节)，该面所见“六年”曾被吉田豊(2006, 136, 160 n.71)推测为公元771或772年，即大历六年，我们(2022a, 68)则研判为公元790年，即贞元六年。上举GXW0166: 2背第15行有“胡闭娑”，是大历十五年(780)杰谢百姓，而我们怀疑“阿闭娑”即“胡闭娑”。于阗语文书中较与此名对应的只有SI P 103.53所见孤例Pesa(或Upesa，如果我们不把u看成连接词“和”，见第6节)，不确定它与一般意味着“老师”的于阗语词*pīsa*(例如SI P 103.23，在那里用来形容桑宜没)有何关系。此外，粟特语有常见人名*Pēsak*/*Pēse* (?)[2]。我们不排除(阿)闭娑一名与之有关，但资料所限，我们暂且不去追问在这个情况下，他是否是一名正在“于阗化”的粟特人，前头又为何缀上“阿”字。

(20) **偏努**(LMC p^{h}jian-nuǝ̆ʹ)：即Дx. 18925、Дx. 18926 + SI P 93.22 + Дx. 18928所见偏奴，只是写法稍微不同。SI P 94.10有杰谢偏奴(Gaysātaji Pheṃdūkä, SDTV III, 99)，可以为证。

(21) **吔半遏低**(LMC ʔat-tiaj)：遏低一名初见和田出土汉文书。我们考虑他与No. 27阿瓶实为同名不同人。承第4节讨论，我们认为这位吔半很可能就是SI P 103.49中征收粮食的那位Arrtai(SDTV III, 156译文取其词干而作Arttaa)，并且他很可能也就是SI P 103.37上与思略一起在杰谢收钱的小吏Arrtai(SDTV III, 151译文作Arrtaa/Arrtai)。

---

[1] Hedin **6.**10; SI P **94.20.**1; **95.4.**1 (Ą̄māci Ṣṣau), **103.34**.2 (Ṣṣau); **103.38.**2 (Sīḍakä pūrä)。

[2] Lurje 2010, No. 987。

(22) **疾昨**（LMC tsɦit-tsɦak）：应即众多杰谢文书所见人名Jsajsaka（SI P 98.8第3行作Jsajsa）。我们还注意到，被编号为黑水城文书的俄藏Инв.5949实为和田出土汉文文书，因为这件牒文明确带有年号（建中六年，785），具名上牒者是一位名叫疾昨的家人（史金波等 2000, 319）。

(23) **阿揽莫**（LMC ʔa-lamˊ-mak）：倘若此名并非源自梵语*ārāmika*-“守园人”，则疑似同源于或者导源自粟特语*Rām*、大夏语*Ραμο*等伊朗系胡名[1]，且很可能相当于Or. 6401/2.1等于阗语文书所见人名Rąmakä。后者理论上既可以看成印度风格人名（例如梵语*rāmaka*- “欢喜，愉悦”，Monier-Williams 1899, 878 b），亦可解释为直接由于阗语动词*ram*- “享受”（“to enjoy oneself” < **rram*-, Emmerick 1968, 114—115）派生的于阗本土人名。要是我们把阿揽莫比定于Rąmakä的方案大致不差，则阿揽莫像No. 19 阿闭娑一样出现了难以解释的“阿”。可以注意到出现Rruhadatta、Rąmaka二人画指的契约Or. 6401/1.2（G.1, H. 9）首行提及Śalā、Pheṃdūka，可说明这四人也构成一个子集合。而我们对于阿揽莫 = Rąmakä的推断，有助于说明No. 11莫不多也是<m>开头的人名。

(24) **没特桑宜**（LMC mut-tɦəǎk-saŋ-ŋi）：即GXW0107簿上的没特桑宜/Budasaṃga。不过这个人名应该比较常用，目前很难说他是否就是广泛在证于Archive 2的同名关键人物。

(25) **梅捺**（LMC muaj-nat）：“梅捺”又见780年汉文举钱契（Or. 8210/S.9464v, 沙知、吴芳思 2005, 321）。我们认为于阗语词干形式是Mayadatta/Maiyadatta，两种拼写都常见（庆昭蓉、荣新江 2022c, 193）[2]。段晴教授（2022）在分析未刊于阗语文书BH1-17过程中，也独立得出同样结论。该文书末尾有悉略、梅捺、勃延仰、阿董（段晴 2022读作阿童）四道汉名，其处悉略显然是Sīḍaka的第三种音写，而这四人无疑构成杰谢居民的另一子集合。

(26) **咬诺**（LMC ŋjaːwˊ-nak）：按No. 15“日布诺”提示，不妨期望一个以ṇaka-或naka-结尾的名字，但缺乏理想候选。一个可能性是将去鼻音化纳入考虑而得出的Gaudaka（SI P **99.5**.2，其处呈现形式为Gaudaki，然而在那里是位萨波）。而Gaudaka也许相当于Gauda，后者常见于Archive 3（Zhang 2016, 363）。Or. 6396/2 (M. 1)第3行跟在疾昨后面的Gaudaka（Skjærvø 2003, 8），是最可能符合这里登记的人物。另一可能性是，假设中古汉语/ŋj/某种程度上通于/j/，那么或许可以对应赫定

---

[1] Lurje 2010, No. 998. 该处指出粟特语*Rām*疑似神祇名，相当于吐鲁番文书所见“阿览”（EMC ʔa-lam’）。

[2] Mayadattä SI P **93.8**.3!; **94.23**.6, 11!; **103.11**.4; Maiyadattä SI P **95.6**.3!; **98.10**.12!; SI M **52**.8。属于Mazar Toghrak档案的同名人物，见IOL Khot 43/1, 43/2 (Skjærvø 2003, 273)。

文书所见Yaudara[1]，这个名字又出现于Or. 11252/27（含Arsäla等人名）、Or. 11252/31（含Śī'lāṃ等人名）等众多Archive 3文书，待考。

(27) **阿瓶**（LMC ʔa-tiaj）：如上解释No. 21遏低时论述的那样，此名可能也对应Arrtai。表一列举的Or. 6395/1（M.10）中Arrtai只是众多画指人物之一，故而其社会地位可能相对较低，对应此人也许比较合适。

(28) **阿董**（LMC ʔa-təwŋˊ）：即上文讨论的Altāṃ/Alttāṃ/Alttūṃ。

(29) **苏弟**（LMC suǎ-tɦiajˋ）：此名疑似Sude，见Or. 11252/2, 11252/4, 11252/31等Archive 3文书。年代不明文书SI M 25上还有位于拔伽的一位萨波Sūda，SDTV III (p. 217)录作Spāta Sudi，被视为genitive-dative。此外，杰谢文书SI P 94.11的发抄者是萨波Sudaṃ（见No. 10摩何捺）。我们无法肯定这样的胡汉人名比定是否成立，其间又涉及多少同名之人。

(30) **纥罗捺**：见第1节举出的公元781年契约Дx. 18926 + SI P 93.22 + Дx. 18928，时为保人，年廿（?）五，于阗语名写作Rruhadattä。又见写于公元785年的汉文书Дx. 18927，时为杰谢百姓。其名见于不少于阗语文书，例如Or. 6401/1.2（参见No. 9虵郎；No. 23阿揽莫）。

6. 结语

本文不拟彻底分析各个名字并罗列所有例证，重点也不在于搜罗杰谢全人口。但是毫无疑问，BH1-3所列30人为进一步廓清沃罗比耶娃-捷夏托夫斯卡娅率先提出的"杰谢文书档案"（archive of Gaysāta）提供了有用线索。它所涉及的人名，多属于吉田豊定义的Archive 2，偶尔也跨越Archive 1, 3。理论上，鉴于群体历史是个渐变过程，Archive 2与先后Archive之间应有一些联结，我们期待今后能够进一步厘清，其间究竟存在多少同名人物。

作为结语，我们回到引领我们找出Brīyāsi/没里曜思等人名的年代不明木简SI P 103.53。刊本英译如下（SDTV III, 159—160）：

> Success. The following (are) the men who are going to dam the water (或宜译为：dig and maintain the ditches): Saṃgabuda 1, Pvīdatta 1, Budaśaṃ 1, Sāṃmaka 1, Brīyāsa, Śalāṃ, Marṣa'ka and Pesa, Mahvittara, Sīḍaka, Arsäla, Budasaṃga, Khauśpaṃ[2],

[1] Yaudarä Hedin **1**.8; **31a**.2; Yaudari Hedin **6**.6。

[2] 与熊本（Kumamoto 1997, 241 n.8）建议相反，我们倾向于认为施杰我所录Or. 6392/1（M.9, Hoernle 1，见第2节）之Khau Śyaṃ才是正确形式，该形式最初由贝利（H. W. Bailey）录出（参见KT II, 64）。我们猜想Śyaṃ也许来自粟特名Shyān（参见Lurje 2010人名编号No. 1150、1184、1188，汉字音写"始延"）。尽管<śpa><śya>字形几乎一样，但是GXW0166: 2背出现名为高奢之人，相当值得参考。

Hatkaṃ, Mupadatta, Arrjāṃ, Arrtaa, Phakaḍa, Pheṃdūka, Japāṇaka, Rruhadatta, Jsajsaka, Rąmaka, Altāṃ, Arrtaa, A-[

除了罕见的Pvīdattä、Phakaḍä[1]，我们至此已讨论了它的所有名字，现在不妨肯定，这份地点、年代不详的名单完全就是一份杰谢居民名单，年代与BH1-3所处的公元790年相去不远。特别值得注意的是，它提到两次Arrtaa-，印证BH1-3出现的遏低、阿羝的登记是可信的，也证实同一社群（community）存在一位以上的同名人物的理论可能性。我们相信，只要循着这两份名单追索，并结合更多新出文书资料，一个更完整的，属于公元8世纪杰谢文书档案将日益清楚。我们希望，通过这番"深掘"，能疏通于阗出土文献研究的资料架构与方法论问题。

缩略语

EMC Early Middle Chinese, cf. Pulleyblank 1991

JIAAA *Journal of the Inner Asian Art and Archaeology*

KT II Harold Walter Bailey, *Khotanese Texts* II, Cambridge, 1954.

KT IV Harold Walter Bailey, *Khotanese Texts* IV, Cambridge, 1961.

LMC Late Middle Chinese, cf. Pulleyblank 1991.

SDTV III Ronald E. Emmerick and Margarita I. Vorob'ëva-Desjatovskaja. *Saka Documents: Text Volume* III: *The St. Petersburg Collections*. London, 1995.

参考文献

中文：

段　晴　2022　《吕珎胡书——对中国国家图书馆藏西域文书BH1-17于阗语文书的释读》，《西域研究》2022年第2期，第73—88页。

段　晴、李建强
　2014　《钱与帛——中国人民大学博物馆藏三件于阗语——汉语双语文书解析》，《西域研究》2014年第1期，第29—32页。

黄　征　2019　《敦煌俗字典》，第2版，上海：上海教育出版社。

孟列夫、钱伯城
　2001　孟列夫、钱伯城主编《俄藏敦煌文献》，上海：上海古籍出版社。

庆昭蓉　2020　《融通文理，一以贯之：二十世纪初期魏思纳（Julius Wiesner）库车、和阗出土古纸研究撮述》，《敦煌学》第36期，第575—610页。

[1] Phakaḍä' SI P **98.10.7**!; Phakaiḍi SI P **103.2.5**。

庆昭蓉、荣新江

2022a《唐代碛西“税粮”制度钩沉》,《西域研究》2022年第2期, 第47—72页。

2022b《和田出土大历建中年间税粮相关文书考释》,《西域文史》第16辑, 北京: 科学出版社, 第125—155页。

2022c《和田出土唐贞元年间杰谢税粮及相关文书考释》,《敦煌吐鲁番研究》第21卷, 上海: 上海古籍出版社, 第165—209页。

荣新江 2005 《丹丹乌里克的考古调查与唐代于阗杰谢镇》,《新疆文物》2005年第3期, 第31—35页。

沙 知、吴芳思

2005 《斯坦因第三次中亚考古所获汉文文献(非佛经部分)》, 上海: 上海辞书出版社。

史金波等 2000 史金波、魏同贤、克恰诺夫主编《俄罗斯科学院东方研究所圣彼得堡分所藏黑水城文献》6, 上海: 上海古籍出版社。

文 欣 2008 《于阗国“六城”(*kṣa au*)新考》,《西域文史》第3辑, 北京: 科学出版社, 第109—126页。

2009 《于阗国官号考》,《敦煌吐鲁番研究》第11卷, 上海: 上海古籍出版社, 第121—146页。

张广达、荣新江

1997 《八世纪下半至九世纪初的于阗》,《唐研究》第3卷, 北京: 北京大学出版社, 第339—361页。

2002 《圣彼得堡藏和田出土汉文文书考释》,《敦煌吐鲁番研究》第6卷, 上海: 上海古籍出版社, 第221—241页。

2008 《于阗史丛考》(增订本), 北京: 中国人民大学出版社。

中国社会科学院历史研究所等

1994 中国社会科学院历史研究所等编《英藏敦煌文献》9, 成都: 四川人民出版社。

日文:

高田時雄 1988 「コータン文書中の漢語語彙」, 尾崎雄二郎、平田昌司编『漢語史の諸問題』, 京都: 京都大学人文科学研究所, 71—128。

吉田豊 2006 『コータン出土8-9世紀のコータン語世俗文書に関する覚え書き』, 神户: 神户市外国语大学外国学研究所。

西文:

Chavannes 1913 Édouard Chavannes. *Les documents chinois découverts par Aurel Stein dans les sables du Turkestan Oriental*. Oxford: Imprimerie de l'Université.

Ching 2013 Ching Chao-jung 庆昭蓉. “The Activities of Sogdian Buddhists in Kucha as Observed in the Tocharian B Secular Documents.” In: M. De Chiara, M. Maggi and G. Martini, eds., *Buddhism among the Iranian Peoples of Central Asia*, 333–383. Wien: Verlag der Österreichen Akademie der Wissenschaften.

Duan 2009 Duan Qing 段晴. "*Bisāa*- and *hālaa*- in a New Chinese-Khotanese Bilingual Document." JIAAA 3 (2008): 65–73.

Emmerick 1968 Ronald E. Emmerick. *Saka Grammatical Studies*. Oxford: Oxford University Press.

1996 "Khotanese *murahamga* and Other *hamga*." In: *Convegno Internationale sul Tema: La Persia e l'Asia Centrale da Alessandro al X secolo, in collaborazione con l'Istituto Italiano per il Medio ed Estremo Oriente, Roma, 9-12 Novembre 1994*, 113–121. Roma: Accademia Nazionale dei Lincei.

2009 "Khotanese and Tumshuqese." In: G. Windfuhr, ed., *The Iranian Languages*, 377–415. London/New York: Routledge.

Emmerick and Pulleyblank

1993 Ronald E. Emmerick and Edwin G. Pulleyblank. *A Chinese Text in Central Asian Brāhmī Script: New Evidence for the Pronunciation of Late Middle Chinese and Khotanese*. Roma: Istituto italiano per l'Africa el'Oriente.

Kumamoto 1995 Kumamoto Hiroshi 熊本裕. "Did the Khotanese Have a Three Vowel System?" In: Bert G. Fragner, ed., *Proccedings of the Second European Conference of Iranian Studies*, 383–390. Roma: Istituto Italiano per il Medio ed Estremo Oriente.

1996 "The Khotanese Documents from the Khotan Area." *Memoirs of the Research Department of the Toyo Bunko* 54: 27–64.

1997 "Review of SDTV III." *Orientalistische Literaturzeitung* 92: 239–246.

2001 "Sino-Hvatanica Petersburgensia, Part 1." *Manuscripta Orientalia* 7/1: 3–9.

2007 "Sino-Hvatanica Petersburgensia, Part 2." In: M. Macuch, M. Maggi and W. Sundermann, eds., *Iranian Languages and Texts from Iran and Turan: Ronald E. Emmerick Memorial Volume*, 147–159. Wiesbaden: Harrassowitz.

2009 "A St. Petersburg Bilingual Document and Problems of the Chronology of Khotan." JIAAA 3 (2008): 75–82.

Lurje 2010 Pavel B. Lurje. *Personal Names in Sogdian Texts*. Wien: Verlag der Österreichen Akademie der Wissenschaften.

Maggi 2019 Mauro Maggi. "A Late Khotanese Document on Wood: Or. 8211/1475." In: N. B. Guzzo and P. Taracha, eds., "*And I Knew Twelve Languages": A Tribute to Massimo Poetto on the Occasion of His 70th Birthday*, 327–331. Warsaw: University of Warsaw, Faculty of Oriental Studies.

Maspero 1920 Henri Maspero. "Le dialecte de Tch'ang-ngan sous le T'ang." *Bulletin de l'École française d'Extrême-Orient* 20/1: 1–119.

Monier-Williams

1899 Monier Monier-Williams. *Sanskrit-English Dictionary*. Oxford: Claredon Press.

Pulleyblank 1991 Edwin G. Pulleyblank. *Lexicon of Reconstructed Pronunciation in Early Middle Chinese, Late Middle Chinese, and Early Mandarin*. Vancouver: UBC Press.

Rong 2016 Rong Xinjiang 荣新江. "Khotan under the Tang Dynasty According to Recently Found Chinese Documents." In: I. F. Popova, ed., *Sergey Fedorovich Oldenburg:*

Scholar and Academic Research Organizer, Proceedings of the International Conference Dedicated to the 150th Anniversary of Sergey F. Oldenburg, Member of the Russian Academy of Sciences, 110–121. Moscow: Nauka.

Rong and Wen

2009 Rong Xinjiang 荣新江 and Wen Xin 文欣. “Newly Discovered Chinese-Khotanese Bilingual Tallies.” JIAAA 3 (2008): 99–110.

Skjærvø 2003 Prods Oktor Skjærvø. *Khotanese Manuscripts from Chinese Turkestan in the British Library. A Complete Catalogue with Texts and Translations,* with contribution by U. Sims-Williams, Corrected reprint. London: The British Library.

2009 “The End of Eighth-century Khotan in Its Texts.” JIAAA 3 (2008): 117–144.

Stein 1907 Marc Aurel Stein. *Ancient Khotan*. Oxford: Claredon Press.

Wen 2021 Wen Xin 文欣. “Two Khotanese Account Tablets and Local Society in Pre-Islamic Khotan.” *Central Asiatic Journal* 63/1-2: 191–238.

Yoshida 2007 Yoshida Yutaka 吉田豊. “Notes on the Khotanese Secular Documents of the 8th–9th Centuries.” In: M. Macuch, M. Maggi and W. Sundermann, eds., *Iranian Languages and Texts from Iran and Turan: Ronald E. Emmerick Memorial Volume*, 463–472. Wiesbaden: Harrassowitz Verlag.

2008 “On the Taxation System of Pre-Islamic Khotan.” *Acta Asiatica* 94: 95–126.

Vorobyova-Desyatovskaya

1994 Margarita Iosifovna Vorobyova-Desyatovskaya. “Toponim ‘Šest’ dereven” po hotanosakskim delovym dokumentam I tys. n. è. iz Vostočnogo Turkestana.” *Peterburgskoe vostokovedenie* 6: 395–414.

1996 “The Toponym ‘Six Villages’ According to Khotanese Business Documents.” In: *La Persia e l’Asia Centrale da Alessandro al X Secolo*, 171–178. Roma: Accademia Nazionale dei Lincei.

Zhang 2016 Zhang Zhan 张湛. “A Documentary History of Khotan in the Late Eighth and Early Ninth Century.” Doctoral Dissertation. Harvard University.

Zhang and Rong

2009 Zhang Guangda 张广达 and Rong Xinjiang 荣新江. “On the Dating of the Khotanese Documents from the Area of Khotan.” JIAAA 3 (2008): 149–156.

表一 杰谢居民之胡汉人名初步比较(¶:随附于画指之人名形式)

	国图BH1-3 所见汉文 30 人名单			已刊于阗语文献出现人名(择要举例:引证于阗语形式,取自已刊文书之代表性录文)						
	贞元六年(790)			年代不明	782 年	783 年	786 年	788 年	年代不明	年代不明
	拼音	中古晚期汉语(LMC)	本文拟比定之于阗语人名(尽可能给出语干形式)	GXW0107(双语)	SI P 103.49	M. 9, H. 1 Or. 6392/1	M. 3, H. 4 Or. 6397/2	M.10 Or. 6395/1	SI P 103.36	SI P 103.53
1	[叱半]史郎	ʂɽ´-laŋ	Ṣīlāṃ/Ṣälāṃ	史郎/Ṣälāṃ?						
2	阿薛	ʔa-siat	Arsäla	阿悉/Arsäle				¶Arsäli	Arsäli	Arsälä
3	那仵黎	na´-ŋuə̆´-liaj	Daṃgūlaa						Daṃgūlai	
4	盆仁朗	pɦun-rin-laŋ´	Puñara(ṃ)							
5	宋免	səwŋ`-mian´	Sāṃmaka (?)							Sāṃmakä (?)
6	实离弟	ʂɦit-li-tɦiaj`	Śirīde (?) Śirībuda (?)							
7	伊里弟	ʔji-li-tɦiaj`	—							
8	史郎	ʂɽ´-laŋ	Ṣīlāṃ/Ṣälāṃ (?) Śī'lāṃ (?)	史郎/Ṣälāṃ?						
9	虵郎	ʂɦia-laŋ	Śalāṃ (?)					¶Śalā		Śalāṃ
10	摩何捺	mua-xɦa-nat	Mahvittara/Mahvetara (?)					¶Mahvetari	Mahvittari	Mahvittarä
11	莫不多	mak-put-ta	Mūpadatta (?)					¶Mūpadattä Mūpadatti Mūpadatä		Mupadattä
12	勃延仰	pɦut-jian-ŋiaŋ´	Puñargaṃ		Puñargaṃ	¶Puñargaṃ		¶Puñargaṃ	Puñargaṃ	
13	桑莫	saŋ-mak	Saṃgabuda (?) (或 Sāṃmaka?)	桑宜没/ Saṃgabude (?)					Saṃgabudi	Saṃgabudi (?) (或Sāṃmakä ?)

14	瑟答矍	ʂət-tap-kyak	—							
15	日布诺	rit-puə̆`-nak	Japāṇaka	日布洛/Japāṇaki	Japāṇaki			¶Jaṗāṇaki		Japāṇakä
16	没里曜思	mut-li-jiaw`-sẓ	Brīyāsa	没里曜娑/Brīyasä		¶Brīyāsi		¶Brrīyyāsi		Brīyāsi
17	没帝娑	mut-tiaj`-sa	Budesa (?) 或 Mādāśa (?)					Budesa		
18	四郎	sẓ`-laŋ	Sīlāṃ							
19	阿闭娑	ʔa-pjiaj`-sa	Pesa (或Upesa) (?)							Pesa (或Upesa)
20	偏努	p^hjian-nuə̆´	Pheṃdūka				¶Phedūkä Pheṃdūkä	¶Pheṃdūki	Pheṃdūkä	Pheṃdūkä
21	[叱半]遏低	ʔat-tiaj	Arrtaa	— /Arrtai (?)	Arttai (?)				Arrtai (?)	Arrtai
22	疾昨	tsɦit-tsɦak	Jsajsaka		Jsajsaki		¶Jsajsakä	¶Jsajsaki	Jsajsakä	Jsajsakä
23	阿揽莫	ʔa-lam´-mak	Rąmaka							Rąmakä
24	没特桑宜	mut-tɦəə̆k-saŋ-ŋi	Budasaṃga	没特桑宜 /Budasaṃgä						Budasaṃgä
25	梅捺	muaj-nat	Mayadatta/Maiyadatta				¶Mayadattä	¶Maiyadatä	Maida-	
26	咬诺	ŋjaːw´-nak	Gaudaka (?) 或 Yaudara (?)							
27	阿瓶	ʔa-tiaj	Arrtaa	— /Arrtai (?)				¶Arttai (?)	Arrtai (?)	Arrtai
28	阿董	ʔa-təwŋ´	Alttūṃ/Alttāṃ/Altāṃ	阿董/Altāṃ			¶Altāṃ Alttā		Altāṃ	Altāṃ
29	苏弟	suə̆-tɦiaj`	Sude (?)					Sudaṃ (?)		
30	纥罗捺	xɦət-la-nat	Rruhadatta				¶Rruhadattä			Rruhadattä

《宝星陀罗尼经》札记*

萨尔吉

摘要:《宝星陀罗尼经》是晚期大乘佛教非常流行的经典之一，巴基斯坦吉尔吉特、阿富汗巴米扬和中国新疆地区发现的多个梵文残片是该经流行的证据之一。在汉传佛教传统中，《宝星陀罗尼经》最早作为《大方等大集经》的一品由昙无谶译出，后又有唐代波罗颇蜜多罗的单行本流通。在藏传佛教传统中，《宝星陀罗尼经》一般被认为是藏文创制者吞米·桑布扎从印度携归的大乘经典之一，近些年发现的单独流通的多个藏文写本也说明了该经的流行程度。本文通过分析该经的经题、咒语，以及巴基斯坦吉尔吉特《宝星陀罗尼经》梵文写本跋文、美国纽瓦克郡立博物馆所藏《宝星陀罗尼经》藏译写本跋文和中国西藏阿里地区的《宝星陀罗尼经》藏译写本跋文，旨在加深对《宝星陀罗尼经》的理解，以及该经在沟通显密、佛教仪轨和佛教信仰方面的影响。

关键词:《宝星陀罗尼经》；经题；咒语；跋文

一、引言

本人对《宝星陀罗尼经》的兴趣始于博士论文的选题，在此期间，有缘校勘出版过该经的中亚残篇。2010年开始，笔者在进行国家社科基金项目《大方等大集经》研究中逐渐加深了对该经的认识，体会到它在大乘佛教史上的地位，以及在沟通显密方面的作用。近年通过各种渠道，获知了该经典的一些藏译题跋，更激起对该经的研究兴趣。遂利用手头资料，不揣浅陋，撰成此文，以就教于方家。

二、《宝星陀罗尼经》梵本

《宝星陀罗尼经》相对完整的梵文写本1931年发现于吉尔吉特，现藏印度新德里国家档案馆。书写材质为桦树皮，字体为正体笈多，年代估计为公元5—6世纪。写本完整的页码应有108页，现存74叶。写本分为13品，缺7—9品。该写本最早由杜特校订出版(Dutt 1959)。1978年，日本学者久留宫圆秀校勘、出版了一个较为精良的梵文本。

作者：萨尔吉，北京大学东方文学研究中心。

* 我初拜段师在1999年，此为师生之谊肇始，时光如白驹过隙，一晃竟已两纪。段师是我梵语学习启蒙恩师之一，我如果在印度学研究方面取得了些许成绩的话，段师的授业解惑功不可没。学业之外，段师对我的职业规划和家庭生活亦提携甚多，学生没齿难忘。值段师古稀之年，特撰此小文，愿段师消闲静摄，颐养天和。

又及：小文撰写之际，正值段师身体抱恙期间，本欲以此提振段师精神，无奈天不假年，段师竟于3月26日离我们而去……惟愿老师一路走好，平安喜乐。

此外，加德满都的尼泊尔国家档案馆藏有该经的5叶写本，同样写于桦树皮上，字体为正体笈多，每页6行，对应于《宝星陀罗尼经》的第五品。

我国的新疆地区发现了诸多的《宝星陀罗尼经》残片，散藏于世界各地。阿富汗巴米扬地区出土的梵文写本中也有《宝星陀罗尼经》残片。

初步的研究表明，《宝星陀罗尼经》的梵文写本来源大致可以分为两个地区，一是吉尔吉特，二是中亚。吉尔吉特写本为桦树皮，年代为公元5—6世纪，中亚写本均为纸质，据桑德尔(Lore Sander)研究，年代应该不早于公元5世纪，很可能也是公元5—6世纪。从字体和已知的部分出土地点而言，中亚发现的《宝星陀罗尼经》残片应该都来自丝路南道，具体而言，来自于阗。中亚写本与吉尔吉特写本有一定的差异，尤其在偈颂部分，可能代表了不同的传本，吉尔吉特本梵文化的程度比中亚写本高，或许中亚写本保存了经文更古老的形态。

三、《宝星陀罗尼经》译本

《宝星陀罗尼经》汉译本有两见。最早的翻译是由昙无谶所译，属于《大集经》第九分，题名为《宝幢分》，占60卷《大集经》的3卷(第19至21卷)。另外的一种翻译则是唐代的波罗颇蜜多罗所译，题名为《宝星陀罗尼经》，分为10卷。

敦煌文献中，作为《大集经》组成部分的《宝幢分》的写本不多见，约有10号，而《宝幢分》的同本异译《宝星陀罗尼经》在敦煌仅发现三页残页(BD1630, 羽7册534-1, BD6051)[1]。

根据德格版译跋，《宝星陀罗尼经》由印度堪布戒自在菩提(Sīlendrabodhi)和藏族大校译师意希德(ye shes sde)校正，并经厘定文字，形成定本[2]，此处只提到了经文的校订者，没有提到经文的翻译者，北京版(P 806)与德格版同。该经在协噶版、朵宫版和乌兰巴托版有两见，一处收录于经部(mdo sde, L 185, S 243, U 291)，一处收录于续部(rgyud, L 414, S 523, U 590)，上述诸版两处的译跋均说该经由印度堪布戒自在菩提、胜友(Jinamitra)、天自在菩提(Surendrabodhi)和藏族大校译师意希德翻译、校正，并经厘定文字，形成定本[3]；宫达拉写本(Go 23.16)的译跋与此一致。普扎版的译跋则说该经由印度堪布戒自在菩提、胜友和藏族大校译

[1] 此据日本国际佛教学大学院大学附属图书馆编辑《大正藏——敦煌出土佛典对照目录(暂定版)》而来。笔者所据为2015年发表的网络PDF版，该版本题名为"暂定第3版"。

[2] D 138, 277b7: rgya gar gyi mkhan po shī lendra bo dhi dang | zhu chen gyi lo tsā ba ba nde ye shes sdes zhus te | skad gsar chad kyis kyang bcos nas gtan la phab pa. 关于厘定文字(skad gsar chad/bcad)，最近的研究可以参看Wangchuk 2020, 943—975。

[3] 例如，S 243, 142a6—7, S 523, 131b2—3: rgya gar gyi mkhan po shī len dra bo dhi dang | dzi na mi tra dang | su ren dra bo dhi dang | zhu chen gyi lo tsā ba ba nde ye shes sdes bsgyur cing zhus te | skad gsar bcad kyis kyang bcos nas gtan la phab pa'o.

师意希德校正，并经厘定文字，形成定本[1]。塔波写本中该经有六见（Tabo 1.4.0.26—31，参见Harrison 2009），从某种程度说明了《宝顶陀罗尼经》的流行。

《大集宝顶陀罗尼经》据说是公元7世纪早中期吞弥·桑布扎从印度带回来的佛经之一，但当时没有翻译。从上述译跋看来，关于《宝顶陀罗尼经》的译者和校订者历史上有不同的说法，焦点一是印方参与者的人数从一人、两人，到三人不等，二是这些译师的工作究竟是翻译加校正，还是仅仅只有校正[2]。

《宝星陀罗尼经》敦煌藏译本目前有6件，其中两件属于同一写本[3]，敦煌藏译本似乎可以分为三组，一组与《甘珠尔》传本非常接近（IOL Tib J 159, P.t. 431）；另一组与《甘珠尔》传本的差异主要在于术语的翻译，估计属于未厘定文字的译本（IOL Tib J 157, 158）；还有一组则与《甘珠尔》传本和其他敦煌文本差异较大，属于同本异译（IOL Tib J 156）。IOL Tib J 158属于大型的贝叶形制（18厘米×66厘米），应该是出于供养目的而抄写。

四、《宝星陀罗尼经》经题

经题中出现的ratnaketu是一个复合词，由前词ratna和后词ketu组成，汉译的差异主要在于对后词ketu的理解，昙无谶将其译为“幢”，这一译法比较常见，波罗颇蜜多罗将其译为“星”，这是将该词理解为了九曜中的计都星，即彗星。

目前所见《甘珠尔》传本对ratnaketu采取的是直译，即rin po che tog，敦煌藏文写本中的部分写本对经题中的ratnaketu采取了意译，将前词ratna理解为“三宝”（triratna）而译作dkon mchog[4]，将后词ketu理解为“祥瑞”（dpal），整体译作dkon mchog dpal。从《翻译名义大集》收录的该词的译法来看，应该是直译的用法占了上风[5]。

---

1 F 360, 153a4: rgya gar gyi mkhan po shī len dra bo dhi dang | dzi na mi tra dang | zhu chen gyi lo tsā ba ba nde ye shes sdes zhus te | skad gsar bcad kyis kyang bcos nas gtan la phab pa'o.

2 造成这种现象的原因除了历史上信息记载的不完备外，还要考虑到藏译佛典的编辑原则，即后来的译者如果获得新的梵文本，一般会直接在先代译文的基础上进行修改补充，随之而来的结果是一部既不同于旧有译文，又非真正意义上的“新”译本的诞生。虽然对文本进行修订补充的具体过程我们知之甚少，但是译本的跋文一般会透露出文本是否经过修订的信息。《宝星陀罗尼经》的跋文说明《甘珠尔》收录的译本是经过校勘后的定本。

3 Dalton and van Schaik 2006, 25—29: IOL Tib J 156—160, P.t. 431，其中IOL Tib J 159和P.t. 431属于同一写本。

4 《翻译名义大集》收录了ratnākara一词，一次作为菩萨名号出现（Mvy 660），一次作为菩萨禅定名目出现（Mvy 741），两处均将该词译作dkon mchog 'byung gnas。

5 《翻译名义大集》对ratnaketu的翻译有两见，一处作为菩萨的名号（Mvy 654），一处作为经典的题名（Mvy 1349），两处译法一致，均为rin po che'i tog。

《甘珠尔》传本将ketu译作tog，取其“尖端、顶”的含义，敦煌藏文写本将ketu译为dpal，这可能是有意识地对ketu与另一同义词dhvaja做出区分，dhvaja的标准翻译是rgyal mtshan（Mvy 6109），对应于昙无谶汉译的“幢”。事实上，《二万五千颂般若经》中有dhvajaketu这一复合词，藏译即译为rgyal mtshan dpal。ketu若作为九曜之一，藏译则译为mjug rings，“长（疾）尾”，命名兼具彗星的运动速度和尾部特征，这一译法在《翻译名义大集》也有收录（Mvy 3185）。

另外，我们还需注意到虽然目前的藏译经题将ratnaketu理解为持业释，但在《翻译名义大集》，以及《旁塘目录》中该词被理解为依主释，即在翻译上有rin po che tog和rin po che'i tog的差异，前一翻译透露出“宝”就是“顶”的意蕴，后一翻译透露出“珠宝的顶部”的内涵，而且依主释的译法在《甘珠尔》传本的经文正文中也有出现，但是频率显然比持业释的译法少。这似乎反映了藏族译师对该词逐渐统一认识的过程[1]。

五、《宝星陀罗尼经》中的咒语

从藏文本来看，《宝星陀罗尼经》在形式上与其他大乘经典最显著的一个区别就是在传统的“如是我闻”开始之初有一段含有陀罗尼的皈敬文和祷词，虽然这段文字不见于汉译本，而且因为吉尔吉特梵文本前4叶的散佚使我们无从得知是否梵文本也是如此，但是从藏译佛经的传统，以及现存《甘珠尔》传本和敦煌写本均保留有该段文句来看，这段“插入语”必有所本。以下先列出该段文字，辅以汉译，再加以讨论。

> de bzhin gshegs pa 'od zhi spos snang dpal la phyag 'tshal lo ‖ tshangs pa chen po dbyangs can la phyag 'tshal lo ‖ de la phyag 'tshal te | bdud kyi 'khor gyis mi tshugs pa zhes bya ba'i gzungs 'di sbyor bar bgyis | bdag gis rig sngags 'di grub par gyur cig 'di lta ste |
>
> avāme | avāme | aṃvare | aṃvare | parikuñja | naṭa naṭa puskara vaha | jalukha | khama khaya | ili mili | kili mili | kīrtivara | mudre mudramukhe svāhā |

> 顶礼光明寂静香显吉祥如来！顶礼妙音大梵！对其顶礼后，应念诵称之为“魔众无能”的陀罗尼，愿此明咒由我得以成就！即：avāme | avāme | aṃvare |

[1] 虽然我们不清楚敦煌文献的确切时代，也不确定目前所见《翻译名义大集》是否有后期的改订，但从现有的文本出发，合理的推测是：ratnaketu在早期的翻译中有直译、意译的意见并行，同时也有持业释和依主释的不同理解。在《翻译名义大集》编订时，应该是依主释的理解，直译的方式占了上风，因此形成词条，规定下来；再后来，也许是后弘期《甘珠尔》形成的时候，持业释的理解逐渐占据上风，由此去掉了前后词中的属格连词，但依主释的理解并未完全消失，或者全经涉及该词的系统改订并未彻底达成，因此我们在《甘珠尔》传本中还能看到前后词中有属格连词的“漏网之鱼”。当然，要真正理解藏族译师对ratnaketu的翻译，还需要全面检视《甘珠尔》传本和敦煌文献。

aṃvare | parikuñja | naṭa naṭa puskara vaha | jalukha | khama khaya | ili mili | kili mili | kīrtivara | mudre mudramukhe svāhā |

这里顶礼的第一个对象并非通常的释迦牟尼佛（一切智），而是过去佛，据《宝星陀罗尼经》第二品“往古品”（pūrvayogaparivarta），释迦牟尼在过去劫中曾转生为转轮王，即在此佛座下听闻“宝星陀罗尼”而出家修道，因此，这里顶礼的是宣讲“宝星陀罗尼”的过去佛[1]。

顶礼的第二个对象是称之为妙音的大梵天，他出现在《宝星陀罗尼经》第六品“陀罗尼品”[2]。他以女身宣说了“魔众无能”陀罗尼[3]，即经文开头的陀罗尼实来自于该品。换句话说，该陀罗尼出现了两次，一次在经文开初，一次在正文中，但遗憾的是，梵文本第六品后部分亦有缺失，我们无法进行进一步比较。从藏译来看，经文开初和正文中的陀罗尼稍有差异，各《甘珠尔》传本之间也不尽一致，主要的差异在长短音和一些音节。兹以德格版为例，将正文中的陀罗尼转录如下（D 138 248a7—b1）：

avāme | avāme | amavare | amavare | parikuñja | naṭa naṭa puskara mahā | jalukha | makhaya | ili mili | kili mili | kīrticaramudre | mudramukhe svāhā |

该陀罗尼中除了部分音节能看出是梵文外，大部分都无法解释。但经文中解释了该陀罗尼的适用场景和功效，其中包括妙音大梵立下誓言说若有人书写、佩戴该陀罗尼，或者法师升座宣讲《宝星陀罗尼经》之初念诵该陀罗尼，那么必定能够呼召妙音大梵及其眷属，他们也立誓前往该处护持法师和听法者，成就法师辩才，灭除讲法听法者的一切苦厄[4]。

这段陀罗尼非常重要，以至于藏族人后来在编定《陀罗尼集》时，也将其收录[5]。虽然题名给的是《大集宝顶陀罗尼大乘经》，但内容则是藏译《宝星陀罗尼经》开初含有该陀罗尼的皈敬文和祷词，并且在陀罗尼结束后加上了经文通常具有

---

1 梵文为jyotiḥsomyagandhāvabhāsaśrī，昙无谶译为香功德如来，波罗颇蜜多罗译为月光明香胜如来。

2 昙无谶译为正语梵天，波罗颇蜜多罗译为妙音大梵。藏译在该品对他的名号的翻译也与经文开头不尽一致。以德格版为例，该品中他的名号被译作tshang pa (chen po) dbyangs dang ldan pa。

3 昙无谶译本没有出现陀罗尼的名称，波罗颇蜜多罗译为不退魔场陀罗尼法门。藏译该品中陀罗尼的名字被译作bdud kyi tshogs kyis mi thub pa'i gzungs kyi chos kyi rnam grangs。

4 汉译参见波罗颇蜜多罗译本（T 13, no. 402, 569b28—570a11）。

5 比如1949年拉萨刊印的《陀罗尼集》中即收录有该经，参见*'dus pa chen po rin po che tog gi gzungs*, gzungs bsdus, lha sa, ding ri ba chos rgyan. TBRC W1KG12113. 1: 226—227. http://tbrc.org/link?RID=O1KG12113|O1KG12113C2O0047$W1KG12113

的流通分，即说世尊如此颁宣后，诸魔、天龙药叉等去除坏心，欢喜踊跃，诸菩萨也至诚顶戴。经文结束时则称该经为“大集宝顶陀罗尼中所出、称之为《魔众无能》的大乘经典”，这说明该陀罗尼已经独立出来，成为具有完整的序分、正宗分、流通分的大乘经典。

除了“魔众无能”陀罗尼，《宝星陀罗尼经》中还频繁出现各种陀罗尼，计有“法平等性如金刚坚固法心髓摧碎身体陀罗尼印”[1]，药叉主阿吒薄俱(gnod sbyin gyi sde dpon chen po ’brog gnas)在世尊面前念诵的“入金刚虚空分别一切部多心髓密咒陀罗尼”[2]，转女身为男身的“宝幢陀罗尼”、舍利弗等佛陀四大弟子从王舍城东南西北四门进入乞食时用于降魔所念诵的陀罗尼，以及月光童子、自在梵天所诵陀罗尼、十方诸佛成就妙音大梵所诵陀罗尼、息华魔(bdud dge sbyong me tog)在智星如来(de bzhin gshegs pa ye shes tog)面前所诵陀罗尼、世尊为满足众生心愿而念诵的一切法平等性密咒、娑婆世界主梵天、帝释天、四大天王、仙人形象的不去魔(bdud ri byi)、药叉主阿吒薄俱立誓护法所诵陀罗尼。

或许正是因为《宝星陀罗尼经》含有丰富的护法降魔陀罗尼，所以才成为秘密佛教的代表之一。而从唐代波罗颇蜜多罗对该经汉译的记载，以及吕澂的研究，我们也能看出那烂陀寺对《宝星陀罗尼经》的重视[3]。

六、《宝星陀罗尼经》跋文

吉尔吉特发现的《宝星陀罗尼经》梵文本保存有跋文，透露出该经流行的一些历史脉络，兹引述如下(Kurumiya 1978, 179; von Hinüber 2004, 21)：

saṃskṛtvā ratnaketuṃ pracurabhayaharān dhāraṇīṃ yan mayāgryaṃ
puṇyaṃ kiṃcit prasūtaṃ pramuditamanasā sarvabhaktyādṛtena |

---

1 藏译题名非常长(D 138 234a3—5)：chos mnyam pa nyid rdo rje lta bu brten pa’i chos kyi snying pos lus ’joms pa zhes bgyi ba’i gzungs phyag rgya dang | tshig rab tu dbye ba la ’jug pa lung bstan pa’i chos kyi rnam grangs。波罗颇蜜多罗译为“金刚法心因缘自在陀罗尼”，该陀罗尼的主要功效是坏魔境界，绍三宝种。

2 藏译题名为(D 138 274a4—5)：rdo rje nam mkha’ rtog ’jug ces bya ba’i ’byung po thams cad kyi snying po’i gsang sngags kyi gzungs。波罗颇蜜多罗译为“金刚佉婆娑履诸鬼心大暴恶明咒”。

3 据《续高僧传》卷三所载，波罗颇蜜多罗至唐后，首先译出了《宝星陀罗尼经》，然后还译了《般若灯论》和《大庄严经论》(T 50, no. 2060, 440b以下)。波罗颇蜜多罗来华前曾在那烂陀寺学习过，吕澂认为当时那烂陀寺的学风是要精通大乘佛教的相、性、密三个方面，波罗颇蜜多罗所译的三部经论中，《大庄严经论》代表了相的方面，《般若灯论》代表了性的方面，《宝星陀罗尼经》则代表了密的方面。波罗颇蜜多罗翻译这三部经论表现了他学问的规模(吕澂 1991, 2246)。

sarvo ’yaṃ tena loko munivacanakathālaṃkṛtāṃ ratnaketuṃ hy
etām eva sphuṭārthām atiguṇaviśadāṃ prāpnuyāt sadya eva : ‖ ‖

saddharmasaṃgraho (1) **śrī paṭola ṣāhi vikramādityanandasya** (2) śrī **mahādevyāṃ surendramālāyāṃ** (3) tathā sārdhaṃ **uvakhī śrī mahādevyāṃ dilnitapuṇyāyāṃ** ‖ (4) tathā sārdhaṃ pustakalikhāpitaṃm idaṃ mahādānapati metala gornikṣiṇasya (5) tathā sārdhaṃ bhāryā āysātikā sumonviltāyāṃ (6) tathā sārdhaṃ mātā aspinaśūlāyāṃ ‖[1]

我以完全虔信热忱的欢喜心所抄作的祛除诸多怖畏的最胜宝星陀罗尼所产生的些许功德，愿以此(功德)使全世界当下获致作为佛语庄严的宝星(陀罗尼)的功德广大的显明义！

摄善法者(是)吉祥勃律沙希超日难陀、吉祥王妃Surendramālā，以及吉祥王妃Dilnitapuṇyā，以及使人抄写此(经)的大施主Metala gornikṣiṇa和他的妻子Āysātikā sumonviltā，母亲Aspinaśūlā。

这条跋文非常重要，它至少透露出如下信息：《宝星陀罗尼经》抄写于吉尔吉特当地，出资者是地方王室及其成员，共有6人参与其事。而且部分人名透露出他们具有伊朗裔特征。其次，在地缘上，吉尔吉特与西藏本土地理位置非常接近，从藏文写本的译跋来看，我们不能排除这种类似于发愿文的跋文书写习惯影响到了藏族人对该经的抄写供奉。

据学者研究，吉尔吉特发现的《宝星陀罗尼经》和《宝带陀罗尼》(*Mekhalādhāraṇī*)抄写在一起，二者均是由Metala gornikṣiṇa出资写造，具有很强的仪式性(von Hinüber 2014, 80)。

虽然通行的《甘珠尔》文本并未保留类似的跋文，但是在美国纽瓦克郡立博物馆保存的巴塘写本《宝星陀罗尼经》结尾则保存了一则篇幅较大的发愿文[2]，其中首先呼召光明寂静香显吉祥如来和妙音大梵加持降福，然后是行法者对《宝星陀罗尼经》涉及的诸佛菩萨、声闻弟子、具誓护法等的顶礼皈依，然后行法者发愿，愿像诸立誓护法所发的誓愿一样[3]，不违背圣教和誓言，并祈请诸护法莅临藏

---

1 黑体字和编号依据封吕伯(von Hinüber)原书。

2 保存在此处的巴塘写本是美国传教士在巴塘(今属四川甘孜藏族自治州)购得，学界一般将其称之为巴塘本前《甘珠尔》，《宝星陀罗尼经》包含在一部抄录了30部经典的陀罗尼集写本中，为其中的第一部经。关于该经的跋文，参见Eimer 2015。关于巴塘本前《甘珠尔》的简介，参见Skilling 2001, 71—92；关于其编目，参见Eimer 2012。

3 这段文句与《宝星陀罗尼经》正文中的文句几乎一致，参见波罗颇蜜多罗译本(T 13, no. 402, 578a26—b10)：复有诸信心善男子、善女人，应好洗浴，以香涂身，着新净衣，散华布饰庄严道场，敷置种种毡褥衣服，烧种种香，种种美味盛满净器，施设妙好师子法座。升此坐已，广为他人分别开示此经，及读诵时，我等一一与无量百千眷属围绕往彼听法，为拥护法师，为拥护已

地，加持众生，然后是行法者作供养和祈请加持，最后以三首赞颂佛、法、僧三宝的颂词，以及缘起法颂作为结束。

这篇类似发愿文的跋文非常重要，它几乎可以视作一篇完整的仪轨文书，包含了对以《宝星陀罗尼经》为中心的经典的祈请和供养。

无独有偶，近年在阿里地区的古籍调查中也发现了带有发愿文或跋文的《宝星陀罗尼经》[1]，其中一部写本藏于札达县强久林寺（rtsa mda' rdzong byang chub gling dgon pa），其发愿文写于经文首叶护纸的背面，并且与经文首叶订为一叶，三边裁开，兹将发愿文转录并翻译如下[2]：

> shes rigs gnyis dang ldan pa nang gyi gnyen rnams skyong | dad ldan yon gyi bdag po no cung 'chad po su | pha ma'i drin lan bsogs phyir dang | tshe 'di'i sdig 'grib byang phyir dang | phyi ma mthar las dgrol phyi du | ... chos khyed 'phags |
>
> 'dus pa rin po che'i dtog dang rnam thar rdo rje'i bcod pa dang | sman ba'i glegs cog dang tsug tog dang | mdo sde de rnams bzhengs pa ngo mtshar che | yul gyi mchog gyur g.yu' ... sbyin pa'i bdag po ... mchog gyur mdzom mdzom dang mig 'dren dpal dang | de rnams mi'i zas rnams lha'i | bdud rtser sbyar nas | mchod gnas lha bzhin bsgyur ba ngo mtshar che | 'di bzhengs pa'i bsod nams kyi ... rnams bde ba can du 'jal bar shog || maṃghalaṃ | (b)kra shis | zhal sro || he he ||
>
> 具足智慧、种姓的内在亲眷的护佑者，具足信心的施主……为了报答父母的恩情，以及涤除今生的罪障和后世的解脱，施造了《宝星陀罗尼经》《传记》《金刚经》《药师经》和《顶髻（尊胜佛母陀罗尼）》，愿地境昌盛，施主……以凡人之食配之以神之甘露，将供养处转化为天神，愿以此施造功德……相遇于极乐刹土！

这段发愿文说明了抄写《宝星陀罗尼经》等经典的目的，以及转生极乐世界的愿望。从跋文可以看出，和《宝星陀罗尼经》一起抄写的还有《金刚经》和《药师经》等经典。据颜子伯研究（Braarvig 2014, 157—158），出自巴米扬地区的斯奎因写本中含有大量《宝星陀罗尼经》《僧伽吒经》《药师经》和《金刚经》写本，而且后三部佛经是斯奎因写本中唯一的完整和近乎完整的写本，反映了抄写这些经典以积累功德、消灾免祸的需求。

众及余众生。为拥护故，成熟众生故，我等若不往彼城邑乃至庶民家，及以眷属不受教敕不成熟众生，不令众生丰饶财谷仓库盈满；又复一切斗争，饥馑疾病，他方怨敌，非时风雨，极寒极热，诸灾难等若不遮断，我等则为欺诳过去未来现在诸佛世尊，违本誓愿空无所得，得白癞病、退失神通、身体烂坏。

[1] 西藏自治区古籍保护中心，《西藏阿里地区珍贵古籍图录》，北京：民族出版社，2017年，第65—68页、第364—368页。

[2] 省略号表示写本中漫漶之处。

阿里地区发现的另一部《宝星陀罗尼经》写本现为普兰县罗布旺堆(spu hreng rdzongs nor bu dbang 'dul)私人收藏，跋文中首先简要回顾了佛教传入藏地的历史，将藏族地区誉为犹如灵鹫山、邬金刹土、金刚座一般的圣地，并且提到该经典是某位称为巴杰(dpal rgyal)的管家(gnyer pa)夫妇为了报父母恩而施造，希望全家长寿无灾、幸福安康、财禄增长等。

上述发愿文说明了《宝星陀罗尼经》在巴米扬、吉尔吉特和阿里地区的流行，也说明抄写该经来积累功德、消灾免祸的传统一直未曾中断。

附录 阿里普兰县《宝星陀罗尼经》写本跋文转写

转写符号说明

[ ]　　写本缺省的字

< >　　写本插入的字

( )　　写本中不清楚，根据上下文补充的字

[1]　　写本每一行的起始

kye 'jams dbyangs gdung rgyud zhabs padma bstan phyir dang ‖ chab srid mtha' nas rgyas pa dang ‖ [m]kha' mnyam 'gro la bde skyid 'byung <ba> dang ‖ [1] la sogs lo paṇ snyen bkur nas ‖ 'phags pa'i yul gyi dam chos ma lus bsgyur ‖ sad mi bdun sogs dge slong dge tshul dang ‖ dge bsnyen sdom brston dag gis bod yul gang ‖ gang ba'i sa 'di bya rgod phung po 'dra ‖ rdo rje bdud 'jom[s] g.yu sgr(a) sny(ing po) sogs ‖ [2] (bstan) 'dzin rnal 'byor dpag tu med pas gang ‖ gang ba'i sa 'di nub phyogs u rgyan 'dra ‖ dpal gyi bsam yas rnam snang chen po sogs ‖ 'bur sku ri mor bris dang lhugs pa'i sku ‖ sna tshogs rten gyis sa bzhi yongs su gang ‖ gang ba'i sa 'di rdo rje gdan yang 'dra ‖ da ni 'phags pa'i yul la gus pa lhong[1] ‖

de ltar thub bstan dar [3] zhing rgyas pa'i tshe ‖ dper na ljon shing mtho la rlung chen sdang ‖ cha shas yongs rdzogs zla ba'i dkyil mkho' la ‖ mi srun sgra gcan dag gis phra dog bzhin ‖ thub bstan phyogs mthar rgyas pa'i dpal 'byor la ‖ lhas sbyin gyis sprul rgya po glang dar gyis ‖ phra dod dbang gi re zhig gegs byas kyang ‖ gsang ba'i bdag [4] [pos] mi srun de bsgral lo ‖

mkhas pa mi bzhis bstan pa'i me ro sos ‖ khyad par mnga' ris stod kyi gu ge ru ‖ lha'i bla ma chos rgyal ye shes 'od ‖ khu dbon rnams kyi lo chen rin bzang dang ‖ lo chung rnam gnyis la sogs snyen bkur nas ‖ dam chos bsgyur cing skad sar gtan la phab ‖ dpal ldan mar me mdzad dpal spyan [5] drang nas ‖ gser bzangs 'bul bas mnyes byas chos 'khor bskor ‖ ding sang bar du thub bstan rgyal mtshan 'di ‖ nub pa med 'di chos rgyal gong ma'i drin ‖ de dag rgya bod chos 'byung zur tsam lags ‖

---

1 *gus pa lhong*：应该读作*gus par stod*。

e ma ho || khyad par ’phags pa lho’i ’dzam bu gling || ri mtho sar gtsang phur rgyal bod kyi yul || kha ba can ljongs [6] dam chos dar <ba’i> sa || bstan pa dar ba mnga’ ris stod kyi cha || ’khor lo sdom pa yan lag ’byung gi ni || pho brang chen po gangs <chen> sti se dang || sgrol ma’i pho brang ri rgyal rtse rgya dang || byang chub shing ldan mdro sa gnas pa’i mtsho || gha gha sin du dpag shu si ta bzhi || chu g.yog brgyad ldan chu bzhi ’bab pa’i g.yon || sman mo nags snyil ma thub g.yas [7] phyogs su || dge bcu ldan zhing lo pan zhabs bcags pa || dgos ’dod ’byung ba pu hrangs sa’i cha || ’bur du ’dod pa’i bsam grub khyung brtse ’di ||

kye rigs rus khung <spra> chen spre ba’i rgyud || rgyud legs <khrung> yon gyi bdag po ni || tshang pa’i sgra dbangs yid ’ong gsung || ri rgyal lta bur g.yo ba med || mkhas rnams su zhig de’i .. [8] mi ’dod || drang grang ldan pas kun gyi mthug sa byed || rnams spyod ldan zhing gnyen ’khor mtha’ nas skyong || par rtsal ldan pas phyi yis dgra rnams ’dul || yon gyi bdag po gnyer <pa> dpal rgyal gyi || drin can pha ma gnyis kyi <dri> lan bsabs phyir du || dka’ yi snying po rin po che rtog gzugs[1] bzhengs pa ngo mtshar che || kye .. [9] .. rnams sprul bya bzhags kun la mkhas || blo ldan khog yangs mdzangs ma ’khrul gyi rigs || dad brtson che bas dam pa’i chos la mos || yon gyi bdag mo gnyer mo blo gros skyabs ma yi || zas rnams lha’i bdud rtsir rab sbyar nas || mchod gnas gnyes pa’i zhabs tog mdzad || dad pa kyong ngas med pa ngo mtshar che || kye gzugs dang lang m(tsho) [10] lha ran bzhin du mdzes pa’i tshang rin chen de tshe rings nad med bde skyid ldan pa shog || lha’i phrug gu bzhin mdzes ’byor ra de zas nor rgyas par shog || gser chen me tog ’dra ba’i bom mchog de bu nor mtha’ nas rgyas par shog || mda’ mkha’ bar rtsal che shing kun gyi spyan rtsa ’brim pa’i nor bstod gyi dge ’u zhus so kye || mi nor mtha’ nas rgyas par [11] shog || spyad mi lcug kran bzhin mdzes ming ’dzom gyi bcu bston <zhus so> dge || tshe ’dir bu nor rgyas par shog ||

kye ’khrul gyi ldi mig zhes pa’i rdor rje sgrol ma yi bcu bston zhus so bu nor mtha’ nas rgyas par shog || spangs rgyan me tog ’dra ba’i bstan ’dzin dang mchog ge gnyis zas nor mtah’ nas rgyas pa shog || ||

[12] bkra shis dpal ’bar ’dzam gling brgyan du byon || || gnas ’dir nyin mo bde legs shog || || sangs rgyas bstan du ’jal li a ne sangs rgyas drin du bsngo || blo ldan bde skyong shes bya kun la mkhas || ’da’ kha par rtsal ldan cing ’jam dbyangs spyan sngar ’brim pa’i tshe rings rgyal mtshan gyi gsol ja mdod s(ing) ..

[13] kye blo ldan khog yangs mdzangs ’khrul gyis rigs || mgu ru ma yis dge ’u zhus so ’ang || || drung drung ldan pa’i bkru mo dpal ’dzom gi || gsol ja ’dod sing zhus so ngo mtshar che ||

[14] kye || kye gnyen mtshan gnyen ’brel rnams tshe ring nad med pa bde skyid ldan par shog nor ’dzin gyis bris | bkra shis |

---

1 *gzugs*: *gzungs*的误写。

缩略语

D　德格版。目录参见宇井伯壽、鈴木宗忠、金倉圓照、多田等觀编『西藏大藏經總目錄』，仙台：東北帝國大學，1934年（東京：名著出版社，1970年重印）。

F　普扎版。目录参见Jampa Samten, *A Catalogue of the Phug Brag Manuscript Kanjur*, Dharamsala: Library of Tibetan Works & Archives, 1992。

Go　宫达拉写本。目录参见Helmut Tauscher, *Catalogue of the Gondhla Proto-Kanjur* (Wiener Studien zur Tibetologie und Buddhismuskunde, Heft 72), Vienna: Arbeitskreis für Tibetische und Buddhistische Studien, Universität Wien, 2008。

H　拉萨版。目录参见Helmut Eimer, ed., *The Brief Catalogues to the Narthang and the Lhasa Kanjurs: A Synoptic Edition of the Bka'’gyur rin po che'i mtshan tho and the Rgyal ba'i bka'’gyur rin po che'i chos tshan so so'i mtshan byaṅ dkar chag bsdus pa*. Edited by Ernst Steinkellner. vol. 40, Wiener Studien zur Tibetologie und Buddhismuskunde, Wien: Arbeitskreis für Tibetische und Buddhistische Studien, Universität Wien, 1998。

IOL Tib J　法藏敦煌藏文文献。目录参见Louis de La Vallée Poussin, *Catalogue of the Tibetan Manuscripts from Tun-huang in the India Office Library, by Louis de la Vallée Poussin. With an appendix on the Chinese manuscripts by Kazuo Enoki*. London: Published for the Commonwealth Relations Office [by] Oxford University Press, 1962。

L　协噶版。目录参见Ulrich Pagel and Séan Gaffney, *Location List to the Texts in the Microfiche Edition of the Śel dkar (London) Manuscript bKa'’gyur (Or. 6724)*, London: The British Library, 1996。

Mvy　《翻译名义大集》。榊亮三郎著，『梵藏漢和四譯對校翻譯名義大集』，京都帝國大學文科大學叢書3，京都：真言宗京都大學，1916年，1925年（初版），東京：鈴木學術財團，1973年（第五次印刷）[Ryōzaburō Sakaki, (ed.), *Mahāvyutpatti*, parts 1 and 2, Kyoto: Kyoto Imperial University, 1916 and 1925]。

P　北京版。目录参见西藏大藏經研究會编：《影印北京版西藏大藏経——大谷大学図書館藏——總目録，附索引》，東京：鈴木学術財団，1962年。

P.t.　法藏敦煌藏文文献。目录参见Marcelle Lalou, *Inventaire des manuscrits tibétains de Touen-houang, conservés à la Bibliothèque nationale (Fonds Pelliot tibétain)*, n° 1-849, I, Paris: Librairie d'Amérique et d'Orient, 1939。

S　朵宫版。目录参见Tadeusz Skorupski, *A Catalogue of the sTog Palace Kanjur*, vol. 4, Bibliographia Philologica Buddhica, Series Maior, Tokyo: The International Institute for Buddhist Studies, 1985。

T　『大正新脩大藏經』，高楠順次郎，渡辺海旭编，100卷，東京，1924—1934。依台湾中华电子佛典协会（CBETA）电子版。

Tabo　塔波写本。编目参见Harrison 2009。

参考文献

中文：

吕　澂　1991　《吕澂佛学论著选集》（一至五册），济南：齐鲁书社。

西文：

Braarvig 2014 Jens Braarvig. "The Schøyen Collection." In: Paul Harrison and Jens-Uwe Hartmann, eds., *From Birch Bark to Digital Data: Recent Advances in Buddhist Manuscript Research. Papers Presented at the Conference Indic Buddhist Manuscripts: The State of the Field, Stanford, June 15–19 2009*, Beiträge zur Kultur- und Geistesgeschichte Asiens, Nr. 80, Denkschriften der philosophisch-historische Klasse, 460, 157–164. Wien: Verlag der Österreichischen Akademie der Wissenschaften.

Dalton and van Schaik 2006 Jacob Dalton and Sam van Schaik. *Tibetan Tantric Manuscripts from Dunhuang*, vol. 12. Brill's Tibetan Studies Library.

Dutt 1959 Nalinaksha Dutt. *Gilgit Manuscripts*, vol. IV. Calcutta.

Eimer 2015 Helmut Eimer. *The Dhāraṇī Volume Acc. No. 90.411 Kept in the Newark Museum*. Lumbini International Research Institute.

2012 *A Catalogue of the Kanjur Fragment from Bathang Kept in the Newark Museum*, Wiener Studien zur Tibetologie und Buddhismuskunde, Heft 75. Vienna: Arbeitskreis für Tibetische und Buddhistische Studien, Universität Wien.

Harrison 2009 Paul Harrison, *Tabo studies III: A Catalogue of the Manuscript Collection of Tabo Monastery, Volume I. Sutra Texts (Śer phyin, Phal chen, dKon brtsegs, mDo sde, Myaṅ 'das)*, Serie Orientale Roma, CIII. Rome: Istituto Italiano per l'Africa e l'Oriente.

von Hinüber 2004 Oskar von Hinüber. *Die Palola Ṣāhis: Ihre Steininschriften, Inschriften auf Bronzen, Handschriftenkolophone und Schutzzauber*. Antiquities of Northern Pakistan 5. Mainz: Philipp von Zabern.

2014 "The Gilgit Manuscripts: An Ancient Buddhist Library in Modern Research." In: Paul Harrison and Jens-Uwe Hartmann, eds., *From Birch Bark to Digital Data: Recent Advances in Buddhist Manuscript Research. Papers Presented at the Conference Indic Buddhist Manuscripts: The State of the Field Stanford, June 15–19 2009*, Beiträge zur Kultur- und Geistesgeschichte Asiens 80, Denkschriften der philosophisch-historische Klasse 460, 79–135. Vienna: Austrian Academy of Sciences.

Kurumiya 1978 Yenshu Kurumiya. *Ratnaketuparivarta, Sanskrit Text*. Kyoto: Heirakuji-Shoten.

Skilling 2001 Peter Skilling. "The Batang Manuscripts Kanjur in the Newark Museum: A Preliminary Report." *Annual Report of the International Research Institute for Advanced Buddhology at Soka University for the Academic Year 2000*, Vol. 4: 71–92.

Wangchuk 2020 Dorji Wangchuk. "The Three Royal Decrees (bka' bcad gsum) in the History of Tibetan Buddhism." In: Vincent Tournier, Vincent Eltschinger, and Marta Sernesi, eds., *Archaeologies of the Written: Indian, Tibetan, and Buddhist Studies in Honour of Cristina Scherrer-Schaub*, 943–975. Napoli: UniorPress.

书评：李肖编《丝绸之路上的非汉语文献》，新加坡：Springer 2020

施杰我（Prods Oktor Skjærvø）
张　湛　译

译者按：这篇书评最初以英文发表在Orientalistische Literaturzeitung 116/3 (2021): 261–265。段老师在病中看到后非常开心，因为施杰我教授支持段老师对山普拉毯子上图像的解说。现将这篇书评翻译出来，以告慰段老师在天之灵。

在本书序言中，中国史学家荣新江简要回顾了自20世纪90年代初以来关于丝绸之路的研究成果。本文集的目的是让西方学者了解中国的学术成果，其中包括一些译自中文的丝路研究文章，也有一些原创作品。荣新江指出，由于大多数作者的母语不是英语，他们用英语写作并非易事。书中确实有个别地方不太清楚，语言上有一些瑕疵，但一般不影响理解。荣新江期待“这个英文期刊在不久的将来会更精致”，我希望这能实现。

在前言中，段晴把选题定在“丝路上的胡语，即公元后第一个千年纪与汉人有接触的各民族语言”。文集中的文章是段晴一个项目的成果，国家社科基金资助了该项目六年。她指出，其中关于佉卢文/犍陀罗语的文章是由年轻的硕博士生在这一期间完成的，他们英文水平不足，可能无法挑出译者的翻译错误。我估计这也是他们第一次发表文章，所以不应对其英文过于苛求。

文集的头两章由段晴执笔。在第一章中，她仔细讨论了2007—2008年发现于中国新疆西南和田地区洛浦县山普拉的四张毯子上的图像和铭文。本来一共发现了七张毯子，其中三张可能已经卖出，目前下落不明。另外四张在洛浦县博物馆。段晴称之为“神话毯”。碳–14定年结果为公元5—6世纪，这与头衔spāvatä的年代相符，之前只见到过其晚期形式spātä。毯子一面用了“马蹄形”植绒技法，让毯子“格外柔软厚实”，另一面用长羊毛植绒。这种织法在汉文中被称作氍毹(qúshū)，对应尼雅佉卢文书中的kośava和巴利文的kojava（第3页）。

段晴详细且有说服力地论证道，毯子中描绘的神话并非来自任何一种已知的当地宗教（袄教、佛教或印度教），因此一定展现了和田的某种未知宗教，大概是古代塞人的宗教。他们用图像而非文字讲述了自己的神话。因为该神话与已知宗教无关，还因为于阗语所属的印欧语系伊朗语族分布很广，从中亚一直延伸到欧洲，所以我们应该在这些语言的神话中寻找对应的例子。

四块毯子中两块较大的讲述了同样的神话。段晴的结论是“叙述线索”（而非叙述本身）借自《吉尔伽美什》史诗的第12块泥板：吉尔伽美什为了把恩奇都从冥界弄出来而向不同的神求助。她认为史前的于阗人相信复活和永恒的生命（第9页）。因此，毯子底部一黄一蓝两个人物分别代表了吉尔伽美什和恩奇都。她又靠两条蛇辨认出了赫尔墨斯。

珀耳塞福涅拿着一捆麦穗，头戴丰收王冠；哈迪斯头戴王冠；赫淮斯托斯正抓着他的妻子和脸上有条纹的阿瑞斯。段晴认为这是指阿瑞斯是被网住的。古代于阗的图像同时含有苏美尔和希腊的母题，说明了其“跨地区”的性质。然后在毯子的“焦点部分”能找到伊南娜（第16—18页），与“木杆与球”的母题相联系（第16页）。特别有趣的是两个“小神”，段晴认为他们是至今没人解释的两个神，于阗语Ttaśa和Ttara[1]，藏语Daci和Dara。她认为这两个神与伊南娜下冥府有关。最后，段晴认为于阗语Būjsaṃjā/Būjsyajā-的意思大概是“长寿的（阴性）”，这个词经常与Ttaśa和Ttara一起出现，可能是指伊南娜。

在第二章中，段晴讨论了第二组毯子，共三张，带有一行文字，写的是古代于阗语spāvatä meri sūmä hōḍä “将苏摩给了将军梅里”（第35页）[2]。为了解明这段文字的重要性，段晴用了较长篇幅讨论了“传说与仪式”的关系。2.2节解释了两块大毯子上的文字，补充了第一章的内容。段晴总结道，这些毯子是铺在祭坛上用来做某种与冥界有关的仪式的（第25页）。然后讲了于1983到1995年发掘的山普拉墓葬，发现了一条男性的毛料裤子，织出了希腊人马和士兵的图案。人马手中拿着一件很长的管状乐器（Salpinx），斯基泰艺术中描绘了类似物品。人马被花包围，这与斯基泰艺术中的花卉纹很相似。另外，还发现了裙子，上面织的图案与哈萨克斯坦“塞人墓”出土物品上的图案类似（第28页）。制作于公元520年到565年的山普拉毯表明“和田的传统几百年未变”（第29页），其织工并非“希腊-斯基泰人”[3]，即“从希腊文明吸收并接纳了多神教”的斯基泰人（第30页）。因为毯子上的图案描绘了与冥界有关的神灵，因此可能是用在葬礼或复活仪式的祭坛上。其

---

[1] 比如Or.8210/S.2471第269—270行sū{x}mapauña ttaśa ttara būjsyaja（关于sūmapauña见下文）出现在一长串保护神的名单中，见P. O. Skjærvø, *Khotanese Manuscripts from Chinese Turkestan in The British Library. A Complete Catalogue with Texts and Translations*, with Contributions by Ursula Sims-Williams, London: The British Library, 2002, 34.

[2] 我在2008年末收到了毯子的照片，当时我把这段文字读作供养人的话：spāvatä mitrastama hoḍä, “Mitrastama将军供奉了（这几张毯子）。”看来我没读对。

[3] 德国考古学家迈克斯·瓦格纳持此观点（第30页）。

独特性显示，“这些精美绝伦的毯子”是为某个特别且重要的场合制作的（第34页）。

2.4节讨论了苏摩及其“长寿汁”的特性。印度语族语言中的苏摩soma与伊朗语族语言中的豪麻haoma都能给予长久的/永恒的生命。段晴的结论是：“我们可以将（铭文中的）sūmä理解为一种魔汁，属于孪生神（见上文），有复活、长寿的功效”，在此处奉送给梅里将军（第33页）[1]。段晴没有明确解释为什么该词是 sūma 而不是期待的于阗语形式*hūma，但她说soma这个形式“可以追溯到讲印度语和伊朗语的部落还没有相互竞争的时期”（第35页）。在第2.5节，段晴概述了关于苏摩/豪麻到底是什么的各种意见，然后提出了第三章的核心问题，“梅里将军是谁？为什么要为他举行一场苏摩仪式”（第36页）。毯子中传达的有关神话以及真实生活的信息，是为了祝愿梅里将军获得永恒生命，这暗示了他即将死去。此外，毯子的奢华、大尺寸和复杂的编织技法说明这是一件国家事务（第37页）。为了解明关于这个将军的仪式的背景，段晴开始爬梳本土文献。首先是藏文《于阗国授记》中关于僧人Som-pon的传说，他变成了龙，让干涸的河床又注满了水。他的名字对应于Sūmapauña，这是于阗的一个神（见上文注）。然后是古代汉文游记，其中很多细节后来都被证实（第38—39页）。特别值得注意的是玄奘（活跃于602—664年）[2]在《大唐西域记》中记载的龙鼓传说。这个传说显示和田古代（佛教通行以前）有旱灾时人祭的习俗。此处的梅里将军即人牲，给他苏摩以保证其复活和永生（第42—43页）。2.7节中段晴用“中国气象局的数据”说明中国“在隋唐前经历了三十年冰期”，这意味着“新疆长期干旱”[3]，需要进行人祭，而梅里将军则自愿当人牲。织毯子是为了“召唤长寿女神和孪生神的化身”（见上文），他们“让苏摩有了魔力”。将军随后成了Sūmapauña神，并获得了永恒的生命（第43—44页）。毯子制作的时间是公元560年，正好是干旱时期。

段晴承认她的“解释含有想象成分”（第44页），但对我来说，各块拼图都严丝合缝：贵重的毯子、传说、毯子上描绘的神灵的于阗语证据，这些放在一起，可以

[1] 段晴指出，这个名字比较常见，也作Mairi或Mhiri。另见101、103、134页中出现的Mayiri。因此meri不大可能是“母亲”一词的属-为格，“为了将军的母亲”。

[2] 第40页中间写的“龙惹恼了大臣”肯定是个翻译错误。段晴告诉我说她原来写的是龙女爱上了某个大臣。

[3] 发表于第九章第153页的佉卢木板文书中也提到了河流干涸。

很好地说明这部分《吉尔伽美什》以（神圣的或民间的？）口传文学或图像的方式[1]保存了下来。《吉尔伽美什》还有其他片段在古代近东留存。在死海古卷和摩尼教的《巨人书》残片中都有吉尔伽美什的名字，还有两个巨人名叫Hōbābīsh和Atanbīsh，可能来自胡姆巴巴Humbaba和乌特纳匹什提姆Utnapishtim，二者都是《吉尔伽美什》史诗中的人物。约翰·C.利弗斯评论道："死海古卷《巨人书》中出现的异教人物如胡姆巴巴、吉尔伽美什、乌特纳匹什提姆证明，在公元前最后几个世纪，美索不达米亚文学传统在有学识的书吏阶层中依然有生命力。"[2]还应注意，摩尼教的《巨人书》在公元3世纪已传到中亚。在一件摩尼教帕提亚语残片中说摩尼在木鹿写信道："如今我已把（祖儿万达德弟兄）派往赞布，把亲爱的末·阿莫随他派往呼罗珊。他随身带着《巨人书》和《图经》，并在木鹿又做了一本《巨人书》。"[3]这件残片出自吐鲁番，之前肯定是沿丝绸之路穿过了新疆。

在第三章《〈王叔和脉诀〉在伊朗》中，时光（北京大学外国语学院副教授）讨论了Tanksūqnama-yi Īlkhān dar Funūn-i 'Ulūm-i Khatāyī，这是一部关于中国科技的波斯文著作，由Rashid ud-Din Fazl-Allah Hamidanī（1247—1318）翻译。在3.1节中，时光讨论了该书在伊朗的历史及其不同的注疏者和编辑者。他们"首次用波斯文及一些特殊字符转写了汉语韵文的发音"，这些韵文包括通真子（北宋）和熊宗立（明代）的作品（第50页）。在3.2节中，他比较了汉文本和波斯文本，主要研究了通真子/熊宗立和Tanksūqnāmah的不同之处（第55页）。在3.2.1节中，他总结道，"转写的人懂汉语，但念错了一些形近字，或者他们只懂意思不会发音（第57页）"，该文本"反映了丝绸之路沿线地区的文化交流以及中国和伊朗学者亲密合作的成果（第58页）"。

在第四章中，吉田豐讨论了"摩尼教粟特语文书中所见10—11世纪粟特地区与吐鲁番的关系"，并聚焦于此地的贸易。4.2节"粟特地区与焉耆的棉布"研究了这一时期的两件摩尼教文书残片，一件来自柏林，其中提到了运送"粟特布"，另一件来自藏于旅顺博物馆的大谷收集品。两件文书都提到了有不同用途的棉布、丝绸和羊毛布。4.3节中，吉田豐讨论了旅顺大谷收集品中的另一件摩尼教文书，

---

1 见Anthony Tuck, "Singing the Rug: Patterned Textiles and the Origins of Indo-European Metrical Poetry," *American Journal of Archaeology* 110 (2006), 539–550中有关的论述，特别是第541页中讲到佩涅洛佩给拉厄耳忒斯织裹尸布时提到："贵族葬礼上会用到这种奢华织物。"

2 Reeves, *Jewish Lore in Manichaean Cosmogony: Studies in the Book of Giants Traditions*. Cincinnati, Ohio, 1992, 126.

3 W. B. Henning, "The Book of the Giant," *Bulletin of the School of Oriental and African Studies* 11 (1943), 52–74.

其中提到“撒马尔罕城”是文书的来源或目的地。这个地名层在其他粟特文书中出现，但在吐鲁番没出现过。在4.4节中，他继续研究了1981年出自柏孜克里克的三件摩尼教信札（A，B，C），这三件信札在2000年由他首次发表。发表之后，森安孝夫和他将信中的一些人名比对为回鹘木柱文书（年代是1008和1019年）中的人名（4.4.1节）。B信寄自一个叫作twδ-kδ的地方，吉田豐现将其比对为伊本·纳迪姆的书中提到的Tūnkaθ（也提到了其他读法）。无论怎样，B信显示11世纪早期吐鲁番和撒马尔罕有往来。在4.5节中，吉田豐研究了由亨宁（1936）首次发表的“摩尼教信札”（i和ii），讨论了其年代和历史背景，并揭示了10世纪早期摩尼教徒从美索不达米亚迁入中亚的重要线索。

在第五章中，范晶晶（北京大学外国语学院助理教授）发表了“四件新疆维吾尔自治区博物馆藏佉卢文书”，这是对斯坦因和其他考察者发现的佉卢文书群的有趣补充，这些文书大多藏于欧洲的图书馆，特别是伦敦的不列颠图书馆。四件中的两件是契约：一件涉及两个男孩的抚养权，另一件是粮食借贷纠纷。另外两件是纳税单和账目或工资单。她还讨论了两个数字符号，认为二者分别表示1.5和2。

在第六章中，王臣邑（UCLA助理教授）解读了一件和田博物馆藏带封印的佉卢文双木板文书。这件文书肯定出自尼雅，但可能制于龟兹。为了不破环封印，这件双木板没有打开，只读了写在外侧的内容。其年代为龟兹大王Pitrṛbhakta在位第18年，可能是公元3世纪晚期（101页）。之前以为nuava这个词等于梵语anubhāva“陛下”。这件文书显示，这个词实际上是鄯善本地的人名。[1] 王臣邑讨论了一些术语的词义，其中有些显然是吐火罗语或者伊朗语（第107—108页）。[2]

在第七章中，袁勇（北京大学外国语学院研究生）讨论了苦盏这一地名的历史地理背景，该地名曾在穆格山文书的粟特语书信A-9中出现[3]。他总结道，文书中提到的“事件”发生于公元722年，体现了粟特人与阿拉伯人在河中地区冲突这一大背景下的“微宇宙”（microcosmos）。因为信件内容在几次翻译后（译成中文后又译成了英文？）明显有些受损，我在此给出葛乐耐和魏义天（2002）的译文，这也会凸显出袁勇的贡献。

---

[1] 见第154页对文书第三行的注释。

[2] 词组tasya kritena“为了他”显然包含于阗语 käḍäna“为了……”对应的词，这个词来自kṛtena，这里的用法与梵语kṛte一样，我觉得不必质疑这一点（第106页）。

[3] 115页注2有点问题。粟特地区的古波斯语是suguda-（词干），sugudu不是任何一个格。“鲁斯塔姆铭文”指的应该是Naqš-e Rostam的古波斯语铭文。

> 有消息称，苦盏完了。靠对埃米尔的信任，人全走了。所有贵族、商人、工匠，(一共)撤了一万四千人。我们派了一名信使(去你们那)，但后来我们听说你们已经回骨咄了。在Akhshewar日，将军驻扎在Shāwkat。无论有多少“快脚”(指步兵)，我已经派他们越过Buttaman他那边去了。不要把Parghar的大块土地留给他，因为这位将军不会到你那。大人，有个命令是：“……开始整装，Murtāt日那些人会到Rāman。”但是没有消息。如果你达成了和约，别信守，如果那些人不(信守和约)的话。我又派了一个信使，他告诉你新消息。我会再派一个可信赖的信使。苏对沙那的人有一些要过来。没有什么可担心的，因此不要担心。

在第八章中，姜一秀(莱顿大学博士候选人)讨论了一件新疆维吾尔自治区博物馆藏的佉卢文信札，其中“记录了一场有关财产的争论”，涉及马匹和骆驼。她的文章着重对文书语言作语文学分析，并得出结论，文书的某些部分体现了“梵语的强烈影响”。

在最后一章第九章中，吴贇培(北京大学外国语学院博士候选人)重新转写翻译了一件和田博物馆藏的佉卢文离婚文书，该文书写于木板上，其年代是大王、大Nuava、侍中Sulica在位的第五年(见上文第六章)。她提到这件文书最初由林梅村于1990年发表，由于现在有了更好的图片，因此再次发表。

《方广大庄严经》中的《示书品》*

王邦维

摘要:《方广大庄严经》是“佛传”中一部有名的经典。其中的《示书品》，讲释迦牟尼初次上学，老师教他写字，但他无师自通，早已认识了六十四种“字书”。《示书品》列出了这些“字书”。这些“字书”，多数出于神话性的渲染，但有些也真实存在。《方广大庄严经》最早在西晋时译出，其后唐代又有一个译本，隋代则有一个内容相近，但并非同一系统的文本的汉译本。比较梵本与几种汉译本中译者对这六十四种文字名称的不同理解和不同翻译，可以看到《方广大庄严经》在不同时代、不同地域流传的复杂情形。尤其是汉译中的“支那书”“匈奴书”“佉沙书”以及“大秦书”几个名称，究竟来源何处，怎么来的，研究者过去或少有注意，或意见不一。有关的分析希望能有助于今天理解这部经典的性质和相关的一些问题，为了解古代中外文化交流与互动的历史增加一点新的材料。

关键词: 方广大庄严经；示书品；字书；支那书；佉沙书；大秦书

现存的佛教经典中，有一类经典，现代学者一般称作佛传。佛传叙述佛一生的经历或一生中的某一段行事，故事性比较强，文体以叙述为主，在故事中宣说佛教的教义，既有教化的作用，又有几分愉悦的成分，容易被大众接受。如果从今天学术研究的角度讲，它们不仅是宗教文献，也可以被看作是一类文学作品。这一类佛经，数量不少。故事的基本情节，最初比较简单，后来逐渐发展和扩大，变得繁复起来。有一些成为独立的经典，有的情节成为稍后的文学家进行再加工、再创作的题材。印度古代著名诗人马鸣（Aśvaghoṣa）的*Buddhacarita*（《佛所行赞》）就是这样的作品。这类经典，在现存的印度语言的文献中保留了一些，但很多在印度早已经失传，却在中国古代汉译的佛经中保留了下来。这些汉译，大多由历史上到中国来的中亚或印度僧人与中国人合作翻译而成，今天看来，这是对保留印度文献和文化的一大贡献。其中的几部经典，在古代中国其实也很有名，不仅对佛教在中国的发展，也对中国古代的文学、雕塑、壁画及各种艺术活动产生过多方面的影响。只是这些以佛传作为主题的经典，尤其是汉译的这一部分，至今还没有得到很好的整理和研究。

在至今还能见到的用梵语写成的佛传中，最著名的是*Lalitavistara*和*Mahāvastu*。前者在中国更为有名。因为它在历史上先后至少有两种汉译本，分别是《普曜经》

作者：王邦维，北京大学东方文学研究中心。

* 谨以此文纪念段晴教授。

和《方广大庄严经》。《普曜经》的译者是西晋时代的竺法护（Dharmarakṣa），汉译八卷；《方广大庄严经》的译者是唐代来华的印度僧人地婆诃罗（Divākara），汉译十二卷。*Mahāvastu*则从来没有汉译。

此外，汉译佛经中还有一部经典，名称是《佛本行集经》，译者是隋代来华的印度僧人阇那崛多（Jinagupta），汉译七卷，内容上与*Lalitavistara*很接近，但结构和有些地方不一样，可以看作是非常相近的一部书。[1]

这三种汉译佛经，在日本出版的《大正藏》里，都收入《本缘部》。[2] 以内容、结构和文字而论，地婆诃罗的译本最接近现存的梵文本，因此这里以《方广大庄严经》作为译名。《方广大庄严经》在古代还有一个汉译名，是《神通游戏》。20世纪60年代，北京大学的金克木先生写《梵语文学史》，使用的就是后一个译名。

《方广大庄严经》的梵文本很早就被发现，而且先后有三种校订本出版。三种校订本分别是：

一、 R. Mitra校订本，1877年在印度出版，后来又重印过。

二、 S. Lefmann校订本，1902、1908年在德国出版。

三、 P. L. Vaidya校订本，1957年在印度出版，1987年由S. Tripathi修订重印。

三种校订本，都有一些问题，使用中需要注意。[3]

梵文本共二十七品。从佛受大自在天等的请求，讲说《方广神通游戏大严经》，即《方广大庄严经》，从菩萨住兜率天宫讲起，投胎，降生，成长，出家，成道，一直讲到转法轮为止。地婆诃罗的汉译本，也完整地保留了二十七品的结构。《普曜经》则有些不一样，分为三十品。

《方广大庄严经》的篇幅很长，内容也很丰富，一时不可能做全面的讨论。这里只挑选其中的第十品，讨论其中的一些问题。选这一品的原因是其中涉及到印度的“字书”（scripts）和“唱字”（chanting），二者都可以引出涉及到一些很有意思的问题。

梵文本《方广大庄严经》的第十品名称是*Lipiśālāsaṃdarśanaparivarta*，汉译名是《示书品》。这个译名很准确。《普曜经》的翻译是《现书品》，也很准确。但《佛

---

[1] 虽然过去往往把汉译的《佛本行集经》看作是*Lalitavistara*的异译，但我认为事实并非如此。《佛本行集经》与*Lalitavistara*之间的关系，值得做特别的讨论。本文最后将谈到这一点。

[2] 《普曜经》和《方广大庄严经》收入《大正藏》第三卷，编号分别是T 186，T 187。《佛本行集经》收入《大正藏》第四卷，编号是T 193。

[3] 相关较早的研究可参考Winternitz 1933, 248—256。

本行集经》中相应的一节在《习学技艺品》，差别显然就大一些，这中间有更多的原因，后面将会谈到。

《示书品》的一开首，讲到佛渐渐长大，到了上学的年龄，应该到学校去读书了。于是与佛一起，一万童男、一万童女相随，一万车乘，来到迦毗罗卫城的大街上，民众观瞻，欢喜无量，百千音乐，天雨妙花，诸天婇女，众神拥护。佛由父亲净饭王（Śuddhodana）引领，来到学校。学校的老师名叫毗奢蜜多，梵语原文是Viśvāmitra。作为老师，毗奢蜜多还被称为“博士”，“博士”梵文的原文，是ācārya，本意就是老师，古代的汉译，多数时候译为“轨范师”。汉译者在翻译时用“博士”一词做翻译，很有意思。“博士”一词，中国早有，这里借用，借用得颇好。

在佛的面前，毗奢蜜多虽是“博士”，但自觉学问不够，“生大惭惧，迷闷躄地。时兜率天子，名曰妙身。扶之令起，安置座上”。梵本这一段的原文是：

samanantarapraveśitaś ca bodhisattvo lipiśālām | atha viśvāmitro nāma dārakācāryo bodhisattvasya śriyaṃ tejaś cāsahamāno dharaṇitale niviṣṭo 'dhomukhaḥ prapatati sma | taṃ tathā prapatitaṃ dṛṣṭvā śubhāṅgo nāma tuṣitakāyiko devaputro dakṣiṇena karatalena parigṛhyotthāpayati sma | utthāpya ca gaganatalastho rājānaṃ śuddhodanaṃ taṃ ca mahāntaṃ janakāyaṃ gāthābhirabhyabhāṣat |

毗奢蜜多起来之后，佛向老师提问，一下列举出六十四或者说六十五种所谓的“字书”，问老师准备教他哪一种。梵本的原文是：

atha bodhisattva uragasāracandanamayaṃ lipiphalakamādāya divyārṣasuvarṇa-tirakaṃ samantānmaṇiratnapratyuptaṃ viśvāmitram ācāryam evam āha—katamāṃ me bho upādhyāya lipiṃ śikṣāpayasi |

老师无以为答，于是佛自己列举出了这六十四种“字书”的名字。梵文的一段是：

brāhmīkharoṣṭīpuṣkarasāriṃ aṅgalipiṃ vaṅgalipiṃ magadhalipiṃ maṅgalyalipiṃ aṅgulīyalipiṃ śakārilipiṃ brahmavalilipiṃ pāruṣyalipiṃ drāviḍalipiṃ kirātalipiṃ dākṣiṇyalipiṃ ugralipiṃ saṃkhyālipiṃ anulomalipiṃ avamūrdhalipiṃ daradalipiṃ khāṣyalipiṃ cīnalipiṃ lūnalipiṃ hūṇalipiṃ madhyākṣaravistaralipiṃ puṣpalipiṃ devalipiṃ nāgalipiṃ yakṣalipiṃ gandharvalipiṃ kinnaralipiṃ mahoragalipiṃ asuralipiṃ garuḍalipiṃ mṛgacakralipiṃ vāyasarutalipiṃ bhaumadevalipiṃ antarīkṣadevalipiṃ uttarakurudvīpa-lipiṃ aparagoḍānīlipiṃ pūrvavidehalipiṃ utkṣepalipiṃ nikṣepalipiṃ vikṣepalipiṃ prakṣepalipiṃ sāgaralipiṃ vajralipiṃ lekhapratilekhalipiṃ anudrutalipiṃ śāstrāvartāṃ gaṇanāvartalipiṃ utkṣepāvartalipiṃ nikṣepāvartalipiṃ pādalikhitalipiṃ dviruttarapada-saṃdhilipiṃ yāvad daśottarapadasaṃdhilipiṃ madhyāhāriṇīlipiṃ sarvarutasaṃgrahaṇī-lipiṃ vidyānulomāvimiśritalipiṃ ṛṣitapastaptāṃ rocamānāṃ dharaṇīprekṣiṇīlipiṃ gaganaprekṣiṇīlipiṃ sarvauṣadhiniṣyandāṃ sarvasārasaṃgrahaṇīṃ sarvabhūtaruta-grahaṇīm / āsāṃ bho upādhyāya catuṣṣaṣṭīlipīnāṃ katamāṃ tvaṃ śiṣyāpayiṣyasi? (Vaidya 1987, 96—99)

地婆诃罗译《方广大庄严经》卷四《示书品》这一段的汉译是:

菩薩爾時手執天書栴檀之簡，塗以天香摩尼明璣以爲嚴飾，而問師言：有梵寐書、佉盧虱底書、布沙迦羅書、央伽羅書、摩訶底書、央瞿書、葉半尼書、婆履迦書、阿波盧沙書、逫毗羅書、厥羅多書、多瑳那書、鬱伽羅書、僧祇書阿跋牟書、阿奴盧書、達羅陀書、可索書、支那書、護那書、末提惡刹羅書、蜜怛羅書、弗沙書、提婆書、那伽書、夜叉書、乾闥婆書、摩睺羅書、阿修羅書、迦婁羅書、緊那羅書、密履伽書、摩瑜書、暴磨提婆書、安多力叉提婆書、拘耶尼書、鬱單越書、弗婆提書、沃懇婆書、匿懇波書、般羅懇波書、婆竭羅書、跋闍羅書、戾佉鉢羅底隸書、毗懇波書、安奴鉢度多書、舍薩多婆書、竭膩那書、嗚差波書、匿差波書、波陀戾佉書、地烏怛散地書、夜婆達書、鉢陀散地書、末提訶履尼書、薩婆多增伽訶書、婆尸書、比陀阿奴路摩書、尼師答多書、乎盧支磨那書、陀羅尼閉瑳書、伽伽那必利綺那書、薩婆沃殺地儞産陀書、娑竭羅僧伽訶書、薩婆部多睺婁多書。如上所説六十四書，欲以何書而相教乎?(T 4, 559—560)[1]

这些“字书”，对于毗奢蜜多大多是闻所未闻。毗奢蜜多听说之后，“欢喜踊跃，自去贡高”，于是诵诗称赞佛的知识广博。

与梵文本这一段相对应，竺法护译《普曜经》卷三的《现书品》的汉译是:

爾時菩薩與諸釋童俱住，菩薩手執金筆栴檀書隸，衆寶明珠成其書狀，侍者送之。問師選友：今師何書而相教乎?其師答曰：以梵佉留而相教耳，無他异書。菩薩答曰：其异書者有六十四，今師何書止有二種?師問：其六十四書皆何所名?太子答曰：梵書(一)、佉留書(二)、佛迦羅書(三)、安佉書(四)、曼佉書(五)、安求書(六)、大秦書(七)、護衆書(八)、取書(九)、半書(十)、久與書(十一)、疾堅書(十二)、陀比羅書(十三)、夷狄塞書(十四)、施與書(十五)、康居書(十六)、最上書(十七)、陀羅書(十八)、佉沙書(十九)、秦書(二十)、匈奴書(二十一)、中間字書(二十二)、維耆多書(二十三)、富沙富書(二十四)、天書(二十五)、龍書、鬼書(二十六)、揵逫和書(二十七)、真陀羅書(二十八)、摩休勒書(二十九)、阿須倫書(三十)、迦留羅書(三十一)、鹿輪書(三十二)、言善書(三十三)、天腹書(三十四)、風書(三十五)、降伏書(三十六)、北方天下書(三十七)、拘那尼天下書(三

[1] 通常一般讲字书的数量是六十四种，梵文本下文中也说是六十四种，但可以拆解出六十五种。地婆诃罗的汉译本举出的也是六十五种。从印度的习惯讲，六十四是个常数，因此一般来说应该是六十四。不管六十四还是六十五，考虑到经典形成和传承的历史过程，这不奇怪。《普曜经》和《佛本行集经》中举出的是六十四种。《大正藏》本的校记：宋、元、明本作“六十五”。

> 十八)、東方天下書(三十九)、舉書(四十)、下書(四十一)、要書(四十二)、堅固書(四十三)、陀阿書(四十四)、得畫書(四十五)、厭舉書(四十六)、無與書(四十七)、轉數書(四十八)、轉眼書(四十九)、閉句書(五十)、上書(五十一)、次近書(五十二)、乃至書(五十三)、度親書(五十四)、中禦書(五十五)、悉滅音書(五十六)、電世界書(五十七)、馳又書(五十八)、善寂地書(五十九)、觀空書(六十)、一切藥書(六十一)、善受書(六十二)、攝取書(六十三)、皆響書(六十四)。太子謂師:是六十四書,欲以何書而相教乎?(T 4, 498a—b)

阇那崛多译《佛本行集经》卷十一《习学技艺品》对应的一段则是:

> 爾時太子既初就學,將好最妙牛頭栴檀,作於書板,純用七寶莊嚴四緣,以天種種殊特妙香塗其背上,執持至於毗奢蜜多阿闍梨前,而作是言:尊者闍梨,教我何書(元少一書)?或復梵天所說之書(今婆羅門書,正十四音是)、佉盧虱吒書(隋言驢唇)、富沙迦羅仙人説書(隋言蓮花)、阿迦羅書(隋言節分)、瞢伽羅書(隋言吉祥)、耶寐(亡毗反)尼書(隋言大秦國書)、鴦瞿梨書(隋言指書)、耶那尼迦書(隋言馱乘)、娑伽婆書(隋言牸牛)、波羅婆尼書(隋言樹葉)、波流沙書(隋言惡言)、毗多荼書(隋言起尸)、陀毗荼國書(隋云南天竺)、脂羅低書(隋言裸形人)、度其差那婆多書(隋言右旋)、優伽書(隋言嚴熾)、僧佉書(隋言算計)、阿婆勿陀書(隋言覆)、阿㝹盧摩書(隋言順)、毗耶寐奢羅書(隋言雜)、陀羅多書(烏場邊山)、西瞿耶尼書(無隋言),珂沙書(疏勒)、脂那國書(大隋)、摩那書(鬥升)、未荼叉羅書(中字)、毗多悉底書(尺)、富數波書(花)、提婆書(天)、那伽書(龍)、夜叉書(無隋語)、乾闥婆書(天音聲)、阿脩羅書(不飲酒)、迦婁羅書(金翅鳥)、緊那羅書(非人)、摩睺羅伽書(大蛇),彌伽遮迦書(諸獸音),迦迦婁多書(烏音),浮摩提婆書(地居天)、安多梨叉提婆書(虛空天)、鬱多羅拘盧書(須彌北)、逋婁婆毗提呵書(須彌東)、烏差波書(舉)、膩差波書(擲)、娑伽羅書(海)、跋闍羅書(金剛)、梨伽波羅低梨伽書(往復)、毗弃(音牒)多書(食殘)、阿㝹浮多書(未曾有)、奢娑多羅跋多書(如伏轉)、伽那那跋多書(算轉)、優差波跋多書(舉轉)、尼差波跋多書(擲轉)、波陀梨佉書(足)、毗拘多羅波陀那地書(從二增上句)、耶婆陀輸多羅書(增十句已上)、未荼婆哂尼書(中流)、梨沙耶娑多波恀比多書(諸仙苦行)、陀羅尼卑叉梨書(觀地)、伽伽那卑麗叉尼書(觀虛空)、薩蒱沙地尼山陀書(一切藥果因)、沙羅僧伽何尼書(總覽)、薩婆婁多書(一切種音)。爾時太子説是書已,復諮蜜多阿闍梨言:此書凡有六十四種,未審尊欲教我何書?(T4, 703c—704a)

对于三个汉译本,梵文本是源文本(Source text),但也不完全是源文本,因为从任何一个方面讲,当年的翻译者手里的梵文本,显然与今天见到的梵文本有所不同。三个汉译本,分别来自文字上大同小异的三个文本。同一部佛经,文本上大同小异,这种情况,在佛经的传承中随时可见。

整个故事其实很简单，有趣的只是，这六十四或六十五种“字书”，佛早已经全知，而博士毗奢蜜多却不知道。佛的故事有这样的情节，不难理解，因为这里要表现的是佛的全知全能，即使佛还只是一个幼童，也是如此。这不用多说。这里想提出的，是三个问题，三个问题都与“字书”相关。

第一个问题：在古代印度，有这么多种文字吗？答案当然是否定的。

不过，这中间讲到的也不是完全不是事实。六十多种“字书”中，第一和第二种，即“梵书”和“佉留书”，梵文的原文是Brāhmī和Kharoṣṭī，它们分别代表了印度古代最主要的两种文字系统，实际上都存在过。今天印度广泛使用的天城体字和其他很多字体，甚至包括东南亚一些语言至今还在使用的字体，都是从“梵书”即Brāhmī发展而来。Brāhmī现在一般的翻译是“婆罗迷体”。“佉留书”古代主要流行于印度西北一带，使用的地区一直延伸到今天中国新疆的西部。[1]

有意思的是梵文本中的Cīnalipi，地婆诃罗译为“支那书”。“支那”就是中国，“支那书”指中国的文字。中国当然很早就有文字。这是否说明《方广大庄严经》这个时候的作者已经知道了中国有文字？估计应该是这样。

此外，列举出来的各种字书，有的涉及到印度的民族名，例如梵文本的第十二种Drāviḍalipi，Drāviḍa就是今天一般所称的达罗毗荼人。有的涉及到地名，例如第六种Magadhalipi，Magadha即有名的“摩揭陀”。第十四种Dākṣiṇyalipi，Dākṣiṇya指印度的南方地区。第三十八种Uttarakurudvīpalip，即“郁单越书”，第三十九种Aparagoḍānīlipi，Aparagoḍānī即“瞿陀尼洲”，以及第四十种Pūrvavidehalipi，Pūrvavideha即“弗婆提洲”，三者都是印度神话传说中“部洲”的名字。有的则是神话中的天龙八部、诸天鬼神的名字，例如从第二十六一直到第三十三种的Devalipi即“提婆书”，Nāgalipi即“那伽书”，Yakṣalipi即“夜叉书”，Gandharvalipi即“干闼婆书”，Kinnaralipi即“紧那罗书”，Mahoragalipi即“摩睺罗书”，Asuralipi即“阿修罗书”，Garuḍalipi即“迦娄罗书”。其余的则很难判断是什么出处，总体看，其实比较随意。

这六十四或六十五种“字书”，绝大部分在真实的生活中都不存在，但为什么会列出这些名字？列出这些名字的背后，有什么隐含的意义吗？

---

[1] 关于印度的古文字，早期的著作有Bühler 1890, 1913，晚近一些的有Dani 1963，最新的则有Falk 1993以及Salomon 1998。

意义当然是有的。《方广大庄严经》是佛传，与其他的一些佛传不大一样的是，它已经明显具有大乘佛教的色彩，可以说已经是一部大乘经典。[1]在《方广大庄严经》中，佛的生平已经被充分地神化。为了表现出佛的神异能力，故事中一下列举出六十多种“字书”，虽然大部分不是事实。但第一，它反映了作者——当然不是一个人，也不是一个时候所写成的——对现实世界的了解，一定程度上也反映作者当时对印度周边国家、印度的民族、地理区划的认识；第二，它是作者对世界众生以及众生应该有的“字书”的想象。在作者的想象世界里，人天混杂，万象包罗。《方广大庄严经》的另一个译名《神通游戏》，反映的就是这个特点。佛天生通解六十多种“字书”，就是一种神通。作为宗教神话，这不奇怪。古代印度其他的宗教也是这样。在古代印度人的精神世界里，人神并存，虽然这对于我们中国人来说多少有些怪异。在中国，人与神的区别，一般是很明显的。

第二个问题：不同时代的汉语翻译者，在翻译六十四种“字书”时使用的词语，有的一样，有的不一样，不一样在哪里？为什么会有这样的差异呢？

其中有几个词语最值得注意。

第一个是Brāhmī，竺法护译为“梵书”，阇那崛多译为“梵天所说之书”，同时又译为“婆罗门书”，地婆诃罗译为“梵寐书”。这是古代中国人见得最多、相对最熟悉的印度书写字体，不仅有印度的“梵书”，还包括印度“梵书”在中亚地区的一些变体。

其次是Kharoṣṭī，竺法护译为“佉留书”，阇那崛多译为“佉卢虱咤书”，同时还加了一个解释：“隋言驴唇。”地婆诃罗译为“佉卢虱底书”。汉文文献中，最早出现的是“佉留书”，稍后有“佉楼书”的译名。东晋末刘宋初的谢灵运，在他的《十四音训叙》中，说过一段颇有意思的话：

> 胡書者梵書，道俗共用之也，而本由佛造。故經云异論、咒術、言語、文字皆是佛説，非外道也。外道因此以通文字。胡字謂之佉樓書。佉樓書者，是佉樓仙人抄梵文以備要用。譬如此間《蒼》《雅》《説》《林》，隨用廣狹也。

谢灵运的说法，其中存在一些误解或者说理解很不准确的地方。但这不奇怪，在中国人最早讨论这类问题的阶段，有关的知识还比较有限。[2]

---

[1] *Lalitavistara*属于说一切有部的经典，无疑也属于大乘佛教的经典。属于说一切有部这一点较少争议，参考Thomas 1940。是否属于大乘佛教则可能会有人质疑，但我长期以来一直认为，*Lalitavistara*应该归属于大乘佛教经典。见拙稿1995a，179。

[2] 拙文1995b对此做了专门的讨论。

从“梵书”和“佉楼书”，还发展出一个新的故事。梁代的僧祐，时代稍晚于谢灵运，在他的《胡汉译经音义同异记》中专门讨论中西文字的异同，讲了更有意思的一个说法：

> 昔造書之主，凡有三人，長名曰梵，其書右行；次曰佉樓，其書左行；少者倉頡，其書下行。梵及佉樓居於天竺。黄史倉頡在於中夏。梵、佉取法於净天，倉頡因華於鳥迹。文畫誠异，傳理則同矣。仰尋先覺所説，有六十四書。鹿輪轉眼，筆制區分。龍鬼八部，字體殊式。唯梵及佉樓唯世勝文。故天竺諸國謂之天書。西方寫經，雖同祖梵文，然三十六國往往有异，譬諸中土，猶篆籀之變體。（《出三藏记集》卷一，T 55, 4b）

僧祐讲的，当然只是一种神话式的想象，但这一定程度上也反映了那个时代的人对这一问题的理解，今天看来，颇有意思。

再一个就是Cīnalipi，竺法护译为“秦书”，阇那崛多译为“脂那国书”，同时加了注：“大隋”，地婆诃罗译为“支那书”。

Cīnalipi一词中的Cīna，阇那崛多和地婆诃罗本的翻译都是音译，而且是常见的音译。只有竺法护是意译，意译为“秦”，而不是其他，原因是什么？这看似是一个小问题，其实牵涉颇多。

依照竺法护最早的传记，《出三藏记集》卷十三的《竺法护传》，竺法护西晋时人，来自敦煌，他从晋武帝泰始二年（266）中到晋愍帝建兴元年（313）先后到了敦煌、长安、洛阳等地，沿途译出一百多种佛经。[1]《普曜经》八卷，则在永嘉二年（308）五月译出。[2] 这个时候的中国，称作“晋”，竺法护为什么不径直翻译为“晋书”呢？而在竺法护翻译的其他佛经中，的确又有“晋言”一类的词语出现。[3]

---

1 《出三藏记集》卷二：晋武帝時沙門竺法護到西域，得胡本還。自太始中至懷帝永嘉二年以前所譯出。祐捃摭群録，遇護公所出，更得四部。安《録》先闕，今條入録中。安公云，遭亂録散，小小錯涉。故知今之所獲，審是護出也。（T 55, 9b）

2 《出三藏記集》卷二：普耀經八卷（三十品。安公云方等部。永嘉二年五月出）。（T 55, 7b）

3 例如竺法护译《生经》卷二：所以者何？諄那（晋言碎末）沙彌來詣我所。（T 3, 80a） 再如竺法护译《渐备一切智德经》卷五最末跋语：元康七年十一月二十一日，沙門法護，在於長安，於市西寺中，己執梵本，手自演出爲晋言，普使十方一切蒙光，得至無形，度脱衆生，咸共欣濟。今解十住，釋梵為晋，名第一住，天竺語彼牟提陀，晋曰悦豫。第二住名維摩羅，晋曰離垢。第三住名彼披迦羅，晋曰興光。第四住名阿至摸，晋曰暉曜。第五住名頭闍邪，晋曰難勝。第六住名阿比牟佉，晋曰目見。第七住名頭羅迦摩，晋曰玄妙。第八住名阿遮羅，晋曰無動。第九住名杪頭摩提，晋曰善哉意。第十住名曇摩彌迦，晋曰法雨。（T 8, 497b） 西晋时代译出的其他的佛经，例如无罗叉译《放光般若经》，也有多处“晋言”，此不举列。

我想，这只能说明，虽然说在竺法护那个时候，中国的王朝或者说国家的名称是“晋”，但竺法护不用“晋”来翻译Cīna，因为在竺法护看来，与Cīna对应的，不是“晋”，而是“秦”。

这个“秦”，指的是什么“秦”呢？把中国称为“秦”，中国人称为“秦人”，在中国方面，可以看到的证据，是在西汉时代。中国历史上有四个“秦”，第一个是先秦时代地处中国西北的秦国，后来建立了中国历史上第一个统一的大王朝的“秦”。其后还有其他的三个“秦”，前秦、后秦、西秦，虽然也都地处中国西北，但建立的时间都晚于竺法护的时代，可以不考虑。

Cīna一词的来源，20世纪就有学者做过讨论。法国的伯希和（Paul Pelliot）认为，Cīna对应的，是“秦”。[1] 有人提出了一些不同的解释，例如“锦”和“荆”，认为也有可能是来自后者。不过，在我看来，各种解释中，伯希和的推论说服力最强。伯希和的文章，以《史记》卷一二三《大宛列传》和《汉书》卷九六《西域传》中三处提到“秦人”，“秦人”指中国人作为证据，证明Cīna一名的来源是“秦”。伯希和当时没有注意到竺法护译Cīna为“秦”这条材料。竺法护的翻译，为Cīna即“秦”的说法提供了一个时间跨度更大，背景更宽，实际上也更充分的证据。

竺法护的出身和经历，更可以说明这一点。竺法护虽然出生在敦煌，但他不是汉人，而是作为移民的月支人。他八岁出家，老师是“外国沙门高座”。西晋武帝时代，他又随师至西域，游历诸国，“外国异言三十有六种，书亦如之，护皆遍学，贯综诂训，音义字体，无不备晓”。其后“大赍胡本，还归中夏。自燉煌至长安，沿路传译，写为晋文。所获大小乘经《贤劫》《大哀》《正法华》《普曜》等凡一百四十九部。孜孜所务，唯以弘通为业。终身译写，劳不告倦。经法所以广流中华者，护之力也”。

有这样的经历，几乎可以肯定地说，竺法护对Cīna这个词的理解，代表了当时西域包括印度方面的理解。而且，我们可以相信，那个时候在汉地，认为Cīna一词对应的是“秦”而不是其他，应该说是一个普遍的共识。

再一个是Hūṇalipi，竺法护译为“匈奴书”，地婆诃罗译为“护那书”，阇那崛多译本缺此项。

这里的问题是，这里的Hūṇa是指秦汉时期中国北方的匈奴，还是印度和中亚历史上的Hephthalites，也就是中国史书里讲到的嚈哒，西方史学家所说的“白匈奴”（White Hun）。从情理上推断，这里确实应该指Hephthalites。但在中国方面，在当时的情况下，把Hephthalites认定为中国秦汉时代北方的作为民族或者说部落联盟的匈奴，也完全可以理解。

---

[1] 见伯希和 1995。这是伯希和颇有名的一篇文章。

但阇那崛多译本为什么会缺此项呢？这似乎也需要做解释。对此我的推测是，阇那崛多翻译所依据的梵本，应该是来自中印度。因为这样的背景，编撰或者传抄这部经典的人，缺乏对西北印度包括中亚的人和地的关注，因此没有把嚈哒考虑在内。

再一个是Khāṣyalipi，竺法护译为“佉沙书”，阇那崛多译为“珂沙书”，同时加注“疏勒”。地婆诃罗译本缺此项。

“佉沙”一名，汉文文献中最早就见于《普曜经》，也见于与竺法护完全同时的安法钦翻译的《阿育王传》，其后又见于北凉时代的浮陀跋摩共道泰等翻译的《阿毗昙毗婆沙论》以及苻秦时代僧伽跋澄翻译的《鞞婆沙论》。这几种经典中，佉沙虽然没有明确的指向，但大多与古代中亚的一些国名并列在一起，由此推断，位置应该也在中亚。

更清楚、更明确地描述“佉沙”的，是唐代的玄奘。玄奘《大唐西域记》卷十二有专门的一节讲佉沙国：

> 佉沙國，周五千餘里，多沙磧，少壤土。稼穡殷盛，花果繁茂。出細氈褐，工織細氎、氍毹。氣候和暢，風雨順序。人性獷暴，俗多詭詐，禮義輕薄，學藝膚淺。其俗生子，押頭匾匾，容貌粗鄙，文身緑睛。而其文字，取則印度，雖有刪訛，頗存體勢。語言辭調，异於諸國。淳信佛法，勤營福利。伽藍數百所，僧徒萬餘人，習學小乘教説一切有部。不究其理，多諷其文，故誦通三藏及《毗婆沙》者多矣。

玄奘的书中，这段话前有注：

> 佉沙國。舊謂疏勒者，乃稱其城號也。正音宜云室利訖栗多底，疏勒之言，猶爲訛也。（季羡林等 1985，994—995）

疏勒是西汉以来这个地方的名字，也就是今天的喀什噶尔。《新唐书》卷一四六《西域传》讲的基本相同：

> 疏勒，一曰佉沙，環五千里，距京師九千里而羸。多沙磧，少壤土。俗尚詭詐，生子亦夾頭取褊，其人文身碧瞳。王姓裴氏，自號“阿摩支”，居迦師城，突厥以女妻之。勝兵二千人。俗祠祆神。[1]

当然，也有人认为，Lalitavistara讲到的Khāṣya，不一定就是中国讲的佉沙，理由是在《阿育王传》和《杂阿含经》中，佉沙与阿育王的故事关联在一起。[2] 但以此

---

[1] 中华标点本，北京：中华书局，1975，第20册，第6233页。

[2] 例如陆水林 2012。文中主要依据巴基斯坦学者艾哈默德·哈桑·达尼（A. H. Dani）书中提到在巴基斯坦北部吉拉斯发现的铭文中的Khasaraja Gana一语以及其他印度文献中的Khasa一名，认为佉沙的位置就在今天的吉拉斯附近。但Khasa与Khāṣya两个词，虽然拼写很相近，有的情

做这样的推断，我以为并不合适。《阿育王经》中的故事，很多实际上来自或形成于西北印度。(Przyluski 1925)《大毗婆沙》编撰于克什米尔，更是如此。疏勒及其周边地区，很早就与西北印度也包括今天的阿富汗地区有十分密切的交往，“佉沙”一名，出现在佛经中，没有什么可以感觉奇怪的。东晋以来翻译的一些佛经中，不仅可以见到佉沙，还可以见到于阗、龟兹、沙勒、鄯善等众多地处今天中国新疆境内的小国名称。这组国名中，甚至也包括震旦，也就是“支那”的另一个名称。[1] 因此竺法护此处的翻译没有问题，玄奘的讲述更没有问题。

同样的还有竺法护译本提到的“康居书”。“康居”就是今天的撒马尔罕(Samarqant)。但“康居”一名，梵本没有，阇那崛多译本和地婆诃罗译本也都没有，仅仅存在于竺法护译本中，联系到竺法护的出身背景，这是不是再次显示当时竺法护翻译所依据的文本中有更多的中亚因素呢？

再有竺法护译本的“大秦书”与阇那崛多译本的“耶寐尼书”。这一项梵文本没有，地婆诃罗译本也没有。“耶寐尼”一名很容易还原，那就是Yavani，来自梵语Yavana，巴利语是Yona，最初来自希腊语Ionia。这就是《后汉书》卷八十八《西域传》讲的“大秦”吗？东汉的班超，曾经派遣甘英出使“大秦”。“大秦”或称“犂鞬”，即中国北魏以后所称的“拂菻国”，地方在今天地中海东部沿岸一带。但这里讲的“大秦”，与希腊有关，但不是地中海的希腊，而是马其顿的亚历山大大帝(Alexander the Great, 356—323 BC)东征之后，他的将领在今天的阿富汗及古印度西北部一带建立的希腊国家。

东晋时译出的《那先比丘经》，三卷本，全篇就是一位佛教僧人与一位希腊国王的对话。其中卷下提到“大秦”：

> 那先問(彌蘭)王：王本生何國？王言：我本生大秦國，國名阿茘散。那先問王：阿茘散去是間幾里？王言：去是二千由旬，合八萬里。那先問王：曾頗於此遥念本國中事不？王言：然。恒念本國中事耳。那先言：王試復更念本國中事，曾有所作爲者？王言：我即念已。那先言：王行八萬里反覆何以疾？王言：善哉！善哉！(T 3, 80a)

那先是这位僧人的名字，梵文的原名是Nāgasena，意译“龙军”。跟那先对话的国王称作弥兰王，希腊语的名字是Menandros，巴利语是Milinda。弥兰王一个接一个地向那先发问，那先一一作答，最后说服了弥兰王信仰佛教。“阿荔散”一

况下甚至可以看作一个词，但二者毕竟不一样，而更重要的一点是，没有更多的理由可以支持这样的解释。20世纪早些时候，法国学者烈维也讨论过相关的一些问题，涉及佉沙。对于Khasa，烈维认为在中亚，但不确定在什么地方。见烈维 1995。

[1] 例如高齐那连提耶舍译《大方等大集经》卷第五十五至五十六《月藏分》各品。

名，在巴利本的Milindapañha中对应为Alasanda，也就是古代希腊人在埃及建立的著名城市Alexandria。弥兰王回答那先自己来自哪里，提到了这个城市。[1] 弥兰王是希腊国王，但不是在希腊做国王，而是在阿富汗及古印度的西北做国王。

正是由于这样的原因，希腊字母历史上曾经在这一地区广泛地流行和使用。1993年在阿富汗北部的Surkh Kotal附近发现的有关迦腻色迦王最重要的一块碑铭，一般称作Rabatak Inscription，碑文镌刻在岩壁上，语言是所谓的“大夏语”(Bactrian language)，使用的字母就是希腊字母。(Sims-Williams and Cribb 1995—1996)显然，竺法护译本的“大秦书”，指的就是这类的希腊字。阇那崛多则把Yavani直接音译为“耶寐尼”。

从上面讨论到的这几个词语，也包括几位翻译者的背景情况，我以为至少可以得出三个结论：

一、三个汉文本的翻译者，分别依据的是三个不同的梵文本。翻译者在理解原文，选择对应的词语，也就是寻找equivalence的时候，他们面对相同和不相同的一些问题，也就有相同和不相同的处理途径和方法。这些异同，为我们提供了比较和研究的线索。

二、竺法护翻译所根据的，应该是中亚流传的梵文本。地婆诃罗翻译所依据的，应该是直接来自印度的梵文本。但阇那崛多的梵本从哪里来，则需要做更多的考虑。总之，现存的梵文本，跟几位翻译者依据的文本对比，有不同程度的差异，这很自然。这样的差异，也为我们提供了做进一步研究的可能。

三、从以上的讨论，我们可以见到古代不同地区、不同族群、不同文化的交流与互动。地名的翻译，看起来只是翻译中很小的一个环节，但其中反映的问题涉及方面很多，仔细地分析，往往可以为我们提供一些很重要的历史信息。

最后一个，也是第三个问题：*Lalitavistara*的性质。作为一部文献，从佛教文献传承的历史角度看，它应该属于哪个部派？提出这个问题，是因为阇那崛多翻译的《佛本行集经》的最末尾，即卷第六十最末有一段话：

> 爾時，復有長老分那婆素(隋言井宿)，長老宮毗羅(隋言蛟龍)，長老難提迦等，如是三人，唯得知其出家由緒，不知所生因緣之事，亦不知彼於往昔時作何業也？或問曰：當何名此經？

[1] *Milindapañha*中对应一段：*Thero āha: Kuhiṃ pana mahārāja tava jātabhūmīti. Atthi bhante Alasando nāma dīpo, tatthāhaṃ jāto ti. Kīva dūro mahārāja ito Alasando hotīti. Dumattāni bhante yojanasatānīti.* 此据德国哥廷根大学数据库所录入的文本，网址 http://gretil.sub.uni-goettingen.de/gretil/2_pali/2_parcan/milindou.htm。感谢加拿大英属哥伦比亚大学(UBC)的杨增先生于2023年12月9日代为登录哥廷根大学数据库并核对此段文本。

答曰：摩訶僧祇師名爲《大事》，薩婆多師名此經爲《大莊嚴》，迦葉維師名爲《佛生因緣》。曇無德師名爲《釋迦牟尼佛本行》，尼沙塞師名爲毗尼藏根本。(T 4, 932a)

依据这里的说法，*Lalitavistara*，即上面讨论的《方广大庄严经》，很清楚地属于说一切有部。其他部派的佛传，我们现在有的，除了《方广大庄严经》，还有摩诃僧祇师，即大众部的《大事》，也就是本文一开始就提到的*Mahāvastu*。《释迦牟尼佛本行》是《佛本行》的简称，阇那崛多翻译的《佛本行集经》，依此应该归入昙无德师，即法藏部。

但是，这里还有一个问题，往往被人忽视：把《佛本行经》归入法藏部，的确不错，但阇那崛多翻译的《佛本行集经》的文本是不是完全是法藏部的文本呢？其实不是，因为《佛本行经》并不完全等同于《佛本行集经》。这中间有一点被人忽视，那就是，阇那崛多的译本，虽然以法藏部传本为主要文本，但其中也包括了其他部派的"佛传"的一些内容。它不称作《佛本行经》，而是称作《佛本行集经》，加了一个"集"字，原因就在这里。它实际上是一种"合本"(Assembled texts)。说到"合本"或者说"集经"，便会涉及到更多，也是更复杂的一些问题，希望以后能就此做更多的讨论。[1]

至于《示书品》中接下来讲到的"唱字"方面的问题，佛与一万童子"同学字母，唱阿字时，出一切诸行无常声。唱长阿字时，出自利利他声"，涉及到佛教的另外一些问题，也留待以后再做讨论。

缩略语

T　　『大正新脩大藏經』，高楠順次郎，渡辺海旭編，100卷，東京，1924—1934。依台湾中华电子佛典协会(CBETA)电子版。

---

[1] 注意到这一点的人至今似乎都很少。在欧美方面也是这样，虽然《佛本行集经》很早就被翻译为英文，由此成为最早被介绍到欧洲的汉文佛经之一。见Beal 1875。我知道的，只有现在英国任教的德国学者宁梵夫(Max Deeg)于去年，即2021年10月，在一个国际学术会议上提交的一篇论文，题目是Expanding the Master('s) Hagiography: The *Fo benxing ji jing*, An Understudied Biography of the Buddha。宁梵夫教授认为，阇那崛多翻译的《佛本行集经》，从语言和文本的内容两个方面分析，显示出跟西北印度，即健陀罗地区有密切的关系。我同意宁梵夫教授这方面的看法。不过，《佛本行集经》还有更多的问题值得做深入的研究。

参考文献

中文：

伯希和　1995　《支那名称之起源》，冯承钧译，《西域南海史地考证译丛》第1卷，北京：商务印书馆，第36—48页。

季羡林等　1985　《大唐西域记校注》，北京：中华书局。

烈　维　1995　《大藏方等部之西域佛教史料》，冯承钧译，《西域南海史地考证译丛九编》，北京：商务印书馆，重印本第二卷，第160—234页。

陆水林　2012　《佉沙国地望及交通初探》，《西域研究》，2012年第3期，第16—32页。

王邦维　1995a《南海寄归内法传校注》，北京：中华书局。

1995b《谢灵运〈十四音训叙〉辑考》，《国学研究》第3卷，北京：北京大学出版社，第275—300页；修订稿：《北京大学百年国学文粹（语言文献卷）》，北京：北京大学出版社，1998年，第631—646页。

西文：

Beal　1875　Samuel Beal, trans. *The Romantic Legend of Sâkya Buddha from the Chinese-Sanscrit*. London: Trübner etc.

Bühler　1890　Georg Bühler. *Die indische Inschriften und das Alter der indischen Kunstpoesie, Sitzungsberichte der kaiserlichen Akademie der Wissenschaften*, Philologisch-historische Classe 122, no. 11. Wien.

1913　"The Indian Inscriptions and the Antiquity of Indian Artificial Poetry." English translation by V. S. Ghate, *Indian Antiquary* 42: 29–32, 137–148, 172–179, 188–193, 230–234, 243–249. Repr. Calcutta: University of Calcutta,1970.

Dani　1963　Ahmad Hasan Dani. *Indian Palaeography*, Oxford: Clarendon Press, 2nd ed.; repr. Delhi: Munshiram Manoharlal, 1986.

Falk　1993　Harry Falk. *Schrift im alten Indien: Ein Forschungsbericht mit Anmerkungen*. Tübingen: Gunter Narr Verlag Tübingen.

Przyluski　1925　Jean Przyluski. *La Légende de l'Empereur Aśoka*. Paris.

Salomon　1998　Richard Salomon. *Indian Epigraphy: A Guide to the Study of Inscriptions in Sanskrit, Prakrit, and the Other Indo-Aryan Languages*. New York: Oxford University Press.

Sims-Williams and Cribb
1995–1996　Nicholas Sims-Williams and J. Cribb. "A New Bactrian Inscription of Kanishka the Great." *Silk Road Art and Archaeology* 4: 76–142

Thomas　1940　E. J. Thomas. "The Lalitavistara and Sarvāstivāda." *Indian Historical Quarterly* 16/2: 239–245.

Vaidya　1987　P. L. Vaidya. *Lalitavistaraḥ*, Buddhist Sanskrit Texts 1. Darbhanga: The Mithila Institute.

Winternitz　1933　M. Winternitz. *A History of Indian Literature: Vol. II: Buddhist Literature and Jaina Literature*, S. Ketkar & H. Kohn, trans. Calcutta: University of Calcutta Press; repr. New Delhi: Oriental Books Reprint Coporation, 1977.

海之双泉

——萨珊伊朗的圣湖与圣火祠

吴赟培

摘要：本文以中古波斯语文本中作为海之双泉的闪湖(Čēčast)和苏湖(Sōwar)传说为出发点，首先通过界定čašmag(泉)、war(湖)和海(zrēh)三个词，考察与水相关的天狼星、阿娜希塔和灵光三个起源神话，勾勒出一部分中古伊朗关于水系统的地理想象。继而将双泉传说的形成置于萨珊王朝，与王书传统的定型和圣火祠的建造这两个历史进程一起考察，分析双泉如何与公马圣火(Ādur Gušnasp)和伯尔金密特拉圣火(Ādur Burzēnmihr)的传说，以及与凯氏(Kayān)王朝的霍斯鲁(Khusrow)和萨珊王朝的耶兹德卡尔德一世(Yazdegerd I)的传说编织在一起，最终唤起了一种王权象征：坐落于东方与西方的双湖以及与之相配的圣火祠，是世界的双眼，灵光的居所。

关键词：泉；湖；圣火祠；王书；萨珊伊朗

在中古波斯语文献中，世界上整个水系统的起源，可以追溯到阿赫里曼(Ahriman)率领的邪恶势力入侵世界的事件，天狼星(Tištar)等水神合力迎战，降雨三十日，淹死无数恶动物(xrafstar)，由此形成江河湖海(如Bd 6b，WZ 3)。这则起源神话可以追溯到阿维斯塔的《天狼星颂》(*Tīr Yašt*，即Yt 8)，但只有到中古波斯语文献才举出了形成水体的具体名称，其中就包括“海之双泉”：

> dō čašmag ī zrēh aziš ō paydāgīh mad ēk čēčast ēk sōwar kē-šān bun-xān ō čašmag ī zrēh paywast ēstēd. (Bd 6b.17)
>
> 海之双泉由此显现，一个是闪湖，一个是苏湖，其本源与海之泉相连。

由此可以提出两个问题：第一，作为海之双泉的闪湖(Čēčast)和苏湖(Sōwar)，如何与海相连？第二，两湖如何成为圣湖中最神圣的两个？

1 水系统

首先我们将界定相关的几个词，čašmag、war和zrēh，通过文本辨明这些水体的文化属性，勾勒水系统的整体观念，并在这个系统中对湖与海的关系进行考察。

作者：吴赟培，上海社会科学院宗教研究所。

1.1 čašm和čašmag

中古波斯语和波斯语čašm，意为“眼睛”，可以追溯至阿维斯塔语cašman，和梵语cakṣu同源（Bartholomae 1904，583）。而中古波斯语čašmag和波斯语čašma，其构词相当于čašm的形容词形式“眼睛般的”，作形容词时意为“著名的”，作名词时意为“泉，源”（MacKenzie 1971，21）。

泉，作为水之眼、水之源，本身也被称为湖（war）。它与眼睛具有明喻上的相似性，这种相似性在词语中凝固下来，并在中古波斯语文献中得到明确表述：

ēn and čašmag ī ābān ō paydāgīh kē war xwānīhēd handāzag ī čašm ī mardōmān awēšān čašmag ī ābān hēnd. (Bd 12.1)
这些水之泉（čašmag）显现，它们被称为湖。像人之眼（čašm）一样，它们是水之泉（čašmag）。

在论及其中一座湖时，则更为具体地描述了与眼睛的相似性：

Sōwar kē har stabrīh be <ō> kustān abganēd ud xwēš grīw rōšn <ud> pāk dārēd čē handāzag homānag ī čašm-ē ast kē har gardīh ud har rēmānīh be ō kustān abganēd. (WZ 3.24)
苏湖，它把所有粗劣扔到边上，保持自己光明而洁净，因为它就像一只眼睛，把所有尘土所有污秽扔到边上。

由此可见，这种相似性可分为两层。从自然景观上看，这是形容湖水如明眸般光洁，而岸边有积沙、积石或泥土。而从文化角度上说，则是湖具有明辨是非、去伪存真的能力。关于这种能力，在对其他一些湖的描述中有进一步说明：

war ī Frazdān pad Sagestān.
gōwēnd kū āzād mard-ēw ahlaw kē tis-ēw andar awiš abganēd padīrēd ka nē ahlaw abāz ō bērōn abganēd. (Bd 12.6—7)
弗拉兹丹湖[1]，在锡斯坦。

[1] Frazdān，来自阿维斯塔语Frazdānu（Bartholomae 1904，1005）。可能比对为泽雷洼地（Gawd-e Zira, Herzfeld 1947，62），即锡斯坦盆地最低的部分，在今阿富汗西南。在阿维斯塔中，此湖是凯古什塔斯帕（Kavi Vištāspa）祭祀的地方，他向女神阿娜希塔（Anāhitā）献祭一百匹马、一千头牛和一万只羊，祈求能够战胜阿尔贾斯帕（Arəǰat̰.aspa）等敌人，阿娜希塔满足了他的愿望（Yt 5.108—110）。在巴列维文献中，此湖被赋予更多传说，法里东（Frēdōn）三分天下后，分得（东）罗马的长子萨勒姆（Salm）和分得突厥的次子图尔（Tūz）杀死了分得伊朗的幼子伊拉治（Ērēč），伊拉治留下一个独生女儿，法里东把她藏在弗拉兹丹湖，她在此繁衍后代，到第十代终于生出了男儿，法里东便到弗拉兹丹湖畔，祈求阿娜希塔（Anāhīd）赐予这个男孩玛努切赫尔（Manuščihr）恩惠，使他能重获灵光，复兴伊朗（ASS 4—8）。

据说：一个自由人，他是真实者，他将一样东西扔进其中，它会接受；若他不是真实者，它便扔回外面。

gōwēnd pad Kamindān[1] zōfr-ēw ast kē hamwār dūd aziš āyēd. har tis-ēw awiš abganēd ǰud az gyānwar nē padīrēd. ka-š gyānwar awiš abganēnd frōd barēd. (Bd 12.15)

据说：在卡敏丹，有一个深渊，烟雾一直从中升起。人们扔进去的每一样东西，除了动物之外，它都不接受。当人们向它扔动物时，它就带下去。

由此可见，之所以说湖有明辨是非的能力，是因为它具有神性，是进行祭祀之所，湖能自行决定是否接受祭品，不必依赖受到献祭的神的判断，它本身就能辨别祭祀者的善恶，分别祭祀物的种类。

1.2 war和vairi

在中古波斯语文献中，湖（war）因其具有眼睛（čašm）的属性，从而被认为是泉（čašmag）的别称。在许多语境下，war是阿维斯塔语vairi的直译，尽管vairi本义更可能是指海湾。阿维斯塔中有两种海湾，vairi与apaγžāra，前者指半圆形海湾，而后者指河流入海口形成的狭长海湾（Hintze 1994，288）。

从vairi到war的词义转变，属于阿维斯塔和中古波斯语文献对于水系统的不同构想。阿维斯塔的水系统，在天河神话中得到表述：阿娜希塔作为天河，受命从星界降临大地（Yt 5.85），先落到善业（Hukairya）峰[2]上，再飞流直下注入广湾（Vourukaṣ̌a）海，海水汹涌，形成一千入海口（apaγžāra）和一千海湾（vairi），水流遍七洲，能净化男性的精子和女性的子宫与奶水（Yt 5.3—5）。

除了天河神话之外，灵光神话也创造了海湾。贾姆（Yima）失去灵光后，神魔争相竞逐。当佐哈克龙（Aži Dahāka）和圣火相持不下之际，灵光进入了广湾海，为水之嗣（Apąm Napāt）所得（Yt 19.46—51）。土兰的阿夫拉西亚伯（Fraŋrasyan）为了追寻灵光，潜入广湾海，灵光在海中东冲西突不断逃逸，第一次形成了霍斯鲁（善声，Haosravah）湾，第二次形成了善赐（Vaŋhazdā）湾，第三次形成了水流（aβždānva）湾（Yt 19.56—64）。

---

[1] 该地名释读存疑，印度本比伊朗本多一个首字母k。据伊朗本可读作Damindān，Ibn al-Faqīh提到此地是克尔曼边境上的一座大镇（Markwart 1901，35）。据印度本可读作Kamandān，Tha'ālibī提到此地位于火迷失和内沙布尔之间（Monchi-Zadeh 1975，212）。

[2] 据说善业峰是世界中心之山高守（Harā bərəzaitī）山的最高峰（Yt 10.88）。

这些阿维斯塔神话中的海湾(vairi)，在中古伊朗被理解为湖(war)。[1] 以对阿维斯塔的释经(Zand)的形式，中古波斯语文献表述了一套新的水系统，并使之神圣化。这个转变的关键来自善业峰的修饰语vīspōvahma zaranaēna(Yt 5.96; Yt 12.24)，即"受一切赞颂的、金的"，在中古波斯语释经中，这个固定形容或称号被当作独立的名词，释为sad hazār nāyīzag ī zarrēn(Bd 10.5)，即"十万金管道"。

在新的水系统中，水从阿娜希塔之泉(čašmag ī Ardwīsūr)流出，通过热力(pad garmīh)，或许是作为水蒸气，经由十万条金管道上升到善业(Hugar)峰顶的一个湖(war)中，在湖中得到净化，再通过其他金管道返回大地(Bd 10.5)。

阿维斯塔的天河水系统具有印度–伊朗的共同源头，[2] 而中古波斯语释经则将其变成了一种地下水系统。这里用来表示管道的词nāyīzag，本义为小苇管或麦管(MacKenzie 1971, 58)，词形上类似nāy(芦苇，笛子)的指小词，因此更可能是指密闭管道，而非露天河道。阿娜希塔仍然是水系统的源头，但现在显然搬到了善业峰的山脚下，通过山中的管道上升和下降。这种水系统更贴近伊朗干旱、半干旱的气候，其构想既可能来自对地下水系的观察，也可能来自修建坎儿井等水利工程的经验。

与水系统观念的整个变化相对应，阿维斯塔中海与海湾(vairi)的自然联系，到了中古波斯语文献中，则成了海与湖(war)的关系。

1.3 drayā和zrēh

在波斯语言中，海与湖可以共用一个词，两者只有规模上的差异。"海"最常见的中古波斯语用词有两个，drayā和zrēh。drayā，演变到波斯语作daryā，其指小

---

[1] 反之，中古波斯语文献中的war，并非都出自阿维斯塔，也并非都被视为湖。比如war ī Sadwēs，就没有阿维斯塔先例，是中古波斯语释经的构拟。阿维斯塔称，流经尸体等不洁之物的水进入腐(Pūitika，与梵语pūtika同源)海，得到净化后进入广湾海(Vd 5.18—19)。在中古波斯语释经中，神话的腐海之名已被赋予了现实的波斯湾(Pūīdīg)，于是需要另有一个水体来执行净化功能，这就创造了war ī Sadwēs(其创造与当时的天文观念有关，Sadwēs比定为南方将星北落师门，通过纽带与水体相连，故得此名，正好对应于北方将星北斗七星通过纽带与七洲相连)，它位于神话的广湾(Frāxkard)海和现实的波斯湾之间，阻止波斯湾的咸水进入广湾海的淡水(Bd 10.9)，因此它夹在两海之间，应仍是海湾，而不是湖。

[2] 与伊朗的阿娜希塔对应的印度天河是娑罗室伐底(Sarasvatī)，但娑罗室伐底的属性在很大程度上转移给了恒河，恒河降临的神话更完整地与伊朗版本的结构对应：跋吉罗陀(Bhagiratha)为拯救六万先祖，以苦行之力请恒河从天而降，先落到盖拉瑟(Kailāsa)山顶，经湿婆的发辫顺流而下，汇入大海，进入地狱，净化先祖。

词daryāča，小海，则表示湖。而zrēh，在文献的明确表述中，zrēh ī meh是大海，zrēh ī keh是小海，[1]即淡水湖。[2]

这两个词在语用上，前者倾向于出现在更世俗的语境中，而后者多数出现在专有名词中，很多情况下是对阿维斯塔语zrayah的直译。在词源上，前者来自古波斯语drayah，而后者来自阿维斯塔语zrayah，实际上两者可以追溯到同一个词源，或者说是同一个词的不同方言，因为东伊朗语（如阿维斯塔语）的z与西伊朗语（如古波斯语）的d在语音上有对应关系。[3]

除了在语言上的关联之外，海与湖这两种水体也拥有共同的神话起源，上文已经展现了三种解释其神圣性起源的神话，它们是神魔之战的遗迹，是阿娜希塔的创造，是灵光的居所。根据天狼星降雨而淹没整个大地的原始水体，以及阿娜希塔之泉特有的金管道水系统，可以推测在萨珊时期的地理想象中，原始水体已退至大地深处，留存在地表的海与湖是未曾退尽的遗迹，它们在地下深处仍相互连接。

2 圣湖

与水起源的神话相应，古代伊朗人信仰的是一种圣化自然元素的宗教，[4]并以露天圣地为特征。这类宗教最初常以自然界中的山峰、岩石、洞穴、河流、泉水、树木等作为圣地的标志，神圣力量居住其中，自然物是神圣力量的外在体现。

---

1 meh和keh常用于相关联的一对事物，比如大法官（dādwar ī meh）和小法官（dādwar ī keh），《大谛听神颂》（*Srōš Yašt ī meh*，指Y 57）和《小谛听神颂》（*Srōš Yašt ī keh*，指Y 56）。伊斯兰时期记载的地母节（伊朗历Spandarmad月Spandarmad日，即12月5日），以这一天为最后一天的十天节日，前五日称为小地母节（Sven-e kasog），后五日称为大地母节（Sven-e mas）。

2 文献举出大海有三，而小海有二十（Bd 6b.17），三大海分别是波斯湾（Pūīdīg）、里海（Kamrōd）和黑海（Syābun，Bd 10.7），小海则仅举出第二十是凯扬嗣（Kayānsīh，Bd 10.16）。大海中只有Pūīdīg借用了阿维斯塔的神话地名，但在萨珊时期三海均为现实地名。小海Kayānsīh，来自阿维斯塔语Kąsaoya（Bartholomae 1904, 471）。可能比对为哈蒙湖（Daryāča-ye Hāmun，Stein 1886, 21—23）。此湖在琐罗亚斯德教末世论中居于核心地位。在阿维斯塔中，复兴者有形真（Astvaṭ.ərəta）将从这里出生，实现末世的复活（Yt 19.89, 92）。在中古波斯语文献中，琐罗亚斯德在此处留下灵光，由女神阿娜希塔看护，而未来三个千年分别将有三位少女来此沐浴，灵光会使之受孕而生出三位复兴者（Bd 33.43, 45）。

3 比如唐朝时萨珊末君之子卑路斯建波斯都督府的所在地疾陵（Zarang），这个地名在古波斯语铭文中作Zranka，保留了其东伊朗语原形，而古波斯语口语形式*Dranka或*Dranga，则经过希腊拉丁语成为西方语言中的主流形式，最终Drangiana成了西方称呼该地的统一名称。

4 以琐罗亚斯德教为例，七自然元素（人、动物、火、天〔金属〕、地、水、植物）与七主神是整个世界的表与里，构成可见与不可见的两面。

在阿维斯塔保存的东伊朗神话传说中，祭祀场所最常是山上和水边。[1] 至于西伊朗，希罗多德的描述总体上对阿契美尼德早期是有效的，“他们[波斯人]不供神像，不建神庙，不设祭坛。他们的习惯是到最高的山峰上去，在那里向宙斯奉献牺牲，因为他们是把整个苍天称为宙斯的”[2]。到安息时期，斯特拉波记载波斯人仍在水边祭祀，“水祭，他们去湖边、河边或泉边，挖一条沟，在上面献祭”[3]。即使到萨珊晚期乃至伊斯兰早期，自然地貌的神圣性或神秘性仍在新生成的传说中占有一席之地。[4]

湖在伊朗的神圣性源远流长，但闪湖和苏湖被并举为最神圣的两湖，则至少是萨珊晚期才发生的。两湖本来并非同类，闪湖原是阿维斯塔中的神话湖，现在一个并无早期圣地遗迹的现实地理位置获得了这个名称，而苏湖则并无阿维斯塔先例，很可能它在历史上具有圣湖的地位，但最终未被整合进琐罗亚斯德教圣书传统。两者单独被归类，是与另外两个进程交织在一起的：1. 国王谱系的定型；2. 圣火祠的建造。

我们将分别考察两湖与这两个进程纵横交错的脉络。

---

[1] 以Yt 5为例，明确是在山川等自然圣地祭祀阿娜希塔的有：胡山（Haošyaŋha）在高守（Harā）山脚，贾姆（Yima）在善业峰顶，戈尔沙斯帕（Kərəsāspa）在皮希纳（Piṣ̌inah）湖，凯乌斯（Kavi Usan）在雕（Ǝrəzifya）山，凯霍斯鲁（Kavi Haosravah）在闪湖，维赛（Vaēsaka）诸子在冈格（Kaŋha）山脉最高处国利（Xṣ̌aϑrō.suka）山口，泡尔瓦（Pāurva）在罗萨（Raŋhā）河，努扎尔（Naotara）家族的维斯陶鲁（Vistauru）在维堂外提（Vītaŋᵛhaitī）河，弗利严（Fryāna）家族的约希塔（Yōišta）在罗萨河的派提帕（Paitipa）岛，凯古什塔斯帕在弗拉兹丹湖，扎里尔（Zairivari）在律法（Dāityā）河，阿尔贾斯帕在广湾海。

[2] 希罗多德《历史》1.131（徐松岩 2018，136）。

[3] 斯特拉波《地理学》15.3.14（de Jong 1997，126）。

[4] 比如阿尔达希尔一世（Ardašīr I，224—241），他的中古波斯语传说KAP最早也要推定到萨珊晚期（Cereti 2011）。故事说阿尔达希尔在从安息末君阿尔达旺（Ardawān）的宫廷逃走后，途中遇到两个妇人，她们一口叫出阿尔达希尔的名字，点明他的身世，并指点他逃到大海就会安全（KAP 3.18—19），阿尔达希尔最终抵达海边时，设圣火献祭，并将此地命名为得佑阿尔达希尔（Boxt-Ardašīr，在语言学上可演变为波斯语Bušehr，KAP 5.10）。这一情节中，两个妇人中的一人应是阿娜希塔显形，因为阿尔达希尔家族作为伊斯塔赫尔阿娜希塔圣火祠的祭司，受其庇护，故而指点阿尔达希尔前往大海，大海是她的圣地。又如巴赫拉姆五世·古尔（Bahrām V Gōr，420—438），他在伊斯兰早期享有传说无数，其死亡也分外神秘，除了《列王纪》让他长眠而死之外，或说他消失在山洞里（内扎米），或沉入沼泽，或掉进深坑，或是溺毙（Maḥjūb 1983/1362 Š.）。山洞、沼泽、深坑和水体本身都是自然圣所。这种神秘结局让人想起凯霍斯鲁（Kay Khusrow）在一口泉水（čašma）边消失（《列王纪》，见张鸿年、宋丕方 2001，卷3，567—569）。在琐罗亚斯德教叙事中，凯霍斯鲁从未死亡，他将在末世作为最终复活的工具重新现世（Dk 7.1.40）。

2.1 闪湖

闪湖，中古波斯语作Čēčast，来自阿维斯塔语Čaēčasta，“闪白光的”(Bartholomae 1904, 575)。此词有晚期中古波斯语形式Čēst(WZ 10.15)，并演变为波斯语Šīz。

这座湖原本是个神话地名，后来才获得了现实的地理位置。根据考古发现，公元5世纪后的萨珊时期，该地名应比定为伊朗阿塞拜疆苏莱曼王座(Takht-e Soleiman)的火山湖。[1]

图1: 苏莱曼王座航拍图，闪湖和公马圣火祠遗址(Schmidt 1940, pl. 87)

2.1.1 凯霍斯鲁

闪湖在阿维斯塔中是凯霍斯鲁传说的发生地。他有两个传说。第一个说他在此祭祀阿娜希塔，献祭了一百匹马、一千头牛和一万只羊，祈求能够赢得赛马，阿娜希塔满足了他的愿望(Yt 5.49—51)。同时，Aurvasāra在razura祭祀伐由(Vayu)，

[1] 伊斯兰时期的地理历史文献将其比定为乌鲁米耶湖(Daryācha-ye Urūmiya)，即卡布赞(Kabūdān)湖。

祈求能在此胜过凯霍斯鲁(Yt 15.31)。凯霍斯鲁与Aurvasāra在razura举行的赛马传说，没有流传到后世。[1]

第二个传说是凯霍斯鲁在此杀死阿夫拉西亚伯(Fraŋrasyan)，为父亲夏沃什(Syāvaršan)复仇。先是豪麻(Haoma)神在善业峰上祭祀女神坚马(Druvāspā)，祈求能够在闪湖抓到阿夫拉西亚伯，把他绑到凯霍斯鲁面前受处决，坚马满足了他的愿望(Yt 9.17—19)。继而是凯霍斯鲁在闪湖祭祀坚马，献祭了同样规格的祭品，祈求能够在这座湖畔战胜阿夫拉西亚伯，为夏沃什复仇，坚马满足了他的愿望(Yt 9.21—23)。这个传说经过中古波斯语文献，一直进入波斯语史诗。[2]

在阿维斯塔中，凯(Kavi)这个头衔属于向诸神献祭的少数几位英雄。[3]他们何时被视为国王并不明确，但他们作为凯氏(Kayān，单数Kay)王朝，和另一组被归为先立氏(Pēšdādīyān)王朝的人物一起，组成传说时代的国王谱系，定型为可以证明王权合法性的王书传统，则发生在萨珊晚期。因为萨珊早期王族的合法性源于他们是诸神的后裔，而晚期的王族才自比为凯氏诸王，自称是其后裔。这种

1 Aurvasāra这个专有名词仅出现过这一次，字面意义是勇敢首领，有学者提出这是个头衔，指Aurva(即古波斯语*Arva)部落首领(Gershevitch 1974, 61)，而*Arva仅见于巴比伦语记载，是阿契美尼德时期的一个伊朗部落(Tavernier 2007, 4.3.12, 373)。razura含义也不明确，其中古波斯语形式razur，对译wēšag，“丛林”，但上文已经看到，中古波斯语对译阿维斯塔语，在语言学上是不可靠的(Hambartsumian 2009列举了阿维斯塔和中古波斯语文献中razura/razur的用例，尽管他假定丛林之意并无疑问)。而赛马的意义也不明确，阿维斯塔中最具范式性的赛马具有宇宙论意义，最具范式性的马车夫是凯古什塔斯帕(其名意为纵马)，他胜过阿尔贾斯帕，驾车引领阿胡拉马兹达和琐罗亚斯德的观灵(daēnā，中古波斯语dēn，并转义为“宗教”)从祭祀处前往天神的居所，而观灵显形为天上的圣带，即银河(Yt 13.99, Yt 19.83—84，阐释可见Skjærvø 2013)。在中古波斯语文献中，凯古什塔斯帕(Kay Wištāsp)与阿尔贾斯帕(Arjāsp)在天上的赛马演变成了地上的宗教战争，战场有时也被置于这个razur(AZ 19, ZWY 6.9)。至于凯霍斯鲁和Aurvasāra赛马发生在何处(星际、森林、荒漠还是雪山)，具有什么性质的意义(宇宙论还是历史传说)，都不明确。

2 关于这个传说，《列王纪》(张鸿年、宋丕方 2001，卷3，490—505)与早期文献的最大差异在于：1. 凯霍斯鲁为了击败阿夫拉西亚伯，原本是在闪湖献祭，现在是到阿塞拜疆的圣火祠(即阿扎尔阿巴德干，也译作阿扎尔阿巴德冈，本文中称公马圣火)拜神，这显然对应的是萨珊晚期的情况，萨珊王朝的两位霍斯鲁都为击败敌人而来此拜神，这些历史事件也进入了《列王纪》的叙事，霍斯鲁一世(即凯斯拉·阿努席尔旺)是在出征罗马之前(张鸿年、宋丕方 2001，卷5，365—371)，而霍斯鲁二世(Khosrow II, 590—628，即霍斯鲁·帕尔维兹)是在反击巴赫拉姆·楚宾之前(张鸿年、宋丕方 2001，卷6，290—295)。2. 捉住阿夫拉西亚伯的是隐士胡姆，据称是法里东的后人，原本则是豪麻神，而法里东的降生是因为他父亲举行豪麻祭，此处从神到人的身份转变，显示出史诗改造神话的一种通则。

3 据此词与梵语同源词kavi的亲缘关系，原本应指能够通灵的祭司诗人(以及行使这种职能的诸神)。“国王”在阿维斯塔语中是daŋhupaiti，与kavi并非同义词，也从未并列使用。

意识形态的变革，其最重要的阶段很可能发生在哥巴德一世（Kawād I，488—531）和霍斯鲁一世（Khosrow I，531—579）时期，最明显的表现就是这两位国王是萨珊王朝最先使用凯氏国王之名作为自己名号的人。

与萨珊中晚期的王权意识形态相对应，在圣火祠成为琐罗亚斯德教标志性建筑的同时，王书叙事又创造了一个新的国王传说，即凯霍斯鲁在闪湖设立公马圣火（Ādur Gušnasp）。

2.1.2 公马圣火

以三大圣火为首的圣火祠体系是萨珊的创造，没有阿维斯塔先例。在非定居环境下的史前时期，琐罗亚斯德教特有的点火和护火仪式，不需要永久性的建筑，唯一的要求是一块合适的仪式场地，直到进入定居的历史时期，才开始需要为永远燃烧的圣火提供居所（de Jong 2013，25—26）。即使晚出的中古伊朗传说也承认，圣火起初自由游荡，保护世间，直到某位国王建造圣火祠才使之定居下来（Bd 18）。但在阿契美尼德王朝，尽管圣火祠可能已经出现在位于帝国边缘的中亚（吴欣 2022），但帝国中心祭祀场所的遗迹大多仍是露天圣地。[1] 希腊化时期引入了王朝崇拜和室内神庙，这两种传统一直延续到后世。安息时期的宗教建筑很可能以王朝圣火[2]和献给个别神祇的神庙[3]为典型。

甚至萨珊早期，最重要的宗教建筑是伊斯塔赫尔（Istakhr）所谓的阿娜希塔圣火祠，[4] 如果这座建筑可以追溯到安息时代，那么它更可能原本是阿娜希塔神

[1] 博伊斯认为，阿尔塔薛西斯二世（前404—前358）为阿娜希塔女神而引入神庙建筑后，正统琐罗亚斯德教祭司为了争取信徒也开始建造圣火祠，这是圣火祠的开端（Boyce 1982，216—231）。但迄今为止阿契美尼德的考古证据无法证实这种假设（Canepa 2013b）。

[2] 尽管安息时期的考古和文献资料都较为稀少，因此难以定论，但在尼萨（Nisa）遗址，圆厅有密特拉达底二世（Mithradates II）的画像，还有其他一些建筑，很可能表明这里是王朝崇拜的一个中心（Canepa 2013b，345）。又据文献资料，安息王朝曾有众多王朝圣火（分封的小王朝均有王朝圣火），萨珊取而代之后将其全部熄灭。如仿历史的《坦萨尔书》（*Tansar Nāma*），此书意在重现萨珊王朝阿尔达希尔一世的大祭司坦萨尔与安息王朝的封臣塔巴里斯坦王之间的通信，很可能保存了一些史实的核心：塔巴里斯坦王反对阿尔达希尔夺取伊朗王位，其最有力的理由是阿尔达希尔熄灭了许多圣火，犯下重罪，而坦萨尔的反驳是安息人本就无权点燃圣火（Boyce 1968）。

[3] 亚美尼亚在基督教化后留下了大量书面信息，其琐罗亚斯德教史作为异教历史得到记载，又由于亚美尼亚在安息和萨珊早期均受安息王族统治，因此安息风格的琐罗亚斯德教在亚美尼亚得到了最多记载。根据亚美尼亚记载，琐罗亚斯德教神圣建筑有阿胡拉马兹达（Aramazd）神庙、阿娜希塔（Anahit）神庙、提尔（Tir，书吏神，与天狼星同化）神庙、密特拉（Mihr）神庙、瓦赫甘（Vahagn，战神）神庙等（de Jong 2013，35—36）。

[4] 据说阿尔达希尔的家族是阿娜希塔圣火祠的祭司，早期国王仍继任这一职位，直到巴赫拉姆二世（Bahrām II，274—293）将其让渡给大祭司克尔迪尔（Kerdīr），这被解释为宗教权力从国王转向祭司，以及祭司等级制逐渐形成。而末代君王耶兹德卡尔德三世也在这里加冕。

庙，到萨珊中后期，随着新的意识形态将献给个别神祇的神庙贬为偶像祠，它才通过改造成圣火祠从而保存下来。而公马圣火建成后，取代了阿娜希塔神庙，[1]成为事实上最重要的圣火祠，以三大圣火为首的圣火祠体系这才成为琐罗亚斯德教的标准配置。

公马圣火是迄今三大圣火中唯一知道遗址所在地的圣火祠。根据考古发现，阿契美尼德时期在闪湖北岸有泥砖屋的小聚落，安息时期则仅有一座哨岗（Huff 2002）。公元5世纪，公马圣火开始兴建，[2]起初是泥砖所建的大型建筑群。[3]公元6世纪，又逐渐改造为石工建筑，[4]并很快成为萨珊最宏伟的建筑之一。它当然是普通朝圣者的圣地，[5]据说向该圣火供奉礼物，可求眼睛和心眼明亮（*Saddar-e Bondaheš* 44.18, 21，见Dhabhar 1909，115—116），这种祈愿再次唤起了闪湖作为海之眼（泉）的属性。但更重要的是，自其建成以来，每位国王来此朝圣形成了传统，使公马圣火成了萨珊王朝的圣火祠。

与考古证据所示不同，王书传统通过将公马圣火的设立者归为凯霍斯鲁，事实上是将三大圣火的创设者都归为先立氏和凯氏国王，从而赋予其合法性。凯霍斯鲁设立公马圣火的传说有两个版本。一个是他在该圣火的帮助下，摧毁闪湖畔的偶像庙（uzdēs-zār），立公马圣火祠（Bd 18.8）。另一个是他在该圣火的帮助下，征服巴赫曼堡（Wahman diz）并设圣火祠。[6]这两个版本通常被视为两个独立的传

---

[1] 阿尔达希尔一世以叛乱者的头颅供养阿娜希塔神庙，而巴赫拉姆五世·古尔则以战利品供养公马圣火祠。

[2] 博伊斯假定该圣火祠始建于阿契美尼德时期，在伊朗阿塞拜疆省Ganzak（该城遗址比定为Mīāndōāb平原上的Laylān），公元5世纪之后迁至苏莱曼王座（Boyce 2000）。但前萨珊的文献从未提及Ganzak有崇拜中心，在该地区进行的广泛考古工作迄今也没有发现任何圣地的证据（Canepa 2013a，83）。

[3] 泥砖层出土有狄奥多西二世金币和皮鲁兹一世（Pērōz I，457—484）钱币。《列王纪》提到最早来此朝圣的萨珊国王是巴赫拉姆五世·古尔（张鸿年、宋丕方 2001，卷5，244），与钱币证据吻合。

[4] 泥砖层和石工层之间出土有哥巴德一世晚期和霍斯鲁一世钱币。

[5] 遗址有给普通人居住的客栈。

[6] 此事最早在*Niyāyišn* 5.5的中古波斯语释经中提到（Dhabhar 1927，38；Dhabhar 1963，68）。具体情节可见波斯语文献，如《列王纪》（张鸿年、宋丕方 2001，卷2，335—345），其略见穆斯妥菲·可疾维尼《心之喜悦》（Le Strange 1919，84）："在Sabalān山顶，有一坚固城堡叫巴赫曼堡（Diz Bahman）或铜堡（Rūyīn Diz）。《列王纪》中说，当凯霍斯鲁和菲里波尔兹争夺王权时，立约谁夺取此堡，王权就属于谁。现在菲里波尔兹没有征服它，而凯霍斯鲁夺取了它，所以王权归于他。这城堡如今已是废墟。"

说，发生地点也不同，[1] 但也可能与王书传统至少分为祭司和王室两个版本有关，前者强调事件的宗教意义，而后者则倾向于王族的丰功伟业。传说中被摧毁的偶像庙或被征服的巴赫曼堡，如果不完全是史诗叙事套路，[2] 它的事实成分最多也只是那座安息哨所唤起的想象。

在此我们看到，萨珊新建的圣火祠与阿维斯塔的英雄被编织在一起，创造出了新的国王传说。连同王书传统一起，自然圣地传统最初可能也为建造圣火祠提供了合法性，但圣火祠成为王朝意识形态钦定的传统后，则又反过来将神圣性赋予了圣湖和王书。

2.2 苏湖

苏湖，中古波斯语作Sōwar或war ī Sōwar（Bd 6b.17, 9.27, 12.4, WZ 3.24），它没有与阿维斯塔神话传说相关联，因此这个地名很可能本身是现实中的地名。它在伊斯兰时期的资料中呈现为各种名字，有Sō、Sōz、Sauz或Sabz等等（Monchi-Zadeh 1975, 201—203），如《列王纪》中称为Čašma-ye Sō，"苏泉"，《心之喜悦》（*Nuzhat al-Qulūb*）中称为Čašma-ye Sabz，"绿泉"。[3]

中古波斯语文献称苏湖位于东方（呼罗珊）阿巴尔沙赫尔（Abaršahr）省的图斯山（Kōf ī Tōs）顶（Bd 12.4）。伊斯兰时期的历史地理文献称其位于呼罗珊的内沙普尔和图斯之间。具体位置并无定论。

1　如前注，巴赫曼堡被认为位于阿尔达比勒（Ardabil）附近的Sabalān山。但在中古波斯语文献中，一致称公马圣火位于Asnwand山（如Bd 18.8），因此Sabalān山和苏莱曼王座的台地都被等同于此山。在阿维斯塔中，Asnavant山仅出现在山名列表中，没有提及相关传说（Yt 19.5），只有*Niyāyišn* 5.5和*Sīh-rōzag* 1.9将其与圣火关联在一起。

2　摧毁偶像庙（无论其中是否真有偶像）设立圣火祠是琐罗亚斯德教战胜其他宗教的经典叙事模式，如未来伊朗人将在凯巴赫拉姆（Kay Wahrām）的率领下摧毁清真寺，立圣火，清除偶像庙（AMWW 14），又如凯古什塔斯帕之子巴舒坦（Pišōtan）将摧毁偶像庙，立圣火（Bd 33.33）。这种叙事可能有事实依据，毕竟摧毁一种宗教的建筑，或将其改建为另一种宗教的建筑，标志着后者战胜前者，这是一种普遍现象。但具体到公马圣火，则只是套用这种叙事模式，没有考古证据可以支持这里早先曾有宗教建筑。

3　穆斯妥菲·可疾维尼（Ḥamdallāh Mustawfī Qazvīnī）《心之喜悦》（Le Strange 1919, 147—148, 234）："（内沙普尔）城北五里，在山顶上，有一山口，那里有一泉称为'绿泉'，从那里涌出甜水，但颜色是绿的。Amīr Chūpān在泉边造了个亭子，到亭子顶上，你可以向下看进水中。每周五晚上会听见可怕的声音发自泉中，然而它距离最近的居住地有五里远。另外，一直守夜的圣人在此泉边，看见水骆驼、水牛、水人的形象，它们被看见在周围游荡。""绿泉湖。在呼罗珊，图斯边境。它周长一里，两条大河由此发源，分别流向内沙普尔和图斯。每一条河都足能推动二十个磨。没有舟子能越过此湖，也没有人能测量其深。杀死暴君耶兹德卡尔德一世的马来自此湖的故事很著名。"

2.2.1 耶兹德卡尔德

此湖最重要的传说与萨珊国王耶兹德卡尔德一世（Yazdegerd I, 399—420）有关。在历史上，鉴于之前连续几任国王[1]都因贵族和祭司的权谋而暴毙，耶兹德卡尔德限制了他们的权力，独掌大权。此外，他还与罗马维持和平友好的关系，[2]实行宗教宽容，善待基督徒和犹太人。[3]

正因如此，在萨珊贵族和祭司书写的王书传统以及以此为依据的波斯传统中，耶兹德卡尔德获得了"罪人"（bazahgar）的称号，而苏湖则是他神秘死亡之地。这个传说现在仅见于伊斯兰时期的资料，各版本在细节上也有所不同（Shahbazi 2003a, 356, n. 3），但都将其死亡归咎于一匹马，《列王纪》是其中代表性的一例。故事说，耶兹德卡尔德一世已经得知他将死在苏泉的预言，但他恶疾缠身，鼻血不止，祭司建议他到预言中的必死之地向诸神（耶兹丹）表明自己的服从之心，国王听从了建议，果然止住了鼻血，但他立刻骄傲起来，说不来这里也会痊愈，于是水中浮出一匹白马，谁也制服不了，国王亲自驯马，最终被马踢中头部，当场死亡，白马重又没入水中（张鸿年、宋丕方 2001，卷5，24—27）。

这则传说的神话背景是相对清楚的：耶兹德卡尔德违背了作为伊朗国王的誓约，而执掌王权的契约神密特拉（Mithra/Mihr）和在海底守护灵光的水之嗣，两神皆以白马为其神圣动物，令白马收回了耶兹德卡尔德的灵光（Shahbazi 2003a）。

这则传说背后隐藏的逻辑，是王书传统关于国王失去灵光的叙事。传说中的先立氏和凯氏王朝中各有一人成为失去灵光的典型。贾姆（Jam）拒不接受琐罗亚斯德教，撒谎说自己是万物的创造者，[4]因而失去灵光、王权和不朽（PRDD 31a10）。

---

[1] 阿尔达希尔二世（Ardašīr II, 379—383），沙普尔三世（Šāpur III, 383—388）和巴赫拉姆四世（Bahrām IV, 388—399）。

[2] 罗马皇帝阿卡迪乌斯（Arcadius, 395—408）指定伊朗国王做其独子狄奥多西二世（Theodosius II, 408—450）的保护人。耶兹德卡尔德接受了这一委任，致信元老院表示他将以战争威胁任何阴谋夺权的人，此后在他治下一直维持了对罗马的和平政策（Procopius 1.ii.1—10，见Dewing 1914, 8—11）。

[3] 东罗马帝国驻泰西封–塞琉西亚（Ctesiphon-Seleucia）特使马路他（Marutha）主教，深得耶兹德卡尔德信任，在其建议下，伊朗国王颁布了所谓"东方教会的米兰敕令"，允许基督徒公开活动，重建教堂，允许主教在教区中自由行动。公元410年，马路他又促使国王召开宗教会议，整顿教会事务。与此相应，国王也派一位泰西封–塞琉西亚牧首调解国王和法尔斯王之间的关系，又派另一位牧首出使狄奥多西。此外，据说犹太人的流散宗主称他为新居鲁士，据说他还娶了流散宗主之女为妻，其子巴赫拉姆成为下一任伊朗国王（Shahbazi 2003b）。

[4] 这一叙事中隐含着某种真实性：1. 贾姆（Yima）及其对应的印度形象阎摩（Yama）可追溯到印度伊朗时期，早于琐罗亚斯德教的出现。2. 贾姆并不只是初人神话中的主角，他起初也是一个太阳神，在失去神的地位后，仍保留了许多神性的印记，最明显的是Jamšīd和khuršīd拥有相同

凯乌斯(Kay-us)不满只统治大地，还想统治天国，于是前往高守(Harburz)山，抵达呈现为山形的灵光并向它进攻，神召回灵光，使凯乌斯整个军队坠向大地(Dk 9.22.5—12)。与先立氏王朝中的贾姆和凯氏王朝中的凯乌斯相对应，耶兹德卡尔德被塑造为萨珊王朝中失去灵光的典型。耶兹德卡尔德神秘死亡的传说，既是灵光神话新的续篇，又在王书传统的叙事脉络下，与古代国王相互呼应，一方面证明他被称为罪人的合法性，而另一方面则强调了萨珊王朝的延续性和正统性。

2.2.2 伯尔金密特拉圣火

尽管只有一种文献(WZ 3.24)明确提到苏湖旁设有伯尔金密特拉圣火(Ādur Burzēnmihr)，但这并非孤证。在《列王纪》的苏泉传说中，耶兹德卡尔德以"胡拉德伯尔金拜火坛和太阳"(kharrād barzīn/burzīn wa khuršīd)的名义，发誓不去苏泉(Khaleghi-Motlagh and Omidsalar 2005, 386; 张鸿年、宋丕方 2001, 卷5, 24)。由于khuršīd和mihr常被视为同义词，因此这里的barzīn wa khuršīd很可能就是burzēnmihr，只是为了押韵而作的替换。

burzēnmihr很可能是指水之嗣和密特拉两神。[1] burzēn一词具有帕提亚语形容词词尾-ēn，其巴列维语形式为burz，来自阿维斯塔语bərəzant，这是水之嗣的称号，意为"崇高者"，并在中古时期取代了此神的原名。水之嗣最初拥有创造神的地位，后来其功能不断分给其他神，最终成为一个面目模糊的从属神。但他和密特拉仍被认为是紧密相关的双神，如上文提到的灵光神话，灵光被密特拉(Yt 19.35)和水之嗣(Yt 19.51)得到，保存在海中；[2] 密特拉和水之嗣推行王权，平靖混乱(Yt 13.95)。如果考虑到安息时期琐罗亚斯德教建筑很可能是献给个体神祇的神庙，那么伯尔金密特拉圣火祠很可能起初是献给水之嗣和密特拉双神的神庙，并因此得名，然后在萨珊中后期被改为圣火祠，和伊斯塔赫尔的阿娜希塔圣火祠同样。

的后缀(最初是头衔)，叙事中也一样，比如据一则波斯语诗歌(Ms. Suppl. Pers. 1022 of Bibl. Nat. de Paris)，贾姆失去灵光后藏身在一棵树里，佐哈克找到后开始锯树，第一次锯断贾姆的身体时，太阳消失，白日变黑夜，第二日贾姆又恢复如初，第二次仍是如此，第三次贾姆才死去进入地狱(Christensen 1934, 72—73)。

[1] 博伊斯假定Burzēnmihr是该圣火的实际创设者之名(Boyce 1983)，但没有实际证据。

[2] 整段文本穿插了其他得到灵光的人和争夺灵光的神魔。文本称，贾姆第一次失去灵光，得到它的是密特拉，第二次，是法里东，第三次，是戈尔沙斯帕(Yt 19.34—44)。实际上这是固定的英雄祭祀者顺序，和榨豪麻的顺序相同：第一个榨豪麻的生下了贾姆，第二个生下法里东，第三个生下戈尔沙斯帕(Y 9.1—13)。文本接下来是火神与佐哈克争夺灵光，两者均未得到，灵光遁入海中，为水之嗣所得(Yt 19.46—52)。因此，若去掉插入的英雄祭祀者顺序，那么在灵光神话中，是密特拉和水之嗣两神保护灵光。

如果苏湖与该圣火祠在地理位置上重合，而该圣火祠原本又是水之嗣和密特拉的神庙，那么这就能完美地契合耶兹德卡尔德在苏湖死去，灵光被双神的白马收回的传说。尽管在发现考古遗址之前，这只能是一个假说。

伯尔金密特拉圣火祠，如果在安息时期作为双神崇拜的中心而拥有崇高地位，那么到萨珊中后期以后，赋予其合法性的则是凯古什塔斯帕设立该圣火的新传说，[1] 这个传说将圣火祠纳入王书传统，从而重新定义了它的神圣性来源。

值得注意的是，古什塔斯帕是第一位接受琐罗亚斯德教的国王，也说“第一个拜火坛是麦赫尔伯尔金”（即该圣火在《列王纪》中的译名，见张鸿年、宋丕方 2001，卷3，656），然而按照国王谱系，设立三大圣火祠的国王依次是贾姆、凯霍斯鲁、凯古什塔斯帕，因此伯尔金密特拉是三祠中的最后一个。这种矛盾很可能反映了萨珊王朝对这座前安息神庙崇高地位的纠结，以及如何将新的圣火祠体系编织进古老的英雄–国王谱系的争议。但总体上，王书传统暗示着信仰琐罗亚斯德教与设立圣火祠无关，最为显著的例子是贾姆，他因拒不接受琐罗亚斯德教而堕入地狱，但却设立了灵光赐圣火（Ādur Farrōbay）。这些传说弱化了圣火祠的宗教归属，强调的是古代国王使之成为伊朗国家和族群的一种文化属性。因此，圣火祠传说更多是一种王权意识形态。

3 结语

闪湖与苏湖并举为大海的双泉，亦即双眼，而灵光居住在海中。它们与两大圣火相匹配，而圣火也被称为灵光的居所（WZ 3.86）。通过与灵光神话和国王传说的紧密关联，这两组圣湖与圣火祠构成了一种二元的王权意象，即：两湖是西方（阿塞拜疆）和东方（呼罗珊）的双眼，而两圣火祠象征着萨珊和帕提亚王权。[2]

---

[1] 该圣火祠有两个传说中的创立者，一个是古什塔斯帕，一个是其父亲卢赫拉斯帕（Luhrāsp）。古什塔斯帕接受琐罗亚斯德教后在古什塔斯帕山脊（Pušt ī Wištāspān, Bd 18.10）立伯尔金密特拉圣火祠（《列王纪》作麦赫尔伯尔金拜火坛，见张鸿年、宋丕方 2001，卷3，654—656）。此前卢赫拉斯帕在巴尔赫立伯尔金拜火坛，该圣火在之后阿尔贾斯帕入侵时熄灭（《列王纪》，见张鸿年、宋丕方 2001，卷3，578，741—742）。在另一个传说中，这两种不同的起源最终合二为一：阿尔贾斯帕杀死卢赫拉斯帕时，圣火自行从巴尔赫转移到了古什塔斯帕山脊（*Persian Rivayats of Hormazyar Framarz and others*，见Dhabhar 1932，72）。

[2] 萨珊官方意识形态当然否认帕提亚王权的合法性，但不可否认的是萨珊时期帕提亚王权的重要性。例如，萨珊早期王室铭文，若是多语铭文则必有中古波斯语和帕提亚语两种，若是列举伊朗行省，总是最先提到并列的波斯省（即后来的法尔斯省）和帕提亚省。萨珊的七大公中一直有几支帕提亚贵族，到萨珊晚期帕提亚贵族仍可自认为比萨珊贵族更有权称王，如巴赫拉姆·楚宾（Bahrām Čōbīn）。甚至王书传统还有英雄版本，强调鲁斯塔姆（Rustam）以及萨珊时期卡谅（Kārēn）、苏谅（Sūrēn）和美赫兰（Mihrān）等帕提亚贵族家族的英雄业绩，乃至于英雄（pahlavān，复数）这个词的本义就是帕提亚人。

这种意象在更宽泛的意义上，甚至可以表述为世界的双眼是东方和西方的灵光。因此，在霍斯鲁二世给东罗马皇帝莫里斯(Maurice)的信中，[1] 我们看到另一个关于双眼与王权象征的全新表述时，并不感到意外，尽管现在这种表述带有基督教色彩，信中称："神从一开始就让双眼照亮整个世界，这双眼就是罗马人最强大的王国，和伊朗国最审慎的权杖。"（Theophylakt Simokatta 4.11.2，见Whitby and Whitby 1986）

缩略语

ASS　*Abdīh ud Sahīgīh ī Sagestān*，《锡斯坦的奇迹与价值》，据Utas 1980。

AMWW　*Abar Madan ī Wahrām ī Warzāwand*，《论奇迹般的巴赫拉姆到来》，据Tavadia 1955。

AZ　*Ayādgār ī Zarērān*，《扎里尔志》，据Monchi-Zadeh 1981。

Bd　*Bundahišn*，《本元创造》，编号据Pakzad 2005，Bd 12释读据Cereti 2007。

Dk　*Dēnkard*，《宗教事》，Dk 7据Molé 1967，*Sūdgar Nask*(Dk 9.2—23)据Vevaina 2007。

KAP　*Kārnāmag ī Ardaxšīr ī Pābagān*，《帕巴克之子阿尔达希尔功行纪》，据Grenet 2003。

PRDD　*Pahlavi Rivāyat accompanying Dādestān ī Dēnīg*，《宗教判决所附巴列维语教义问答》，据Williams 1990。

Vd　*Vidēvdād*，《辟魔律》，据Geldner 1886–1896，中古波斯语释经据Moazami 2014。

WZ　*Wizīdagīhā ī Zādspram*，《扎兹普兰选集》，据Gignoux and Tafażżolī 1993。

Y　*Yasna*，《祭》，据Geldner 1886–1896。

Yt　*Yašt*，《颂》，据Geldner 1886–1896，Yt 8据Panaino 1990，Yt 10据Gershevitch 1959/1967，Yt 12据Goldman 2015，Yt 19据Hintze 1994和Humbach and Ichaporia 1998。

ZWY　*Zand ī Wahman Yasn*，《善思祭释经》，据Cereti 1995。

参考文献

中文：

吴　欣　2022　《永恒之火——从最新考古材料看琐罗亚斯德教圣火庙的起源问题》，《古代文明》第16卷第2期，第32—48页。

徐松岩　2018　希罗多德著，徐松岩译，《历史》，上海：上海人民出版社。

张鸿年、宋丕方

2001　菲尔多西著，张鸿年、宋丕方译，《列王纪全集》，长沙：湖南文艺出版社。

[1] 霍斯鲁二世即位之初，不敌僭取王位的将军巴赫拉姆·楚宾，从伊朗首都泰西封逃往东罗马帝国幼发拉底省首府希拉波利斯(Hierapolis，在今叙利亚Manbij)，从那里派代表致信罗马，愿以割让土地为条件借兵。

西文：

Bartholomae 1904 Christian Bartholomae. *Altiranisches Wörterbuch.* Strassburg: Verlag von Karl J. Trübner.

Boyce 1968 Mary Boyce, tr. *The Letter of Tansar.* Roma: Istituto Italiano per il Medio ed Estremo Oriente.

1982 *A History of Zoroastrianism, vol. II: Under the Achaemenians*. Leiden: E.J. Brill.

1983 "Ādur Burzēn-mihr." In: *Encyclopedia Iranica*. Last Updated: July 22, 2011. http://www.iranicaonline.org/articles/adur-burzen-mihr-an-atas-bahram-see-atas-i.

2000 "Ganzak." In: *Encyclopedia Iranica*. Last Updated: February 2, 2012. https://iranicaonline.org/articles/ganzak-.

Canepa 2013a Matthew P. Canepa. "Building a New Vision of the Past in the Sasanian Empire: The Sanctuaries of Kayānsīh and the Great Fires of Iran." *Journal of Persianate Studies* 6: 64–90.

2013b "The Transformation of Sacred Space, Topography, and Royal Ritual in Persia and the Ancient Iranian World." In: Deena Ragavan, ed., *Heaven on Earth: Temples, Ritual, and Cosmic Symbolism in the Ancient World*, 319–372. Chicago: The Oriental Institute of the University of Chicago.

Cereti 1995 Carlo G. Cereti, ed. & tr. *The Zand ī Wahman Yasn: A Zoroastrian Apocalypse.* Roma: Istituto Italiano per il Medio ed Estremo Oriente.

2007 "Middle Persian Geographic Literature II: Chapters X and XII of the Bundahišn." In: Rika Gyselen, ed., *Des Indo-Grecs aux Sassanides: données pour l'histoire et la géographie historique*, 55–64. Bures-sur-Yvette: Groupe pour l'Étude de Civilisation du Moyen-Orient.

2011 "Kār-nāmag ī Ardašīr ī Pābagān." In: *Encyclopedia Iranica*. Last Updated: April 24, 2012. http://www.iranicaonline.org/articles/karnamag-i-ardasir.

Christensen 1934 Arthur Christensen. *Les types du premier homme et du premier roi dans l'histoire légendaire des Iraniens*, vol. II. Leiden: E.J. Brill.

de Jong 1997 Albert de Jong. *Traditions of the Magi: Zoroastrianism in Greek and Latin Literature*. Leiden: E.J. Brill.

2013 "Religion in Iran. The Parthian and Sasanian Periods (247 BCE–654 CE)." In: William Adler, ed., *The Cambridge History of Religions in the Ancient World*, vol. 2, 23–53. Cambridge: Cambridge University Press.

Dewing 1914 H. B. Dewing, ed. & tr. *Procopius: History of the Wars,* vol. I. London: William Heinemann, New York: The Macmillan Co.

Dhabhar 1909 B. N. Dhabhar, ed. *Saddar Naṣr and Saddar Bundehesh.* Bombay: British India Press.

1927 ed. *Zand-i Khurtak Avistak*. Bombay: Fort Printing Press.

1932 tr. *The Persian Rivayats of Hormazyar Framarz and Others*. Bombay: The K. R. Cama Oriental Institute.

1963 tr. *Translation of Zand-i Khurtak Avistāk*. Bombay: K. R. Cama Oriental Institute.

Geldner 1886–1896 Karl F. Geldner, ed. *Avesta, The Sacred Books of the Parsis*. Stuttgart: W. Kohlhammer.

Gershevitch

1959/1967 Ilya Gershevitch, ed. & tr. *The Avestan Hymn to Mithra*. Cambridge: Cambridge University Press.

1974 "An Iranist's View of the Soma Controversy." In: Ph. Gignoux & A. Tafazzoli, eds., *Mémorial Jean de Menasce*, 45–75. Louvain: Imprimerie Orientaliste.

Gignoux and Tafazzoli

1993 Philippe Gignoux and Ahmad Tafazzoli, eds. & trs. *Anthologie de Zadspram*. Paris: Association pour l'Avancement des Études Iraniennes.

Goldman 2015 Leon Goldman, ed. & tr. *Rašn Yašt: The Avestan Hymn to "Justice"*. Wiesbaden: Dr. Ludwig Reichert Verlag.

Grenet 2003 Frantz Grenet, ed. & tr. *La geste d'Ardashir fils de Pâbag*. Die: éditions A Die.

Hambartsumian 2009 Arthur Hambartsumian. "The Sacred Aryan Forest in the Avestan and Pahlavi Texts." *Iran & the Caucasus* 13: 125–130.

Herzfeld 1947 Ernst Herzfeld. *Zoroaster and His World*. Princeton: Princeton University Press.

Hintze 1994 Almut Hintze, ed. & tr. *Der Zamyād-Yašt*. Wiesbaden: Dr. Ludwig Reichert Verlag.

Huff 2002 Dietrich Huff. "Taḵt-e Solaymān." In: *Encyclopedia Iranica*. Last Updated: July 20, 2002. https://www.iranicaonline.org/articles/takt-e-solayman.

Humbach and Ichaporia

1998 Helmut Humbach and Pallan Ichaporia, eds. & trs. *Zamyād Yasht*. Wiesbaden: Harrassowitz Verlag.

Khaleghi-Motlagh and Omidsalar

2005 Djalal Khaleghi-Motlagh and Mahmoud Omidsalar, eds. *Abu'l-Qasem Ferdowsi: The Shahnameh*, vol. 6. New York: Persian Heritage Foundation, in association with Bibliotheca Persica.

Le Strange 1919 G. Le Strange, tr. *The Geographical Part of the Nuzhat-al-Qulūb*. Leiden: E.J. Brill, London: Luzac & Co.

MacKenzie 1971 D. N. MacKenzie. *A Concise Pahlavi Dictionary*. London: Oxford University Press.

Maḥjūb 1983/1362 Š. M.-J. Maḥjūb. "Hašt behešt wa Haft peykar." *Īrān-Nāma* 1: 346–387.

Markwart 1901 Josef Markwart. *Ērānšahr nach der Geographie des Ps. Moses Xorenac'i. Mit historisch-kritischem Kommentar und historischen und topographischen Excursen*. Berlin: Weidmannsche Buchhandlung.

Moazami 2014 Mahnaz Moazami, ed. & tr. *Wrestling with the Demons of the Pahlavi Widēwdād: Transcription, Translation, and Commentary*. Leiden: Brill.

Molé 1967 M. Molé, ed. & tr. *La légende de Zoroastre selon les texts pehlevis*. Paris: Peeters.

Monchi-Zadeh 1975 Davoud Monchi-Zadeh. *Topographisch-historische Studien zum iranischen Nationalepos*. Wiesbaden: Kommissionsverlag Franz Steiner GmbH.

1981 ed. & tr. *Die Geschichte Zarēr's: Ausführlich kommentiert*. Uppsala.

Panaino 1990 Antonio Panaino, ed. & tr. *Tištrya, Part I, The Avestan Hymns to Sirius*. Roma: Istituto Italiano per il Medio ed Estremo Oriente.

Schmidt 1940 E. F. Schmidt. *Flights over Ancient Cities of Iran*. Chicago: The University of Chicago Press.

Shahbazi 2003a A. Shapur Shahbazi. "The Horse that Killed Yazdegerd." In: Siamak Adhami, ed., *Paitimāna: Essays in Iranian, Indo-European, and Indian Studies in Honor of Hanns-Peter Schmidt*, vol. II, 355–362. Costa Mesa, California: Mazda Publishers.

2003b "Yazdegerd I." In: *Encyclopedia Iranica*. Last Updated: July 20, 2003. https://www.iranicaonline.org/articles/yazdegerd-i.

Skjærvø 2013 Prods Oktor Skjærvø. "Kayāniān ix. Kauui Vištāspa, Kay Wištāsp, Kay Beštāsb/Goštāsb." In: *Encyclopedia Iranica*. Last Updated: May 16, 2013. http://www.iranicaonline.org/articles/kayanian-ix.

Stein 1886 A. Stein. "Afghanistan in Avestic Geography." *Indian Antiquary* 15: 21–33.

Tavadia 1955 Jehangir C. Tavadia. "A Rhymed Ballad in Pahlavi." *Journal of the Royal Asiatic Society of Great Britain and Ireland* 1/2: 29–36.

Tavernier 2007 J. Tavernier. *Iranica in the Achaemenid Period (ca. 550–330 B.C.): Lexicon of Old Iranian Proper Names and Loanwords, Attested in Non-Iranian Texts*. Leuven, Paris, Dudley: Uitgeverij Peeters en Department Oosterse Studies.

Utas 1980 B. Utas. "The Pahlavi Treatise Avdēh u sahīkēh ī Sakistān or 'Wonders and Magnificence of Sistan'." *Acta Antiqua, Academiae Scientiarum Hungaricae* 28: 259–267.

Vevaina 2007 Yuhan Sohrab-Dinshaw Vevaina. *Studies in Zoroastrian Exegesis and Hermeneutics with a Critical Edition of the "Sūdgar Nask" of "Dēnkard" Book 9*. Ph.D Dissertation, Harvard University.

Whitby and Whitby
1986 Michael Whitby and Mary Whitby, tr. *The History of Theophylact Simocatta*. Oxford: Oxford University Press.

Williams 1990 Alan V. Williams. *The Pahlavi Rivāyat Accompanying the Dādestān ī Dēnīg*. Copenhagen: Det Kongelige Danske Videnskabernes Selskab.

古代中国与印度公认的精神文明*

——《教授尸迦罗越经》对比研究

萧贞贞

摘要：本文以巴利语《教授尸迦罗越经》(*Siṅgālovādasutta*)和五个平行汉译本为研究对象，通过校勘比较探讨其中所反映的伦理道德准则。其中最明显的差异在于有关夫妻、主仆关系的内容和篇幅。《中阿含·善生经》《善生子经》《优婆塞戒经》这三部经中与上述内容相关的部分比其他经要增广很多。

关键词：印度；中国；精神文明；教授尸迦罗越经；善生

一、导言

巴利语《教授尸迦罗越经》(*Siṅgālovādasutta*)列于《长部》(*Dīghanikāya*)第31经。公元1—5世纪之间，与此经相平行的多个印度原语本传到中国汉地，历经五次汉译，即《佛说尸迦罗越六方礼经》《善生子经》《中阿含·善生经》《长阿含·善生经》和《优婆塞戒经》(见表一)，足见其流行程度。

表一：《教授尸迦罗越经》各版本的相关信息

经名	翻译者/版本/来源	时间	发现地点	部派
DN 31 *Siṅgālovādasutta*	巴利语	前43—17	斯里兰卡	上座部
SDA 16 尸迦罗越六方礼	[后汉] 安世高	168—171	中国	?
SDA 17 善生子	[西晋] 支法度	314—366	中国	?
MA 135 善生	[东晋] 僧伽提婆	391	中国	说一切有部
DA 16 善生	[后秦] 竺佛念	413	中国	法藏部
T 1488 优婆塞戒经	昙无谶	426	中国	?
SK 1 *Śikhālakasūtra*	SHT	3—8世纪	中国吐鲁番	说一切有部
SK 2 *Śikhālakasūtra*	Kathmandu	? 世纪	尼泊尔	说一切有部
SK 3 *Śikhālakasūtra*	MVY	? 世纪	?	说一切有部
SK 4 *Śikhālakasūtra*	Schøyen	5世纪	阿富汗	大众部

作者：萧贞贞(Wilaiporn SUCHARITTHAMMAKUL)，泰国农业大学(Kasetsart University)，泰国法胜大学(DCIBS)。

* 本文得到泰国农业大学人类系哲学宗教专业和泰国法胜大学(DCIBS)的支持。感谢北京外国语大学周利群博士以及孙海科博士对中文的修订。

此经内容与日常生活有密切联系，在当今的东南亚国家仍然十分流行。经中说到长者之子尸迦罗越（善生）按照父亲遗言每天早上向六方礼拜，当遇到佛陀时，佛陀告知他不应如此礼拜六方，而应知六方代表着父母、师长、妻子、朋友、仆从、沙门婆罗门这六种人，应对他们进行礼拜侍奉。

经中所教导的实为六种人伦，可视作家庭和社会文明的准则。在此经开篇，佛陀先开示了应如何做一个正当的人以及保护自己的方法。也就是说，对家庭和社会负责，须先对自己负责。首先，做正当的人分为三点：（一）断除杀生、偷盗、邪淫和妄语四烦恼；（二）不因贪、嗔、痴和畏惧四事而造恶；（三）不行六种衰败之门，即沉迷饮酒、不分时逛街、乐观戏演、沉迷赌博、结交恶友和习于懒惰。三项相加，即所应远离的十四种恶。其次，保护自己的方法在于辨别真假朋友，结交恶友会引起各种危难，所以应当保护自己远离恶友。值得注意的是，经中关于辨别真假朋友的大幅讨论位于六伦之前，其原因在于六种人伦涉及到的朋友只针对真朋友，故须先排除恶友。

由于篇幅所限，本文只对比此经的六伦部分，关于《教授尸迦罗越经》的对比研究可以参考笔者完整的泰语论文（Sucharitthammakul 2021, 2023）。本文涉及其中部分研究结果，补以《优婆塞戒经》的对比研究，并注重于经中的伦理道德准则和精神文明意义。

二、研究回顾和本文研究目的

克拉斯金（Clasquin 1995）从神话学的角度探讨了巴利语《教授尸迦罗越经》，认为在其中佛陀并未否定尸迦罗越的原有信仰，而是在其仪轨之上增加了道德伦理的解释，将某种神秘仪轨解释为含有道德意义的人伦关系，由此所反映的佛教伦理并非某种奇特的约束，而是有其道理和逻辑，人们可以自由选择自己的行为，同时必须接受别人对此行为的反应。帕第敏豪（Pham Thi Minh Hoa 2003）分析了几部佛经中关于社会人际关系的内容，涉及此经中的六对关系。阿童哥查皮拉（Athonkiccaphirak 2018）也在此经的巴利语版本基础上，分析了善友的概念、如理作意以及四摄法。王开府（2000）将汉译《善生经》中的佛教六伦与儒家五伦作比较。哈特曼和韦勒（Hartmann and Wille 2006）研究了这部经的梵语本以及阿富汗新发现的混合梵语本残叶，指出残叶上六种衰败之门的顺序和其他版本不同，反映了不同的部派传承。

上述先行研究都是基于此经某一个语种的版本，而未在诸本之间展开对比研究。韦勒（Wheeler 2011）将汉译《优婆塞戒经》译成英语，将之与其他相关的版本列表对比。进而分析了《优婆塞戒经》中的大乘菩萨佛教思想。本文将在其基础上，比对此经巴利语本与汉译平行本的内容异同。

三、经文结构和精神文明意义

中国文化对早期传来的佛教思想并非全盘接受，然而由此经的五次汉译可以窥见其受欢迎的程度。该经最著名的部分是佛陀对敬礼六方的解释，将六对人伦关系作为人与人之间相互对待的标准。此经不仅主张以这种人际关系创造社会的和平，还倡导人们遵守四法，以之为精神文明的基础核心。

对于佛陀而言，社会和平不是靠物质文明，而是四种精神文明的行为基准，即不杀生、偷盗、邪淫、妄语。这四条正与近代全球伦理相呼应。

孔汉思(Hans Küng, 1928—2021)在1989年曾发表论文敏锐地指出，“没有宗教之间的和平，就没有世界和平”。1993年在芝加哥举行的世界宗教会议上，有四十多个宗教的两百多名代表坐在一起讨论多宗教的共同约守，发现上述四点为各个宗教所公认，是人类的共同约守。大多数的与会宗教团体和领袖签署了《全球伦理宣言》(Küng and Kuschel 1993)，将源自西方传统的伦理四诫：不杀、不盗、不诳、不淫，写成现代的形式，成为四个指导我们具体行为的宽广指令[1](刘述先2003, 24)：

(一) 对于非暴力的文化与尊敬生命的承诺
(Commitment to a culture of nonviolence and respect for life)

(二) 对于团结的文化与公正经济秩序的承诺
(Commitment to a culture of solidarity and a just economic order)

(三) 对于宽容的文化与真实生活的承诺
(Commitment to a culture of tolerance and a life of truthfulness)

(四) 对于平等权利文化与男女之间的伙伴关系的承诺
(Commitment of a culture of equal rights and partnership between men and women)

在这四个行为基准之后，佛陀还提出了其实行的保障，即不由四事造恶业，以及不行六种衰败之门。四事即贪、嗔、痴、畏惧，由之则引起不善行为，违犯四条约守。六种衰败之门，即沉迷饮酒、不分时逛街、乐观戏演、沉迷赌博、结交恶

[1] 参刘述先2003, 24。2018年7月《全球伦理宣言》签署25周年之际，世界宗教议会理事会增加了第五条：对于可持续维护和关爱地球文化的承诺(Commitment to a Culture of Sustainability and Care for the Earth)，参："A Fifth Directive Added to the Global Ethic," Retrieved 2019-07-23 from http://www.theinterfaithobserver.org/journal-articles/2019/1/12/a-fifth-directive-added-to-the-global-ethic.

友和习于懒惰。每种衰败之门都带来六种过患，容易导向不正当的生活，导致财产流失。这十四法都是约束自己不行恶事，使得社会的最小单位不出问题。

《教授尸迦罗越经》论述十四法的顺序是:(一)不杀生、不偷盗、不邪淫、不妄语；(二)不因贪、嗔、痴、畏惧四种情绪而去作恶业；(三)不行于六衰败之门，从而避免相应的三十六种过患；(四)辨别真假朋友；(五)六对人伦关系模式，即君臣、朋友、父子、师生、夫妻以及沙门与信众六对关系。值得注意的是，六种衰败之门之一是结交恶友，而六对人伦关系模式也提到朋友。在六种衰败之门和六对人伦关系模式之间，经文用了很大的篇幅区分善友与恶友，可见谨慎择友、交友的重要性。

释施命(Dattajivo Bhikkhu)经研究发现，新加坡、德国、日本这三个国家的国民普遍具有四个良好的习惯：干净、整齐、礼貌、准时。他将这四个习惯界定为国际善行，对应社会文明的四个原则。干净的环境能避免伤害小动物的生命，如蟑螂、老鼠、蚂蚁等；而在肮脏的环境里，人们易怒，也就更容易伤害他人。个人卫生与环境的整洁能激发人的责任感与辨别力，不知不觉就培养了遵规守纪的好习惯。礼貌发自内心，来源于对他人的关怀与尊重。当女性选择着装时考虑到他人的眼光，注意礼仪，男性尊重女性，种种强暴、邪淫事件就不会发生。准时意味着诚实，能获得他人的信任。释施命指出，如果人惯于迟到、拖延工作，由于不能准时，就要以妄语来编造借口。因此，他提出四个好习惯对应着四戒：干净对应不杀生、整齐对应不偷盗、礼貌对应不邪淫、准时对应不妄语。他还认为正念对应着五戒、六衰败门中的不饮酒。释施命提倡干净、整齐、礼貌、准时、正念的五种国际善行，以之创造社会文明、世界和平。(Dattajivo 2016, 54—134) 2012至2013年，泰国教育部认识到建设这种精神文明规范的重要性，与泰国法身寺展开合作，培训了大约20万名中小学教师，促进老师们继续传扬和实践传承至今的精神文明规范。

四、《教授尸迦罗越经》中的六对人伦关系

经中所说的六对人伦关系涉及十二个角色，将巴利《长部》、汉译D16《尸迦罗越六方礼经》、《善生子经》、DA 16《长阿含·善生经》、MA 135《中阿含·善生经》、《优婆塞戒经》和梵语SHT 版本进行比对后，发现大部分经文的论述顺序相同，只有《中阿含》里亲友关系位于上下级关系之后。另外，有时同一角色在不同经文里有不同的义务。(见表二)

表二：六对人伦关系在不同经文中的表述

内容	DN 31 *Siṅgālovāda*	SDA 16 尸迦罗越六方礼	SDA 17 善生子	DA 16 善生	MA 135 善生	T 1488 优婆塞戒
孩子对父母	5	5	5	5	5	3
父母对孩子	5	5	5	5	5	5
学生对老师	5	5	5	5	5	3
老师对学生	5	5	5	5	5	5
妻子对丈夫	5	5	14	5	13	14
丈夫对妻子	5	5	5	5	5	1
个人对亲友	5	5	5	5	5	4
亲友对个人	5	5	5	5	5	4
上级对下级	5	5	5	5	5	2
下级对上级	5	5	10	5	8	10
沙门对信众	5	5	5	5	5	5
信众对沙门	6	6	5	6	5	5

整体来看，内容差异最显著的是《优婆塞戒经》，最为相似的是巴利《长部》和《长阿含》。另外，在夫妻关系和上下级关系中，双方要遵守的义务条文数量不等，尤其体现在SDA 17、《中阿含》和《优婆塞戒经》里。其中，《优婆塞戒经》和SDA 17 里的义务条文数量又大体一致，二者之间的关系如何，是否彼此影响？将在下文继续探讨。

1 夫妻关系（见表三）

表三：妻子对丈夫的义务条文对比

	汉译巴利DN 31 《教授尸迦罗越经》 PDP.DN.504—505	SDA 17 《善生子经》 T 1,no.17, 254a28—b5	MA 135 《中阿含·善生经》 T 1, no.26, 641a25—b6	T 1488 《优婆塞戒经》 T 24, 1047b10—20
1	处事得体	1.善作为 2.善为成	4.摄持作业	13.能覆恶事
2	善待身边人 （亲戚、仆从）		5.善摄眷属 9.不禁制门 10.见来赞善	5.常为瞻视宾客
3	不邪淫	7.阖门待君子	1.重爱敬夫 3.善念其夫 7.后以爱行 8.言以诚实	
4	守护财产	3.受付审		9.善能守护财物

5	熟练不懈操持家务	4.晨起 5.夜息 6.事必学		10.晨起夜寐 1.所作尽心营之 2.常作终不懈慢 3.所作必令终竟 4.疾作不令失时 12.能忍教诲 14.能瞻病苦
		11.正几席 12.洁饮食	11.敷设床待 12.施设净美丰饶饮食	6.净其房舍卧具 11.能设净食
		9. 辞气和 10.言语顺		7.爱敬言则柔软 8.僮使软言教诏
		8.君子归问讯 14.供养夫	2.重供养夫 6. 前以瞻侍	
		13.念布施	13.供养沙门梵志	

善待身边人分为两个方面，一是好生招待亲朋宾客，二是针对眷属仆从的软言善语。MA 135和T 1488都涉及了两者，SDA 17则只提到后者。

T 1488没提到不邪淫这一条。SDA 17和MA 135也没有直接对应的内容，只有间接涉及的条文，如阖门待君子、重爱敬夫、善念其夫、前以瞻侍、后以爱行、言以诚实等。

MA 135没提到守护财产这一条，SDA 17提到“受付审”，T 1488提到“善能守护财物”。

第一条“处事得体”和第五条“熟练不懈操持家务”之间很难区分，上表勉力为之。其中，熟练不懈操持家务一条，SDA 17和T 1488 都提到晚睡早起，但巴利版本和MA 135都没提到。而且这条如同下属对老板。另外T 1488《优婆塞戒经》在这部分提了六条规范，所作尽心营之、常作终不懈慢、所作必令终竟、疾作不令失时、能忍教诲、能瞻病苦。

在五条之外，三个版本还都提到了三个方面，关于行善、善语言和侍候丈夫。关于行善SDA 17还提到了“念布施”，MA 135则提到了“供养沙门梵志”。对于善语MA 135 没有提到，但其他提到各个两条，SDA 17：辞气和、言语顺，T 1488：爱敬言则柔软、僮使软言教诏。对于侍候丈夫只有T 1488 没提到，其他各提到两条，SDA 17：君子归问讯、供养夫，MA 135：重供养夫、前以瞻侍。

或许可以推测：这一经文传入汉地后，内容有所增加，从中可以看出汉地传统对夫妻纲常的重视。在“不邪淫”与“操持家务”两条，增加了对妻子的具体要求，如夙兴夜寐、尽心侍奉丈夫、料理各种家务。在AN8.48《那拘罗母意众天经》（Nakulamātumanāpakāyika）中，佛陀为那拘罗之母讲述了八条行为规范。

一、妇女应比丈夫早起晚睡，顺从丈夫的心意，温言软语。

二、敬重丈夫所敬重者，即父母、沙门、婆罗门。当他们到来时，应献上座位与清水。

三、熟练不懈地操持家务，具有良好的判断力，将各项事务安排得井井有条。

四、掌握家中诸人(如奴隶、信差、佣工等)的行事状况：哪些事务已经处理，哪些尚未处理，哪些人生病了，并负责分派食物。

五、守护丈夫带回家的钱财、谷物、金银，她是不堕落者、不盗取者、不酒醉者、不毁坏者，且勤俭持家。

六、成为优婆夷，归依佛、归依法、归依僧团。

七、守戒：不杀生、不偷盗、不邪淫、不妄语、不饮酒。

八、布施：居家而不悭吝，慷慨施舍，乐于布施。

其中，前五条和《教授尸迦罗越经》基本相同，后三条则与佛教徒的身份相应。若是针对非佛教徒，佛陀只说前五条。结合《那拘罗母意众天经》的内容或许可以推测：《教授尸迦罗越经》传入汉地时，译者或协助翻译者融合进了其他经文的内容。

2 上下级关系(见表四)

表四：下级对上级的义务条文对比

	巴利DN 31 《教授尸迦罗越经》 PDP.DN. 505	SDA 17 《善生子经》 T 1, no.17, 254b16—22	MA 135 《中阿含·善生经》 T 1,no.26, 641b10—20	T 1488 《优婆塞戒经》 T 24, 1047b10—20
1	先起	5.早作		6.早起
2	后睡	4.夜卧		
3	只接受所给予的	3.受付审		7.守物
4	认真做事	1.善作为 2.善为成 6.凡事必学 7.作务勤力	1.随时作业 2.专心作业 3.一切作业	1.不作罪过 2.不待教作 3.作必令竟 4.疾作不令失时
5	扬名颂德	10.出门称曰 我家长子 聪而有慧	8.行他方时则便赞叹 9.称大家庶儿	8.少恩多报 9.至心敬念 10.善覆恶事
		8.家贫不慢 9.空乏不离	7.急时不远离	5.主虽贫穷终不舍离
			4.前以瞻侍 5.后以爱行 6.言以诚实	

在这三个版本中，下级对上级的义务与妻子对丈夫的义务有些重合。在SDA 17里，下对上、妻对夫的义务重合了六条：早作、夜卧、善作为、善为成、受付审和凡事必学。MA 135里重合了三条：前以瞻侍、后以爱行和言以诚实。T 1488里重合了五条：早起、守物、作必令竟、疾作不令失时与善覆恶事。因此，这三个版本多的数量也来自妻子和下级共用重复的义务条文。仔细阅读会发现：第四条"认真做事"与第五条"扬名颂德"下罗列的具体内容较多。这些或许曾经受到汉地本土文化的影响，乃是译者根据实际情况而进行的增添。

SDA 17、MA 135与T 1488中罗列的下级对上级的义务还包括：家贫不慢、空乏不离、急时不远离、主虽贫穷终不舍离等。这些都与忠诚有关，可能受到孔子思想的影响。孔子的五伦纲常提到君臣、朋友、父子、兄弟以及夫妻这五对关系，和《教授尸迦罗越经》相比，少了师生以及沙门与信众的关系，多了君臣关系。孔子的理想是"天下为公"，在社会与家庭生活中，每个人的角色都是复合的。工作中有上下级的关系，具有"君""臣"的不同身份。在家庭中又有"父""子""兄""弟""夫""妻"等不同身份。所谓"天下为公"，指的是社会的大同与和顺，就是要处理好这些关系。王开府提到孔子说"君使臣以礼，臣事君以忠"（《论语·八佾》），而且汉儒根据法家而有"三纲"之说，以君为臣纲，父为子纲，夫为妻纲（王开府2000）。可见中国的儒家思想极为重视上下级关系，下级要服从瞻侍上级，臣对君必须要有忠诚精神。这或许能够解释SDA 17、MA 135与T 1488中下级对上级的义务多出了数条。

五、结论

《教授尸迦罗越经》从印度经过中亚、西域地区传到中国，经历了漫长的时间与广阔的空间，先后经历了五次翻译。整体看来，最早的译本是安世高翻译的《尸迦罗越六方礼》，内容相对简略，可能源本如此，或是当时翻译事业尚不成熟而导致的译本不完善。在SDA 17《善生子经》、MA 135《中阿含·善生经》与T 1488《优婆塞戒经》中，妻子对丈夫、下级对上级的义务多出了几条，原因来自：（一）重复的条文；（二）可能在翻译的过程中掺杂了其他相关经内容的解释；（三）可能是受到了本土文化的影响。孔子常提到君臣、朋友、父子、兄弟以及夫妻这五对关系，和《教授尸迦罗越经》相比，少了师生以及沙门与信众的关系，多了一重君臣关系。SDA 17、MA 135与T 1488接受了礼拜六方的相关内容，并且考虑到本土的文化背景，加上了孔子所教导的臣下对主上的忠诚精神。总之，对同一经文的不同译本进行校勘研究，有助于拓展、深化对经文内容的理解。而且从中也可以看到中印两种精神文明的展现。

缩略语

AN　*Aṅguttaranikāya*《增支部》

DA　*Dīrghāgama*《长阿含》

DN　*Dīghanikāya*《长部》

MA　*Madhyamāgama*《中阿含》

MVY　*Mahāvyutpatti*

PDP　PKU-Dhammachai Pali Series,《长部》，见段晴等译《汉译巴利三藏·经藏·长部》，上海：中西书局，2012年。

PTS　Pāli Text Society (A digital edition input by the Dhammakaya Foundation, Thailand.)

T　『大正新脩大藏經』，高楠順次郎，渡辺海旭編，100 卷，東京，1924—1934。依台湾中华电子佛典协会（CBETA）电子版。

SDA　Single Dīrgha Āgama《长阿含》单行本

SK　Sanskrit version 梵语本

参考文献

中文：

刘述先　2003　《全球伦理与宗教对话》，台北县新店市：立绪文化。

王开府　2000　《善生经的伦理思想——兼论儒佛伦理思想之异同》，《华梵大学第四次儒佛会通学术研讨会论文集》，台北，第225—241页。

外文：

Athonkiccaphirak
2018　Phrakru Athonkiccaphirak. "An Analytical Study of the Concept of Amiability (COA) in *Singkalaka Sutta*." *A Journal of Buddhist Education and Research* 4/2: 1–5.

Clasquin　1995　Michel Clasquin. "Demythologisation in Axial Age India: The *Singālovāda Suttanta*." *Myth & Symbol* 2/1: 19–38.

Hartmann and Wille
2006　Jens-Uwe Hartmann and Klaus Wille. "A Version of the *Śikhālakasūtra*/ *Siṅgālovāda-sutta*." In: Jens Braarvig ed. *Manuscripts in the Schøyan Collection: Buddhist Manuscript, Vollume III*, 1–6. Oslo: Hermes Publishing.

Küng and Kuschel
1993　Hans Küng and Karl-Josef Kuschel, eds. *A Global Ethic: The Declaration of the Parliament of the World's Religions*. London: SCM Press.

Pham Thi Minh Hoa
2003　Pham Thi Minh Hoa. "Buddhist Principles on Social Relationship." Master dissertation, Srilanka: University of Kenlaniya.

Sucharitthammakul（萧贞贞）

2021 "A Comparative Analysis of the Pāli and Chinese Buddhist Text Versions of *Siṅgālaka Sutra*." *Dhammadhara Journal* 7(2) : 55–101. (Thai)

2023 "Buddhists' Role in Six Directions: A Comparative Analysis of the Pali Nikāya and Chinese Āgama Buddhist Scriptures." *Journal of Liberal Arts, Thammasat University*: 515–536. (Thai)

Dattajīvo 2016 Dattajivo Bhikkhu (释施命). *Universal Goodness*. Bangkok: OS Printinghouse. (Thai)

Wheeler 2011 Jennifer A. Wheeler. "The Vision of the *Upasaka-sila Sutra*." Master dissertation, UK: University of Sunderland.

重论饆饠*

杨　曦

摘要："饆饠"是唐宋有一定知名度的食品，但明清时逐渐退出日常。近代以来学者对它的渊源、形制等颇有讨论。本文将讨论从中国新疆到中亚地区，现存一系列与饆饠名称相似，形制与饆饠相关记载有相合处的非汉族食物，笔者希望将此话题进一步推向深入，并同时讨论一下中外交通史研究中，审音勘同法与二重证据法的利用。

关键词：饆饠；中亚；文化交流；文化交流史；方法论

一、研究简况

自20世纪30年代向达先生撰《唐代长安与西域文明》(向达 2001, 51—52)开始，"饆饠"于中土中绝几百年之后，重回中国学术界视野。80年代中期短短几年，一度有六七篇讨论"饆饠"到底为何物的文章发表，[1] 此后的相关研究亦不绝如缕，直至今日。[2] 已有的研究已经涉及了与"饆饠"一词相关的文献整理，语文学层次上的训诂考据，乃至饮食史研究。而本文的意图是，在梳理前人研究的基础上，将研究范围进一步拓展，跳出汉语、汉地名物的局限，并试图总结一下类似涉及中外文化交流史中名物考证的方法、思路。因为，"饆饠"一词在汉文文献中可以确定的出现年代为唐；[3] 而唐代慧琳在《一切经音义》中明文提及，此为"胡食"，亦即非汉地汉人固有物品(转引自周磊 2001, 187)。

作者：杨曦，中国社会科学院外国文学研究所。

* 本文写作过程中，在中亚名物方面得到了：(按请教时间先后顺序)中国民族图书馆的米吉提同志，民族出版社的阿布拉江·玉素甫老师，中央民族大学的古丽巴努木·克拜图里老师，中国社会科学院民族学与社会学研究所的加依娜古丽·巴合提别克同志，中国社会科学院民族文学研究所的巴合多来提·木那孜力同志，留学塔吉克斯坦国立民族大学的夏冉先生，留学俄罗斯科学院圣彼得堡分院的縻绪阳先生，以及其他师友的无私帮助，特此表示衷心感谢。

[1] 邱庞同 1983；宋宪章 1985；吴晓钤 1985；邱庞同 1988；夔明 1988。此外至少尚有笔者因疫情关系暂时无缘得见的吴晓铃：《"饆饠"究竟是什么》，《字词天地》1985年第2期(页数失考)，转引自徐时仪 2003, 50–53。以及并不专门讨论饆饠的，如陆宗达 1984。

[2] 据笔者所见，20世纪90年代至今这方面的单篇论文，至少有：张标 1997；高启安、索黛 1998；周磊 2001；童雯霞 2001；徐时仪 2003；朱瑞熙 2004；陆睿 2015；高启安 2009。这还没有将专著内的讨论统计在内，如：高启安 2004, 163–164；黄正建 2016, 94, 145–146。

[3] 今本《玉篇》中存在"饆饠"二字。但据张标引文，此二字不见于南朝梁顾野王原本《玉篇》，应为唐宋补入。见：张标 1997, 15。故现存可以确定的此二字最早出处仍为唐代。

20世纪30年代向达先生认为“饆饠”即今日中亚地区的抓饭，50年代访问印度的吴晓铃先生也表示认同。不过向先生和吴先生的论证都有问题。二位虽然都引用了称“饆饠”为饼类的文献，但并未正面批驳此说，从原料、做法上证明“饆饠”不是饼类食品；而是很快跳到给出抓饭的“印度语”[1]名称pilau, pilaf，或其他某些语言中的名称，并立即宣称“饆饠”就是这种食品——用现代外族语言中的词语来直接求证古代汉语词汇，这忽略了历史研究中审音勘同法的重要前提：无论哪种语言都处在变化中。今日有某词，不等于古代亦有；即使同一个词，在古代的音义（汉字等一些文字还要考虑字形），也未必就同于今日；何况“古”也有各种不同时期，不同时期证据绝不能贸然混用。具体到这个例子上，向、吴二位先生均未在论证中对“饆饠”做过唐代拟音，甚至讨论这个问题的大多数学者都未能做到这一点；只有徐时仪先生给出了：*pietla（徐时仪 2003，53）。而且更不合适的是，从行文中可以看出，某些学者在论证时，是以“饆饠”二字的当代发音（汉语拼音）biluo为出发点的（宋宪章 1985，35；周磊 2001，187）。汉语“饆饠”之后再看抓饭：波斯语的pulaw（也有palaw, pilaw等异体；当代伊朗发音基本是polow），印度斯坦语的pulao，乌兹别克语的palov，维吾尔语的polo，等等，明显是同一个词在不同语言中的变体。但是这个词的具体词源，至今仍未有确定意见。而且中亚流传的故事，都将抓饭的发明者归为10—11世纪在世的伊斯兰世界文化名人伊本·西拿（即阿维森纳）。虽然故事不能作为信史，但这个词在这个时代以前的该地区传世文献中几乎不见记载则仍然属实。[2] 这相对于汉语中“饆饠”一词在中晚唐（7—9世纪）文献中屡见，仍然较晚。此外，再具体到吴先生的文章里，即使是引用的词形本身也有问题：今日土耳其语中，与上面各语言中那个名词[3]对应的词是pilaf，而非吴先生所说的polāk。由于吴先生文中并未给出任何参考资料，现在查考这个词形的来源也非常困难了。当然，最主要、最有力的因素还是，20世纪80年代起，

---

1 这里的“印度语”是向达（2001）与吴晓铃（1985）原文。然而印度语言众多，并没有一种可特称“印度语”。怀疑向、吴二位先生本来要说的是使用人口最多、影响最大的印地-乌尔都语，或将它们合称的所谓“印度斯坦语”。

2 伊朗流传至今最早的抓饭配方，甚至只早到萨法维王朝早期（16世纪），且和当代做法区别很大。当代伊朗抓饭做法是18世纪末至20世纪初恺加王朝时代才定型的：
http://www.iranicaonline.org/articles/berenj-rice#pt3, 2020年6月10日搜索所得。

3 这里要解释一下。汉语的“抓饭”一词，多数情况下受众会默认是中亚乃至南亚的一种米饭：先在油锅中将洋葱等配菜炸或炒熟，同时将米在水中煮到七成熟左右，下菜锅加水或浓汤，与配菜同焖到全熟。但土耳其的pilaf做法与其以东各国差别较大：配菜很少，且是作为一道菜用来佐餐面包，而非主食。所以笔者在谈论土耳其的pilaf时，没有以“抓饭”称之。

其他学者对汉文古籍进行了更广泛的查考，发现传世"饆饠"做法可证其确为包馅面食（邱庞同 1983，36；1988，8—9；夔明 1988，21；陆睿 2015，141[1]）。向、吴二先生的说法与文献证据明显不合，今日研究界基本已经只作为研究史料提起了。[2]

不过，虽然就"饆饠"为带馅面食这一点，学界基本已取得共识；[3] 但这个名称的来历、解释，乃至其后来的演变，仍有不同看法。就其词源，虽然多数文章认为是外来语音译；但也有少量认为是汉语固有成分合成词。而有关其后世演变——毕竟当代汉语各方言中，基本已找不到任何饮食类词语，可判定是"饆饠"一词沿用的——大体则有"饽饽/馍馍"和"饺子"两种说法。甚至还有人将"饆饠"与英语的pie——旧时音译为"排""攀"；当代多音译为"派""批"（夔明 1988，22；高启安 2009，97）；或俄语的пирожок（更常见是其复数形式пирожки）联系起来（高启安、索黛 1998，79[4]）。

二、"饆饠"词源试探

下面，笔者想结合自己的阅读与求教，对已经存在的各种意见发表自己的看法；并就"饆饠"的词源与其实物的历史演变提出一些新的意见。

首先要阐明的是笔者本人的思路：追究"饆饠"的源头，应当从其词源开始。然而这个第一步就有问题：按照现有的多数意见，这是个外来语；但按照少数意见，"饆饠"则可以用汉语解释。这种思路中，最常见的是引用唐代李匡乂《资暇集》所云："毕罗者，蕃中毕氏、罗氏好食此味，今字从'食'，非也。"（如：向达 2001，51；吴晓铃 1985，4；徐时仪 2003，52）前辈学者早已有人驳斥此说，有云"此盖沿袭俗儒鄙夫就字推延之说"者（向达 2001，51[5]）。确实，就"饆饠"的异写"毕罗"而理解为"毕氏罗氏"，这种拆字法，其实就是民间词源学（folk etymology）这种伪学问最

---

[1] 但陆睿（2015）引用的《居家必用事类全集》，无论影印本或当代整理本均作"（食是）饠"，故存疑。见：北京图书馆古籍编辑组 1988，280–281；邱庞同 1986，123，127。

[2] 据笔者所见，最后支持"抓饭说"的文章，是吴晓铃 1985。不过由于向、吴二先生的学术地位和影响力，非饮食专业人员迄今仍时有引用并以之为是者。

[3] 也有学者注意到明代徐渭称"饆饠"为"汤面"的：邱庞同（1985，9）转引《事物绀珠》；陆睿（2015，141）转引张相《诗词曲语词汇释》（北京：中华书局，2008，704）。但相关文献缺乏证据，导致此说法可信度非常可疑。当代还有认为"饆饠"是八宝饭的，如1980版《辞海》（缩印本），842（转引自邱庞同 1983，35）。至于邓之诚先生在注释《东京梦华录》时曾认为"饆饠，或即川陕锅魁"（转引自邱庞同 1985，9），则连提出者自己也不敢用确定语气说。

[4] 文中所谓"比洛什给"，即пирожки的汉字对音。

[5] 然而蔡鸿生（1998，77–78，80）上编《唐代九姓胡》第四章《毕国钩沉》第三节《"饆饠"及其汉化》尾注中引用向达此文，却仍然赞同《资暇集》看法，又未给出任何证据，不免令人费解。

常见的办法之一，不分语言。但其实这种说法等于默认，“饆饠”是两个用来译音的汉字合成的词，也就是说它是个汉语词——这么说是因为，取几个词的首字，或首音节合成新词，在词素主要为单音节的汉藏语中可行；然而它并不是中亚各种多音节词为主的印欧语或突厥语的传统构词法。认为“饆饠”语源为汉语的各种观点，在“毕氏罗氏”说法以外，还有认为“饆饠”是连绵词，但源出另一个连绵词“果赢”的（张标 1997，15转引［清］程瑶田：《果赢转语记》）；或者认为“毕罗”原本就是汉语的“毕”“罗”两个字合成的词，表示“包罗、囊括”的（童雯霞 2001，54—55）；又或者说，毕罗虽是连绵词，但“与其字面意义并非毫无联系”，因“毕、罗均有‘囊括、包揽’义”，所以毕罗的命名，可能与其面皮包馅的做法有关，是按形象思维而命的名（陆睿 2015，142）。所以，“饆饠”也可能不过是“毕罗”的后起字。这样的说法，仅仅局限在汉语里是可以解释通的。然而，既然唐代有明文记载“饆饠”为“胡食”，那么按照唐人称中亚伊朗语民族为“胡”的规律（荣新江 2008，3—6），它就可能在中亚，无论今日说伊朗语还是突厥语的地区，只要历史上曾经说伊朗语，或者受到伊朗语民族文化影响的，要么有文献记载，要么至今仍有流风遗绪。从这一点上讲，向达、吴晓铃等先生的思路，其大方向并没有错，错在将审音勘同看得过于简单，随意比附。如果在中亚能够找到与“饆饠”名实均可类比的食物，并且排除这个名称借自汉语的可能，那么也就能进一步认为，“饆饠”这个名称为外来语音译的可能，远大于是汉语固有词；它与“毕罗”应该只是发音偶合。而如果情况正相反，在中亚找不到这样的食物，那么就可以大大增加“饆饠”或“毕罗”是汉语词，“饆饠”是“毕罗”后起字这种说法的可信度。

要确认这个思路容易，但接下来如何付诸实施是个很大的问题。毕竟这个文化地理意义上的“中亚”，涵盖东起中国新疆，西到伊朗，南抵阿富汗，北几乎伸进西伯利亚的大片地域，资料收集不易，无论是书面材料还是实地调查。然而，乘着我国前几十年民族政策和经济发展的东风，笔者在几种中国出版的书籍里，还真查到了非常可能符合要求的内容。

首先是楼望皓《新疆美食》一书中，记录了一种“维吾尔族的带馅的烤饼”，音译为“波来”（楼望皓 2006，79）。按书中描述，波来“类似汉族的菜合子”，馅可荤可素，用一张直径10厘米左右的皮包起来，叠成半月形，放入平底锅。为防粘锅，锅底涂少量油；用文火烤制十几分钟即可。

“波来”这个对音和“饆饠”的唐代拟音*pietla已经相当接近。而做法，包括平底锅烤制（其实已经接近煎饺或锅贴）则与宋代《太平圣惠方》里记载的三种药食饆饠大方向一致（转引自：夔明 1988，21；高启安 2009，96[1]）。由此我认为，可以进一步在维吾尔菜谱里寻找。果然，托合提·巴克编写的《维吾尔族美味佳肴》中，“波来”作pöre，[2] 并收录了若干种pöre及其做法（托合提·巴克 2004，51—59[3]）。不过各种pöre，大多数区别仅在于馅料不同。但无论馅是荤是素，pöre烹饪方法基本只分为两类：1. 蒸，2. 煎。[4] 再核《维汉大词典》（219），对pöre的解释则正是“合子”。

到此为止，二者的接近已经体现出来。但是仍然不能完全确定这两种食物之间是否存在借用关系。原因也很明显：即使不是这种食物已经完全消失了的话，至少“饆饠”这个词，现代汉语中已经不存在；而pöre又只是一个现代维吾尔语词。笔者才疏学浅，查过迄今出版的几种有关西域饮食史的专著，若干论文，以及《维吾尔语详解词典》，甚至《五体清文鉴》，[5] 均不见有关pöre的讨论，无论有关这种食品本身，还是关于这个词语的历史，是否曾见于古代文献，有无前身可循，等等，均无迹可寻。而且无论是《新疆美食》一书的介绍，还是维吾尔族朋友的解释，都提到过pöre是一种家常便饭。所以按朋友的进一步介绍，餐馆里也基本不供应，于是它在维吾尔族以外知名度很小。如此种种，都体现出饮食史研究之难度，尤其对于维吾尔族这样，历史悠久，但饱经战乱，文献和文物保存状况整体不如汉藏之类的民族而言。但是有一点仍然可以说：由于从中古至今，汉语声母里没有突厥语或印度伊朗语中的颤音r，所以在音译这些语言里r开头的音节时，用声母是l的音节来对应是常态，而非相反。但反过来，维吾尔语里的汉语借词，原来的l和r从古至今都有清晰区别，并不相混。这样看来，倘若汉语的“饆饠”和维吾尔语的pöre在历史上有相互借用关系，那么只能是汉语借用维吾尔语，而很难是反过来。而且即使扩大到维吾尔语以外的其他西域语言，这一点仍然可以成立。

此后，从2020年6月出版的一本阿富汗纪实作品《罩袍之刺》（原老未 2020）中，我又无意中发现了一条有意思的内容。这本书第238页提到了一种阿富汗食品：Bolani。按作者描述，这是一种阿富汗家常菜，通常以韭菜、土豆、香葱作为馅

[1] 宋代《太平圣惠方》、明代《普济方》中记载的各种药食饆饠，做法包括“火中煨熟”“炉里煿熟”“安于煻灰火中煨熟”。“煨”明显是烤的一种；“煿”，按夔明、高启安先生解释，通“爆”，实际是今日的“烙”或煎烤。

[2] 本书中的维吾尔语词汇，均按照维吾尔文拉丁化方案，用拉丁字母拼写。

[3] 尤努斯·艾木都拉 2007，27–30，61–62，也收录了若干种pöre做法。

[4] 托合提·巴克 2004书中的pöre种类有：锅pöre（直译）、苋菜pöre、苜蓿pöre、藿香pöre、藜菜pöre、薄荷pöre、鸡蛋pöre、肉pöre。八种pöre之中除锅pöre做法是蒸之外，其余都是煎炸。

[5] 当然，《五体清文鉴》是用蒙古、藏、维吾尔、汉四种语言解释满语的词典。pöre在满语中没有对应物因而不出现，也在情理之中。

料，经油炸后与酸奶一起食用，类似中国的韭菜合子。[1]从对页239页的照片看，确实连形状也接近韭菜合子——大的半月形，正和pöre相同。但是要进一步查考这个单词仍然很困难。可以在互联网上搜到，bolani是达里语，即阿富汗波斯语，标准拼写为būlānī，此外还有一个异名parakī，甚至有pirakī乃至purakī的说法[2]——明显可以看出后面几个说法与pöre形式更为接近；但相关资料仍然太少。[3] 大体来看，这是一种阿富汗的节庆食品，可烤可炸，但都是素馅，配酸奶食用。随着阿富汗人前往南亚和移民海外，它也传播到移民或难民所到之处。但它的源流和发展史，仍然像pöre一样，凭笔者现有资料和能力，基本仍付之阙如。

既然阿富汗和中国新疆有两样比较接近的食品，那么下一步自然会考虑到，它们之间还会不会有什么其他类似之物呢？毕竟阿富汗虽然通过瓦罕走廊与中国新疆接壤，但是帕米尔即使在当代也并非通途，它东西两侧的著名绿洲之间，直接来往未必发达。有了这个想法，那么下一步就是去查找，中亚从阿富汗到中国新疆的地域中，其他地方是否还有类似食品。不过到了这时，我基本已经无书可读，依靠的大都是母语为中亚语言，或者学习中亚语言的师友的介绍。

既然维吾尔族有pöre，那么哈萨克族或其他中亚民族呢？若干哈萨克族朋友发了这种食品的图，半月形油炸带馅面食，可以是肉馅，也可以是韭菜馅。不过再询问这种食品用哈萨克语叫什么的时候，答案就五花八门了。韭菜馅的似乎就是汉语“韭菜合子”音译。肉馅的有人叫may samsa，直译是“油烤包子”；也有人叫et qattama“肉饼”，或者就叫qattama“饼，千层饼”。[4] 总之就是没有统一的名称，甚至连算作“烤包子”还是“饼”，都比较随便。

哈萨克族之后是柯尔克孜族，以及塔吉克族。柯尔克孜族友人所说的情况和哈萨克族大体类似，连qattama这个名字都是一样的。而在塔吉克斯坦长期留学的学友告诉我，他在塔吉克斯坦没有见过这样的食品。塔吉克斯坦的面食种类整体比风俗极为接近的邻国乌兹别克斯坦少很多，大概和自然环境及经济条件有关。

---

[1] 原文作“韭菜盒子”。这个词的写法各地并未统一，本文中为划一起见，统一使用“合子”。

[2] 本文中波斯/达里语转写均使用《国际中东研究期刊》（IJMES）转写法。但考虑到虽然波斯文和达里文一般拼写方式相同，然而在伊朗和阿富汗的发音往往存在差异，所以有必要时都加上具体的发音。

[3] 相关网址在一次宕机后再难找到。笔者能够找到纸本的词典中，这个词只在苏联出版的《达里语俄语词典》中出现过。注音为bôlâni，释义为“饺子（韭菜馅）”：Киселева, Миколайчик 1978, 127。另外还有parak一词，释义1为“褶边”：Киселева, Миколайчик 1978，158。

[4] 这个词明显和维吾尔语的qatlama“饼，千层饼”是同源词，不过是在维哈两种语言里按照各自的发音方式发音而已。

至此，阿富汗到中国新疆之间，最后剩下的一个国家就是乌兹别克斯坦。有老师咨询了乌兹别克斯坦的朋友以后告诉我，名字和pöre近似的食品，乌兹别克斯坦确实有。但是地域性食品，主要是花剌子模特色。花剌子模地区有两种食品，属名都叫barak。[1] 一种叫tuxum barak，直译为“鸡蛋barak”，从做法来看，可以认为就是鸡蛋奶油馅的饺子，而且做法是在沸水里煮熟。另外一种叫ushoq barak，直译为“小块barak”，基本就是馄饨。介绍它的网页也说，这是花剌子模地区的叫法，在乌兹别克斯坦其他地区都叫chuchwara，[2]对应现代维吾尔语的chöchüre，新疆餐馆里往往音译为“曲曲儿”之类的食物——这个词在《五体清文鉴》里，用满文注出来的发音，大致可以还原为chöchübere。从清代和当代的拼写中，大致可以看出该词发音从18世纪至今在维吾尔语里面的演变。[3] 而同样一种食品在其他几种中亚语言中，哈萨克语叫tushpara，吉尔吉斯语叫chuchpara，塔吉克语叫tushbera，或者就叫barak——总之可以看出来，都很相近。至于油炸的那种，则有其他两个名字。一种叫cheburek，明显和俄语的чебурек类似；而俄语的чебурек又来自克里米亚鞑靼语的çiberek，或者写作çibörek、çiy börek、çüberek等等——看形制，可以理解为油炸肉饼或油炸肉馅饺子，而以半月形(饺子形)为主。这个克里米亚鞑靼词，一般要么解释为“美味的börek”，要么解释成“生börek”——后一种说法有观点认为是它从鞑靼人那里传到土耳其以后，土耳其人的附会。[4] 至于börek则是乌古思突厥语地区，及受说乌古思突厥语的土耳其、阿塞拜疆两族影响强烈的亚美尼亚、阿拉伯、巴尔干半岛民族等都做的日常带馅面食，当然具体做法因地而异：笔者在土耳其和亚美尼亚见过的，基本都是烤制馅饼。[5] 而另外一种叫法是qovirilgan somsa，汉语直译是“油炸烤包子”——乌兹别克文的somsa，对应维吾尔语的samsa，也就是汉语所谓“烤包子”——但是这里又需要进一步说明了。维吾尔食品中，在samsa之外，还有一种和pöre形状类似的油炸食品，叫sambusa，二者的区别是，pöre在制作时，是把生的馅包进生皮里，然后一起或蒸或炸做熟；而sambusa则是向生皮子里面放入熟馅再炸透，或者先整个煮熟再炸。[6] 因为做法不同，馅用的原料也可能不同。然而在塔吉克斯坦，sambūsa指烤包

1 本文中的乌兹别克词语均使用现行拉丁字母乌兹别克文拼写。

2 https://gujum.uz/uz-l/salomatlik-uz-l/tuxum-barak-2/，http://xorazmiy.uz/oz/pages/view/528，均为2020年7月16日搜索所得。

3 满文的六个元音字母并不能准确反映维吾尔语的八个(历史上可能是九个)元音。

4 https://en.wikipedia.org/wiki/Chebureki, 2020年7月15日搜索所得。

5 克里米亚的烤制馅饼则叫töbörek。参见上一条脚注链接。

6 笔者收集的菜谱里做法是先做熟馅再包进皮里；而吐鲁番的维吾尔族和乌鲁木齐的汉族朋友所知的，都是先做熟发面包子，再整个油炸。

子；而在乌兹别克斯坦，somsa和sambusa所指都是烤包子，且和波斯语的sambūsah(伊朗发音sambuse，阿富汗达里语发音sambōsa)，印度斯坦语的samosā，虽然做法不同，但所指物形状相同了：后两者汉语都称为“炸三角”——而且一眼可以看出这三个词形的相近。[1] 而《五体清文鉴》(3822)中又有一个词，发音大概为samburse，这又和börek接近了——大多数突厥语的四个圆唇元音o，u，ö，ü，和波斯语中存在(过)的长元音ō、ū，在用阿拉伯字母拼写的波斯文、察合台文、奥斯曼土耳其文中，都是用一个字母来表示。而鉴于波斯语和伊朗高原周边各种突厥语的互动之紧密，互相借词，又产生各种音变的情况，简直数不胜数。所以，börek一词，过去前三个字母的写法，和samburse中的bur，写法又是一样的。波斯语里面也有一种饼类食品叫būrāk。[2]

此外，我还查阅了能找到的这一带地区的古代语言：于阗语、粟特语、吐火罗语词典，但都一无所获。

至此，笔者终于可以说，从中国的pöre，到阿富汗的parakī，这一带地区，近代以来，和“饆饠”有相似之处，以及和近似“饆饠”者名称有所类似的非汉族食品，我已经尽了自己的努力去搜寻，并将找到的结果在上文中穷举了。既然在中亚非汉语地区，至今仍然有这么多的，与“饆饠”做法或名称接近的食品，那么“饆饠”是音译外来语的可能性，自然大增。不过“毕罗”两个汉字，虽然更可能是对音字，但从饆饠是带馅面食这点来看，似乎也还不能排除，使用“毕罗”二字对音者，确实有音义兼顾的想法。

然而估计大部分人看完这些名字，都会感到头绪众多，杂乱繁复。笔者自然也不例外，只能凭借自己有限的突厥语、伊朗语、汉语历史语言学知识，及相关资料，去尽力探讨。

从上面的穷举里面大致可以看出，būrāk，börek，çiberek，cheburek这几样，彼此即使没有明确的源流关系，也更为接近。它们和pöre、parakī，乃至samburse也比较类似。不过，būrāk在波斯语中是个很少见的词，对应的实物也很少见；[3] 而börek在土耳其等乌古思突厥语地区则非常常见，且有专家提出它是突厥语动词词根bör-/bür-“挤”“拧”，加上构名词后缀-AK而成的；但在波斯语中似乎找不到

1　不过虽然形状相同，但三地流行的馅并不一样。乌兹别克斯坦一般和中国新疆的烤包子馅料相同，只是形状有别；甚至有时这两个词可以混用，所指相同。而伊朗和南亚次大陆似乎没有烤包子，sambūsa/samosā则大多是素馅。

2　*Lughatnāma*$_1$, 2/3, 362；但并没有具体做法。

3　而且波斯语的长元音ā借入突厥语很少变为e。更可能和突厥语börek联系起来的词形būrak这个词也不是没有，但似乎是一种酸奶粥：*Lughatnāma*$_1$, 2/3, 363。

明确的词源。所以笔者认为，这一系列词的源头，大概是乌古思突厥语的börek。但是如果说pöre是从börek变化而来，则有个不容易克服的问题：突厥语里面b/p互相变化还能找到一些例子，虽然p很少出现在固有词的词首；但词尾的k消失，则不是维吾尔语的普遍规律。而且börek和pöre并不是同样的食品，中亚的cheburek既然是从俄语借来，那么，这个词，这种食品，在这里恐怕原先并没有。所以börek和pöre的分布地区并不连续，且似乎也看不出原先它们之间的地区有同一种食物渐变或分化的迹象。所以，börek和pöre是同源词或互相借用的可能，似乎也比较成问题。至于samburse和sambusa等等，samburse仅见于《五体清文鉴》，且《五体清文鉴》用这个词对译满语的hoho efen，汉译为“水饺子”。按《新满汉大词典》，则它和下一个词条（满文tahūra efen，察合台文yasi sambursa，汉译为“扁食”），都是饺子（此外还有一种说法soqma nan），但并未出现当代维吾尔语里指饺子的juwawa。[1]这个所指，无论和当代中国新疆或乌兹别克斯坦的sambusa，或者伊朗、南亚国家那种炸三角，都有相当区别。而且《五体清文鉴》里面词形“多出来”的那个辅音r，我也未能找到它在其他地方拼写里存在过的证据。所以我现在倾向于把它当作一个个案搁置。那么，剩下的大概就是做法彼此相近的pöre、parakī，以及中亚虽然做法有一定出入，但与parakī音比较近的各种barak和馄饨类了。

伊朗的波斯语，阿富汗的达里语，还有塔吉克斯坦的标准塔吉克语，虽然彼此可以通话，往往被看作同一种语言；但是其实和汉语一样，这些地区的方言众多，各地词汇也往往不同。比如塔吉克语的tushbera和barak，我在波斯语和达里语的词典里都没有找到。不过阿拉伯语的早期波斯语借词——经常不晚于10世纪，即现代波斯语形成时间——里面却有这个词，写作shīshbarak或shushbarak，且在阿拉伯语中沿用至今，所指也是同样的类似馄饨的食品。中古伊朗语词尾的k（中古波斯语多变成g），在中古时期的东伊朗语言，如粟特语、于阗语中，就已经大范围脱落；到现代波斯语里，这个辅音的脱落[2]也是常见现象。至于shīsh和shush，则更接近chush或chuch的变音——阿拉伯语没有辅音ch。综合这两点来看，tushbera应该是tushbarak在现代塔吉克语中发生音变之后的形式。barak上文已经提到，在现代塔吉克语和乌兹别克语里面都有这个词，词意也大致相同，都是指半月形的面食。而现代塔吉克语的tush是个同音异义词（homonym），其中的一个意思来自于tūsha“行粮，旅途中吃的食品”。由此，tushbera也可以用塔吉克语解

---

1 似乎也有写作chuwawa的。笔者提到过的两种维吾尔菜谱就分别采用了这两种拼法。

2 而在这些词加元音开头的后缀衍生新词的时候，原先词尾的g，就容易又体现出来。

释。所以各种语言中tushbera和barak这一系列的词，词源应该都可以看作是伊朗语。而chuch或chush，在塔吉克语词典中似乎查不到。笔者怀疑是中古时期一个词首辅音t颚化为ch的方言词形。这个系列初步确认以后，parakī（或pirakī，purakī），似乎可以看作barak在中古时代，阿富汗一带伊朗语中可能的形式*parak（及其变体），加上了一个后缀ī。而pöre，则是*parak（也可能是异形*purak）的词尾k丢失后借入维吾尔语，而第一音节的元音又在维吾尔语里发生了音变之后的形式。至于汉语的“饆饠”，则可能是从*para或者*pira的形式借来。

以上的推测确实存在问题。比如各种食物的名实考订，除了“饆饠”在汉语中已成为历史名词，只有文献记载中的古代做法为证之外；其他所有的非汉语名物，都是以当代做法为准。它们之间的年代差就给这些推测的可信度带来了不小挑战。更不消说笔者前文已经提到过的，中亚地区资料（无论古今文献）本身的缺乏和获取的难度，以及笔者本人粗浅的历史语言学知识。不过相对于其他的说法，笔者仍然认为这种推测更加有据且合理。一个旁证是，元代忽思慧《饮膳正要》一书中，记载了一种食品“撇列角儿”，基本就是煎饺或锅贴，馅也是可荤可素（尚衍斌、孙立慧、林欢 2009，110）。“撇列”和“饆饠”的音近，早已引起学者注意（陆宗达 1984，97）。这两个字的元代拟音，已经和当代发音差距不大。伊朗语的*parak，失去尾音k以后，借入维吾尔语，可以变音为pere——波斯语的短元音a，各地音值基本都和维吾尔语的e相等。而pere如果用元代蒙古语念法，就可以很接近“撇列”了（亦邻真 2020，187）。这个推测，因为“撇列角儿”基本是孤例，估计很难证实或证伪。但是它符合借词音变规律。而且元代蒙古人与畏吾儿人关系密切，这条传播渠道也是能说得通的。

三、余论

在基本讨论完“饆饠”的词源以后。笔者还想再加上另外两条与“饆饠”这种食品的“后世”有关的讨论。

第一条是有关“饆饠”的讨论中，经常有人引用的杨慎观点：“（饆饠）今北人呼为波波，南人讹为磨磨。”（陆宗达 1984，4；邱庞同 1983，35；吴晓铃 1985，3；张标 1997，15；童雯霞 2001，54）而再进一步，又会有人引用瞿灏对之的阐发：“按‘波’当作饆饠二字反切……或云本为饽饽，北人读入为平，谓之波波，皆未确。”（陆宗达 1984，4；张标 1997，15）——“饆饠”二字确实可以反切出“波”，古今皆然。但是，“波波”“饽饽”两个写法，似乎均始见于元代；而此时北方方言至少已经部分失去入声，才会有“北人读入为平”，导致原为入声的“饽”和平声“波”字同音。“饆饠”可确认的始见时期是初唐，“饽”字则已见于《切韵》，到元代都已存在了几百年。

因此，纯粹从语音史角度推断这两个写法到底哪个更正确地反映了语源，恐怕已经非常困难。迄今所有可考的餺饠，按做法都是有馅面食；而“饽饽”或“磨磨”（又写作“饝饝”，后渐作“馍馍”）则不一定有馅。再查考“饽”字和“饝”“馍”的本字“餍”，前者在《切韵》中释为“茗饽”，一般解释为“茶的泡沫”；但《广韵》和《玉篇》就都解释为“面饽”，所以最晚在宋代，“饽”应当已经指面食了。而后者在《玉篇》中，仅仅释为“食也”。可见，“餺饠”和“饽”或“饝”的本意并不全同；而说是“餺饠”反切为“波波”“饽饽”之类，并且含义扩大为面食的泛称，似乎不如认为，“饽饽”“饝饝”之类，本来就是“饽”或“餍”字演变出的叠字词，更为直接通顺？

第二条，“餺饠”之名，现代汉语虽已不再使用，但“餺饠”一物到底有没有流传至今？20世纪八九十年代学者最先提出的看法是，“餺饠”即今日西餐中的一种馅饼，英文为pie，早期汉译为“排”，后来又有“攀”译法；后来随着肯德基、麦当劳等“洋快餐”进入内地，又有了“批”“派”等译法，而时下以“派”最为常见（夔明 1988，22；高启安 2009，97）。此后又有学者提出，俄式馅饼пирожок就是今日的“餺饠”（高启安、索黛 1998，79）。不过近十多年来，似乎再也没有人提起给“餺饠”找“洋儿孙”的事情；即使曾经提出пирожок就是“餺饠”的，似乎也将目光集中到了中国国内，并认为“合子”和“饺子”都可算“餺饠”的今日延续（高启安 2009，97）。而且即使持这种观点，也不否认饺子可能有本土前身，即汉代已见诸记载的“牢丸”（黄桂婵 2015，4—5）。确实，经过上千年后，再去追溯一种食品是否还有存留，今日某食品是否上千年前另一食品的“后世”，难度相当大。不过单说英文的pie，俄文的пирожок两个词，英文和俄文的词源词典，基本都认为自己语言中指称某种馅饼的这个词，词源就在自己的语言中。英文词源词典基本都将pie追溯到magpie“喜鹊”，并认为这是因为早期的pie是各种肉馅混在一起烤制的肉饼，其颜色如喜鹊般杂驳，故而得名。[1] 而пирожок是пирог“馅饼”的指小名词，пирог则一般追溯到原始斯拉夫语词根пиръ“宴会”，本意是“为宴会烤制的面包”（Фасмер 2003，265—266）。馅饼类食品历史可谓源远流长，最晚到古罗马时代，就有placenta，一种奶酪馅的面包，做法见诸记载。[2] 而以西欧到中亚或远东的距离，和环地中海地区文明的悠久发达，似乎不必舍近求远，认为pie的源头在距离不列颠如此遥远的东方。至于пирог，虽然有苏俄突厥学学者认为可能来自突厥语

---

1 OED, vol. XI, 790–791; Partridge 1983, 493–494.

2 Placenta这个拉丁词，语源可能受希腊语影响，参OED, vol. XI, 943；Partridge 1983, 499, 501。至于其做法，可见：马香雪、王阁森 1986，42–43。不过这个收入汉译名著系列的译本将placenta译作“饼干”。

börek（Севортян 1978, 219），但在斯拉夫学学界内也基本被拒绝（Фасмер 2003, 265—266）。

在主要讨论都已结束时，笔者想试着总结一下这个查考的经验意义。陆睿在探讨“饆饠”时，引用了杨琳提出的判断汉语外来词的方法，并认为它较为全面可靠：“解释词语首先应立足于本民族本身，在本民族语言中确实得不到合理的解释时，才可以考虑异语。汉语与异语中的对应词不仅要音义相符，而且两个词需追溯到共存于一个时代时，还应提供两族在借词产生的时代曾有交往的历史证据。否则异语求证的可靠性难以保证。”（陆睿 2015, 141—142）这和文史研究中的“二重证据法”，乃至“三重证据法”，思路其实也是一致的。笔者对这个方法本身没有异议，而且承认，用这个方法审视上文的推导，会发现明显的证据不足：文中涉及的各种中亚语言，其从古至今的演变线索，由于条件所限，仅仅是按照各种语言的语音演变规律推导，而没有文献证据。涉及的非汉族食品也均是现代食品，其古代证据，无论实物还是文献，至少直接证据尚未获得——未能有任何出土文物配有文字，可以证明就是“饆饠”；而汉语中的“饆饠”，本身已是古词；它到底古代形制如何？传世文献恰恰在这方面算得上惜墨如金，最多也只是一句“蒙以细麦为饆饠”（出自《酉阳杂俎》。转引自邱庞同 1983, 36；夔明 1988, 21；张标 1997, 15等）或者“依常法作饆饠”“溲面作饆饠”（出自《太平圣惠方》。转引自夔明 1988, 21；朱瑞熙 2004, 45；高启安 2009, 96等）或“裹作饆饠”带过（出自《圣济总录》。转引自朱瑞熙 2004, 46；高启安 2009, 96）。到底饆饠是圆是扁，是长是纺锤，还是半月形？则很难判断。还不说即使都是半月形，也可能或者是饺子或韭菜合子一样的封闭半月，或者是墨西哥塔可饼一样的不封口半月。中亚和东亚两方的证据，时间上存在断层。所以无论这些现代非汉族食物名称与“饆饠”中古拟音如何接近；即使操汉语民族与中亚各族（及其前身各族）的交往基本都可以追溯到“饆饠”见诸文献的时期，本文仍然不能做出确定结论，说“饆饠”必须是源自中亚，其词源无疑是伊朗语。但是，正由于今天仍然在中亚存在着如此多与“饆饠”无论音还是义相关的食物名称，而且不能用当地语言借用汉语来解释，反而可以在这些语言之中，依据历史语言学知识推导出这些食物名称演化的链条；甚至可以建构出逻辑上通顺的，这个词进入中古汉语的线索。所以如果套用历史语言学和生物学都承认的一条规律——一种事物（包括语言）必然在其发源地发展变化最多最快——来解释的话，那么可以肯定，“饆饠”一词及其所指食物源自中亚的可能性，大大高于源自中原。更不消说还有汉文古籍明确记载“饆饠”为“胡食”。此外，在探讨中古时期名物时，如果要考证此物是否外来，对中亚古今名物、语言的了解是必须的。毕竟中古时期的“中外交流”,“外”方主要是中亚、西亚、南亚地区。而且再具体一些,原苏联中亚地区直到阿富汗,甚至再远到巴基斯坦北部、克什米尔,和与该地区接壤,或曾经接壤的中国新疆、西藏地区的交流,是以往内地汉族学人重视不够的内容。今日中国以西地区,在古代长期游离于印度和伊朗两大文明古国的核心地域之外,今日也大多不是文化繁荣之地;无论汉、梵、波斯,该地区的任何一种古代经典书面语言,对这一带的记载都不算特别详细——以parakī一词为例,这个词出现在阿富汗的达里语里;然而虽然当代的达里语和波斯语,语音语法区别不大,几乎可以视作一种语言的两种方言;但当代伊朗最权威的大词典《德胡达百科全书》也并未收录这个词,它只能在达里语词典里查到。[1]所以若要对这一带开展研究,必须尽可能地了解当地语言,而不是单单依靠古代经典书面语言,或当代重要语言(如英、俄、法)材料。单这一点就对地区外研究者提出了相当高的要求。[2]然而这片地区毕竟因为地利,和中国新疆、西藏的来往密切,影响深远;又通过新疆、西藏,间接影响内地。如此一来,这里就是内地,尤其汉族学者必须着重研究的地区。前辈们哪怕是懂得梵语或波斯语的,由于条件所限,对这一带的研究也还不够深入透彻,不可强求;但后人不应该墨守前贤结论,而应知难而上,扩大视野,提高能力。

缩略语

《维汉大词典》	新疆维吾尔自治区语言文字工作委员会编著,《维汉大词典》,北京:民族出版社,2006年/Shinjang Uyghur Aptonom Rayonluq Milletler Til-Yéziq Xizmiti Komitéti teripidin tüzgüldi, Uyghurche-Xenzuche Lughet, Béyjing: Milletler neshriyati, 2006。
《五体清文鉴》	《五体清文鉴》,北京:民族出版社,1957年。
Lughatnāma$_1$	Dihkhudā ta'līf. *Lughatnāma*. Tihrān: Dānishgāh-i Tihrān, Dānishkada-i adabiyāt, Sāzmān-i Lughatnāma, 1-m chap 1957.
Lughatnāma$_2$	Dihkhudā ta'līf. *Lughatnāma*. Tihrān: Dānishgāh-i Tihrān, Dānishkada-i adabiyāt, Sāzmān-i Lughatnāma, 2-m chap 1963.
OED	John Simpson and Edmund Weiner, ed. *The Oxford English Dictionary*, vols. 1–20. 2nd ed. Oxford: Clarendon Press, 1989.

[1] 《德胡达百科全书》(*Lughatnāma*$_2$, 3/1, 227)里面有parakī一词,但释义为“一种帽子”。

[2] 提供一个非常典型的反面例子。某教授对汉文敦煌食物类的文献掌握很好,但历史比较语言学知识欠缺,以致没有搞清,14–16世纪的波斯语词(耿昇 1993, 343; Mazahéri 1983, 262),不能不经过构拟古音,就拿来当公元前的古波斯语用;不能直接用来和先秦到汉代的汉语搞审音勘同;更不能随便说它们和上起(古)希腊拉丁,下到当代英语和俄语的欧洲语言词汇有同源关系。如果论文的立论建立在这样的基础上,那么得出的结论也就无可信度了(高启安 2005)。

参考文献

中文:

北京图书馆古籍编辑组

1988 《北京图书馆古籍珍本丛刊·61》，北京：书目文献出版社。

蔡鸿生 1998 《唐代九姓胡与突厥文化》，北京：中华书局。

高启安 2004 《唐五代敦煌饮食文化研究》，北京：民族出版社。

2005 《“饼”源“胡”说——兼论数种面食名称的起源》，“丝绸之路民族古文字与文化学术讨论会”，兰州。

2009 《〈太白阴经〉的饮食史料价值——兼论“饆饠”名实的变异》，《饮食文化研究》2009年第1期，第86—97页。

高启安、索黛

1998 《唐五代敦煌饮食中的饼浅探》，《敦煌研究》1998年第4期，第77—87页。

耿　昇 1993 [法]阿里·玛扎海里著，耿昇译，《丝绸之路 中国–波斯文化交流史》，北京：中华书局。

黄桂婵 2015 《饺子其实最早是一种外来食品——专访兰州财经大学高启安教授》，《南宁职业技术学院学报》2015年第3期，第3—6页。

黄正建 2016 《走进日常：唐代社会生活考论》，上海：中西书局。

夔　明 1988 《饆饠考》，《中国烹饪》1988年第7期，第21—22页。

楼望皓 2006 《新疆美食》，乌鲁木齐：新疆人民出版社。

陆　睿 2015 《抓饭还是饽饽——饆饠考》，《新疆大学学报（哲学·人文社会科学版）》卷43/3，第140—144页。

陆宗达 1984 《关于几个古代食品名称的研究》，《中国烹饪》1984年第1期，第3—4页。

马香雪、王阁森

1986 ［古罗马］M. P. 加图著，马香雪、王阁森译，《农业志》，北京：商务印书馆，1986年，2017年重印。

邱庞同 1983 《“饆饠”小考》，《中国烹饪》1983年第3期，第35—36页。

1986 [元]无名氏著，邱庞同注释，《居家必用事类全集（饮食类）》，北京：中国商业出版社。

1988 《饆饠新考》，《中国烹饪》1988年第9期，第8—9页。

荣新江 2008 《何谓胡人？——隋唐时期胡人族属的自认与他认》，《乾陵文化研究》4，第3—6页。

尚衍斌、孙立慧、林欢

2009 ［元］忽思慧著，尚衍斌、孙立慧、林欢注释，《〈饮膳正要〉注释》，北京：中央民族大学出版社。

宋宪章 1985 《对“饆饠”的一点看法》，《中国烹饪》1985年第5期，第35页。

童雯霞　2001　《巧妇难为无米之炊——"饆饠"考》,《中山大学研究生学刊(社会科学版)》卷22/3,第53—56页。

吴晓铃　1985　《释饆饠》,《中国烹饪》1985年第12期,第3—4页。

向　达　2001　《唐代长安与西域文明》,石家庄:河北教育出版社。

徐时仪　2003　《饼、飥、馄饨、扁食、饆饠等考探》,《南阳师范学院学报(社会科学版)》卷2/7,第50—53页。

亦邻真　2020　《畏吾体蒙古文和古蒙古语语音》,《般若至宝:亦邻真教授学术论文集》,上海:上海古籍出版社,第180—208页。

原老未　2020　《罩袍之刺》,北京:生活·读书·新知三联书店。

张　标　1997　《"饆饠"始末》,《中国烹饪》1997年第11期,第15—16页。

周　磊　2001　《释"饆饠"及其他》,《中国语文》2001年第2期,第185—187页。

朱瑞熙　2004　《中国古代的饆饠》,《饮食文化研究》2004年第2期,第44—46页。

民族文字:

托合提·巴克

2004　托合提·巴克编,《维吾尔族美味佳肴》,乌鲁木齐:新疆人民卫生出版社,2004年,2016年重印/Toxti Baqi 2004 Toxti Baqi teripidin tüzgüldi, *Uyghur taamliri*, Ürümchi: Shinjang xelq sehiye neshriyati, 2004, 2016 bésilishi。

尤努斯·艾木都拉

2007　尤努斯·艾木都拉编,《饮食制作丛书·馓子》,乌鲁木齐:新疆人民出版社,2007年,2015年重印/Yunus Hemdulla 2007 Yunus Hemdulla teripidin tüzgüldi, *Uyghur yémek-ichmek medeniyiti: Sangza, qiyiqche, boghursaqlar*, Ürümchi: Shinjang xelq neshriyati, 2007, 2015 bésilishi。

西文:

Mazahéri 1983 Aly Mazahéri. *La route de la soie*. Paris: S.P.A.G (Papyrus).

Partridge 1983 Eric Partridge. *Origins: A Short Etymological Dictionary of Modern English*. New York: Greenwich House.

俄文:

Киселева, Миколайчик

1978 Л. Н.Киселева, Л. Н. Миколайчик. *Дари-Русский словарь*, Москва: Русский Язык.

Севортян 1978 Э. В. Севортян. *Этимологический словарь Тюрских языков*, Том 2. Москва: Издательство Наука.

Фасмер 2003 О. Н. Макс Фасмер. *Этимологический словарь Русского языка*, Том 3. Трубачева перевод, Астрель Аст.

龙树的生平与传说*

——材料与研究综述

叶少勇

摘要：龙树是公元二三世纪印度重要的佛教思想家，其代表作《中论颂》奠定了大乘空观的理论基石，对我国汉地和藏地的义理研习和宗派沿革有重大影响。各类古代文献中对龙树的记述充满了神话传奇色彩，后期甚至出现了大量署名龙树的密教、医学和丹术著作，而现代学界对于龙树的年代和生平则不甚明了。本文梳理了汉语、梵语、藏语材料中涉及龙树生平事迹的记述，对现代学者基于这些材料的研究观点进行评述。

关键词：龙树；龙猛；中观；大乘佛教

1 概介

大乘佛教思潮于公元前后初兴于印度，这一潮流的最初推动者，在汉语文献中留下名字的有马鸣（Aśvaghoṣa）和龙树（Nāgārjuna）二人。排除了《大乘起信论》等疑伪著作，马鸣即无大乘理论著作传世，而由其传世作品来看，很难将之视作大乘思想家。这样，处于大乘思想源头位置的人物便只有龙树。龙树的代表作《中论颂》（*Mūlamadhyamakakārikā*）[1]是大乘理论系统化的发端，开启了大乘的论典时代。曾有学者质疑龙树思想的大乘属性，但并未获得广泛认同，[2] 还有学者曾分析龙树学说的部派背景，认为与大众部或犊子部有关系。[3]

"空性"（śūnyatā）是大乘佛教的理论标签，般若部类经典宣扬"一切皆空"，却并未给出系统的论证过程，正是龙树对"空"的论证完善了这一思想体系。传为龙树所作的《回诤论》第69颂将自派学人称为"说空性者"（śūnyatāvādin，用作复数）[4]。

作者：叶少勇，北京大学东方文学研究中心，北京大学外国语学院南亚学系。

* 谨以此文纪念我的硕士和博士导师、改变我人生轨迹的人——段晴教授。
本文为笔者所撰"Nāgārjuna"（*Brill's Encyclopedia of Buddhism*, Vol. II: Lives. 2019, 335—347）一文的一部分，较之英文原文，此处作了修订和增补。

[1] 梵藏汉合校及今译见拙著2011。

[2] 见Warder 1973; Kalupahana 1986, 5ff. 对这类观点的批判参阅Seyfort Ruegg 1981, 6; Lindtner 1982, 21; 斋藤明 2012, 11。

[3] 与大众部的关系参阅Walser 2005, 88—89; Mitrikeski 2009; Karashima 2015, 141f.; 与犊子部的关系参阅Vetter 1982; 1992, 496; Walser 2005, 245—258。

[4] 梵本见Johnston & Kunst 1948—1951, 149; 汉译释文中作"说空人"（T32, no. 1631, 22c25—26）。该论梵本另参Yonezawa 2008，王楠 2023。

据《中论颂》所展现的义理体系，龙树通过破斥自性（svabhāva）这一形而上学预设，指出彻底的空无自性，就是远离有无或断常两种边见的中道（madhyamā pratipad）。因此这一思想体系被称为“中观”（madhyamaka）。这一体系是后来的瑜伽行派与中观派的共同思想源头，为大乘各派所尊奉，而从未受到具名的责难。大乘思想发展史上享此地位者唯龙树一人而已。瑜伽行派的理论虽然带着“未来佛”弥勒的光环，却也未能免于后世中观派的批评。在后来，龙树的思想和事迹甚至成为一些晚出大乘经的素材，例如《中论颂》开篇的皈敬颂被吸纳进入《般若经》，[1]还有一些大乘经中出现了对龙树降生和行迹的授记。

作为中观思想的创立者，龙树常被视作中观派的始祖。然而据斎藤明（1988, 40）研究，迟至公元6世纪的清辨（Bhāviveka）才从“中观”（madhyamaka）一词衍生出“中观的（学派）”（梵文：mādhyamika，藏文：dbu ma pa）这一概念，从而与瑜伽行派（Yogācāra）形成对立。因此，龙树只是“大乘阿毗达磨”的肇始（Saito 2007, 156），中观派的实际创立者应是清辨。在东亚诸国，龙树被称为“八宗之祖”，这一说法可能源于日僧凝然（1240—1321）的《八宗纲要》（平川彰 1980—1981，下，564, 566）。在藏地传统中也有尊称龙树为“第二佛陀”（sangs rgyas gnyis pa）[2]。

2 年代

学界对龙树年代的判定观点不一，大致集中于公元1—3世纪范围内，[3] 当今的学术论著一般标注为公元二三世纪，日本学者则经常写作“150—250”。用马贝特（Mabbett 1998, 333）的话说，这种惯例只是“自我认证”和“多数投票”的结果。

龙树的年代上限大致可定于公元之初，因为他的主要思想承自《般若经》，后者的成立年代应不早于公元前1世纪。龙树的年代下限须借助汉语材料来推定。据现存汉语文献，最早提及龙树的人是鸠摩罗什（350—409或344—413）[4]。《出三

---

[1] 吉尔吉特《大品般若经》中以长行形式复述该颂（Conze 1974, 66; GMNAIFE II.1, 229），该颂的原文则出现在《憍尸迦般若经》（*Kauśikaprajñāpāramitā*，见Conze 1956, 117; 1973, 158; 汉译见《佛说帝释般若波罗蜜多心经》，T 8, no. 249, 847a2—6）。

[2] 例见藏译*Prajñāśataka*的题跋（D 4328, thun mong ba lugs kyi bstan bcos, Ngo, 103a6）。

[3] 参阅Seyfort Ruegg 1981, 4—6, n. 11; 1982, 505—507; Mabbett 1998, 332—333; 山野智恵 2007, 402—405的综述。

[4] 拉莫特（Lamotte 1970, xxxviii—xxxix）认为道安（312—385）曾提及龙树，这是不正确的。《法苑珠林》卷38（T 53, no. 2122, 589a19—20）载：《西域志》云：龍樹菩薩于波羅柰國造塔七百所。拉莫特认为此即道安所撰《西域志》，是证明龙树年代的早期材料。然而这部《西域志》是基于王玄策记录所撰，其成书晚至公元7世纪。

藏记集》卷14（T 55, no. 2145, 100b11始；苏晋仁、萧炼子 1995, 530—531）和《高僧传》（T 50, no. 2059, 330b6始）记载，鸠摩罗什少年时在克什米尔学习小乘佛法，约13岁时在莎车从须利耶苏摩处听闻龙树《中论》和提婆（Āryadeva）《百论》。罗什于公元402年到达长安，随后译出《中论》《百论》和《大智度论》，其中《大智度论》卷18（T 25, no. 1509, 190b18—191a1）引用了罗睺罗跋陀罗（Rāhulabhadra）的《赞般若波罗蜜偈》[1]。一般认为提婆是龙树弟子，罗睺罗跋陀罗或为龙树、提婆两人弟子，或唯是提婆弟子。这样也就是说，在公元360年前后时龙树的学说至少已经传了两三代人，由此推算，龙树年代的下限约在公元300年。

有学者想把上述这个300年的时间跨度进一步收窄，却未获得成功。《龙树菩萨传》说龙树"去此世已来至今，始过百岁"（T 50, no. 2047a, 185b3），而这并不能提供确切的依据。首先，《龙树菩萨传》虽然署名为鸠摩罗什，却很可能是其门人所编纂（参Young 2015, 37）。其次，"百年"的说法只是约数，而且不同版本的表述也还有差异（见山野智恵 2010, 64）。干潟龍祥（Hikata 1958, LII）曾建议以公元250年为龙树年代下限，其依据是《出三藏记集》（T 55, no. 2145, 8b17；苏晋仁、萧炼子 1995, 37）中曾记录一部竺法护所译《菩萨悔过经》的抄本，说见到"下注云出龙树十住论"。该译本已佚。虽然竺法护于公元265年抵达长安，但其译作抄本上的注文未必出自其本人之手，而很可能是后人将此译本与罗什所译《十住毗婆沙论》相比较之后补注上去的。拉莫特（Lamotte 1962, 74—76）曾将龙树生年精确至公元243年，依据是罗什门人凭借佛灭年代所作的计算，而普遍认为这种计算是不可凭信的（参Seyfort Ruegg 1982, 507; Mabbett 1998, 339）。

公元7世纪以后的一些记述常把龙树和娑多婆诃王朝（Sātavāhana）的某位国王联系起来。署名为龙树的《宝鬘论颂》（*Ratnāvalī* 3.33）曾提及佛像坐于莲花座上。[2] 有鉴于这两点，瓦尔赛（Walser 2002, 261—262; 2005, 86—87）期望通过艺术史研究的成果来搜寻，看娑多婆诃王朝治下的哪个时期、哪个地域有莲花座佛像的表现形式。于是他建议将龙树造《宝鬘论颂》的时间定于公元175至204年之间，或公元210至227年之间，地点在克里希纳（Kṛṣṇa）河下游，他认为前一个时间段的可能性更高。这一结论的成立须满足三个条件：《宝鬘论颂》确为龙树所作；造像风格演变的时间轴是精确可靠的；以及龙树的确与娑多婆诃王朝有交集。然而这三点都难以找到硬性证据。

---

[1] 最新梵本校勘见Hahn 1988, 62—73。

[2] 真谛译《宝行王正论》（T no. 1656, 498b28-29）：坐寶蓮花上，好色微妙畫，一切金寶種，汝應造佛像。新出梵本校勘参普仓（待刊）。

3 生平事迹

龙树是传奇故事偏爱的话题人物，真实的历史则陷于迷雾之中。华利赛（Walleser 1979）基于藏语和汉语材料作了先驱性的研究探索，得到的结论却是龙树形象不过是神话建构而已。马贝特的文章（Mabbet 1998）对过去一个世纪的研究成果作了精当的综述和评议。瓦尔赛的专著（Walser 2005）从社会和部派背景的角度提供了一些新的看法。杨启圣的专著（Young 2015）以圣传文学中的龙树形象为中心对汉语材料作了详尽的分析。山野智惠（千惠子）所发表的一系列文章尤其值得关注，内容涵盖《龙树菩萨传》的成立（山野智惠 2009, 2010），汉、梵、藏文材料综述（2004a），龙树传说与丹术（2004b）、医药（2011）、娑多婆诃王（山野智惠 2007, Yamano 2008）、吉祥山（山野智惠 2008, Yamano 2009）以及药叉女（山野智惠 2015）的关系。新近出版的《龙树菩萨传研究》（邦傲顶等 2022）全面搜集了相关汉传文献和译为汉语的藏传文献，但其中材料有待进一步甄别。

3.1 汉语文献

直至公元4世纪末，龙树在印度的名声似乎并不凸显。说一切有部的《大毗婆沙论》编纂于约公元1—3世纪，其中有马鸣存在的证据（印顺 1968, 279始），却不见龙树的踪迹，只有一段论议的理路似与龙树相仿（参Bronkhorst 2011, 46ff.），可能受其影响，但难下定论。此外，与鸠摩罗什同时代的法显曾于公元399—412年间游历印度，其《佛国记》中特别提及印度有大乘僧团，却从未言及龙树。而且，其中详细描述了一座南印度的石窟寺院，法显未亲至而是听别人转述，说那里是“过去迦叶佛僧伽蓝”（T 51, no. 2085, 864a26—27; 章巽 2008, 116）。两个世纪以后，当同一处寺院出现在玄奘的《大唐西域记》（T 51, no. 2087, 929c23始；季羡林等 1985, 829始）和慧超的行记（T 51, no. 2089, 976a18始）之中时，就说为龙树所建，并且录有很多异事。

对龙树事迹的最早记述见于鸠摩罗什徒众的作品（参Young 2015, 27—36, 60—62），这些作者包括僧肇（约384—414）、僧叡（约352—436）、昙影（约348—418），慧远（334—416）等。他们的记述可能是经由鸠摩罗什传达，而源自一个更早的口头传统，或可追溯至公元4世纪后半的西北印度。这些记述都比较简略，同时也充满了传奇色彩，要点可归纳为：马鸣之后数百年，龙树生于婆罗门种，出家成为佛教沙门，访龙宫而得大乘经，因重振佛教而受敬如佛。此外，吉藏（549—623）的《百论序疏》（T 4, 233c7）曾转述僧叡的话说：“提婆是龙树上足弟子。”七寺本《马鸣菩萨传》可能为僧叡所撰（参落合俊典 1996, 567; Young 2015, 255ff.），其中说到龙树是“南方之照”（落合俊典 1996, 564），提示了龙树的活动范围在南印度，其中也提到马鸣和龙树"兼大小而一之"，意即融汇大小乘。而僧祐的《萨婆多部记目录序》却将龙树及马鸣、提婆等人都列于有部的传承谱系之中(T 55, no. 2145, 89b14)。

《付法藏因缘传》成书于公元5世纪后期，其中有一专章记述龙树(T 50, no. 2058, 317b6—318c14)，其行文与单独流传的《龙树菩萨传》(T no. 2047)几乎一致。[1]两部文献给出的细节更为丰富：龙树出身于南印度婆罗门种，初学吠陀，年少纵欲，与三个友人学习隐身术而遁入后宫，欺凌宫女。事发后三友被杀，龙树侥幸得脱。于是出家学习佛法，遍览三藏，后入雪山，由一老比丘授大乘经典。又云游各地，欲自出心裁，独创教门，遂由大龙菩萨引向海宫，见到了未有流布的大乘深奥经典，于是深为折服。回到南印后，广宣大乘教法，"作《优波提舍》十万偈，又作《庄严佛道论》五千偈，《大慈方便论》五千偈，《中论》五百偈。""又造《无畏论》十万偈，《中论》出其中。"[2]龙树的弘法事业获得王族支持。得知一小乘比丘不愿其长久住世，龙树便入静室而离世。《龙树菩萨传》的末尾给出了龙树名称的来历(T 50, no. 2047a, 185b4—5)，即Nāga加Arjuna：

> 其母樹下生之，因字阿周陀那，阿周陀那樹名也。以龍成其道，故以龍配字，號曰"龍樹"也。

《付法藏因缘传》(T 50, no. 2058, 317a28始, 318c21始, 319c14始)中还给出了一个法脉传承：马鸣→比罗→龙树→迦那提婆→罗睺罗。[3]

早期汉语文献大多笼统地说龙树从龙宫取得方等或大乘经典，而在公元7世纪初吉藏自述曾见到来自于阗的《龙树传》，上面说龙树从龙宫取出的是下本《华严经》，部头更大的中本和上本《华严》则留在龙宫之中。[4]龙树从龙宫取《华

---

1 关于这两部文献的关系参阅Young 2015, 77—79。

2 这些著作之中，唯"《中论》五百偈"身份确定，藏译中有《中论颂》释论名为"无畏"(*Akutobhayā*, D 3829)，然篇幅不至十万偈。《优波提舍》可能指《大智度论》，梵名可构拟为**Mahāprajñāpāramitopadeśa*，其他几部作品所指均不明。

3 其中，比罗(Vīra)其人未知，也译"韦罗"，七寺本《马鸣菩萨传》说"韦罗法师西方之比丘"(落合俊典 1996, 564)，而有些文献中似用作马鸣之异名(参印顺 1968, 280始)。"迦那提婆"(Kāṇadeva)即提婆之异名，"罗睺罗"即罗睺罗跋陀罗。

4 例如：《净名玄论》卷2(T 38, no. 1780, 863b18—27)：問：華嚴一部，何故文無立名？答：此經凡有十萬偈，傳譯未盡，立名當在後也。至長安，見僧曇法師從于闐還，於彼處見《龍樹傳》云：華嚴凡有三本，大本有三千大千世界微塵偈，一四天下微塵品。中本有四十九萬八千八百偈一千二百品。此二本并在龍宫，龍樹不誦出也。唯誦下本十萬偈三十六品，此土唯有三萬六千偈三十四品。故知華嚴名數在數分矣。菩提流支云：佛滅度後六百年。龍樹從海宫持出也。另参《维摩经义疏》(T 38, no. 1781, 913c5—13)。

严经》的说法后来流行于汉地，尤其盛行于华严宗。唐代密宗流传有龙树开南天竺铁塔取略本《金刚顶经》的说法，最早可能源自不空（705—774）所述金刚智（671—741?）之口传（参T 39, no. 1798, 808a25—b13）。显然，这些不同版本的龙树取经说都被用以确立新出经典的合法性。

龙树的传说常与一位印度国王有关联。此一说法不见于鸠摩罗什徒众的记述，而公元5世纪初时在汉地已见端倪。传为龙树所作的《密友书》（*Suhṛllekha*）是对某位国王的劝诫，于公元421年由求那跋摩译出，题为《龙树菩萨为禅陀迦王说法要偈》（T no. 1672）。此后于公元434—442年间，僧伽跋摩再次翻译，题为《劝发诸王要偈》（T no. 1673）。前一译本的题名以及首颂中都出现了国王名“禅陀迦”，此名是何所指目前学界尚无一致意见（参Mabbett 1998, 341; Walser 2005, 63—65），由《密友书》新出梵本可知该词梵文作Jantuka[1]。真谛（499—569）翻译了另一部署为龙树的劝诫作品，题为《宝行王正论》（T no. 1656）[2]，其中的“宝行”二字，是源自“娑多婆诃”（Sātavāhana，王朝名）还是梵语题名中的“宝鬘”（Ratnāvalī），尚难以确定。完成于公元646年的《大唐西域记》（后简称《西域记》），则明确将龙树与娑多婆诃王朝联系起来，[3] 其中也记述了更为丰富的龙树事迹。

《西域记》卷10（T 51, no. 2087, 929a24—930a26，季羡林等 1985，824—830）载，龙树（玄奘译作龙猛）曾受到一位名为“娑多婆诃（唐言引正）”的国王的供养，驻锡于南印度憍萨罗国都城附近的一个寺院，[4] 来自执师子国（即锡兰）的提婆投其门下，共弘教法。娑多婆诃王为龙树在“跋逻末罗耆厘山（唐言黑蜂）”[5]开凿石窟

---

[1] 欧珠次仁（Dngos grub Tshe ring 2020, 133—184）刊出了哲蚌寺《密友书》梵文写本，兹录首颂：ajñānāvṛtacittān satvān saṃprekṣya taddhitaḥ kāruṇikaḥ | jantukam uddiśyemaṃ bhadanta-nāgārjunaḥ prahitavān lekhaṃ ‖（画线部分系修订；参Szántó 2021）求那跋摩译本（T 32, no. 1672, 745b15—16）：禪陀迦王應當知，生死苦惱多衆過，悉爲無明所覆障，吾欲爲彼興利益。颂中出现了bhadantanāgārjunaḥ“龙树尊者”，可知如义净所说（T 32, no. 1674, 751b7），“此一行颂乃是后人所述标书本意也”。然而由求那跋摩译本可知该颂的出现不会晚于公元5世纪初。

[2] 即《宝鬘论颂》（*Ratnāvalī*），梵文残本见Hahn 1982，新出梵本参阅普仓 2016; 待刊。

[3] 前述《密友书》梵本末尾题记作（Dngos grub 2020,184）：iti śrīsuhṛllekhaḥ samāptaḥ ‖ kṛtir iyam ācāryanāgārjunapādānām iti ‖ iti rājñaḥ śrīśālivāhanāya prahito (’)yaṃ lekhaḥ śrīnāgārjunapādair iti ‖ 其中末句指出国王名为Śālivāhana，即Sātavāhana的异写。然而，由于《密友书》的两部早期汉译均未提及此名，而此梵文写本的抄写年代不早于10世纪，其两句题记内容重复，出现王名的末句似后来添加，因此无法确定这一处文本是否早于玄奘的记述。

[4] Law（1954, 330）比定此都城位于恰蒂斯加尔邦（Chhattisgarh Pradesh）的西尔布尔（Sirpur）。

[5] 梵文构拟作Bhrāmaragiri，有学者比定为今安得拉邦（Andhra Pradesh）之龙树山（Nāgārjuna-koṇḍā）或室利赛拉（Śrīśailam），相关研究综述见Mabbett 1993, 33—34; 山野智恵 2008, 224。据

寺，“阁有五层，层有四院”，工程未半而“府库空虚”，龙树遂以神药滴石成金，得以建成。龙树有不死药术，年寿数百，国王也得妙药而长生。王子急于继位，向龙树乞要头颅，龙树即以茅叶自刎，不久国王亦命终。《西域记》(T 51, no. 2087, 912c19, 季羡林等 1985, 644) 中还提到龙树“位登初地”。唐代义净所撰《南海寄归内法传》卷4(T 54, no. 2125, 208c23, 227c13—15, 王邦维 2020a, 55, 225) 也曾提及龙树有“长年之术”，并说其《密友书》是“寄与旧檀越南方大国王号娑多婆汉那 (Sātavāhana)，名市演得迦”。这里的“市演得迦”即对应于求那跋摩所译之“禅陀迦”及梵本之Jantuka。

龙树的传说之中常有建塔的情节，最早见于唐代王玄策的《西域志》，原书已佚，有一段引用于唐道世（约596—683）所撰《法苑珠林》卷38 (T 53, no. 2122, 589a10—18)：“波斯匿王都城东百里大海边有大塔。塔中有小塔。[……] 云佛般泥洹五百岁后，龙树菩萨入大海化龙王，龙王以此宝塔奉献龙树，龙树受已将施此国，王便起大塔以覆其上。”还描述此塔有灵异：“夜中每有光曜如大火聚，[……] 皆叩头烧香，奉献华盖，其华盖从地自起，徘徊渐上，当塔直上，乃至空中。”印顺(1973, 212—214) 注意到玄奘《西域记》(T 51, no. 2087, 928c, 季羡林等 1985, 814) 中曾记述乌荼国（Uḍra，今奥里萨邦 [Orissa Pradesh] 北部）有两处佛塔，也有放光和华盖飞升的异象，但未提及龙树。印顺认为王玄策《西域志》很可能是将南憍萨罗国误传为波斯匿王的憍萨罗国，则其所记佛塔实与玄奘相同，位于今之优陀延山 (Udayagiri)。近年在优陀延山2号遗址曾发掘出塔中塔形制的塔庙 (caityagṛha，见Trivedi 2012, 31)，与《西域志》的描述颇为符合。此外，《法苑珠林》卷38 (T 53, no. 2122, 589a19—20) 还引《西域志》说：“龙树菩萨于波罗奈国造塔七百所。”

上述汉语文献中有关龙树的早期记述，勾画出龙树传说的情节蓝本。

3.2 梵语文献

龙树传说的另一大特色是佛经授记，最早见于《楞伽经》(*Laṅkāvatārasūtra*) 的两颂。此二颂不见于最早的求那跋陀罗译本（成于443年，T no. 670），而见于菩提流支译本（成于513年，T 16, no. 671, 569a24—27）：

> 于南大國中，有大德比丘，名龍樹菩薩，能破有無見。
> 爲人説我法，大乘無上法，證得歡喜地，往生安樂國。

Murthy (1977, 1)，“龙树山”一名始自中古时期，当地出土的公元3—4世纪的碑铭称此地为Vijayapurī，并无考古证据支持此地与龙树有联系。

也见于实叉难陀译本（成于700—704年间，T 16, no. 672, 627c19—22）：

> 南天竺國中，大名德比丘，厥號爲龍樹，能破有無宗。
> 世間中顯我，無上大乘法，得初歡喜地，往生安樂國。

华利赛（Walleser 1979, 20）认为这两颂可能是公元5世纪时增入梵本。

现存《楞伽经》梵本中也包含这两颂[1]，意为：在南印度德干地区（dakṣiṇāpatha）的毗德离（Vedali，可能即指Vidarbha，参Mabbett 1998, 335; Walser 2005, 294, n. 31），将有一位声名显赫的比丘，名叫“龙名”（Nāgāhvaya）或“龙”（Nāga）[2]，是有、无宗义的摧破者，在世间显扬我（佛陀）的无上大乘教法，获得欢喜地，往生极乐世界。其中最后一句将龙树与净土联系起来。[3] 关于“龙名”（Nāgāhvaya）一称是否即指龙树，藏传文献中还有不同说法。例如多罗那它（Tārānātha）《印度佛教史》（张建木 1988, 96, 98）说龙名是龙树弟子，其真名为如来贤（Tathāgatabhadra）。而从《楞伽经》这两颂的内容表述尤其是“破有无宗”来看，应指龙树无疑。菩提流支和实叉难陀译本也都将Nāgāhvaya认作龙树。月称《入中论》（*Madhyamakāvatārabhāṣya*, La Vallée Poussin 1912, 76.10—17）也引用了《楞伽经》这两颂，同样认为是指龙树。此外《入中论》还提到《大云经》（*Mahāmeghasūtra*, T no. 387, D no. 232）中有一处龙树授记（参Mabbett 1998, 336—337; Walser 2005, 71ff.; Ye 2023, 1004），其主人公同样称为Nāgāhvaya，然而在《大云经》藏译和汉译的相应位置都找不到这一名称的对应语，布顿曾质疑此段授记是否确指龙树（Walser 2005, 72—73）。近来笔者得见布达拉宫所藏原属于阿底峡所有的《大云经》梵文写本（Ye et al. 2023, 452—458），发现相应段落中多次出现Nāgāhvaya一词，而勘对藏译及其上下文可知，这一读法是源自后人的文字更动，很可能受到了《楞伽经》的影响，从而形成了一个流行于中观派内部的《大云经》传本（详见Ye 2023）。

成立于公元8世纪的《文殊师利根本仪轨经》（*Mañjuśrīmūlakalpa*，第53品449—450颂；梵本：Śāstrī 1920—1925; Jayaswal & Sāṅkṛityāyana 1934）也出现了龙树授记的内容，明显是由《楞伽经》文本发展而来：佛陀涅槃后四百年，有比丘名为“龙

---

[1] 第10品第165, 166颂（Nanjio 1923, 286）：dakṣiṇāpathavedalyāṃ bhikṣuḥ śrīmān mahāyaśāḥ | nāgāhvayaḥ sa nāmnā tu sadasatpakṣadārakaḥ || prakāśya loke madyānaṃ mahāyānam anuttaraṃ | āsādya bhūmiṃ muditāṃ yāsyate 'sau sukhāvatīṃ ||

[2] 梵本中nāgāhvaya一词可有两解，作形容词即“以‘龙’为名者”，作名词则指示其名为“龙名”。

[3] 这一联系在署名为龙树的《十住毗婆沙论》（唯存汉译，T no. 1521）中也有体现，其第20品即为《念佛品》。

(名)”(Nāgāhvaya),登欢喜地,享寿六百,得大孔雀明王法(Mahāmāyūrīvidyā),了知无自性之真实,死后往生极乐世界,并最终成佛。这段内容在藏传佛教中颇有影响。汉传佛教还常提到《摩诃摩耶经》(T 12, no. 383, 13c8—9)的龙树授记,而此经很可能是公元5世纪时出现的伪经。

除了上述授记内容之外,现存梵语材料中对龙树事迹的最早记述始于公元7世纪。月称的《中观论赞》(*Madhyamakaśāstrastuti*,第6、7颂;梵本:de Jong 1962, 50;译注:朱竞旻 2016, 96)提到了龙树、提婆与罗睺罗跋陀罗,说龙树自割头颅施与求要者,死后往生极乐国。公元7世纪的波那(Bāṇa)所著《戒日王传》(*Harṣacarita*,梵本:Kane 1965, 82)中出现了龙树、龙王和娑多婆诃王的故事,说龙树比丘从地下龙王处获得了一个能解一切毒的珍珠串,将之交给一位朋友(suhṛd),名为娑多婆诃(Sātavāhana),是三海之主(trisamudrādhipati),暗示其治域直至德干高原的东西南三面海岸。11世纪成书的《故事海》(*Kathāsaritsāgara*,第41章,梵本:Durgāprasād & Parab 1930, 188.ff.)中录有一个故事,说有一位国王名为“长寿”(Cirāyus),其大臣名为龙树,擅长生药术。故事的结局与《西域记》的情节十分类似,也是龙树为急于继位的王子舍头。12世纪迦尔诃那(Kalhaṇa)的《王河》(*Rājataraṅgiṇī*)是一部克什米尔王朝史,其中有关于龙树的独特说法(梵本:Stein 1892, 1.168—173):在胡色伽王(Huṣka)、朱色伽王(Juṣka)和迦腻色伽王(Kaniṣka)统治克什米尔时期,龙树是大地之主。然而这一文本的年代距离龙树太过遥远,难以采信。

除了上述这些传世梵语材料,安得拉邦克里希那地区贾格加伊耶佩特(Jaggayyapeta)的一处佛像基座上还曾发现一件碑铭,记录奉施者名字为月光(Candraprabha),其师名为胜光阿阇黎(Jayaprabhācārya),是尊者龙树阿阇黎(bhadantanāgārjunācārya)的弟子。然而这一碑铭的字体学断代不早于公元五六世纪,所以这里的“龙树”也许并非我们前面所讨论的中观思想家。[1]

3.3 藏语文献

藏文材料中对龙树事迹的记述始于11世纪。《八十四成就者传》于11世纪晚期或12世纪早期成书于印度,现在只留有藏译,其中有龙树一章(P 5091, Lu, 19b—21b; Sempa Dorje 1998, 70—79),也包含了炼金、长生、舍头等母题,甚至有龙树授“宝鬘”(*Ratnāvalī*)于南印度国王娑罗般陀(Sālabandha,似与娑多婆诃[Sātavāhana] 相近)的情节,而其故事主线却十分独特:龙树出身于建志(Kañci)

1 参阅Dutt 1931; Mabbett 1998, 335—336。

的一个名为乔诃罗（Kohara）的地方，婆罗门种，在那烂陀出家而修得密法，传授《密集怛特罗》（*Guhyasamājatantra*）于弟子龙智（Nāgabodhi），晚年住于吉祥山（Śrīparvata）[1]。这一文本并未提及龙宫取经或造《中论》的事迹，使得学者猜测其所记述为同名的密教师。而藏传佛教传统认为中观师龙树和密教师龙树是同一人，其年寿数百。14世纪布顿所著《佛教史》（Bu ston, 145—149；郭和卿 1986, 127—131）吸纳了《八十四成就者传》中有关龙树的大部分情节，却将其出生地改为毗德尔跋（Vidarbha，可能受《楞伽经》影响），并增加了许多经典的龙树事迹，例如龙宫取般若经，造《中论》等。其中值得一提的情节还有，龙树在那烂陀拜密教成就者娑罗诃（Saraha）为师，后者亦名罗睺罗跋陀罗（Rāhulabhadra），龙树还曾整修驮那羯磔迦（Dhānyakaṭaka）大塔[2]。17世纪多罗那它所著《印度佛教史》（张建木 1988, 82—85）中有大致相同的记述，还说龙树享寿近六百岁，住中印度二百年，南印度二百年，吉祥山一百余年。

以上简要介绍了公元5世纪以来汉语、梵语和藏语文献所记述的龙树事迹，其中矛盾之处颇多，而且总体上呈现一种越是晚近的材料细节越丰富的特点，这在很大程度上消解了这些材料的可信度。很长一段时间，学者认为龙树和娑多婆诃王朝的联系是我们所掌握的最有价值的信息，有学者期望在公元初几百年间统治德干地区的娑多婆诃王朝和甘蔗（Ikṣvāku）王朝之中找到匹配的人物，以复现这一传说的历史真相（参Yamano 2008, 1161, n. 6）。然而山野智惠（2007, Yamano 2008）指出，关于娑多婆诃王的这一情节是公元7世纪以后才流传开来，而且至今为止没有任何考古证据的支持，实际的情况很可能是，讲故事的人知道龙树活跃于南印度，或者龙树故事最早流行于南印度，于是龙树事迹便自然与这一地区的传奇人物——娑多婆诃王联系起来。与这一情况类似，也有学者希望找出龙树的住锡地——黑蜂山和吉祥山的今之所在（参山野智惠2007, 405—406）。这些研究也许有助于我们深入理解古代传说之中的龙树意象，却难以从各种传奇异事之中还原出确切的史实。我们当前所能确认的只有各种古代记述的一个最大公约数：龙树出生、活跃于南印度。

---

[1] 有学者比定为今安得拉邦之龙树山（Nāgārjunakoṇḍā）或室利赛拉（Śrīsailam），参阅山野智惠 2008, Yamano 2009。

[2] 即今安得拉邦阿马拉瓦蒂（Amarāvatī）佛塔。

4 同名者

长期以来，有多位学者怀疑在印度历史上有多个名为龙树的人，至少有中观师和密教师两位（例见Bhattacharyya 1932, 67）。温特尼兹（Winternitz 1933, 343—344, n.2）认为古代记述混淆了4位同名龙树者，分别是佛教哲学家、密教师、医师和丹术师。拉莫特（Lamotte 1970, xiv）甚至认为作为佛教哲学家的龙树也可分出两位，分别是《中论颂》和《大智度论》的作者，而后者活跃于公元4世纪初的西北印度。[1] 更有甚者如怀特（White 1996, 67），曾分列出13个龙树，分属于印度宗教和文化的不同领域。这种区分多个龙树的做法受到冉云华（Jan 1970）的激烈反对，他认为诸多佛教传统对龙树事迹的记述都充满了矛盾，却从未见有古人主张多个龙树，有鉴于此，更为可能的情况是后人为了假借龙树名威，不断将新的事迹和著作附加于其上。还应说明一点，现代学者大多根据著作的不同领域来区分不同的龙树，例如认为密教题材的著作不可能是中观师龙树所作，而是另有作者。然而，这并不是说同一领域的作品肯定就是一人所著，例如我们无法断定，归为龙树名下的密教、医药或丹术著作，其背后只有一位密教师、医师或丹术师。面对如此复杂的情形，现代学者习惯于辨伪视角，却往往忽略其背后的文化意识形态，正如魏德迈（Wedemeyer 2007, 9—43）所指出的，面对数量不断增长的经典以及其模糊不定的署名，古代印度人正是以这种形式来理解和传承其文化历史。

4.1 密教师

早在公元7世纪，义净就曾提及龙树特精持明咒藏[2]。公元8世纪以降，除了上面提到的龙树开南天竺铁塔取《金刚顶经》的传说，唐代密宗还流传有一个包含龙树的法谱（参Young 2015, 167—177）。例如不空的俗家弟子赵迁于公元774年所撰《不空三藏行状》（T 50, no. 2056, 292b19—23）中说：

> 昔者婆伽梵毗盧遮那，以金剛頂瑜伽秘密教王真言法印付屬金剛手菩薩，垂近千載，傳龍猛菩薩。數百年後，龍猛傳龍智阿遮梨耶[3]。後數百年，龍智傳金剛智阿遮利耶，金剛智傳今之大師。

---

[1] Warder（2000, 369）支持这一观点，Seyfort Ruegg（1982, 507—508）则表示反对。

[2] 《大唐西域求法高僧传》卷2（T 51, no. 2066, 6c22—27；王邦维 2020b, 148）：夫明咒者，梵云毗睇陀羅必棏家。毗睇譯爲明咒，陀羅是持，必棏家是藏，應云持明咒藏。然相承云此咒藏梵本有十萬頌，唐譯可成三百卷。現今求覓，多失少全。而大聖没後，阿離野那伽曷樹那，即龍樹菩薩，特精斯要。

[3] 龙智，梵文作Nāgabodhi或Nāgabuddhi，关于其名字参阅van der Kuijp 2007; Sinclair 2016。

再如海云于834年所述（T 51, no. 2081, 783c17—25）：

> 三藏金剛智云："我從南竺國，親於龍智阿闍梨邊傳得此金剛界百千頌經，龍智阿闍梨自云：'從毗盧遮那如來在世，以此金剛界最上乘法，付屬普賢金剛薩埵。普賢金剛薩埵付妙吉祥菩薩，妙吉祥菩薩復經十二代，以法付囑龍猛菩薩，龍猛菩薩又經數百年，以法付囑龍智阿闍梨，龍智阿闍梨又經百餘年，以法付金剛智三藏。

值得注意的是，在上述这些法脉传承之中，长生术不仅仅是一种神异，而且是维持法脉不断的必要因素。龙树是这些法脉上最初的非神格化人物，而在整个汉语系密宗传统之中，并无一部具名的密教著作归于龙树或龙智名下。

公元9世纪以后在印度形成了阐释密集（Guhyasamāja）教法的圣者派（'phags lugs）[1]，据说其创立者就是龙树，龙智为其弟子。前述《八十四成就者传》所记的龙树、龙智师徒事迹应该就是围绕此派。此外，提婆、月称的大名也悉数出现在此派的师弟传承之中，而且这些人物都留下了密教著作，其中署名龙树的著作，有两部最为著名，即《五次第》（*Pañcakrama*，梵本校勘：Mimaki & Tomabechi 1994）和《总和次第成就法》（*Piṇḍīkramasādhana*，梵本校勘：La Vallée Poussin 1896; Tripathi 2001）。

4.2 医师

已有多位学者讨论过龙树事迹中有关医药和丹术的内容。[2] 这些元素早在公元5世纪的《龙树菩萨传》中就已经有所体现。《隋书·经籍志》卷34中收录了三种署名龙树的医药著作：《龙树菩萨药方》四卷、《龙树菩萨和香法》二卷、《龙树菩萨养性方》一卷。公元9世纪以后的汉语文献中屡次提到《龙树眼论》这一眼科医学著作[3]。印度传统医学则说龙树曾修订阿育吠陀经典《妙闻集》（*Suśrutasaṃhitā*），最末之《补遗篇》（*uttaratantra*）即由其增补，其中也包含了大量眼科的内容（参Meulenbeld 1999, 339ff.）。其他归于龙树的医药论著还有《耆婆经》（*Jīvasūtra*）、《疗法百种》（*Yogaśataka*）、《阿婆药仪轨》（*Avabheṣajakalpa*）等。[4]

---

[1] 参Wedemeyer 2007, 14; Tomabechi 2008, 175。"圣者派"这一叫法可能只用于藏传佛教之中。

[2] 参阅Deshpande 1999, 2003—2004；山野智恵 2004b, 2011；Meulenbeld 1999, 339ff., 363ff.；Young 2015, 177—183；White 1996。

[3] 参季羡林 1994；《龙树眼论》版本的介绍见山野智恵 2011, 22—23。

[4] 详细著目见Meulenbeld 1999, 365—367。

4.3 丹术师

印度的丹术涵盖广泛，不仅包括炼金术，也包含长生术（rasāyana），与医药学关系密切。在佛教、印度教和耆那教的丹术体系之中，名为龙树者都是至关重要的人物，有多部署名龙树的丹术著作流传至今。据说正是龙树将水银从中国引入印度（White 1996, 64）。波斯学者比鲁尼（al-Bīrūnī, 973—1048）于11世纪游历印度，其《印度志》（Sachau 1910, 189）中提到约百年前在古吉拉特有一位名为龙树的丹术师。耆那教文献也曾记录一位在古吉拉特的丹术师名叫龙树，是从佛教改宗耆那教。关于这位龙树的记述中也有不少与佛教的龙树传说类似的情节。[1]

缩略语

Bu ston　*Bu ston chos 'byung*, Beijing: Krung go bod kyi shes rig dpe skrun khang, 1988.

D　德格（sDe dge）版《藏文大藏经》，编号依『西藏大藏経總目録 東北帝国大学藏版』，東北帝国大学法文学部，1934。

GMNAIFE　*Gilgit Manuscripts in the National Archives of India, Facsimile Edition*. National Archives of India, New Delhi, India & International Research Institute for Advanced Buddhology, Soka University, Tokyo, Japan.

P　北京版《藏文大藏经》，编号依『影印北京版西藏大藏経－大谷大学図書館藏－總目録 附索引』，鈴木学術財団，1962。

T　『大正新脩大藏經』，高楠顺次郎，渡辺海旭编，100卷，東京，1924—1934。依台湾中华电子佛典协会（CBETA）电子版。

参考文献

中文：

邦傲顶等　2022　邦傲顶、法思、法驰、法志，《龙树菩萨传研究》，香港：明报出版社。

郭和卿　1986　布顿著，郭和卿译，《佛教史大宝藏论》，北京：民族出版社。

季羡林　1994　《印度眼科医术传入中国考》，《国学研究》第2卷，北京：北京大学出版社，第555—560页。

季羡林等　1985　［唐］玄奘、辩机著，季羡林等校注，《大唐西域记校注》，北京：中华书局，2000年重印。

普　仓　2016　《龙树〈宝鬘论颂〉梵文写本的初步报告》，《西藏贝叶经研究》，拉萨：西藏藏文古籍出版社，第26—36页。

　　　　待刊　《梵文写本〈宝鬘论颂〉对勘与研究》，拉萨：西藏藏文古籍出版社。

[1] 参Granoff 1988，耆那教材料见第62页。瓦尔赛（Walser 2005, 69—70）认为这些记述可以追溯至耆那教经典《喜经》（Nandi sutta）中所提及的龙树，这位龙树在公元4世纪上半叶主持了耆那教的第3次结集，瓦尔赛甚至认为汉语的《龙树菩萨传》中有一些素材也来自这位耆那教龙树的事迹。

苏晋仁、萧炼子
1995 ［梁］僧祐著，苏晋仁、萧炼子点校，《出三藏记集》，北京：中华书局，2008年重印。

王邦维 2020a ［唐］义净著，王邦维校注，《〈南海寄归内法传〉校注》，北京：中华书局。

2020b ［唐］义净著，王邦维校注，《〈大唐西域求法高僧传〉校注》，北京：中华书局。

印 顺 1968 《说一切有部为主论书与论师之研究》，台北，1968年；重印：《印顺法师佛学著作全集》，第15卷，北京：中华书局，2009年。

1973 《佛教史地考论》，台北：正闻出版社。

叶少勇 2011 《〈中论颂〉——梵藏汉合校·导读·译注》，上海：中西书局。

张建木 1988 多罗那它著，张建木译，《印度佛教史》，成都：四川民族出版社。

章 巽 2008 ［东晋］法显撰，章巽校注，《〈法显传〉校注》，北京：中华书局。

朱竞旻 2016 《月称〈中论赞〉译注》，《北方民族大学学报（哲学社会科学版）》，2016年第5期，第95—99页。

藏文：

Dngos grub Tshe ring
2020 *Ta la'i lo mar bris pa'i rgya dpe bris ma bshes spring skor gyi dpe bsdur zhib'jug*. Lhasa: Bod ljongs bod yig dpe rnying dpe skrun khang.

日文：

王 楠 2023 「ナーガールジュナの論理－*Vigrahavyāvartanī*と**Vaidalyaprakaraṇa*を中心に－」，国際仏教学大学院大学博士論文。

落合俊典 1996 「僧叡と馬鳴菩薩伝」，『印度學佛教學研究』44/2, 562—567。

斎藤 明 1988 「〈初期〉中観派とブッダパーリタ」，『仏教学』24, 29—51。

2012 「中観思想の成立と展開」，『シリーズ大乗仏教 6 空と中観』，東京：春秋社，3—41。

平川 彰 1980—1981『八宗綱要』，上下巻，東京：大藏出版社。

山野智恵 2004a 「ナーガルジュナ伝をめぐって」，『北条賢三博士古稀記念論文集－インド学諸思想とその周延』，東京：山喜房仏書林，91—109。

2004b 「ナーガールジュナとラサーヤナ」，『智山学報』53, 63—82。

2007 「ナーガールジュナとサータヴァーハナ」，『智山学報』56, 401—431。

2008 「シュリー山のナーガールジュナ」，『蓮花寺佛教研究所紀要』1, 224—202.

2009 「初期の龍樹伝」，『蓮花寺佛教研究所紀要』2, (59)—(109)。

2010 山野千恵子，「『龍樹菩薩伝』の成立問題」，『仙石山仏教学論集』5, 49—70。

2011 「『龍樹眼論』の成立と展開」，『蓮花寺佛教研究所紀要』4, (20)—(44)。

2015 山野千恵子，「ナーガールジュナとヤクシニー－聖者伝説の展開と地域化－」，『蓮花寺佛教研究所紀要』8, (43)—(81)。

西文:

Bhattacharyya

1932 B. Bhattacharyya. *An Introduction to Buddhist Esoterism*. London: Oxford University Press.

Bronkhorst 2011 J. Bronkhorst. *Language and Reality: On an Episode in Indian Thought*, M.S. Allen & R. Raghunathan trans. Leiden: Brill.

Conze 1956 E. Conze. "Tantric Prajnāpāramitā Texts." *Sino-Indian Studies* 2: 100–122.

1973 *The Short Prajñāpāramitā Texts*. London: Luzac & Co.

1974 *The Gilgit Manuscript of the Aṣṭādaśasāhasrikāprajñāpāramitā: Chapters 70 to 82 corresponding to the 6th, 7th, and 8th Abhisamayas*, Serie Orientale Roma 46. Rome: Istituto italiano per il Medio ed Estremo Oriente.

Deshpande 1999 V. Deshpande. "Indian Influences on Early Chinese Ophthalmology: Glaucoma as a Case Study." *Bulletin of the School of Oriental and African Studies* 62/2: 306–322.

2003–2004 "Nāgārjuna and Chinese Medicine." *Studia Asiatica* 4–5: 241–257.

Durgāprasād & Parab

1930 P. Durgāprasād & K.P. Parab. *The Kathāsaritsāgara of Somadevabhatta*, rev. by W.L.Ś. Panśīkar, 4th ed. Bombay: Nirnaya-sagar.

Dutt 1931 N. Dutt. "Notes on the Nāgārjunakoṇḍa Inscriptions." *Indian Historical Quarterly* 7: 636–653.

Granoff 1988 P. Granoff. "Jain Biographies of Nagarjuna: Notes on the Composing of a Biography in Medieval India." In: P. Granoff & K. Shinohara, eds., *Monks and Magicians: Religious Biographies in Asia*, 45–66. Oakville; repr. 1994, Delhi: Motilal Banarsidass.

Hahn 1982 M. Hahn. *Nāgārjuna's Ratnāvalī: Vol. I: The basic texts (Sankrit, Tibetan, Chinese)*. Bonn: Indica et Tibetica Verlag.

1988 "Bemerkungen zu zwei Texten aus dem Phudrag-Kanjur." In: Helmut Eimer, ed., *Indology and Indo-Tibetology: Thirty Years of Indian and Indo-Tibetan Studies in Bonn*, Indica et Tibetica 13, 53–80. Bonn: Indica et Tibetica Verlag.

Hikata 1958 Ryusho Hikata. *Suvikrāntavikrāmi-paripṛcchā Prajñāpāramitā-sūtra, Edited with an Introductory Essay*. Fukuoka: Kyushu University.

Jan 1970 Jan Yün-hua. "Nāgārjuna, One or More? A New Interpretation of Buddhist Hagiography." *History of Religions* 10: 139–155.

Jayaswal & Sāṅkṛityāyana

1934 K.P. Jayaswal & R. Sāṅkṛityāyana. *An Imperial History of India in a Sanskrit Text [c. 700 B.C.–c. 770 A.D.]*. Lahore, Motilal Banarsidass.

Johnston & Kunst

1948–1951 E.H. Johnston & A. Kunst. "The *Vigrahavyāvartanī* of Nāgārjuna with the Author's Commentary." *Mélanges chinois et bouddhiques* 9: 99–152.

de Jong 1962 J.W. de Jong. "La *Madhyamakaśāstrastuti* de Candrakīrti." *Oriens Extremus* 9/1: 47–56.

Kalupahana 1986 D.J. Kalupahana. *Mūlamadhyamakakārikā of Nāgārjuna, the Philosophy of the Middle Way: Introduction, Sanskrit Text, English Translation and Annotation*. Albany: State University of New York Press.

Kane 1965 P.V. Kane, *The Harshacarita of Bāṇabhaṭṭa (Text of Ucchvāsas I–VIII)*, 2nd ed. Delhi: Motilal Banarsidass.

Karashima 2015 Seishi Karashima. "Who Composed the Mahāyāna Scriptures? The Mahāsāṃghikas and Vaitulya Scriptures." *Annual Report of the International Research Institute for Advanced Buddhology at Soka University* 18: 113–162.

van der Kuijp

2007 L.W.J. van der Kuijp. "*Nāgabodhi/Nāgabuddhi: Notes on the *Guhyasamāja* Literature." In: B. Kellner, et al., eds., *Pramāṇakīrtiḥ: Papers Dedicated to Ernst Steinkellner on the Occasion of His 70th Birthday*, 1001–1022. Vienna: Arbeitskreis für Tibetische und Buddhistische Studien, Universität Wien.

La Vallée Poussin

1896 L. de La Vallée Poussin. *Etudes et textes tantriques: Pañcakrama*. Gand: H. Engelcke.

1912 *Madhyamakāvatāra par Candrakīrti: Traduction tibétaine*. Saint Petersburg: Imprimerie de l'Académie Impériale des Science.

Lamotte 1962 É. Lamotte. *L'enseignement de Vimalakīrti*. Louvain: Université de Louvain, Institut Orientaliste.

1970 *Le Traité de la Grande Vertu de Sagesse de Nāgārjuna (Māhāprajñāpāramitāśāstra)*, vol. III. Louvain: Université de Louvain, Institut Orientaliste.

Law 1954 B.C. Law. *Historical Geography of Ancient India*. Paris: Société Asiatique de Paris.

Lindtner 1982 C. Lindtner. *Nagarjuniana: Studies in the Writings and Philosophy of Nāgārjuna*. Copenhagen: Akademisk Forlag; repr. Delhi, 1987.

Mabbett 1993 "Dhānyakaṭaka." *South Asia* 16/2: 21–39.

1998 I. Mabbett. "The Problem of the Historical Nāgārjuna Revisited." *Journal of the American Oriental Society* 118/3: 332–346.

Meulenbeld 1999 G.J. Meulenbeld. *A History of Indian Medical Literature*, 2 vols. Groningen: Egbert Forsten.

Mimaki & Tomabechi

1994 Katsumi Mimaki & Tōru Tomabechi. *Pañcakrama: Sanskrit and Tibetan Texts Critically Edited with Verse Index and Facsimile Edition of the Sanskrit Manuscripts*. Tokyo: Centre for East Asian Cultural Studies for Unesco.

Mitrikeski 2009 D. Mitrikeski. "Nāgārjuna and the Tathāgatagarbha: A Closer Look at Some Peculiar Features in the *Niraupamyastava*." *Journal of Religious History* 33/2: 149–164.

Murthy 1977 K. Krishna Murthy. *Nāgārjunakoṇḍā: A Cultural Study*. Delhi: Concept Publishing Company.

Nanjio 1923 Bunyiu Nanjio. *The Laṅkāvatāra Sūtra*. Kyoto: Otani University Press.

Sachau 1910 E.C. Sachau. *Alberuni's India: An account of the Religion, Philosophy, Literature, Geography, Chronology, Astronomy, Customs, Laws and Astrology of India about A.D. 1030*, vol. I. London: Kegan Paul, Trench, Trübner & Company.

Saito 2007 Akira Saito. "Is Nāgārjuna a Mādhyamika?" In: K. Mochizuki (望月海淑), ed., *Rengekyō to Daijō Kyōten no Kenkyū* (蓮華経と大乗経典の研究), 153–164. Tokyo: Sankibo Busshorin (山喜房仏書林).

Śāstrī 1920–1925 G. Śāstrī. *The Āryamañjuśrīmūlakalpa*, 3 vols. Trivandrum: Government Press.

Sempa Dorje 1998 *The Biography of Eighty Four Saints by Ācārya Abhayadatta Śrī*. Sarnath: Central Institute of Higher Tibetan Studies.

Seyfort Ruegg

1981 D. Seyfort Ruegg. *The Literature of the Madhyamaka School of Philosophy in India*. Wiesbaden: Otto Harrassowitz.

1982 "Toward a Chronology of the Madhyamaka School." In: L.A. Hercus, et al., eds., *Indological and Buddhist Studies: Volume in Honour of Professor J.W. de Jong on his Sixtieth Birthday*, 505–530. Canberra: Australian National University Press.

Sinclair 2016 I. Sinclair. "Appendix A: The Names of Nāgabuddhi and Vajrabuddhi." In: Andrea Acri, ed., *Esoteric Buddhism in Mediaeval Maritime Asia: Networks of Masters, Texts, Icons*, 389–391. Singapore: ISEAS-Yusof Ishak Institute.

Stein 1892 M.A. Stein. *Kalhaṇa's Rājataraṅgiṇī or Chronicle of the Kings of Kashmir*. Bombay: Education Society Press.

Szántó 2021 Péter-Dániel Szántó. "The *Suhṛllekha* of Nāgārjuna, editio minor 2.0." Accessed February 26, 2024. https://www.academia.edu/61531143/The_Suh%E1%B9%9Bllekha_of_N%C4%81g%C4%81rjuna_editio_minor_2_0.

Tomabechi 2008 Tōru Tomabechi. "Vitapāda, Śākyamitra, and Āryadeva: On a Transitional Stage in the History of Guhyasamāja Exegesis." In: *Esoteric Buddhist Studies: Identity in Diversity; Proceedings of the International Conference on Esoteric Buddhist Studies, Koyasan University, 5 Sept.–8 Sept. 2006*, 171–177. Koyasan: Koyasan University.

Tripathi 2001 R.S. Tripathi. *Piṇḍīkrama and Pañcakrama of Ācārya Nāgārjuna*. Sarnath: Central Institute of Higher Tibetan Studies.

Trivedi 2012 P.K. Trivedi. *Further Excavations at Udayagiri-2, Odisha (2011–03)*. New Delhi: Archaeological Survey of India.

Vetter 1982 Tilmann Vetter. "Zum Problem der Person in Nāgārjunas *Mūla-Madhyamaka-Kārikās*." In: Walter Strolz and Shizuteru Ueda, eds., *Offenbarung als Heilserfahrung im Christentum, Hinduismus, und Buddhismus*, 167–185. Freiburg: Herder Press.

1992 "On the Authenticity of the *Ratnāvalī*." Asiatische Studien 46/1: 492–506.

Walleser 1979 M. Walleser. *The Life of Nāgārjuna from Tibetan and Chinese Sources*. Original article appeared in Asia Major, Introductory Volume (Hirth Anniversary Volume), Leipzig, 1923, 421–455; repr. Delhi: Nag Publishers, 1979.

Walser 2002 J. Walser. *"Nāgārjuna and The Ratnāvalī: New Ways to Date an Old Philosopher." Journal of the International Association of Buddhist Studies* 25/1-2: 209–262.

2005 *Nāgārjuna in Context: Mahāyāna Buddhism and Early Indian Culture*. New York: Columbia University Press.

Warder 1973 A.K. Warder. "Is Nāgārjuna a Mahāyānist?" In: M. Sprung, ed., *The Problem of Two Truths in Buddhism and Vedānta*, 78–88. Dordrecht: D. Reidel.

2000 *Indian Buddhism*, 3rd ed. Delhi: Motilal Banarsidass.

Wedemeyer 2007 C.K. Wedemeyer. *Āryadeva's Lamp that Integrates the Practice (Caryāmelāpaka-pradīpa): The Gradual Path of Vajrayāna Buddhism According to the Esoteric Community Noble Tradition*. New York: The American Institute of Buddhist Studies at Columbia University.

White 1996 D.G. White. *The Alchemical Body: Siddha Traditions in Medieval India*. Chicago: University of Chicago Press.

Winternitz 1933 M. Winternitz. *A History of Indian Literature: Vol. II: Buddhist Literature and Jaina Literature*, S. Ketkar & H. Kohn, trans. Calcutta: University of Calcutta Press; repr. Delhi: Munshiram Manoharlal, 1991.

Yamano 2008 Yamano Chieko. "Nāgārjuna and Sātavāhana." *Journal of the Indian and Buddhist Studies* 56/3: 1157–1163.

2009 "Śrīparvata as Nāgārjuna's Abode: At the Confluence of Legend, History, and Geography." *Journal of the Indian and Buddhist Studies* 57/3: 1246–1252.

Ye et al. 2023 Ye Shaoyong, Phun tshogs Tshe brtan, Dngos grub Tshe ring. "A Preliminary Report on the 'Burnt Manuscripts' from Retreng Monastery: Bundle A." In: Noriyuki Kudo, ed., *Śāntamatiḥ: Manuscripts for Life: Essays in Memory of Seishi Karashima*, Bibliotheca Philologica et Philosophica Buddhica XV, 447–465. Tokyo: The International Research Institute for Advanced Buddhology, Soka University.

Ye 2023 Ye Shaoyong. "The Prophecy about Nāgārjuna in the Mahāmeghasūtra: A Perspective Based on the Sanskrit Manuscript Preserved in the Potala Palace." *Journal of Indian and Buddhist Studies* 71/3: 1004–1009.

Yonezawa 2008 Yoshiyasu Yonezawa. "*Vigrahavyāvartanī*: Sanskrit Transliteration and Tibetan Translation." *Journal of the Naritasan Institute for Buddhist Studies* 31: 209–333.

Young 2015 S.H. Young. *Conceiving the Indian Buddhist Patriarchs in China*. Honolulu: University of Hawai'i Press.

关于Rang rgyud pa、Thal 'gyur ba汉文译名的考察

云　丹

摘要： Rang rgyud pa、Thal 'gyur ba两词常用以表示中观学派的两大支派。前者被汉译为“自续派”“自立量派”“自在论证派”“自立派”等，后者被汉译为“应成派”“随应破派”“归谬派”“归谬论证派”等。笔者分析后提出：“随应破派”“自立量派”这对译名容易令人误解为Thal 'gyur ba全无所许，或虽有所许却不采用任何比量或正式推理；“归谬派”“归谬论证派”等译名容易令人误解Thal 'gyur ba只作归谬、不作正面论证，并且thal 'gyur一词也并不完全等同于“归谬”。因此，“自续派”“应成派”这对译名相对更为稳妥。

关键词： 随应破派；自立量派；归谬派；归谬论证派；应成；自续

一

从藏传佛教后弘期至今，藏族佛教学者常普遍使用Rang rgyud pa、Thal 'gyur ba两词表示中观学派的两大支派——前者以清辩为代表，后者以月称为代表。关于这两个术语是否为古代印度学者所使用，他们的至少六种不同含义，用这两个词表示中观分派的合理性，以及现代学者关于这些问题的讨论等，鲁埃格（Ruegg 2006）已有非常详细的总结和评述，此不赘述。但无论如何，这两个词已为许多现代学者所借用。Rang rgyud pa被现代学者返译为*Svātantrika，常译为Autonomy School, Autonomist, Dogmaticist,“自立论证派”“自立量派”“自续派”等；Thal 'gyur ba被现代学者返回为*Prāsaṅgika，常译为Consequence School, Consequentialist, Apagogist ,“归谬论证派”“应成派”等。本文仅讨论这两个词的汉文译名。

在汉文中，最早翻译相关著作，介绍这两个概念的是法尊法师。他在1936年翻译的宗喀巴《辨了不了义善说藏论》和《菩提道次第广论》中，把这两个词翻成“自续师”“应成师”。[1] 以后的大多数译作和论文中，法尊法师都采取这个译法或“自续派”“应成派”。唯独在《菩提道次第略论止观》中，译作“随应破派”与“自立因派”。[2] 吕澂（1979, 240）《印度佛学源流略讲》译作“随应破派”与“自立量派”。日本方面，较早的宫本正尊（1943, 293）把这两个词汉译作“自在论证派”“必过性空派”，寺本婉雅（1960, 277, 306）把两个词分别译作“中道自性怛特罗”“中观解脱派”，

作者：云丹（朱竞旻），沈阳北塔护国法轮寺，中国人民大学国际佛学研究中心。

1　影印版参见《法尊法师全集》第8册，235以下；第11册，942以下。

2　《法尊法师全集》第2册，334。

后三个译名未见后人广泛沿用。根据平川彰（1979, 200, 205）、齋藤明（2012, 13—14）等，日本学者常用的汉文译名是把前者译为“自立量派”“自在论证派”“自立派”，把后者译为“归谬派”“归谬论证派”等。以下择要评述。

二

关于“随应破派”与“自立量派”这两个译名，吕澂（1979, 240）说：

> 月称一系是采用“应战”的方法，即随着对方的说法加以破斥，所以被称为“随应破派”。清辩一系，是自由独立的，议论不一定跟随敌论走，而采取比量的格式，被称为“自立量派”。

又说（同上239）：

> 月称主要是在方法论方面发扬了佛护说。在方法论上，中观派是以破显宗的，即自己不另外建立，把重点放在怎样破他上，《中论》就是这种方法的典型著作。只要指出敌论的过失，就算达到了目的。[中略]佛护即继承了这个传统，[中略]清辩在《般若灯论》里，不同意佛护这种方法，认为在破他时要提出自己的正当理由，要用比量的格式来出过，才能使人信服。到月称时，为了挽救佛护的说法，就为之辩护，[中略]因为中观派的根本精神是认为一切事物都是无自性的，因明的因、喻也应该是无自性的。而清辩要自立量，那就应该承认自因、自喻是实在的，只有先肯定了这点才有立量，否则，如说无自性，便自相矛盾，因而不能成立。所以，运用因明的结果，就会形成自己理论上的混乱。

由此可知，吕澂先生所理解的“自立量派”的含义是“自己运用比量”，“随应破派”的含义是“只破不立”。这种说法并不符合月称的《明句论》。正如王俊淇（2000）所指出的，月称只是在说：按照陈那因明学的规则，立敌双方辩论时，有法、宗法、因、喻必须是双方共许的或共许决定（ubhayaniścita）的；而中观论者和实在论者辩论时，双方没有这种共许的比量。但这并不意味着中观宗没有自许的比量。事实上《明句论》中自我推导的为自比量随处可见。不仅如此，仅就对方所许作推导的归谬论式，也被月称还原成了“他许”的比量式，甚至是比陈那更为原始的五支比量式：

> 此亦是佛护论师所诠。[中略]“以自体而有者无须再生”是注释略标之语，此语明他许同喻（paraprasiddha sādharmyadṛṣṭānta）具足所立与能立法。其中“以自体而有”明因，“[再]生当无用故”明所立法。此中，如“(1)声无常，(2)所作故。(3)

所作见为无常，如瓶。(4)声亦尔，是所作。(5)是故，是所作故，[声]无常”，由列式所显之“所作”是因，此处亦尔：诸事无自生，以自体而有者再生当无用故。[1]

更极端地，无论是古代西藏学者还是现代学者，都有人主张月称一派干脆“全无所许”。这种主张选择性忽视月称诸著作从头到尾丰富多彩的自宗观点论述，仅抓住《明句论》中一句“无自宗故”[2]，便忽略上下文而无限放大。克珠杰《中观综论》(sTong mthun, 331)指出，这种理解实属自相矛盾：

对彼等应作是说：中观应成师有法，应非宗派师，都不受许宗趣故。若许，则称“中观应成师是一切宗派师之最上”即告失坏。如是声称者有法，应有所宗，是坚信“全无所许”之立宗者故。

综上，诚如鲁埃格(Ruegg 2006, 324)所说，月称的主张未必意味着Thal ’gyur ba全无所许，也未必意味着中观师绝不能采用任何比量或正式推理。就此，笔者认为，“自立量派”“随应破派”的译名实在太容易引起这种误解。

三

“归谬派”与“归谬论证派”是在日本非常流行的对Thal ’gyur ba的译法。一般来说，特别是在《明句论》第一品月称批判清辩的情境下，prasaṅga / thal ’gyur确实等同于“归谬”。但把*Prāsaṅgika / Thal ’gyur ba径直翻成“归谬派”，有两个问题。

第一，至少在藏传量论中，thal ’gyur并不等同于“归谬”。从藏传量论“摄类学”的创始人恰巴·却吉森格(Phywa pa chos kyi seng ge)起，thal ’gyur就与“能破(dūṣana / sun ’byin)”同义，它又被分为sgrub byed ’phen pa’i thal ’gyur(权译“引能立应成”)与sgrub byed mi ’phen pa’i thal ’gyur(权译“不引能立应成”)两种。“引能立应

---

1 Macdonald 2015, 153—155: so ’py udbhāvita evācāryabuddhapālitena | [...] tathā hy asya grahaṇakavākyasyaitad vivaraṇavākyaṃ, na hi svātmanā vidyamānānāṃ punar utpāde prayojanam iti | anena ca vākyena sādhyasādhanadharmānugatasya paraprasiddhasya sādharmyadṛṣṭāntasyopādānam | tatra svātmanā vidyamānasyety anena hetuparāmarśaḥ | utpādavaiyarthyād ity anena sādhyadharmaparāmarśaḥ | tatra yathānityaḥ śabdaḥ kṛtakatvāt | kṛtakam anityaṃ dṛṣṭaṃ, yathā ghaṭaḥ, tathā ca kṛtakaḥ śabdaḥ, tasmāt kṛtakatvād anitya iti kṛtakatvam atropanayābhivyakto hetuḥ | evam ihāpi, na svata utpadyante bhāvāḥ svātmanā vidyamānānāṃ punar utpādavaiyarthyāt |

2 Macdonald 2015, 162: prasaṅgaviparītena cārthena parasyaiva sambandhaḥ, nāsmākaṃ svapratijñāyā abhāvāt | “应成反转义亦唯属他，不属我等，无自宗故。” 假如这句话被理解为月称根本没有任何自许的主张，便与紧接着的下一句话tataś ca siddhāntavirodhāsaṃbhavaḥ “因此，不会与宗义相违”自相矛盾。“我等无自宗”的准确含义，按宗喀巴的理解，“是就观察胜义之时，谓不立宗无自性等，非说一切全无所许。故于观察胜义之时，若许无性为所成立，而于自宗成立无性，是自续派；若自无许、唯破他欲，是应成派”(《法尊法师全集》第2册，264)。

成”的含义，按恰巴本人的话说是“反转之宗法与周遍皆为量所成”[1]。按后来的摄类学教科书常举的实例（参见bSe bsdus, 318—319），譬如佛教徒对数论师举出的“声有法，应非所作，是常故”论式，就是个“引能立应成”：因为它的“反转”（有法不变，所立法和因反转，去掉“应”构成的立论式）即“声有法，无常，所作故”，它的宗法“声是所作”和周遍“若所作皆无常”都可以被量成立。反之，“不引能立应成”的含义，按恰巴本人的话说是“若反转，则不具足三相”[2]。如佛教徒对数论师举出的式子“声有法，应无常，是所作故”，反转后成为“声有法，非所作，常故”，它的宗法“声是常”和周遍“若常皆是所作”都不能被量成立。[3] 很显然，这里前者是顺着对方的所许推对方不接受的结论，算是归谬；后者是直接反驳，并不是归谬。

不过，克珠杰举的“不引能立应成”例子是：

> 对许“离分别必是现量”之对方，说“见二月之根识有法，应是现量，离分别故”。[4]

这个式子反转后是“见二月之根识有法，有分别，非现量故”。宗法虽成立，周遍不成立。但这个式子是归谬。

王俊淇（2021, 80—81）提到，陈那在《集量论》中即已做出“引能立应成”“不引能立应成”的区分。不过陈那举的“不引能立应成”的例子是：

> 实非有，[否则，]诸德亦应成实，或实应非实故。[5]

这两个式子改写成藏传量论的标准格式是“所知有法，德应成实或实应非实，有实故”[6]，反转后是“所知有法，无实，德非实、实是实故”，周遍虽成立而宗法不成立（由于立论方不承认“实”，“德非实”与“实是实”均无法被量成立）。与克珠杰举

---

[1] Tshad bsdus, 314: bzlog pa'i phyogs chos dang khyab pa tshang ba ni tshad mas grub pa |

[2] Tshad bsdus, 346: bzlog na tshul gsum m tshang ba |

[3] 在藏传量论中，“声有法，应无常，是所作故”是应成论式（反驳/能破），它与“声有法，无常，是所作故”（正面论式）的区别只在于：（1）前者有“应”而后者没有“应”；（2）前者必须有效反驳对方的主张，即“立宗被敌论者所反对，因与周遍被敌论者所承许或由量识成立”（参见祁顺来 2006, 339）。

[4] Yid kyi mun sel, 747: pha rol po rtog bral la mngon sum gyis khyab par khas len pa la | zla ba gnyis snang gi dbang shes chos can | mngon sum du thal | rtog bral yin pa'i phyir | ces pa lta bu'o ||

[5] rdzas yod pa ma yin te | yon tan rnams kyang rdzas su'am | rdzas rdzas ma yin par thal bar 'gyur ba'i phyir ro || (D no. 4024, tshad ma, Ce, 44b1—2) 又参见《法尊法师全集》第三册，159。印度论典中运用prasaṅga / thal bar 'gyur的一种常见格式是：先列宗，然后给出省略“否则”的推导。

[6] 在藏传量论中，对等于命题逻辑的式子都用“所知有法（shes bya chos can）……”的格式转化为对等于词项逻辑的式子。

的例子一样，它也是间接反驳、是归谬，与前面“引能立应成”的区别在于它更换了有法。

不论如何，至少在藏传量论中，thal ’gyur的范围比“归谬”大。诚如祁顺来(2006, 365)所说：

> 渥德尔在《印度佛教史》阐述中观应成派观点时说：“其名称表示此派哲学家所用的唯一方法是从对方的立场中导出必然结果(用以驳斥他)。”显然渥德尔所说的此派哲学家所用的唯一方法是应成式中的引能立应成。(中略)这样一切非“引能立应成”的反驳形式都不是该派所用的方法了。实际上中观应成派运用的逻辑推理格式正是具有反驳性能的引能立应成和不引能立应成等论式，并非侧重一种而废弃另一种。这两种应成在反驳敌论者观点的作用和效能上没有大小主次之分，而它们的主要区别在于其立宗是直接反驳还是间接反驳。

第二，即便thal ’gyur完全等同于“归谬”，月称运用的论式也并不都是归谬论式。《明句论》中正面论式随处可见，如第一品解释“八不缘起”时说：

> 今此世俗缘起，不由自性而生故，观待圣智，此中无灭，乃至无去。如是由不灭等八种别法所差别。[1]

即便不是正面论式而是反驳，月称也时常采用正面反驳。如破陈那自共相论时说：

> 若为世间名言，则如相，而定须有所相；(中略)若为胜义，则所相无故，二相亦无，则何有二量？[2]

这种反驳在逻辑形式上是“二难推理”，而不是“归谬”。

王俊淇(2021, 86)认为：

> “应成派”的标签仅在其字面意义上，不足以概括月称的论辩手段，容易让不审者陷入“月称只破不立”的误解中。

笔者以为：若译为“随应破派”“归谬派”“归谬论证派”，确实有这种危险；但完全照藏文字面译成“应成派”，则可以在很大程度上规避这个问题。

---

1 Macdonald 2015, 132—133: sa evedānīṃ sāṃvṛtaḥ pratītyasamutpādaḥ svabhāvenānutpannatvād āryajñānāpekṣayā nāsmin nirodho vidyate yāvan nāsmin nirgamo vidyata ity anirodhādibhir aṣṭabhir viśeṣaṇair viśiṣyate |

2 Macdonald 2015, 264—265: yadi laukiko vyavahāraḥ tadāvaśyaṃ lakṣaṇaval lakṣyeṇāpi bhavitavyam | [...] atha paramārthaḥ tadā lakṣyābhāvāl lakṣaṇadvayam api nāstīti kutaḥ pramāṇadvayam ||

四

吊诡的是，藏传佛教中第一位采用Rang rgyud pa、Thal 'gyur ba这两个术语的学者，同时也是《明句论》藏译本的译者——巴曹·尼玛扎（Pa tshab Nyi ma grags），就持有“应成派不立量”的误解。他说：

> 显现有法与因，若由量成立，则量所成立者无法为余量所妨难，是则应成有法等胜义有，则不应无自性。[1]

因此，坦率地说，误解并不都来自于译文，而是也来自于这两个词本身。否则，讨论应成派学说最频繁的格鲁派，也就没必要花大量时间和精力连篇累牍地辩论、讨论“中观自续应成之义（dbu ma thal rang gi don）”这个问题了。格鲁派针对这个麻烦的解决方法，概括而言是：

（一）区分“词义”和“定义”。这是格鲁派惯用的方法。“词义”是字面含义，未必精确表现所指；“定义”则必须与被定义项之间精确满足“八门周遍（khyab pa sgo brgyad）”。譬如“饭店”，字面含义是“吃饭的店”，但它不只是能吃饭，还能喝饮料、住宿、休闲娱乐等；反过来说，只要约定俗成，这些丰富的其他功能也不影响“饭店”的词义。如卓尼·扎巴希珠（sNying bsdus, 20a）把thal 'gyur ba的“定义”界定为：

> 名言中亦不许自相有之中观师。[2]

“词义”则界定为：

> 许“依应成论式，对方相续中即可生起通达所立之比量”之中观师。[3]

即在“定义”中表现二派在哲学上的差异，在“词义”上，表现二派在论理方法上的差异，并且也并没有说“只用应成论式”“只用归谬”。

（二）限定rang rgyud（自续）的含义。如嘉木样协巴（Grub mtha' chen mo, 102a—106a）所指出的，“自续”既不是指“自己立量”，也不是指“比量”，而是特指“自在”“自主”“从自方成立”，即：假如一个比量及其成立的基础是自性有的、自在成立的，那它就是“自续比量”。由于月称一派根本否认事物的自性有、自在成

---

[1] sGrol ma gsal byed, 43: chos can snang ba dang gtan tshig tshad mas grub na | tshad mas grub pa la tshad ma gzhan gyis mi gnod pas na chos can la sogs pa don dam pa'i bden par grub par thal bas na rang bzhin med par myi 'thad do ‖

[2] rang gi mtshan nyid kyis grub pa tha snyad du'ang zhal gyis mi bzhed pa'i dbu ma pa |

[3] thal 'gyur gyi sgo nas phyi rgol gyi rgyud la bsgrub bya rtogs pa'i rjes dpag skye bar 'dod pa'i dbu ma pa |

立，因此不承认“自续”或“自续比量”。这丝毫不影响总体上的承认比量、自己立量，也给“他许比量”留下了充分的位置。此如宗喀巴在解释“不许他宗故”时所说：

> “不许他宗故”，为证此义引前诸论，此亦是证中观论师不应许胜义有，或许自相不应道理。言“不许彼”或“不应理”者，谓自续因不应道理，是破自续，非破成立所立之因。（《法尊法师全集》第2册，464）

（三）限制“没有共许”的场景。实在论者所主张的比量必以“自性有”为基础，而中观师不赞同，因此二者没有共许的比量。然而，基于同样的道理，实在论者之间、中观师之间当然可以有共许的比量。如宗喀巴在《辨了不了义善说藏论》中所指出的：

> 应成诸师，自内互相不攀所许，虽可宣说以量极成，然是名言增上所立之量，非是诸法自性增上所立之量，故非自续。（《法尊法师全集》第2册，468）

即便是中观师对实在论者，“没有共许”也仅仅是指没有共许的比量和比量的构成要素，而不是丝毫没有共许的存在。同上文：

> 苗芽及苗是缘起等，是由俱生名言量所成立。立敌心中虽亦俱有，然于敌者前，彼与测度自性之量和杂为一，乃至未生正见不能判别故。立者虽能判别，然于尔时不能宣说。

这些技术处理不能不说是颇有效果的。

笔者基本上赞成用“自续派”“应成派”这一对藏文字面翻译。这样可以尽量避免误解。克实而论，“自立派”比“自续派”更好地体现了svatantra的含义，“续”差强人意；但“自立”字面上有“自主”和“自己立量”两种歧解，因此或许还是避免为妙。

附录：嘉木样协巴《大宗义》论“自续”“应成”之义摘译[1]

(102a)第二具义中观师，分二：释自续派宗、释应成派宗。初分三：一、名义与定义，二、差别，三、各别宗轨。今初。

一、颂

颂曰：自续自在因同故，共现三相有法上，由自在力立所立，如是列因自续派。[2]

---

1 译自Grub mtha', 102a—105b, 141b—142a。目录为笔者所加。

2 自续因与自在因同义，是故：观待自相显现无损害之量，因之三相、乐知（前陈）有法与喻有法立敌双方之共现，须于此上，由就义本性先已自在成立之力了达所立——如是承许，并受许可列如是成立之合因论式之中观师，是“中观自续派”义。（《释难》，574）

二、旧说述评

（一）二派立名

自续之义，及应成(102b)与自续之差别，胜喜（Jayānanda, 11—12世纪）等一二印度论师亦有多说。

巴曹仁波切（Pa tshab Nyi ma grags, 1055—?）说：阿阇梨龙猛随行者中，有三论理师、二宗与四大建立。“三论理师”谓先有佛护、中有清辩、后有月称。“二宗”者，说清辩持自续宗，佛护、月称持应成宗，故为自续、应成二派。

（二）二派差别

何为自续、应成之差别？

1. 巴曹谓：(1)受许趣入事力之量（dngos po stobs zhugs kyi tshad ma）[1]，谓中观自续派；(2)不受许者，谓应成派。

［破：］若尔，一切实事师皆成自续派、顺世论与无惭外道当成应成派。

2. 玛恰·强曲尊珠（rMa bya Byang chub brtson ’grus, ?—1185）之弟子智者索南多杰（bSod nams rdo rje）谓：(1)受许圣［龙猛］之见，且用自续破他宗立自宗者，为自续派；(2)用他许或应成破他宗立自宗者，为应成派。

［破：］此亦不成，由此仍不知应成自续之义故；应成自续二派皆用自续与应成破他立自，此相同故。

3. 或曰：(1)用趣入事势之量所成立之自续破他立自者，为自续派；(2)用世间极成量(103a)所成立之他许应成因破他立自者，为应成派。

［破：若尔，］阿阇梨陈那等应是中观自续派。

4. 智者索南宁波（bSod nams snying po）谓：

(1)成立无我时，于立敌双方成立三相，用自以为“因与因所起慧执式无错乱”之量遮遣对方有无二边后，成立自方所决定之宗者，是自续派之义；

(2)成立胜义时，用对方受许之三相，或［对方］毕竟受许之因与因所起慧，即用他许量，遮遣对方之有无二边后，并不成立自方立宗者，是应成派之义。

［破：］若尔，月称当成自续派，且若不立自宗，则肯定否定皆不成，故此似意在“无有自宗”之义，前已破讫。

---

[1] 即“事势比量”，根据事物本身的法则进行逻辑推演的比量，与“信许比量”“极成比量”相对。

三、新说

然此等唯于初学略示方隅，且未由词义二门明解“自续”，故更当述之。

（一）自续因、自在因、自主因同义

自续因(rang rgyud kyi rtags)、自在因(rang dbang gi rtags)、自主因(bdag dbang gi rtags)同义，以：

1. “自续”“自在”等是同义异名故。

2. 《翻译名义集》(Mahāvyutapatti)释vinaśvara为“以坏为性”，svatantra为“自(103b)主”，svabhāva为“体性”或“自性”，svarūpa为“自体”或“自性”故。

3. 《无殁藏》(Amarakośa)亦说“自续(rang rgyud)自在(rang dbang)自主(bdag dbang)”故，[1] 月称亦引《无殁藏》为据。

4. “自主”梵文对字svairī亦通“自在”之对字，以《无殁藏》说“svairī与自欲(svacchanda)”故；而sva训“自”，irī训“欲”等，又《妙音语法》说“字、客、象与自在等”，《月官语法》说“śakandhu等”或pṛṣodara等，加插入音a，连声而成svairī[2]，亦训“自欲”。

5. “自续”梵文对字svatantra中之tantra虽如前训“成”与“能成”等，此处则训“成”，故“从自方成立”“从本性成立”“自在成立”即此处“自续”与“自在”之义；如是之因与合因论式，如其次第即“自续因”“自在因”，“自续比量”与“自在比量”之义。

6.如《中论》第十三品之《般若灯论释》(D no.3853, dbu ma, Tsha, 153a)云：“为答破者，及以自在比量之力，(104a)显示诸行行相外[3]无自性义故，今造第十三品。”

---

[1] Amarakośa 168, § 3.1.32: svatantro ’pāvṛtaḥ svairī svacchando niravagrahaḥ. 注：sva ātmā tantraṃ mukhyo ’sya **svatantraḥ**. apagatam āvaraṇaṃ niyantâsyêty **apāvṛtaḥ**. svena—īrte tacchīlaḥ **svairī**, “svād īreriṇoḥ” iti vṛddhiḥ. svacchando abhiprāyo ’sya **svacchandaḥ**. niṣkrānto ’vagrahān niyantraṇāto **niravagrahaḥ**. niryantraṇo niraṅkuśo yathākāmī ca. 藏译：rang rgyud rang dbang bdag dbang dang ‖ rang dga’ gzhan gyis ma bzung ba ‖ (D no. 4299, Se, 206a) 嘉木样此文中未处理apāvṛta一词，而以rang dbang与bdag dbang同为svairī的对字。

[2] 意指按此类约定俗成的语法规则，此处在irī前插入a音，则a+irī→erī，又sva+erī→svairī。此处śakandhu（排污井）由śakan（粪秽）+andhu（井）构成，构成复合词时前词末尾的an省略。pṛṣodara（斑腹蛇）由pṛṣat（斑）+udara（腹）构成，构成复合词时t省略，a+u→o。

[3] 行相外(rnam pa las)：观誓疏(D no. 3859, Wa, 297a)释为gang zag bdag med pa’i rnam pa las khyad par du ’phags pa chos bdag med pa ngo bo nyid med pa nyid du bstan pa｜“超胜于补特伽罗无我行相之法无我”。

此品释中又云："此中品义，为答对论者破，及由说自在比量无过之力，显示诸行无自性。"[1]

如是依据及训释众多，故第二法王至尊[2]于《辨了不了义善说藏论》中，说"自续"义为"自在"义。此亦是吉祥月称之意趣，以说"若是中观师，不应用自续"等故。

（二）回应批评

然则，遍知果然巴（Go bo rab 'byams pa bSod nams seng ge, 1429—1489）、释迦乔丹（Paṇ chen Śākya mchog ldan, 1428—1507）二师许"全无有人说'自续'义为'自在'"，亦如是写作，是置圣言词根与训释于不顾，略读《中论》本释即申破斥，当去"遍知"之冠名、增"愚者"之称号。[3]

智者达仓译师（sTag tshang lo tsā ba Shes rab rin chen, 1405—?）亦许"吉祥应成派亦许自续"，又说"应成派不加胜义简别，而许体性空、自性空、自体空"，是全未了达此等文义之自相矛盾，当去"智者(104b)译师"之冠名。[4]

（三）进一步论述"自续""应成"的哲学意义

寂静论师（Ratnākaraśānti）亦于《四百五十颂释》（*Guhyasamājamandalavidhiṭīkā*, D145ni, no.1871）中将自体有（rang gi ngo bo yod pa）释为自性（rang bzhin）。智者无殁狮子（Amarasiṃha）亦说："正成（yang dag grub, saṃsiddhi）、自性（prakṛti, rang bzhin）、自体体性（svarūpa, rang gzugs / ngo bo nyid）、实事（nisarga, dngos po）。[5]"

"体性"梵文对字为svabhāvatā，"自性""自事"二者梵文对字为svabhāva，义为自在，此中唯由名字就他施设不成故；唯由名字施设之假有，则无自性成立等故。如《中论》（1.3）云："以无自性故，他性亦复无。"《佛护释》（D198ta, no.3842, 167b）说："此等诸缘，不从自有，不自极成，非自体性，不从自生，体性无有。"此类教言众多。

自续派立车喻时，引声闻经中"如依众之分，聚合施设车"，将施设"车"之名字或名言之所依事——唯轴、档、(105a)轮等聚合，或唯聚合之形色差别随一，安立为车，故许：非唯由名字就他施设、此名字直接指向之施设所依事，若非车者，车

---

1 此段Hopkins (2003, 699) 标为观誓疏。

2 指宗喀巴大师。

3 此段Hopkins (2003, 699) 略去未译。

4 此段Hopkins (2003, 699) 略去未译。

5 Amarakośa 1.7.484: svarūpaṃ ca svabhāvaś ca nisargaścâtha vepathuḥ. rang gzugs ngo bo nyid dang dngos ‖ de nas g-yo dang 'dar ba'o ‖ 此处nisarga通dngos与'dar ba 二义，嘉木样此文取前者。

当成无。如是，补特伽罗者，唯蕴聚合或形色安布随一，即补特伽罗；唯鼓腹盘底之聚合或其形色随一，即瓶；柱等亦如是安立。

对此，诸应成师依此经说：唯车支聚合虽是施设所依，然并非车，以：

(1) [若尔，] 车未组装、仅聚集一切之分，亦须是车，实则不尔故；

(2) 虽此聚合已组装之形色差别，若加观察，已装未装之一一支分，形色并无差别故；

(3) 观待同一所依事，施设所依与施设法相违，以观待此事取者 (nye bar len pa po, *upādātṛ) 与所取 (nye bar blang bya, *upādeya) 相违故；

(4) 若不相违，则观待同一所依事，能作所作当成无别故。

（四）总结“自续”与“自续派”的含义

因此，《二谛论自释》(D no.3882, dbu ma, Sa, 4a) 云：“如下至牧童等所见，虽于世俗为谛……”又说 (5b)：“对于立敌双方心中共现之分，无可争辩。”[1]

如是，若不攀敌者所许，(105b) 于牧童等一切立敌双方所显现境，就其自方 (rang gi ngos nas)，或就施设所依事 (gdags gzhi'i ngos nas)，或由本性增上成立 (sdod lugs kyi dbang gis grub pa)——如是显现之无损害心，受许为量；其义，或如是量之所得义，为立敌双方宗中所共，故称“共现有法 (chos can mthun snang)”；于此有法上，为欲成立立敌双方所欲比度，或所欲称量，或欲了知之所立法，而列之因，是“自续”义。受许如是列因合理者，是“自续派”义。如是之中观师，是“中观自续派”之义。

如《辨了不了义善说藏论》(《法尊法师全集》第2册，468) 云：“若不攀敌者所许[2]，即以正量就义本性自在成立二种有法 (前陈有法及喻有法) 及诸因相，生比量智证知所立，是自续义。”

---

[1] 此为自续派受许从自方成立之最清晰教证：此文说如下至牧童等所见于世俗中有，而如牧童等寻常异生，凡所现境皆现为从自本性而有，无可抵赖故。摄义：“共现有法”义为于立敌双方共现中自相无错乱量所成有法。如《广论毗钵舍那》云：“共现之义，谓于敌者以何量成立，则于立者亦以彼量而为成立。”(《释难》，521—522)

[2] “不攀敌者所许”义为“不以对方自许量所成立为足”。如《广论毗钵舍那》云：“若许自续，则立自相之量先须立敌极成 (共现)，次以彼量立敌二家成立三相，再成所立。若无比量，则有法等皆不得成。若不许自续，则依实事师他自所许比量而成，于自不须以比量成故。[诸论中所说比量，亦皆唯为破除他宗是他彼量，非自续量。]”(《释难》，521—522)

（五）总结“应成派”之义

(141b)不许自续就敌许，说违应成［为］主［是］应成［派］。[1]

《明句论》云：“若是中观师，不应用自续比量，以不许他宗故。”自在成立、自性成立与自续同义，列如是之三相因即是自续比量，故若如是受许，则生亦自成。若加观察，则须四边等随一宗（phyogs），及四边随一宗之立宗（dam bca’）[2]。然此非理：须以除此四边为“中观”之义故。

如提婆（《四百论》，D no. 3846, dbu ma, Tsha, 10a）云：“有非有俱非，诸宗皆寂灭，于彼欲兴难，毕竟不能申。”又《回诤论》（D no. 3828, dbu ma, Tsa, 28a）云：“设若我有宗，故于我有过，然于我无宗，唯独我无过。”

虽于名言中不许自续，然亦能令对方生起了达谛实无之见：于对方所受许之边，(142a)说其相违之正应成［论式］——或引反义，或不引反义——出其相违后破之，如下文所述。以此为主列式之中观师，是中观应成派之相。训释由此可解。

此中，“应成”与“他许列式”二者虽有宽狭，然不相违：他许列式多同应成故，如“事若自体有，则再生无用，如现前之瓶”。

缩略语

《法尊法师全集》	胡继欧、杨德能主编《法尊法师全集》，北京：中国藏学出版社，2017年。
《释难》	Khal kha chos rje ngag dbang dpal ldan. *Grub mtha’ chen mo’i mchan ’grel dka’ gnad mdud grol blo gsal gces nor*. Lha sa: Ser gtsug nang bstan dpe rnying ’tshol bsdu phyogs sgrig khang, 2016.
Amarakośa	Krishnaji Govind Oka ed., The *Nāmalingānuśāsana (Amarakosha) of Amarasimha*. Poona: Law Printing Press, 1913.
D	德格版（sDe dge）藏文大藏经，编号依『西藏大藏經總目録（東北帝國大學藏版）』，東北帝國大學法文學部，1934。
Grub mtha’	Kun mkhyen ’Jam dbyangs bzhad pa’i rdo rje. *Grub mtha’i rnam bshad rang gzhan grub mtha’ kun dang zab don mchog tu gsal ba kun bzang zhing gi nyi ma lung rigs rgya mtsho skye dgu’i re ba kun skong. Kun mkhyen ’Jam dbyangs bzhad pa’i gsung ’bum*. Bla rang par ma, pha.

---

1 不许自续论式，为令对方起中观见，主要列于对方所许说其相违之应成［论式］——如此受许故，称“应成派”。“应成派”之异名：(1) 不寻求所施设义，唯约各自心中显现，即能安立诸法名言中有，故名“唯现中观派”；(2) 不住一切粗细断常之边，故名“极无所住中观师”。此中辨析前文已说。（《释难》，720）

2 To speak of a “thesis which is a position” might seem redundant since position (pakṣa, phyogs) and thesis (pratijñā, dam bca’) are often synonymous. However, according to Kensur Lekden, a position of one of the extremes is non-existent because it is an extreme, whereas an assertion or thesis of an extreme position does exist. (Hopkins 2003, 796)

sGrol ma gsal byed	Pa tshab nyi ma grags. *dDu ma rtsa ba shes rab kyi ṭīkā sgron ma gsal bar byed pa.* 《噶当文集》第11卷，百慈藏文古籍研究室整理，成都：四川民族出版社，2006年。
sNying bsdus	Co ne grags pa bshad sgrub. *Grub mtha’ thams cad kyi snying po bsdus pa. Co ne grags pa bshad sgrub kyi gsung ’bum*. ga.
bSe bsdus	Nga dbang bkra shis. *Tshad ma’i dgongs don rtsa ’grel mkhas pa’i mgul rgyan*. Mi rigs dpe skrun khang, 2009.
Tshad bsdus	Phya pa chos kyi seng ge. *Tshad bsdus yid kyi mun sel*. Si khron zhing chen bod yig dpe rnying bsdu sgrig khang, 2018.
sTong mthun	mKhas grub dge legs dpal bzang. *Zab mo stong pa nyid kyi de kho na nyid rab tu gsal bar byed pa’i bstan bcos skal bzang mig ’byed. mKhas grub dge legs dpal bzang gi gzungs ’bum*, bKras shis lhun po’i par ma, Ka. 汉译为《开示甚深空性真实论·开有缘眼》，江波译，待出版。
Yid kyi mun sel	mKhas grub dge legs dpal bzang. *Tshad ma sde bdun gyi rgyan yid kyi mun sel. mKhas grub dge legs dpal bzang gi gzungs ’bum*, bKras shis lhun po’i par ma, Nya.

参考文献

中文：

祁顺来　2006　《藏传因明学通论》，西宁：青海民族出版社。

王俊淇　2020　《月称〈明句论〉中的自他共比量》，《世界哲学》2020年第3期，第78—88页。

　　　　2021　《〈明句论〉中的归谬、归谬翻转与他比量》，《逻辑学研究》2021年第4期，第80—91页。

日文：

齋藤　明　2012　「中観思想の成立と展開」，『空と中観』(シリース大乗仏教6)，東京：春秋社，4—41。

寺本婉雅　1960　『ターラナータ°印度佛教史』，東京：丙午出版社。

平川　彰　1979　『インド佛教史　下卷』，東京：春秋社。

宮本正尊　1943　『根本中と空』，東京：第一書房。

西文：

Hopkins　2003　Jeffrey Hopkins. *Maps of the Profound, Jam-yang-shay-ba’s Great Exposition of Buddhist and Non-Buddhist Views on the Nature of Reality*. New York: Snow Lion Publications.

MacDonald　2015　Anne MacDonald. *In Clear Words: The Prasannapadā, Chapter One, Vol I*. Wien: Österreichische Akademie der Wissenschaften.

Ruegg　2006　D. Seyfort Ruegg. “The *Svātantrika-Prāsaṅgika* Distinction in the History of Madhyamaka Thought.” *Indo-Iranian Journal* 49: 319–346.

于阗佛教护法鬼神图像

——四臂兽首夜叉-女神与黎婆坻的文本与绘画资料考

张惠明

摘要： 夜叉是古代印度教、耆那教文献记载及图像中的重要鬼神之一，也是公元3—9世纪在西域地区广为流行的一种反映早期大乘佛教与密宗护法神祇信仰的重要图像。本文以斯坦因于20世纪初在和田塔里什拉克遗址Ta. i发现的四臂兽首夜叉女神像壁画遗迹为中心，对公元6—7世纪于阗崇信的佛教护法神与地方保护神图像之一——兽首夜叉女神与黎婆坻(Revatī)相关的文本与图像资料进行梳理，并讨论此四臂兽首夜叉女神像残画是否可比定为黎婆坻的问题，同时探讨其与印度贵霜时期马图拉母神主题雕刻在文献与图像上的渊源关系。

关键词： 夜叉-女神；黎婆坻；于阗；马图拉；母神

夜叉(Yakṣa)图像在印度万神殿中占有重要地位，印度艺术史学者米斯拉(R. N. Misra 1981, vii—viii)在其《夜叉信仰及其图像学》一书中指出：由于古印度宗教传统上对自然界多神的信仰，故夜叉被视为某种自然界的野生生物，一方面与自然界保持着密切联系，夜叉既是自然万物孕育生长的保护者，也是国家与城邦的地方守护神；另一方面也是恶魔的化身，出没于黑夜与荒野，攻击或吞噬人类；因此，夜叉本质上属于具有仁慈与邪恶双重性格的半神半鬼。而其图像或具有兽类的肢体外形，或有可怕畸形的人类外表。有关夜叉的信仰及图像在古代印度教、耆那教文献中多有记载。夜叉信仰作为印度社会多种宗教教派与信众交流的一种媒介，也是最早进入印度早期佛教护法鬼神系的一种最重要的护法神灵。

夜叉图像作为大乘佛教与密宗护法神祇的一种重要图像，曾经于公元3—9世纪在西域广大地区(西北印度、中亚及中国新疆)广为流行。兽首夜叉图像作为与自然界中某种与兽类外形有联系的夜叉图像的典型图像在印度贵霜时期(Kuṣāṇa)马图拉(Mathura)雕刻艺术中得到了充分的反映，相关的文本与图像在公元4世纪前后已广泛地流传于西北印度至中亚的广大地区，到公元5至6世纪，已从兴都库什山脉跨越帕米尔高原流传到塔克拉玛干沙漠绿洲地区。印度学家烈维(S. Lévi)根据对那连提耶舍(Narendrayaśas, 517—589)在公元6世纪中后期译出的《大方等大集经》(*Mahāsaṃnipāta Sūtra*)的研究指出，在当时西域的五十二国

作者： 张惠明，中国国家画院美术理论研究所。

的护法神名录中，均有出现各种不同名字的夜叉，约计有80多个，其中在于阗就有3个，即：散脂大夜叉、羊羝脚大夜叉、金花鬘夜叉，并皆为于阗本地八大保护神的重要成员（Lévi 1905，269，264—268；冯承均 2013，102）。马尔蒂尼（G. Martini）亦指出：在公元5至6世纪于阗流行的于阗语《赞巴斯塔书》（*Book of Zambasta*）里，于阗语夜叉Yakṣä一词频繁出现在该书第7至9章有关《大宝积经·迦叶品》的部分中，说明夜叉作为守护佛法神祇和地方保护圣灵受到极大的崇信（Martini 2011, 135—183）。在于阗发现的佛教文献中，有关夜叉的记载，还见于护经类文献，段晴教授在刊布于阗语写卷《对治十五鬼护身符》时，判断此写卷为保护受胎妇女和儿童，阻止15种鬼魅妨害胎儿和引发孩童疾病的咒语护身符。并指出：这15种鬼魅即北魏至唐所译多部汉译本佛经[1]中所描述的“十五夜叉罗刹”。这些威胁胎儿和小儿的鬼魅图像被绘制在敦煌藏经洞发现的于阗语汉语残卷上（段晴 2013，203—204，208—209）。

自20世纪初以来，随着欧洲探险家和中国考古家在和田地区佛教遗址的考古发掘及其相关成果的公布，反映于阗早期（6—8世纪）信仰的大乘佛教与密宗护法鬼神以及地方保护神祇的绘画资料陆续被发现，其中以兽首夜叉形象尤为引人注目，最早开始对这批资料进行研究的是威廉姆斯（J. Williams），1973年她发表的《于阗绘画图像学》（*The Iconography of Khotanese Painting*），对相关的部分图像做了辨识和初步研究，其中涉及一幅斯坦因在和田塔里什拉克（Tarishlak）遗址Ta. i发现和揭取的四臂兽首夜叉女神像壁画残片，并认为此像很有可能即是印度古代文献记载的攻击出生前后小儿的女魔，梵名Revatī（Willams 1973, 139—140, fig. 46）。本文将基于前学相关研究成果，对于阗佛教护法兽首夜叉女神与黎婆坻（Revatī）的相关文本与图像资料做初步的梳理，以进一步讨论有关塔里什拉克四臂兽首夜叉女神像残画是否可比定为黎婆坻（Revatī）的问题，并尝试探讨于阗在公元6—7世纪时期出现的佛教兽首夜叉护法图像与印度贵霜时期马图拉母神主题雕刻在文献与图像上存在的某种渊源关系。

---

[1] 诸如菩提流支（Bodhiruci, ?—535）译《佛说护诸童子陀罗尼经》（1卷）（T 19, no. 1028A, 741b22—742b27）；施护（Dānapāla, ?—1017）译《佛说守护大千国土经》（3卷）（T 19, no. 999, 578b—593c）。

一、新疆和田塔里什拉克佛寺 Ta. i 遗址发现的兽首夜叉女神像壁画残片的比定

在不列颠博物馆的斯坦因和田出土收藏品中有一件馆藏编号为2004, 0510, 0.1的四臂兽首神像壁画残片(图1)[1]; 该残画是斯坦因从新疆和田塔里什拉克佛寺Ta. i遗址甬道内壁揭取并编号为Ta. 008; 据斯坦因称发现时原壁画神像已残, 所存约高4英尺(约121厘米), 现馆藏残画仅保存了原像的头至肩部分: 高34.50厘米, 宽60厘米, 现存神像仅保存了上部两臂, 下面两臂不存; 原壁画图版发表在

▲ **图1 四臂兽首神像残片** 壁画 34.50厘米 × 60厘米 公元6世纪 新疆和田塔里什拉克佛寺Ta. i遗址出土 现藏不列颠博物馆 馆藏编号: 2004, 0510, 0.1, 斯坦因收集品编号: Ta. 008 (图片来源: 不列颠博物馆网站)

▶ **图2 四臂兽首神残像** 斯坦因于1906年在和田塔里什拉克佛寺Ta. i遗址壁画残像揭取前拍摄 (图版来源: Stein 1921, III, fig. 328)

1921年出版的《西域考古图记》第3卷中(图2, Stein 1921, III: 1277, fig. 128, IV: pl. XII); 馆方将壁画绘作年代定在公元5至6世纪。斯坦因最早将此四臂兽首神像比定为"鼠首神像"(Rat-headed divinity), 尽管他承认此兽头的嘴部有点像狗的嘴巴, 但他仍认为其上下颚的獠牙和像老鼠一样的尖耳朵均具有鼠首神像的特征, 由此像可以联想到在新疆丹丹乌里克(Dandan-Oilik)遗址发现的于阗国鼠神王像

1 威廉姆斯在1973年发表《于阗绘画图像学》时称, 该残画"已失佚"(Willams 1973, 139)。直至1995年10月20日残画才被发现于苏富比印度与伊斯兰艺术拍卖会(Sotheby's 20th October 1995/Indian and Islamic, 拍卖品号: lot 377)上, 后于1996至1997年间, 由伦敦马丁福斯特事务所(Martin Foster Associates)对其做了修复, 而据不列颠博物馆网站公布的购入该馆后登记的时间是2004年。相关信息参见https://www.britishmuseum.org/collection/object/A_2004-0510-0-1, 登录日期: 2022年3月11日。

木板画，在玄奘的《大唐西域记》卷十二“鼠壤坟传说”中记载了于阗国鼠神王的传说[1]（图3，Stein 1907，I: 264—265, II: pl. LXIII; Stein 1921, III: 1277, 1282, fig. 328）[2]。

1. 和田塔里什拉克Ta. i遗址的四臂兽首夜叉女神像与敦煌的兽首“护诸童子”女神夜叉像及黎婆坻图像

关于塔里什拉克遗址发现的Ta. 008四臂兽首神像的比定，威廉姆斯（Williams 1973, 139—140, n. 145）并不认同斯坦因的意见，从头像的皮毛和嘴部来观察，她认为表现的是狗头，并由此推测，此狗头女恶鬼（dog-demoness）很可能就是被列入《护诸童子经》保护儿童的恶鬼女神名录中黎婆坻（Revatī），这位女神在敦煌Ch. 00267于阗语祈愿文写卷中曾以于阗语“Reva”一名出现；她很可能即是此壁画残片的主题，在魏礼（A. Waley）编著的《斯坦因敦煌所获品目录》收录现藏于新德里印度国家博物馆（The National Museum, New Delhi）的斯坦因敦煌藏经洞收集的同一主题的纸本曼荼罗残画中亦出现了犬首黎婆坻的形象，这是由两块残片（编号为Ch. 00383*a*—*b*）属于同一曼荼罗构图的残画，残画的（a）与（b）部分分别位于构图的右（a）和左（b）两侧，中间部分已残缺；（图4, Klimburg-Salter 1982, 140, pl. 64, 65; Stein 1921, 865, 995; Maggi 1996，125; Whitfield 1983，344）。魏礼将曼荼罗图比定为《“护诸童子”曼荼罗》（“Child Protecting” Maṇḍala），其内容就如《护诸童子陀罗尼经》所述，表现了15个捕食小儿的恶魔，他们原分布于曼荼罗圆盘周围的灰绿色方形框内，现两块残片上保存了曼荼罗圆盘左右的10个鬼神形象，魏礼从中辨识出了5个兽首护童子恶鬼并给出了每个鬼神所对应的梵名，即：星盘右侧（残片1: Ch.00383a）四身：牛头/Pūtanā[3]、乌鸦头/Śakunī、狗头/Revatī、公鸡头/Kānthpāninī; 左侧（残片2: Ch. 00383b）一身：狼头/Mukhamandikā（图5①—⑤，Waley 1931, 241）。魏氏所称的《护诸童子陀罗尼经》应即指公元508年北印度到洛阳的北魏译经师菩提流支（Bodhiruci，?—527或535）所译的《佛说护诸童子陀罗尼经》，该经记载了15个伤害胞胎令人无子的夜叉罗刹——鬼神（T 19, no. 1028A）。

[1] 季羡林等 1985, 1017—1018。

[2] 关于此于阗国鼠神王木板画研究参见Whitfield 1985, pl. 68; 参见熊谷宣夫 1962, 102。

[3] 在《护诸童子陀罗尼经》中，“富多那者，其形如猪”（T 19，no. 1028A, 741c22, 742a2），富多那的梵名为Pūtanā, 此为牛头形象显然为牛形非猪形，故牛形应与梵语Mañjuka相对。

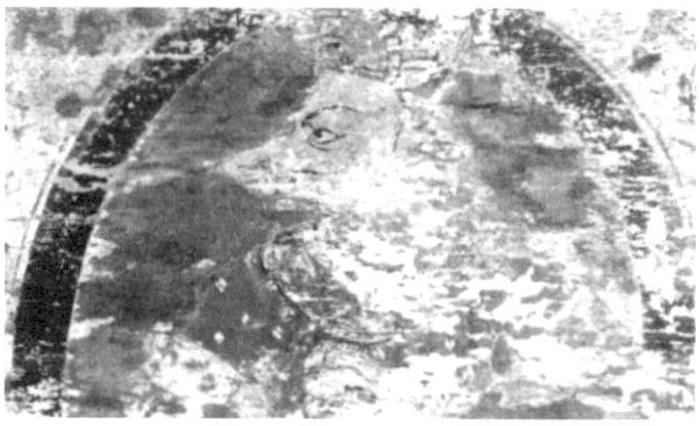

▲ **图3 于阗鼠王神** 木板彩画 新疆丹丹乌里克遗址出土 公元6世纪(图片来源：不列颠博物馆网站)

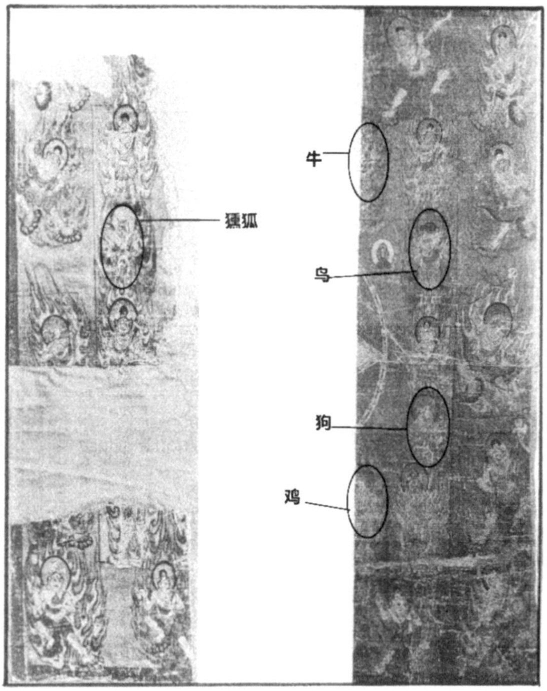

▶ **图4 敦煌《护诸童子曼荼罗图》残画** 纸本设色，斯坦因收集品编号：Ch. 00383a—b，公元9世纪(作者根据Klimburg-Salter 1982, pl. 64, 65将两块残片的图版做原画构图复位及兽首标示)

▼ **图5 ①—⑤《敦煌护诸童子曼荼罗图》残画**（局部）——兽首护童子恶鬼像[1]

①牛头　②乌鸦头　③狗头　④公鸡头　⑤ 獾狐头

以魏礼辨识的5个鬼神的兽首形象：牛头、乌鸦头、狗头、公鸡头和狼头来与《佛说护诸童子陀罗尼经》(简称：《护诸童子经》)经文中有关十五鬼神外形相比对(T 19, no. 1028A, 741c22—742a6)，可以找到对应关系的有：牛头="第一名弥酬迦"，"其形如牛"；乌鸦头="第十二名舍究尼"，"其形如鸟"；狗头="第九名黎婆坻"，

[1] 因原图版清晰度很差，故作者对原图版轮廓线作了处理以增强图像的辨识度。

“其形如狗”；公鸡头 =“第十三名揵吒波尼尼”，“其形如雉”；而魏礼所称的狼头在经文中没有相对应的记载。

斯坦因在莫高窟藏经洞还曾收集到另外同属《护诸童子经》题材绘于公元9世纪的纸画残片（编号：Ch.00217a—c），现存三叶六幅带于阗语汉语题记的护童子兽首女神画像[1]，魏礼对六女神的动物头像与汉梵语名称作了初步的比对[2]。马吉（M. Maggi）在对于阗语题记翻译的基础上，对魏礼的比定作了修订并指出了六个女神的兽首与于阗语梵语名称的对应关系，陈明将题记的汉文名与于阗语梵语名称及其《护诸童子陀罗尼经》经文的相关名称作了对照，孟嗣徽对六兽首女

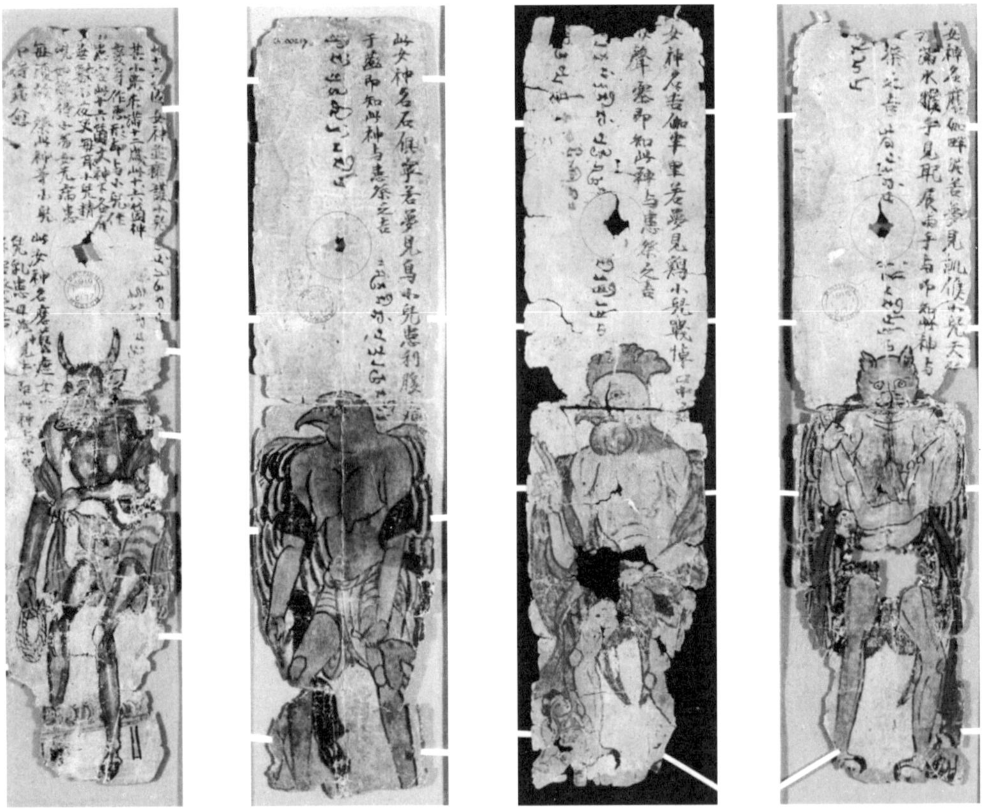

a *b* *c* *d*

图6 *a—d* 敦煌护诸童子兽首女神像 纸本设色，斯坦因收集品编号：Ch. 00217*a*—*c*，公元9世纪 现藏伦敦不列颠博物馆（图片来源：不列颠博物馆网站）

---

1 参见Stein 1921, II, 978—979, pl. XCVI；Waley 1931, 170—173；松本榮一 1937, 763；Bailey 1956, 135；Whitfield 1983, 344—345, pl. 75。

2 魏礼找出的对应关系为：猫头=曼多那（Mātṛnandī）、乌鸦头=舍究尼（Sakunī）、雉头=建吒婆尼尼（Kānthpānīnī），狼头（?）= Mukhamandikā、狮头=Mṛgarāja、牛头=Mishika Mahisaka（Waley 1931, 173）。

神作了图像辨识研究(Maggi 1996, 23—135; 陈明 2005, 92—96; 孟嗣徽 2020, 198—199)。其中与敦煌《"护诸童子"曼荼罗》残画(Ch.00383*a*—*b*)护童子恶鬼神有着类似的动物头的兽首女神共有四身，其形象及其在于阗语、梵语、汉语题记与经文的名称分别为：*a*.牛头=Maṃgica/Mañjuka/摩艺遮/弥酬迦；*b*.鸟头= Mātṛnandā/Śakunī/石俱宁/舍究尼；*c*.公鸡= Kärakapaṃḍanī/Kaṇṭhapāṇī/吉伽半里/揵吒波尼尼；*d*.獯狐[1] = Mukhamaṃḍa/Mukhamaṇḍikā/磨伽畔泥/目佉曼荼(图6*a*—*d*)。从图6的 *a*、*b*、*c*、*d*四个兽首护童子鬼神与图5的①②和④⑤护童子兽首女神像的对比可以看到，他们的动物头完全一致，学者们皆认为图6*d*与图5⑤与梵文Mukhamandikā相对应，其在汉译经文中记载为"第十四名目佉曼荼""其形如獯狐"(T 19, no. 1028A, 741c12—c18)，而上两身面部酷似猫头鹰的目佉曼荼(Mukhamandikā)[2]神像，下身一绘羽翼另一绘禽爪，所以，其形象表现的是獯狐头而非狼头。

在敦煌兽首护童子鬼神中，绘于Ch. 00383(a)残画上的犬首黎婆坻(图7)，其面部最引人注目的是口吐两片舌头，着印度式多蒂短裤(*dhoti*)，腰裹豹皮、饰骷髅头项饰，胸前戴骷髅头项饰，以蛇缠绕于两臂腕，双手交叉于胸前作吉祥手印(Hastasvastika)(范晶晶 2016, 188—189)，以表该形象是极度虔诚皈依佛法的外道护法神祇，其头后饰有显示其神性特征的圆光，身后的火焰纹象征着驱魔、镇鬼之意义，此像与Ch. 00217残画兽首护诸童子女神各有一小儿组合的构图不同之处是，前者手中和身旁并无小儿，且其上身并不像后者那样具有女性特征，后者胸前均有一对女性的乳房。

现在回到和田塔里什拉克遗址的Ta.008的兽首神像形象(图8)，以此像与敦煌Ch.00383(a)残画上的这身犬首黎婆坻相比较，两者外形上有不少相似与不同之处。首先，其兽首的辨识，笔者认可威廉姆斯的观点，认为塔里什拉克Ta.008神像的兽首为狗头，此与敦煌Ch.00383(a)黎婆坻像一样，表现的均为犬首，不同的是他们的外部造型，前者为1/2全侧面，有着向前伸长的宽大的鼻翼；后者则绘成1/3半侧面，短鼻扁脸，狗嘴角两侧吐出两叶舌头；和田Ta.008神像的狗头张开着的嘴的上下颚呲着大獠牙，下巴嘴角处还有一向外上突出的尖牙，舌头呈卷叶火焰般地从口中向外上方喷出，其耳轮上部呈尖角状，在耳朵下部耳垂穿孔并佩戴

[1] 马吉将第四尊兽首女神像比定为猫头鹰，陈明将其汉文译名作："獯狐"(Maggi 1996, 131—135; 陈明 2005, 95)。

[2] 孟嗣徽对此磨伽畔泥/目佉曼荼(Mukhamandikā)图像与汉文文本记载"獯狐"的对应关系做过详尽论证(孟嗣徽 2020, 188, 198—200)。

图7 黎婆坻像 敦煌Ch.00383(a)残画局部线描图（作者据Klimburg-Salter 1982, pl. 64绘制）

图8 塔里什拉克遗址的Ta.008兽首女神像 线描图（Claire Mayeux据Stein 1921, III, fig. 328绘制）

圆形大耳环，将耳垂拉成长圆形至颈部，飘逸的沙红色头发垂落至肩前，额顶上有显示其为女性的浅绛色花结头饰，头顶发的中间饰有一显示其为外道的白色髑髅（kapala）[1]，她的头部外围绘有显示神性的长圆光，尽管其髑髅所配饰的位置与敦煌Ch. 00383（a）的黎婆坻有所不同（后者是佩戴在胸前），但髑髅饰与圆光仍显示着其所具有的外道神祇身份，而她出现在佛殿壁内，因此，可以推测她与敦煌黎婆坻一样属于皈依佛法的外道女神。其次，其身体为正面，四只手臂（现馆藏只剩下上面两臂），上面两手向上举起持密教护法器：左手持物形三叶草刻面物似金刚杵，右手持物状似金刚铃；身着一精致的窄袖贴身的红蓝相间袍服，其上有绛红色带斑点的圆圈形图案，胳膊肘至袖口部分绘有黑色的条纹，其颈部有镀金的痕迹。另外，此女神的突出獠牙与公元3至5世纪犍陀罗地区夜叉（鬼）的图像特征保持一致，鉴于对塔里什拉克Ta. 008此犬首女神图像特征、绘画样式及风格等因素的综合判断，笔者倾向于将此犬首神像比定为黎婆坻，该神很可能曾经是公元5至6世纪于阗地方崇信的佛教护法女神，画像的绘制年代在公元6世纪前后。

[1] 参见犍陀罗国僧阇那崛多（Jñānagupta, 523—600）所译的《佛本行集经》（*Abhiniṣkramaṇa sūtra*）卷二十九“魔怖菩萨品下”（T3, no.190, 786c18, 787a2）；薛克翘 2017，139—153。

2.《摩诃婆罗多》记载的"室建陀鬼"与黎婆坻图像

威廉姆斯认为与梨婆坻(Revatī)类似的一些恶魔女神名字出现在《摩诃婆罗多·森林篇》中，而这些可怕的恶灵是折磨祸害孩子的graha(攫夺者)，这些原本祸害儿童的女恶鬼皆出自塞建陀神祇(Williams 1973, 139)。在印度婆罗门教和耆那教文献中，Revatī这个女夜叉(Yakṣī)在绑架或杀死刚出生的婴儿的女恶鬼的故事中经常被提及，但在名字和地点等细节上略有不同(Misra 1981, 30, 75)；Revatī的名字随不同文本的记载出现在不同的鬼神名录上。《摩诃婆罗多》(*Mahābhārata*)第三篇《森林篇》(*Āraṇyakaparvan*)(M I 3. 219)记载了折磨幼小胎儿、偷走及抓取孩子的恶鬼，提到的恶鬼名字有：①Skandāpasmāra[1]；②Vinatā[2]；③Pūtanā[3]；④Śītapūtanā[4]；⑤Revatī梨婆坻；⑥Mukhamaṇḍikā[5]。这些男女恶鬼被统称为"室建陀鬼"[6](相关中译文参见黄宝生等 2005, 436—437)。

斯里尼瓦桑(Srinivasan 2020, 123)指出，在印度医学文献《阿育吠陀》(*Āyurveda*)中，这些危害胎儿和孩童的恶魔精灵被称为"攫夺者"(graha)，《妙闻本集》(*Suśruta Saṃhitā*)列举了9个[7]：①Skanda[8]；②Skandāpasmāra[9]；③Śakunī[10]；④Revatī；⑤Pūtanā；⑥Andhapūtanā；⑦Śītapūtanā[11]；⑧Mukhamaṇḍikā；⑨Naigameṣa。

---

1 Skandāpasmāra是一个貌似楼陀罗(Rudra)的专吃孩子的男性恶鬼；一说他是导致特定疾病，专门进入孕妇子宫并折磨胎儿的恶魔。

2 被称为可怕的鸟鬼(攫鸟者)。此外，她也是仙人迦叶波(Kaśyapa)的两个妻子之一，她生下了鸟类，包括鸟类之王迦楼罗(Garuḍa)，亦有金翅鸟之母之称(M I 5. 5—20, 71—72, 范晶晶 2016, 153)。

3 Pūtanā是一个罗刹女(Rakṣasī)，她面目狰狞可怕，在夜间出没。

4 Śītapūtanā是一个可怕的毗舍遮鬼(Piśācī)，专门偷取妇女胎儿的女性恶鬼。

5 Mukhamaṇḍikā，一位难以接近的酷爱吃幼儿肉的女鬼。

6 室建陀是Skanda的中文译名，又常译作塞建陀。

7 陈明指出其几个恶魔梵名相对应的中译名及其图像特征：Skanda/骞陀，形如鸠摩罗天；Skandāpasmāra/Skanda-Apasmāra汉文名为阿波悉罗，形如野狐；Śakunī/含究尼，形如鸟；Revatī/黎婆坻，形如狗；Pūtanā/富阇那，形如猪(陈明 2005, 97)。

8 其外形为有六个头的年轻男子，第六个头是山羊头。

9 据《摩诃婆罗多》载，他是从Subrahmaṇya(Skanda的别称)身体衍生的男性恶魔，他进入孕妇的子宫折磨里面的胎儿，其图像通常为一头或六头的年轻男子，以神兽(Vāhana)为坐骑(M I 3.213)。

10 Śakunī为可以使孩子生病的女性恶魔，其形为雌性猛禽、秃鹫或老鹰。

11 Śītapūtanā为凶猛的女恶魔，会导致女性流产(M I 3.230)。

其中的五位与《摩诃婆罗多》所记的“室建陀鬼”中恶鬼的名字相吻合，除了Skanda、Skandāpasmāra和Naigameṣa三个为男性外，其余均为女性，这九个“graha”通过使儿童（bāla）或孕妇生病而进入他们的身体，故又被称为“攫夺孩子者”（bālagraha）。另一部《八支集要方》（*Aṣṭāṅga Saṃgraha*）记载，湿婆（Śiva）给塞建陀（Skanda）12个恶魔精灵（grahas），5个男性和7个女性，以协助他（P. K. Agrawala 1966, 150; Clothey 1978, 161）[1]。

古恩兹（C. Guenzi）指出：

> graha在《阿育吠陀》经文及《摩诃婆罗多》和密宗文献中被视为“攫夺者”或称“掌握者”，被描述和归类为无形的恶魔力量，同时被表示为看不见的恶魔、在天空中吸引的行星和万神殿的拟人化神灵；graha作为攫夺者，数不胜数，其名单在几个世纪以来不断增长，贯穿于阿育吠陀和密宗文本，它们攻击人类，给人类带来各种痛苦和疾病；在印度古代占星术文本中，graha又被视为星体——行星，它在人的身体层面进行干预的影响；行星也被视为万神殿力量的仪式和其他虔诚行为中出现的神灵。尽管 graha一词具有“恶魔”和“行星”两种存在重大差异的不同含义，但它们也存在着许多意思上的叠加区域，像行星一样的恶魔不仅会“抓住”还会“折磨”人类；由此，“行星”通常拥有像人类一样的邪恶力量。（Guenzi 2008, 192—199）

克罗蒂（Clothey 1978, 161—162）指出在成书于约公元5世纪的《迦叶本集》（*Kāśyapa Saṃhitā*）是《阿育吠陀》文献中最重要的文献，该书《梨婆坻劫》（*Revatī Kalpa*）这一节以特别的文本记录了大约包括被描述为塞建陀的主要助手的Revatī在内的20位女神的名字。所提供的大量信息表明Revatī已成为这个时期最强大的女神，许多其他小女神已被同化到她身上，她结合了伟大母亲的所有品质，赐予人类生命，获得大母亲的地位；她曾经被塞建陀派去与魔军战斗，Revatī化身为母狼（sālāvikī）吞噬了恶鬼Dirghajihvī并协助消灭了魔军。Revatī有多种形式（bahurūpa）和名字，吸收了许多不同形式的女神、恶鬼攻击孕妇胎儿或使新生儿患病的邪恶特性，可以害人性命；她特别喜欢攻击那些不遵循佛法者的孩子，迷惑所有不同种姓的不虔诚者，并杀死邪恶之人（P. K. Agrawla 1966, 150—152）。

---

1 从陈明摘抄这12个恶魔的名单可见，《妙闻本集》所列的九个中有六个（①③④⑤⑦⑧）都在其中（陈明 2005, 98）。

图9 梨婆坻(Revatī)
石质 贵霜王朝时期 印度喀拉拉邦(Kevala)出土 现藏马图拉政府博物馆(Government Museum, Mathura)馆藏编号: GMM. E. 4(图片来源: Joshi 1987, fig. 1)

图10 梨婆坻(Revatī) 恶魔母神龛像局部

▶**图11 恶魔母神龛像**(双扉龛浮雕板-单扇)石质 公元4世纪末—5世纪初 巴基斯坦萨尔·依·巴赫洛遗址(Sahr-i-Bahlol)出土 现藏俄亥俄州克利夫兰艺术博物馆(Cleveland Museum of Art)馆藏编号: 73.76(图片来源: Srinivasan 2020, figs. 18—19)

上述印度古代文献表明，公元5世纪，Revatī已从最初的印度教万神殿中的女夜叉-恶鬼变成既具有母亲品格又对胎儿和新生儿产生威胁的强大母亲神(Mātṛkās)，她同时还成为佛教护法者。在现存有关她的有限图像资料中，乔希(Joshi 1987, 163, fig. 1)指出在马图拉雕塑中的Revatī被塑造成有正常人脸的年轻女子形象(图9)，其裸露的前胸有一对丰满的乳房，双手托抱一婴儿。不过，斯里尼瓦桑斯对此持怀疑态度，认为印度古文献中缺乏相关图像记载的证据。他在一件现藏于美国克利夫兰艺术博物馆(Cleveland Museum of Art) 马图拉风格双扉石刻神龛内浮雕像上辨识出Revatī恶母神像，此神龛像制作于笈多时期(约在4世纪末至5世纪初)，出自巴基斯坦西北部地区的萨尔-依-巴赫洛(Sahr-i-Bahlol)遗址，Revatī被刻成夜叉女形象：獠牙和头发像火焰一样升起(图10—11)，一只角位于其火焰形头冠中央，头冠两侧被上有尖角下为椭圆形的耳朵夹在中间。斯里尼瓦桑斯指出：Revatī的多种形式在名为“Revatī Kalpa”的章节中被提及，她可能以鸟类、动物、蛇和植物的形式出现，还有许多其他可能的特征，如有些动物有角和獠牙。因此，她有獠牙和带尖角的耳朵。这种便携式神龛说明了Revatī的信仰在后贵霜时期的印度北方地区拥有广泛的影响并在民间受到了长期的崇拜(Srinivasan 2020, 127—128, 134—135, figs. 18—19)。

二、于阗地方保护女神黎婆坻图像与印度马图拉母神主题雕刻

1. 于阗语祈愿文记载的于阗地方保护女神与黎婆坻图像

在敦煌藏经洞出土的于阗语佛教文献中保存了针对各种佛、菩萨、护法神祇等的祈愿（祷）文，其中斯坦因收集的Ch. 00267和Or. 8210/S 2471两个写本中的两篇祈愿文经段晴教授（段晴 2020, 155）研究认为属于最晚的于阗语写本，时间在10世纪中期，写卷的施主均为于阗国王室贵族。这两篇于阗语祈愿文在20世纪40年代初由贝利（H. W. Bailey）率先作了研究，发表了于阗语转写并部分地翻译成英文（Bailey 1942, 889—893），后由段晴教授在其1992年发表的德文版博士论文中刊布了S 2471祈愿文的转写和全文德译及研究（Duan 1992, 82—86），其后有施杰我（P. O. Skjærvø）对Or. 8210/S 2471祈愿文的转写和英译（Skjærvø 2002, 32—35），段晴教授在2020年又发表了汉译和相关研究（段晴 2020, 150—159）。

对照贝、段、施的研究，以贝利Ch. 00267祈愿文第2—35行英译文（Bailey 1942, 889—891）和段晴Or. 8210/S 2471第229—284行中译文（段晴 2020, 154—155）作对比可知，两件文书从行文结构到祈愿内容均十分相似。段晴指出：祈愿分为两个层次，第一层为佛、菩萨，第二层为守护神类。祈愿文中所祈拜的诸佛有verauca，即vairocana，大日如来，是唐密中最重要的一尊佛，一般位于曼荼罗的中央，但在此两篇祈愿文中是位于下方，这反映了于阗佛教自始至终突出的是大乘教派，而于阗“民间礼佛，把佛作为神灵礼敬”，体现了佛教在当地的民间特色。祈愿文中的守护神，均是于阗国土的守护神，他们守护庄园、城堡及边界。因此，段晴教授将这些佛译作“……天佛”（段晴 2020, 153, 155—156）。

根据贝利的Ch. 00267祈愿文译文可知，“居于沙洲（Sacū：敦煌）城之精灵、神祇、保护者们”有“三千万（koṭi）众神”（Bailey 1942, 891），除“一千八百龙王众”之外，其余皆是“大地、城隍、王宫”的保护女神。在斯坦因Or. 8210/S 2471祈愿文中，于阗的守护神祇共有“七千八百零七个”，他们的眷属有“百零九亿”，守护着于阗国土（Bailey 1942, 891；段晴 2020, 155）。在于阗地方保护神中，除了诸如毗沙门、散脂（Saṃjñāya）、热舍（Gṛhāvadapta）等八大守护神[1]、于阗八曜[2]这些男神外，还有一些女性地方保护神。贝利和段晴将其中的一些女神名字作了于阗语、梵语、汉语的对译，笔者将他们已比对译出的女神名字列表于下[3]：

---

[1] 有关于阗的八大守护神及其图像请参见荣新江、朱丽双 2011, 190—218。

[2] 段晴辨认和确定的于阗八曜，参见段晴 1988, 40。

[3] Bailey 1942, 890—893；Skjærvø 2002, 33—34；Duan 1992, 83—84, 2020, 154—155。

于阗地方保护女神梵、汉、于阗语对照表

写本编号 女神名称	Ch. 00267（28—29行）		Or. 8210/S 2471(262—265行)	
梵文	于阗文	汉文	于阗文	汉文
Aṃgūśa'			Agūśa'	贝利：阿那紧首 段晴：阿隅阇
Sthānāvī			Sthānāvą	贝利：他难阇梨 段晴：悉他那
Cāmuṇḍā	Cąmąṇḍva	匝门支	Cąmąṇḍva	贝利：匝门支 段晴：难近母
Hārītī	hārrva	诃梨帝	hārrva	贝利：诃梨帝 段晴：鬼子母
Revatī	raivi	梨婆坻	reva	贝利：梨[1]婆坻 段晴：奎宿女
Dṛḍhā	draiṇḍa	坚牢	daṣa'	段晴：坚牢

表中列出贝利与段晴比定的六位女神名字，排在前两位的Aṃgūśa'阿那紧首/阿隅阇和Sthānāvī他难阇梨/悉他那女神均在于阗八大地方守护神之列。在《大方等大集月藏经》卷五十五《分布阎浮品》中，受佛陀嘱托护持于阗国土的有八位神祇，此两位女神分别位列第六和第七（T 13, no. 397, 368a）。这两个名字在公元9至10世纪频繁地出现在藏、汉佛教文献以及敦煌写本和壁画题记中（张广达、荣新江 1993，218，221，255—256；荣新江、朱丽双 2011，190—218；张小刚 2005，50—56）。然在于阗美术遗迹中尚未发现两位女神，仅在敦煌莫高窟壁画中可见其形象，称作“阿隅阇天女”“悉他那天女”[2]（孙修身 1999，74，图62—63；张小刚 2005，50—56；荣新江、朱丽双 2011，图5a—b，图9a—b）；在敦煌莫高窟壁画中，天女形象通常被绘成年轻女子相貌，阿隅阇女神就是如此（张小刚 2015，图2-1-48，2-1-49）。悉他那天女有一种兽首人身的形象，如莫高窟第146窟带有“悉他那天女护于阗国时”榜题的天女像为马首形象（图12），第98窟带有“悉他那天女守护于阗国”题记的亦为兽首人身形象[3]（图13，张小刚 2015，图2-1-45，2-1-46）。

1 菩提流支译《佛说护诸童子陀罗尼经》中，Revatī译作“黎婆坻”（T 19, no. 1028A, 742a1）。

2 据张小刚、荣新江、朱丽双的统计和研究，在敦煌莫高窟有13个窟内绘有此两女神像。

3 张小刚认为此悉他那有着长而尖的嘴和竖耳头像，与斯坦因在丹丹乌里克发现的于阗鼠神木板画上的兽首形象十分近似。但笔者观察此兽首嘴虽长，但并不是像丹丹乌里克木板画于阗鼠神那样的尖嘴，而是像野猪的嘴，故其外形更像野猪头。

图13 悉他那天女 敦煌莫高窟146窟 壁画 五代

◂ **图12 悉他那天女** 敦煌莫高窟98窟 壁画 五代（12—13图版来源：张小刚 2015，图2-1-45，46）

排在阿隅阇和悉他那之后的是Cāmuṇḍā女神，贝利将其对应的汉名比作匝门支，并说她是七母天之一（Bailey 1942, 916）；段晴则译为难近母（段晴 2020, 155）。然此难近母是印度教万神殿的主要神灵之一——杜尔迦（Durgā）梵名的中文意译，在印度神话传说中，她是湿婆的妻子，被称为雪山女神（慈怡 1989, 3924; 范晶晶 2016, 243）。Cāmuṇḍā又译作遮文荼（丁福保 1984, 51; DCBT 12）。在汉文密教佛典中，七母天指焰摩天或大黑天之眷属，为七女鬼；又作七摩怛里天、七母女天、七姊妹等。据唐代高僧一行（683—727）所著《大毗卢遮那成佛经疏》卷七载，遮文荼（Cāmuṇḍā）为七母之首，名左闷拏（X 23, no. 438, 387a17）[1]。在密教胎藏大曼荼罗中其图像为猪首人身（T, 图像部1, 155, 图版No. 281）。由此可见，在印度Cāmuṇḍā并不是Durgā女神，故显然不能译作难近母。不过，在印度教图像中，遮文荼从没有被表现为猪首形象；有猪首的是七母神（Sapta-mātṛkās）[2]之一的婆罗

[1] 七母名其他六名为：娇吠哩（Kauverī）、吠瑟拏微（Viṣṇavī）、娇么哩（Kaumārī）、印捺哩（Indrī）、唠捺哩（Raudrī）、末罗啰呬弭（Brāhmī），参见X 23, no. 438, 387a17。

[2] Sapta-mātṛkā七母神，分别为：① Brāhmī（或Brāhmāṇī）婆罗曼尼、辩才天女，又译末罗啰呬弭、末罗呬弭，是Brāhmā梵天之妻；② Māheśhvarī（或Śaṅkharī）摩醯首罗利，是Śiva湿婆的配偶；③ Kaumārī鸠乌罗利，又译娇吠哩，是Skanda室犍陀（别称Kārttikeya迦絺吉夜）之妻；④ Vaiṣṇavī毗湿纳毗，是毗湿奴的配偶；⑤ Vārāhī婆罗希，长着猪首，是Vārāha婆罗诃（毗湿奴的野猪化身）之妻；⑥ Indrāṇī（或Aindrī）因陀罗尼，是因陀罗（Indra）的配偶；⑦ Cāmuṇḍā遮文荼，又译左闷拏、匝门支，站在尸体上，是楼陀罗之妻，一说是阎摩之妻。参见Joshi 1987, 159—171; Collins 1988, 142—143；范晶晶 2016, 93—94; DCBT 12。

希(Vārāhī),是毗湿奴化身成野猪的婆罗诃之妻,传说她是由楼陀罗(Rudra)创造的"神母"(mātṛ)或"母神-能量"(Mātṛkā-Śaktis)之一,是具有野猪外形的女神,她用獠牙与恶魔战斗(图14, Vijnanananda 1923, 121, 138, 197, 452—457; R. C. Agrawala 1963, 167; Chandra 1985, 108: pl.)。

图14 婆罗希(Vārāhī)石雕 公元9世纪 现藏不列颠博物馆 馆藏编号:1872, 0701.47(图版来源:不列颠博物馆)

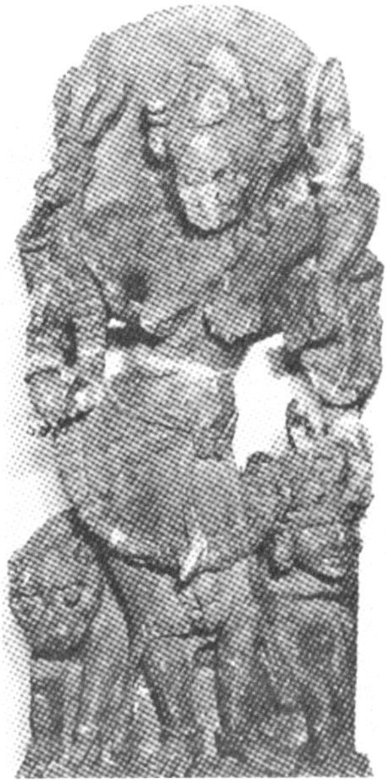

图15*a* 遮文荼(Cāmuṇḍā)石雕 公元6—7世纪 印度巴罗达博物馆和画廊(Museum and Picture Gallery, Baroda)(图版来源:Collins 1988, 280, fig. 48)

图15*b* 遮文荼(Cāmuṇḍā)石雕 公元8世纪 印度贾杰普尔(Jajpur)出土 现藏印度奥里萨邦布巴内斯瓦尔政府博物馆(Government Museum Bhubaneswar, Odisha)(图版来源:https://www.pinterest.fr/pin/839076974341067509)

Cāmuṇḍā (遮文荼/匝门支)女神可溯源到印度教的母神(Mātṛkās)崇拜,也是印度教的七母神之一,常常作为次要神灵出现在印度教寺庙外墙或供奉湿婆的神龛上,在一些地区则被视作主要神灵单独供奉于女神龛上。遮文荼曾是印度教万神殿中最强大的女神,根据《女神颂》(*Devī-Māhātmya*)记载,她是七位母神中的主神,在帮助杜尔迦战胜阿修罗(Asura)的战斗中扮演了重要角色(Mahapatra 2015, 32—33; Collins 1988, 143, fig. 48)。在《摩根德耶往世书》(*Mārkaṇḍeya Purāṇa*)中,她是一位"从皱眉的母亲额头里走出来的凶猛黑色女神"。她被塑造成这样的形象:骨瘦如柴,脸庞枯萎苍老而狰狞,乳房下垂,指甲很长,腹部干瘪深陷,肚脐上方有一只蝎子作装饰,发髻上有一骷髅头饰,脖子上挂一串骷髅项链。这些由头骨、蝎子和蛇等组成的饰物,皆象征着疾病与死亡。她还常被表现成四臂、八臂、十臂或十二臂,手中法器有鼓、三叉戟、剑、蛇、头骨锤、雷电、酒器,或是盛满了血的酒杯或头骨杯。她通常站在一具男性尸体上，或坐在被打败的恶魔或他的尸体上，身边有恶魔和妖精，周围还有骷髅及豺狼等野兽，它们正在啃食女神脚下或身体下的尸体，或渴饮从头骨杯或砍断的头颅里流淌出的血。这象征着遮文荼要喝被打败的敌人的血，嗜血的特质是所有母神尤其是遮文荼的特征。与通常印度教女神的丰满胸部和美丽面容形成鲜明的对比，遮文荼的形象象征着衰老、死亡、腐烂和毁灭（图15*a*, *b*, Mahapatra 2015, 43—44, 111—115, pl. 2; Chandra 1985, 108—109, fig. 43; Daniélou 2009, 437; Jones & Ryan 2007, 102）。

排在遮文荼后面的于阗地方女神依次为：诃梨帝（Hārītī）、黎婆坻（Revatī）和坚牢（Dṛḍhā），除黎婆坻外，其余两位皆为人熟知。诃梨帝在佛经中又常译为“鬼子母”，是女夜叉（Yakṣiṇī/Yakṣī），原为专食小儿的女魔，后受佛陀感化成为保护儿童和生育的女神（Péri 1917, 1—15）；其相关传说见于公元8世纪之前的多部佛典，如《妙法莲华经》《大方等大集经》《金光明经》《杂宝藏经》《根本说一切有部毗奈耶杂事》，以及《南海寄归内法传》等著作。鬼子母图像早在公元2至3世纪的犍陀罗艺术中就已成为重要的表现主题，拉合尔博物馆（The Lahore Museum）收藏的公元4世纪有贵霜王朝统治时期佉卢文题记的鬼子母雕像，是犍陀罗艺术中一种重要样式的鬼子母图像，即以单独的母亲形象出现，在其左右两肩分别坐着小儿，她的左手托起一小儿的双足（图16，Stratton 1903, 2—4, fig. I; Bivar 1970, 16, pl. IV; lngholt 1957, pl. II, fig. 3）。于阗鬼子母图像中与此样式一致的是斯坦因在和田法哈德·贝格-耶拉基佛教遗址第12号佛殿（Farhad Beg-Yailaki Shrine XII）发现的《鬼子母图》壁画残片（编号F. XII.004），图中鬼子母两肩和胸前有小儿环绕簇拥，她的头与肩后绘有显示神性的圆光（Williams 1973, 138—139, fig. 44; Bussagli 1979, 54, 58）。

图16 诃梨帝（Hārītī） 石雕 公元4世纪末 巴基斯坦沙赫德赫利（Sārah Ḍherī）出土 现藏拉合尔博物馆（Lahore Museum）（图片来源：Bivar 1970, pl. IV）

梵语Dṛḍha本意指坚实、牢固、坚固。在敦煌两篇于阗语祈愿文中，Dṛḍhā明显指大地女神，该神也是被古代印度《梨俱吠陀》所崇仰与赞叹的神祇——地界主神之一，是具备坚固不灭性、养育群生以及滋养土地等美德的女神、地母之神（巫白慧 2010, 42, 46—48）。坚牢地神后来作为佛的护法神，出现在公元5至6世纪

图17 坚牢大地女神 壁画 唐代 洛浦托普鲁克墩佛寺遗址博物馆藏(图片来源：贾应逸2014，图版19)

汉译《金光明经》“坚牢地神品”[1]与于阗国译经僧实叉难陀(Śikṣānanda, 652—710)所译的《地藏菩萨本愿经》卷下“地神护法品”中(T 13, no. 412, 787b8)。于阗的坚牢大地女神[2]多出现于佛像两足之间，手托佛足(图17)，如和田洛浦县达玛沟托普鲁克墩(Topulukdong)佛寺遗址博物馆收藏的坚牢大地女神，黑发披肩，细眼小嘴，张开双臂托着佛足。此形象与《金光明经》“坚牢地神品”中有关坚牢地神“隐蔽其形，在法座下，顶戴其足”的记载相吻合(T 16, no. 664, 345c08, 389b12; Stein 1921, pl. XIV: b; 贾应逸 2010，96—108，插图3；2014，103，图版19)。

2. 早期汉译大乘与密教佛典中记载的梨婆坻及其图像

在上述于阗地方保护女神中，Revatī的名字在敦煌Ch. 00267和Or. 8210/S 2471两篇于阗语祈愿文中都有出现。根据贝利的研究，梵语Revatī在此两个写本中分别以*raivi*和*reva*的形式出现在第28和264行；贝利将汉名对应作梨婆坻，段晴对应为奎宿女(Bailey 1942, 890, 917; 段晴 2020, 155)。鉴于此Reva在Or. 8210/S 2471于阗语祈愿文中出现在于阗地方保护女神诸名之中，而非之前的有诸于阗八大守护神和八曜之名的段落中，因此将其对译为奎宿女似乎不大合乎上下文的叙述逻辑。烈维在《大藏方等部之西域佛教史料》一文中指出(Lévi 1905, 269)：Revatī对应“西方七宿的第一宿奎(K'ouei)”，按那连提耶舍所译《大方等大集经》卷五十六《月藏分》第十二“星宿摄受品第十八”所记，奎等东、南、西、北四方二十八星宿皆为梵天、帝释、四大天王所“分布安置诸宿曜辰，摄护国土养育众生，于四方中各有所主……奎宿主行船人”(T 13, no. 397, 371a14—28)。《大方等大集经》卷四十一《日藏分》中“星宿品第八之一”则称奎被置为北方第五宿，其形“如妇女黡”(T 13, no. 397, 275b27—c11)。

1 如北凉昙无谶(Dharmakṣema, 385—433/439?)所译的《金光明经》“坚牢地神品第九”(T 16, no. 663, 345c8—346a29)。

2 彭杰在其《于阗的地神崇拜及其图像的流变》(2009, 252, 254—257)一文中指出，2002年在丹丹乌里克佛寺发现了一身男性地神形象，而类似的男性地神形象在库车也有发现。

在汉译佛典中，最早提及二十八星宿的几种译经是《虎耳譬喻经》（简称《虎耳经》）《摩登伽经》和《舍头谏太子二十八宿经》，这三种译经也被认为是印度星宿占卜传入中国的最早文本。周利群将梵本《虎耳经》中早期星占部分译成了汉语，其中关于奎宿的译文部分有："奎宿，一颗星，形如吉祥痣"，"于奎宿日所生者，船舶工作者"（周利群 2018, 97, 102, 106）。由此译文可以理解《大方等大集经》所称其形"如妇女黡"，指的是奎宿的形状犹如妇女脸上的一颗痣，而"奎宿主行船人"是星宿日出生的卜辞。竺律炎与支谦合译的《摩登伽经》卷上"摩登伽经说星图品第五"记载，奎在二十八星宿中位列第二十六，"奎一大星，其[1]余小者，为之辅翼，形如半珪"（T 21, no.1300, 404b25, 405a24—25）。从上述早期汉译佛经中对奎或奎宿的相关记载可知，梵语Revatī（于阗语Reva）所对应的汉语为奎或奎宿。

在公元5世纪末至6世纪初的汉译密教佛典中，如扶南国僧伽婆罗（Saṃghabhara, 460—524）所译《孔雀王咒经》（*Mahāmāyūri(vidyārājñī)-sūtra*）卷二中，Revatī还被译作"波梨底"，作为"八大女鬼"[2]之一，她"常守护菩萨入胎时、生时、生后时"（T 19, no. 984, 453a8—10）。在义净（635—713）所译《佛说大孔雀咒王经》（*Mahāmāyūrīvidyārājñī-sūtra*）卷三中，Revatī被译作"颉娄离伐底"，为"七星神"之一，住"北门守护北方"，"彼诸星宿有大威力。常行虚空现吉凶相"（T 19, no. 985, 473c21, 474a11—14）。

3. 于阗地方保护女神图像——黎婆坻与印度马图拉母神主题雕刻

威廉姆斯在斯坦因收集的和田哈达里克（Khadalik）遗址发现的编号为Ta. i. C. 0097壁画残片（图18）上辨识出：狼头、双手攥着小儿的双手双足将其提起、折磨小儿的恶鬼形象，即是敦煌Ch. 00217b[3]于阗语题记所说的Mukhamaṃḍa（梵语Mukhamandikā）（图18局部a，Williams 1973, 140; Bailey 1956, 135）。不过，观察此像的头部，明显是像猫头鹰的头，而不是狼头。根据孟嗣徽的比定，梵语Mukhamandikā（于阗语Mukhamaṃḍa）对应的形象是形似小猫头鹰的獯狐（孟嗣徽 2020, 199, 图6）。因此，此图中局部a的神像应为汉译《护诸童子经》中所记载的伤害小儿的十五恶鬼中形似獯狐的目佉曼荼。而在此神像左侧（图18局部b），有一头部似公鸡的神像，应是经中所说的形似鸡的揵吒波尼尼（于阗语Kärakapaṃḍanī，梵语Kaṇṭhapāṇī）。

---

1 在《大正藏》此处原文作"自"，疑有误，按上下文意似应更正为"其"字。

2 原经记其余女鬼名6个：摩陀摩陀那、摩脱柯多、优波摩陀、优阇诃梨、优阇诃梨尼、阿舍尼伽罗莎尼，似漏掉一个鬼名。

3 Ch. 00217b = 现馆藏编号：BM OA 1919.1=1. 0177.3= f.8*v*。

图18 哈达里克佛寺遗址**Ta. i. C. 0097**壁画残片 公元6—7世纪 新疆和田哈达里克佛寺遗址Ta. i. 出土（图版来源：Stein 1921, pl. XI）

图18 局部a 獯狐首神

图18 局部b 公鸡首(?)神

在2002年中日学者合作发掘的和田策勒县丹丹乌里克佛寺遗址寺外回廊东墙编号为CD4: 05《如来及诸神图》壁画残片上，有两身兽首神像（图19，新疆文物考古研究所 2005，8—13；荣新江 2005，31—35，《研究报告》，142—144，彩版36: 1）：一身是位于残片中间两身如来坐像左侧最上面的兽首神像（图19a），另一身是如来坐像下侧左起第一身（图19b）。有关此两身神像的辨识和比定，众说不一：意大利学者罗-穆齐奥将第一身识别比定为有着象鼻的迦纳什（Gaṇeśa）[1]的女性化身，将第二身有着山羊（或公羊）头的四臂女性形象比定为与损害儿童健康的男性恶鬼相对应的女魔Naigameṣa（Lo Muzio 2007, 76）。不过，孟嗣徽认为第一身所绘的"脸上有一长而坚硬的喙，口中有一条尖而长的舌头，头下多毛，耳朝上"的形象是獯狐（Mukhamandikā）；第二身"野猪首人身"，"猪嘴很大……微张，露出上下两排牙齿"，是富多那（Pūtanā）鬼神的形象特征；两身神像表现的均是护童子十五鬼神的内容（孟嗣徽 2020，211—212）。就两位研究者的辨识而言，笔者倾向于孟嗣徽的辨识。无论此辨识准确与否，两身兽首神像不能被识别为象首与羊首是确定的。尽管两位研究者对兽首神像形象的辨识有分歧，但他们均认为其主题与兼具伤害、保护特性的母亲神有关。罗-穆齐奥在《于阗的婆罗门教信仰：丹丹乌里克D13寺址壁画注释》与《于阗佛教绘画中的塞建陀和母亲》两篇论文中指出，在公元8世纪的于阗佛教艺术中，与保护儿童免于疾病和死亡有关的传统婆罗门教的崇拜和信仰被保留了下来。几个世纪以来，综合了mātṛ（母亲）和graha（攫夺）特性的既仁慈又恶毒的恶魔女神崇拜在于阗这个西域绿洲已经存在，但因文化和宗教发生的

[1] Gaṇeśa的中文译名参见范晶晶 2016, 244；象头神形象可见于于阗画迹中，然与本文所述第一身兽首外形殊异，因本文篇幅有限，故暂此不论。

改变而起了变化。因此，于阗绘画中此类母亲神所具有的主题内涵以及图像细节似乎皆与其印度原型的关系相当松散（Lo Muzio 2007, 187—198; 2017, 74）。

图 19《如来及诸神图》壁画残片 公元 7 世纪 和田策勒丹丹乌里克佛寺遗址外回廊东墙 发现编号：CD4: 05 现藏新疆维吾尔自治区博物馆（《研究报告》，彩版 36: 1）

图 19a 獾狐（?）首女神

图 19b 野猪首女神

在现存的马图拉艺术中，兽首女神像确实见于母亲神雕刻群像中，不过更常见于单身雕像。斯里尼瓦桑斯提供了一例贵霜王朝时期（1—3世纪）马图拉风格的母亲神群像浮雕（图20）。在七位母神雕像中，除紧靠最左边的塞建陀（Skanda）男神立像的一身母神有正常的女性脸庞外，其余六身母亲神皆为兽首女身坐像。她们皆有丰满的乳房，两膝之上有一婴儿，或以狮子面示人，或有长着尖喙的三角脸，或有长着短角似牛（山羊？）的脸。斯里尼瓦桑斯并没有确定她们所对应的文献记载中的女神名称，仅指出该浮雕题材可以追溯到贵霜之前的耆那教浮雕艺术（Srinivasan 2020, 103—104, fig. 7）。类似的有似牛或似山羊头的母亲神在马图拉雕刻中常见为单身雕像，如收藏于马图拉政府博物馆（Government Museum, Mathura）的一件贵霜时期的母亲神像（图21），有着山羊头、大而下垂的乳房，以与母神群像浮雕同样的坐姿，将一个没有生命的婴儿置于腿上。沙赫（U. P. Shah）认为此山羊头女神可能是贵霜时期受不同教派影响的大众所崇拜和欢迎的女神（Shah 1953, 19—41）。

图20 七母神浮雕残片 石质 公元2世纪 鲁塞克收藏（Russek Collection）现藏瑞士苏黎世 收藏编号：No. 571（图版来源：Bautze 1987, fig. 1）

图 21 山羊头女神 石雕 贵霜时期（Kuṣāṇa）马图拉出土 现藏马图拉政府博物馆（Government Museum, Mathura）馆藏编号：E2（图版来源：Srinivasan 2020, fig. 5）

观察与马图拉母神有渊源关系的于阗兽首女神形象，可以发现这些形象确实如罗-穆齐奥所言，其间的关系相当松散。于阗图像并没有强调其作为母亲的女性化特征，比如被孟嗣徽比定为富多那（Pūtanā）的丹丹乌里克CD4: 05如来及诸神图中的野猪首女神，并没有被表现为有着丰满乳房的女性，也没有小儿与之一起出现，然其头、背后的圆光和四臂中手举的日月，都表明了她的女神身份。

至于在塔里什拉克遗址发现的Ta. 008兽首女神像，笔者认同威廉姆斯将其推测为犬首黎婆坻。尽管在印度兽首母亲神图像中没有见过犬首Revatī的形象，但是在汉译《护诸童子经》以及更晚的敦煌“护诸童子”曼荼罗残画中，黎婆坻（见图7）的外形皆为犬。在汉译有关护诸童子十五鬼神经中，施护（Dānapāla, ?—1017）所译《佛说守护大千国土经》（简称《护经》，T 19, no. 999, 591a11—591b17）与梵本*Mahāsāhasra-prapamardanī*相对应，属于密教陀罗尼文献《五护》（Pañcarakṣa）系列——即五部含咒语的经籍之一，以防护各类魔鬼对人体的侵害为主要内容[1]。19世纪末，俄国驻喀什领馆领事彼得洛夫斯基（N. F. Petrovskiy）曾在该地区收集了三件该经的梵语写本残片[2]。施护本《护经》提到Revatī：“黎嚩底者，现形如狗。”（T 19, no. 999, 591b11）由此可见于阗的黎婆坻（Revatī）被绘成犬首形象是可以成立的。

---

[1] 《五护经》除此部之外，其余四部有：防护毒蛇之害的*Mahāmayūrī* / 义净本《佛说大孔雀咒王经》、除毒虫毒草所致病害的*Mahāśītavatī* / 法天本《大寒林圣难拏陀罗尼经》、除诸极恶重罪、解脱一切病的*Mahāpratisarā* / 不空本《普遍光明清净炽盛如意印心无能胜大明王大随求陀罗尼经》和能“息除疾疫破坏灾难、增彼善心令得安乐”的*Mahāmantrānusāriṇī*/法天本《大护明陀罗尼经》，相关研究参见陈明 2005, 94；段晴 2009, 268—269；Winternitz 1933, 385。

[2] 三件残片的编号分别为：S IP 32a, S. 1474 = T III Š 1, S 1490= T III Š 80，现藏俄罗斯科学院东方文献研究所（Ol'denburg 1899, 215—218, pl. 12; Waldschmidt 1971, 244—245, pl. 92; 266—267, pl. 99）。

在《护经》中，黎嚩底被归入“执魅”的诸药叉及罗刹鬼神之列，他们或居大海，或住诸河，或居舍宅，或依门户，或居旷野，或住村坊国邑聚落，或居天祀，或住王宫，或居道路，或住城隍，因此可守护大千国土。在前文讨论的两件出自敦煌的于阗语祈愿文Ch. 00267和Or. 8210/S 2471中，在祈请诸如黎婆坻（Revatī）、坚牢（Dṛḍhā）等几位于阗地方保护女神的名字之后，均有称她们为“大地、城隍、宫殿、王国女神”以及“向导、地区的保护诸神”的句子（Bailey 1942, 891）。由此可以考虑黎婆坻女神的崇拜在于阗可能有更多的内涵。联想前面提到的《大方等大集经》卷56《月藏分》第十二“星宿摄受品第十八”所记：“奎宿，主行船人”（T 13, no. 397, 371a28），Revatī亦是星宿之一——奎宿，故也有持护导航行船的作用。因此，此女神在当地所护持的恐怕已不仅限于儿童。盖尔（A. J. Gail）在研究印度教母亲神于公元6世纪以降在尼泊尔一些佛寺的雕刻时指出，在当地佛寺建筑的墙上或屋顶，或室内八个支柱上，常常绘制或雕刻八尊母神像，或是环绕城市建八个露天无顶的寺庙（hypaethral）供奉八位母神，其功能是保护当地人的居住空间（Gail 2010, 19—39）。由此可见，当印度受崇拜的母神之一的Revatī在流传到于阗以后，其图像内涵发生变化是符合逻辑的。鉴于汉译佛经、于阗语祈愿文记载的黎婆坻作为佛教护法诸夜叉神之一，其图像表现有口中尖利的獠牙、圆形头光、四臂、手中执持的密教法器，均是在强调其皈依佛法、护持的特性，而不再强调其母神特质。

结语

上述有关公元6至7世纪于阗佛教护法兽首夜叉女神的文本与图像资料表明：于阗地区的佛教护法鬼神信仰明显受到了来自印度的混合着多种宗教信仰与文化因素的影响。黎婆坻图像在不同时期与不同地区所表现出的不同形象和特征，说明了黎婆坻及其代表的夜叉女神从印度到中国，从文本到图像所受到的诸多宗教信仰、文化传统及地方习俗的复杂影响。在梳理相关资料的过程中，笔者深感于阗佛教护法鬼神图像的研究尚有诸多需要从文献与图像深入探讨的空间，特别是需要进一步厘清其与印度同类图像之间所存在的复杂的源流关系。

缩略语

DCBT　《中英佛学辞典：梵英诠释附中梵巴文检字索引》= *A Dictionary of Chinese Buddhist Terms: with Sanskrit and English equivalents, a Chinese index & Sanskrit-Pali index*, by William Edward Soothill, Lewis Hodous, Shih Sheng-kang, Lii Wu-jong, Taipei: Foguang chubanshe, 1994.

M I 3　*The Mahābhārata* Book I: 3: *The Book of the Forest*, Translated and Edited, by J. A. B. van Buitenen, Chicago and London: The University of Chicago Press, 1975.

T　『大正新脩大藏經』，高楠順次郎，渡辺海旭編，100 卷，東京，1924—1934。依台湾中华电子佛典协会（CBETA）电子版。

X　　『卍新纂大日本續藏經』，河村照孝編，東京：國書刊行會，1975—1989。依台湾中华电子佛典协会（CBETA）电子版。

《研究报告》　中国新疆文物考古所、日本佛教大学尼雅遗址学术研究机构编著《丹丹乌里克遗址——中日共同考察研究报告》，北京：文物出版社，2009年。

参考文献

中文：

陈　明　2005　《殊方异药：出土文书与西域医学》，北京：北京大学出版社，第91—106页。

慈　怡　1989　《佛光大辞典》全8册，北京：书目文献出版社，根据台湾佛光山出版社第5版影印。

段　晴　1988　《于阗文中的八曜》，《民族语文》第4期，第36—40页。

2009　《于阗语〈对治十五鬼护身符〉》，《敦煌吐鲁番研究》第11卷，第101—120页。

2013　《对治十五鬼护身符》，《于阗·佛经·古卷》，上海：中西书局，第203—224页。

2020　《一篇于阗语祈祷文所映射的十世纪敦煌于阗人的宗教信仰》，余太山、李锦秀主编《欧亚学刊》新10辑，北京：商务印书馆，第150—161页。

丁福保　1984　《佛学大辞典》，北京：文物出版社。

范晶晶　2016　［德］施勒伯格著，范晶晶译，《〈印度诸神的世界〉——印度教图像学手册》，上海：中西书局。（Eckard Schleberger. *Die Indische Götterwelt: Ein Handbuch der hinduistischen Ikonographie*. München: Eugen Diederichs Verlag, 1986）

冯承均　2013　［法］烈维著，冯承均译，《大藏方等部之西域佛教史料》，《冯承均西北史地著译集》，北京：中国国际广播出版社，第87—141页。

黄宝生等　2005　［印度］毗耶娑著，黄宝生、席必庄、郭良鋆、赵国华译，《摩诃婆罗多》（二），北京：中国社会科学出版社。

季羡林等　1985　［唐］玄奘、辩机著，季羡林等校注，《大唐西域记校注》，北京：中华书局。

贾应逸　2010　《于阗佛教图像中的地神研究》，《新疆佛教壁画的历史学研究》，北京：中国人民大学出版社，第96—108页。

2014　《策勒县托普鲁克墩佛寺遗址的唐代于阗佛教艺术》，上海博物馆编《丝路梵相——新疆和田达玛沟佛教遗址出土壁画艺术》，上海：上海书画出版社，第16—18页，图7—8，图版19。

孟嗣徽　2020　《“护诸童子十六女神”像叶与于阗敦煌地区的护童子信仰》，《艺术史研究》第23辑，第183—234页。

彭　杰　2009　《于阗的地神崇拜及其图像的流变》，《研究报告》，第251—258页。

荣新江　2005　《丹丹乌里克的考古调查与唐代于阗杰谢镇》，《新疆文物》第3期，第31—35页。

荣新江、朱丽双

2011　《“图文互证”——于阗八大守护神新探》，樊锦诗、荣新江、林世田主编《敦煌文献·考古·艺术综合研究：纪念向达先生诞辰110周年国际学术研讨会论文集》，北京：中华书局，第190—218页。

孙修身　1999　《敦煌石窟全集12 佛教东传故事画卷》，香港：商务印书馆。

巫白慧　2010　巫白慧译解《〈黎俱吠陀〉神曲选》，北京：商务印书馆。

新疆文物考古研究所
　　2005　《2002年丹丹乌里克遗址佛寺清理简报》，《新疆文物》第3期，第8—19页。

薛克翘　2017　《〈西域记〉的密教信息》，《亚非研究》第二辑（总第12辑），第139—153页。

张小刚　2005　《敦煌瑞像图中的于阗护国神王》，《敦煌研究》第1期，第50—56页。

　　2015　《敦煌佛教感通画研究》，兰州：甘肃教育出版社。

张广达、荣新江
　　1993　《于阗史丛考》，上海：上海书店出版社。

周利群　2018　《〈虎耳譬喻经〉梵文精校本早期印度星占史料》，《中国科技史杂志》第1期，第97—126页。

朱丽双　2011　《敦煌藏文文书P. t. 960所记于阗建国传说——〈于阗教法史〉译注之二》，《敦煌研究》第2期，第108—113页。

日文：

熊谷宣夫　1962　『西域の美術』，西域文化研究會編『西域文化研究』第五卷，京都：法藏館，31—170。

松本榮一　1937　『燉煌畫の研究』，2册，東京：東方文化學院東京研究所。

西文：

Agrawala 1963　R. C. Agrawala. "A Rare Image of Varahi in the British Museum." Oriental Art.

Agrawala 1966　P. K. Agrawala. "Skanda in the Purans." *Purāna* VIII, No. 1: 135–158.

Bailey　1942　H. W. Bailey. "Hvatanica IV." *Bulletin of the School of Oriental and African Studies* 10: 886–924.

　　1956　*Indo-Scythian Studies, Being Khotanese texts,* vol. III. New York: Cambridge University Press.

Bautze　1987　J. Bautze. "A Note on Two Mātṛkā Panels." In: M. Yaldiz and W. Lobo eds., *Investigating Indian Art: Proceedings of a Symposium in the Development of Early Buddhist and Hindu Iconography*, 25–30. Berlin: Museum für Indische Kunst.

Bivar　1970　A. D. H. Bivar. "Hārītī and the Chronology of the Kuṣāṇas." *Bulletin of the School of Oriental and African Studies* 33/1: 10–21.

Bussagli　1979　M. Bussagli. *Central Asian Painting (Treasures of Asia)*. Geneva: Art Albert Skira (Rizzoli, 1st Edition).

Chandra　1985　Pramod Chandra. *The Sculpture of India, 3000 B.C. to 1300 A.D.* Washington: National Gallery of Art.

Collins　1988　Charles D. Collins. *Iconography and Ritual of Śiva at Elephanta*. New York: State University of New York Press.

Clothey　1978　Fred W. Clothey, A. K. Ramanujan. *The Many Faces of Murukan: The History and Meaning of a South Indian God*. Berlin: Walter de Gruyter.

Daniélou　2009　Alain Daniélou. *Mythes et dieux de l'Inde, le polythéisme hindou*. Paris : Flammarion.

DiCara 2012 Vic DiCara. *27 Stars, 27 Gods: The Astrological Mythology of Ancient India*. Create Space Independent Publishing Platform.

Duan 1992 Duan Qing. *Das Khotanische Aparimitāyuḥsūtra: Ausgabe, Übersetzung, Kommentar und Glossar.* Reinbek: Dr. Inge Wezler.

Gail 2010 A. J. Gail. "Viṣṇu traversing the Universe, with an Addendum on Earthquakes and Storms in Nepal – Their Impact on Art and Architecture." *Pandanus* 9/1: 19–39.

Guenzi 2008 Caterina Guenzi. "Planètes, remèdes et cosmologies: la thérapeutique astrologique à Bénarès." *Divins remèdes. Médecine et religion en Asie du sud*, I. G. Zupanov et C. Guenzi (dir.), Paris : Editions de l'Ehess: 191–217 (« Puruṣārtha », 27).

Jones & Ryan

2007 C.A. Jones & J. D. Ryan. *Encyclopedia of Hinduism*. New York: Checkmark Books.

Joshi 1987 Nilakanth P. Joshi. "Mātṛkā Figures in Kuṣāṇa Sculptures at Mathura." In: M. Yaldiz and W. Lobo, eds., *Investigating Indian Art: Proceedings of a Symposium in the Development of Early Buddhist and Hindu Iconography*, 159–171. Berlin: Museum für Indische Kunst.

Klimburg-Salter

1982 D. E Klimburg-Salter. *The Silk Route and the Diamond Path: Esoteric Buddhist Art on the Trans-Himalayan Trade Routes*. Los Angeles: UCLA Art Council.

Lévi 1905 S. Lévi. "Notes chinoises sur l'Inde, V: Quelques documents sur le bouddhisme indien dans l'Asie centrale (première partie)." *Bulletin de l'EFEO* 5, n°3–4: 253–305.

Lo Muzio 2007 C. Lo Muzio. "Culti brahmanici a Khotan: note sulle pitture del tempo D13 a Dandan Oiliq." *Rivista degli Studi Orientali* 79/1–4: 185–201.

2017 "Skanda and the Mothers in Khotanese Buddhist Paintings." In: Eva Allinger, Frantz Grenet et al., eds., *Interaction in the Himalayas and Central Asia: Processes of Transfer, Translation and Transformation in Art, Archaeology, Religion and Polity*, 71–89. Vienna: Austrian Academy of Sciences Press.

Maggi 1996 M. Maggi. "A Chinese-Khotanese Excerpt from the Mahāsāhapramadanī." *La Persia e l'Asia centrale da Alessandro al X secolo*, Roma, 9-12 novembre 1994 (Roma: Accademia Nazionale dei Lincei), 123–137.

Mahapatra 2015 S. Kumar Mahapatra. *Cāmuṇḍā in Mythology: Art and Iconography*. Delhi: Agam Kala Prakashan.

Martini 2011 Giuliana Martini. "A Large Question in a Small place: The Transmission of the *Ratnakūṭa* (*Kāśyapaparivarta*) in Khotan." *Annual Report of the International Research Institute for Advanced Buddhology at Soka University* 14: 135–183.

Misra 1981 R. N. Misra. *Yaksha Cult and Iconography*. New Delhi: Munshiram Manohar Lal (1939).

Ol'denburg 1899 S. F. Ol'denburg. "Otryvki kašgarskih" i sanskritskih" rukopisej iz" sobranija N. F. Petrovskago, II. Otryvki iz" *Pañcarakṣā*." *Zapiski Vostočnago otdělenija Imperatorskago russkago arheologičeskago obščestva* IX: 207–264, pl. 12.

Péri 1917 N. Péri. "Hārītī, la Mère-de-démons."*Bulletin de l'EFEO* 17: 1–102.

Shah 1953 U. P. Shah. "Harinegamesin." *Journal of the Indian Society of Oriental Art* 19: 19–41.

Skjærvø 2002 P. O. Skjærvø. *Khotanese Manuscripts from Chinese Turkestan in the British Library, A Complete Catalogue with Texts and Translations, with contributions by U. Sims-Williams.* London: The British Library, pt. 2, Vol. 5, Saka, Texts 6, repr. 2003.

Srinivasan 2020 Doris M. Srinivasan. "Dangerous Devīs: Bad Mothers (mātṛkās) and Child Snatchers (bālagrahas)." *Artibus Asiae* 80/1: 99–139.

Stein 1907 *Ancient Khotan: Detailed Report of Archaeological Explorations in Chinese Turkestan*, vols 1–2. Oxford: Clarendon Press.

1921 *Serindia: Detailed Report of Archaeological Explorations in Central Asia and Westernmost China*, vols. 3–4. Oxford: Clarendon Press.

Stratton 1903 A. W. Stratton. "A Dated Gandhara Figure." *Journal of American Oriental Society* 24: 1–6.

Vijnanananda

1923 S. Vijnanananda. *The Sri Mad Devi Bhagavatam*, Books 1–12. Allahabad: The Panini Office.

Waldschmidt

1971 E. Waldschmidt. *Sanskritbandschriften aus den Turfanfunden*. Teil 3, *Die Katalognummern 802–1014, unter Mitarbeit von W. Claviter und L. Sander-Holzann*. Wiesbaden.

Waley 1931 A. Waley. *A Catalogue of Paintings Recovered from Tun-huang by Sir Aurel Stein: Preserved in the Sub-Department of Oriental Prints and Drawings in the British Museum, and in the Museum of Central Asian Antiquities, Delhi.* London: Trustees of the British Museum / Government of India.

Whitfield 1983 R. Whitfield. *The Art of Central Asia: The Stein Collection in the British Museum*. Tokyo: Kodansha International.

1985 *The Stein Collection in the British Museum*. Tokyo: Kodansha International.

Willams 1973 J. Willams. "The Iconography of Khotanese Painting." *East and West* 23: 109–154.

Winternitz 1933 M. Winternitz. *A History of Indian Literature,* vol. II. Calcutta: University of Calcutta.

写本释读与文化意向*

——牛津梵本《虎耳譬喻经》之本事

周利群　般　灯

摘　要: 牛津大学藏梵本MS. Sansk.e.23(P)是梵文佛经《虎耳譬喻经》(*Śārdūlakarṇāvadāna*)中亚梵本的一部分。牛津本总共9枚贝叶18页,以婆罗迷字体书写。本文首次公布了虎耳王子本事的部分写本照片与拉丁转写,并试图对故事中的人物角色如莲花实、本性女、帝胜伽、虎耳等,从文化意向角度进行分析。大婆罗门莲花实的名字与布沙迦罗文有关,他的女儿的名字本性与俗语或方言有关,旃陀罗王帝胜伽与神话中悬浮在空中成为了南十字星的帝胜伽王有关,其子虎耳可能与孟加拉虎在南亚的文化意向有关。旃陀罗种姓是首陀罗男子和婆罗门妇女逆婚生出的孩子,社会地位低。摩登伽部族这个文化形象,可能与东印度的摩登伽女神母有关,与语言知识、音乐艺术有关,也与污染、不吉利、异类和印度教社会边缘联系在一起。总体看来,《虎耳譬喻经》的人物形象与印度北部的自然、历史和宗教具有更多的联系。由此推测,《虎耳譬喻经》的创作可能是在北部印度完成的。

关键词:《虎耳譬喻经》;本事;牛津梵本

《虎耳譬喻经》(*Śārdūlakarṇāvadāna*,中文简称《虎耳经》)中亚梵本(以下简称"中亚本")主要分为牛津大学博德利图书馆藏本(以下简称"牛津本")和圣彼得堡东方写本研究所藏本(以下简称"圣彼得堡本")两部分。牛津本编号为MS. Sansk.e.23(P),共9枚贝叶,正反为18页,以婆罗迷字体书写,内容包括虎耳王子本事[1]和二十八宿占卜中名为《星宿特性》的章节。1893年,霍恩雷(A. F. Rudolf Hoernle)首次介绍了这一写本,并作了部分转写。圣彼得堡本由榜迦德-列文(Gregory M. Bongard-Levin)与玛格丽塔·沃罗比耶娃-吉斯雅托夫斯卡雅(Margarita I. Vorobyova-Desyatovskaya)于1990年首次刊布,并认定牛津本是圣彼得堡本的前续部分。该书以俄语写成,其转写没有参照印度泰戈尔国际大学出版的《虎耳经》尼泊尔梵文精校本(Mukhopadhyaya 1954),目前来看知悉这个发表的学者较少。

作者:周利群,北京外国语大学亚洲学院梵语巴利语教研室。般灯(关迪),沈阳北塔护国法轮寺编辑中心,中国人民大学国际佛学研究中心。

* 基金项目:2018 年度国家社科基金冷门绝学和国别史等研究专项"梵藏汉佛经中的时间测量文献整理与研究"(2018VJX034)。感谢赵悠老师和康杰夫(Jeffrey Kotyk)提供有价值的参考文献。本文中的任何错误,当归于学力不济的作者。

[1] "本事"(itivṛttaka)一词未见于《虎耳经》梵本,笔者根据经文内容以此词称呼,其意义参见《大乘阿毗达磨集论》卷 6《法品》(T 31, no. 1605, 686b14):何等本事?謂宣説聖弟子等前世相應事。

2015年，对圣彼得堡本的重新释读和梵藏汉平行文本对勘在东京出版（Miyazaki et al. 2015）。2021年，周利群、李灿发表《从牛津大学藏〈虎耳譬喻经〉中亚梵本看早期佛经天文学汉译中的归化与异化》一文，释读了牛津本的6个页面。文章公布藏于两处的写本照片，缀合牛津本与圣彼得堡本，对二十八宿占卜中《星宿特性》章节的梵文本进行释读和翻译，以星宿的族姓（Gotra）为例探讨早期佛经天文学汉译中的归化与异化。

《虎耳经》中亚本自发现以来，历经一个多世纪，由来自英国、俄罗斯、日本、中国的多位学者接力作释读研究。本文将继续这一任务，对牛津本的开头部分页面作释读转写，并对其进行内容梳理和文化意向分析。

一、《虎耳经》本事的写本内容梳理

一般来说，婆罗门家族在古代印度，世代掌握某种知识的传授，比如背诵《梨俱吠陀》的家族世代传承《梨俱吠陀》，掌握星占知识的家族世代从事星占行业。首陀罗及旃陀罗等，基本上没有受教育的权利，更不用提掌握印度星占等专门知识。《虎耳经》牛津本的主要内容是阿难与摩登女的本事。旃陀罗王帝胜伽为虎耳王子向大婆罗门莲华实求娶女儿本性，用自己掌握的学问和知识与婆罗门辩论。辩论的焦点主要在于，旃陀罗作为四种姓之外的杂种姓，是否有资格求娶婆罗门女。帝胜伽考问莲花实的内容，不仅有吠陀的源流，还有二十八星宿占卜知识。下表列举牛津本《虎耳经》的写本顺序与内容，部分写本照片和拉丁转写见后附录。

表 牛津本《虎耳经》叶号对照与内容

中亚本	牛津本照片编号	内容
第1—6叶佚失	（第1页为编号信息，非写本照片）	
第7叶正	第3页	介绍《虎耳经》本事中的大婆罗门莲花实。
第7叶反	第2页	旃陀罗国王帝胜伽代表儿子虎耳向婆罗门莲花实的女儿求亲。
第8叶正	第5页	婆罗门莲花实认为旃陀罗与婆罗门家族贵贱不等，无法缔结婚约。
第8叶反	第4页	旃陀罗国王帝胜伽认为婆罗门与旃陀罗一样都是胎生的，都会死，没有贵贱之别，婆罗门为了吃肉做祭祀。
第9叶正	第6页	帝胜伽反问莲花实，如果杀羊，羊可以升天，为什么婆罗门不自杀以升天。有四种大罪，包括奸淫师母等。
第9叶反	第7页	犯罪后做苦行十二年，可以再成为再生族。四种姓从高到低可以娶的老婆数量减少。

第10叶正	第8页	不同的花虽然有颜色和香味的差别，但本质上都是花。同样，四种姓没有本质上的区别。
第10叶反	第9页	四种姓都从梵生，种姓次序如同种子、花等的顺序。
第11叶正	第11页	婆罗门创作了梵天创世的神话。
第11叶反	第10页	仅婆罗门死后升天不合适，行善的人无论哪个种姓都可升天。
第12叶正	第13页	四种姓如同一父所生的四个孩子，名字不同，没有贵贱之别。
第12叶反	第12页	莲花实问帝胜伽四吠陀，以及之后的演变。
第13叶正	第15页	莲花实问帝胜伽音韵（Chandoga）有几种，及问其族姓为何。
第13叶反	第14页	星宿特性问答。

二、《虎耳经》人物角色的文化意象

《虎耳经》本事中，主要的人物角色有大婆罗门莲花实、莲花实的女儿本性、旃陀罗国王帝胜伽、帝胜伽的儿子虎耳。此文中意象的定义是，在主观意识中被选择而有秩序地组织起来的客观现象。下面从词源学、字体学、语言学、天文史等角度来探讨《虎耳经》本事人物角色的文化意向。

大婆罗门的姓名为Puṣkarasārin，汉译为莲花实。Puṣkara是一种蓝色莲花，sāra是物品的内核或者精华，用表果实和种子的“实”来翻译正好。莲花的精华最是高洁，用来类比大婆罗门的身份恰如其分。Puṣkarasārin一词也出现在其他梵语佛典中，最著名的是《神通游戏经》（*Lalitavistara*）和《大事》（*Mahāvastu*）。《神通游戏经》在历史上先后至少有两种汉译本，分别是《普曜经》和《方广大庄严经》。《普曜经》的译者是西晋时代的竺法护（Dharmarakṣa），《方广大庄严经》的译者是唐代来华的印度僧人地婆诃罗（Divākara）。Mahāvastu则从来没有汉译。比较有趣的是，在《大事》《神通游戏经》《普曜经》《方广大庄严经》这四种描述佛陀生平的文本中，列举印度的六十四种文字，将Puṣkarasārin列于前三。《大事》列举的是Brāhmī、Puṣkarasārin、Kharostī；《神通游戏经》中列举的是Brāhmī、Kharoṣṭī、Puṣkarasārin；汉本《普曜经》中列举的是梵书、佉留书、佛迦罗书；汉本《方广大庄严经》中列举的是梵寐书、佉卢虱底书、布沙迦罗书。《普曜经》中佛迦罗书和《方广大庄严经》中布沙迦罗书，是Puṣkarasāra的音译。

婆罗迷（Brāhmī）字体是古代南亚的一种书写系统，从公元前3世纪开始，持续地在南亚和东南亚使用。从印度的阿育王碑铭到笈多字体、天城体，再到东南亚的爪哇文和高棉文，婆罗迷字体在南亚、东南亚书写系统的地位独一无二。佉卢文（Kharoṣṭhī）是公元前3世纪在当今巴基斯坦北部发展起来的文字。佉卢文主要是公元前3世纪到公元3世纪之间在犍陀罗文化圈使用。婆罗迷字体与佉卢文因考古和写本为世人所知，六十四书中列于第三的布沙迦罗书（Puṣkarasāra）不知为何种文字。

犍陀罗的一位统治者被称为Puṣkarasārin（梵语）或者Pukkusati（巴利语）。他与摩揭陀的频毗娑罗王是同时代人，从事外交活动，与阿磐底的Pradyota王朝的最后一位国王发动了战争。后来这位国王放弃了王位，成为一名佛教徒。不久之后，犍陀罗被波斯阿契美尼德王朝征服。或许布沙迦罗书与犍陀罗地区的这位Puṣkarasārin王有关。纳西姆·汗（M. Nasim Khan）教授也留意到这个词汇，他将1999年在巴基斯坦北部科希（Kohi）地区[1]出土的一种尚未识别的字体，与布沙迦罗书（Puṣkarasāra）联系起来(Khan 2016)。用该字体写成的石板，在巴基斯坦出土了164片，与阿富汗和中亚乌兹别克斯坦出土的石板字体极为相似(Khan 2007)。在犍陀罗地区，佉卢文在公元前3世纪到公元3世纪使用，而科希字体（Kohi Script）即布沙迦罗书在公元前4世纪到公元九十世纪使用，即贵霜王朝时期及其前后。科希字体在1980年斯塔文斯基（Stavinskij）的专著中被命名为未知字体，或者是Kambojian（Khan 2007, 8），即kamboja地区的字体。佉卢文在犍陀罗地区被婆罗迷字体取代后，科希字体还流行了几百年。它不是宗教使用的字体，而是老百姓使用的字体。《大事》《神通游戏经》以及一些耆那教文献中记载的布沙迦罗书，是与婆罗迷、佉卢文同时代的重要文字，在三十二书或者六十四书的列举中位于前三。目前考古发现的不知名文字仅仅有科希字体与其时代和区域相吻合，故而纳西姆·汗教授推测布沙迦罗书即为犍陀罗地区出现的科希字体。康杰夫在文章中表示赞同这一观点（Kotyk 2021, 242）。

莲花实的女儿Prakṛti，来自于pra + kṛ + ktic[2]，与prakṛta属于同源词。Prakṛti义译为本性，音译普拉克里蒂[3]，意为刚开始的、本初的，在哲学文献中译为本性或

[1] 科希（Kohi）地区被称为科希斯坦（Kohistan），在波斯语和乌尔都语种是“山丘之国”或“高地”的意思。这是巴基斯坦和阿富汗的山地和丘陵地带，人口稀少。巴基斯坦开伯尔–普赫图赫瓦省（Khyber Pakhtunkhwa）的科希斯坦，东部称为印度河科希斯坦，西部称为斯瓦特科希斯坦和迪尔科希斯坦。信德省科希斯坦（Sindh Kohistan）是一片贫瘠的丘陵地带，只在雨季沿着山间小溪耕种，当地人以牧业为生。阿富汗科希斯坦（Kuhestan）部分地区被高度开垦，位于喀布尔的东北方向，延伸到兴都库什山脉。参见https://www.britannica.com/place/Kohistan，2023年1月24日访问。感谢北京外国语大学乌尔都语外教阿米娜·穆纳瓦尔（Amna Munawar）女士提供信息。

[2] 根据梵梵辞典Vacaspatyam的构词法。

[3] 印度文豪泰戈尔创作歌舞剧《昌达尔姑娘》的女主角Prakṛti，在汉译《泰戈尔全集》中则音译为普拉克里蒂。

者原质。Prakṛta，意为刚开始的、本初的。Prākṛta来自prakṛta，本初的，自然的，普通的，平常的，低的，方言的。根据《诗镜》(*Kāvyādarśa*)，方言(prākṛta)包括修罗塞纳语(Śaurasenī)、高德语(gauḍī)、罗德语(lāṭī)等多种语言(黄宝生2008, 156)。在数论派哲学中，认为世界二元指自性(Prakṛti)和神我，自性是一种处于未显状态的原初物质，人生现象或世间万物由它演化而来，最后要回归于它。自性的状态不能被感知，其存在可以被推论(姚卫群 2006, 54)。在《薄伽梵歌》中，黑天提到世界的本原——原质(Prakṛti)，"在这世界毁灭的劫末，一切众生进入我的原质。而在世界创造的劫初，我又把一切众生放出。我依据自己的原质，一次又一次放出他们；由于受到原质支配，这些物群不能自主"（黄宝生 2014, 87）。《虎耳经》故事中，名为本性的年轻女子在往世生作大婆罗门的女儿，身份高贵，王子求婚也很难娶到；在现世故事中她生作种姓外旃陀罗女，身份低贱，苦苦追求佛陀弟子阿难而不得。轮回转世故事中，同一姑娘在往世和现世命运截然不同，形成鲜明的人物对比，对种姓制度的揶揄不言而喻。

《虎耳经》今生故事中，追逐佛弟子阿难的女子本性(Prakṛti)出家后名为本性比丘尼。因部族为Mātaṅga[1]，在文艺作品中她被称为摩登女。印度女神(Mahavidyā)信仰中，有一位称为摩登伽女神Mataṅgī，手持宝剑、盾牌、棍和棒。她被认为是辩才天(Sarasvatī)的密教形式，是音乐和学习的女神。摩登伽女神掌管着语言、音乐、知识和艺术。对她的崇拜是为了获得超自然的力量，特别是获得对敌人的控制，把人吸引到自己身边，获得对艺术的掌握和获得最高的知识。摩登伽女神通常与污染、不吉利和印度教社会的边缘这些义项联系在一起，这体现在她最受欢迎的形式，被称为Ucchiṣṭa-Cāṇḍālinī或Ucchiṣṭa-Mātaṅgī。她被描述为一个异类(Cāṇḍālinī)，被人用未清洁的手来供奉残羹剩饭(Ucchiṣṭa)，这两者在古典印度教中都被视为不洁。摩登伽女神用翠绿的颜色来表现。Ucchiṣṭa-Mātaṅgī带着绞索、剑、拐杖和棍棒，而她的另一个著名的形态Rāja-Mātaṅgī则是弹奏维纳琴，并且经常和一只鹦鹉一起出现在画面上。

---

1 古代译经僧人将人名中所包含的Mātaṅga也音译为摩腾，如Kāśyapa Mātaṅga 竺叶摩腾，迦叶摩腾；Kāśyapa-Mātaṅga 摄摩腾；Mātaṅga 摩腾；参http://www.buddhism-dict.net/ddb/indexes/person-ind.html。

图1 19世纪版画中的摩登伽女神
图片来源: https://www.oldindianarts.in/2016/06/goddess-matangi-hand-coloured.html

本事中国王帝胜伽与儿子虎耳，现世故事中女子本性的种姓为caṇḍāla，音译为旃陀罗。旃陀罗种姓，是印度四种姓之外的人，通常被称为不可接触者（Achūta），即贱民，也叫达利特（Dalitajana）。贱民是正式的表列种姓，以前叫哈里扬（Harijan），在传统的印度社会中，是指广泛的低种姓印度教团体的任何成员和种姓制度以外的任何人[1]。根据古代法典《摩奴法论》（*Manusmṛti*），该阶层源自婆罗门（四种姓中的最高阶层）妇女和首陀罗（Śūdra）（四种姓最低阶层）男子的结合。这个阶层是四种姓之外的杂种姓，在现代也被用于孟加拉地区的一个特定的农业者、渔民和船夫种姓，通常被称为拿摩首陀罗（Namaśūdra）。一些学者认为拿摩首陀罗的起源是来自比哈尔（Bihār）的拉杰马哈尔（Rājmahal）山的一个原住民部落。婆罗多《舞论》的第十八章论述方言在戏剧中的使用，除了摩羯陀语等七种主要方言的使用，一种名为旃陀罗语（Caṇḍalī）的语言为布尔迦沙（Pulkasa）等贱民使用（黄宝生 1999，128）。从词源的角度来看，此处阴性词缀ī表示语言，因此Caṇḍalī表示旃陀罗语。如梵语及其他印度语言中，汉地cīna汉语为cinī，克什米尔为kaśmīra，克什米尔语为kaśmīrī。

“旃陀罗”一词在汉文佛经典籍中出现约两千次，多指古代印度从事屠宰等职业的贱民。信行《翻梵语》卷三解释旃陀罗一词如下：旃陀罗，旧译曰，又云旃荼罗，谓瞋亦云恶。持律者云下贱恶人。声论者云，外国音应云旃陀罗，翻为恶人。旃陀罗谓是屠杀恶人，加此屠肉五兵等类。[2]

[1] 来自不列颠百科全书网络版，https://www.britannica.com/topic/untouchabl，2023年1月访问。

[2] 信行《翻梵语》迦絺那衣法第十八（T 54, no. 2130, 1006b29—c3）。

图2 《罗摩衍那》中悬浮在空中的帝胜伽　图片来源: https://en.wikipedia.org/wiki/Trishanku#/media/File:Indra_prevents_Trisanku_from_ascending_to_Heaven_in_physical_form.jpg

《虎耳经》本事中旃陀罗国王帝胜伽(Triṣaṅku[1]), 考证是古印度一个仙人的名字, 或一个阿逾陀国王的名字。阿逾陀的国王帝胜伽有志于从凡胎肉身升天, 起初他请求极裕(Vasiṣṭha)仙人为他做一场大型祭祀, 被拒绝后求助于极裕仙人的100个儿子。然而因为诅咒, 他被降级为旃陀罗种姓。众友(Viśvamitra)仙人为他做了祭祀并邀请了众神。众神从天而降参加祭祀, 而众友仙人通过自己的力量, 把他送到了天上。帝胜伽被众神头朝地扔了下来, 被激怒的众友仙人用咒语抓住了他, 并保持悬浮在天上, 成为了南十字星。有些印度谚语中, 描述不上不下的尴尬境地时, 会提到就像悬浮在空中的帝胜伽。

帝胜伽的儿子虎耳, 取老虎之耳, 表达勇猛之意。古代印度人对于老虎的印象可能来源于南亚次大陆生活了12000年之久的孟加拉虎(Bengal Tiger)。公元前2000年左右的印度河印章中的"兽主"印章, 其中的动物形象就有老虎。在近代, 孟加拉虎已被用作著名人物的标志和绰号。孟加拉革命家贾丁德拉纳特·穆克吉(Jatindranath Mukherjee, 1879—1951)被称为巴加贾丁(Bagha Jatin, Bagha在孟家拉语中是老虎的意思)。教育家阿舒托什·穆克吉(Ashutosh Mukherjee)爵士经常被称为"孟加拉虎"。孟加拉军队东孟加拉团的成员被昵称为"孟加拉虎", 该团的标志是一张虎脸。

梵语词Śārdūlakarṇāvadāna, śārdūla指虎、狮、豹等猛兽, karṇa指耳朵, 前两个词组成的复合词虎耳, 是阿难前世——旃陀罗王子的名字。在《摩登伽经》中汉译为"师子耳", 在藏译本中为"stag sna"(虎耳), 尊重梵文原文, 取"虎耳"这一译法更好。汉译佛经历史上没有出现《虎耳譬喻经》的经名。《虎耳譬喻经》的选用, 是根据梵文题名Śārdūlakarṇāvadāna与藏文题名sTag rna'i rtogs pa brjod pa直译而来的, 既体现了文献的体裁——譬喻经, 也反映了故事的主人公之一——虎耳。

---

1 Triśaṅku在中亚写本写作tṛśaṅku, 参本文附录。

三、小结

佛教譬喻故事是一种源远流长的文学作品，《虎耳经》的前世今生故事体现出结构设计的精巧。故事中出现的人物角色，不会随意命名，而是结合社会文化背景有意为之。本事中大婆罗门莲花实的名字与布沙迦罗文有关，大婆罗门莲花实的女儿的名字本性，与印度哲学概念中的本性或者原质有关，与印度语言中的俗语或方言有关。这两者作为知识精英，他们的名字与语言、哲学有关，说明了他们掌握知识的社会地位。旃陀罗王帝胜伽与神话中悬浮在空中成为了南十字星的帝胜伽王有关，与《虎耳经》中的天文文本建立了关联。帝胜伽的儿子虎耳，可能与孟加拉虎在南亚自然界的影响有关，塑造一种勇猛有力的男性形象。

今生故事的摩登伽女，来自旃陀罗种姓摩登伽部族。旃陀罗种姓在《摩奴法论》、汉文佛经等文献中多次被提及，是首陀罗男子和婆罗门妇女逆婚生出的孩子，从事卑贱职业，社会地位低。摩登伽部族这个文化形象，可能与东印度的女神摩登伽女神母有关。该神是文艺女神辩才天的密教形式，掌管着语言、音乐、知识和艺术。通常与污染、不吉利、异类和印度教社会边缘联系在一起。

性力派女神的崇拜，在东印度地区比较流行。孟加拉虎得名也来自于印度东部孟加拉地区。莲花实的名称与印度西北部犍陀罗地区的一位王有关。总体看来，《虎耳经》的人物形象与印度北部的自然、历史和宗教具有更多的联系。由此，是否可以推测，《虎耳经》的创作是在印度北部完成。这样一部杂糅了佛教故事、种姓平等理念、印度天文知识的奇书，值得继续探讨。

附录 《虎耳经》本事牛津本照片及拉丁转写[1]

Śk-av(Bod)	The manuscript of the *Śārdūlakarṇāvadāna* kept at the Bodleian Library: part one, 1091(1-8)-MS. Sansk.e.23(P).
Śk-av(M)	The *Śārdūlakarṇāvadāna*, ed. Mukhopadhyaya 1954.
Ch	T 21, no. 1300, 《摩登伽经》(竺律炎、支谦译)。

[1] 衷心感谢日本京都矢野道雄教授2012年帮忙从牛津大学图书馆购得黑白写本照片，牛津大学沈逸鸣博士2023年帮助拍摄彩色写本照片。因整理工作尚未完成，此附录暂且只放三个页面的照片以及梵汉对勘。

转写使用的符号

( )	重构的字	..	一个无法辨识的字
[ ]	无法确认的字	.	无法辨识的字的一部分
< >	抄手遗漏的字	*	*virāma*
« »	抄手插入的字	(')	*avagraha*，写本中未用
{ }	多余的字	○	穿绳孔
///	页面断裂缺失处		

牛津本照片第3页，《虎耳经》中亚本第7叶正

Śk-av(Bod) 3, Folio 7 recto

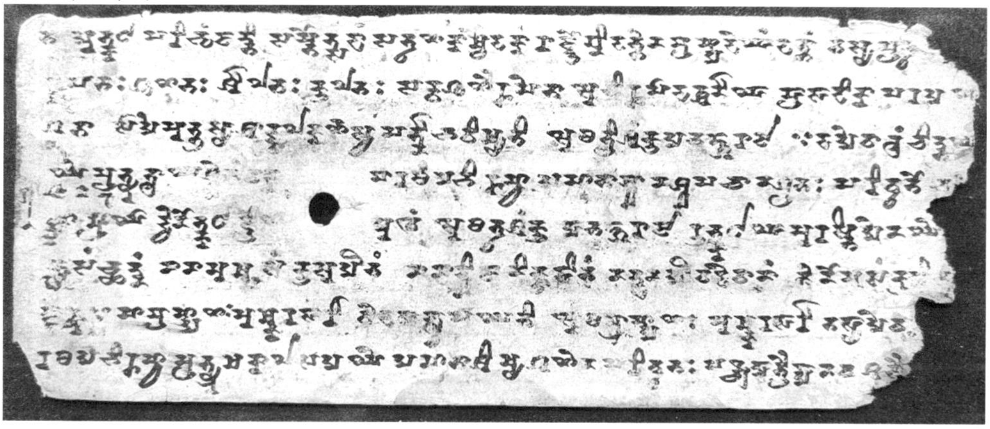

1 tam utkuṭa<ṃ> paribhuṃjanti saptotsadāṃ satṛṇakāṣṭhadakāṃ rājño (')gnidattena brahmadeyaṃ dattaṃ tasya prakṛ ///

2 yataḥ guṇataḥ śīlataḥ kulataḥ sarvaguṇair upetā abhirūpā darśanīyā prāsādikā parama[y]. ///

3 gatā sā me puttrasya śārdulakarṇasya patnī bhaviṣyati atha triśaṃkumātaṅgarājā idam evārthaṃ cintay. ///

4 ye pratyūtthāya ś[v]e[ta]vaḍa○bāratham abhiruhya mahatāśvān aśvapacān agrataḥ parivṛto [ca] .. ///

5 krā prāyād yenotkuṭaṃ dro[ṇa]○mukhaṃ atha tṛśaṃku mātaṅgarājā utkuṭāya purastimena ye ///

6 kṣasaṃcchannaṃ nānāpuṣpāsaṃkusumitaṃ nānādvijanikūjitaṃ nandanam iva devānāṃ tenopasaṃkra .. .. ///

7 .. .. iha brāhmaṇaḥ puṣkarasārī veda[m] addhyāpayati atha brāhmaṇaḥ puṣkarasārī tasyām eva ///

8 ratham abhiruhya pratyūṣakālasamaye mahatā śiṣyagaṇena parivṛtaḥ pañcimātrair mānavaśatai ///

Śk-av(M) 14.1—15.1 yāvat traivedike pravacane vistareṇa | sa cotkūṭaṃ droṇamukhaṃ paribhuṅkte | sasaptotsadaṃ satṛṇakāṣṭhodakaṃ dhānyabhogaiḥ sahagataṃ rājñā 'gnidattena brahmadeyaṃ dattam | tasya puṣkarasāriṇo brāhmaṇasya prakṛtir nāma māṇavikā duhitā upetā rūpataś ca kulataś ca śīlataś ca sarvaguṇopetā abhirūpā darśanīyā prāsādikā paramayā varṇapuṣkalatayā samanvāgatā | śīlavatī guṇavatī putrasya me śārdūlakarṇasya pratirūpā patnī bhaviṣyatīti | atha triśaṅkur mātaṅgarāja etam evārthaṃ bahulaṃ rātrau cintayitvā vitarkya tasyā eva rātryā atyayāt pratyūṣakālasamaye sarvaśvetaṃ vaḍavāratham abhiruhya mahatā śvapākagaṇenāmātyagaṇena parivṛtaś caṇḍālakulanagarān niṣkramyottareṇa prāgacchad yenotkūṭaṃ droṇamukham | atha triśaṅkur mātaṅgarāja utkūṭasyottarapūrveṇa sumanaskaṃ nāmodyānaṃ nānāvṛkṣasaṃcchannaṃ nānāvṛkṣakusumitaṃ nānādvijanikūjitaṃ nandanam iva devānāṃ tad upasaṃkrāntaḥ | upasaṃkramya brāhmaṇaṃ puṣkarasāriṇam āgamayamāno 'sthāt | brāhmaṇaḥ puṣkarasārī māṇavakān mantrān vācayitum ihāgamiṣyatīti || atha brāhmaṇaḥ puṣkarasārī tasyā eva rātryā atyayāt sarvaśvetaṃ vaḍavāratham abhiruhya śiṣyagaṇaparivṛtaḥ pañcamātrair māṇavakaśataiḥ

Ch, T 21, 401c9—25 有婆羅門名蓮花實，宗族高美，父母真正，七世以來，净而無雜，通四圍陀，才藝寡匹。時有國王，名曰火與，總領天下，威力自在，以一聚落封蓮花實，令其統禦，其土豐盛，人民殷富。彼蓮花實女名本性，德貌殊勝猶師子耳。”帝勝伽王作是念言，“唯蓮花實其女殊妙，吾當爲子而求娉之。”作是念已，至明清旦，乘大寶車，駕駟白馬，栴陀羅衆前後圍繞，出家北行，往趣其國。時蓮花實所住處南，有一園苑，名曰悦樂，花果滋茂，樹木敷榮，泉流浴池，净水盈滿，异類衆鳥，游戲其上，哀音相和，聞者歡悦。其園廣博，甚可愛樂，猶如諸天難陀之園。摩登伽王，往彼園中，待蓮花實。時婆羅門，亦於晨朝，駕駟白馬，及與五百婆羅門，俱導從圍繞，至園游觀。彼婆羅門，於其路次，教授弟子技藝等事，且行誦習，而來詣園。

牛津本照片第2页，《虎耳经》中亚本第7叶反

Śk-av(Bod) 2, Folio 7 verso

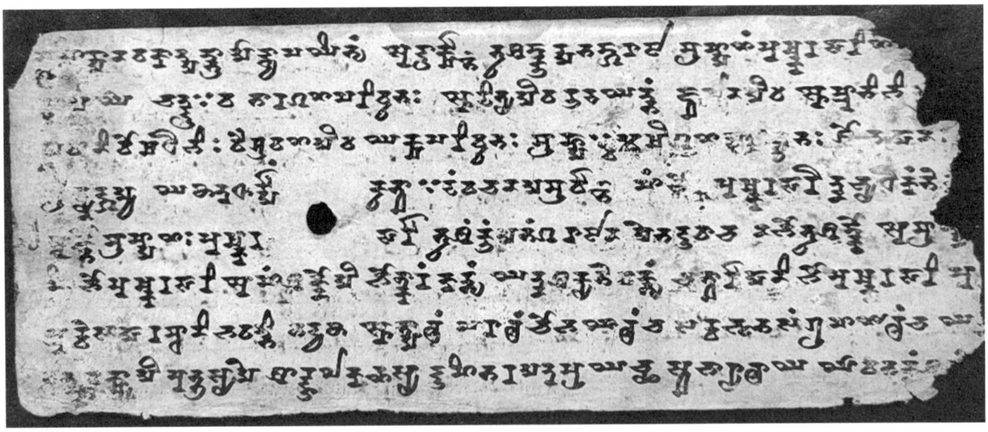

1 [ba]hir mānavakān mantrām āddhyāpayituṃ adrākṣīt* tṛśaṅkur mātaṅgarājā brahmaṇaṃ puṣkarasāriṇa(ṃ) ///

2 .. .. ye candra iva tāragaṇaparivṛtaḥ ādityam iva udayantaṃ jvalanam iva āhūtibhi .. ///

3 mavān ivoṣadhibhiḥ vaiśravaṇam iva yakṣaparivṛtaḥ brahma i«va» ṛṣigaṇa[pari]vṛtaḥ śobhamānaḥ ///

4 [p]ra[t]yudgamya yathānudhārmī ○ kṛtvā idaṃ vacanam abravīt* haṃ bho[ḥ] puṣkarasārinn abhyadhikaṃ te .. ///

5 [m uk]to brāhmaṇaḥ puṣkara○sārī tṛśaṃkuṃ mātaṃgarājānam etad uvāca na bho tṛśaṅko abrā[h]m. ///

6 hi bho puṣkarasāri ahaṃ śaknomi bhoṅkāraṃ kartuṃ yan na śakyate vaktuṃ catvārīmāni bho puṣkarasāri pu///

7 pūrve samārabdhāni bhavanti tadyathā ātmārthaṃ parārthaṃ cobhayārthaṃ ca sarvabhūtasaṃgrahaṇārthaṃ ca ya .. ///

8 .. .. [v]akṣyāmi puttrasya me śārdūlakarṇasya duhitaram anuprayacchasva bhāryārthāya yāvatakaṃ śa .. ///

Śk-av(M) 15.1—16.2 puraskṛta utkūṭān niryāti sma brāhmaṇakān mantrān vācayitum | adrākṣīt triśaṅkur mātaṅgarājo brāhmaṇaṃ puṣkarasāriṇaṃ sūryam ivodayantaṃ tejasā jvalantam iva hutavahaṃ yajñam iva brāhmaṇaparivṛtam śakram iva devagaṇaparivṛtam haimavantam ivauṣadhibhiḥ samudram iva ratnaiś candram iva nakṣatraiḥ vaiśravaṇam iva yakṣagaṇair brahmāṇam iva devarṣigaṇaiḥ parivṛtaṃ śobhamānam | dūrata evāgacchantaṃ dṛṣṭvā cainaṃ pratyudgamya yathādharmaṃ kṛtvedam avocat | haṃ bhoḥ puṣkarasārin svāgatam āyāhi | kāryaṃ ca te vakṣyāmi tac chrūyatām | evam ukte brāhmaṇaḥ puṣkarasārī triśaṅkuṃ mātaṅgarājam idam avocat | na hi bhos triśaṅko śakyaṃ brāhmaṇena saha bhoḥkāraṃ kartuṃ | ahaṃ bhoḥ puṣkarasārin śaknomi bhoḥkāraṃ kartum | yac chakyaṃ me kartuṃ bhavati naiva tac chakyaṃ te kartum | api tu catvāro bhoḥ puṣkarasārin puruṣasya kāryasamārambhāḥ pūrvasamārabdhā bhavanti | yaduta ātmārthaṃ vā parārthaṃ vātmīyārthaṃ vā sarvabhūtasaṃgrahārthaṃ vā | idaṃ cātra mahattaraṃ kāryam yat te vyākhyāsyāmi tac chrūyatām | putrāya me śārdūlakarṇāya prakṛtiṃ duhitaram utsṛja bhāryārthāya | yāvantaṃ kulaśulkaṃ manyase tāvantaṃ dāsyāmi ||

Ch, T 21, 401c25—402a14 帝勝伽王，見蓮花實安詳而來，威德殊特，心生歡喜，以偈贊曰：

“如日初出，光明照曜，大士威德，亦復如是。

如雪山藥，衆藥中勝，仁者高遠，更無能比。

德力深妙，極爲嚴顯，猶如秋月，衆星中最。

如梵天王，智慧超勝，悉爲諸天，所共瞻仰。

如天帝釋，一切恭敬，端嚴殊絶，更無能逾。

我但略贊，汝之功德，若廣説者，不可窮盡。”

説是偈已，即起奉迎，更相慰問，然後就坐。蓮花實言：“汝栴陀羅下劣之甚，而來至此，欲何所爲？”答言：“仁者，世有四事，宜應修習。何等爲四？一者本所爲事，憶而不忘；二者應當利安於己；三者饒益一切衆生；四者務修婚姻之事；是以我今故來相造。吾有一子，名師子耳，顔容瑰瑋，智慧微妙，欲爲娉妻。仁女賢勝，意甚相貪，欲托姻媛，幸能垂意，而見許可。”

牛津本照片第5页，《虎耳经》中亚本第8叶正

Śk-av(Bod) 5, Folio 8 recto

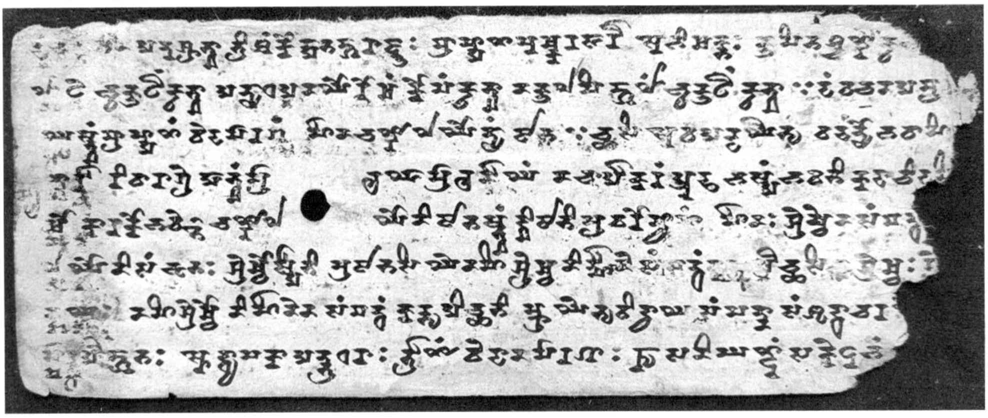

1 da[ṃ] ca [va]canam anuśrutvā triśaṃkor mātaṅgarājñaḥ brāhmaṇapuṣkarasārī abhiṣaktaḥ kupitaś caṇḍīkṛ .. ///

2 lāṭe bhṛkūṭiṃ kṛtvā manyādhamanayor oṣaṃ kopaṃ kṛtvā nakulapiṅgalāṃ bhṛkuṭiṃ kṛtvā idaṃ vacanam abra(vī)[t*]///

3 yas tvaṃ brāhmaṇaṃ vedapāragaṃ hīnacaṇḍālayonyaṃjāta icchasi avamardayituṃ vadanyo bhavāhi ///

4 .. rīr ivārāgre mā tvaṃ prā◯rthayāprārthanīyaṃ na cāmīkaraṃ muḍha bhasmaṃ bhavati kadācid api ///

5 ṣo kārako bhavet* caṇḍāla◯yonijātas tvaṃ dvijāti pravaro (')py ahaṃ hīnaḥ śreṣṭhena saṃbandh. ///

6 layoni saṃbhūtaḥ śreṣṭho (')smīti prajātasi yena hi śreṣṭha ni{r}hīne saṃbandhaṃ (kartu)m icchasi [3] śreṣṭhaḥ .. ///

7 [ta]yaḥ na hi śreṣṭho nihīnena saṃbandhaṃ kartum icchati 4 ye tu vidyāya saṃpannā saṃśuddhā cara .. ///

8 param[ā]ṅgataḥ āddhyāpakā mantradharāḥ trīṇāṃ vedāna pāragāḥ 5 sanighaṇṭuṃ saketubhaṃ ///

Śk-av(M) 16.4—17.12 idaṃ ca khalu punar vacanaṃ śrutvā triśaṅkor mātaṅgarājasya bhṛśaṃ brāhmaṇaḥ puṣkarasārī abhiṣaktaḥ kupitaś caṇḍībhūto 'nāttamanāḥ kopaṃ ca dveṣaṃ ca mrakṣyaṃ ca tatpratyayāt saṃjanayitvā lalāṭe triśikhāṃ bhṛkuṭīṃ kṛtvā kaṇṭhaṃ dhamayitvā akṣiṇī parivartya nakulapiṅgalāṃ dṛṣṭim utpādya triśaṅkuṃ mātaṅgarājam idam avocat || dhig grāmyaviṣaya | caṇḍāla | nedaṃ śvapākavacanam yuktam | yas tvaṃ brāhmaṇaṃ vedapāragaṃ hīnaś caṇḍālayonijo bhūtvā icchasy avamarditum | bho durmate |

prakṛtiṃ tvaṃ na jānāsi ātmānaṃ cābhimanyase |

bālāgre sarṣapaṃ mā bhoḥ sthāpaya (mā) kleśam āgamaḥ ‖ 1 ‖
mā prārthayā' prārthanīyāṃ vāyuṃ pāśena bandhaya |
na hi cāmīkaraṃ mūḍha bhaved bhasma kadācana |
prakāśe vāndhakāre kiṃ viśeṣo nopalabhyate ‖
caṇḍālayonijas tvaṃ hi dvijātiḥ punar apy aham |
hīnaḥ śreṣṭhena saṃbandhaṃ mūḍha prāthayase katham ‖
caṇḍālayoni bhūtas tvam aham asmi dvijātijaḥ |
na hi śreṣṭhaḥ prahīnena saṃbandhaṃ kartum icchati ‖
śreṣṭhāḥ śreṣṭhair hi sambandhaṃ kurvantīha dvijātayaḥ |
vidyayā ye tu saṃpannāḥ saṃśuddhāś caraṇena ca ‖
jātyā caivānabhikṣiptā mantraiḥ paramatāṃ gatāḥ |
adhyāpakā mantradharās triṣu vedeṣu pāragāḥ ‖
nighaṇṭakaiṭabhān vedān brāhmaṇā ye hy adhīyate |
tais tādṛśair hi saṃbandhaṃ kurvantīha dvijātayaḥ ‖

Ch, T 21, 402a14—26 時蓮花實聞是語已，瞋毒熾盛，極生忿恚，顏容慘結，色貌顰蹙，而語之言：
“摩登伽種，人所輕賤，甚可畏惡，如毒如火。
我今身是，婆羅門姓，豪勝尊貴，更無過者。
通達圍陀，智慧無比，汝今云何，欲來毀辱？
如空中月，螢燭光明，有目之士，咸知其异。
栴陀羅種，比婆羅門，尊貴卑劣，亦復如是。
今汝愚痴，不識貴賤，不可求處，生心悕望。
汝栴陀羅，自有種類，何故欲染，清勝之人？
且婆羅門，戒行不具，不能通達，圍陀妙典。
諸婆羅門，不與交游，况汝凡賤，乃生是意。
急可速去，不宜久留，莫使外人，聞斯异言。”

缩略语

T　『大正新脩大藏經』，高楠顺次郎、渡辺海旭編，100卷，東京，1924—1934。依台湾中华电子佛典协会(CBETA)电子版。

参考文献

中文：

黄宝生 1999 《印度古典诗学》，北京：北京大学出版社。

2008 《梵语诗学论著汇编》(上册)，北京：昆仑出版社。

2014 《薄伽梵歌》，北京：商务印书馆。

姚卫群 2006 《印度宗教哲学概论》，北京：北京大学出版社。

周利群、李灿

2021 《从牛津大学藏〈虎耳譬喻经〉中亚梵本看早期佛经天文学汉译中的归化与异化》，《中国科技史杂志》第42卷，第172—188页。

西文：

Bongard-Levin and Vorobyova-Desyatovskaya

1990 G. M. Bongard-Levin and Margarita I. Vorobyova-Desyatovskaya. *Pamjatniki Indijskoj Pis'mennostiiz Tsentral'noj Azii, vypusk* 2, Bibliotheca Buddhica 34. Moskva: Nauka Pamjatniki Pis'mennosti Vostoka.

Hoernle 1893 A. F. Rudolf Hoernle. "The Weber MSS: Another Collection of Ancient Manuscripts from Central Asia." Journal of The Asiatic Society of Bengal, Part 1: 1–40.

Khan 2007 Khan, M. Nasim. "Kohi Script: Discovery of Another Ancient Indian Writing System." Gandhāran Studies 1: 89–118.

2016 "Kohi or Puşkarasāri: The Story of an un-deciphered script from Gandhāra." Presented at International Conference on Buddhist Archaeology in China and South Asia, held in Beijing from November 2016. Conference Organized by the Institute of Archaeology, China Academy of Social Sciences, School of Archaeology and Museology, Peking University and Society for Buddhist Art and Archaeology.

Kotyk 2021 Jeffrey Kotyk. "The Study of Sanskrit in Medieval East Asia: China and Japan." *Hualin International Journal of Buddhist Studies*, v. 4, n. 24 Special Issue: The Wheel that Crossed the Borders: Buddhist and Non-Buddhist Religions, Cambria Press.

Miyazaki et al.

2015 Tensho Miyazaki, Jundo Nagashima and Zhou Liqun. "The *Śārdūlakarṇāvadāna* from Central Asia." In: Seishi Karashima & Margarita I. Vorobyova-Desyatovskaya, eds., *Buddhist Manuscripts from Central Asia: The St. Petersburg Sanskrit Fragments*, vol. 1, 1–84. Tokyo: Institute of Oriental Manuscripts of The Russian Academy of Sciences, and International Research Institute for Advanced Buddhology at Soka University.

Mukhopadhyaya

2015 Sujit Kumar Mukhopadhyaya. *The Śārdūlakarṇāvadāna*. Santiniketan: Viśvabharati.

惠达《肇论疏》卷首校正

周学农

摘要： 惠达《肇论疏》卷首存在错简现象，所谓“原本阙失”的第一叶可以从稍后段落中被恢复出来。但校正后的新形态仍非原貌，很可能属于某个已不完整的早期抄本。

关键词： 惠达；肇论疏；僧肇；肇论

一

惠达《肇论疏》是现存最早的《肇论》注释，《卍续藏》本在编者新作目录及补入之首题后，是以下三段文字（X 54, no. 866, 43a13—b7）：

> 目有餘、無餘，泥曰止取無餘。又，《道行》譯音，泥洹是無爲滅度，泥曰是滅訖盡也。古《净名》法供養品云佛般泥洹曰，今《經》云諸佛滅度，正謂無餘爲泥曰。《放光經》云泥洹、泥曰，此二名間出也。
>
> “表上秦王姚主”者，姚，舜姓也，造論後作序奉上秦王姚主也。表，是表送於王也。序有七義：一、嘆王德。二、“涅槃”下，嘆所述涅槃。三、“肇以”下，自謙。四、“而陛”下，嘆王論。五、“能聖”下，依王論作論。六、“論末”下，出异義。七、“今演”下，結作論奉上也。
>
> 初嘆王德者，末代述涅槃論疏釋僧肇者，安師《傳》云：自魏晋沙門依師爲姓，故姓各不同，而法師以爲大師之本，莫尊卑釋迦，乃以釋命氏。後得《增一阿含》，果稱四河入海，無復河名，四姓以爲沙門，皆稱釋種。既懸與經符，遂爲永息之。涅槃、泥洹、泥曰，即此《論》云楚夏〖中花州曰夏，南越都曰楚〗不同而涅槃音正〖觀師、大亮師亦述此義也〗。然《須真天子問經》云：於泥洹行不槃泥洹，於泥曰行不槃泥曰。招提意，泥洹通作必有所依，故佛滅度後，造論必先歸敬三寶也。今肇師依王作論，傳行於世，是以先陳王德。有三科：一、引古，二、正嘆，三、證今也。

第一段注：“目上原本阙失一叶。”历来研究者皆据此认为惠达疏卷首亡佚。第三段说明赞叹王德之缘由及其分科，首末照应，但其间又包含沙门释姓来历、涅槃异名辨析等内容，且均与“叹王德”无直接关系。

作者： 周学农，北京大学哲学系。

20世纪80年代，伊藤隆寿先生曾对此进行详细研究，认为“释僧肇者”对应《上秦王表》开头的“释僧肇言”，“涅槃泥洹泥曰”至“招提意泥洹”68字为错简，相关文本可能在上表文之前（伊藤隆寿 1982，216—217）。这些意见极具启发意义，同时也有若干疑难之处。比如惠达解说的重点在于释姓来历，而通行本“僧肇言”前并无“释”字。另外，即使按照伊藤隆寿先生的处理，“末代述涅槃论疏”“既悬与经符遂为永息之”“通作必有所依”几句话仍然文辞曲折，义不可解。

经仔细校读后可以发现，此处错简实际应为“涅槃论疏释僧肇者”至“招提意泥洹通”共150字，很可能就是《卍续藏》所谓“原本阙失”的部分，当整体移至第一段之首，即：

“涅槃論疏。釋僧肇者……招提意，泥洹通”+“目有餘、無餘，泥曰止取無餘。”

移除误植文字后，第三段首末相接：

“初嘆王德者，末代述”+“作，必有所依，故佛滅度後，造論必先歸敬三寶也。”

不仅文从字顺，契合无间，惠达《肇论疏》卷首也因此呈现出全新的结构：先标题目，次说明论文作者、辨析涅槃异名，后进入对“表上秦王姚主”的科判和疏解。

二

但是，这个新卷首中仍然存在一些值得注意的问题。

（1）关于“涅槃论疏”

从形式看，惠达引述僧肇论文加以解说，皆以“某某下”或“某某者”定位，绝无“疏某某者”的用法，故“疏”字当属上与“涅槃论”连读。

今《卍续藏》本保存了层次相当丰富的叠加信息，一个显著特征是：“肇论疏”仅以卷标形式出现在上下卷末尾[1]，更具原始形态的四篇内题分别作“无名论义记”“不真空论”“般若无知论义私记”和“物不迁论”，反而无一称“疏”。在首篇之末已有“无名论义记”尾题的情况下，卷首出现“涅槃论疏”难免令人疑惑。我猜测，这四字很可能是某次整理或抄写时，因失去原文首题而添加的标注，后来又羼入正文并随之发生误植。

（2）关于“释僧肇者”

“释僧肇者”一段还原到卷首，伊藤隆寿先生对它的定位就不能成立了。今通行本《肇论》共三次出现“释僧肇”字样，分别在序言、“肇论”题目下和《答刘遗民书》

1 按，《卍续藏》本卷首之“肇论疏卷上”五字，为编辑者所误补。

中。由于惠达疏以《涅槃无名论》起始且未涉及序言，从形式特征和所在位置判断，这段话非常类似对原文中首次标识作者的解释。至于此前是否存在"肇论"的总题，从现有材料看，并不清楚。

所谓"安师《传》云"者，出自慧皎《高僧传》卷五（T 50, no. 2059, 352c29—353a4）：

> 初魏晋沙門依師爲姓，故姓各不同。安以爲大師之本，莫尊釋迦，乃以釋命氏。後獲《增一阿含》，果稱四河入海，無復河名，四姓爲沙門，皆稱釋種。既懸與經符，遂爲永式。

惠达因解说作者而述及沙门释姓来历，顺理成章。不过，行文至"遂为永"处却突然中断，继以"息之涅槃"云云。这里存在两种可能性：一是当如《传》文作"遂为永式"，"息之"乃牵合其下涅槃名义而出现的衍误。二是"遂为永"与"息之涅槃"之间原本并不直接相连，仍有未知的脱落文字。而疏文对僧肇本人情况全无说明，似乎也有所欠缺。

(3) 关于涅槃异名

惠达所引，见今通行本《表上秦主姚兴》末后附记（T 45, no. 1858, 157b24—26）：

> 泥曰、泥洹、涅槃，此三名前後异出，蓋是楚夏不同耳。云涅槃，音正也。

这段话在《肇论》文本中长期处于游移状态。唐代元康《肇论疏》曾列出三种不同的定位[1]，宋代遵式《注肇论疏》和明代梅鼎祚《释文纪》作注文处理，清代严可均辑《全晋文》则将其完全删除。

从"即此《论》云"的表述看，在惠达所据底本中，这段话确实属于僧肇论文。但是，因为惠达没有采用随文解说的形式，又很难判断其在论文中的具体位置。

另外，隋代吉藏解释僧肇《百论序》"佛泥曰后八百余年"一句时曾经提到（T 42, no. 1827, 233b8—11）：

> 文稱"泥曰"者，肇公云：泥曰、泥洹、涅槃，并外國音不同，而以涅槃爲正。又相傳云：涅槃通餘、無餘，泥曰正是無餘之稱也。

其中的"相传云"，与惠达疏所谓"招提意"在内容上非常接近，可以互相参照。

(4) 关于"玄义"的设想

惠达在《涅槃无名论》"演开宗第一"的判摄中说（X 54, no. 866, 46a1—4）：

---

[1] 按，元康《肇论疏》卷三（T 45, no. 1859, 191c7—11）：泥曰泥洹涅槃下，此少許語，諸本不定。或在九折之前，或在十演之後，或在開宗之後。今謂在前爲便，取此爲定也。又，有本於此語之前、表文之後，題涅槃論名，然後始言泥洹泥曰等語，亦可然也。

開宗有四義：一、依名釋義，即玄義中第二簡名也。二、“余嘗”下，正辨涅槃無名義，即玄義中第三無名也。三、“經曰”下，引經論釋義。四、“然則”下，經用也。

伊藤隆寿先生据此猜测《涅槃无名论》疏文原有“玄义”部分，今本阙失应该不止“一叶”（伊藤隆寿 1982, 217—218）。

对于恢复后的卷首，这个设想仍然成立，同时也提示出另一种可能的解释角度。即“释僧肇者”段或许与“玄义”尚不知名的“第一”有关，而涅槃异名辨析属于“第二简名”，第一、第二中部分文字脱落和“第三无名”完全佚失，是造成新卷首文义不畅的主要原因。此外，惠达在稍后疏文中将“依名释义”判为“释涅槃名义”和“明余无余”两部分（X 54, no. 866, 46a6），似乎也可与“然须真天子问经云”前后的内容遥相对应，并为解读“息之”句提供一定空间。

由于《卍续藏》是惠达疏目前唯一可见的版本，在发现新材料之前，只能根据文字内容做尝试性推论。从上述情况看，恢复后的卷首既与《卍续藏》底本不同，也非惠达疏原貌，而很可能属于某个已经失去完整形态的早期抄本。如下所示：

惠达原本→早期抄本（卷首不整，标注“涅槃论疏”）→《卍续藏》底本（卷首误植，形似阙叶）→《卍续藏》本（新作目录，补题“肇论疏卷上”）

三

今将恢复后的惠达《肇论疏》卷首初步整理如下[1]：

涅槃論疏

“釋僧肇”者，安師《傳》云：自魏晋沙門依師爲姓，故姓各不同，而法師以爲大師之本，莫尊（卑）[2]釋迦，乃以釋命氏。後得《增一阿含》，果稱四河入海，無復河名，四姓以爲沙門，皆稱釋種。既懸與經符，遂爲永〔式〕[3]。

息之。涅槃、泥洹、泥曰，即此《論》云楚夏〖中花州曰夏，南越都曰楚〗不同而涅槃音正〖觀師、大亮師亦述此義也[4]〗。然《須真天子問經》云：於泥洹行不槃泥洹，於泥曰行不槃泥曰[5]。招提意，泥洹通目有餘、無餘，泥曰止取無餘。又，

---

1 按，圆括号表示删除，六角括号表示改正或增补，方头括号表示原双行夹注。

2 《卍续藏》注：卑字疑剩。按，《高僧传》无“卑”字（T 50, no. 2059, 353a1），据删。

3 按，“式”字原无，据《高僧传》（T 50, no. 2059, 353a4）补。

4 按，“也”字疑当如《肇论》作正文（T 45, no. 1858, 157b24—26）。

5 按，竺法护译《佛说须真天子经》卷三《分别品》（T 15, no. 588, 109a19—20）作：於泥洹行不般泥洹，於泥曰行不永泥曰。今疏文作两“槃”字，或为后人所改。

《道行》譯音，泥洹是無爲滅度，泥曰是滅訖盡也。古《净名》法供養品云佛般泥(洹)曰[1]，今《經》云諸佛滅度，正謂無餘爲泥曰。《放光經》云泥洹、泥曰，此二名間出也。

“表上秦王姚主”者，姚，舜姓也，造論後作序奉上秦王姚主也。表，是表送於王也。序有七義：一、嘆王德。二、“涅槃”下，嘆所述涅槃。三、“肇以”下，自謙。四、“而陛”下，嘆王論。五、“能聖[2]”下，依王論作論。六、“論(未)〔末〕[3]”下，出异義。七、“今演”下，結作論奉上也。

初嘆王德者，末代述作，必有所依，故佛滅度後，造論必先歸敬三寶也。今肇師依王作論，傳行於世，是以先陳王德。有三科：一、引古，二、正嘆，三、證今也。

缩略语

T　『大正新脩大藏經』，高楠順次郎、渡辺海旭編，100卷，東京，1924—1934。依台湾中华电子佛典协会(CBETA)电子版。

X　『卍新纂大日本續藏經』，河村孝照編集，90冊，東京，1975—1989。依台湾中华电子佛典协会(CBETA)电子版。

参考文献

日文：

伊藤隆寿 1982　「肇論をめぐる諸問題——特に慧達の注釈書について」，『駒澤大學佛教學部研究紀要』40，206—237。

[1] 按，支谦译《佛说维摩诘经》卷二《法供养品》(T 14, no. 474, 535b28)作：諸佛般泥曰。惠达下文亦云：正謂無餘爲泥曰，均无“洹”字，据删。

[2] 按，《肇论》(T 45, no. 1858, 157b8)原文作：然聖旨淵玄，惠达疏后文(X 54, no. 866, 45a2—3)引为：聖旨幽玄。此处“能聖”或当作“然聖”。

[3] 按，《肇论》(T 45, no. 1858, 157b14)原文作：論末章云，据改。

数论与后吠陀时代的自然知识和技术

朱成明

摘要：古印度吠陀时代的知识形态主要是宇宙论神话、以启示为核心的神话思辨，其实践教导也聚焦于神—人、人—人关系。在这种以神为本位的宗教语境中，自然知识和技术处于附属地位，不能得到独立发展。数论哲学在人的经验结构上完成了为宇宙祛魅，知识形态上大大摆脱神话，哲学精神上高举理性，同时在技术上提供工具论支持，这很大程度导致了后吠陀时代的印度在自然知识和技术上出现飞跃式突破。

关键词：数论；后吠陀时代；自然知识；自然技术

数论（Sāṃkhya）和瑜伽（Yoga）哲学肇始于吠陀时代后期（约前800—前600年），较佛陀为早，是婆罗门教正统教门（āstika）中最古老的两个学派（Radhakrishnan 1941, II, 254）。[1]数论自兴起之后并未仅仅停留在智识精英的思辨活动中，而是作为形而上学背景，对上古印度及后世的宗教传统（人文技术）、伦理政治（社会技术）、自然知识与技术[2]等诸多领域产生了广泛而深刻的影响。

关于数论对印度宗教的影响，相关的思想史、哲学史中讨论甚多；而关于数论对古印度伦理、政治的影响，现代学者们论述虽不多，但也有所涉及，同时我们在《摩诃婆罗多》《摩奴法论》《薄伽梵歌》《利论》之类大书中，都直接可以看到数论对当时古印度伦理、政治思考的深刻影响。从吠陀时代到后吠陀时代（前600年之后，亦即列国时代），上古印度的自然知识、技术经历了巨大转变，而数论在此转变中发挥了关键作用，这一点似乎尚未有论者提及。本文将从思想史角度，在广义知识—技术关系这个框架内对此问题作初步探讨，并尝试探索数论与上古印度自然技术之间的一些实事关联。

作者：朱成明，重庆大学人文社会科学高等研究院哲学系。

[1] 其余四派分别为：正理论（Nyāya）、胜论（Vaiśeṣika）、弥漫差（Mīmāṃsā）、吠檀多（Vedānta）。瑜伽晚于数论，几乎完全承袭了数论的形而上学，所以两派旨趣虽各有倾向（数论重知见，瑜伽重修持），但学说除极少的细节差别外几乎完全相同。学者论到两派时也都等而观之，将其合称为“数论—瑜伽”，对两派的经典，也常用来互证互通（参Dasgupta 1922, 68; Radhakrishnan 1941, I. 58；汤用彤 2004, 77）。为论述方便，本文只说数论。

[2] 本文不使用“科技”而使用“知识与技术”，是因为“科技”固有的现代性内涵不适合从吠陀时代到后吠陀时代的知识及实践语境。另，本文在最广泛意义上使用“知识”“技术”这两个词：“知识”指人对生活世界的总体性、根本性领会和把握（道），包括神话、启示、哲学、自然科学；“技术”指人有意识地将“知识”应用到人、社会、自然这些实践领域（术），包括人文、社会、自然技术。

一、 吠陀时代的知识与技术

在印度，数论之前是漫长的吠陀时代（约前1700—前600）。古印度传统区分狭义和广义吠陀：狭义吠陀指四部吠陀本集（saṃhitā）——梨俱（ṛk）、娑摩（sāman）、耶柔（yajus）、阿闼婆（atharvan）。四部本集又叫曼陀罗（mantra），指歌颂诸神的颂诗，或用来呼求诸神的咒语、口诀；广义吠陀指四部本集以外，祭司阶层在本集之下发挥出来的一些学派性文献（类似于中国古代“经”下面的“传”），它们归属于吠陀本集，分为梵书（brāhmaṇa）、森林书（āraṇyaka）以及奥义书（upaniṣad）。

印度古代知识传统把梵书、森林书、奥义书一同视为吠陀本集的派生文献，但从思想史角度看，这些文献可分为两类：属吠陀前期的吠陀本集和梵书（前1700—前1100）可归为一类，它们所传达的知识，形式以宇宙论神话为主，具体内容是诸神的活动、功业、对万物和人事的掌管，另外就是人对诸神的歌颂；属吠陀后期的森林书、奥义书（前1100—前600）可归为一类，它们所传达的知识，形式以带理性因素的神话思辨、宇宙发生论为主，具体内容则是关于终极实在（brahman[梵]或ātman[自我]）的追问，世界的创造及演化。

吠陀前期与后期两类文献在知识形式、内容上差别明显，这导致两者各自教导的实践路径也大相径庭：吠陀本集和梵书主要教导对诸神的祭祀和日常作为，这构成了多神论的吠陀敬拜、祭祀；森林书与奥义书则主要教导人通过对梵（最本源的真实）的直观实现对世界（即客体性领域）的超越，这开启了以解脱（mokṣa）为中心的救赎论宗教传统。[1] 总体而言，吠陀前、后期在知识和实践（广义技术）进程上都有某种转变：

---

[1] 解脱观念最初是由奥义书发挥出来的，后世婆罗门教、佛教、耆那教等都以此为最高目的。解脱即灵魂得到释放、自由，其核心是通过对终极实在的直观，克服、超越时间性存在中的相对性、有限性带给灵魂的羁绊以及由此产生的焦苦（duḥkha）。另外，人们通常把奥义书中的*ātman*理解为“灵魂”，这里面有些误会。我们所说的“灵魂”，并非奥义书语言中的ātman[自我]，而是jīvātman[命我]；命我（灵魂）不仅包含自我，还包括我慢（ahaṃkāra）、理智（buddhi）、心思（manas）、感官（indriyāṇi）等部分。因此命我（灵魂）是受到时间性存在（轮回）限制的自我，而自我则是命我核心、本质的建构部分，它与终极真实的亲缘关系（对商羯罗来说，自我就是终极真实本身），是人解脱（最终自由）的保证。但无论是命我还是自我，都是心、意识现象，并非实存的物体，只是在某些宗派文献的次级“哲学思考”中，它们被实体化。人通过对自身本质性存在（自我、菩提心等）的体认，恢复他与最高真实之间的亲缘，这个救赎结构在印度教、佛教乃至基督教中是类似的，但所用的名词、象征形式、“技术”细节有差别。

（一）知识进程有如下特点：1. 在文体形式上，从诗歌逐渐变得散文化；2. 在知识内容上，由宇宙内的诸神逐渐变为超越于世界的独一神（梵）；3. 在知识品质上，由神话为主逐渐变得以思辨为主、神话为辅。

（二）技术实践上都强调神—人关系的调谐，但重点有所转变：前期多神教强调祭祀仪式、作为（karman），后期的救赎论强调修持知识、智慧（jñāna）（参 Macdonell 1990, 184）。

关于第（二）点也就是实践进程方面的转变，需略作说明：前期吠陀（吠陀本集、梵书）强调的仪式和作为其实就是贯穿古今印度的“法”（dharma），[1] 它既调节诸神与人的关系（以实物祭祀为核心），也规定人与人的关系（以种姓制度为核心）；而后期吠陀（森林书、奥义书）所强调的知识、智慧则直接指向“解脱”，它关心个体性存在（命我）与独一神（梵）的调谐（以心灵祭祀为核心），也关心人与人的关系（众生在同一个神面前平等，基于血缘和职业等外在区分的种姓构想受到冲击）。

可以看到，前、后期吠陀的知识、实践教导尽管在形式、内容、导向上都存在差异，但又有一个共同点：以宗教为内核，焦点集中在神—人、人—人关系上。我们知道，神—人关系关乎人对自身根本境况的理解，而人—人关系则关乎人对社会或共同体的理解，由此可知，吠陀时代的知识和实践教导主要集中在人、社会两个实在领域上：知识具有强烈的人文性、社会性特征，实践上相应地也以人文技术和社会技术为主导。那么，整个吠陀时代的自然知识和自然技术又呈现出什么样的面貌呢？

《唱赞奥义书》对当时的学问种类有一个较完整的罗列，涉及的主题如下：四吠陀、传说与古事纪（itihāsa-purāṇa）、文法、祀祖礼仪（pitrya）、算数（rāśi）、占卜（daiva）、历法（nidhi）、辩论（vākovākya）、伦常（ekāyana）、天神明（devavidyā，关于天神名称来历）、梵明（brahmavidyā，关于音韵、仪文、诗律）、灵物明（bhūtavidyā，关于元素精灵）、武艺兵法（kṣatravidyā）、星宿明（nakṣatravidyā）、蛇明（sarpavidyā，驯蛇、毒物）、神人明（devajanavidyā，歌、舞、演艺）（*Chāndogya Upaniṣad*, 7.1.2）。[2] 这里所列学问（当然不太可能是穷举）大多数归属于人文、社会领域，只有灵物明、历法、星宿明——另外还有《阿闼婆吠陀》中的医方明（bhaiṣajya）、长寿明（āyuṣya）——可以在一定程度上算作自然学问。

---

[1] *dharma*，即正确、义、合宜之事，包括正确的神人关系、人与自身关系、人人关系、人和世界关系（自然技术）。反映在日常生活中即当做之事（如祭祀、布施、学吠陀等等）。

[2] 本文采用《唱赞奥义书》版本来自黑天亲（Radhakrishnan 1968）所编译之《主要奥义书》（*The Principal Upaniṣads*），以上各种学问（明）的译名主要参考了徐梵澄（1995）所译奥义书。

之所以说它们只能在一定程度上算自然学问，是因为它们身上鲜明的吠陀宇宙论神话真理印记：（一）首先，这些学问的实践性虽然很强，用现在眼光看属自然技术范畴，但它们在当时极度依附于祭祀、敬拜、伦理、治理等人文、社会事务，缺乏独立性；（二）其次，它们的知识前提（所谓“理论”基础）是吠陀本集、梵书的宇宙论神话（多神论神话、宇宙创造论），这导致这些学问与符咒、祈禳、魔法、巫术等活动相互渗透，不可分割（比如灵物明把水火等元素看作精灵；医方糅合着禳咒、驱鬼、药草使用）；（三）最后，处理这些学问的文献并非独立著作，都从属于吠陀文献。由此可以看到，吠陀时代印度人对认知、实践领域的细化，各种部门性学问的专业化，尚在孕育过程之中。

从文献记载和考古发现来看，吠陀时代的物质文化固然已经比较发达，比如金、银、红铜、青铜被冶炼和应用，农业、手工、治疗技术也有较高水平（Majumdar 2007, 32—34, 45），但总体上来说，吠陀时代的自然技术虽然已经展现出一定的专门化倾向，但它们在结构、功能层面都深深嵌置于当时的宗教、伦理、政治大语境中，无法独立出来自由发展。原因就在于，它所扎根的知识土壤，是多神论的宇宙论和带神话因素的宇宙发生论。在这种知识语境中，物理意义的自然界尚未从神性宇宙秩序中分殊化（differentiated）出来，更没有成为相对独立的认知、实践领域，再者，当时尚未发挥出较为形式化的学问（尤其是关于思维形式的因明），无法为探究、利用自然提供较充分的工具。

二、自然知识和技术的突破性发展

吠陀时代的自然知识和技术在结构和功能层面缺乏独立性，而且其内容也总是与符咒、祈禳、魔法、巫术等混杂在一起，无法剥离。但在后吠陀时代，自然知识和自然技术获得了惊人的发展，不但具有较强的独立性，门类也变得相当完整。关于印度这一时期的自然学问，孔雀王朝宰相憍底利耶（Kauṭilya，约前400—前300年）所撰写的《利论》（*Arthaśāstra*，以下简称AŚ）[1]有详尽记录。

《利论》中的利（artha）是人的四目的（法、利、欲、解脱）之一，广义的“利论”就是关于“利”这个主题的教诲。憍底利耶之前有多个利论学派，但他的《利论》尽可能多地总结了前人成果（AŚ 1.1.1），以至于前辈著作皆都失传，唯有他的《利论》流传至今。在憍底利耶及其前辈的理解中，“利”包含着治生（vārttā）和治理（daṇḍanīti）（4.1.1—2）。在主要处理经营的第二篇“督官职守”中，作者介绍了王国经济各部门的管理及相关自然技术细节。

---

1 本文所采用《利论》梵本为印度学者Kangle (1969[2010])所编定之憍底利耶《利论》（*The Kauṭilīya Arthaśāstra*）。汉译本参见朱成明 2020。梵汉两本引注文句标号同。

这些自然技术大略有：建筑（要塞、宫室、府库、园囿、水利、兵营等）、烧制砖、奢侈品加工（珍珠、宝石、金刚石、珊瑚、檀香、沉香）、皮革加工、布匹加工、冶金（金、银、各种铜、铅、锡、汞）、钱币铸造、制盐、海产开采、金银器加工、农产加工、人和动物营养配给、林产加工、兵器制造、甲胄制作、衡量标准及衡量器材制作、时空度量、纺织加工、农业技术、气候和气象观测、酒的酿制与酵母制作、屠宰、动物保护、造船和航运（河运和海运）、畜牧业（象、牛、马及相关兽医）、车辆制造（如天神车、礼车、战车、攻城车等）（AŚ 2.1, 3—6, 11—15, 17—20, 22—26, 28—33）。

在此可以举两个例子。“矿场、工厂的掌治”（AŚ 2.12）详细介绍了如下技术：如何从流质和泥土中识别金属矿床所在（1—4）；如何分别识别金、银、铜、铅、锡、铁、宝石矿脉（5—6；12—17）；如何配成酸碱制剂纯化矿土、石，以便熔炼（8—11）；如何加工，尤其是铸造各种面值的货币（23—25）。“金银作坊院金监”（AŚ 2.13—14）详细介绍了如下技术：如何区分各种品质的金（3—5）；如何纯化（6—9）；如何鉴定金成色及防作弊（15—27）；金银加工工艺及作弊识别（37—56）。

第二篇对当时自然技术作了分门类的详细介绍，属于自然技术内容较集中的部分；《利论》其他篇章也分散着诸如医药、法医、保健、占星术、毒物与解毒术、丈量术、动植物利用、木工等内容；另外《利论》提到了各类工匠团体，它们背后都是相应的各种自然技术。这所有都表明，相比于吠陀时代，当时的自然技术在质和量上都有大的飞跃：（一）各类自然技术虽然仍然可能服务于政治目的（富国强兵，参AŚ 1.4.1—4），但它们在很大程度上已取得相对独立的发展。（二）从《利论》对当时诸多门类技术的总结性介绍来看，当时的分工和协作程度已经相当高（如金监要召集各类处理金银的工匠，但所有人都在他的管理下合作）。（三）技术细节极度重视经验和实验（如各种药剂配制），基本摒弃了巫术、魔法、禳咒等。[1]（四）各种自然技术所展现的理性化程度很高。

那么，后吠陀时代在自然技术上的突破式发展是如何产生的呢？人对周遭事物的操持方式（技术、技艺），根基于他对这些周遭事物的知识，而这种知识又深深扎根于人对自身与周遭事物之间关系的体认和经验的方式中。自然技术在后吠陀时代的充分绽放，需要自然知识做基础，而自然知识的累积，又需要人对实在之经验的分殊化、理性精神及工具论作为支撑。数论（及瑜伽）的出现改变了吠陀时代的宇宙论经验结构，其理性化知识方式也改变了当时的知识面貌，也恰好为自然技术的发展提供了必要支持。

[1] 《利论》在少数地方仍然提到使用巫术、魔法、咒语等（如第十四篇），但这类东西基本是作为权便出现：或是用来安抚百姓、迷惑仇敌，或是当作尽人事之后的无奈手段。

三、数论学说大略

汉语学界熟悉佛教哲学，对数论相对较隔膜，因此有必要先对数论作概略介绍。关于数论，我们目前能利用的最早文献是数论师自在黑（Īśvarakṛṣṇa）所造的《数论颂》（*Sāṃkhyakārikā*，以下简称SK）以及弥释罗（Miśra）为颂文所作的注释《真谛月光疏》（*Tattvakaumudī*，以下简称TK）。以下我们拟主要通过《数论颂》来简述数论学说的要点。[1]

需要说明的是，数论说本身产生时间很早（略晚于奥义书但早于佛陀盛年），而且在传播过程中也有所变化，但总体而言，早期和后来的数论，除了有神与无神这个区别，以及其学说细节在传播过程中有逐渐完善之外，其学说的核心要点（比如二十五或二十六谛）并没有多大变动（Radhakrishnan 1941, 249—253）。[2] 另外，由于“有神的”和“无神的”数论都以摆脱多神的原初宇宙经验，冲破宇宙论神话，实现理性化思辨为前提，所以就对自然技术的影响而言，这里所说的三者更为重要，“有神”还是“无神”反倒无关宏旨。因为无论是“有神的”还是“无神的”数论，都能在经验结构、知识面貌上支持自然技术（这一点后面会提及）。鉴于以上两方面理由，我们使用时间较靠后的《数论颂》来略述数论要点，论证数论对上古自然技术的影响，希望不至于造成“时代倒错”。另外，我们的介绍也不可能过多涉及数论的技术细节，只能就与主题相关的内容略作说明。

在印度哲学史上，数论（及瑜伽）的出现具有划时代意义。与吠陀、梵书中的宇宙论神话，奥义书中传达启示经验的神话思辨相比，数论标志印度哲学迈入较纯粹的思辨哲学阶段（Burley 2007, 43）。它拒斥基于宇宙论神话的吠陀诸神和相应的祭祀敬拜，首次对宇宙万物达成了一个系统化、理性化、过程性的阐释（以下数论术语用楷体）。[3]

数论的逻辑起点是因中有果论（satkāryavāda），即结果先行地存在于原因中。关于这一原则，数论师给出了论证：（一）不存在之物不可能以任何方式成为存在之物（即便一千个工匠，也不能令蓝色成黄色）；（二）存在之物必与自身质料因一致（陶罐必用陶土制成）；（三）一切物不能无区别地产生于一切物（水油石乳等之

---

[1] 目前留存于世的数论文献中，约公元3世纪的《数论颂》是最古老的（Radhakrishnan 1941, II. 254–255）。本文所采用的《数论颂》和《真谛月光疏》，为Virupakshananda (1995) 所编辑。

[2] 所谓早期数论，指迦毗罗仙人创立的原始数论，到它在《摩诃婆罗多》《薄伽梵歌》《摩奴法论》这类著作中的形态，这个时期数论偏向于有神论（有一个超越的主导者）；而后期数论，则是以神我（puruṣa）与原质（prakṛti）二元对立为主要特征，偏向于无神论（个体的神我即主导者）。

[3] 无论是有神数论还是无神数论，都不影响它的上述特征。

中不能各自无区别地产生草木金银等);(四)原因只能产生它能够产生的结果(石能碎成砂砾,但不能成油);(五)结果与原因本性相同(布匹与织布的丝线本性相同)(SK 9; TK 9)。

因中有果(satkārya,字面“结果存在”)原则有几条重要蕴含:首先,肯定作为结果的世界的真实性(结果存在,反对认为世界是幻相的说法);其次,肯定世界有异于世界本身的原因;再次,既然所有结果都潜在于其原因中,那么,结果和原因不过分别是同一基底的开显(āvirbhāva)和敛藏(tirobhāva),而且从原因到结果,中间的过程就是转变(pariṇāma)。通过因中有果和转变原则,数论确认世界有一个终极的、“不显现的原因”(avyakta kāraṇa),其论据是:(一)每个具体事物都是有限的,它们必本于较自身更持久、遍漫的事物;(二)一切具体事物都有某些建构性张力(即后文三德),它们必有同一来源;(三)世间事物(结果)转变仰赖一个始因,而且始因贯穿转变过程却又不同于转变过程中任何阶段;(四)原因与结果相异,因此充满转变的世界不可能是自身的原因,而是另有原因;(五)劫灭时万物归于同一,了无差别(SK 15—16)。上述五点,都指向那隐藏在世界背后的根基。总结起来就是,日常经验中的世界由因果链条组成,但为避免无休止的回溯,必有一个最终原因,它本身隐而不显,却能转变为世界上的万物(开显),而且万物灭后又复归于它(敛藏)。这个原因,数论称之为原质(prakṛti)或大本(pradhāna)。

另外,数论认为世间万物都包含三种建构性张力,即喜(sattva)、忧(rajas)、黯(tamas)三德(guṇa),分别代表万物中属照亮(prakāśa)、冲动(pravṛtti)、钝滞(niyama)的倾向,其功用分别是导致显现和实现、行动与运作、拦阻与惰性。根据因中有果原则,作为万物原因的原质也必然由这三种张力建构起来。无论是在原质中,还是在日常经验的世界,三德彼此的关系是相互压制、相互依存、相互生发、相互合作(好比灯的火焰、灯油、灯芯三者彼此相反对同时又相成全)。在原质中,三德处于绝对平衡,若平衡被打乱(见下文),则原质中三德开始彼此作用,进而转变为世间万物,同时,在日常的事物中,总有一德占主导而另外两德居次,因着三德配比不平衡,事物形、质有千差万别(如在静止石块中,黯德占主导,喜、忧二德同在但居次要;再如人:爱好研究的人喜占主导;爱好事务者忧占主导;爱好逸乐者黯占主导)(SK 11—14; TK 11—14)。

作为世界的原因,原质无意识(acetana),故而无区分能力(aviveki),虽能够生出万物,本身却是完全被动的客体(viṣaya)(SK 11),不包含生命、苦乐现象,因此数论另立神我(puruṣa)为生命现象的最终原因。对于神我的存在,数论证明说:

(一)原质产生出来的事物聚集，必是为他者的缘故；(二)一切事物皆由三德建构，这以一个不具三德的观看者为前提；(三)原质的转变需要一个宰制者；(四)原质及其产物是无意识的，它们需要一个经验者(bhoktṛ，享受者)；(五)人都寻求从世界超脱(kaivalya)，这说明有与原质及其产物(世界)完全相反的精神性存在(SK 17)。同时，数论认为每个人都各有其神我，它是纯粹意识、绝对主体、纯粹的见证者(sākṣin)、中立的观看者(draṣṭṛ)、非行动主体(akartṛ)(SK 18—19)。

关于神我是绝对主体、非行动主体，需要说明。与数论相比，现代哲学、心理学中涉及知觉、认知、心思、情感、意志的"主体"，不过是原质转变的结果(见下文我慢)，与原质一样仍属客体性领域。只不过在神我与原质结合中，神我被我慢捆绑，才误以为自己是行动主体(kartṛ)(SK 20)。自以为是行动主体，这恰是人不得解脱的根源，因此数论的解脱就是通过对神我和原质运作过程的了解，破碎原质捆绑，恢复神我清净、自由的本相。

可以看到，数论确立了神我与原质两种本性完全隔绝(神我不能转变但是有意识，原质无意识但能转变，参下文"瘸子"与"瞎子"譬喻)的本体(SK 3)，那么，日常经验中的世界和生命现象如何从两个本体产生的呢？数论答案是：在无限、遍在的原质中，喜、忧、黯三种张力最初(逻辑上的最初)保持着绝对平衡，但神我打破了平衡，让三德彼此作用，从而演化出现象界：

> 为着神我对原质的观看(darśana)，为着神我[从世界]超脱，神我与原质——像瘸子与瞎子一样——结合(saṃyoga)，这结合开启了演化过程。(SK 21)

"观看"是就神我是纯粹意识、见证者、观看者而言，这观看其实是一种精神性的"观想"(īkṣaṇa)，亦即用意识去引导、宰制原质的演化过程。神我是"瘸子"，有意识(视力)但不能转变(行走)，原质则相反，在二者的结合下，宇宙过程被发动起来。在这个意义上，神我本身是站在阿基米德点上俯视、操控实在过程，同时它又通过与原质结合卷入演化过程，成为经验中有限的个体存在(情命)，进入世界经受苦乐。

最后我们来看结合后转变的结果：

原质首先生出大(mahat)或智(buddhi)，大生出我慢(ahaṃkāra，自我意识)(SK 22)；从我慢中，生出十六类实在(tattva，谛)：(一)五唯(tanmātra，被感觉的实体)：色、声、香、味、触(TK 25—26)；(二)五种感觉官能(buddhīndriyāṇi)：眼、耳、鼻、舌、身(SK 26)；(三)五种作为官能(karmendriyāṇi)：舌、手、足、生殖器、肛(同上)；(四)知觉，作为官能：心思(manas)(SK 27)。

最后是从五唯生出的五元素(bhūta)：火、空、地、水、风(TK 34)。

原质与神我分别是世界和人的本体，两者的结合导致了日常经验的世界（器世间）和个体生命（情命）：五唯和五元素构成了时空中的物理世界（器世间），神我、大、我慢以及上文（二）到（四）的十一类官能构成人的感觉官能、心理、灵（神我/绝对自我）。

以上是数论宇宙过程构想的大略，它试图用二十五种实在（谛）[1]达成对世界和人自身的一种绝对的、体系性阐释。接下来我们需要回答：数论哲学是如何实现对当时自然知识、技术的影响的？

四、从形而上到形而下：数论对自然技术的影响

首先必须澄清，数论的宇宙过程构想并非科学，而是形而上学。科学的基本预设是一个经验化的认知主体（理性、知性、感觉），完全以主–客认知模式来理解、阐释物理世界，它的知识方式是纯外向的，指涉外在于人的物理客体。但在数论中，认知主体是绝对主体（神我）进入原质之后被自我意识（我慢）与身体官能捆绑的结果，而相对于绝对主体，认知主体与对应的物理世界（五唯、五元素）都属于客体性领域，认知主体与物理世界之间的关系还需要在"神我–原质"的二元框架内得到建构。因此，数论命意不是像科学那样阐释物理世界，反而是试图从心理—物理现象回溯两者的至深根基，它的知识方式是内省的，指涉人的意识经验。

可见，数论的阐释路径与科学恰好相反：数论中，理性的认知主体本身有待澄清，与之相对的物理世界更是被悬置，数论最后用来阐释物理现象的术语（五唯、五元素），不是自然科学中的客体化概念，而是类比意识经验的象征（如元素"火"并不是物理的火，原质并不是经验世界中那种可以客体化的物质甚至物体）。数论从意识现象出发，首先建构的是认知主体，然后让客体性领域（世界）在认知主体中建构起来，这种路径具有现象学意味。不过，它虽不是现成的、关于物理世界的自然知识，却以更微妙的方式促成印度自然技术的突破。这种微妙的方式，包括祛魅化教导、理性化启蒙以及工具论支持。

下面我们从经验结构、知识形态、哲学精神、工具论预备四个方面来略说数论形而上学如何塑造和影响史诗时代的自然技术。

（一）经验结构方面，数论为宇宙祛魅，让客体化、物理意义的自然界朝人敞开。吠陀时代不可能出现"独立的自然界"这种构想，因为无论是吠陀神话还是奥义书中，事物要么本身直接被经验为神性的，要么被经验为创造神的意志，具有着人所不能通达的结构和目的。但数论却将吠陀诸神"驱逐"出宇宙过程，将心理

---

[1] 瑜伽除了数论二十五谛之外，还有大自在天（Īśvara），共二十六谛。

—物理现象都规定为客体性领域，让它们从神性宇宙秩序中解放出来，作为相对独立的认知、实践领域敞开。[1] 在这种经验结构下，人能够高举自身认识能力，不再依靠祭祀取悦诸神、操控人事，而是开始独立地认识、把握自然界，期望以确定的知识对自然达成某种驾驭能力。

（二）知识形态方面，数论为纯自然知识发展铺平道路。前面提到奥义书已经在强调知识，不过奥义书知识是属神的、启示的知识，核心是对梵的直观（avagati），同时在言说上仍未放弃吠陀神话。数论也强调知识，但数论的知识是属人的、推理性知识，核心是阿基米德点的绝对自我（神我）对客体性领域（原质）的观看（darśana），这意味着人可以俯视实在过程，认识一切。于是吠陀神话与祭祀、启示都被数论拒斥（汤用彤 2010, 64—65），目的论的宇宙创造构想（神主导）变成宇宙演化论（人主导），[2] 纯粹的思辨代替了神话、启示，人对事物的认识脱离了"超自然的""迷信的"话语。[3]

（三）数论的理性启蒙精神为自然知识与技术提供了照亮道路的"明灯"。《利论》开篇在"标列各门学问"（AŚ 1.2—4）中列举了四门不可或缺的学问：核究（ānvīkṣikī）、吠陀、经营、治理（AŚ 1.2.1）。作者把核究规定为"通过原因/根据探究"（hetubhir anvīkṣamāṇā），且将它排在首位，因为它能被运用到所有其他学问中去判别是非、利害，是"一切学问之明灯"（pradīpaḥ sarvavidyānām）（AŚ 1.2.11—12）。《利论》更是明白地说，"核究"就是数论、瑜伽、顺世论（Lokāyata）（AŚ 1.2.10）。[4] 高举"通过原因/根据探究"（理性探究），其实是强调人的理性成为新的标准（*pramāṇa*[量]），判断一切知识和实践事业。数论（及瑜伽）作为"核究"的代表，为当时自然知识、自然技术的勃兴一方面是提供了"逻辑"装备，更重要是让理性精神在"一切学问"中成为主导因素。

---

[1] "相对独立"中"相对"大有必要，因为在有神数论中，世界的独立性是相对的，其根基是一个至高无上的主宰；而在无神的、更激进的数论思辨中，世界是完全独立的，没有创造神来主导。但无论是有神还是无神，客体性领域本身（"轮回""世界"）都被显明了出来，而这种结构在吠陀前期那种宇宙论神话主导的思辨中完全不可能。

[2] 神我是原质演化过程的宰制者（参上节关于"观看"的解释），而神我是个体的人的核心，因此演化论的本质是强调人对实在过程的引导和控制。

[3] 这种情形在《利论》中尤为明显。《利论》作者憍底利耶（甚至可以扩大到整个利论师群体，因为憍底利耶在利论师当中还是比较温和的一派）对于人、社会、自然界的态度和现当代世俗化的智识人没什么区别。

[4] 由于顺世论无著作传世，今人对之知道甚少，在此不作处理。

(四)数论也为当时自然知识、技术预备了工具论。数论(及瑜伽)之所以被憍底利耶称作“核究”学，当成工具论，是因为数论本身建立在推理之上。“核究”在后世发展为因明(hetuvidyā，关于原因/根据之学问)乃至系统缜密的正理论(Nyāya)(参Hacker 1978)，在当时则为量论(pramāṇaśāstra)。量即度量，即获得正确知识的标准和手段。数论确立了三种度量：直接感知(dṛṣṭa)、推理得知(anumāna)、通达者的话语(āptavacana，圣言量)(SK 4—7)。但实际上，数论强调的是前两者的效力，对第三种仅仅是一种策略性使用(Radhakrishnan 1941, II. 21)。因此，正如《利论》所示，数论中所包含之逻辑的、工具性因素，完全有可能被单独拈出来用于构建关于自然的知识和技术。

由以上原因，我们可以下结论说，数论(及瑜伽)的诞生和发展，为上古印度的自然知识与技术的突破提供了必须的精神导向和理智装备。

五、结语

哲学是一种精神秩序，它通过对根本问题的阐释，提供一幅实在图景，并让人理解自身及其周遭实在在整个实在图景当中的位置。自然技术(人对自然事物的操持)固然直接受自然知识的规定，但自然知识本身还要受到更为根本的知识——形而上学——的撙节。在近代西方，笛卡尔、康德的哲学是现代科学技术的根基与背景；当我们看到吠陀时代与后吠陀时代在自然知识、自然技术上的快速发展，再比较西方近现代“形而上学”对近现代科学技术的奠基，不难理解数论(及瑜伽)在这过程中所起的作用。

参考文献

中文：

汤用彤　2010　《印度哲学史略》，北京：北京大学出版社。

朱成明　2020　[古印度]憍底利耶著，朱成明译，《利论》，北京：商务印书馆。

西文：

Burley　2007　Mikel Burley. *Classical Sāṃkhya and Yoga*. London & New York: Routledge.

Dasgupta　1922　Surendranath Dasgupta. *A History of Indian Philosophy*, vol. 1. Cambridge: Cambridge University Press.

Hacker　1978　Paul Hacker. “Ānvīkṣikī.” In: L. Schmithausen, ed., *Kleine Schriften*, 54–83. Stuttgart: Franz Steiner.

Kangle 1969[2010]　R. P. Kangle, ed. *The Kauṭilīya Arthaśāstra, Pt. I*. New Delhi: Motilal Banarsidass.

Macdonell　1990　A. A. Macdonell. *A History of Sanskrit Literature*. Delhi: Motilal Banarsidass.

Majumdar 2007 *An Advanced History of Ancient India*. New Delhi: Macmillan.

Radhakrishnan

1941 Sarvepalli Radhakrishnan. *Indian Philosophy,* 2 vols. London: George Allen & Unwin Ltd.

1968 ed. & trans. *The Principal Upaniṣads*. London: George Allen & Unwin Ltd.

Virupakshananda

1995 Swami Virupakshananda, ed. *Sāṃkhya-kārikā with the Tattvakaumudī*. Madras: Sri Ramakrishna Math.

陶渊明文学语汇中的佛教元素*

——佛教和佛经翻译对古代文学语汇影响的个案研究

朱庆之

摘要：印度佛教的传入，包括佛经的翻译与传播，对中国文学的发展影响深远。其影响不仅涉及文学内容，还有文学语汇。本文试图阐释东晋大诗人陶渊明诗中包含“尘”的八个词语与佛教之间的关系及其文学史意义。在中古汉语中，“尘”是一个带有强烈佛教色彩的词语。在陶诗中，有八个复合词包含“尘”，即尘羁、尘爵、尘事、尘网、尘嚣、尘想、流尘、陌上尘。我们的第一步是讨论东汉到东晋汉译佛经中“尘”和包含“尘”的词语的使用情况。第二步是探究陶诗中与“尘”相关的词语的来源，亦即这些词语与佛教的联系。第三步是进一步讨论这些“尘”族词在后世文学作品中的表现。本文的主要成果是，利用数字化研究工具，诸如CBETA和《搜韵》等，获得大量第一手资料，对其进行定量分析，并得到以下新的认识：第一，陶渊明的诗歌语言中不仅吸收了佛教语汇，还利用佛教术语来创造新词，这加深了我们对于陶渊明佛教影响说的认识；第二，这些“陶氏”佛教词语连同其他的佛教词语中的大多数不但被后世的诗人沿用，还出现了类型不同的创新，为中国文学的创造力注入了生气，这同样加深了我们对于佛教、尤其是佛经翻译对中国古代文学语汇的丰富和发展所作贡献的认识。

关键词：佛教；陶渊明；文学语汇；中国文学史；数字化研究工具；量化研究

东晋(317—420)大诗人陶渊明(约365—427)诗文中有一些词语或者与佛教有关，这早已被研究者所注意，也是不争的事实(陈洪1993，丁永忠1997，景蜀慧1999，范子烨2010)。然而，过去的论者在举证方面或有不足，以至于众说纷纭，

作者：朱庆之，香港教育大学。

* 本文第一稿《佛教和佛经翻译对古代文学语言影响的个案研究——陶渊明诗文中的八个“尘”族词》，曾于2015年在韩国东国大学中文系成立二十周年纪念“东亚文献与文学里的佛教世界”国际学术研讨会上交流；第二稿《陶渊明文学语汇中的佛教影响》在2016年纪念蒋礼鸿先生诞辰100周年暨第九届中古汉语国际学术研讨会上做过交流。此次定稿发表，纪念亦师亦友的段晴教授。1990年春节过后，我参加北京大学南亚研究所以季羡林先生的名义举办的梵文学习班，主讲教师就是刚从德国学成回国的段晴老师。经过为期4个月的学习，我初步掌握了梵文最基本的知识，有了借助工具书进行汉译佛经的梵汉对勘的初步能力。1998年我从川大调入北大后，在研究、教学和行政工作中，都与段老师有密切的联系，得到她的支持。比如我在教务部兼职协助李克安教授主持全校的本科教学工作后，动议将梵语、古希腊语和拉丁语等古典语言作为全校的公共课。不但得到段老师的支持，她还主动担任梵语课的任课教师。她用风趣的教学风格吸引其他专业，甚至理科生学习梵文，提升了北大人文学科的学术影响力。我招收的佛教汉语研究方向的博士研究生，他们的梵文都是段老师或由其安排其他同事教的；我和我的学生在研究中遇到问题，也都是请段老师协助解决的。来香港后，我还请段老师一起申请了特区政府研资局2010年度的GRF研究基金，尝试开发了《汉译佛经梵汉对比分析语料库》。这些恩德，永志不忘。

一般读者莫衷一是(吕春盛 2007, 姚素华 2014, 钟国平 2012)。本文利用大型古代文献电子数据库作为工具，选取陶渊明诗文中8个有代表性的由“尘”作为关键语素构成的词语“尘羁”“尘爵”“尘事”“尘网”“尘嚣”“尘想”“流尘”和“陌上尘”，将其置于更广阔的文献背景之下，考察其与佛教的关系，以及对后世的影响。希望这个初步的尝试能够管中窥豹，了解佛教对陶氏文学语汇之形成的作用；并能以小见大，帮助我们更具体地了解佛教和佛经翻译是如何影响了中国古代文学语汇的构建与发展的。

一

“尘(𪋻, 塵)”是一个汉语固有词。《说文解字·麤部》说：“𪋻，鹿行扬土也。从麤从土。”段玉裁注：“群行则尘土甚，引申为凡扬土之称。”本义是尘土，灰尘。这个词在公元1世纪佛教传入中国之后，渐渐成为一个具有浓郁佛教意味的佛教标记词。这是因为在汉译佛经里，“尘”不但使用量大，而且除了“尘土，灰尘”的意义之外，还有许多特殊的意义和用法。[1] 以下举出三种最常见的为例。

其一，因其具有实际上的“不可数”的性质，或用来表达“数”的概念。例如：

(1)后汉支谶译《般舟三昧经》卷上：佛告颰陀和：“听我说譬喻。譬如，颰陀和！有人取一佛刹悉破碎如尘，其人取此一尘悉复破尽如一佛刹尘，都卢悉取一一尘，皆复尘碎尽如一佛刹尘。云何，颰陀和！是尘其数宁多不？”(T 13, no. 418, 907c22—908a1)

(2)西晋竺法护译《文殊师利佛土严净经》卷下：佛言：“普现佛国菩萨之数，喻如积尘满十方界，无量寿佛菩萨声闻比数多少如一尘耳。又普现佛寿命无限。取譬言之，破碎十方三千世界皆使作尘，布散此尘过千佛国，乃著一尘周匝十方，而尽其尘，于族姓子宁能计知此尘数不？”(T 11, no. 318, 901b16—22)

其二，因其微细的物理外观，或被用来比喻人身之藐小或人生之短暂。如：

(3)三国吴康僧会译《六度集经》卷7：或见久死体骨消灭，泥土同尘。深自惟曰：“吾体方尔。”一心得禅。(T 3, no. 152, 40a15—17)

(4)竺法护译《修行地道经》卷4：其修行者当作斯观：“身中诸孔皆名曰空，不从此空而起想念，不与空合。所以者何？……”于是颂曰：观于内种何所在，永不得我如毛尘；是故身空心意识，譬如冥影但有名。(T 15, no. 606, 209c3—10)

(5)姚秦竺佛念译《菩萨从兜术天降神母胎说广普经》卷3：凡夫身如尘，唯除入住人。(T 12, no. 384, 1030c9)

---

[1] 根据CBETA，仅在《大正新修大藏经》(Taishō shinshū daizōkyō)前55卷(翻译佛经与中土撰述)收录的2267部佛典里，“尘”字共出现了32721次。其中的特殊的意义和用法往往需要通过平行的梵文才能清楚了解。为此，我们利用荻原雲来(1979)和朱庆之、梅维恒(2004)，整理了一个汉语“尘”与梵语平行词的汇总表(见附录)，可参看。

(6) 元魏般若流支译《正法念处经》卷28：业力自在转，如毂转众辐。轮转于三有，八方及上下，业力风所吹，如尘游虚空。(T 17, no. 721, 160c13—16)

其三，因其具有不净及可以污染他物的性质，常被用来指代佛教轮回六道中的人道，以及可以导致因果报应恶果的恶念恶习。如：

(7) 后汉安世高译《法受尘经》：佛言："比丘！凡人为一法，受尘自污，迷惑忧愁，没无端际，吾见其不得无上吉祥之道。如丈夫欲见女子色，是以好色之士，为染、为醉、为贪、为污、为惑、为著、为住、为受。"(T 17, no. 792, 737a1—5)

(8) 后汉安玄译《法镜经》：众佑当说此居家开士所施行教诲法宪。时，有千人皆发意求无上正真道；复有天与人二千人，远尘离垢，诸法眼生。(T 12, no. 322, 19b24—27)

(9) 支谶译《般舟三昧经》卷中：恒行慈哀度众生，施以安隐灭诸尘。(T 13, no. 418, 911c15—16)

(10) 竺法护译《光赞经》卷8：其有欲令无灭、无想、无尘、无瞋、无所有生者，则为欲令无相法生。(T 8, no. 222, 199c23—25)

这里需要特别说明的是，在佛教传入之前，汉语的"尘"从其基本意义上，已经有了一些引申的用法。如《诗·小雅·无将大车》："无将大车，祇自尘矣。"孔疏："适自尘蔽于己。"其中的"尘"作动词，指沾上尘土；进一步引申，就是污染。又《老子》第四章："和其光，同其尘。"河上公章句："常与众庶同垢尘，不当自别殊。"这个"尘"进一步引申，就是世俗。乍一看，这似乎与佛教的用法相似。其实，"尘"在字面上表达的同样是"污染"，同样是"世俗"，但它们在印度佛教传入之前与传入之后是形同而实不同的。造成本质区别的最根本的原因在于，佛教的"染污"和"世俗"是建立在以六道轮回和因果报应为基本特征的宗教哲学体系之上的——它的"世俗"指的是六道中的整个"人道"，它的"染污"所产生的后果是六道轮回与因果报应。[1]也就是说，当佛教传入中国，"尘"在佛经中大量出现之后，它的意义和用法与其固有用法相比，因受原典的影响有了明显的变化。我们姑且将这种有不同或者特别含义的"尘"称为佛教的"尘"。佛教的"尘"在各个时期的译经中都十分常见，成为中国佛教标志性或代表性的词语。[2]

---

1 印度佛教在传入的初期，其独有的理论体系在汉语里没有对等的表达方式，译者只能使用汉语中最"近似"的词语来翻译，其中有不少是道家术语。这就造成一种错觉，好像佛教与道家的理论相近。以至于有人认为佛教的观念早在《老子》《庄子》《列子》中就已经存在了；甚至还有人认为佛教是从道家发展而来的。请参看钱锺书《管锥编》(2007)对《列子》和张湛注的专题讨论。笔者(朱庆之 1992)曾讨论过佛教传入前后"影响"词义的变化，其性质类似。

2 参看现代的佛学词典，如慈怡 1988, 5445；任继愈 2002, 504。

与此相应的，在魏晋时期的诗歌中，有特别意味的“尘”的使用也一下子多了起来。如：

> 魏曹植《薤露行》：天地无穷极，阴阳转相因。人居一世间，忽若风吹尘。
>
> 魏阮籍《咏怀》其四十九：平昼整衣冠，思见客与宾。宾客者谁子，倏忽若飞尘。裳衣佩云气，言语究灵神。须臾相背弃，何时见斯人！又《咏怀》其六十二：人生若尘露，天道邈悠悠。
>
> 晋王乔之《奉和慧远游庐山》诗：超游罕神遇，妙善自玄同。彻彼虚明域，暧然尘有封。又《念佛三昧四首》其三：寂尔渊境，金水尘纷。
>
> 晋支遁《五月长斋》诗：寓言岂所托，意得筌自丧。沾洒妙习融，靡靡轻尘亡。
>
> 晋史宗《咏怀诗》：有欲苦不足，无欲亦无忧。未若清虚者，带索被玄裘。浮游一世间，泛若不系舟。方当毕尘累，栖志老山丘。
>
> 晋阮瑀《诗》：民生受天命，漂若河中尘。虽称百龄寿，孰能应此身。犹获婴凶祸，流落恒苦辛。
>
> 晋张翼《赠沙门竺法龙三首》其二：至人如影响，灵慧陶意劫。应方恢权化，兆类蒙慈悦。冥冥积尘昧，永在岩底闭。
>
> 晋杨方《合欢诗五首》其二：来与子共迹，去与子同尘。齐彼蛩蛩兽，举动不相捐。
>
> 晋陆机《挽歌三首》其三：昔居四民宅，今托万鬼邻。昔为七尺躯，今成灰与尘。

其中的“尘”所表达的引申意义，或者不再属于中国传统哲学的范畴，而带上了异文化，亦即佛教的色彩。

二

除了单音节的“尘”之外，译经中还出现了大量以“尘”为语素的双音节和个别三音节词语，反映出这个词具有很强的构词能力。我们调查了后汉、三国、西晋和东晋（包括十六国）四个时代的佛经，这种双音或三音节词语约有30个。依其内部语法结构，这些词语可以分为三类：

2.1 由“尘”和另一个同义词构成的并列双音节词语。共8个——尘垢、垢尘，尘秽、秽尘，尘埃、埃尘，尘俗、俗尘（见表1）。

这8个词语又可以分为两类：一类是汉语固有，而佛经翻译赋予其新义者；一类是当佛经出现用例时，在同期及之前的中土文献不见用例，我们推论它们是佛经译者的创造。

2.1.1 汉语固有，灌注新义。共4个——尘垢，秽尘，尘埃，埃尘。

2.1.1.1 尘垢。《国语·晋语二》：“亡人之所怀挟缨纕，以望之尘垢者。”其中的“尘垢”为字面义，指尘土；《庄子·齐物论》：“无谓有谓，有谓无谓，而游乎尘垢之外。”其中的“尘垢”指物质世界。

在汉译佛经中，“尘垢”与“尘”一样，多指佛教所谓的导致六道轮回和因果报应的世俗偏见恶行，有了新义。这个词语在这一时期的佛经中共出现了511次，是一个高频词。下面仅举东汉译经中的两个例子：

安世高译《七处三观经》：佛复告比丘：“有五法，若人意在五法，即闻佛所教行法，为应自解尘垢，亦应得道眼。”（T 2, no. 150A, 878c4—5）

康孟详译《中本起经》卷上：于是父王以偈问佛：“子本在吾家，驾象名宝车；今者足蹈地，是苦安可堪？”尔时世尊以偈答曰：“车马生死乘，危险安可久？参驾五通驰，所至无限碍。本著七宝衣，珍妙甚雅好，剃头被纳服，如何不羞耻？惭愧为衣服，世衣增尘垢，法衣真人服，息心名如来。”（T 4, no. 196, 155a29—b7）

2.1.1.2 秽尘。西晋陈寿《三国志·吴志·陆凯传》：“何以专为佞邪，秽尘天听？宜自改厉。”“秽尘”用作动词。

这个词从西晋开始在译经中也有了用例，都是做名词，与佛教义的“尘”同义。如：

竺法护译《大哀经》卷8：其法清净，离于秽尘，是为慧业。（T 13, no. 398, 448a4—5）

后来又进入汉地佛教著述。如：

梁僧祐编著《弘明集》卷14载释智静《檄魔文》：恃见林以游息，耽六欲之秽尘；玩邪迷以怡性，建慉慢之高幢。（T 52, no. 2102, 93b8—10）

2.1.1.3 尘埃。《庄子·逍遥游》：“野马也，尘埃也，生物之以息相吹也。”[1]这个汉语固有双音词早在东汉就被译经采用，并赋予了佛教的意蕴。例如：

支谶译《般舟三昧经》卷中：于诸众生行平等，除去放逸众尘埃。（T 13, no. 418, 912b12—13）

竺法护译《普曜经》卷8：唯佛愍哀，济救三途，没溺尘埃，拔为沙门。（T 3, no. 186, 536b21—22）

2.1.1.4 埃尘。“埃尘”是“尘埃”的异序形式。东汉张衡《归田赋》：“超埃尘以遐逝，与世事乎长辞。”与“世事”对举，意近。佛经要到十六国时期才见用例，语义也发生了改变。例如：

北凉昙无谶译《佛所行赞》卷5：神通腾虚游，苦器故弃舍，痴冥之重暗，智慧光照除。烦恼之埃尘，智水洗令净，不复数数还，永之寂静处。（T 4, no. 192, 50c13—16）

后秦鸠摩罗什译《大庄严论经》卷15：由此婆罗门，诸僧至我家；降注于甘雨，善芽悉得生。法雨甚润泽，洒我心埃尘；埃尘既不起，得见真实法。（T 4, no. 201, 341c16—19）

---

[1] 《史记·屈贾列传》：“安能以皓皓之白，而蒙世俗之尘埃乎？”已有比喻的用法。

2.1.2 佛经译者的创造。同样为4个——垢尘，尘秽，尘俗，俗尘。

2.1.2.1 垢尘。“垢尘”是汉语固有词“尘垢”的异序形式，东汉译经中已见。如：

> 安世高译《地道经》：譬如人照净镜尽见面像，发白皮皱生体垢尘，或齿堕、或齼齿。见身从老，屡如是。即自惭，闭目放镜，不欲见以（已），放镜忧愁：我已壮去老到，颜色丑，乐已去。（T 15, no. 607, 233b15—19）

这是字面的用法。

> 支谶译《般舟三昧经》卷中：广采众经不可议，欲达一切诸佛化；速疾去欲诸垢尘，精进行是净三昧。（T 13, no. 418, 909b6—8）

> 竺法护译《生经》卷4：观十方人，无有亲疏，则心了意解，诸漏得尽。生死已断，悉无起分，出入自由，不著垢尘。（T 3, no. 154, 99b22—25）

这是佛教的特有用法。

2.1.2.2 尘秽。“尘秽”是“秽尘”的异序形式。西晋译经首见。如：

> 竺法护译《渐备一切智德经》卷4：如是佛子！从初发意，在菩萨住，乘度无极，皆知一切众生之行，不为尘秽之所污染，升奉道堂，亦无所犯。（T 10, no. 285, 480a2—4）

东晋时就有40多个用例，使用频率相当高。如：

> 僧加提婆译《增壹阿含经》卷7：彼以此三昧，心清净无尘秽，身体柔软，知所从来，忆本所作，自识宿命无数劫事。（T 2, no. 125, 582b11—13）

2.1.2.3 尘俗。这个词在中土文献最早用例的年代为南朝，但之前的佛经已有用例。如：

> 失译《大方便佛报恩经》[1]卷2：菩萨虽有如是威武随意……心不贪著，而常少欲知足，好乐闲静，山林树下安禅静默。虽处大众言谈语论，而心常入对治门中；虽与众生和光尘俗，出内财产，生业息利，终不为恶，利益众生。（T 3, no. 156, 131c10—16）

> 后秦僧肇《注维摩诘经·序》：“维摩诘”，秦言“净名”，法身大士也。其权道无方，隐显殊迹。释彼妙喜，现此忍土。所以和光尘俗，因通道教。常与宝积俱游，为法城之侣。其教缘既毕，将返妙喜。故欲显其神德，以弘如来不思议解脱之道。（T 38, no. 1775, 327c1—6）

---

[1] 该经梁僧祐《出三藏记集》不录，但梁宝唱《经律异相》有录，作《方便佛报恩经》。唐道宣《大唐内典录》有《大方便佛报恩经》七卷，云“失译见宝唱录”。智升《开元释教录》将其年代定为后汉。时代或许没有这么早，但也不会晚于东晋。

2.1.2.4 俗尘。"俗尘"是"尘俗"的异序形式。这个词语中土文献要晚至唐代才有用例。佛经的用例虽然不多,但时间要早得多。如:

昙无谶译《佛所行赞》卷4: 如来心无著,无欣亦无戚……显其少欲迹,兼除俗尘谤,入贫里乞食,精粗任所得,巨细不择门,满钵归山林。(T 4, no. 192, 38b11—16)

隋灌顶纂《国清百录》卷2: 若身从道服心染俗尘,非直含生之类无所归依,仰恐妙法之门更来谤讟。(T 46, no. 1934, 802c20—21)

也有三音节的"世俗尘"。如:

竺佛念译《菩萨璎珞经》卷6: 分别无我想,空净度无极。生死有五难,染著世俗尘,游空无量境,权智度无极。(T 16, no. 656, p. 57, b21—23)

表1 汉晋时期佛教文献中"尘"族并列式双音词语一览表

	词目	汉魏	西晋	东晋十六国	小结	来源	CBETA[1]
1	尘垢	29	86	396	511	汉语固有	2649
2	垢尘	5	28	6	39	译经新出	121
3	尘秽	—	7	43	50	译经新出	203
4	秽尘	—	2	2	4	汉语固有	25
5	尘埃	4	29	16	49	汉语固有	1325
6	埃尘	—	1	5	6	汉语固有	212
7	尘俗	—	—	1	1	译经新出	316
8	俗尘	—	1	2	3	译经新出	159
小结		38	154	471	663		

2.2 以"尘"为中心语素的偏正式双音或多音词语。共10个——恶尘、苦尘、寂尘、劳尘、慢尘、冥尘、魔尘、淫尘、谀谄尘和欲尘。这些词语在同期或更早的本土文献中均未检到用例,我们姑且认为它们全部都是佛经译者的创造(见表2)。

2.2.1 恶尘。西晋译经首见。如:

竺法护译《渐备一切智德经》卷3: ……又一切妓,畅如斯音。佛响仁和,弃散恶尘。本净空寂,消众法想。犹如虚无,等无思念,行步清净,住立成就。不著于俗,永无放逸……(T 10, no. 285, 475c7—10)

后来的佛教文献用例不断。如:

隋智顗说《四念处》卷4: 有烦恼法,有智慧法。烦恼是恶尘、善尘、无记尘。(T 46, no. 1918, 579a28—29)

宋一钵和尚《一钵歌》: 真中假,假中真,自是凡夫起恶尘。

[1] 这仅是用词目词进行用例检索所得到的简单数据,未逐一验证,仅供参考。余同。

2.2.2 寂尘。西晋译经首见，但仅检到1例：

竺法护译《海龙王经》卷3：得佛离寂尘，觉了至无忧。（T 15, no. 598, 148c17）

2.2.3 苦尘。西晋译经首见，亦仅检到1例：

竺法护译《方等般泥洹经》卷下：我为施安于世，我为脱诸苦痛，我为众勤劳者，除若干之苦尘。（T 12, no. 378, 923c10—11）

其后在唐般剌蜜帝译经中有一个用例：

《大佛顶如来密因修证了义诸菩萨万行首楞严经》卷3：云何知淡？若从淡出，甜即知亡。复云何知甜苦二相？若从舌生，必无甜淡及与苦尘。（T 19, no. 945, 115b1—3）

后世佛教文献的用例有数十则，但大都源于此经，不赘。

2.2.4 劳尘。三国译经首见。如：

吴支谦译《维摩诘经》卷中：又问："欲度众生，当何除解？"曰："度众生者，解其劳尘。"（T 14, no. 474, 528b14—15）

其后续有用例。如：

竺法护译《宝女所问经》卷2：信乐大乘，直心向道，则发宝心。离于魔事，除去劳尘；洁净清白，而无垢浊。（T 13, no. 399, 458b22—24）

《弘明集》卷14载释宝林《破魔露布文》：其为化也，坦八正之平衢，开三乘之通津，列无为之妙宅，济大苦于劳尘。（T 52, no. 2102, 94a17—18）

2.2.5 慢尘。西晋译经首见。

竺法护译《方等般泥洹经》卷2：……鬼阿须伦摩睺勒，世尊去后皆堕冥。无有淫欲离慢尘，照四方明为已灭，一切世间当大冥，佛般泥洹当奈何！（T 12, no. 378, 926a12—14）

但佛经中仅此一例。其后的佛经中有"憍慢尘垢"一语，如南朝刘智严译《广博严净不退转轮经》卷4："诸佛世尊，永断愚痴、贪欲、瞋恚及诸憍慢尘垢黑暗一切染著，烧燃烦恼永尽无余。"（T 9, no. 268, 274b15—16）或与这个词语有关联。

2.2.6 冥尘。三国译经首见。如：

支谦译《维摩诘经》卷中：［问：］"菩萨来往，为之奈何？"［答：］"其至五无间处，能使无诤怒；至地狱处，能使除冥尘；至于畜生处，则为除暗昧，能使无慢……"（T 14, no. 474, 529b18—20）

但其后佛教文献用例罕见，仅检到一个用例。

宋子升《禅门诸祖师偈颂》：三身踞不摇之座，因兹法界宁静，永绝冥尘。共渡生死之河，齐达菩提之岸。(X 66, no. 1298, 739a5—6)

2.2.7 魔尘。西晋译经首见。如：

竺法护译《度世品经》卷6：见群黎出生，以哀疗爱欲，讲八万四千，用治弃众病。此降伏魔尘，以法训众生，弃恶无所习，求严净佛德。(T 10, no. 292, 654b4—8)

后世佛教文献续有用例。如：

唐道宣编著《广弘明集》卷20载梁萧纲《庄严旻法师成实论义疏序》：法海波澜，泛之者未易。自使河渭混淆，魔尘纷纠。(T 52, no. 2103, 244a25—26)

明圆澄《思益梵天所问经简注》卷4：以未得圣道，则六尘多漏，魔得其便。苟悟自心，魔尘不能入。(X 20, no. 364, 849a18—19)

2.2.8 婬尘。“婬”字或作“淫”。东汉译经首见。如：

安玄译《法镜经》：以响断山泽居，去离婬尘。(T 12, no. 322, 21a16)

后世佛教文献续有用例。如：

支谦译《维摩诘经》卷上：舍利弗！无有尘、离婬尘，其染污者，即为在边。(T 14, no. 474, 527a2—3)

竺法护译《渐备一切智德经》卷4：归本所行，未有远游难断难断，欲拔淫尘，贪嫉虚事，不可卒清。(T 10, no. 285, 486c5—7)

2.2.9 谀谄尘。西晋译经首见。仅检到一个用例。

竺法护译《海龙王经》卷4：善愿常至诚，超度诸法上，尊胜诸国王，常施惠大财，以离谀谄尘。(T 15, no. 598, 152c5—7)

2.2.10 欲尘。西晋首见，单在竺法护的译经中共使用了76次。如：

竺法护译《如来兴显经》卷1：善归无合会，谛晓了悉觉，其慧则无上，平等离欲尘。称叹于最胜，所行无限量，其闻于音响，一切悉踊跃。(T 10, no. 291, 594a19—22)

其后佛教文献用例不绝。如：

东晋竺昙无兰译《寂志果经》：清净其心，无有欲尘。(T 1, no. 22, 274c23)

明传灯录《法华经玄义辑略》：禅定如水，能洗欲尘。(X 28, no. 590, 548c6)

表 2　汉晋时期佛教文献中以“尘”为中心语素的偏正式双音或多音词一览表

序号	词目	汉魏	西晋	东晋十六国	小结	来源	CBETA
1	恶尘	—	2	1	3	译经新出	30
2	苦尘	—	1	—	1	译经新出	52
3	寂尘	—	1	—	1	译经新出	34
4	劳尘	1	7	2	10	译经新出	33
5	慢尘	—	1	—	1	译经新出	5
6	冥尘	1	8	—	9	译经新出	15
7	魔尘	—	2	—	2	译经新出	22
8	淫尘	2	7	—	9	译经新出	12
9	谀谄尘	—	1	—	1	译经新出	1
10	欲尘	—	76	14	90	译经新出	476
小结		4	106	17	127		

2.3 以“尘”为修饰语的偏正式双音词。共12个——尘结、尘境、尘劳、尘冥、尘魔、尘染、尘色、尘水、尘网、尘想、尘倚和尘欲。没有例外，它们也都是佛经译者的创造（见表3）。

2.3.1 尘结。西晋译经首见。如：

竺法护译《海龙王经》卷1：所作已成，不复忘失；灭除尘结；其心当舍一切诸著。（T 15, no. 598, 133c3—4）

其后的用例如：

符秦僧伽跋澄译《僧伽罗刹所集经》卷2：不断解脱境，分别因缘，亦不起法想。所愿充满，亦无有嫉妒心。诸垢永尽，度诸尘结，以智不处生死，亦不舍之。（T 4, no. 194, 125c13—16）

宋集成等《宏智禅师广录》卷4：哆哆和和增口业，胶胶缀缀添尘结。（T 48, no. 2001, 44b6）

2.3.2 尘境。十六国时期译经首见。如：

姚秦筏提摩多译《释摩诃衍论》卷4：佛言：如是粗细意识，以现镜识而为其因，以六尘境而为其缘。相续而转故。以此义故，第七末那缘六尘境，为所缘转义已成立。（T 32, no. 1668, 627c19—22）

僧肇《宝藏论》：若人不达离微者，虽复苦行头陀远离尘境，断贪恚痴伏忍成就，经无量劫，终不入真实。（T 45, no. 1857, 147a8—10）

后世用例不绝。如：

唐李玄通《略释新华严经修行次第决疑论》卷2：以一切世间生死尘境，总为法聚落。(T 36, no. 1741, 1027a24—25)

宋天息灾译《菩提行经》卷2：于此生爱重，令瞋不生起。若贪彼尘境，而生种种罪。(T 32, no. 1662, 548 a13—15)

2.3.3 尘劳。东汉译经首见。如：

支谶译《般舟三昧经》卷下：佛无垢秽离尘劳，功德众竟无所著，尊大神通妙音声，法鼓导义喻诸音。(T 13, no. 418, 916a27—29)

后世使用极多，是一个超高频的佛教词语[1]。如：

竺法护译《生经》卷1：佛即为比丘蠲色欲念，除痴爱失，为说尘劳之秽，乐少忧多，多坏少成，无有节限。唯有佛及诸弟子明智之人，分别是耳。(T 3, no. 154, 70a26—28)

唐般若译《大乘本生心地观经》卷3：发露无始生死业，愿大悲水洗尘劳。(T 3, no. 159, 303c28)

2.3.4 尘冥。三国译经首见。如：

支谦译《大明度经》卷1：师云：当学知是非意，以知非意无复想舍，即为意净。光明者，无复尘冥矣也。(T 8, no. 225, 478c23)

其后的用例如：

竺法护译《如来兴显经》卷2：若观察最胜，即获成五眼，蠲去诸尘冥，便住佛地道。(T 10, no. 291, 600b21—22)

道宣编著《法苑珠林》卷11：合四钵于连河，度五邻于鹿苑；荡爱著于绵区，湔尘冥于曩劫。(T 53, no. 2122, 365c16—17)

2.3.5 尘魔。西晋译经首见。如：

竺法护译《度世品经》卷6：嗟叹彼尊行，欢悦世巍巍。已除罪尘魔，普现于三世，其德超众圣，显殊异力行。(T 10, no. 292, 653c15—18)

其后的用例不绝。如：

竺佛念译《出曜经》卷23：虽得为人，寄生无几。今不自摄者，便为弊魔波旬及欲尘魔自在天子，使得我便。(T 4, no. 212, 730c13—15)

2.3.6 尘染。三国译经首见。如：

支谦译《撰集百缘经》卷8：时波斯匿王见女如是，深生惶怖，而语女言："我今愚冥，都不知汝有是神变，而以污秽尘染于汝。忏悔罪咎，听汝出家。"(T 4, no. 200, 242a25—28)

---

[1] CBETA (2016) 检索到5902个用例。

其后的译经和其他佛教文献多有用例。如：

竺佛念译《出曜经》卷6：观诸法如幻如化，在闲静之处静寂思惟志不移易，欲爱心尽无复尘染，欲爱尽得阿那含道。(T 4, no. 212, 640b17—19)

《广弘明集》卷27载南齐萧子良《发愿庄严门》：微尘起相，见即觉察。守护六根，不令尘染。常发弘愿，以自庄严。(T 52, no. 2103, 321a9—11)

2.3.7 尘色。西晋译经首见。如：

竺法护译《阿惟越致遮经》卷下：此以女人，设除爱欲，不兴邪想，受此经本，持讽诵读。所以者何？是深尊经，除女尘色。(T 9, no. 266, 223b29—c2)

其后的佛教文献偶有用例。如：

宋子璇集《首楞严义疏注经》卷5：如来印我名尼沙陀。尘色既尽，妙色密圆，我从色相得阿罗汉。(T 39, no. 1799, 896a18—19)

宋赞宁等撰《宋高僧传》卷14“唐京师崇圣寺文纲传”：夫真实无相，尘色本空；正觉圆常，大悲湛定。(T 50, no. 2061, 792a9—10)

2.3.8 尘水。东汉译经首见。如：

安世高译《处处经》：佛袈裟里，尘水不著、外垢不著，有二因缘：一者、不念一切人恶故；二者、见一切人有欲，欲令灭之。(T 17, no. 730, 524a23—25)

这个词语在后世的佛教文献中十分常见。如：

刘宋求那跋陀罗译《央掘魔罗经》卷2：第一钵昙摩，清净柔软足，尘水所不污，是故稽首礼。(T 2, no. 120, 522c7—9)

道宣撰《续高僧传》卷5“僧迁”：幼出家。进忠退俭，早协州乡。晚游都邑，住灵根寺。却扫一房，净若仙观。洁整衣服，尘水不染。(T 50, no. 2060, 461c10—12)

2.3.9 尘网。西晋译经首见。如：

竺法护译《渐备一切智德经》卷1：众生心迷，建立罪福，习淫怒痴，为三盖碍，堕在尘网，常自投己不便之地。(T 10, no. 285, 466c28—29)

这个词语后世佛教文献常见。如：

唐义净译《根本说一切有部苾刍尼毗奈耶》卷1：山林多寂静，坦然无畏惧；于此可勤修，能离诸缠缚。正见与邪见，皆从心所生；安处空闲林，智者当观察。若人贪俗务，诸苦常随逐；超然离尘网，能往涅槃宫。(T 23, no. 1443, 910c21—26)

宋宗晓编《四明尊者教行录》卷6载石待问《皇宋明州新修保恩院记》：往来于地水火风，合散于梦幻泡影。爱河浩浩，贯三界以周流；尘网恢恢，弥大千而洪覆。(T 46, no. 1937, 910a20—22)

《汉语大词典》(罗竹风 1986—1993)“尘网”条给出的最早用例是旧题汉东方朔《与友人书》:“不可使尘网名缰拘锁，怡然长笑，脱去十洲三岛。”这条材料可能出自严可均辑《全汉文》。但严辑此条未著出处。今查电子文献数据库，仅在元代道士赵道一编《历世真仙体道通鉴》卷三“东方朔”条中，有“朔后与友人书云:‘不可使尘网名缰拘锁’”云云的内容，可能正是严辑所本，故其中“与友人书”被用作篇名。除此以外，这条材料未见其他著录。若是，则殊不可信。

如上所示，西晋竺法护所译《渐备一切智德经》是迄今所见“尘网”一词的最早也是最可靠的出处。此经僧祐《录》卷二“新集经论录第一”竺法护译经录中有明确的记录，云“渐备一切智经十卷(或五卷，元康七年十一月二十五日出)”。

2.3.10 尘想。西晋译经首见。如:

> 竺法护译《郁迦罗越问菩萨行经》: 在闲居者，无有求住想; 在闲居者，无有泥洹想。何况当有[婬尘想]? (T 12, no. 323, 29a3—4)[1]

后世佛教文献的用例较多。如:

> 竺佛念译《出曜经》卷13: 彼执行人专精一意，灭内[尘想]。(T 4, no. 212, 682a2—3)

> 《广弘明集》卷15载慧远《佛影铭》: 夫滞于近习，不达希世之闻; 抚常永日，罕怀事外之感。是使[尘想]制于玄襟，天罗网其神虑。(T 52, no. 2103, 197c11—13)

2.3.11 尘倚。西晋译经首见。

> 竺法护译《大净法门经》: 其心意识亦无欲著亦无净者，无有[尘倚]，本际清净。(T 17, no. 817, 819a5—6)

但此外未检到其他用例。

2.3.12 尘欲。西晋译经首见。在竺法护名下的译经中，共检出67个用例。如:

> 竺法护译《渐备一切智德经》卷1: 以分别辩故造行，唯愿当演上道法。心之所念如明珠，意寂以见消[尘欲]。(T 10, no. 285, 460a24—26)

这个词语在后世佛教文献中常见，是高频词。如:

> 南朝宋宝云译《佛本行经》卷1: 佛箭名四等，一发灭尘劳，震三千世界; 慧炽烧[尘欲]，犹如军被烧。(T 4, no. 193, 56a24—26)

> 《弘明集》卷13载王该《日烛》: 知畏途而惊寇，迷[尘欲]之致戎。(T 52, no. 2102, 91a2)

---

1 “婬尘想”，我们可以将其视为“尘想”的三音节扩充形式。

表 3　汉晋时期佛教文献中以“尘”为修饰语的偏正式双音词一览表

序号	词目	汉魏	西晋	东晋十六国	小结	来源	CBETA
1	尘结	—	1	3	4	译经新出	65
2	尘境	—	—	6	6	译经新出	1771
3	尘劳	17	653	211	881	译经新出	5902
4	尘冥	1	4	1	6	译经新出	19
5	尘魔	—	5	1	6	译经新出	14
6	尘染	1	2	5	8	译经新出	281
7	尘色	—	1	—	1	译经新出	346
8	尘水	5	6	19	30	译经新出	208
9	尘网	—	1	—	1	译经新出	112
10	尘想	—	1	3	4	译经新出	95
11	尘倚	—	1	—	1	译经新出	2
12	尘欲	—	67	18	85	译经新出	230
小结		24	742	267	1033		

以上不厌其烦地讨论，目的在于说明“尘”这个词语在东晋及之前佛教文献中的使用情况。其中值得注意的是，在30个“尘族词”中，先见于翻译佛经、很可能是译经者创造的有26个，占86.7%；而先见于本土文献的只有4个，占13.3%。而且，译经创新的26个词语中，超过20个，其首见用例都出自西晋竺法护的译经。此外，需要进一步交代的是，其中大多数在之后的非佛教文献中也有用例，但为了行文方便，我们放到第四部分再作讨论。

毫无疑问的是，到了陶渊明的时代，“尘”已经成为一个佛化程度和使用频率都非常高的汉语词，不仅单用，它还与其他词语组合构成新的双音词语。了解了这个背景，让我们再来看陶渊明诗文中与“尘”有关的词语。

三

“尘”在陶渊明诗文中共出现12次，都用在复合词或短语中。其中作一般尘土义的有4个——“梁尘”（梁尘委积，庭草荒芜）、“尘梁”（春燕应节起，高飞拂尘梁）、“尘杂”（户庭无尘杂，虚室有余闲）和“灰尘”（诗书复何罪，一朝成灰尘）；其余8个——“尘羁”“尘爵”“尘事”“尘网”“尘嚣”“尘想”“流尘”和“陌上尘”，都与佛教或多或少有点关联，应是时代风气和特征在其文学语汇中的反映，值得作些深入的讨论（见表4）。

“尘羁、尘爵、尘事、尘网、尘嚣、尘想、流尘、陌上尘”可以分为三类。

3.1 佛教语。有“尘网”和“尘想”。

《归田园居》其一：少无适俗韵，性本爱丘山。误落尘网中，一去三十年。

《归田园居》其二：白日掩荆扉，虚室绝尘想。

“尘网”和“尘想”都是佛经译者创造的地道的“佛教语”，对其在佛教文献里的来龙去脉，前面已经举例讨论，在此不赘。

不过，仍想在此多说两句的是陶诗中“尘想”的用法。如2.3.10所举，这个词最早见于西晋竺法护译《郁迦罗越问菩萨行经》：

> 在闲居者无我想，在闲居者无他人想，在闲居者无得想，在闲居者无自见身迹想。在闲居者无有求住想，在闲居者无有泥洹想。何况当有婬尘想？所以名为闲居。（T 12, no. 323, 29a1—5）

其中将“[婬]尘想”与“闲居”联系在一起。类似的用法在其他佛教文献也可见到。如：

> 昙无谶译《佛所行赞》卷1：故我求常乐，无灭亦无生，怨亲平等心，不务于财色。所安唯山林，空寂无所营，尘想既已息，萧条倚空闲，精粗无所择，乞求以支身。（T 4, no. 192, 9a4—8）

> 僧肇《注维摩诘经》卷7：堂宇以蔽风霜，空寂以障尘想。（T 38, no. 1775, 393b19—20）

> 《出三藏记集》卷6载东晋谢敷《安般守意经序》：闭色声于视听，遏尘想以禅寂。（T 55, no. 2145, 44a10）

值得注意的是，陶诗用“虚室”来“绝尘想”，与佛典用“闲居”“山林”和“空寂”“禅寂”来“灭尘想”或“障尘想”或“遏尘想”有明显的相似。

3.2 汉语固有词。只有“流尘”一个。

《悲从弟仲德》：流尘集虚坐，宿草旅前庭。

从字面上看，其中的“流尘”指飞扬的尘土。根据语料检索的结果，这个词的最早使用者当为三国时代的曹植[1]。《文选》卷31载南朝宋刘玄休《拟古诗》有“堂上流尘生，庭中绿草滋”句，注：“曹植《曹仲雍诔》曰：‘流尘飘荡魂安归？’”曹植的这篇诔全文不存，严可均《全三国文》仅集到两句，另一句是《文选》卷28载陆机《挽歌行》“重阜何崔嵬，玄庐窜其间”句注引之“痛玄庐之虚廓”。不过，曹植的作品中有佛教的影响已是定论，“流尘”“魂安归”“玄庐”“虚廓”等词语或与这种影响不无关系。陶文为哀辞，性质与曹植文相近，“流尘”在字面上似乎指飞尘，但李善注引曹植“流尘飘荡魂安归”或有深义。

“流尘”一语在佛教文献里比喻六道中的世俗。如：

---

1 《太平御览》卷713“服用部15·匣”：“古歌曰：流尘生玉匣。”其中有“流尘”一词。逯钦立《先秦汉魏晋南北朝诗》将其收入《全汉诗》卷10“乐府古辞”中，不知何据。

《广弘明集》卷30载陈张君祖“咏怀诗”：近伫时无遘，谁与拂流尘。（T 52, no. 2103, 359a16—17）

宋晓莹录《云卧纪谭》卷2：陈文惠公，阆中人，平居于释氏留心。因游山寺，恍然有得，而成偈曰：“殿古寒炉空，流尘暗金碧。独坐了无人，又得真消息。”（X 86, no. 1610, 678a11—13）

在非佛教文献里，“流尘”大多用其字面义，指飞尘或浮尘。但有些作品中的“流尘”似乎带有佛教的意味。如：

《唐代墓志汇编》（周绍良 1992）No. 059《大周宣州泾县尉杜府君故夫人孙氏墓志铭》之三：谓天何亲？独丧善人。悲凉阅水，叹惜流尘。千年山曲，一别城闉。恨玄官之幽隐，痛黄泉而不春。

唐司空曙《过胡居士睹王右丞遗文》诗：每许前山隐，曾怜陋巷贫。题诗今尚在，暂为拂流尘。

唐白元鉴《法堂》诗：高踪遗可继，虚空即流尘。越国曾封邑，蓬莱早会真。余风生户牖，残影照江滨。化鹤年犹远，空悲云水亲。

宋郭印《云溪杂咏》其五：林园无俗物，满目是琅玕。非雾昼常晦，不风夏亦寒。流尘终日背，归鸟一枝安。但看青青节，肯随黄叶残。

3.3 自造词。有“尘羁”“尘爵”“尘事”“尘嚣”和“陌上尘”5个。

3.3.1 尘羁。

《饮酒二十首》之八：吾生梦幻间，何事绁尘羁。

查古代文献，这或是“尘羁”一词的最早用例。其后是梁萧统《和武帝游钟山大爱敬寺》诗：“万邦跻仁寿，兆庶涤尘羁。”从诗题可知与佛教有关。

“尘羁”后来在佛教文献也有使用，使其佛教的意味得到加强。如：

唐法砺撰述《四分律行事钞批》卷10“水中嬉戏戒第五十二”：《大云法藏经》云：“王与夫人楼上遥见游戏。王说偈向夫人云：‘吾闻诸比丘，意谓离尘羁。戏暴泥水中，云何作人师？’时十七群童子游戏足已，中有一人著衣上岸，入定知王心。即作十八变，拂王疑意。遂以神力雁行而去。夫人见之而向王说偈云：‘我家诸比丘，久已离尘羁。沙弥尚如此，何况释迦师？’”（X 42, no. 736, 906a7—13）

东魏兴和四年（542）《李氏合邑造像碑》：是以大圣降鉴，慈情兴接。影赴尘羁，悲拔昏识。故能托迹净王。（I 1, no. 43, 111b3）

《广弘明集》卷23载东晋丘道护“道士支昙谛诔”：尘之所著，在至斯捐。累之所引，秉之弥坚。摆落尘羁，振拖灵渊。（T 52, no. 2103, 264a18—20）

3.3.2 尘爵。

《九日闲居》：如何蓬庐士，空视时运倾！尘爵耻虚罍，寒华徒自荣。

"尘爵"与"虚罍"对举，其中的 "虚"与"尘"一样，均为佛教常用词；二者带有某种佛教的意味，应该可以肯定。不过，"尘爵"在佛教文献里未见用例。

3.3.3 尘事。

《辛丑岁七月赴假还江陵夜行途口》：闲居三十载，遂与尘事冥。

"尘事"一词在陶氏之前的文献中未见。其后佛典大量使用，使这个可能由陶渊明创造的词语成为佛教术语。如：

陈真谛译《金七十论》卷3：譬如一人见五婆罗门出家，次第往问。初问第一人言："汝何所知而得出家？"其人答言："世间中有五尘。为得此尘，诸事难作。或作田，或养兽，或事王，或商估，离此四事或便作偷贼。是求尘事，决难可作，逼恼自他故。我见此事故求出家。"（T 54, no. 2137, 1257b25—c1）

唐法藏述《华严经义海百门》：七定权实者，谓尘事是权，空寂是实。然实非实，以理不碍事故；权亦非权，以事体即空故。若作权解实解，此非善解；若知权实俱不可得，寄言以明法体，是名善解也。（T 45, no. 1875, 636a25—28）

宋法天译《妙法圣念处经》卷8：若散乱行，不过六根。尘事不生，一切利益。具大安乐，适悦充足。（T 17, no. 722, 444c27—29）

3.3.4 尘嚣。

《桃花源记并诗》：借问游方士，焉测尘嚣外？

"尘嚣"也是陶诗首见词语。其后，从南北朝起在佛教文献里续有用例。如：

《广弘明集》卷30载陈江令"西曹书佐鲍至从驾虎窟山寺"诗：神心眷物序，访道绝尘嚣。林疏盖影出，风去管声遥。（T 52, no. 2103, 357c23—24）

《续高僧传》卷18"僧照传"：释僧照，京兆人。不详氏族。幼年入道，师于静蔼。游履盛化，每居幽隐频感征异。乃高恒度恐致惊俗，故罕闻之。俗遭周灭法，不偶尘嚣。独处秦岭，高步松苑。顾影与心，相娱自得。（T 50, no. 2060, 578b17—21）

宋法泉《证道歌颂》：住兰若。远离尘嚣真静者，请看终日纵心猿，何似深居调意马。（X 65, no. 1291, 442b7—8）

3.3.5 陌上尘。

《杂诗十二首》其一：人生无根蒂，飘如陌上尘。分散逐风转，此已非常身。

"陌上尘"同样为陶诗首见。这个"尘"取自佛教"尘"的第二种用法，以"陌上尘"来说明人生之短暂或渺小。这个词语在其后的本土佛教撰述中偶有用例。如：

唐皎然《答韦山人隐起龙文药瓢歌》：年少纷如陌上尘，不见吾瓢尽枯槁。聊将系肘步何轻，便有三山孤鹤情。

宋智圆《闲居编》卷40“勉隐者”：潺潺涧中水，不入贪夫耳；茫茫陌上尘，不沾静者身。（X 56, no. 949, 923b14—15）

在陶渊明生活的东晋后期，公元1世纪传入的佛教已经在中国传播了300年，对社会的影响可谓无远弗届。在知识阶层，阅读佛典，谈论佛理，与高僧交结，已成为时尚。即使陶渊明不信仰佛教，也未能免俗。

表4 陶渊明诗文“尘”族词在佛教文献中的使用情况统计

尘羁	尘爵	尘事	尘网	尘嚣	尘想	流尘	陌上尘
14	0	209	112	95	95	30	1

以上考察了陶渊明诗文中出现的一组词。作者不但使用了源自佛典的词语，还用充满时代气息、带有佛教意味的“尘”创造了五个新词。比较起来，后者更值得注意，也更有文学史价值。

四

前面共讨论了36个属于佛教或具有佛教意味的“尘”族复合词语——其中5个是汉语固有词语：埃尘、尘埃、尘垢、秽尘、流尘，26个是佛经自造词语：垢尘、尘秽、尘俗、俗尘，恶尘、苦尘、寂尘、劳尘、慢尘、冥尘、魔尘、淫尘、谀谄尘、欲尘和尘结、尘境、尘劳、尘冥、尘魔、尘染、尘色、尘水、尘网、尘想、尘倚、尘欲，5个是陶渊明自造词语：尘羁、尘爵、尘事、尘嚣、陌上尘。

这些词语在汉语词汇史上的表现如何？尤其是佛经自造词和陶渊明自造词，它们作为个人的言语创新，只是昙花一现，还是被后人接受而加以使用，成为某个词汇系统的正式成员呢？再具体一点，对于26个佛经自造词来说，只是创造者个人使用，还是后世被佛教圈内的其他人采用，成为佛教汉语语汇系统的正式成员？抑或进一步走出佛教的圈子，成为汉语全民语言的一员？同样，对于5个陶渊明自造词来说，它们后来的“命运”又如何？下面我们先来看佛经自造词语。

4.1 佛经自造词在佛教文献中的表现。26个佛经自造词语在佛教文献中的表现，前面已经作过讨论。用CBETA进行检索，再根据学术前辈“例不十，法不立”格言包含的规则来做一粗略的划分，用例少于10个的有“尘倚”“慢尘”和“谀谄尘”，姑且认定它们还停留在个人创新的阶段，没有被佛教社会所接受成为佛教汉语中的一员；但其他23个词语，在佛教文献中的用例超过10次，就姑且认定它们的使用范围超出了创造者个人的语汇系统，而进入了佛教社会的语汇系统，亦即佛教汉语的语汇系统。

4.2 佛经自造词在在非佛教文献中的表现。前面已经提到，不少由佛经译者创造的带有浓郁佛教意味的“佛教语”在后来逐渐进入非佛教文献。下面仅以诗词为例。[1]

4.2.1 含“尘”并列关系双音词语 “尘秽”“尘俗”“垢尘”“俗尘”的使用情况举例。

4.2.1.1 垢尘。

三国魏嵇康《五言诗》其三：俗人不可亲，松乔是可邻。何为秽浊间，动摇增垢尘。字里行间似乎也有佛教的影子。

明李孙宸《罗浮杂咏》其一：上界无垢尘，中阪分丹荑。

清敦敏《丁丑榆关……因复和之并简易堂敬亭》：信心无垢尘，持身尝涤盥。

4.2.1.2 尘秽。

东晋曹毗《杜兰香作诗》：飙轮送我来，岂复耻尘秽。从我与福俱，嫌我与祸会。

唐无名氏《西王母授紫度炎光神变经颂三篇》其三：金阙郁嵯峨，清景无尘秽。

元郭钰《简周文瞻》：愿求大字悬书屋，一洗尘秽开清虚。

明张志诗《谒阳明祠》：大道久尘秽，谁能力刊落。顿悟致良知，传心此关钥。

清吴颖芳《石田翁长卷》：胸中尘秽洗尽空，饱歠藜羹长看画。

今人田遨《自寻》：既未落尘秽，亦未离烟火。

4.2.1.3 尘俗。

南朝宋刘孝仪《和昭明太子钟山解讲诗》：虽穷理游盛，终为尘俗喧。

唐崔峒《送真上人还兰若》：爱憎应不染，尘俗自依依。

明王恭《华石上人见过》：久沦尘俗愧缁衣，曾是三生石上违。愿得远公留半偈，也令玄度发清机。

清张凤《和夫子行天竺山中次韵》：山鸟向人鸣，梵音旋相续。我来尘俗中，物情互起伏。

4.2.1.4 俗尘。

唐李颀《题璇公山池》：远公遁迹庐山岑，开士幽居祇树林。……此外俗尘都不染，惟余玄度得相寻。

宋叶善夫《芹溪八咏》其五：高人栖隐向山林，林壑幽清绝俗尘。

明李昌祺《送陈郎中重使西域……六首》其二：俗尘不染祇园士，坐学无生与世忘。

当代王蛰堪《雪狮儿·次和晦窗兄》：牵魂事，俗尘难了，欲飞还著。

[1] 例句主要来自网络版《搜韵》。

4.2.2 以“尘”为修饰语的偏正双音节词语“尘色”“尘欲”“尘水”“尘染”“尘冥”“尘魔”“尘结”“尘网”“尘倚”“尘劳”“尘想”“尘境”在后世文人诗词中的使用情况举例。

4.2.2.1 尘色。

唐吕岩《苏幕遮》：虚无中，尘色内，尽是还丹，历历收采。

宋员兴宗《别眉山源上人》：我生喜际招提客，欲宜沤幻了尘色。偶然挥斥仍六极，无相光中岂南北。

元王寂《墨竹颂四首》其三：青青自真如，尘色终不染。

清夏孙桐《疏影》：空山福分原非易，恨却污、春明尘色。

4.2.2.2 尘欲。

明夏原吉《题吴敬安竹轩》：何如吴公对此竹，抱直含贞绝尘欲。

清黄浚《病起书怀呈真长……》其五：我惭徇尘欲，贫病益孤懦。[1]

4.2.2.3 尘水。

宋岑硕《三德院》：齐朝立兰若，曾废会昌初。……门外涤尘水，寒光浸太虚。

明薛章宪《洞仙歌》(和石田寿词)：南极老人，管世间甲子。见几番沧溟尘水。

明程敏政《为柳楷序班题寿意图归庆其母》：仙凡隔尘水，三山翠峣屼。

清朱彝尊《竹簟（己巳）》：纹同曲尘水，滑比砑光笺。

4.2.2.4 尘染。

东晋张野《和慧远游庐山》：揭来越重垠，一举拔尘染。

唐方干《僧院小泉井》：欲知到底无尘染，堪与吾师比性源。

宋王安石《八功德水》：当时迦叶无尘染，何事阌乡有土思。

明祝允明《己巳闰九月十三夜梦为游山》：天行无尘染，丘卧白云洁。

清王士禛《送浦潜夫》：徒步过市中，尘染苍浪髭。

今人宗远崖《新荷》：微有香来空色未，初无尘染得天怜。

4.2.2.5 尘冥。

晋陆机《拟西北有高楼》：绮窗出尘冥，飞陛蹑云端。

宋刘敞《喜春卿自陕归》：休汝曾更月旦评，几年漂泊倦尘冥。

明郑学醇《雨憩罗衣寺》：坐觉尘冥今一洗，顿令心亦长禅机。

---

[1] 元刘辰翁《玉真观记》：而东家之寒女，西屋之深闺，耳无闻，目无见，浩然尘欲之表。(《全元文》卷277)元康璧《玄都宫碑记》：第恐不以若之心为心，远而愈疏，尘欲汩，道性凿，玄教弗嗣，妙门弗兴。(《全元文》卷1393)

清末民国陈三立《三月七日……入夜风雨中走谒欧阳丈》：尘冥啸魑魅，御侮有余力。

今人伯昏子《杂诗》：俯瞰人间世，轩车去尘冥。

4.2.2.6 尘魔。

宋郭祥正《题化城寺新公清风亭用李白元韵》：了然得真味，尘魔屡崩摧。

金尹志平《退居岩穴……有诗上谢四首》其一：降心学道出尘魔，决要修真上大罗。

明王锡爵《夏云迭嶂》：但不识、尘魔许我，几多牵绊。

清贺对达《高山流水》（次韵题家廷小照）：此身何必问西东。……尘魔断、说甚雌雄。

4.2.2.7 尘结。未见用例。

4.2.2.8 尘网。

南朝江淹《许征君询自叙》：五难既洒落，超迹绝尘网。

唐白居易《放言》其二：世途倚伏都无定，尘网牵缠卒未休。

宋周文璞《夜归》：回身在人世，欲去尘网缠。

元朱希晦《简子文林训导》：衰年误堕尘网中，齿豁头童竟何益。

明陈子升《白燕》：纵是衔泥身不污，自捎尘网得飞飞。

清冯廷櫆《云梦泽有怀太白》：幂幂尘网中，众缘纷难了。[1]

4.2.2.9 尘倚。未见用例。

4.2.2.10 尘劳。

南朝梁萧统《同泰僧正讲》：何因动飞辔，暂使尘劳轻。

唐天然《孤寂夜》：倏忽之间迷病死，尘劳难脱哭怆怆。

宋邓深《登普济寺慈氏阁》：柔远楼中俯市嚣，万家蚁聚汩尘劳。此中更觉楼低小，佛界由来著眼高。

明刘基《鹧鸪天·冬暖》：尘劳事，莫关情，清风皓月共忘形。

清王灿《过大觉庵》：云白禅机静，霜青古木秋。尘劳何日息，常向此间游。

今人郑骞《风入松》：从前长怨尘劳缚，已身闲、却又空虚。

4.2.2.11 尘想。

唐皎然《杼山禅居寄赠东溪吴处士冯》：为君中夜起，孤坐石上月。悠然遗尘想，邈矣达性说。

---

[1] 《晋书·范宁传》：平叔神怀超绝，辅嗣妙思通微，振千载之颓纲，落周孔之尘网。斯盖轩冕之龙门，豪梁之宗匠。

宋张镃《游昭庆寺》：心安久矣空尘想，梦异当年记宿生。

明区大相《常公房与公干夜谈》：促膝坐僧舍，焚香对法筵。幽人吟碧桂，居士爱青莲。习懒中林卧，心非外道禅。悠悠尘想绝，言义欲俱玄。

明李士淳《大歇石》：古木阴中说涅槃，点头尔亦解参禅。仙僧趺坐无尘想，何用枕流洗碧泉。

清李秉礼《月夜池上》：梵钟何处来，悠然淡尘想。

4.2.2.12 尘境。

唐司空曙《寄卫明府……末句之赠》：翠竹黄花皆佛性，莫教尘境误相侵。

宋朱熹《寄题九日山廓然亭》：仰看天宇近，俯叹尘境窄。

元姬翼《水龙吟》：俱在天真，浪游尘境，执迷颠倒。

清蒋敦复《西湖月》：不知垂柳垂杨，恁著个词仙，都殊尘境。

今人张力夫《齐天乐·夜深难寐再读海德格尔（2006年）》：偶为尘境蜉蝣客，喧嚣不分中外。

4.2.3 以“尘”为中心语的偏正式双音词在后世世俗文人诗词中的使用情况举例。

4.2.3.1 慢尘。未见用例。

4.2.3.2 恶尘。

元佚名《醉春风》：经了些翻滚滚恶尘途。受了些急穰穰世事杂。

清王闿运《乾灵篇》：已矣终枯槁，何心向恶尘。

近人叶圣陶《穷愁》：儿童诚可爱，一味天真，恶尘无染。

4.2.3.3 冥尘。

唐张九龄《南还以诗代书赠京师旧僚》：朝罢冥尘事，宾来话酒卮。

宋李彭《同安即事》：摇落霜林秋兴新，舍舟寻壑自冥尘。

明何吾驺《姚孟长顾九畴……分得乡字二首》其一：自觉冥尘事，无言托醉乡。

清王闿运《怀春诗四十八首》其二十八：单帷蔽初旭，高阙集冥尘。

4.2.3.4 欲尘。

唐刘威《送元秀才入道》：明月满时开道帔，欲尘飘处脱儒衣。

宋孔平仲《余比见……再用元韵和寄》：欲尘亦遂埽，由味方有触。甘肥自煎熬，其毒甚回禄。

明王世贞《和苏长公南华寺韵》：濡首六欲尘，惊心九重谴。

清金朝觐《过新甸瞻礼周总镇遗像》：所部谁降者，孤城碎欲尘。[1]

4.2.3.5 寂尘。

宋张次贤《过郭继一处士草堂》：爱寂尘轩冕，辞荣结草茨。

明袁宏道《云上人》：不受喧寂尘，跳出声闻界。

清弘历《赋得僧敲月下门》：讵湿袈裟露，凭参响寂尘。

4.2.3.6 苦尘。

唐冯道之《山中作》：此即契吾生，何为苦尘役？

明沈周《秋暑夜坐》：畏老欲逃如镜里，苦尘难脱限人间。

清陈宝琛《同石遗郁庭藜观宰平游沟沟岩中途阻雨……》：能留三日会有晴，无那吾侪苦尘缚。

4.2.3.7 淫尘。未见用例。[2]

4.2.3.8 劳尘。

宋喻汝励《隐德诗》：凌波微步度劳尘，栀子同心传密意。

明邓云霄《夏日过赵凡夫定山别业》其一：坐邻支遁宅，今古并劳尘。

清梁运昌《仙霞岭》：上方听转梵，暂可息劳尘。

今人朱廷燮《湖滨秋社戏台联》：霓裳三叠曲，和平可听，农功罢后憩劳尘。[3]

4.2.3.9 魔尘。

宋释慧空《赠吴晦叔雪峰造金刚》：居士有力如金刚，一念成就金刚王。魔尘不飞佛日光，门外人趋选佛场。

清黄燮清《惜余春慢》：怯胆惊秋，魔尘悸夜，全借旛铃遮护。

4.3 陶渊明自造词在后世的表现。在了解了佛经创造的"尘"族复合词在后世文人诗词中的表现之后，我们继续讨论陶渊明5个自造词语在后世文人诗词中的表现。

4.3.1 尘羁。

南朝梁萧统《和武帝游钟山大爱敬寺诗》：万邦跻仁寿，兆庶涤尘羁。

---

[1] 《明儒学案》33《泰州学案》2：欲譬诸云，明是我体，当云在月际，人见其暗，而明月之体未亏。故千古常明者性体，一时渐暗者欲尘。清钱谦益《有学集》14"艺林汇考序"：忉利有杂林之苑，诸天入此，则上妙尘欲，杂类俱至。此书即吾之杂林也。取彼欲尘，助我惮悦。

[2] 《清稗类钞·动物类》"白蛉"：京师入夏多白蛉，较蚊小而善啮，若元微之《虫豸》序所称"淫尘"者，盖蚋蚋之类。

[3] 民国徐枕亚《玉梨魂》第10章：劳尘滚滚，只博青娥一笑之恩；长夜迢迢，更下白傅千行之泪。

宋华镇《题桃源图》：尘羁世网远心目，年龄便可乾坤齐。俗缘如瑕涤不去，荆布还念糟糠妻。

元明本《行香子》：顿脱尘羁。深处幽栖。……也无喜，也无非。

明苏葵《奉和王朝器同寅来韵二首》其二：经纶康济吾儒事，莫道尘羁未卸身。

近人宋育仁《山中有一士》：泥途既中路，谁能脱尘羁。

4.3.2 尘爵。

宋苏轼《和陶贫士七首》之三：谁谓渊明贫，尚有一素琴。……疏巾叹虚漉，尘爵笑空斟。

宋李流谦《闰重阳有感次宋景文公韵》：苦爱佳名叹尘爵，渊明高兴转悠悠。

元吴当《丛桂轩九日书怀》：嘉节百感集，寒菊不见花。尘爵幸未虚，乡山久无家。

明李昌祺《渊明酌酒图》：老农得美酒，负榼远见寻。呼儿涤尘爵，相与聊共斟。

“尘爵”一词其后的用例多与陶诗有直接关系。

4.3.3 尘事。

唐朱庆余《闲居即事》：石面横琴坐，松阴采药行。超然尘事外，不似绊浮名。

宋张佖《题华严寺木塔》：休将世路悲尘事，莫指云山认故乡。

明张孟兼《寄桃源郑征士》：相从饭胡麻，已与尘事绝。致身在烟霞，此心比冰雪。

清厉鹗《人日雪》：恶客不来尘事绝，蒙头乞我醉时眠。

今人熊盛元《梦江南·小薇师养病于市八医院，赋此以慰》：医院静，尘事不相关。身卧病房三尺榻，神驰姑射百重山。[1]

4.3.4 尘嚣。

南朝梁鲍至《奉和往虎窟山寺》诗：神心眷物序，访道绝尘嚣。

唐白居易《月夜登阁避暑》：何以避暑气，无如出尘嚣。行行都门外，佛阁正岧峣。

宋孔仲武《留别真戒讲师》：万屋尘嚣无间断，一轩气象自清虚。

元马钰《梅花引·赠老李先生》：怎分晓。迷虚矫。爱恋家缘何日了。著尘嚣。著尘嚣。铁做人人，遭他火院销。

清牛焘《寄杨文藻三首》其三：即斯仙佛侣，愧我逐尘嚣。

近人林散之《江居暑闷》：一雨江天暑未消，有人草阁避尘嚣。[2]

---

[1] 《全唐文》卷429载唐于邵《内侍省内常侍孙常楷神道碑》：是能闭朱门，蔽华屋，不屑尘事，隐几颐神，惟清净为师，惟友爱是笃，物我俱丧，不知老之将至云尔。

[2] 《全唐文》卷172载张鷟《祠部郎中……退还本邑》：如此之行业，乃出乎尘嚣，岂容阐提末品，沙弥浅学？

4.3.5 陌上尘。

唐戎昱《上湖南崔中丞》诗：山上青松陌上尘，云泥岂合得相亲。……莫道书生无感激，寸心还是报恩人。

宋李正民《寄元叔》其二：海上欣逢梅柳新，旅怀凄惨倍伤春。飘浮正类河中木，聚散还同陌上尘。

宋顾逢《息心》：诗酒无穷乐，功名陌上尘。息心长寿乐，瞑目后生身。白日一回梦，青山万古春。不知天地里，谁是悟空人。

元耶律铸《送王彦高》：世间无物可劳神，风外浮云陌上尘。

明朱朴《和西皋送春三首》其三：眼见辛夷发，飘为陌上尘。

清曹溶《南乡子》其二：富贵竟谁真，花絮同飘陌上尘。

近人张伯驹《鹧鸪天·春感》：往事重寻陌上尘，年年肠断几黄昏。花开花落浑如梦，春去春来不问人。

我们把这5个自造词和另外3个非自造词在后世的世俗诗词中的表现一并表列出来。显然，它们大都有不俗的使用率(表5)。

表5　陶渊明诗文8个“尘”族词在后世文人诗词中的使用情况

	先唐	唐	宋	辽金元	明	清	近现代	当代	小结
尘羁	2	0	10	4	12	6	2	1	37
尘爵	1	0	4	1	3	0	0	0	9
尘事	1	50	616	67	140	64	28	14	980
尘网	4	17	94	30	97	39	12	9	302
尘嚣	4	10	115	34	95	37	25	22	342
尘想	1	2	27	3	41	14	0	1	89
流尘	4	16	65	7	70	26	32	9	229
陌上尘	0	5	42	8	21	6	3	3	88
小结	17	100	973	154	479	192	102	59	2076

五

然而，如果我们以为佛教对于中国古代文学语汇的影响只不过增添了几个新词而已，就太小看了它们。这些词语给予诗人们进行文学语汇再创造的巨大空间。在诗词中，他们不但创造出佛源词的许多变体，而且还将这些佛源词进一步扩充为短语甚至句子，用大画面来图示作者对于这些词语所表达的意涵的理解，不但为文学的创作提供语汇，还提供了母题。以下举几个例子。

5.1 尘羁。这个词在诗文中常常有扩展形式出现。如将其中的“尘”替换为双音节的“风尘”，就新造出三音节新词语“风尘羁”。如：

明张掞《秋晴出游偶赋》：一身[风尘羁]，百年斯过半。

祝允明《和陶渊明饮酒二十首》其八：恐终返天山，逝难[风尘羁]。

“风尘羁”还可以倒文作“羁风尘”。如：

明黎民表《唐寅仲卜居……作此慰之》：君有腾骧八尺身，保为蹩躠[羁风尘]。

还可以将其中的“羁”双音化作“羁束”，又有了三音节的“尘羁束”。如：

明李孙宸《己酉秋杪……诸子过坊》：穷途交有态，秋色暮逾新。已谢[尘羁束]，青尊肯厌贫。

三音节的“风尘羁”还可以进一步扩展为四音节的“风尘羁X”。如：

明吴斌《醉歌行》：徒将绿发染春霜，[风尘羁绁]终无成。

近代唐鼎元《春望五首》其一：天地文章富春色，[风尘羁旅]迭新愁。

“尘羁”的四音节扩展形式还有“尘羁世网”和“俗尘羁茧”。如：

宋华镇《题桃源图》：[尘羁世网]远心目，年龄便可乾坤齐。

当代王蛰堪《翠楼吟·柏森先生……同赋此调》：几度诗酒佳盟，叹[俗尘羁茧]，冶春轻负。

以上这些创新的用法无疑使得文学语汇得到了进一步的丰富，满足了诗词这种讲求韵律的文学样式对于语汇音节多样性的要求。

“尘羁”以及某些变体还可以扩展为句子。如：

5.1.1 风尘羁：

明宗臣《山中与陆长庚》：人生寄一世，[风尘]岂足[羁]。贫贱安其常，富贵令身危。

明黎民表《送邝和仲之郁林》：我今[风尘]胡见[羁]，效颦半额羞蛾眉。

清洪锡爵《雨中闻厩马鸣感赋》：[风尘]磨锐志，[羁]勒误平生。

5.1.2 尘羁世网：

宋李彭《观吕居仁诗》：此客不肯绁[尘羁]，况复[世网]如蛛丝。

宋曾巩《高阳池》：局束避[世网]，低回绁[尘羁]。

5.1.3 风尘羁旅：

宋张守《次川字韵》：[风尘]京洛伤[羁旅]，云水江乡渺接连。

明卢龙云《答亲友赠别十九首》其一十九：再向[风尘]驱下走，又从[羁旅]对南冠。

亦可倒文作“羁旅……风尘……”。如：

宋刘攽《营冬二首》其一：羁旅殊多事，崩腾欲老身。连年俱异邑，几地愧邻人。板屋秦诗旧，衡门泌水新。何时仲长子，卜筑离风尘。

明何景明《寄五清先生》：他乡岁月仍羁旅，故国风尘尚甲兵。

明孙承恩《赠董子元移居次张月鹿二首》其二：羁旅相过日，论文数启予。风尘聊对酒，水竹且谋居。

清金俊明《清明日同逖儿作》：频年羁旅向风尘，尚忆嘉名在此辰。

另外，元戴良《寄骆以大》："独有风尘老羁客，时时杖履许相从。"清方浚师《示从侄臻荫》："而翁咏子衿，风尘羁客裾。"也是从"尘羁"衍生出来的。

5.2 尘事。在后世诗词中，"尘事"的使用频率最高，达到980余次。这个词也发展出了多个三音节或四音节的形式。

5.2.1 风尘事：

唐汤洙《登云梯》：赏咏情弥惬，风尘事已睽。

唐张籍《送李评事游越》：未习风尘事，初为吴越游。

明万寿祺《送客》：年来久谢风尘事，又向人间听晚钟。

清托庸《忆山庄旧居》：何事了却风尘事，短杖归闲野老家。

从"风尘事"又发展出"风尘世事"。如：

宋欧阳修《西斋手植菊花……》：风尘世事多，日月良会少。

5.2.2 冥尘事：

唐张九龄《南还以诗代书赠京师旧僚》：朝罢冥尘事，宾来话酒卮。

明何吾驺《姚孟长……得乡字二首》其一：自觉冥尘事，无言托醉乡。

5.2.3 爱尘事：

宋张炎《梅子黄时雨……》：流水孤村，爱尘事顿消。

5.2.4 红尘事：

宋陈尧佐《游湖上昭庆寺》：莫问红尘事，林间肯暂闻。

宋陈著《瑞鹤仙·寿赵德修检讨必普》：云无心出岫。游戏间、声名掀宇宙。红尘事看透。

明徐庸《僧》：已绝红尘事，随缘度岁华。

又有四音节的"红尘X事"结构。如：

宋王洧《宝佑丙辰……录呈菊岩龚先生》：九锁山寒玉作围，红尘世事可曾知。

宋吕声之《西寺留题》：白石孤云自在闲，红尘一事不相关。

宋孙应时《王子中使君家东涧修竹》：红尘万事不到眼，好景四时长会心。

5.2.5 黄尘事：

宋释德洪《夏日偶书二首》其一：攀翻涴衲黄尘事，过眼云踪不可寻。

明止庵法师《题仙山楼观》：那知白首黄尘事，只伴桃花度岁年。

又有四音节的“黄尘X事”。如：

宋陈著《又次韵帅初诸前七首》其二：清话一闲甜蚁梦，黄尘万事等鸿毛。

明顾璘《赋陈中丞家杂画五首》其五：黄尘世事如翻掌，都付仙公几梦醒。

5.2.6 嚣尘事：这个词语可看成陶诗“嚣尘”和“尘事”两个词的重叠。如：

清雷以諴《重经山海关寄黄树斋同年》：从今莫问嚣尘事，好趁闲情学乐天。

在此基础上出现的四音节形式有“嚣尘世事”。如：

当代陈振家《与客瀹于山曲占得一绝》：莫管嚣尘世事纷，幽崖默坐我同君。

5.2.7 浮尘事：

当代吴金水《夜发普陀联句》：明朝漫拂浮尘事，聊作仙乡半日樵。

5.2.8 “尘事”还可以扩展成三音节的“尘事业”。如：

宋释延寿《山居诗》其二十七：意地已抛尘事业，心田唯种稻根株。

此外，“尘事”还可以变化为“X尘事事X”的格式。如：

宋范成大《白沟》：高陵深谷变迁中，佛劫仙尘事事空。

宋韩琦《次韵和崔公孺……》：浮云自缚春春失，真境无尘事事闲。

元耶律楚材《谢王清甫惠书》：一簪华发垂垂老，两眼黄尘事事疏。

明岑征《读书诃林答远布上人见赠》：牢落风尘事事慵，戒坛东畔息行踪。

明宗臣《韦氏池亭四首……》其二：相逢未可轻相负，一到红尘事事违。

明区大相《忆山中》：道路悠悠惯，风尘事事违。

明李之世《录别》：风尘事事违，行矣不如归。

5.3 陌上尘。在陶诗自造的“尘”族词中，“陌上尘”是被后人演绎得最多的词语。首先，唐人非常喜欢将这个词语拆开使用。如：

白居易《离别难》：绿杨陌上送行人，马去车回一望尘。

韦庄《上春词》：四时轮环终又始，百年不见南山摧。游人陌上骑生尘，颜子门前吹死灰。

岑参《题新乡王釜厅壁》：城头苏门树，陌上黎阳尘。不是旧相识，声同心自亲。

张仲素《上元日听太清宫步虚》：谁知九陌上，尘俗仰遗声。

邵谒《苦别离》：朝看相送人，暮看相送人。若遣析杨柳，此地树无根。愿为陌上土，得作马蹄尘。

薛能《汉庙祈雨回阳春亭有怀》：池中水是前秋雨，陌上风惊自古尘。

唐杜牧《春日古道傍作》：君看陌上何人墓，旋化红尘送马蹄。

宋以后延续了这一用法。如：

宋苏轼《和子由踏青》：东风陌上惊微尘，游人初乐岁华新。

宋司马光《二月二》：人虽繁陌上，尘不近门端。

宋陈允平《春游曲》：长安二月东风里，千红陌上香尘起。

宋晁公溯《喜雨简仲霍行之》：久晴风暖纻溪城，陌上轻埃欲污人。不惜春泥三日雨，且消乌帽十分尘。

宋吕陶《送陈正臣游昌元》：平生操履由吾道，何日安闲遂此身。陌上纷华空白昼，山中气味少红尘。

宋王质《送陶茂安知永州》：弓刀陌上起征尘，行到潇湘春已深。

金元好问《西园》：百草千花语气新，今朝陌上有游尘。皇州春色浓于酒，醉杀西园歌舞人。

此外，宋人还创造了几个四音节形式，有的也被后人所继承。如：

5.3.1 陌上红尘：

宋王寀《渔家傲》：日月无根天不老。浮生总被消磨了。陌上红尘常扰扰。

宋苏辙《正月十六日》：陌上红尘霏似雾，云间明月冷如冰。谁言世上驱驰客，老作庵中寂定僧。

元邓文原《赵仲穆秋山访隐图》：树边高阁连青嶂，陌上红尘乱白云。

5.3.2红尘陌上：

宋王质《万年欢》：拂袖去，塞北河西，红尘陌上寻人。

宋晏几道《生查子》其七：红尘陌上游，碧柳堤边住。

元白朴《水龙吟》：人生何苦，红尘陌上，白头浪里。

元完颜从郁《西江月·题邯郸王化吕仙翁祠堂》：西日长安道远，春风赵国台荒。行人谁不悟黄粱。依旧红尘陌上。

明陈基《遣怀》：红尘陌上应千尺，白发春来又几茎。

明陈繗《送周至德还家》：红尘陌上遥相送，惭愧临风为子歌。

5.3.3 陌上风尘：

宋张伯玉《罢新定至钱塘喜见孙观书记》：陌上风尘成底事，鬓边霜雪但悠然。

元杨弘道《寒食》：去年寒食已无家，陌上风尘卷落花。今岁清明还是客，城隅烟雨暗残葩。年来年去催衰白，花落花开足叹嗟。

5.3.4 陌上行尘：

宋张炎《采桑子》：杜郎不恨寻芳晚，梦里行云。陌上行尘。最是多愁老得人。

5.3.5 陌上芳尘：

宋马子严《贺新郎》：客里伤春浅。问今年梅蕊，因甚化工不管。陌上芳尘行处满。

这些四音节的词语，又有可能被拆开，成为诗句的主题。如“陌上芳尘”就有如下的变化：

宋李清照《庆清朝慢》：东城边，南陌上，正日烘池馆，竞走香轮。绮筵散日，谁人可继芳尘？

宋葛立方《雨中花慢》其二：寄径滩阳，陌上忽看，夭桃秾李争春。又见楚宫，行雨洗芳尘。

宋李宗谔《灯夕寄献内翰虢略公》：东城南陌尽游人，陌上香车起暗尘。

清陈家庆《西河·用美成金陵怀古韵》：旧游地。重来旧事堪记。钿车陌上动芳尘，晚风骤起。

清吴观域《春风》：才解寒冰蹙细鳞，还来陌上度芳尘。

清殷秉玑《莺啼序》：十丈芳尘，陌上走马，衬花开软雾。

类似的情形多见，但受篇幅所限，不赘。

六

印度佛教的传入（包括佛经翻译和流布）对中国文学的发展产生了重要的影响。这种影响首先明显地表现在文学语汇上。过往的学者对此有很多研究，如笔者（朱庆之 1990/1992）曾经对敦煌变文语汇与翻译佛经的关系作过专题的讨论。但毋庸讳言，泛泛之论较多，作家作品的专题和量化的研究较少。这当然妨碍我们对这一问题有更深入的了解和认识。

“尘”是中古时代一个具有鲜明佛教色彩的词语。在陶渊明的诗文中，有8个包含了“尘”的复合词语——“尘羁”“尘爵”“尘事”“尘网”“尘器”“尘想”“流尘”和“陌上尘”。我们的讨论以数字化资料库为主要研究工具，以这8个“尘”族词与佛教的关系为线索，力图通过具体词语的研究，以小见大，来展现佛教尤其是佛经翻译对汉语文学语汇影响的广度和深度。

陶渊明是魏晋南北朝文学史的代表作家，也是中国古代文学史上有重要影响的作家。陶渊明的思想和诗风背后有没有什么宗教的因素，这是近现代学者关心的一个问题。从陈寅恪的溪族天师道说起，又有名教自然说和佛教说，莫衷一是。本文无意参与这个讨论。笔者在此想要表达的是，在陶渊明所处的时代，佛教已经成为全社会一个非常时尚的话题。不论那些文人知识分子本人的宗教信仰如何，其言谈和著述难免不与佛教沾上边：或者话题与佛教有关，或者用词用语与佛教有关。陶渊明诗文中含有不少佛化词语应是不争的事实。从语源的角度厘清这一点，对于说明印度佛教的传入以及佛经的翻译对汉语文学语言语汇的影响或具有更强的说服力。

缩略语

I　《北朝佛教石刻拓片百品》，颜娟英主编，台北：中央研究院历史语言研究所，2008年。

T　『大正新脩大藏經』，高楠順次郎、渡辺海旭编，100 卷，東京，1924—1934。依台湾中华电子佛典协会《CBETA电子佛典集成》(2016)。

X　『卍新纂大日本續藏經』，河村照孝编，東京：國書刊行會，1975—1989。依台湾中华电子佛典协会《CBETA电子佛典集成》(2016)。

参考文献

中文：

陈　洪　1993　《陶渊明佛教观新探》，《徐州师范学院学报(哲学社会科学版)》1993年4期，第12—16页。

慈　怡　1988　慈怡主编，《佛光大辞典》，高雄：佛光出版社。

丁永忠　1997　《陶诗佛音辨》，成都：四川大学出版社。

范子烨　2010　《悠然望南山：文化视域中的陶渊明》，上海：东方出版中心。

景蜀慧　1999　《读〈山海经〉十三首与陶渊明思想中的墨派倾向》，《中国史研究》1999年第1期，第56—68页。

逯钦立　1983　《先秦汉魏晋南北朝诗》，北京：中华书局。

罗竹风

1986—1993 罗竹风主编，《汉语大词典》，上海：汉语大词典出版社。

吕春盛　2007　《魏晋南朝的"溪族"与陶渊明的族属问题》，《台湾师大历史学报》第37期，第1—26页。

钱锺书　2007　《管锥编》，北京：生活·读书·新知三联书店，2007年再版。

任继愈　2002　任继愈编，《佛教大辞典》，南京：江苏古籍出版社。

姚素华　2014　《陶渊明、谢灵运与道教关系之再审视》，《电子科技大学学报(社科版)》2014年第3期，第69—72页。

周绍良　1992　周绍良主编，《唐代墓志汇编》，上海：上海古籍出版社。

钟国平　2012　《陶渊明信仰道教说辨正》，《北方文学》2012年第8期，第20—21页。

朱庆之

1990/1992　《佛典与中古汉语词汇研究》，1990年四川大学博士学位论文，台北：文津出版社，1992年。

1992《"影响"今义的来源》，《文史知识》1992年第4期，北京：中华书局，第99—100页。

朱庆之、梅维恒

2004　朱庆之、梅维恒编，《荻原云来〈汉译对照梵和大辞典〉汉译词索引》，成都：巴蜀书社。

日文：

荻原雲来　1979　『漢訳対照梵和大辞典』，東京：講談社；台北：新文丰出版公司影印本。

西文：

Apte　1957　P.V.S. Apte. *The Practical Sanskrit-English Dictionary*, rev. ed. Poona: Prasad Prakashan.

Edgerton　1953　Franklin Edgerton. *Buddhist Hybrid Sanskrit Grammar and Dictionary*, Volume II: Dictionary. New Haven: Yale University Press.

Monier-Williams

1899　M. Monier-Williams. *A Sanskrit-English Dictionary*. Oxford: Clarendon Press. repr., New Delhi: Motilal Banarsidass, 2011.

电子数据

爱如生《中国基本古籍库》，刘文俊总纂，北京爱如生数字化技术研究中心研制。

《CBETA电子佛典集成》(CBETA Chinese Electronic Tripiṭaka Collection)，台湾中华电子佛典协会，台北：中华佛学研究所，2016年光盘版。

《国学宝典》，尹小林研制，2011年单机版，北京：国学出版社。

《汉达文库》，香港中文大学中国古籍研究中心。

《汉译佛经梵汉对比分析语料库》(A Database of Chinese Buddhist Translation and Their Sanskrit Parallels for the Buddhist Chinese Studies)，朱庆之、万金川、段晴主持开发，香港：香港教育大学。

《搜韵》(https://sou-yun.cn/index.aspx)。

《文渊阁四库全书电子本》，迪志文化出版有限公司，2011年网上版。

《中国哲学书电子化计划》(https://ctext.org/zh)。

附 录

汉译佛经中的“尘”与其对应的梵语词一览表[1]

荻原	梵文	汉译	**Monier-Willams(1953)或Edgerton(1899)的英文释义**
18b	aṇu	沙，微，尘，小	M11. fine, minute, atomic; an atom of matter; an atom of time(精细、微小、原子；时间的“原子”) E8. grain of sand(沙粒)
129a	artha	境，尘，外尘，色尘，尘境	M90. aim, purpose(目的); cause, motive, reason(原因、动机、理由); advantage, use, utility(优势、用途、效用); thing, object(事物、物体); object of the senses(感官对象); substance, wealth, property, opulence, money(物质、财富、富裕、金钱); affair, concern(事务、关心) E66. aim, goal(目的)
427a/709b/1107b/1108a	raja	尘，微尘，埃尘，境	M863. = rajas(同*rajas*). dust(灰尘); the pollen of flowers(花粉); the menstrual excretion(月经); emotion, affection, the quality of passion(情感、感情、激情)
	rajaḥ		M863. in comp. of rajas(*rajas*的复合词形式)
	rajas		M863. coloured or dim space(鲜艳或阴暗的空间), the sphere of vapour or mist(蒸汽或雾气的微粒), region of clouds, atmosphere, air, firmament(云气、大气、空气、苍穹); dust, dirt, impurity, any small particle of matter(灰尘、污垢、杂质、任何小颗粒物质); the dust or pollen of flowers(花的粉尘), cultivated or ploughed land (as ‘dusty’ or ‘dirty’)(尘土飞扬或肮脏的耕地), arable land, fields(耕地，土地); a term applied to a person to show that he is quite insignificant(用来形容人，表明其非常微不足道)
1108a	-rajaska, rajaskata	尘秽，尘垢	M863. = rajas, in *ni*- and *vi*-
1108a	rajo-mala	尘垢	E449. see *rajojala*. dirt and water(见*rajojala*，污泥浊水); but perhaps same mg. as *rejomalaṃ* in same vs (this word occurs in Pali)(不过或许与同一诗中的巴利语*rejomalaṃ*同义); dirt and impurity(污垢和杂质); in a list of characteristic practices of ascetics, which are said to be ineffective for purifying a man still subject to desire(一种苦行者的典型修行方式，但对于净化仍然受制于欲望的人是无效的)
436a	go-cara	境，境界，缘，尘	M364. range, field for action, abode, dwelling-place, district(范围、行动领域、住所、地区) E215. scope, range(范围)

[1] 表中，“荻原”栏，“荻原”指荻原雲來(1979)，以下为其页码。“梵文”栏为荻原(1979)的梵文词目。“汉译”栏为该梵文词在汉译佛经中的平行汉译形式。“英文释义”栏中，“M”指Monier-Willams(1899)，它的梵语是古典梵语；“E”代表Edgerton(1953)，它的梵语是佛教梵语。字母后的数字为两部词典的页码。

647a	dhūli	尘	M518. dust (also the dusty soil), powder, pollen（灰尘，亦指尘土飞扬的土壤）; a particular number（一种特别的数目）
738b	paramāṇu	微尘	M588. an infinitesimal particle or atom（一个无穷小的粒子或原子）
738b	paramāṇu-rajas	尘，微尘（数的名）	
770a	pāṃśa	地，砂，土，尘，埃尘，尘坌	Nil.[1]
1134b	rūpa	色，像，形，尘	M885. any outward appearance or phenomenon or colour(任何外观、或现象、或颜色), form, shape, figure (形式、形状、图形);dreamy or phantom shapes; handsome form, loveliness, grace, beauty, splendor (英俊的造型、可爱、优雅、美丽、辉煌); nature, character, peculiarity, feature, mark, sign, symptom (性质、性格、特殊性、特征、标记、标志、症状); likeness, image, reflection (相似、图像、影子); (with Buddhists) material form i.e. the organized body (as one of the 5 constituent elements or *skandhas*-)(佛教徒指称一切物质形式，即五蕴之一的色蕴)...
1136a	reṇu	尘，土尘，微细	M887. dust, a grain or atom of dust, sand（灰尘、沙子的颗粒或原子）; the pollen of flowers; powder of anything（花粉、粉末）; a particular measure（一种特定的量）
1247a	vi-śaya	尘	M997. sphere (of influence or activity)（影响或活动的范围）, dominion, kingdom, territory, region, district, country, abode（统治、王国、领土、地区、国家、住所）; scope, compass, horizon, range, reach (of eyes, ears, mind)（范围、感官所及的范围）...
1254b	viṣaya	境，界，处，尘，尘境界	

[1] 在Monier-Willams（1899）和Edgerton（1953）中没有找到这个词。Apte（1957）有*pāṃsus*或*pamśus*这个词形，释义为dust, dirt; crumbling soil（灰尘，污垢；废土）等。

敦煌写本所见启请文之多样性与共同性

陈怀宇（亚利桑那州立大学）

敦煌出土写本中保存了不少佛教发愿文，这些文献可以与传世佛典文献进行比较，研究其中反映的启请仪式，可以看出中古佛教启请仪式体现出多样性和共同性。将敦煌出土启请文与传世佛教文献比较，从风格和内容来看，敦煌写本中提到启请仪式的发愿文大致可以分为两类，即作为发愿文模板的启请文和作为特定历史语境中的启请发愿文，后者有其特定的、具体的功德主和启请对象。敦煌出土发愿文和传世佛典文献所记录的启请仪式之间也存在差异，前者并不基于特定的佛教典籍及其教义基础，而后者通常有特定的、具体的佛典作为教义基础。在唐后期五代时期，中原地区流行的启请仪式显然与敦煌地区归义军统治下所举行的启请仪式不同。不过，尽管存在这些差异，中古佛教的启请仪式也有其共同性，即有共同的构成因素，如由功德主启请和恭迎佛教诸佛诸菩萨等贤圣、供养贤圣、向贤圣祈福、对着贤圣忏悔等。

关键词：启请；发愿文；敦煌写本；多样性；共同性

一个辛辣的语源
——吐火罗语AB *śāñcapo* 小考

陈瑞翾（北京大学）　伯纳德（莱顿大学）

本文考证吐火罗语中的*śāñcapo*一词。迄今为止，该词被大多数学者认为是印度语借词，源自梵语*śiṃśapā*-“印度黄檀”。拙文细究该词于存世吐火罗语文献中之用例，发现“印度黄檀”一义恐非达诂，而该词本义应为“芥（子）”。基于此一新知，拙文考镜该词于印欧诸语中之源流，就其语源提出新说：该词应为伊朗语借词，源自原始于阗语**śáNźapa*-“芥（子）”。后者即于阗语*śśaśvāna*-“芥子”之前身。

关键词：吐火罗语；（原始）于阗语；语言接触；西域佛教

关于梵语及梵咒发音诵读的藏语著作
——书目钩沉

范德康（哈佛大学）

诸多被译为藏语的梵语文献常常包含或短或长甚至极长的咒语。根据所谓的“传统”，这些咒语须以“正确”的方式来发音表达，否则将会失去其救赎力。许多西藏的梵语学家，无论是专业的还是业余的，都曾涉猎过名为“sngags kyi bklag thabs”或“rgya skad / legs sbyar gyi bklag thabs”的题材，可粗略译作“咒语诵读法”和“梵语诵读法”。这一题材逐渐发展成为藏地的一种文学类别。遗憾的是，只有在极少数情况下撰述者才会区分克什米尔与相当于现今比哈尔邦一带的梵语发音差异，或是区分卫、藏两地的藏语发音差异。本文作为一份不完整的书目要览，旨在提供对这一文学题材的初步介绍，其中许多内容还有待进一步探究。

关键词：那塘译师；*sngags kyi bklag thabs*［咒语诵读法］；梵语；*rgya skad*［印度语］；*legs sbyar*［雅言］；索朗孜摩上师

尼雅的辅音连写
——尼雅文书特有佉卢文辅音连写的汇编

葛安治（独立学者）

本文着重对尼雅及丝绸之路南道其他遗址出土的犍陀罗文书中的佉卢文辅音连写独特形式进行比定。这项研究将补充拉普森（Rapson）基于1929年之前已知的764份此类文书所做的古文字学研究工作。本文通过详尽记录这批重要佉卢文文书中的独特辅音连写符号，扩展了拉普森的工作，这批文书目前已达901件。本研究的目的仅是调查古文字学中的连写符号，而非辅音连声的正字法表达或是犍陀罗语对中古印度语辅音连合的反映。笔者核查了尼雅文书的可用图像，并提供了附有图片的佉卢文连写符号的最详尽清单。最后，本文对尼雅辅音连写符号的结构类型作了额外观察，并以本文提出的读法对文书作了释读补正。

关键词：尼雅；佉卢文；辅音连写；古文字学

一件来自克孜尔(SHT 191)的合集写本和《三启集》

哈特曼(慕尼黑大学)

《三启集》(*Tridaṇḍamālā*)很可能是一部用于特定仪式的诵读文本集,包含40篇经文,分别嵌套于偈颂构成的章节之中。几乎所有的这些偈颂都引自其他文献,一些偈颂保存了马鸣所作诗歌的梵语原文,而此前这些诗颂只有藏译本为人所知。现在有证据表明,《三启集》中的一些偈颂也出现在丝绸之路北道出土的梵文写本之中,其一即编号为SHT 191的残叶。本文将展示其中所包含的三段与《三启集》相同的文本。

关键词:马鸣;《佛所行赞》;《三启集》;SHT 191

寻找正确的降生

——毗湿奴的罗摩化身与菩萨从天宫下生

宁梵夫(卡迪夫大学)

本文讨论了不同佛传中佛陀降生前居于天宫的情节与《罗摩衍那》中毗湿奴化身为罗摩的情节之间的相似性。据推测,当罗摩开始被视为毗湿奴的(一部)化身,以及大神降生大地的情节要被插入该史诗的早期版本之时,《罗摩衍那》改编吸纳了佛陀从兜率天宫下生的某些叙事母题。

关键词:化身;毗湿奴;罗摩;菩萨;佛陀;《罗摩衍那》

越界的佉卢文

邵瑞祺（华盛顿大学）

在公元前3世纪到公元3世纪之间，佉卢文在其故乡亦即印度文化圈的西北边疆地区被广泛使用，后期也在阿富汗北部和其相邻地区以及中国新疆塔里木盆地边缘的一些王国扎下根基。除了这些确定的领地，佉卢文的碑铭也远播于北印度和阿富汗西部的各个地方。然而，即使超出了这个扩大范围，在远离其故乡的地方，佉卢文碑铭也有零星发现，例如在北印度（例如巴尔胡特〔Bharhut〕和库姆拉哈尔〔Kumrahar〕）、南印度、中国（洛阳和长安），甚至在遥远的索科特拉（也门）。除了这些和其他一些已经证实的游离者，还有几件被宣称为东印度和东南亚发现的佉卢文遗存，但尚存争议，本文对其作了讨论和评议。笔者认为，在一些案例中由于特殊的技术或展示用途，一些原本不以佉卢文为常规文字的地方也采用了佉卢文，例如巴尔胡特、克什米尔和南印度。最后，本文讨论了佉卢文传播范围相对有限以及最终消失的原因。

关键词：佉卢文；碑铭；犍陀罗；印度数字；婆罗迷文；书写系统

回述的历史
——阿育王与佛教

史基林（朱拉隆宫大学）

本文讨论了阿育王碑铭与早期印度地貌尤其是同期的佛塔纪念物之间的关系。笔者提出，来自王室的关注和施赠无疑推动了佛教的传播，但在阿育王时代，僧团已经在印度次大陆的大部分地区得以稳固建立。并非是僧团追随阿育王，相反，是帝王追随僧团。

关键词：印度历史；阿育王；佛教；佛塔；孔雀王朝碑铭

早期于阗语C诗律的更多文本

辛维廉（伦敦大学亚非学院）

早期于阗语的《赞巴斯特之书》是与大乘佛教相关的一部长诗。我在新近出版的一本书中对其中的三种诗律进行了新的剖析。作为那本书的补充，本文讨论了C诗律的另外四个段落。一段为《僧伽吒经》的部分内容，一段是此前未曾识别出的《赞巴斯特之书》的残片。另外两段无法确认，但有可能都属于《赞巴斯特之书》的章节，只是没有保存在该书的主要写本中。本文给出了四个文本的详细诗律分析、英译与简评。

关键词: 于阗语；早期于阗语诗歌；诗律；《赞巴斯特之书》；《僧伽吒经》

以玄奘为范

——悟谦法师及其印度之旅

张　幸（北京大学）

悟谦是中印佛教史上一位重要的法师。他早年接受过佛教各主要传统流派的学习，尤其注重于唯识学，这可能缘于对玄奘的景仰并顺应当时佛教潮流。此外,他还成为中原地区为数不多接受过藏传佛教密宗仪轨系统培训的法师之一。他于20世纪中叶赴印，毕生致力于印度佛学思想的复兴，特别是在加尔各答推广中国佛教，包括成立佛教机构、管理佛教场所、组织佛教活动、主持建造玄奘寺等。他晚年热心于沟通海峡两岸与印度的佛教组织机构间联系，开展相互佛事交流，僧侣互访。他曾将两件佛教文物赠送给西安的大慈恩寺，本世纪初他在玄奘寺成立佛教研究所，组织翻译了许多重要佛典。这些无不反映出他有意追随玄奘的精神，为中印佛教交流做出贡献。

关键词: 悟谦；佛教；唯识学；玄奘；中印交流